CPC
passado a limpo

PROCEDIMENTOS ESPECIAIS, PROCESSO DE EXECUÇÃO E O PROCESSO NOS TRIBUNAIS

— Volume II —

De acordo com as

Leis 13.105/2015, 13.256/2016 e 13.363/2016

Dados Internacionais de Catalogação na Publicação (CIP)

T693c Torres, Artur.

CPC passado a limpo : procedimentos especiais, processo de execução e o processo nos tribunais : volume 2 / Artur Torres. – Porto Alegre : Livraria do Advogado, 2018.

480 p. ; 25 cm.

Inclui bibliografia.

ISBN 978-85-9590-026-4

1. Processo civil - Brasil. 2. Direito processual civil - Brasil. 3. Processo de execução (Processo civil). I. Título.

CDU 347.91/.95(81)
CDD 347.8105

Índice para catálogo sistemático:
1. Processo civil : Brasil 347.91/.95(81)

(Bibliotecária responsável: Sabrina Leal Araujo – CRB 10/1507)

ARTUR TORRES

CPC passado a limpo

PROCEDIMENTOS ESPECIAIS, PROCESSO DE EXECUÇÃO E O PROCESSO NOS TRIBUNAIS

— Volume II —

De acordo com as
Leis 13.105/2015, 13.256/2016 e 13.363/2016

livraria
DO ADVOGADO
editora

Porto Alegre, 2018

(Edição finalizada em janeiro/2018)

Capa, projeto gráfico e diagramação
Livraria do Advogado Editora

Revisão
Rosane Marques Borba

Rua Riachuelo, 1300
90010-273 Porto Alegre RS
Fone: 0800-51-7522
editora@livrariadoadvogado.com.br
www.doadvogado.com.br

Impresso no Brasil / Printed in Brazil

À família Bierhals Torres, com mais amor ainda.

"Aparentemente, todo direito processual está contido nos códigos, e, sobre a base do direito codificado, a doutrina levanta construções monumentais de conceitos, majestosos como catedrais góticas. No entanto, em realidade, o processo não é isso; *não é somente isso.*"

CALAMANDREI, Piero. *Processo e Democracia*: conferências realizadas na Faculdade de Direito da Universidade Nacional Autônoma do México. Mauro Fonseca Andrade (Trad.). Porto Alegre: Livraria do Advogado, 2017. p. 29.

Nota do autor

Consoante dito alhures, comentar "um diploma legislativo (seja ele qual for), sobretudo na cultura jurídica em que (sobre)vivemos, não é, definitivamente, tarefa das mais singelas (...); em se tratando de comentários a um código, a empreitada ganha, à evidência, em complexidade, face à exigência de compreensão global do sistema examinado".

Impõe-se, portanto, e desde logo, a advertência, a saber: o presente estudo, dividido em dois volumes, necessita ser analisado como um todo, uma vez que apenas o todo reúne as características indispensáveis à compreensão sistêmica do fenômeno processual, a única que interessa. Conhecê-lo em tiras ou não conhecê-lo, segundo sustentamos, se equivale.

Dedicamo-nos, no segundo volume do *CPC passado a limpo*, observada a ordem codificada de apresentação da matéria processual, ao exame que se estende do *Título III (Dos procedimentos especiais), do Livro I (Do processo de conhecimento e do cumprimento de sentença) da Parte Especial* ao *ponto final do CPC/2015*, sem, contudo, nos limitarmos aos *comentários artigo por artigo*.

Estudiosos do Direito Processual Civil pertencentes as mais variadas carreiras jurídicas, com o objetivo de contribuir para a melhor compreensão da *nova ordem jurídica processual*, condensaram esforços, dos quais brotaram inúmeros enunciados interpretativos (*aplaudidos* por muitos e *vaiados* por outros tantos, no todo ou em parte). No presente volume apresenta-se, senão à integralidade, boa parte das conclusões alcançadas após ano e meio de vigência da Lei 13.105/2015 (já consideradas suas alterações), trazendo-se à baila tópico denominado "Enunciados pertinentes".

Vale lembrar: boa parte dos temas ora examinados, consoante sabido aos quatros cantos, figuram como objeto de discordâncias doutrinárias e jurisprudenciais candentes. Adiantamos, portanto, que, segundo pensamos, não há falar, considerado o "estado da arte", em *certo* ou errado. Vivemos, pois, momento histórico *em que todo e qualquer debate processual não só pode, como deve, ser recebido de braços abertos*.

Registre-se, por fim: nosso objetivo, aqui, é contribuir minimamente para o avanço doutrinário, bem como oferecer texto que retrate *abordagem processual direta*, destinada àqueles que, independentemente da carreira jurídica vivenciada, lidam diuturnamente com os desafios do *processo civil* "forense".

Boa leitura.

Avenida Ipiranga, Porto Alegre, janeiro de 2018.

Prof. Dr. Artur Torres

arturluispereiratorres@gmail.com

Prefácio

O advento do Código de Processo Civil de 2015, através da Lei n. 13.105, de 16 de março de 2015, cujo conteúdo recebeu algumas alterações mesmo antes de sua entrada em vigor pela Lei n. 13.256, de 4 de fevereiro de 2016, veio ao encontro de uma expectativa da comunidade jurídica em construir um processo civil aderente ao modelo constitucional de jurisdição, voltado à tutela dos direitos fundamentais e de sustentação de um Judiciário mais apto a cumprir suas funções e exercer o poder que lhe é outorgado pela Constituição republicana, em época de grandes mutações culturais, tanto na ordem econômica como social.

A tarefa de um Código, essencialmente regulamentadora, porém, não se esgota no texto de uma lei, produzida por um corpo de legisladores, pois texto e norma são esferas que não se confundem, mas que se somam, onde, indispensável a participação do intérprete, que tanto se realiza pela voz dos juízes e tribunais como pelas lições dos doutrinadores, guardando, ambas, suas peculiaridades e seus respectivos espaços construtivos.

É neste universo, profundamente desafiador, que se insere a obra de Artur Torres, **CPC passado a limpo,** cujo primeiro volume, tendo por objeto a parte geral, o procedimento comum e o cumprimento de sentença, foi recentemente publicado,[1] sobrevindo, agora, o segundo volume que aborda os temas envolvendo os procedimentos especiais, o processo de execução e os processos de competência dos tribunais, completando, assim, o ciclo de comentários ao novo Código.

Desmistificando a linguagem hermética dos textos legislativos, seguindo metodicamente os temas abordados pela lei processual, o Autor vai desvelando os desafios do novel estatuto, permitindo ao leitor aproximar-se e familiarizar-se com as novidades introduzidas pelo legislador ao mesmo tempo em que resgata institutos, categorias e disposições que, nas palavras do Autor, não se dando o "reinvento da roda", são substanciais para a compreensão do fenômeno do processo em todas as suas facetas, cujas raízes e tradições foram sendo construídas e desenvolvidas a partir de uma realidade verde e amarela,

---

[1] TORRES, Artur. *CPC passado a limpo*: parte geral, procedimento comum e cumprimento de sentença. Porto Alegre: Livraria do Advogado, 2018. v. I.

qualificando-se pela necessária maturidade, qualidade inerente aos instrumentos codificadores.

É, por exemplo, no título que trata dos procedimentos especiais que se revela, por excelência, essa característica tão saudável aos novos tempos, de não se fazer valer da deplorável prática da terra arrasada em favor do novo. Novo não representa desmantelamento, igualmente compreendendo a evolução do velho que se projeta para o futuro e, por isso mesmo, se renova também representando o novo, o que foi tão apropriadamente compreendido e sentido pelo Autor, reproduzido por suas lições objetivas e precisas.

Sensível às reformas processuais levadas a efeito na década anterior à edição do Código de 2015, o texto do Livro II da Parte Especial, que trata especificamente do processo de execução, vem enfrentado pelo Autor com esta mesma percepção, fazendo a ponte entre o que foi revogado e o que foi restaurado, aperfeiçoado, e, até, corrigido a partir da aplicação da reforma anterior, ainda recente em nossa história processual, e que reclamava, na medida certa, ajustes, especialmente considerando a nova premissa em que se assentou o CPC de 2015: um processo civil constitucional em cujo quadro o processo expropriatório da execução se deve inserir na sua plenitude.

Abrindo-se para o ousado, o Autor desvenda o Livro III da Parte Especial, com coragem e, até, certa dose de rebeldia, a qualificar suas lições porque, cediço, unanimidade não significa crescimento, ao estampar suas críticas à boa parte da doutrina, antevendo no sistema de precedentes acolhido pelo Código de 2015 um modelo próprio, de matriz brasileira, a merecer o devido debate que, por óbvio, recém está a dar os seus primeiros passos, reconhecendo a precocidade das conclusões, mas que, nem por isso, devem ser deixadas ao relento, até por força do dever do doutrinador, a quem cumpre desvendar novos caminhos, oferecendo soluções viáveis, ainda que sob o risco da crítica, tudo em benefício do respectivo amadurecimento e consolidação.

A obra que ora se apresenta, qualificada pela simplicidade e objetividade da linguagem, sem prejuízo de sua tecnicidade, mérito dos que sabem se comunicar com seus leitores, é de leitura indispensável aos que estão desbravando o estudo do processo civil e também aos operadores que atuam na aplicação das novas regras no cotidiano forense.

É, pois, com orgulho e carinho por este jovem talento, que apresento aos leitores o segundo volume do livro **CPC passado a limpo,** de autoria do jurista, professor e advogado Artur Torres, com a convicção de uma leitura útil e reflexiva.

Elaine Harzheim Macedo

Desembargadora aposentada do TJRS.
Professora da Escola de Direito da PUCRS

Sumário

Apresentação

Neste segundo volume do "CPC Passado a Limpo", procede à análise do novo Código de Processo Civil, desde os "Procedimentos Especiais" (arts. 539 e seguintes) até o último artigo, passando, pois, pelo "Processo de Execução", pelos "Processos nos Tribunais", pelos "Meios de Impugnação das Decisões Judiciais" e pelas "Disposições Finais e Transitórias".

Não é pouca coisa, sobretudo para uma obra de um autor só. Trata-se, pelo contrário, de um *"tour de force"* que provoca admiração.

Observa Artur Torres que boa parte dos procedimentos especiais regulados pelo Código visam a promover o direito à tutela efetiva e, portanto, o direito à obtenção do objeto específico da obrigação, e não apenas o sucedâneo das perdas e danos.

A obra não se limita à apresentação dos textos legais, interpretados pelo Autor, mas examina também questões controvertidas no foro, contendo também tópico intitulado "Enunciados Pertinentes", com boa parte das conclusões publicadas após ano e meio de vigência da Lei 13.105/2015.

Conforme o Autor, assim no âmbito da tutela predominantemente cognitiva, como na prestação jurisdicional executiva, há uma linha de desenvolvimento "natural", que, todavia, somente se revela com uma "visão do todo", certamente realçada – acrescento –, pelo caráter sintético dos comentários.

Sobre os precedentes, Torres sustenta que não há que baralhar o sistema brasileiro com o que se desenvolveu no âmbito do direito anglo-saxônico. Temos um "sistema de vinculação jurisprudencial", mais do que um sistema de precedentes propriamente dito.

Observa, ainda, que, de um ponto de vista macroscópico, a jurisdição é prestada em dupla dimensão: uma ordinária, vinculada ao princípio do duplo grau de jurisdição, e a outra, extraordinária, comprometida com a uniformização da aplicação do Direito.

A obra termina com o exame das disposições finais e transitórias, entre as quais se destaca o artigo 1.052, que mantém, em parte, a vigência do Código de Processo Civil de 1973, relativo à tutela executiva em face do devedor insolvente.

Eis aí, num rápido sobrevoo, o objeto desta obra, um terreno cheio de obstáculos, em boa parte afastados pelos caminhos traçados pelo Autor.

Porto Alegre, janeiro de 2018.

José Maria Tesheiner

Desembargador aposentado do TJRS.
Professor da Faculdade de Direito da PUCRS.

Os desafios de um novo Código

A Lei 13.105/2015, doravante denominada CPC/2015, revogou, à sua quase integralidade, dentre outros, o teor da Lei 5.869/73, diploma legislativo que serviu de base ao processo civil pátrio por mais de quarenta anos.[1]

O Código Buzaid (CPC/73), sem prejuízo da lição supramencionada, faça-se justiça, revolucionou o trato do tema processual no Brasil, revelando-se fiel, pois, a doutrina europeia responsável por atribuir caráter científico ao fenômeno. Rompeu-se, por ocasião de sua entrada em vigor, com toda uma tradição jurídico-lusitana, herança de nossa colonização. A exposição de motivos do diploma em epígrafe, bem compreendida, desnudou a devoção de Alfredo Buzaid (mentor do CPC/73) às lições oriundas da denominada Escola Processual Clássica Italiana, a qual pertenceu Enrico Tullio Liebman (o "Mestre"), a quem Buzaid, inclusive, dedicou o próprio Código.[2]

O tempo passou, e o processo civil, enquanto fenômeno cultural que é, reclamou atualização. Já no início dos anos noventa do século passado, identificados pontuais interesses de uma sociedade que se reinventava (jurídica, política, econômica, social, religiosamente, etc.), prosperou o retalhamento do sistema buzaidiano.

Nessa quadra, a permanente necessidade de atualizar-se o sistema processual pátrio (pensado, sublinhe-se, para atender contexto social diverso do atual), visando a torná-lo minimamente eficaz face ao cenário social que se punha já no entardecer do século XX, início do XXI, o CPC/73, diante de um sem número de alterações legislativas (mais de sessenta), acabou por transformar-se, com destaque para os derradeiros anos de sua vigência, numa verdadeira colcha de retalhos.

O CPC atual passou por muitas revisões (mais de sessenta leis o modificaram), tão substanciais algumas delas que terminaram por acarretar grande perda sistemática, o principal atributo que um código deve ter. Nas quatro décadas de vigência do CPC atual, o país e o mundo passaram por inúmeras transformações. Muitos paradigmas inspiradores desse diploma legal foram revistos ou superados em razão de mudanças nos planos normativo, cientí-

---

1 Vide, no concernente as revogações, o conteúdo do Livro Complementar das disposições finais e transitórias.

2 BUZAID, Alfredo. *Grandes Processualistas*. São Paulo: Saraiva, 1982.

fico, tecnológico e social. Entre 1973 e 2013, houve edição da Lei do divórcio (1977), de uma nova Constituição Federal (1988), o Código de Defesa do Consumidor (1990), o Estatuto da Criança e do Adolescente (1990), as Leis Orgânicas do Ministério Público e da Defensoria Pública (1993 e 1994), um novo Código Civil (2002), e o Estatuto do Idoso (2003), exemplos de diplomas normativos que alteraram substancialmente o arcabouço jurídico brasileiro no período. Pelo fato de muitas das normas e a própria sistematização do CPC de 1973 não se afinar mais à realidade jurídica tão diferente dos dias atuais, afigura-se necessária a construção de um Código de Processo Civil adequado a esse novo panorama.[3]

Sugeriu-se, face às razões acima expostas, a confecção de um novo texto base para o processo civil brasileiro, pautado em premissas consideravelmente distintas das que orientaram a construção do sistema pretérito.

Não houve, considerados os institutos processuais propriamente ditos, o "reinvento da roda". Muito do que se viveu por força do CPC/73, ainda que com nomenclatura atualizada, encontra assento no texto de 2015. Grosso modo, boa parte dos institutos previstos pelo Código Buzaid mantiveram-se intocados; uma minoria, de outra sorte, foram lapidados.

Novidades? Sim, algumas, e de alcance outrora inimagináveis entre nós.

O prólogo do outrora Projeto (hoje lei), reputava indispensável, o quanto antes, adequar o processo civil pátrio à realidade social contemporânea.

a) o novo CPC deve conferir ao Ministério Público tratamento adequado ao seu atual perfil constitucional, muito distinto daquele que vigia em 1973. É preciso rever a necessidade de sua intervenção em qualquer ação de estado, exigência de um tempo em que se proibia o divórcio; b) o CPC de 1973 não contém ainda disposições sobre a Defensoria Pública, o que deve ser considerado omissão inaceitável, notadamente tendo em vista o papel institucional por ela alcançado com a Constituição Federal de 1988; c) no Brasil praticamente não existia a arbitragem em 1973. Atualmente, o Brasil é o quarto país do mundo em número de arbitragens realizadas na Câmara de Comércio Internacional. O CPC de 1973 pressupôs a realidade da arbitragem daquela época. É preciso construir um código afinado à nova realidade, para se prever, por exemplo, o procedimento da carta arbitral e instituir a possibilidade de alegação autônoma de convenção de arbitragem; d) de haver previsão legal de um modelo adequado para disciplina processual da desconsideração da personalidade jurídica, instituto consagrado no CDC e no Código Civil e amplamente utilizado na prática forense, que também não foi objeto de previsão, ainda, no CPC atual; e) as sensíveis transformações da ciência jurídica nos últimos anos, com o reconhecimento da força normativa dos princípios jurídicos e do papel criativo e também normativo da função jurisdicional, que se confirma pelas recentes decisões do Supremo Tribunal Federal e demais tribunais superiores, exigem nova reflexão sobre o CPC atual; f) afigura-se necessário criar uma disciplina jurídica minuciosa para a interpretação, aplicação e estabilização dos prece-

[3] Vide Exposição de Motivos do CPC/2015.

dentes judiciais, estabelecendo regras que auxiliem na identificação, na interpretação e na superação de um precedente; g) o processo em autos eletrônicos é uma realidade inevitável, podendo-se afirmar que o Brasil é dos países mais avançados do mundo nesse tipo de tecnologia e que, em poucos anos, a documentação de toda tramitação processual no Brasil será eletrônica, devendo o CPC bem disciplinar essa realidade; h) no plano social, as mudanças importantes que refletiram no acesso à justiça e na concessão da sua gratuidade, no progresso econômico, na incorporação ao mercado de grande massa de consumidores e na necessidade de resolução de demandas com multiplicidade de partes repercutam diretamente no exercício da função jurisdicional e ocasionaram aumento exponencial do número de processos em tramitação, realidade cujos problemas o CPC atual, ainda, não resolve completamente.[4]

A seriedade com que fora tratado o *modelo constitucional do processo civil pátrio* (tanto é que o conteúdo de cada um dos direitos fundamentais com aplicação *no* e *em razão* do processo se fazem sentir em diversas passagens codificadas); o protagonismo que atingira a vontade das partes por meio da ampliação do objeto dos denominados *negócios jurídicos processuais*; a reconstrução do sistema de *tutela provisória*; a readequação do regime de impugnação às decisões do juízo singular; a previsão de um Incidente de Resolução de Demandas Repetitivas, preocupado, em última análise, com os reflexos forenses da massificação das relações sociais, bem como, o reconhecimento de um sistema de técnicas de vinculatividade ("precedentes à brasileira"), serviram, à evidência, à conformação de um "outro" cenário processual.

Se, outrora, afirmamos que, "considerados os acontecimentos jurisprudenciais e a postura doutrinária mais recente" não era possível afirmar o nascimento de um "novo processo civil" entre nós, revisão acerca desse posicionamento, humildemente, é tarefa que se impõe.

De nossa parte, atualmente, não há mais dúvida: vivemos um novo tempo! Um novo processo civil!

Em outras palavras, o CPC/2015, bem compreendido, acena tentativa de reestruturação sistêmica que, para além do acima exposto, visa a, de um lado, desburocratizar o trâmite das ações judiciais, dando ao fenômeno processual maior eficiência (prática); de outro, afeiçoá-lo aos ditames constitucionais (operacionalizando o modelo constitucional do processo civil brasileiro[5]) e torná-lo capaz de ofertar ao jurisdicionado aplicação simétrica do direito, evitando-se, em última análise, atuação jurisdicional "esquizofrênica" .

Seja como for, a Lei 13.105/2015, vale sublinhar, fora, antes mesmo de produzir efeitos mundanos, reformada. No dia 15 de dezembro de 2015, o Projeto de Lei n. 168, originário da Câmara dos Deputados, fora votado pelo Senado Federal.

---

[4] Vide Exposição de Motivos do CPC/2015.

[5] Acerca do tema *modelo constitucional do processo civil brasileiro*, vide: TORRES, Artur. *Fundamentos de um direito processual civil contemporâneo* (parte I). Porto Alegre: Arana, 2016; TORRES, Artur. *CPC passado a limpo*: parte geral, procedimento comum e cumprimento de sentença. Porto Alegre: Livraria do Advogado, 2018. p. 25/37. v. I.

Aprovada em ambas as casas do Congresso Nacional, a alteração legislativa fora sancionada pela, então, presidente da república, Sra. Dilma Rousseff, sendo publicada no DOU em 05/02/2016, sob o n. 13.256/2016.

O CPC/2015 passou a produzir efeitos em 18/03/2016.

PARTE ESPECIAL

Livro I
DO PROCESSO DE CONHECIMENTO E DO CUMPRIMENTO DE SENTENÇA

(...)[6]

TÍTULO III
DOS PROCEDIMENTOS ESPECIAIS

1. Há, consoante examinado alhures, uma *linha de desenvolvimento natural* da tutela cognitiva. Quer dizer: via de regra, o caminho a ser percorrido *da postulação à dicção do direito aplicável ao caso concreto*, obedecerá ordem lógica de realização de atos processuais, já examinada no primeiro volume do presente estudo. Refere-se o legislador, ao regulá-lo, ao denominado *procedimento comum*. De outro giro, atento ao menos a uma das dimensões do *direito fundamental à tutela adequada* (a da adequação procedimental *in abstracto*[7]), bem como ao *direito*, igualmente fundamental, *à tutela efetiva*, o mesmo legislador de 2015, face às peculiaridades inerentes a certas demandas sociais, desenha, mantendo intacta tradição pátria, diversos *procedimentos específicos*, alguns de jurisdição *contenciosa* (14), outros de jurisdição *voluntária* (09). Trata-se, pois, da disciplina inerente aos denominados *procedimentos especiais*, doravante, objeto de nosso enfrentamento.

2. Vale, desde logo, o presente alerta: boa parte dos *procedimentos especiais* codificados legitimam-se a partir da tentativa, como dito alhures, de promover o *direito fundamental à tutela efetiva* (em linhas gerais, o direito de que o "credor" obtenha resultado mundano o mais rente possível ao da promessa oriunda do plano do direito material – exemplo, quem tem direito a um fazer, não deve, como regra, ser agraciado com mera indenização, senão com o próprio fazer). Assim sendo, a melhor compreensão da matéria (*procedimentos especiais*) passa, inevitavelmente, pelo domínio do campo do direito material que justifica o "desenho" de um procedimento específico na seara processual, excetuados os casos, à evidência, em que a *especialização procedimental abstrata* não se justifique por exigência do direito material.

---

[6] Acerca dos Títulos I e II da Parte Especial, vide o primeiro volume do presente estudo: TORRES, Artur. *CPC passado a limpo*: parte geral, procedimento comum e cumprimento de sentença. Porto Alegre: Livraria do Advogado, 2018. p. 259/442. v. I.

[7] Uma segunda dimensão do aludido direito fundamental diz, segundo pensamos, com a adequação procedimental *in concreto*, restando ela umbilicalmente ligada ao tema dos *negócios jurídicos processuais*.

CAPÍTULO I
DA AÇÃO DE CONSIGNAÇÃO EM PAGAMENTO

1. A ação sob comento visa a tutelar o direito substancial, titularizado por todo e qualquer devedor, de cumprir as obrigações que lhe toquem, no afã de libertar-se da aludida posição jurídica (condição de devedor). A *consignação*, bem compreendida, revela-se *forma anômala de extinção de obrigação.*

2. Acerca das hipóteses de cabimento da *consignação*, aduz a Lei 10.406/2002: "Considera-se pagamento, e extingue a obrigação, o depósito judicial ou em estabelecimento bancário da coisa devida, nos casos e forma legais" (art. 334). À luz do diploma material, a consignação tem lugar (I) se o credor não puder, ou, sem justa causa, recusar receber o pagamento, ou dar quitação na devida forma; (II) se o credor não for, nem mandar receber a coisa no lugar, tempo e condição devidos; (III) se o credor for incapaz de receber, for desconhecido, declarado ausente, ou residir em lugar incerto ou de acesso perigoso ou difícil; (IV) se ocorrer dúvida sobre quem deva legitimamente receber o objeto do pagamento; (V) se pender litígio sobre o objeto do pagamento (art. 335).

3. A legislação pátria, contudo, não limita a possibilidade da consignação às hipóteses prescritas pelo Código Civil. Dentre outros, há previsão, por exemplo, no artigo 164 do CTN (Código Tributário Nacional) e no artigo 67 da Lei 8.245/91 (Lei das Locações). Aquele, prevê que a "importância de crédito tributário pode ser consignada judicialmente pelo sujeito passivo" nos casos de (a) recusa de recebimento, ou subordinação deste ao pagamento de outro tributo ou de penalidade, ou ao cumprimento de obrigação acessória, (b) de subordinação do recebimento ao cumprimento de exigências administrativas sem fundamento legal, (c) de exigência, por mais de uma pessoa jurídica de direito público, de tributo idêntico sobre um mesmo fato gerador; este, por sua vez, disciplina a denominada *Ação de Consignação de Aluguel e Acessórios da Locação.*

Art. 539. Nos casos previstos em lei, poderá o devedor ou terceiro requerer, com efeito de pagamento, a consignação da quantia ou da coisa devida.

§ 1º Tratando-se de obrigação em dinheiro, poderá o valor ser depositado em estabelecimento bancário, oficial onde houver, situado no lugar do pagamento, cientificando-se o credor por carta com aviso de recebimento, assinado o prazo de 10 (dez) dias para a manifestação de recusa.

§ 2º Decorrido o prazo do § 1º, contado do retorno do aviso de recebimento, sem a manifestação de recusa, considerar-se-á o devedor liberado da obrigação, ficando à disposição do credor a quantia depositada.

§ 3º Ocorrendo a recusa, manifestada por escrito ao estabelecimento bancário, poderá ser proposta, dentro de 1 (um) mês, a ação de consignação, instruindo-se a inicial com a prova do depósito e da recusa.

§ 4º Não proposta a ação no prazo do § 3º, ficará sem efeito o depósito, podendo levantá-lo o depositante.

1. Atento ao direito material, o CPC disciplina o *iter* para o alcance da quitação, total ou parcial, da relação jurídica substancial em aberto.[8] Inaugura o trato do tema, pois, por afirmar que, nos casos previstos em lei, "poderá o devedor ou terceiro requerer, com efeito de pagamento, a consignação da quantia ou da coisa devida", ofertando aos legitimados, num primeiro momento, ferramenta extrajudicial. Acena, nessa quadra, à possibilidade de o devedor realizar, em se tratando de obrigação de pagar quantia, depósito bancário, em benefício do credor, respeitados o local[9] e o tempo do pagamento.[10] Impõe-se, para o sucesso da consignação extrajudicial (que tem por escopo libertar o devedor da obrigação), que o credor seja notificado por carta, com aviso de recebimento, para que manifeste, em dez dias, sendo o caso, sua recusa ao depósito realizado. Silente o credor (validamente notificado), considerar-se-á satisfeita à obrigação, liberando-se o devedor, ocasião em que o valor depositado ficará à disposição do inerte. O depósito, respeitadas as exigências do direito material, independentemente da data em que for levantado pelo credor, exime o devedor de arcar com quaisquer acréscimos econômicos (juros, cláusula penal, etc.).[11] Recusado o depósito, dispõe o Código: abrir-se-á ao devedor a via judicial. A previsão, em última análise, deve ser compreendida à luz do *modelo constitucional do processo brasileiro*, com especial destaque para o *direito fundamental à tutela jurisdicional*, uma vez que o cenário contemporâneo não mais comporta, salvo disposição constitucional expressa, a criação de entraves infraconstitucionais ao pleno e irrestrito acesso à justiça. A via extrajudicial ofertada pelo Código, nessa senda, deve ser compreendida enquanto *mera faculdade* do interessado em satisfazer relação jurídica material. A propositura da ação judicial consignatória, registre-se, não encontra limitação na realização de etapa extrajudicial.[12]

---

[8] À luz do sistema pretérito já se disse, com razão, que "cabe ao Código de Processo Civil (...) regular o procedimento que deve ser observado pelo Estado-juiz toda vez que, no plano do direito material, surgir algum entrave ao cumprimento (...)" de uma obrigação. BUENO, Cássio Scarpinella. *Curso Sistematizado de Direito Processual Civil*. São Paulo: Saraiva, 2011. v. 2, t. II. p. 37/38.

[9] "Art. 327. Efetuar-se-á o pagamento no domicílio do devedor, salvo se as partes convencionarem diversamente, ou se o contrário resultar da lei, da natureza da obrigação ou das circunstâncias. Parágrafo único. Designados dois ou mais lugares, cabe ao credor escolher entre eles. Art. 328. Se o pagamento consistir na tradição de um imóvel, ou em prestações relativas a imóvel, far-se-á no lugar onde situado o bem. Art. 329. Ocorrendo motivo grave para que se não efetue o pagamento no lugar determinado, poderá o devedor fazê-lo em outro, sem prejuízo para o credor. Art. 330. O pagamento reiteradamente feito em outro local faz presumir renúncia do credor relativamente ao previsto no contrato." (Lei 10.406/02).

[10] "Art. 331. Salvo disposição legal em contrário, não tendo sido ajustada época para o pagamento, pode o credor exigi-lo imediatamente. Art. 332. As obrigações condicionais cumprem-se na data do implemento da condição, cabendo ao credor a prova de que deste teve ciência o devedor. Art. 333. Ao credor assistirá o direito de cobrar a dívida antes de vencido o prazo estipulado no contrato ou marcado neste Código: I – no caso de falência do devedor, ou de concurso de credores; II – se os bens, hipotecados ou empenhados, forem penhorados em execução por outro credor; III – se cessarem, ou se se tornarem insuficientes, as garantias do débito, fidejussórias, ou reais, e o devedor, intimado, se negar a reforçá-las. Parágrafo único. Nos casos deste artigo, se houver, no débito, solidariedade passiva, não se reputará vencido quanto aos outros devedores solventes." (Lei 10.406/02).

[11] "Art. 337. O depósito requerer-se-á no lugar do pagamento, cessando, tanto que se efetue, para o depositante, os juros da dívida e os riscos, salvo se for julgado improcedente." (Lei 10.406/02).

[12] Nesse mesmo sentido: MARINONI, Luiz Guilherme; MITIDIERO, Daniel. *Código de Processo Civil comentado artigo por artigo*. São Paulo: RT, 2008. p. 817.

2. Nos casos em que o devedor se utilizar do *expediente extrajudicial*, o depósito por ele realizado apenas será aproveitado, havendo recusa do credor em levantá-lo, se promovida a demanda sob comento "dentro de 1 (um mês)". Inerte em relação à propositura tempestiva do pleito consignatório, o depósito (extrajudicial) ficará sem efeito, deixando de eximi-lo da obrigação, hipótese em que poderá *resgatar o valor depositado.*

3. Reconhece-se, nas ações em tela, *legitimidade ativa* ao devedor, bem como ao terceiro juridicamente interessado na extinção da relação jurídica de direito material que serve de lastro à propositura da demanda.[13] Têm *legitimidade passiva*, por sua vez, o credor e os que disputam, entre si, tal condição.

Art. 540. Requerer-se-á a consignação no lugar do pagamento, cessando para o devedor, à data do depósito, os juros e os riscos, salvo se a demanda for julgada improcedente.

1. Competência territorial. Ao regrar a *competência territorial* para processar e julgar a demanda sob comento, o CPC/2015 a atribui ao órgão judiciário legitimado a prestar jurisdição no *local do pagamento*, ou seja, no foro em que a obrigação (de direito material) deva ser satisfeita. Tendo em vista que o direito material determina, como regra, que o *pagamento* ocorra no domicílio do devedor (em regra, as dívidas são quesíveis), do ponto de vista processual, será competente, territorialmente falando, o juízo do domicílio do autor (o devedor).

2. "(art. 540). Em ação de consignação e pagamento, quando a coisa devida for corpo que deva ser entregue no lugar em que está, poderá o devedor requerer a consignação no foro em que ela se encontra. A supressão do parágrafo único do art. 891 do Código de Processo Civil de 1973 é inócua, tendo em vista o art. 341 do Código Civil. (*Grupo: Procedimentos Especiais; redação revista no III FPPC-Rio*)." (Enunciado 59 do Fórum Permanente de Processualistas Civis).

3. Acerca do tema *competência interna*, vide: TORRES, Artur. *CPC passado a limpo*: parte geral, procedimento comum e cumprimento de sentença. Porto Alegre: Livraria do Advogado, 2018. p. 71/85. v. I.

4. Para o consignante, ao tempo do depósito, cessam, consoante expresso texto de lei, "os juros e os riscos", ressalvados os casos em que a demanda for julgada improcedente.

Art. 541. Tratando-se de prestações sucessivas, consignada uma delas, pode o devedor continuar a depositar, no mesmo processo e sem mais formalidades, as que se forem vencendo, desde que o faça em até 5 (cinco) dias contados da data do respectivo vencimento.

[13] "Terceiro legitimado a consignar o pagamento do devedor. Qualquer interessado na extinção da dívida pode consignar o pagamento (CC 304; CC1916 930) e se sub-roga nos direitos do credor. O terceiro não interessado também pode fazê-lo, mas, nesse caso, não se opera a sub-rogação nos direitos do credor (CC 305; CC/1916 931)." (NERY, Nelson; NERY, Rosa Maria de Andrade. *Código de Processo Civil comentado e legislação extravagante.* São Paulo: RT, 2006. p. 969).

1. Tratando-se o objeto da consignação de *prestação periódica*, uma vez consignada a primeira, faculta-se ao autor consignar, no mesmo processo, as que se forem vencendo ao longo de sua tramitação. Para que o principal efeito consignatório se faça sentir, o depósito em continuidade deve ser realizado, consoante expresso texto de lei, em até cinco dias, contados da data do "respectivo vencimento".

2. "(art. 541) Na ação de consignação em pagamento que tratar de prestações sucessivas, consignada uma delas, pode o devedor continuar a consignar sem mais formalidades as que se forem vencendo, enquanto estiver pendente o processo. *(Grupo: Procedimentos Especiais).*" (Enunciado 60 do Fórum Permanente de Processualistas Civis).

Art. 542. Na petição inicial, o autor requererá:
I – o depósito da quantia ou da coisa devida, a ser efetivado no prazo de 5 (cinco) dias contados do deferimento, ressalvada a hipótese do art. 539, § 3º;
II – a citação do réu para levantar o depósito ou oferecer contestação.
Parágrafo único. Não realizado o depósito no prazo do inciso I, o processo será extinto sem resolução do mérito.

1. O pedido a ser formulado pelo demandante depende da análise de algumas vertentes. Caso tenha optado, num primeiro momento, pela via extrajudicial, havendo recusa do credor em levantar o depósito previamente realizado, requererá ao juízo que se proceda na citação do demandado para levantar o depósito e, querendo, oferecer reposta no prazo da lei. Nesses casos, instruir-se-á a exordial com os comprovantes de depósito e de recusa do levantamento, respeitando à propositura da ação o prazo de 1 mês, contados *da negativa expressa apresentada pelo credor ao banco* (art. 539, § 3º). Preterida a via extrajudicial, o autor deverá requerer, para além dos pedidos de *praxe* envoltos às demandas judiciais, autorização para realizar, no prazo de cinco dias, o depósito consignatório. O termo inicial para o cômputo do quinquídio guarda relação com o momento da intimação formal do deferimento acerca do postulado. Em se tratando, pois, de obrigação de *entregar coisa indeterminada*, pertencendo o direito de escolha ao credor, observar-se-á na formulação do pedido, outrossim, o teor do art. 543.

2. A inexistência de "depósito" da quantia ou da "coisa devida" no quinquídio posterior a intimação do consignante acerca do deferimento da medida, impõe, segundo o direito legislado, a extinção do feito por *sentença terminativa*.[14]

3. Extrai-se do teor do artigo sob comento, outrossim, que, nada obstante a utilização da via consignatória extrajudicial se limite a tentativa de satisfação de *obrigações de pagar quantia*, a judicial é compatível com (a satisfação de) obri-

[14] Acerca do tema *sentença*, vide: TORRES, Artur. *CPC passado a limpo*: teoria geral, processo de conhecimento e cumprimento de sentença. Porto Alegre: Livraria do Advogado, 2018. p. 375/391. v. I; TORRES, Artur. *Sentença, Coisa Julgada e Recursos Cíveis Codificados*: de acordo com as Leis 13.105/2015 e 13.256/2016. Porto Alegre: Livraria do Advogado, 2017. p. 24/47.

gações de natureza diversa (por exemplo, *obrigação de entregar coisa*). Inteligência dos arts. 542, I, e 543 do CPC/2015.

Art. 543. Se o objeto da prestação for coisa indeterminada e a escolha couber ao credor, será este citado para exercer o direito dentro de 5 (cinco) dias, se outro prazo não constar de lei ou do contrato, ou para aceitar que o devedor a faça, devendo o juiz, ao despachar a petição inicial, fixar lugar, dia e hora em que se fará a entrega, sob pena de depósito.

1. Atento a outras peculiaridades, o legislador processual prevê, ainda, trâmite adequado para os casos em que a obrigação da qual pretende se libertar o autor envolva prestação de coisa indeterminada. Mais uma vez o regramento material se faz sentir no âmbito processual, destacando-se, agora, o denominado *direito de escolha*. Sabe-se que a obrigação assumida pode ser *certa* ou *incerta*. Nas obrigações que envolvam prestações incertas (as que, segundo o Código Civil, se caracterizam pelo gênero e quantidade),[15] prescreve o legislador material que, *salvo disposição em contrário*, pertence ao devedor o direito de individualizá-la.[16] O entre vírgulas acima exigiu do legislador processual o arquitetamento de ferramenta apta a salvaguardar o direito de escolha do credor. Revelando-se, pois, o objeto da prestação *coisa indeterminada* e tocando a escolha ao demandado, será ele citado, se outro prazo não constar de lei ou do contrato, para exercer, no prazo de cinco dias, o *direito de individualização da coisa* ou aceitar que o demandante o faça, devendo o juiz, ao deferir a petição inicial, fixar o lugar, o dia e a hora em que se fará a entrega do bem da vida.

Art. 544. Na contestação, o réu poderá alegar que:

I – não houve recusa ou mora em receber a quantia ou a coisa devida;

II – foi justa a recusa;

III – o depósito não se efetuou no prazo ou no lugar do pagamento;

IV – o depósito não é integral.

Parágrafo único. No caso do inciso IV, a alegação somente será admissível se o réu indicar o montante que entende devido.

1. O procedimento especial em epígrafe, segundo o sistema codificado, afigura-se de *cognição limitada*. Em sede de defesa meritória, as possibilidades do demandado cingem-se a sustentar (a) *a inexistência de recusa em receber o bem da vida*, (b) *a justiça de seu ato*, (c) *que o depósito não respeita o prazo e o lugar do pagamento*, ou, ainda, (d) *que o depósito não corresponde à integralidade da obrigação a ser cumprida*. Valendo-se do derradeiro fundamento, ao demandado incumbe apontar, detalhadamente, os limites da obrigação que entende devida.

---

[15] Vide art. 243 da Lei 10.406/02.

[16] Vide art. 244 da Lei 10.406/02.

Art. 545. Alegada a insuficiência do depósito, é lícito ao autor completá-lo, em 10 (dez) dias, salvo se corresponder a prestação cujo inadimplemento acarrete a rescisão do contrato.

§ 1º No caso do *caput*, poderá o réu levantar, desde logo, a quantia ou a coisa depositada, com a consequente liberação parcial do autor, prosseguindo o processo quanto à parcela controvertida.

§ 2º A sentença que concluir pela insuficiência do depósito determinará, sempre que possível, o montante devido e valerá como título executivo, facultado ao credor promover-lhe o cumprimento nos mesmos autos, após liquidação, se necessária.

1. Faculta-se ao demandante que concordar com o cálculo sustentado pelo credor, nos termos do art. 545, complementar o depósito, no afã de livrar-se da obrigação, ressalvados os casos em que, pela natureza da obrigação, seu inadimplemento acarrete a rescisão contratual.

2. Ainda que sustente à insuficiência do depósito (art. 544, IV), o réu poderá levantar, *incontinenti*, a quantia ou a coisa depositada, com a consequente liberação parcial do autor, prosseguindo-se no feito em relação ao quanto controvertido.[17] O decisório que concluir pela *insuficiência do depósito* apontará, como regra, o montante devido (diferença em benefício do(s) réu(s)), servindo de *título executivo* ao(s) demandado(s), que, querendo, poderá(ão) *executá-lo* nos mesmos autos.[18]

3. "(art. 545) É permitido ao réu da ação de consignação em pagamento levantar "desde logo" a quantia ou coisa depositada em outras hipóteses além da prevista no § 1º do art. 545 (insuficiência do depósito), desde que tal postura não seja contraditória com fundamento da defesa. *(Grupo: Procedimentos Especiais)*" Enunciado 61 do Fórum Permanente de Processualistas Civis.

Art. 546. Julgado procedente o pedido, o juiz declarará extinta a obrigação e condenará o réu ao pagamento de custas e honorários advocatícios.

Parágrafo único. Proceder-se-á do mesmo modo se o credor receber e der quitação.

1. Procedência da ação. Principal efeito. Acolhido o pedido formulado pelo demandante, a obrigação (que deu ensejo à propositura da ação consignatória) será declarada extinta, ou seja, atribuir-se-á ao depósito *força extintiva da obrigação*.

[17] "(...) II. "Esta Corte de Uniformização Infraconstitucional firmou entendimento no sentido de que o depósito efetuado a menor em ação de consignação em pagamento não acarreta a total improcedência do pedido, na medida em que a obrigação é parcialmente adimplida pelo montante consignado, acarretando a liberação parcial do devedor. O restante do débito, reconhecido pelo julgador, pode ser objeto de execução nos próprios autos da ação consignatória (cf. REsp nº 99.489/SC, Rel. Ministro BARROS MONTEIRO, DJ de 28.10.2002; REsp nº 599.520/TO, Rel. Ministra NANCY ANDRIGHI, DJ de 1.2.2005; REsp nº 448.602/SC, Rel. Ministro RUY ROSADO DE AGUIAR, DJ de 17.2.2003; AgRg no REsp nº 41.953/SP, Rel. Ministro ALDIR PASSARINHO JÚNIOR, DJ de 6.10.2003; REsp nº 126.326/RJ, Rel. Ministro BARROS MONTEIRO, DJ de 22.9.2003)." (REsp 613552/RS, Rel. Min. Jorge Scartezzini, Quarta Turma, Unânime, DJ: 14/11/2005, p. 329). (...) (REsp 912.697/RO, Rel. Ministro ALDIR PASSARINHO JUNIOR, QUARTA TURMA, julgado em 07/10/2010, DJe 25/10/2010).

[18] Acerca do tema *cumprimento de sentença*, vide: TORRES, Artur. *CPC passado a limpo*: teoria geral, processo de conhecimento e cumprimento de sentença. Porto Alegre: Livraria do Advogado, 2018. p. 403/442. v. I.

2. Sucumbência. Na linha do sistema codificado, sucumbindo o demandado, haverá o mesmo de responder pelas *custas processuais*, bem como pelos *honorários sucumbenciais* (que pertencem ao advogado do autor). Tais ônus recairão sobre o demandado, outrossim, se, citado validamente, limitar-se a receber e dar quitação ao consignante.

Art. 547. Se ocorrer dúvida sobre quem deva legitimamente receber o pagamento, o autor requererá o depósito e a citação dos possíveis titulares do crédito para provarem o seu direito.

1. Hipótese do art. 335, IV, da Lei 10.406/2002. Pagamento ao sujeito adequado. Legitimidade passiva. Nos casos em que o fundamento da ação sob comento repousar *na dúvida sobre quem deva legitimamente receber o objeto do pagamento*, o polo passivo da demanda será ocupado por todos aqueles que, ao menos em tese, possam revelar-se credores.

Art. 548. No caso do art. 547:

I – não comparecendo pretendente algum, converter-se-á o depósito em arrecadação de coisas vagas;

II – comparecendo apenas um, o juiz decidirá de plano;

III – comparecendo mais de um, o juiz declarará efetuado o depósito e extinta a obrigação, continuando o processo a correr unicamente entre os presuntivos credores, observado o procedimento comum.

1. Quando a consignação se fundar na *dúvida a respeito de quem deva legitimamente receber o crédito*, inexistindo pretendente, converter-se-á o depósito em *arrecadação de coisas vagas*; comparecendo apenas um dos potenciais credores, o juiz decidirá de plano (após, é evidente, facultar-lhe o gozo do direito fundamental ao contraditório); comparecendo mais de um, a obrigação do consignante, desde que o depósito tenha força para tanto, será declarada extinta, libertando-se o devedor e prosseguindo o processo unicamente entre os potenciais credores, observado, doravante, o procedimento comum (arts. 318 e seguintes).

Art. 549. Aplica-se o procedimento estabelecido neste Capítulo, no que couber, ao resgate do aforamento.

1. O procedimento especial em tela, consoante anotação legislativa expressa, tem aplicação, no que couber, ao resgate do aforamento.

CAPÍTULO II
DA AÇÃO DE EXIGIR CONTAS[19]

Art. 550. Aquele que afirmar ser titular do direito de exigir contas requererá a citação do réu para que as preste ou ofereça contestação no prazo de 15 (quinze) dias.

[19] Acerca da ação sob comento, afirmamos outrora (ainda sob a vigência do CPC/73) que: "O escopo da ação em análise vai aclarado, em boa medida, por sua graça. Sua regulamentação, hodiernamente, encontra am-

§ 1º Na petição inicial, o autor especificará, detalhadamente, as razões pelas quais exige as contas, instruindo-a com documentos comprobatórios dessa necessidade, se existirem.

§ 2º Prestadas as contas, o autor terá 15 (quinze) dias para se manifestar, prosseguindo-se o processo na forma do Capítulo X do Título I deste Livro.

§ 3º A impugnação das contas apresentadas pelo réu deverá ser fundamentada e específica, com referência expressa ao lançamento questionado.

§ 4º Se o réu não contestar o pedido, observar-se-á o disposto no art. 355.

§ 5º A decisão que julgar procedente o pedido condenará o réu a prestar as contas no prazo de 15 (quinze) dias, sob pena de não lhe ser lícito impugnar as que o autor apresentar.

§ 6º Se o réu apresentar as contas no prazo previsto no § 5º, seguir-se-á o procedimento do § 2º, caso contrário, o autor apresentá-las-á no prazo de 15 (quinze) dias, podendo o juiz determinar a realização de exame pericial, se necessário.

1. "Sempre que alguém tiver a administração de bens de outrem, ou de bens comuns, surge a obrigação de prestar contas, ou seja, de demonstrar o resultado da administração, com a verificação da utilização dos bens, seus frutos e rendimentos. Essa obrigação pode decorrer de lei ou contrato. Inúmeras são as situações em que há a obrigação de prestar contas, não sendo possível enumerá-las. Por exemplo, têm obrigação legal o curador, o tutor, o inventariante, o síndico, entre outros. No campo obrigacional, a relação mais se alarga, pois, sempre que houver pacto em que alguém se obriga a administrar bens de outrem, ou comuns, estará obrigado a prestar contas." (WAMBIER, Luiz Rodrigues; ALMEIDA, Flávio Renato Correia de; TALAMINI, Eduardo. *Curso Avançado de Processo Civil*. São Paulo: RT, 2006. p. 153. v.3).

2. A cognição, na ação em epígrafe, dá-se sobre dois distintos tópicos. Não há baralhar (1) a investigação acerca do direito de o demandante (e o correspondente dever do demandado) exigir a prestação de contas e, (2) o julgamento das contas propriamente ditas.

3. A causa de pedir, nas ações em tela, consiste na alegação de haver, por parte do demandado, o *dever de prestar contas*. Nessa quadra, o réu será citado e, ato contínuo, intimado para, concordando com o dever que lhe foi atribuído (de prestar contar), prestá-las ou, descordando, apresentar resposta, ambas, pois, no prazo de 15 dias. Ao autor incumbe, em sede inicial, especificar pormenorizadamente o porquê exige a prestação de contas, instruindo seu petitório com "documentos comprobatórios" que justifiquem a propositura da ação, caso existam.

paro nos artigos 914 a 919 do CPC/73. O Projeto de Lei do Novo Código de Processo Civil denomina-a "Da ação de exigir contas", reduzindo, pelo menos em tese, seu aproveitamento. Segundo o CPC/73, possuem legitimidade para propô-la os que (1) tiverem o direito (material) de exigir a prestação de contas, bem como (2) os que (segundo o direito material) as tiverem de prestá-las. A Lei 5.869/73, na verdade, disciplina duas distintas ações. Fala-se, atualmente, em ação para tomar contas e ação para prestar contas (SANTOS, Ernani Fidélis dos. *Manual de Direito Processual Civil*. 9. ed. São Paulo: Saraiva, 2003. p. 33/39). A redação atribuída ao artigo 564 do Projeto de NCPC acena, pelo menos no concernente, para uma mudança de paradigma. A legitimidade ativa, segundo o texto projetado, limita-se a quem se afirme 'titular do direito de exigir contas'."

4. Ciente do pleito formulado em seu desfavor, o demandado poderá: (a) prestar contas de imediato; (b) insurgir-se ao dever que lhe é atribuído; (c) silenciar. No primeiro caso, dar-se-á "voz" ao demandante para que diga acerca da regularidade das contas prestadas (de maneira fundamentada, especificando, pois, os problemas localizados – § 3º). Note-se que, no aludido cenário, o demandado não se insurge ao dever de prestar contas, limitando-se o enfrentamento judicial, doravante, ao exame da corretude das contas já prestadas, tarefa que será realizada mediante *julgamento conforme o estado do processo*;[20] no *segundo* (*insurgindo-se o demandado a afirmativa do autor de que lhe deva prestar contas*), face ao evidente conflito de interesses, e *terceiro casos*, incumbirá ao julgador, em relação à matéria, *julgar o mérito imediatamente*. Quer dizer: decidir se há, ou não, *in concreto*, a obrigação de prestar contas pelo demandado; a sentença de procedência determinará ao mesmo, em quaisquer das duas últimas hipóteses, que as preste em 15 dias, "pena de não lhe ser lícito impugnar as que o autor apresentar".

5. Cumprida a determinação judicial (ou seja, apresentadas as contas pelo, agora, por sentença, obrigado a tanto), passa-se à análise de sua corretude. Trata-se, a rigor, de um *segundo momento cognitivo*, que seguirá o *iter* previsto para os casos em que o demandado apresente contas *incontinenti*. Deixando o demandado de cumprir espontaneamente o comando judicial, ao autor (vitorioso em seu pleito) incumbirá apresentá-las no prazo de 15 dias. A partir daí, as contas serão julgadas (boas ou más), segundo "o prudente arbítrio do juiz" que, entendendo conveniente, poderá valer-se de exame pericial contábil.

Art. 551. As contas do réu serão apresentadas na forma adequada, especificando-se as receitas, a aplicação das despesas e os investimentos, se houver.

§ 1º Havendo impugnação específica e fundamentada pelo autor, o juiz estabelecerá prazo razoável para que o réu apresente os documentos justificativos dos lançamentos individualmente impugnados.

§ 2º As contas do autor, para os fins do art. 550, § 5º, serão apresentadas na forma adequada, já instruídas com os documentos justificativos, especificando-se as receitas, a aplicação das despesas e os investimentos, se houver, bem como o respectivo saldo.

1. As contas, assim do autor (sendo o caso) como do réu, devem ser apresentadas em observância a forma mercantil, especificando-se as receitas e a aplicação das despesas, bem como o respectivo saldo, devidamente instruídas com os documentos justificativos.

2. Nos casos em que o autor, diante da manifestação do réu, impugnar adequadamente as contas prestadas, o julgador deverá, em atenção ao direito fundamental ao contraditório, conceder prazo razoável para que o demandado

[20] Acerca do tema, vide o volume I do presente estudo, mais especificamente os comentários ao art. 319 e seguintes do CPC/2015. TORRES, Artur. *CPC passado a limpo*: teoria geral, processo de conhecimento e cumprimento de sentença. Porto Alegre: Livraria do Advogado, 2018. p. 293/297. v. I.

"apresente os documentos justificativos dos lançamentos individualmente impugnados."

Art. 552. A sentença apurará o saldo e constituirá título executivo judicial.

1. A sentença que julgar total ou parcialmente (in)apropriadas as contas, apurará o saldo devedor, servindo de título à sua execução.[21]

Art. 553. As contas do inventariante, do tutor, do curador, do depositário e de qualquer outro administrador serão prestadas em apenso aos autos do processo em que tiver sido nomeado.

Parágrafo único. Se qualquer dos referidos no *caput* for condenado a pagar o saldo e não o fizer no prazo legal, o juiz poderá destituí-lo, sequestrar os bens sob sua guarda, glosar o prêmio ou a gratificação a que teria direito e determinar as medidas executivas necessárias à recomposição do prejuízo.

1. O *inventariante*, o *tutor*, o *curador*, o *depositário* e *quaisquer outros administradores* de patrimônio alheio (nomeados judicialmente) prestarão contas, quando instados a tanto, em apenso aos autos dos processos em que tiverem sido nomeados.

2. O parágrafo único do artigo sob comento, visando a coagir o condenado a satisfazer a obrigação de pagar quantia que lhe alcance (cuja origem é a comprovação judicial da má administração do patrimônio a que está obrigado a prestar contas) faculta ao julgador a tomada de medidas *punitivo-protetivas*, tais como a destituição da função, o sequestro dos bens sob a guarda do administrador, suspensão do direito de ser remunerado pela administração, etc. A previsão legal, segundo pensamos, apresenta rol meramente exemplificativo, podendo o julgador, alinhado a razão de ser das mesmas, lançar mão de expedientes diversos, tudo em convergência com o teor do art. 139, IV, do CPC/2015.

3. Questão forense. Os tribunais têm, em considerável medida, indeferido demandas em que se busca, em nome do alimentado (autor, devidamente representado/assistido – porque incapaz), prestação de contas relativas à administração da verba alimentar, gerida por sua genitora. Os fundamentos, não raro, variam de decisão para decisão. Trata-se, segundo pensamos, de equívoco considerável, a uma, porque o alimentado, "menor", possui, como é evidente, *capacidade de ser parte* (embora, lhe falte *capacidade para estar em juízo* (de forma autônoma)); a duas, porque é titular do patrimônio administrado por outrem (no caso, sua genitora), donde deriva sua *legitimidade ad causam*; a três, porque eventual legitimidade oriunda do plano do direito material reconhecida ao genitor não detentor da guarda do alimentado (art. 1.583, § 5º, da

[21] Acerca do tema *cumprimento de sentença*, vide: TORRES, Artur. *CPC passado a limpo*: teoria geral, processo de conhecimento e cumprimento de sentença. Porto Alegre: Livraria do Advogado, 2018. p. 403/442. v. I.

Lei 10.406/2002),[22] não pode ser confundida, nem suplanta, a *legitimidade do próprio titular do patrimônio administrado por outrem* para promover o pleito judicial; a quatro, porque não há confundir os efeitos dos institutos da *guarda* e do *poder familiar*. Tanto ao *guardião* do infante, quanto ao outro genitor, consoante expresso apontamento legal, compete "qualquer que seja a sua situação conjugal, o pleno exercício do poder familiar, que consiste em, quanto aos filhos: (...) representá-los judicial e extrajudicialmente até os 16 (dezesseis) anos, nos atos da vida civil, e assisti-los, após essa idade, nos atos em que forem partes, suprindo-lhes o consentimento" (art. 1.634 da Lei 10.406/2002). Inexiste, portanto, qualquer argumento jurídico que legitime o indeferimento do pleito sob comento. Sua negativa, inclusive, apenas tem servido, na prática, à blindagem do genitor que mal administra o patrimônio do infante, com incontáveis prejuízos ao mesmo, tudo em total desconsonância com o sistema pátrio de proteção aos incapazes.

CAPÍTULO III
DAS AÇÕES POSSESSÓRIAS

1. Sublinhe-se, desde logo, que não há baralhar os conceitos de *ação possessória* e *procedimento especial* (ainda que para a prestação de tutela jurisdicional possessória). Há *ações possessórias* cuja tramitação obedecerá ao *procedimento especial* abaixo examinado, bem como *ações* igualmente *possessórias* em que o *procedimento* a ser observado será o *comum*.[23] O que caracteriza uma *ação* como *possessória* é o direito *sub judice* (direito *posse*), não o procedimento a ser observado.

Seção I
Disposições Gerais

1. A melhor compreensão do objeto do procedimento especial em destaque passa, indubitavelmente, pela ciência da distinção havida, no plano do direito material, entre os direitos *posse* e *propriedade*. Destinam-se as ações em tela, bem compreendidas, a tutelar o primeiro, jamais, ao menos diretamente, o segundo.[24-25-26-27]

[22] "Art. 1.583. A guarda será unilateral ou compartilhada. § 5°. A guarda unilateral obriga o pai ou a mãe que não a detenha a supervisionar os interesses dos filhos, e, para possibilitar tal supervisão, qualquer dos genitores sempre será parte legítima para solicitar informações e/ou prestação de contas , objetivas ou subjetivas, em assuntos ou situações que direta ou indiretamente afetem a saúde física e psicológica e a educação de seus filhos".

[23] Confirma o aludido raciocínio, exemplificativamente, o teor do art. 558 do CPC/2015.

[24] "As possessórias se caracterizam por pedirem a posse com fundamento no fato jurídico posse. O que determina o caráter possessório de uma ação não é só o pedido, como à primeira vista poderia parecer, mas sim, a *causa petendi*, os fundamentos do pedido do autor. Terá natureza possessória a ação que tiver a posse tanto como fundamento (causa de pedir) como também pedido (pretensão). Quando o pedido for a posse mas o fundamento for a propriedade a ação será petitória." (NERY JUNIOR, Nelson; NERY, Rosa Maria de Andrade. *Código de Processo Civil Comentado*. p. 989).

[25] "Como ensinam os civilistas, posse e propriedade são fenômenos distintos. As 'possessórias' disciplinadas pelos arts. 920 a 933 ocupam-se com a tutela jurisdicional da posse e não da propriedade. Para a tutela jurisdicional desta não há, no Código de Processo Civil, nenhum procedimento especial." (SCARPINELLA BUENO, Cássio. *Curso Sistematizado de Direito Processual Civil*. São Paulo: Saraiva, 2011. v.2, t. II. p. 66).

Destaque-se, contudo, que, apenas a denominada *posse justa* se afigura merecedora da proteção estatal. Considera-se *justa*, grosso modo, a posse obtida de forma *não violenta, clandestina ou precária.*[28-29-30]

2. Antes do enfrentamento pormenorizado das disposições processuais aplicáveis às denominadas ações *possessórias*, há de ressaltar, face à sua pecu-

[26] "Da Aquisição da Posse. Art. 1.204. Adquire-se a posse desde o momento em que se torna possível o exercício, em nome próprio, de qualquer dos poderes inerentes à propriedade. Art. 1.205. A posse pode ser adquirida: I – pela própria pessoa que a pretende ou por seu representante; II – por terceiro sem mandato, dependendo de ratificação. Art. 1.206. A posse transmite-se aos herdeiros ou legatários do possuidor com os mesmos caracteres. Art. 1.207. O sucessor universal continua de direito a posse do seu antecessor; e ao sucessor singular é facultado unir sua posse à do antecessor, para os efeitos legais. Art. 1.208. Não induzem posse os atos de mera permissão ou tolerância assim como não autorizam a sua aquisição os atos violentos, ou clandestinos, senão depois de cessar a violência ou a clandestinidade. Art. 1.209. A posse do imóvel faz presumir, até prova contrária, a das coisas móveis que nele estiverem. Dos Efeitos da Posse. Art. 1.210. O possuidor tem direito a ser mantido na posse em caso de turbação, restituído no de esbulho, e segurado de violência iminente, se tiver justo receio de ser molestado. § 1º O possuidor turbado, ou esbulhado, poderá manter-se ou restituir-se por sua própria força, contanto que o faça logo; os atos de defesa, ou de desforço, não podem ir além do indispensável à manutenção, ou restituição da posse. § 2º Não obsta à manutenção ou reintegração na posse a alegação de propriedade, ou de outro direito sobre a coisa. Art. 1.211. Quando mais de uma pessoa se disser possuidora, manter-se-á provisoriamente a que tiver a coisa, se não estiver manifesto que a obteve de alguma das outras por modo vicioso. Art. 1.212. O possuidor pode intentar a ação de esbulho, ou a de indenização, contra o terceiro, que recebeu a coisa esbulhada sabendo que o era. Art. 1.213. O disposto nos artigos antecedentes não se aplica às servidões não aparentes, salvo quando os respectivos títulos provierem do possuidor do prédio serviente, ou daqueles de quem este o houve. Art. 1.214. O possuidor de boa-fé tem direito, enquanto ela durar, aos frutos percebidos. Parágrafo único. Os frutos pendentes ao tempo em que cessar a boa-fé devem ser restituídos, depois de deduzidas as despesas da produção e custeio; devem ser também restituídos os frutos colhidos com antecipação. Art. 1.215. Os frutos naturais e industriais reputam-se colhidos e percebidos, logo que são separados; os civis reputam-se percebidos dia por dia. Art. 1.216. O possuidor de má-fé responde por todos os frutos colhidos e percebidos, bem como pelos que, por culpa sua, deixou de perceber, desde o momento em que se constituiu de má-fé; tem direito às despesas da produção e custeio. Art. 1.217. O possuidor de boa-fé não responde pela perda ou deterioração da coisa, a que não der causa. Art. 1.218. O possuidor de má-fé responde pela perda, ou deterioração da coisa, ainda que acidentais, salvo se provar que de igual modo se teriam dado, estando ela na posse do reivindicante. Art. 1.219. O possuidor de boa-fé tem direito à indenização das benfeitorias necessárias e úteis, bem como, quanto às voluptuárias, se não lhe forem pagas, a levantá-las, quando o puder sem detrimento da coisa, e poderá exercer o direito de retenção pelo valor das benfeitorias necessárias e úteis. Art. 1.220. Ao possuidor de má-fé serão ressarcidas somente as benfeitorias necessárias; não lhe assiste o direito de retenção pela importância destas, nem o de levantar as voluptuárias. Art. 1.221. As benfeitorias compensam-se com os danos, e só obrigam ao ressarcimento se ao tempo da evicção ainda existirem. Art. 1.222. O reivindicante, obrigado a indenizar as benfeitorias ao possuidor de má-fé, tem o direito de optar entre o seu valor atual e o seu custo; ao possuidor de boa-fé indenizará pelo valor atual. Da Perda da Posse. Art. 1.223. Perde-se a posse quando cessa, embora contra a vontade do possuidor, o poder sobre o bem, ao qual se refere o art. 1.196. Art. 1.224. Só se considera perdida a posse para quem não presenciou o esbulho, quando, tendo notícia dele, se abstém de retornar a coisa, ou, tentando recuperá-la, é violentamente repelido.

[27] As possessórias ocupam-se, única e exclusivamente, em proteger o direito posse. Nelas, a rigor, não se discute propriedade, podendo até mesmo o possuidor intentar a ação (e ver protegida sua posse) contra o próprio Senhor do bem. A proteção ao direito *propriedade* se obtém por via processual diversa.

[28] "Admite a lei várias classificações da posse. Mas uma delas é decisiva para que o possuidor possa obter ou não a tutela dos interditos possessórios: trata-se da que vem contida (...) no Cod. Civil, e que prevê a existência de posse justa e posse injusta. Somente a posse justa desfruta da proteção das ações possessórias. Posse justa, segundo a definição de Lafayette, 'é aquela cuja aquisição não repugna ao direito'. Posse injusta, define o (...) CC de 2002, art. 1.200, a *contrario sensu*, é a adquirida por meio de violência, clandestinidade ou precariedade." (THEODORO JR., Humberto. *Curso de Direito Processual Civil.* 34. ed. Rio de Janeiro: Forense, 2005. p. 115. v. III).

[29] "É justa a posse que não for violenta, clandestina ou precária". (art. 1.200 da Lei 10.406/02).

[30] "Só se considera perdida a posse para quem não presenciou o esbulho, quando, tendo notícia dele, se abstém de retornar a coisa, ou, tentando recuperá-la, é violentamente repelido." (art. 1.224 da Lei 10.406/02).

liaridade, a autorização advinda do plano material, mais especificamente do teor do artigo 1.210, § 1º, do CC/02: *violado o direito posse (objeto das ações possessórias), admite-se, consoante expressa autorização legislativa, a autotutela. Nessa quadra, o texto da lei preconiza, em "alto e bom tom", que, o "possuidor turbado, ou esbulhado, poderá manter-se ou restituir-se por sua própria força, contanto que o faça logo", não podendo os atos de defesa (o desforço) ir além do indispensável à manutenção, ou à restituição da posse violada.* Em suma: a ação possessória revela-se, bem compreendida a afirmativa, despicienda ao jurisdicionado que, de imediato, e nos limites legais, reaja à violação, total ou parcial, de sua posse.

3. Três, a rigor, são os *interditos possessórios* disciplinados pelo CPC: (a) o de *manutenção* de posse, (b) o de *reintegração* de posse, e (c) os denominados *interditos proibitórios*. Compreenda-se, desde logo, que a distinção havida entre as ações de *manutenção* e *reintegração* guarda íntima relação com a *intensidade da agressão à posse* que se pretende ver tutelada. Tratando-se, pois, de *esbulho* possessório (leia-se, perda da posse), o instrumento adequado para reavê-la será o da *reintegração*; tratando-se de *turbação* (leia-se, incômodo ao exercício pleno da posse), o de *manutenção*. Ambas, como é intuitivo, se afiguram instrumento de *tutela repressiva*. Os *interditos proibitórios*, por sua vez, encontram fundamento na *tutela preventiva* e, por tal razão, têm cabimento, grosso modo, para evitar o *esbulho* ou a *turbação* da posse.

Art. 554. A propositura de uma ação possessória em vez de outra não obstará a que o juiz conheça do pedido e outorgue a proteção legal correspondente àquela cujos pressupostos estejam provados.

§ 1º No caso de ação possessória em que figure no polo passivo grande número de pessoas, serão feitas a citação pessoal dos ocupantes que forem encontrados no local e a citação por edital dos demais, determinando-se, ainda, a intimação do Ministério Público e, se envolver pessoas em situação de hipossuficiência econômica, da Defensoria Pública.

§ 2º Para fim da citação pessoal prevista no § 1º, o oficial de justiça procurará os ocupantes no local por uma vez, citando-se por edital os que não forem encontrados.

§ 3º O juiz deverá determinar que se dê ampla publicidade da existência da ação prevista no § 1º e dos respectivos prazos processuais, podendo, para tanto, valer-se de anúncios em jornal ou rádio locais, da publicação de cartazes na região do conflito e de outros meios.

1. "O art. 554 continua a consagrar, no seu cabeço, o princípio da fungibilidade dos remédios possessórios. Explica-se: na ordem prática, o próprio autor ofendido em sua posse pode ter dificuldade em identificar de pronto e com certeza a dimensão da afronta, que pode consistir em esbulho (tomada a posse pelo infrator), turbação (acarretando embaraço ou dificuldade no exercício da posse, mas não a perda dela) ou a mera ameaça (atos ou palavras que indiquem a intenção de esbulhar ou turbar) (...) De outra banda, toma-se em conta que o ataque à posse tem, de regra, caráter evolutivo, tendendo sempre ao grau máximo. Quem ameaça propende a turbar; quem turba pode a qualquer momento esbulhar. O dispositivo assegura, de um lado, que eventual erro de fato no identificar a extensão do ataque não afete a concessão do remédio possessório adequado; de outro, que a alteração desse dado de fato, subsequente ao aforamento da demanda, não a prejudique. Nesse sentido, pode-se afirmar que, a rigor, a medida protetiva da posse é uma só, vista a ofensa também unitariamente; o que varia é apenas o grau da violação e, por isso, da resposta judicial a ela." (FABRÍCIO FURTADO, Adroaldo. *In:* WAMBIER, Teresa Arruda *et al. Breves Comentários ao Novo Código de Processo Civil.* São Paulo: RT, 2015. p. 1440).

2. Cumpre destacar, considerado o dia a dia forense, que o expediente processual sob comento tem, não raro, sua aplicação motivada por ocupações/invasões de terras promovidas por determinados *grupos sociais* (exemplificativamente, sem terra, sem teto, etc.). Tal realidade, do ponto de vista processual, considerado o marcante viés individualista inerente revogado Código Buzaid, causou certo desconforto forense na aplicação prática das *ações possessórias.* O tema *citação* foi, certamente, um dos mais debatidos. Atento a tal peculiaridade, o CPC/2015 regulamentou expressamente o tema (citação) nos denominados litígios coletivos pela posse, determinando que, nos casos em que um grande número de pessoas venha a figurar no polo passivo da demanda, proceder-se-á na "citação pessoal dos ocupantes que forem encontrados no local", devendo os demais (os ausentes), serem citados pela via editalícia. Acerca do tema, o CPC/2015 é enfático: o oficial de justiça *procurará os ocupantes no local por uma vez, citando-se por edital os que não forem encontrados.* Em tudo quanto mais, os *litígios coletivos pela posse* submetem-se às disposições possessórias "não coletivas".

3. Ao litígios coletivos pela posse dar-se-á a mais ampla divulgação. O rol de meios de divulgação revela-se, à evidência, meramente exemplificativo.

4. O foro da *situação da coisa* tem competência absoluta para processar e julgar *ações possessórias imobiliárias.* Inteligência do art. 47, § 2º, do CPC/2015.

5. A intimação do Ministério Público exigida pelo teor do art. 554 encontra amparo infraconstitucional no teor do art. 178, III, do mesmo CPC/2015. Acerca da atuação do *parquet* no processo civil, vide: TORRES, Artur. *CPC passado a limpo*: parte geral, procedimento comum e cumprimento de sentença. Porto Alegre: Livraria do Advogado, 2018. p. 168/171. v. I.

6. "(art. 554) No caso de ação possessória em que figure no polo passivo grande número de pessoas, a ampla divulgação prevista no § 3º do art. 554 contempla a inteligência do art. 301, com a possibilidade de determinação de registro de protesto para consignar a informação do litígio possessório na matricula imobiliária respectiva. *(Grupo: Procedimentos Especiais)".* Enunciado n. 63 do Fórum Permanente de Processualistas Civis.

Art. 555. É lícito ao autor cumular ao pedido possessório o de:

I – condenação em perdas e danos;

II – indenização dos frutos.

Parágrafo único. Pode o autor requerer, ainda, imposição de medida necessária e adequada para:

I – evitar nova turbação ou esbulho;

II – cumprir-se a tutela provisória ou final.

1. É facultado ao autor *cumular* com o pedido *possessório*, sendo o caso, (a) *a condenação do demandado em perdas e danos* (oriundos do esbulho ou da turbação combatida), (b) o de *ressarcimento dos frutos* extraíveis dos bens cuja posse tenha sido "agredida", bem como (c) pedido com o qual vise a impedir a renovação da turbação ou do esbulho e, por fim, (c) pleito para que se cumpra as tutelas provisória ou final pertinentes.

2. "Cumulação de pedidos. O NCPC ampliou o rol de pedidos cumuláveis nas ações possessórias, acrescentando a indenização pelos frutos percebidos e não indenizados. Além disso, o novo diploma permitiu ao autor, de forma genérica, requerer a imposição de medida necessária e adequada a evitar nova turbação ou esbulho ou a efetivar tutela provisória ou final pleiteada na inicial ou no bojo do processo. No texto anterior, o requerimento por parte do autor se limitava à cominação de pena em caso de novo esbulho ou turbação. Também não se reconhecia, pelo menos expressamente, a possibilidade de tutela antecipada nas ações possessórias depois de decorrido ano e dia da turbação ou esbulho ('posse velha')." (DONIZETTI, Elpídio. *Novo Código de Processo Civil Comentado*. São Paulo: Atlas, 2015. p. 443).

Art. 556. É lícito ao réu, na contestação, alegando que foi o ofendido em sua posse, demandar a proteção possessória e a indenização pelos prejuízos resultantes da turbação ou do esbulho cometido pelo autor.

1. Para além da admissibilidade da *cumulação* acima referida, afirma-se que, em certa perspectiva, face à previsão textual de ser "lícito ao réu, na contestação, alegando que foi o ofendido em sua posse, demandar a proteção possessória e a indenização pelos prejuízos resultantes da turbação ou do esbulho cometido pelo autor", as ações possessórias revelam-se *dúplices* (pelo menos as de *manutenção* e *reintegração* de posse).[31]

2. O legislador, aqui, intui situação mundana corriqueira em se tratando da proteção ao direito *posse*. Um exemplo pode facilitar a compreensão da hipótese: Alceu vai a juízo afirmando que sua posse foi turbada por João; João, por sua vez, aduz, em sede de resposta do réu, que Alceu é que turbou sua posse. Faculta-se, face ao aludido cenário, que João, alegando que foi "ofendido em sua posse", realize postulação no afã de vê-la protegida, sem prejuízo de obter a condenação de Alceu, visando a indenizá-lo por ocasião do prejuízos experimentados pela agressão de sua posse. Perceba-se, pois, que, nada obstante seja

[31] "Outro ponto que distingue as ações possessórias das demais é o seu caráter dúplice, consistente em que as posições de autor e réu podem se alternar, sendo lícita a outorga da tutela jurisdicional a qualquer das partes, independentemente do pólo que, inicialmente, tenham assumido." (WAMBIER, Luiz Rodrigues; ALMEIDA, Flávio Renato Correia de; TALAMINI, Eduardo. *Curso Avançado de Processo Civil*. v.3. p. 164).

esse o papel da *contestação*, João não se limita a "se defender". A possibilidade, segundo pensamos, não pode surpreender. A lógica, ao que tudo indica, se assemelha àquela inerente à *reconvenção*, muito embora, no caso, não exista, ao menos formalmente, a utilização do instituto. A reação do demandado, aqui, ocorrerá na própria contestação (não se trata, reitere-se, de *reconvenção*). Acerca da crítica à redação do art. 343, no afã de compreender a diferença entre *o cenário ora comentado* e o instituto da *reconvenção*, vide considerações apontadas no tópico "2" dos comentários ao aludido artigo. (TORRES, Artur. *CPC passado a limpo*: teoria geral, processo de conhecimento e cumprimento de sentença. Porto Alegre: Livraria do Advogado, 2018. p. 287. v. I).

Art. 557. Na pendência de ação possessória é vedado, tanto ao autor quanto ao réu, propor ação de reconhecimento do domínio, exceto se a pretensão for deduzida em face de terceira pessoa.

Parágrafo único. Não obsta à manutenção ou à reintegração de posse a alegação de propriedade ou de outro direito sobre a coisa.

1. Consoante dito alhures, o direito *sub judice* nas ações sob comento é, definitivamente, o direito *posse*. *Posse* essa, como é intuitivo, que incidirá sobre determinado *bem da vida*, móvel ou imóvel. O debate acerca de eventual *vínculo dominial* que venha a incidir sobre este mesmo *bem da vida* (o que motivou a propositura da demanda possessória), haverá de figurar como objeto de demanda judicial distinta (ação reipersecutória), escapando, pois, à alçada do procedimento especial ora examinado. O que se extrai do teor do art. 557 vai além: perceba-se que, sem prejuízo ao acima afirmado, o legislador determina, ainda, a observância de *critério temporal* para que se possa debater em juízo o direito de propriedade, toda vez que a contenda (acerca da propriedade do *bem da vida*) envolva as partes da ação possessória. A opção legislativa é a seguinte: a petição inicial da *ação reipersecutória* apenas poderá ser *deferida* se, e somente se, extinta a *demanda possessória* que a preceda, quando idênticas as partes de ambas as relações processuais. Sublinhe-se que a "proibição" sob comento alcança tanto o autor, como o réu, da demanda possessória.

2. Não é incomum, pois, que nas demandas sob comento, os atores processuais suscitem como fundamento para ver prosperar seus interesses, a existência de vínculo dominial com a "coisa" objeto da *turbação* ou do *esbulho*. A alegação, e eventual comprovação, do mesmo, contudo, se afigura irrelevante ao desfecho da lide. A razão é simples: é que, mesmo "contra" o proprietário do bem, o *possuidor* tem o direito, presentes os requisitos legais, de ver protegida sua posse. A noção de *posse justa* (aquela que merece proteção estatal) não se encontra necessariamente ligada à existência de vínculo dominial entre o *possuidor legítimo* e o bem da vida (turbado ou esbulhado).

Art. 558. Regem o procedimento de manutenção e de reintegração de posse as normas da Seção II deste Capítulo quando a ação for proposta dentro de ano e dia da turbação ou do esbulho afirmado na petição inicial.

Parágrafo único. Passado o prazo referido no *caput*, será comum o procedimento, não perdendo, contudo, o caráter possessório.

1. A aplicação do *procedimento especial* sob comento se legitima se, e somente se, o autor abandonar seu estado de inércia *dentro de ano e dia*, a contar da violação à posse em que se funda o pedido de tutela jurisdicional. Promovida a demanda fora do aludido lapso temporal, embora mantida a natureza do litígio (o que é pouco mais do que óbvio), tramitará a *demanda possessória* em observância ao procedimento comum, ambiente em que, sendo o caso, se mostra viável, respeitados os ditames legais, a concessão de *tutela provisória*.[32]

2. Vale lembrar, por oportuno, que, consoante expressa previsão legal, primeiro, "Considera-se possuidor todo aquele que tem de fato o exercício, pleno ou não, de algum dos poderes inerentes à propriedade" (art. 1.196, CC); segundo, "Perde-se a posse quando cessa, embora contra a vontade do possuidor, o poder sobre o bem, ao qual se refere o art. 1.196." (art. 1.223, CC); terceiro, "Só se considera perdida a posse para quem não presenciou o esbulho, quando, tendo notícia dele, se abstém de retornar a coisa, ou, tentando recuperá-la, é violentamente repelido." (art. 1.224, CC).

Art. 559. Se o réu provar, em qualquer tempo, que o autor provisoriamente mantido ou reintegrado na posse carece de idoneidade financeira para, no caso de sucumbência, responder por perdas e danos, o juiz designar-lhe-á o prazo de 5 (cinco) dias para requerer caução, real ou fidejussória, sob pena de ser depositada a coisa litigiosa, ressalvada a impossibilidade da parte economicamente hipossuficiente.

1. "O dispositivo determina o requerimento da caução apenas na hipótese de o autor carecer de idoneidade financeira para o futuro ressarcimento de perdas e danos. Nisso não há novidade. O que o NCPC faz é permitir que essa garantia deixe de ser exigida caso comprovada a hipossuficiência da parte contrária. Ainda que se estenda de maneira peculiar o poder discricionário ao magistrado, a medida garante segurança nas tutelas possessórias liminares, compensando a sumariedade da cognição e os possíveis riscos que uma reintegração ou manutenção podem causar ao réu que, ao final do processo, tenha a sua posse reconhecida." (DONIZETTI, Elpídio. *Novo Código de Processo Civil Comentado*. São Paulo: Atlas, 2015. p. 446).

2. "(arts. 559 e 139, VI) O prazo de cinco dias para prestar caução pode ser dilatado, nos termos do art. 139, inciso VI. *(Grupo: Procedimentos Especiais)*" Enunciado 179 do Fórum Permanente de Processualistas Civis; "(art. 559) A prestação de caução prevista no art. 559 poderá ser determinada pelo juiz, caso o réu obtenha a proteção possessória, nos termos no art. 556. (*Grupo: Procedimentos Especiais*)" Enunciado 180 do Fórum Permanente de Processualistas Civis.

[32] Acerca do tema, vide: TORRES, Artur. *CPC passado a limpo*: teoria geral, processo de conhecimento e cumprimento de sentença. Porto Alegre: Livraria do Advogado, 2018. p. 233/252. v. I.

Seção II
Da Manutenção e da Reintegração de Posse

Art. 560. O possuidor tem direito a ser mantido na posse em caso de turbação e reintegrado em caso de esbulho.

1. A distinção havida entre as ações de *manutenção* e *reintegração* de posse guarda íntima relação, consoante dito alhures, com a *intensidade da agressão à posse que se pretende ver tutelada*. Tratando-se, pois, de *esbulho* possessório (leia-se, perda da posse), o instrumento adequado para reavê-la será o da *reintegração*; tratando-se de *turbação* (leia-se, incômodo ao exercício pleno da posse), o da *manutenção*. Ambas, em última análise, revelam-se instrumentos de *tutela repressiva*, uma vez que dependem "da violação" da posse para que tenham cabimento.

Art. 561. Incumbe ao autor provar:

I – a sua posse;

II – a turbação ou o esbulho praticado pelo réu;

III – a data da turbação ou do esbulho;

IV – a continuação da posse, embora turbada, na ação de manutenção, ou a perda da posse, na ação de reintegração.

1. Ao art. 561 coube disciplinar aquilo que, do ponto de vista probatório, se exigirá do demandante. A ele incumbe provar, desde logo: (a) *sua posse* (leia-se, *posse* merecedora de proteção estatal); (b) *a turbação ou o esbulho praticado pelo réu;* (c) *a data da violação da posse* (para que se possa aferir se a tutela possessória seguirá o *procedimento especial* sob comento ou o *procedimento comum*); (d) *a continuação da posse, embora turbada, na ação de manutenção; a perda da posse, na ação de reintegração.*

Art. 562. Estando a petição inicial devidamente instruída, o juiz deferirá, sem ouvir o réu, a expedição do mandado liminar de manutenção ou de reintegração, caso contrário, determinará que o autor justifique previamente o alegado, citando-se o réu para comparecer à audiência que for designada.

Parágrafo único. Contra as pessoas jurídicas de direito público não será deferida a manutenção ou a reintegração liminar sem prévia audiência dos respectivos representantes judiciais.

1. Devidamente instruído o petitório inicial (leia-se, comprovada a violação – plena ou parcial – de posse merecedora da proteção estatal), o juiz ordenará, *inaudita altera pars*, a expedição de *mandado liminar* de *manutenção* ou *reintegração* da posse, conforme as peculiaridades do caso concreto. Pendendo, de outro giro, dúvida acerca do acerto em expedir ordem imediata, o julgador determinará que o autor "justifique previamente o alegado", citando-se o réu, que, no mesmo ato, será intimado a comparecer em *audiência designada para tanto.*

2. Segundo expresso texto de lei, é proibido conceder *ordem liminar* em demandas possessórias (cuja tramitação se dê pelo procedimento especial em epígrafe) manejadas em *desfavor* das pessoas jurídicas de direito público sem oitiva "prévia" de seus representantes judiciais. Quer dizer: a regra da concessão *inaudita altera pars* revela-se, consoante o teor do parágrafo único, inaplicável às demandas em que as pessoas jurídicas de direito público figurem no polo passivo. Por outro lado, ocupando as mesmas o polo ativo da relação processual (ou seja, figurando como autora da ação possessória), inexistem, segundo o direito codificado, quaisquer empecilhos à concessão do mandado liminar a que se refere o *caput*.

Art. 563. Considerada suficiente a justificação, o juiz fará logo expedir mandado de manutenção ou de reintegração.

1. Aceita a *justificação*, o juiz ordenará a *incontinenti* expedição da ordem liminar a que se refere o *caput* do art. 562.

Art. 564. Concedido ou não o mandado liminar de manutenção ou de reintegração, o autor promoverá, nos 5 (cinco) dias subsequentes, a citação do réu para, querendo, contestar a ação no prazo de 15 (quinze) dias.

Parágrafo único. Quando for ordenada a justificação prévia, o prazo para contestar será contado da intimação da decisão que deferir ou não a medida liminar.

1. Resposta do demandado. O prazo para oferecimento tempestivo de resposta do réu é, pois, de 15 dias.[33]

Art. 565. No litígio coletivo pela posse de imóvel, quando o esbulho ou a turbação afirmado na petição inicial houver ocorrido há mais de ano e dia, o juiz, antes de apreciar o pedido de concessão da medida liminar, deverá designar audiência de mediação, a realizar-se em até 30 (trinta) dias, que observará o disposto nos §§ 2º e 4º.

§ 1º Concedida a liminar, se essa não for executada no prazo de 1 (um) ano, a contar da data de distribuição, caberá ao juiz designar audiência de mediação, nos termos dos §§ 2º a 4º deste artigo.

§ 2º O Ministério Público será intimado para comparecer à audiência, e a Defensoria Pública será intimada sempre que houver parte beneficiária de gratuidade da justiça.

§ 3º O juiz poderá comparecer à área objeto do litígio quando sua presença se fizer necessária à efetivação da tutela jurisdicional.

§ 4º Os órgãos responsáveis pela política agrária e pela política urbana da União, de Estado ou do Distrito Federal e de Município onde se situe a área objeto do litígio poderão ser intimados para a audiência, a fim de se manifestarem sobre

---

[33] Acerca do tema *contestação*, vide: TORRES, Artur. *CPC passado a limpo*: parte geral, procedimento comum e cumprimento de sentença. Porto Alegre: Livraria do Advogado, 2018. p. 280/286. v. I.

seu interesse no processo e sobre a existência de possibilidade de solução para o conflito possessório.

§ 5º Aplica-se o disposto neste artigo ao litígio sobre propriedade de imóvel.

1. Consoante o teor do art. 558, parágrafo único, relembre-se que o procedimento especial em epígrafe se aplica tão somente às demandas possessórias (repressivas), quando promovidas no prazo de ano e dia, a contar do esbulho ou da turbação reclamada. Nada obstante a inaplicabilidade do mesmo (leia-se, do *procedimento especial*) às ações promovidas após o transcurso do referido lapso temporal, nada impede que, presentes os requisitos para a concessão de tutela provisória (e havendo pedido nesse sentido), seja deferida reintegração/manutenção de posse liminar. Ao *caput* do art. 565 coube, considerando o cenário dos *litígios coletivos pela posse* (com o qual o legislador demonstrou evidente atenção), impor ao julgador que, *antes de enfrentar o pedido de tutela provisória* (e, aqui, está-se a tratar de demanda que tramita pelo rito comum), a designação de data para a realização de solenidade processual (audiência) destinada à tentativa de *autocomposição do litígio*, que deverá ocorrer em até 30 dias, a contar da propositura da demanda. O *caput* do art. 565, traz, ao fim e ao cabo, verdadeiro impedimento ao exame do pedido de tutela provisória antes de realizada a audiência a que se refere.

2. A hipótese prevista pelo § 1º, por sua vez, pressupõe *prévia concessão de medida liminar*. A audiência por ele apontada não pode ser baralhada, nem de longe, com aquela prevista pelo *caput* do mesmo artigo. Seu aprazamento, pois, revela-se impositivo quando a medida liminar não for *executada* no prazo de 1 ano, contado, segundo o Código, "da data da distribuição" da demanda possessória. Quer dizer: inexistindo cumprimento espontâneo da ordem judicial, incumbe ao autor requerer a prestação de *tutela jurisdicional executiva* para a satisfação da obrigação nela apontada, observado o prazo de 1 ano, pena de, antes da realização dos atos executivos, ter de se aprazar a solenidade processual anunciada pelo parágrafo sob comento.[34]

3. Para ambas as audiências, serão intimados tanto o Ministério Público, como a Defensoria, esta se ao menos uma das partes litigar sob o pálio da gratuidade da justiça. Consoante expresso apontamento legal, "poderão" os órgãos responsáveis pela política agrária e pela política urbana da União, de Estado ou do Distrito Federal e de Município onde se situe a área objeto do litígio, ser intimados para a audiência, a fim de se manifestarem acerca do interesse no processo e da existência de possibilidade de solução para o conflito possessório.

4. "(art. 565) A medida liminar referida no art. 565 é hipótese de tutela antecipada *(Grupo: Procedimentos Especiais; redação revista no III FPPC-Rio)*." (Enunciado 66 do Fórum Permanente de Processualistas Civis).

5. "(art. 565) A audiência de mediação referida no art. 565 (e seus parágrafos) deve ser compreendida como a sessão de mediação ou de conciliação,

[34] Acerca do *cumprimento das decisões judiciais*, vide: TORRES, Artur. *CPC passado a limpo*: parte geral, procedimento comum e cumprimento de sentença. Porto Alegre: Livraria do Advogado, 2018. p. 403/442. v. I.

conforme as peculiaridades do caso concreto *(Grupo: Procedimentos Especiais)*." (Enunciado 67 do Fórum Permanente de Processualistas Civis).

Seção III
Do Interdito Proibitório

Art. 567. O possuidor direto ou indireto que tenha justo receio de ser molestado na posse poderá requerer ao juiz que o segure da turbação ou esbulho iminente, mediante mandado proibitório em que se comine ao réu determinada pena pecuniária caso transgrida o preceito.

1. O terceiro, e último, *interdito possessório* codificado, denomina-se *interdito proibitório*. Difere-se das "demais 'ações possessórias' (...), apenas no que diz respeito ao momento de formulação do pedido de tutela jurisdicional (...). Aqui, (...), a pressuposição de fato é que ainda não tenha havido *lesão* à posse". (BUENO, Cássio Scarpinella. *Curso Sistematizado de Direito Processual Civil*. v. 2, t. II. p. 78/79) Há, do ponto de vista do demandante, apenas, *ameaça* de violação à posse. Trata-se, em última análise, de instrumento de tutela jurisdicional *preventiva*.[35]

2. Havendo receio fundado de agressão à posse justa, tanto o possuidor *direto*, como o *indireto*, restarão legitimados a postular *tutela preventiva*, exigindo do Estado-juiz que expeça ordem *proibitória*, cominando, inclusive, pena pecuniária ao réu para a eventualidade de descumprimento da determinação judicial. O objetivo, aqui, é evitar a violação à posse.

Art. 568. Aplica-se ao interdito proibitório o disposto na Seção II deste Capítulo.

1. Em tudo quanto mais, no que couber, aplicam-se aos *interditos proibitórios* os ditames que regulamentam as ações de *manutenção* e *reintegração* de posse.

CAPÍTULO IV
DA AÇÃO DE DIVISÃO E DA DEMARCAÇÃO DE TERRAS PARTICULARES

1. "Tanto o direito de dividir o imóvel comum como o direito de demarcá-lo tem sede no direito civil, sendo o primeiro inerente à propriedade e o segundo, uma das manifestações dos chamados direitos de vizinhança. Os problemas que estes direitos subjetivos materiais suscitam são complexos e peculiares. Exigem, por isso, tratamento processual particular, fora dos limites do procedimento comum ou ordinário. Daí o estabelecimento de procedimentos especiais pelo Código de Processo Civil, rotulados tradicionalmente de ação de divisão e ação de demarcação (Capítulo IV do Título III da Parte Especial do NCPC). O estado de comunhão – segundo antiquíssimo reconhecimento –

---

[35] Acerca da necessidade de ofertar-se ao jurisdicionado instrumento processual apto a evitar a violação de direitos (*tutela preventiva*), vide: TORRES, Artur. Constituição, processo e contemporaneidade: o modelo constitucional do processo brasileiro. *Revista Temas Atuais de Processo Civil*. v. 1. n. 2. Ago de 2011, *passim*.

'é necessariamente transitório; como afirmou Ulpiano, no Digesto frag., 26, § 4º, *nemo invitus compellitur ad communionem* – ninguém é obrigado a permanecer na comunhão. Pouco importa a causa geradora desta. Ao comunheiro assiste sempre o direito de pedir o seu desfazimento'. Assim é que o art. 1.320 do Código Civil dispõe que 'a todo tempo será lícito ao condômino exigir a divisão da coisa comum'; e o art. 1.315 do mesmo Código determina que todos os condôminos devem suportar, proporcionalmente, os gastos da divisão. Por outro lado, para que o poder exclusivo conferido pelo direito de propriedade ao respectivo titular seja efetivamente exercido, é indispensável que o objeto do direito seja precisamente identificado. E quando se trata de imóvel, essa identificação só é possível por meio dos limites que o separam e o distinguem dos outros prédios contíguos. Daí por que, entre os poderes do dono, o Código Civil inclui o de obrigar o seu confinante a proceder com ele à demarcação entre os dois prédios vizinhos, mediante estabelecimento e fixação da linha lindeira (art. 1.297)." (THEODORO JR., Humberto. *Curso de Direito Processual Civil*. 50. ed. Rio de Janeiro: Forense, 2016, v. III. p. 242, versão digital).

Seção I
Disposições Gerais

Art. 569. Cabe:

I – ao proprietário a ação de demarcação, para obrigar o seu confinante a estremar os respectivos prédios, fixando-se novos limites entre eles ou aviventando-se os já apagados;

II – ao condômino a ação de divisão, para obrigar os demais consortes a estremar os quinhões.

1. Ações *demarcatória* e *divisória*. Finalidade. A *ação demarcatória* tem por escopo, consoante denuncia seu próprio nome, à demarcação das linhas que apartam *dois ou mais prédios*, urbanos ou rurais; a *ação divisória*, por sua vez, destina-se a *pôr fim a condomínio dominial existente*.

2. Ação demarcatória. Legitimidade *ad causam*. Na ação demarcatória a *legitimidade ativa* cinge-se a figura do *proprietário do bem imóvel* cujo marco demarcatório se pretende fixar ou aviventar; tem legitimidade para figurar no polo passivo de demanda dessa natureza, por sua vez, o *proprietário do bem imóvel confinante*, em relação ao qual se pretende ver fixada ou aviventada a linha demarcatória.

3. Ação divisória. Legitimidade *ad causam*. Tem legitimidade para promover a demanda sob comento o consorte que pretender pôr fim ao condomínio dominial existente; o polo passivo será, necessariamente, ocupado pelos demais condôminos (a quem o Código se refere como *demais consortes*).

Art. 570. É lícita a cumulação dessas ações, caso em que deverá processar-se primeiramente a demarcação total ou parcial da coisa comum, citando-se os confinantes e os condôminos.

1. Admite-se, sendo oportuno, a cumulação das ações *demarcatória* e *divisória*. Nestes casos, processar-se-á, primeiro, a demarcação dos limites que envolvem o bem da vida (que, necessariamente, será o bem comum – ou seja, aquele que comporta o condomínio dominial que se pretende extinguir). É apenas num segundo momento (isto é, após o apartamento do bem da vida em relação aos que se lhe avizinham), pois, que o condomínio, já demarcado, será desfeito, atribuindo-se a cada um dos *consortes* o quinhão que lhe toca (cumprindo-se, assim, com o mister da ação *divisória*).

2. Legitimidade passiva. Cumulação de ações. Havendo cumulação de demandas demarcatória e divisória, figurarão no polo passivo, num primeiro momento, tanto os confinantes (para o especial fito de se demarcar os limites do bem da vida objeto da demanda e os imóveis vizinhos), como os condôminos (interessados na dissolução do condomínio dominial que se pretende dissolver). Diz-se "num primeiro momento", pois, em atenção ao teor do art. 572, abaixo examinado.

Art. 571. A demarcação e a divisão poderão ser realizadas por escritura pública, desde que maiores, capazes e concordes todos os interessados, observando-se, no que couber, os dispositivos deste Capítulo.

1. Expediente extrajudicial. A demarcação e a divisão de terras particulares poderão, respeitados os requisitos legais, ser realizadas à margem da intervenção judiciária. É indispensável para tanto que os interessados *in concreto* revelem-se *maiores, capazes* e *concordes* entre si.

2. A escritura pública representativa da vontade dos interessados servirá de documento hábil aos registros e averbações inerentes a empreitada sob comento, desde que observados, quando pertinentes, os apontamentos do presente Capítulo.

Art. 572. Fixados os marcos da linha de demarcação, os confinantes considerar-se-ão terceiros quanto ao processo divisório, ficando-lhes, porém, ressalvado o direito de vindicar os terrenos de que se julguem despojados por invasão das linhas limítrofes constitutivas do perímetro ou de reclamar indenização correspondente ao seu valor.

§ 1º No caso do *caput*, serão citados para a ação todos os condôminos, se a sentença homologatória da divisão ainda não houver transitado em julgado, e todos os quinhoeiros dos terrenos vindicados, se a ação for proposta posteriormente.

§ 2º Neste último caso, a sentença que julga procedente a ação, condenando a restituir os terrenos ou a pagar a indenização, valerá como título executivo em favor dos quinhoeiros para haverem dos outros condôminos que forem parte na divisão ou de seus sucessores a título universal, na proporção que lhes tocar, a composição pecuniária do desfalque sofrido.

1. Os confinantes têm legitimidade passiva para atuar nas ações demarcatórias, não, à evidência, nas demandas divisórias. A legitimidade ora apontada assenta-se em claro fundamento: a "linha de demarcação" (objeto da ação demarcatória) *estrema* (a) o bem imóvel sobre o qual pende o condomínio dominial que se pretende extinguir, e (b) o pertencente ao confinante. Logo, nos casos em que houver cumulação de ações (demarcatória e divisória), o Código, acertadamente, enfatiza que, em relação a última (a ação divisória), os confinantes serão considerados terceiros, e não partes.

2. Ação autônoma. O *caput* do art. 572 garante aos confinantes a possibilidade, sendo o caso, de reclamar os terrenos de que se julguem "despojados por invasão das linhas limítrofes constitutivas do perímetro ou de reclamar indenização correspondente ao seu valor" mediante propositura de ação própria. No caso, pois, se a demanda for ajuizada antes do trânsito em julgado da ação divisória, ocasião em que ainda sobrevive o condomínio dominial objeto da referida demanda, todos os condôminos deverão ser citados; promovida após o trânsito, polo passivo deve ser ocupado apenas pelos quinhoeiros (antigos condôminos) "titulares" do bem "divido" (fruto da ação divisória) que violem o direito de propriedade do confinante/autor.

3. Quando a ação autônoma (promovida pelo confinante) for julgada procedente, o(s) demandado(s) valer-se-ão, como título executivo, da mesma sentença que o(s) desfavoreceu para buscar, junto aos *antigos condôminos* ou seus sucessores a título universal, o ressarcimento do prejuízo suportado por ocasião do sucesso do pleito em seu desfavor formulado.

Art. 573. Tratando-se de imóvel georreferenciado, com averbação no registro de imóveis, pode o juiz dispensar a realização de prova pericial.

1. Nos casos em que o imóvel objeto da demarcação, ou da divisão, encontrar-se "georreferenciado", o julgador poderá, constatada a existência de averbação do aludido estudo junto ao registro de imóveis competente, dispensar, para fins de instrução das ações sob comento, a produção de prova técnica, valendo-se, para supri-la, das anotações registrais.

Seção II
Da Demarcação

Art. 574. Na petição inicial, instruída com os títulos da propriedade, designar-se-á o imóvel pela situação e pela denominação, descrever-se-ão os limites por constituir, aviventar ou renovar e nomear-se-ão todos os confinantes da linha demarcanda.

1. Ação demarcatória. Petição Inicial. Para além dos requisitos previstos pelos arts. 319 e seguintes,[36] o petitório exordial da ação demarcatória deve, necessariamente, (a) individualizar o imóvel que se pretende demarcar, (b) descrever os *limites* objeto da contenda (aqueles que se pretende constituir, aviventar ou renovar), bem como (c) apontar os confinantes "da linha demar-

[36] Acerca do tema *petição inicial*, vide: TORRES, Artur. *CPC passado a limpo*: parte geral, procedimento comum e cumprimento de sentença. Porto Alegre: Livraria do Advogado, 2018. p. 264/275. v. I.

canda". Devem acompanhar a exordial, sem prejuízo de outros documentos indispensáveis, os títulos de propriedade dos imóveis envolvidos na demanda.

Art. 575. Qualquer condômino é parte legítima para promover a demarcação do imóvel comum, requerendo a intimação dos demais para, querendo, intervir no processo.

1. Legitimidade ativa. Qualquer condômino possui legitimidade para promover ação demarcatória *cujo objeto diga com o bem comum*. No caso, pois, requererá a intimação dos demais para, querendo, intervir no feito. Inexiste, nesses casos, a despeito da condição de condôminos, obrigatoriedade da formação de litisconsórcio.

2. "A existência de ação demarcatória promovida por um condômino suscita questões peculiares relativas ao fenômeno do litisconsórcio. O art. 952 do CPC/73 regula essa situação como litisconsórcio necessário *ex lege*, exigindo a 'citação' dos demais detentores da propriedade do imóvel. Trata-se de litisconsórcio necessário e unitário, uma vez que a sentença homologatória da demarcação terá efeitos sobre todos os coproprietários que se inserirem nos limites subjetivos da coisa julgada. A regulamentação contida no art. 575 do NCPC, no entanto, suprime a necessidade de litisconsórcio na ação demarcatória promovida por condômino. Com efeito, a dicção normativa confirma que os demais coproprietários serão intimados para, querendo, intervirem no processo. Por se tratar de uma faculdade dos demais condôminos, a não participação de qualquer um deles não enseja nulidade processual. Trata-se, então, de litisconsórcio facultativo, e não mais de litisconsórcio necessário. Imprescindível ressaltar que a não obrigatoriedade do litisconsórcio não retirou dele a unitariedade no que tange à sentença homologatória. Isso porque a decisão acerca da demarcação atingirá, inclusive, os condôminos que, devidamente intimados, preferirem não participar do processo. Deve-se ter em mente que os critérios de necessariedade e unitariedade litisconsorcial são, em alguns casos, independentes, existindo hipóteses de litisconsórcio unitário, mas não necessário, ainda que não seja essa a ideia norteadora deste fenômeno de pluralidade subjetiva." (DONIZETTI, Elpídio. *Novo Código de Processo Civil Comentado*. São Paulo: Atlas, 2015. p. 453/454).

Art. 576. A citação dos réus será feita por correio, observado o disposto no art. 247.

Parágrafo único. Será publicado edital, nos termos do inciso III do art. 259.

1. Citação. A citação dos confinantes será realizada pela via postal. O Código, outrossim, exige, para as ações sob comento, que se diligencie na publicação de edital, visando a dar ciência a eventuais interessados nos caso concreto de sua existência, e, por consequência, facultando a participação dos mesmos no processo.

2. Ao artigo 247 (apontado pelo *caput* do art. 576) coube inventariar as hipóteses em que a citação *não poderá ser feita pela via postal*. Pautado em critérios heterogêneos, o CPC/2015 deslegitima a citação "pelo correio" (a) nas ações de estado de pessoa; (b) nos casos em que o citando revele-se incapaz; (c) quando demandada pessoa jurídica de direito público; (d) quando o citando residir em local não atendido pela entrega domiciliar de correspondência. O art. 576, ao citá-lo, apenas "reaviva" tais impossibilidades, uma vez que, por exemplo, o demandado em ação demarcatória poderá ser um incapaz, hipótese em que, nada obstante a regra citatória especial (que permite a citação pela via postal), o réu deverá ser citado por meio diverso.

3. Prevê o art. 259, III, que: "Serão publicados editais: (...) III – em qualquer ação em que seja necessária, por determinação legal, a provocação, para participação no processo, de interessados incertos ou desconhecidos". A ação sob comento (demarcatória) é, pois, uma delas. Inteligência do *parágrafo único* do art. 576.

Art. 577. Feitas as citações, terão os réus o prazo comum de 15 (quinze) dias para contestar.

1. O prazo para a apresentação de resposta pelos demandados é de 15 dias, observada, para o adequado cômputo, a "regra da juntada", uma vez que a especialização do procedimento sob comento não prevê a realização da audiência de *autocomposição* (art. 334).

2. Acerca do tema *contestação*, vide: TORRES, Artur. *CPC passado a limpo*: parte geral, procedimento comum e cumprimento de sentença. Porto Alegre: Livraria do Advogado, 2018. p. 280/286. v. I.

Art. 578. Após o prazo de resposta do réu, observar-se-á o procedimento comum.

1. A especialização procedimental desaparece após o prazo para apresentação da resposta do demandado, devendo-se observar, doravante, o *procedimento comum* ao longo da tramitação da ação demarcatória. Acerca da *linha de desenvolvimento natural da tutela cognitiva* (procedimento comum, na linguagem do Código), vide: TORRES, Artur. *CPC passado a limpo*: parte geral, procedimento comum e cumprimento de sentença. Porto Alegre: Livraria do Advogado, 2018. p. 261/403. v. I.

Art. 579. Antes de proferir a sentença, o juiz nomeará um ou mais peritos para levantar o traçado da linha demarcanda.

1. Para o especial fito de traçar a *linha demarcanda* o juiz nomeará, antes de prolatar sentença, *expert(s)* para tanto.

2. Acerca do tema *sentença*, com maior profundidade, vide: TORRES, Artur. *Sentença, Coisa Julgada e Recursos Cíveis Codificados*: de acordo com as Leis 13.105/2015 e 13.256/2016. Porto Alegre: Livraria do Advogado, 2017.

Art. 580. Concluídos os estudos, os peritos apresentarão minucioso laudo sobre o traçado da linha demarcanda, considerando os títulos, os marcos, os rumos, a fama da vizinhança, as informações de antigos moradores do lugar e outros elementos que coligirem.

1. Da atuação do *expert*. Elementos a serem considerados na realização do laudo. Ao perito nomeado incumbe apresentar "minucioso" laudo acerca do "traçado da linha demarcanda". Segundo o Código, o *expert* deverá, ao realizá-lo, observar, pelo menos, "os títulos, os marcos, os rumos, a fama da vizinhança, as informações de antigos moradores do lugar e outros elementos que coligirem", apontando, aquilo, e tudo aquilo, que interessar à sua adequada identificação.

Art. 581. A sentença que julgar procedente o pedido determinará o traçado da linha demarcanda.

Parágrafo único. A sentença proferida na ação demarcatória determinará a restituição da área invadida, se houver, declarando o domínio ou a posse do prejudicado, ou ambos.

1. A *sentença demarcatória* descreverá, à minúcia, o *traçado da linha demarcanda*. A identificação da mesma, ao fim e ao cabo, se confunde com a própria razão de ser da ação sob comento. Para além disso, o mesmo pronunciamento judicial *determinará*, sendo o caso, *a restituição da área invadida*, declarando a quem de direito pertence a propriedade ou a posse do bem objeto da demanda.

2. "A ação demarcatória, tal como a reivindicatória, são ações que têm por fundamento o domínio (ações reais imobiliárias). Embora tenham procedimentos distintos, a finalidade de tais ações é comum: assegurar a posse (*ius possidendi*) efetiva da coisa ao titular do domínio. Antes de decidir sobre a demarcação do imóvel, o juiz deve declarar o domínio (este é pressuposto daquela). Declarado o domínio em toda a sua extensão, a declaração do esbulho sobre toda a área (ou parte dela), de conformidade com o que se apurar na própria demarcatória, é mera consequência. A decisão sobre esse efeito natural do domínio deve ser expressa. Como não há decisão sem pedido, podemos considerar a possibilidade de pedido implícito. Nesse caso, a mera decisão declaratória do domínio sobre uma área ensejará o pedido de reivindicação em cumprimento de sentença, porquanto, nos termos do art. 515, I, do NCPC, constitui título executivo judicial a decisão que reconhece a obrigação de entregar a coisa. Ressalte-se que não se trata de julgamento *extra petita*, porque a própria lei autoriza o pedido implícito. Nada impede – e até recomenda-se – que o autor, a despeito disso, faça o pedido." (DONIZETTI, Elpídio. *Novo Código de Processo Civil Comentado*. São Paulo: Atlas, 2015. p. 456/457).

Art. 582. Transitada em julgado a sentença, o perito efetuará a demarcação e colocará os marcos necessários.

Parágrafo único. Todas as operações serão consignadas em planta e memorial descritivo com as referências convenientes para a identificação, em qualquer tempo, dos pontos assinalados, observada a legislação especial que dispõe sobre a identificação do imóvel rural.

1. Acertado o conflito de interesses, o perito, no mundo dos fatos, praticará ato capaz de permitir a *identificação da linha demarcanda*, tornando "visível" o "conteúdo" da decisão judicial. Sua atuação será consignada em memorial descritivo capaz de facultar aos interessados perquirir acerca regularidade das marcações físicas existentes. Tratando-se de imóvel rural, observar-se-á, pois, a legislação especial aplicável.

2. "Trânsito em julgado. A sentença de procedência na ação demarcatória pressupõe trânsito em julgado para ser cumprida (...). Não é possível a execução da decisão provisória." (MARINONI, Luiz Guilherme; MITIDIERO, Daniel. *Código de Processo Civil comentado artigo por artigo*. São Paulo: RT, 2008. p. 866).

Art. 583. As plantas serão acompanhadas das cadernetas de operações de campo e do memorial descritivo, que conterá:

I – o ponto de partida, os rumos seguidos e a aviventação dos antigos com os respectivos cálculos;

II – os acidentes encontrados, as cercas, os valos, os marcos antigos, os córregos, os rios, as lagoas e outros;

III – a indicação minuciosa dos novos marcos cravados, dos antigos aproveitados, das culturas existentes e da sua produção anual;

IV – a composição geológica dos terrenos, bem como a qualidade e a extensão dos campos, das matas e das capoeiras;

V – as vias de comunicação;

VI – as distâncias a pontos de referência, tais como rodovias federais e estaduais, ferrovias, portos, aglomerações urbanas e polos comerciais;

VII – a indicação de tudo o mais que for útil para o levantamento da linha ou para a identificação da linha já levantada.

1. Ao artigo 583 coube, em última análise, inventariar o rol de elementos que, necessariamente, constarão do memorial descritivo. São eles, pois, (a) anotação referente ao ponto de partida, os rumos seguidos e a aviventação dos antigos, acompanhados dos respectivos cálculos; (b) os acidentes encontrados, as cercas, os valos, os marcos antigos, os córregos, os rios, as lagoas e outros; (c) indicação minuciosa referente aos novos marcos cravados, dos antigos aproveitados (sendo o caso), das culturas existentes e da sua produção anual; (d) anotação pertinentes a composição geológica dos terrenos, bem como, da qualidade e da extensão dos campos, das matas e das capoeiras; (e) apontamento sobre as vias de comunicação do imóvel; (f) referencia acerca das distâncias a pontos de referência (exemplo: 100 metros à esquerda da rodovia federal de nº 116); (g) indicação de tudo quanto mais for útil para o levantamento da linha ou para a identificação da linha já levantada.

2. "Os requisitos contidos neste artigo estabelecem requisitos obrigatórios, posto que necessários à identificação do terreno e dos limites cabíveis a cada um dos terrenos envolvidos na ação. Faltando um destes requisitos, a identificação dos limites (e mesmo do próprio terrenos) fica comprometida." (NERY JR, Nelson; NERY, Rosa Maria Andrade. *Comentários ao Código de Processo Civil*. São Paulo: RT, 2015. p. 1.407).

Art. 584. É obrigatória a colocação de marcos tanto na estação inicial, dita marco primordial, quanto nos vértices dos ângulos, salvo se algum desses últimos pontos for assinalado por acidentes naturais de difícil remoção ou destruição.

1. No afã de permitir *a identificação visual da linha dermarcatória*, o Código exige que alguns pontos da mesma apresentem, necessariamente, marcos identificatórios. O primeiro deles é a denominada "estação inicial". Todos os demais vértices dos ângulos, ressalvados os pontos "inalcançáveis", de igual sorte, deverão ser sinalizados.

Art. 585. A linha será percorrida pelos peritos, que examinarão os marcos e os rumos, consignando em relatório escrito a exatidão do memorial e da planta apresentados pelo agrimensor ou as divergências porventura encontradas.

1. Incumbe ao *perito nomeado* constatar e fazer constar em relatório por ele firmado, a corretude da linha demarcatória, a partir do exame dos marcos e rumos observados, e da planta apresentada pelo agrimensor. Constatadas eventuais divergências (entre o documentado e o verificado *in loco*), é, pois, tarefa sua suscitá-las.

Art. 586. Juntado aos autos o relatório dos peritos, o juiz determinará que as partes se manifestem sobre ele no prazo comum de 15 (quinze) dias.

Parágrafo único. Executadas as correções e as retificações que o juiz determinar, lavrar-se-á, em seguida, o auto de demarcação em que os limites demarcandos serão minuciosamente descritos de acordo com o memorial e a planta.

1. "O perito procederá à conferência dos marcos e rumos, atestando sua exatidão ou apontando divergências (...). Realizada a demarcação pelo perito, deverá este juntar aos autos, ouvindo-se, em seguida, a partes. Realizados, se necessário, esclarecimentos, será lavrado auto de demarcação."(MEDINA, José Miguel Garcia. *Direito Processual Civil Moderno*. São Paulo: RT, 2015. p. 770).

2. Acostado aos autos o relatório preparado pelo perito, as partes serão intimadas para, querendo, no prazo de 15 dias, impugná-lo. Destaque-se, pois, que o aludido prazo é *comum*, ou seja, correrá paralelamente para todos os ocupantes dos polos da relação processual.

3. Sem prejuízo das correções determinadas pelo julgador, o relatório apresentado pelo perito servirá de base à confecção do *auto de demarcação*, documento que, detalhadamente, apontará os limites demarcandos, observados, outrossim, o teor do memorial e da planta pertinentes.

Art. 587. Assinado o auto pelo juiz e pelos peritos, será proferida a sentença homologatória da demarcação.

1. Firmado pelo julgador e pelo *expert* o auto demarcatório, prolatar-se-á a *sentença homologatória* da demarcação, que não pode, sob quaisquer hipóteses, ser baralhada com a sentença a que se refere o teor do art. 581 (a *sentença demarcatória*). A existência de duas sentenças é, sem dúvida, uma das características marcantes do procedimentos especial sob comento.

Seção III
Da Divisão

1. O procedimento especial sob comento tem por escopo o *desfazimento*, entre condôminos, do estado de unidade em relação a determinado bem imóvel.

2. "Tipos de ação de divisão. Se o pedido é de divisão em partes iguais, ou proporcionais à cota de cada sócio, um prédio pertencente em comum a dois ou mais condôminos que o possuem por título singular, trata-se de ação *communi dividundo*, conhecida como ação de divisão (CPC, arts. 588 e ss.). Se é possível repartir o entre os condôminos um prédio que lhes pertença por título universal ou de sucessão, trata-se de ação *familiae erciscundae*. No primeiro caso, a legitimidade para a ação é de qualquer condômino da coisa comum; no segundo, do herdeiro contra o cônjuge sobrevivente, para dar partilha aos bens da herança (...)." (NERY JR, Nelson; NERY, Rosa Maria Andrade. *Comentários ao Código de Processo Civil*. São Paulo: RT, 2015. p. 1.409/1.410).

3. "Há, à semelhança da demarcatória, duas decisões: a primeira, relativa à divisão em si, e a subsequente, homologatória. Se o bem é indivisível, a ação é incabível; a solução que se impõe será a alienação judicial do bem (...)." (MEDINA, José Miguel Garcia. *Direito Processual Civil Moderno*. São Paulo: RT, 2015. p. 771).

Art. 588. A petição inicial será instruída com os títulos de domínio do promovente e conterá:

I – a indicação da origem da comunhão e a denominação, a situação, os limites e as características do imóvel;

II – o nome, o estado civil, a profissão e a residência de todos os condôminos, especificando-se os estabelecidos no imóvel com benfeitorias e culturas;

III – as benfeitorias comuns.

1. Ao art. 588 coube inventariar os elementos que, necessariamente, serão informados em sede exordial. Para além de ser instruída com os títulos de domínio, o autor deverá nela apontar, (a) a origem da comunhão, (b) a denominação, (c) a situação, bem como (d) os limites e as características do imóvel; (e) a qualificação dos condôminos, especificando os estabelecidos no imóvel com benfeitorias e culturas; (f) a existência e a descrição, sendo o caso, das benfeitorias comuns.

2. A formulação do petitório inaugural, nada obstante os apontamentos específicos acima referidos, deve observância ao teor dos arts. 319 e seguintes do CPC/2015.

Art. 589. Feitas as citações como preceitua o art. 576, prosseguir-se-á na forma dos arts. 577 e 578.

1. Citação. A citação dos condôminos será realizada pela via postal. O Código, outrossim, exige, para as ações sob comento, que se diligencie na publicação de edital, visando a dar ciência a eventuais interessados de sua existência, e, por consequência, a facultar a participação dos mesmos no processo.

2. O prazo para a apresentação da resposta pelos demandados é de 15 dias, observada, para o adequado cômputo, a "regra da juntada", uma vez que a especialização do procedimento sob comento não prevê a realização prévia da audiência de autocomposição prescrita pelo teor do art. 334.

3. Após o prazo de resposta do réu, observar-se-á, para o deslinde do feito, o procedimento comum.

Art. 590. O juiz nomeará um ou mais peritos para promover a medição do imóvel e as operações de divisão, observada a legislação especial que dispõe sobre a identificação do imóvel rural.

Parágrafo único. O perito deverá indicar as vias de comunicação existentes, as construções e as benfeitorias, com a indicação dos seus valores e dos respectivos proprietários e ocupantes, as águas principais que banham o imóvel e quaisquer outras informações que possam concorrer para facilitar a partilha.

1. A *mediação* e a própria *divisão* do imóvel objeto da demanda dependem, face ao tecnicismo da atividade, da nomeação do profissional especializado. O perito, ao concluir sua atividade, deve apresentar em juízo laudo em que identifique (a) as vias de comunicação existentes, (b) as construções e (c) as benfeitorias, com a indicação dos seus valores e dos respectivos proprietários e ocupantes, (d) as águas principais que banham o imóvel e (e) quaisquer outras informações que possam concorrer para facilitar a partilha do imóvel em questão.

2. "Na ação de divisão, os trabalhos de medição do imóvel e as operações de divisão terão início depois de encerrada a primeira fase, com trânsito em julgado da sentença de procedência. Note-se que tal procedimento diferencia-se da ação de demarcação, na qual o trabalho pericial é antecedente à prolação da sentença da primeira fase. Ovídio A. Baptista da Silva (...) destaca que a indicação dos *experts* necessários para o desenvolvimento do trabalho pericial de medição e divisão do imóvel deve ocorrer na própria sentença que julgar procedente a ação." (LEROY, Guilherme C. *et al*. *In*: STRECK, Lenio; NUNES, Dierle; CUNHA, Leonardo Carneiro da. *Comentários ao Código de Processo Civil*. São Paulo: Saraiva, 2016. p. 828).

Art. 591. Todos os condôminos serão intimados a apresentar, dentro de 10 (dez) dias, os seus títulos, se ainda não o tiverem feito, e a formular os seus pedidos sobre a constituição dos quinhões.

1. Os condôminos serão intimados para, no prazo de 10 dias, querendo, realizar *requerimentos pertinentes à constituição dos quinhões fruto da divisão*. Quer dizer: o prazo serve, numa de suas dimensões, ao apontamento daquilo que *atenderia ao melhor interesse do condômino* por ocasião da extinção condominial.

2. No mesmo lapso temporal incumbirá ao condômino, caso inexistam nos autos, apresentar em juízo os títulos que o vinculam ao imóvel objeto da ação de divisão.

Art. 592. O juiz ouvirá as partes no prazo comum de 15 (quinze) dias.

§ 1º Não havendo impugnação, o juiz determinará a divisão geodésica do imóvel.

§ 2º Havendo impugnação, o juiz proferirá, no prazo de 10 (dez) dias, decisão sobre os pedidos e os títulos que devam ser atendidos na formação dos quinhões.

1. Em homenagem ao *direito fundamental ao contraditório*, transcorrido o decêndio apontado pelo art. 591, dar-se-á "voz" às partes para que se manifestem, querendo, acerca dos apontamentos processuais realizados pelos demais integrantes da relação processual. Inexistindo divergência em relação à constituição dos quinhões, o juiz determinará a "divisão geodésica" do bem; existindo, julgará a questão, no prazo de 10 dias.

Art. 593. Se qualquer linha do perímetro atingir benfeitorias permanentes dos confinantes feitas há mais de 1 (um) ano, serão elas respeitadas, bem como os terrenos onde estiverem, os quais não se computarão na área dividenda.

1. "O Código novo não inovou na matéria que diz respeito ao tratamento que o perito deve dar à constatação de benfeitorias dentro do terreno dividendo, tanto de terceiros como de comunheiros. (...) O procedimento da divisória deve desenvolver-se apenas nos limites dos interesses dos condôminos, sem repercutir sobre propriedades ou posses de terceiros. Se há controvérsia sobre limites das terras dividendas ou sobre obras e benfeitorias de estranhos dentro do imóvel do condomínio, não cabe ao juízo divisório dirimir esse tipo de conflito. Antes de iniciar os atos de extinção do condomínio, dever-se-á proceder à demarcação da linha de confrontação com o prédio confinante objeto do conflito. Dessa maneira, a medida em questão tutela interesses tanto dos comunheiros (quando evita constituição de quinhão sujeito a futuras demandas) como do vizinho (quando impede seja ele vítima de esbulho judicial em detrimentos de posse antiga e de caráter duradouro)." (THEODORO JR., Humberto. *In:* WAMBIER, Teresa Arruda *et al. Breves Comentários ao Novo Código de Processo Civil*. São Paulo: RT, 2015. p. 1.490/1.491).

2. Para os casos em que as *benfeitorias permanentes* (realizadas pelo confinante) tenham sido realizadas há mais de ano, o debate jurídico que a envolver (seja ele pertinente a posse, seja pertinente a propriedade), figurará como objeto de demanda distinta (a questão deve ser examinada fora da demanda divisória); em se tratando *benfeitoria* realizada em interregno inferior (isto é, entre a *data realização da benfeitoria* e a *data da propositura da ação de divisão* não transcorreu ano), o juízo divisório, segundo pensamos, é competente para enfrentar a questão (vide comentário acerca do teor do art. 594).

3. "O CPC/1973 (...) possuía especificação de quais benfeitorias dos confinantes deveriam ser respeitadas pelas linhas do perímetro: edificação, muros, cercas, culturas e pastos fechados, não abandonados há mais de dois anos. Como o CPC 593 não repetiu essa regra, supõe-se que não haverá restrição a qualquer tipo de benfeitoria, para fins da incidência deste artigo, desde que sejam permanente e tenham sido feitas há mais de um ano." (NERY JR, Nelson; NERY, Rosa Maria Andrade. *Comentários ao Código de Processo Civil*. São Paulo: RT, 2015. p. 1.411).

Art. 594. Os confinantes do imóvel dividendo podem demandar a restituição dos terrenos que lhes tenham sido usurpados.

§ 1º Serão citados para a ação todos os condôminos, se a sentença homologatória da divisão ainda não houver transitado em julgado, e todos os quinhoeiros dos terrenos vindicados, se a ação for proposta posteriormente.

§ 2º Nesse último caso terão os quinhoeiros o direito, pela mesma sentença que os obrigar à restituição, a haver dos outros condôminos do processo divisório ou de seus sucessores a título universal a composição pecuniária proporcional ao desfalque sofrido.

1. Consoante anotado alhures, a demanda divisória poderá, nalguns casos, gerar prejuízo aos confinantes. Por exemplo, realizada a benfeitoria permanente há menos de ano pelo confiante, o juízo decisório haverá de desconsiderá-la, incluindo na divisão o espaço territorial sobre a qual incide. Assim sendo, o confinante prejudicado, querendo, poderá promover demanda própria para debater o prejuízo a que vier a experimentar.

2. Para o caso de a promoção da demanda ocorrer antes do trânsito em julgado da sentença homologatória prolatada nos autos da ação de divisão, *face à manutenção do condomínio entre os demandados*, todos deverão ser inclusos no polo passivo da demanda sob comento; caso contrário, o confinante, agora autor, deverá demandar apenas aquele quinhoeiros que possuam vínculo com o terreno reclamado, uma vez que não mais existirá a relação condominial objeto da *divisória*. A sentença que obrigar o quinhoeiro à restituição do terreno "usurpado", servirá aos mesmo para que busque, querendo, reparação pecuniária frente aos (antigos) condôminos ou seus sucessores.

Art. 595. Os peritos proporão, em laudo fundamentado, a forma da divisão, devendo consultar, quanto possível, a comodidade das partes, respeitar, para adjudicação a cada condômino, a preferência dos terrenos contíguos às suas residências e benfeitorias e evitar o retalhamento dos quinhões em glebas separadas.

1. Ao concluir seu mister, o *expert* deverá apresentar em juízo laudo que retrate a *melhor forma de divisão possível*. Sempre que possível, a divisão deve atender ao interesse "pessoal" das partes, evitando-se, por exemplo, que um quinhão seja formado por glebas separadas. Trata-se, em última análise, de comando legislativo "preocupado" com o melhor aproveitamento material da divisão objeto da demanda.

2. Vale recordar: perito *propõe*; juiz *julga*. Nada obstante a conclusão alcançada pelo *expert* (quanto a melhor forma de se proceder à divisão do bem), o julgador se encontra liberto para, fundamentado seu posicionamento, refutar a solução proposta pelo perito.

Art. 596. Ouvidas as partes, no prazo comum de 15 (quinze) dias, sobre o cálculo e o plano da divisão, o juiz deliberará a partilha.

Parágrafo único. Em cumprimento dessa decisão, o perito procederá à demarcação dos quinhões, observando, além do disposto nos arts. 584 e 585, as seguintes regras:

I – as benfeitorias comuns que não comportarem divisão cômoda serão adjudicadas a um dos condôminos mediante compensação;

II – instituir-se-ão as servidões que forem indispensáveis em favor de uns quinhões sobre os outros, incluindo o respectivo valor no orçamento para que, não se tratando de servidões naturais, seja compensado o condômino aquinhoado com o prédio serviente;

III – as benfeitorias particulares dos condôminos que excederem à área a que têm direito serão adjudicadas ao quinhoeiro vizinho mediante reposição;

IV – se outra coisa não acordarem as partes, as compensações e as reposições serão feitas em dinheiro.

1. Ouvidas as partes, o juiz enfrentará o tema da partilha. O prazo, aqui, é comum. Quer dizer: os 15 dias terão início e fim, para os envolvidos, em momento idêntico.

2. No afã de dar contornos práticos ao conteúdo da decisão sob comento, para além da observância do teor dos artigos 584 e 585 (vide comentários acima), proceder-se-á, mediante atuação do *expert* nomeado, na demarcação dos quinhões, em observância às diretrizes apontadas pelos incisos do art. 596. Consoante dito alhures, o "pano de fundo" das aludidas diretrizes é, pois, o de se obter o *melhor aproveitamento material da divisão* objeto da demanda.

Art. 597. Terminados os trabalhos e desenhados na planta os quinhões e as servidões aparentes, o perito organizará o memorial descritivo.

§ 1º Cumprido o disposto no art. 586, o escrivão, em seguida, lavrará o auto de divisão, acompanhado de uma folha de pagamento para cada condômino.

§ 2º Assinado o auto pelo juiz e pelo perito, será proferida sentença homologatória da divisão.

§ 3º O auto conterá:

I – a confinação e a extensão superficial do imóvel;

II – a classificação das terras com o cálculo das áreas de cada consorte e com a respectiva avaliação ou, quando a homogeneidade das terras não determinar diversidade de valores, a avaliação do imóvel na sua integridade;

III – o valor e a quantidade geométrica que couber a cada condômino, declarando-se as reduções e as compensações resultantes da diversidade de valores das glebas componentes de cada quinhão.

§ 4º Cada folha de pagamento conterá:

I – a descrição das linhas divisórias do quinhão, mencionadas as confinantes;

II – a relação das benfeitorias e das culturas do próprio quinhoeiro e das que lhe foram adjudicadas por serem comuns ou mediante compensação;

III – a declaração das servidões instituídas, especificados os lugares, a extensão e o modo de exercício.

1. Toca do *expert*, uma vez realizada sua atividade "de campo" (quer dizer: concluída a demarcação física – art. 596, parágrafo único) e desenhadas as plantas que interessam ao caso concreto, diligenciar na feitura do *memorial descritivo*. As partes, conforme o teor do § 1º, serão intimadas para, querendo, manifestar-se acerca do mesmo.

2. Incumbe ao *escrivão, superado* o expediente impugnatório a que alude o art. 586 (*caput* e *parágrafo único*), lavrar o *auto de divisão*, do qual se extrairá o conteúdo da folha de pagamento a ser entregue a cada um dos *condôminos* (doravante, quinhoeiros). A assinatura do *auto* (pelo juiz e pelo *expert*) dará azo à prolação da sentença homologatória da divisão.

3. Auto *de divisão*. Conteúdo. Coube ao § 3º do art. 597 inventariar os requisitos indispensáveis do *auto* sob comento. Segundo expresso apontamento legal, ele haverá de expressar: (1) a confinação e a extensão superficial do imóvel; (2) a classificação das terras com o cálculo das áreas de cada consorte e com a respectiva avaliação ou, quando a homogeneidade das terras não determinar diversidade de valores, a avaliação do imóvel na sua integridade; (3) o valor e a quantidade geométrica que couber a cada condômino, declarando-se as reduções e as compensações resultantes da diversidade de valores das glebas componentes de cada quinhão. Esse, pois, o conteúdo mínimo. Havendo, no caso concreto, necessidades especiais detectadas, nada obsta a inclusão das anotações pertinentes no aludido documento processual.

4. Folha de pagamento. Conteúdo. Ao § 4º, por sua vez, tocou a tarefa de apontar, agora em relação a *folha de pagamento* a ser entregue a cada (ex)condômino, os elementos necessários para que produza os efeitos jurídicos que dela se esperam. Conterá ela: (1) a descrição das linhas divisórias do quinhão, mencionadas as confinantes; (b) a relação das benfeitorias e das culturas do próprio quinhoeiro e das que lhe foram adjudicadas por serem comuns ou mediante compensação e; (c) a declaração das servidões instituídas, especificados os lugares, a extensão e o modo de exercício das mesmas.

Art. 598. Aplica-se às divisões o disposto nos arts. 575 a 578.

1. O legislador, por fim, é expresso ao declarar aplicável às ações divisórias o teor dos arts. 575 (legitimidade), 576 (citação), 577 (resposta do réu) e 578 (aplicação, após os atos iniciais, do procedimento comum).

CAPÍTULO V
DA AÇÃO DE DISSOLUÇÃO PARCIAL DE SOCIEDADE

1. Em não se tratando de postulação que vise a, tão somente, apurar haveres (como permite o inciso II, do art. 599), a ação em tela tem por objetivo desfazer apenas parcela dos vínculos societários (para um ou alguns dos sócios), e não resolver a sociedade como um todo.

Art. 599. A ação de dissolução parcial de sociedade pode ter por objeto:

I – a resolução da sociedade empresária contratual ou simples em relação ao sócio falecido, excluído ou que exerceu o direito de retirada ou recesso; e

II – a apuração dos haveres do sócio falecido, excluído ou que exerceu o direito de retirada ou recesso; ou

III – somente a resolução ou a apuração de haveres.

§ 1º A petição inicial será necessariamente instruída com o contrato social consolidado.

§ 2º A ação de dissolução parcial de sociedade pode ter também por objeto a sociedade anônima de capital fechado quando demonstrado, por acionista ou acionistas que representem cinco por cento ou mais do capital social, que não pode preencher o seu fim.

1. O capítulo sob comento serve, bem compreendida a afirmativa, à operacionalização do teor dos artigos 1.028 /1.032 da Lei 10.406/2002, que versam acerca da "Resolução da Sociedade em Relação a um Sócio".[37]

[37] "Seção V. Da Resolução da Sociedade em Relação a um Sócio. Art. 1.028. No caso de morte de sócio, liquidar-se-á sua quota, salvo: I – se o contrato dispuser diferentemente; II – se os sócios remanescentes optarem pela dissolução da sociedade; III – se, por acordo com os herdeiros, regular-se a substituição do sócio falecido. Art. 1.029. Além dos casos previstos na lei ou no contrato, qualquer sócio pode retirar-se da sociedade; se de prazo indeterminado, mediante notificação aos demais sócios, com antecedência mínima de sessenta dias; se de prazo determinado, provando judicialmente justa causa. Parágrafo único. Nos trinta dias subseqüentes à notificação, podem os demais sócios optar pela dissolução da sociedade. Art. 1.030. Ressalvado o disposto no art. 1.004 e seu parágrafo único, pode o sócio ser excluído judicialmente, mediante iniciativa da maioria dos demais sócios, por falta grave no cumprimento de suas obrigações, ou, ainda, por incapacidade superveniente. Parágrafo único. Será de pleno direito excluído da sociedade o sócio declarado falido, ou aquele cuja quota tenha sido liquidada nos termos do parágrafo único do art. 1.026. Art. 1.031. Nos casos em que a sociedade se resolver em relação a um sócio, o valor da sua quota, considerada pelo montante efetivamente realizado, liquidar-se-á, salvo disposição contratual em contrário, com base na situação patrimonial da sociedade, à data da resolução, verificada em balanço especialmente levantado. § 1º O capital social sofrerá a correspondente redução, salvo se os demais sócios suprirem o valor da quota. § 2º A quota liquidada será paga em dinheiro, no prazo de noventa dias, a partir da liquidação, salvo acordo, ou estipulação contratual em contrário. Art. 1.032. A retirada, exclusão ou morte do sócio, não o exime, ou a seus herdeiros, da responsabilidade pelas obrigações sociais anteriores, até dois anos após averbada a resolução da sociedade; nem nos dois primeiros casos, pelas posteriores e em igual prazo, enquanto não se requerer a averbação." (Lei 10.406/2002).

2. "A ação versada nos arts. 599 e seguintes do NCPC tem como foco as sociedades empresárias contratuais e as sociedades simples. A jurisprudência tem entendido de maneira ampliativa o cabimento da ação de dissolução parcial de sociedade, de modo a admiti-la também em face das sociedades em conta de participação, ao argumento de que a ausência de personalidade jurídica não eliminaria a existência de vínculo societário na espécie. Conforme os incisos I e II daquele artigo, a sociedade pode ser dissolvida parcialmente (i) quando ocorrer o falecimento de sócio (CC, art. 1.028), (ii) mediante iniciativa de sócios, para excluir aquele que, v.g., comete falta grave no cumprimento de suas obrigações (art. 1.030) e (iii) por iniciativa própria do sócio que se retira. Ainda de acordo com o citado art. 599, *caput*, do NCPC, são duas as finalidades da ação de dissolução parcial da sociedade: (a) resolução da sociedade empresária contratual ou simples; (b) apuração dos haveres do sócio excluído. A pretensão judicial pode perseguir os dois objetivos, cumulativamente (incisos I e II), ou apenas um deles, isoladamente (inciso III). Isso possibilita, v.g., o ajuizamento de ação destinada apenas ao apuramento dos haveres, sendo desnecessária a via judicial para a dissolução parcial da sociedade. É o que acontece quando a dissolução ocorreu de pleno direito ou por ato extrajudicial anterior ao processo. É também objeto da dissolução parcial em juízo a sociedade anônima de capital fechado, conforme no § 2° do art. 599 do Código Processual." (THEODORO JR., Humberto. *Curso de Direito Processual Civil*. 50. ed. Rio de Janeiro: Forense, 2016. p. 298/299. v. II).

3. "O legislador (...) estabeleceu a amplitude que se deve dar ao termo 'dissolução parcial' abarcando aí todas as hipóteses de saída do sócio da sociedade, quando esta é mantida. O termo, portanto, engloba a saída do sócio pelo exercício do direito de retirada ou de recesso, a saída do sócio por exclusão promovida pelos demais ou ainda a saída do sócio em razão do seu falecimento. Essa amplitude conceitual já vinha sendo consagrada pela jurisprudência que aplicava a dissolução parcial para todas estas hipóteses. Contudo, o legislador restringiu a utilização da dissolução parcial às sociedades autônomas, excluindo as sociedades por ações, salvo em casos especiais nas companhias fechadas. Tal exceção também apenas consagra aquilo que já vinha sendo admitido pela jurisprudência do STJ, principalmente em relação às sociedades anônimas fechadas familiares." (CANTALI, Fernanda Borghetti. *Novo Código de Processo Civil anotado*. Porto Alegre: OAB/RS, 2015. p. 430/431).

4. "A ação de dissolução *total* de sociedade deverá seguir o procedimento comum. Nesse sentido dispõe o art. 1.046, § 3°, do CPC/2015, ao estatuir que as causas mencionadas no art. 1.218 do CPC/73, cujo procedimento ainda não tenha sido incorporado por lei – tal como é o caso da ação de dissolução total de sociedade –, devem submeter-se ao procedimento comum previsto no Código de Processo Civil de 2015." (NETO, Fernando Sacco. *In:* WAMBIER, Teresa Arruda *et al. Breves Comentários ao Novo Código de Processo Civil*. São Paulo: RT, 2015. p. 1.498).

5. "Penhorando-se quota de sócio, poderá ser necessário realizar-se, no curso da execução, incidente voltado à sua liquidação, isto é, à apuração do valor correspondente. Observa-se, no caso, o disposto no art. 861 do CPC/2015 (cf. também art. 1.026 do CC)." (MEDINA, José Miguel Garcia. *Direito Processual Civil Moderno*. São Paulo: RT, 2015. p. 774).

6. O Contrato Social consolidado figura, na ação em tela, como documento indispensável ao deferimento da inicial.

7. No caso do § 2º, quando a representação dos acionistas não alcançar o percentual previsto por lei (5%), observar-se-á, para a *dissolução parcial de sociedade*, o procedimento comum. Quer dizer, nada obstante a inaplicabilidade do procedimento especial sob comento, nenhum prejuízo haverá à tramitação de demanda com o aludido objeto.

Art. 600. A ação pode ser proposta:

I – pelo espólio do sócio falecido, quando a totalidade dos sucessores não ingressar na sociedade;

II – pelos sucessores, após concluída a partilha do sócio falecido;

III – pela sociedade, se os sócios sobreviventes não admitirem o ingresso do espólio ou dos sucessores do falecido na sociedade, quando esse direito decorrer do contrato social;

IV – pelo sócio que exerceu o direito de retirada ou recesso, se não tiver sido providenciada, pelos demais sócios, a alteração contratual consensual formalizando o desligamento, depois de transcorridos 10 (dez) dias do exercício do direito;

V – pela sociedade, nos casos em que a lei não autoriza a exclusão extrajudicial; ou

VI – pelo sócio excluído.

Parágrafo único. O cônjuge ou companheiro do sócio cujo casamento, união estável ou convivência terminou poderá requerer a apuração de seus haveres na sociedade, que serão pagos à conta da quota social titulada por este sócio.

1. Legitimidade ativa. Ao art. 600 coube inventariar a *quem compete* promover a ação sob comento. Têm legitimidade para promovê-la, pois, (a) o espólio do sócio falecido, *apenas quando a totalidade dos sucessores não ingressar na sociedade*; (b) os sucessores, *uma vez finalizada a partilha dos bens outrora pertencentes ao sócio falecido*; (c) a sociedade, caso os sócios sobreviventes não admitirem o ingresso do espólio ou dos sucessores do falecido na sociedade, decorrendo tal direito de previsão contida no contrato social; (d) o sócio que exerceu o direito de retirada ou recesso, se não tiver sido providenciada, pelos demais sócios, a alteração contratual formalizadora do desligamento do retirante, depois de transcorridos 10 (dez) dias do exercício de seu direito; (e) a sociedade, *nos casos em que a lei não autoriza a exclusão extrajudicial* (o debate, aqui, é o seguinte: em se admitindo a exclusão extrajudicial de sócio, faltará *interesse de agir* à sociedade?), bem como (f) o *próprio sócio excluído*.

2. "A própria sociedade só tem legitimidade (inciso V) quando a exclusão do sócio depender de intervenção judicial, ou seja, quando a dissolução parcial não puder ser decidida através de suas reuniões ou assembleia previamente designadas para esse fim." (DONIZETTI, Elpídio. *Novo Código de Processo Civil Comentado*. São Paulo: Atlas, 2015. p. 468).

3. Possui legitimidade ativa para a propositura da ação em tela, outrossim, o cônjuge ou companheiro do sócio retirante/excluído, cujo laço "matrimonial" (com o sócio) tenha chegado ao fim. No caso, pois, visa-se com a demanda, única e exclusivamente, a apuração de haveres. A ideia, aqui, é a de preservar a meação daquele que, face ao regime *patrimonial matrimonial*, tem direito referente às quotas sociais.

Art. 601. Os sócios e a sociedade serão citados para, no prazo de 15 (quinze) dias, concordar com o pedido ou apresentar contestação.

Parágrafo único. A sociedade não será citada se todos os seus sócios o forem, mas ficará sujeita aos efeitos da decisão e à coisa julgada.

1. Os sócios e a sociedade, demandados, figuram, como regra, na condição de litisconsortes. Serão os mesmos citados e, ato contínuo, intimados para, no prazo da lei (15 dias), concordar com os termos do pedido formulado pelo autor ou a ele se insurgir, mediante *contestação*.[38]

2. O parágrafo único do art. 601, nada obstante ignore a distinção havida entre a sociedade e seus sócios (sujeitos distintos de direito), dispensa a citação do ente ideal nos casos em que "todos" os seus sócios forem validamente citados, embora sujeite-a, também nesses casos, aos efeitos da sentença e à coisa julgada. Nada obstante a redação legal, na linha do devido processo de direito desenhado pelo *modelo constitucional do processo civil brasileiro*, a inexigibilidade de citação da sociedade apenas se legitima, segundo pensamos, nas hipóteses em que o fato não lhe acarretar qualquer dano processual.

Art. 602. A sociedade poderá formular pedido de indenização compensável com o valor dos haveres a apurar.

1. "O pedido de indenização formulado nos mesmos autos da ação de dissolução parcial de sociedade deverá ocorrer, como regra, nas hipóteses de exclusão do sócio. Tal constatação se deve ao fato de que nesta causa de dissolução a saída do sócio pressupõe uma conduta prejudicial à continuidade da empresa e, por esta razão, pode ensejar a reparação por eventuais prejuízos." (DONIZETTI, Elpídio. *Novo Código de Processo Civil Comentado*. São Paulo: Atlas, 2015. p. 469).

2. "Pedido de indenização. A indenização mencionada (...) está relacionada a eventual dívida que o sócio que se retira ou que faleceu tenha para com a sociedade, ou por algum dos efeitos da saída do sócio (p.ex., queda de clientela). Vale lembrar que a pessoa jurídica pode sofrer dano moral (STJ 227)." (NERY JR, Nelson; NERY, Rosa Maria Andrade. *Comentários ao Código de Processo Civil*. São Paulo: RT, 2015. p. 1.422).

[38] Acerca do tema *contestação*, vide: TORRES, Artur. *CPC passado a limpo*: parte geral, procedimento comum e cumprimento de sentença. Porto Alegre: Livraria do Advogado, 2018. p. 280/286. v. I.

3. "Súmula: 227. A pessoa jurídica pode sofrer dano moral".[39]

Art. 603. Havendo manifestação expressa e unânime pela concordância da dissolução, o juiz a decretará, passando-se imediatamente à fase de liquidação.

§ 1º Na hipótese prevista no *caput*, não haverá condenação em honorários advocatícios de nenhuma das partes, e as custas serão rateadas segundo a participação das partes no capital social.

§ 2º Havendo contestação, observar-se-á o procedimento comum, mas a liquidação da sentença seguirá o disposto neste Capítulo.

1. A ação em tela, como regra, revela-se expediente *complexo*, ou seja, dotado de mais de uma etapa a ser vencida. Examina-se, primeiro, o tema *dissolução*; segundo, apuração de haveres ou o pleito indenizatório, em alguns casos. Inexistindo controvérsia acerca da *dissolução*, determina o Código: o juiz a decretará e, de imediato, avançará, examinando sua *liquidação*. Sendo o caso, inexistirá condenação em honorários, rateando-se as custas processuais entre as partes, observada a participação de cada qual no capital social.

2. Havendo contestação em relação a *dissolução*, prosseguir-se-á no feito, com observância aos ditames do procedimento comum.[40]

Art. 604. Para apuração dos haveres, o juiz:

I – fixará a data da resolução da sociedade;

II – definirá o critério de apuração dos haveres à vista do disposto no contrato social; e

III – nomeará o perito.

§ 1º O juiz determinará à sociedade ou aos sócios que nela permanecerem que depositem em juízo a parte incontroversa dos haveres devidos.

§ 2º O depósito poderá ser, desde logo, levantando pelo ex-sócio, pelo espólio ou pelos sucessores.

§ 3º Se o contrato social estabelecer o pagamento dos haveres, será observado o que nele se dispôs no depósito judicial da parte incontroversa.

1. " A segunda fase da ação de dissolução parcial, mas que, também, poderá ser uma fase única, é a de liquidação e apuração do valor de haveres devidos ao ex-sócio. A primeira fase decreta a dissolução; a segunda identifica o *quantum* a ser pago ao sócio que se retira da sociedade." (NETO, João Luiz Lessa. *In:* STRECK, Lenio; NUNES, Dierle; CUNHA, Leonardo Carneiro da. *Comentários ao Código de Processo Civil*. São Paulo: Saraiva, 2016. p. 845).

2. Em relação a apuração dos haveres, o julgador, de imediato, (a) fixará a data da resolução da sociedade; (b) definirá o critério de apuração dos haveres à vista do disposto no contrato social; e (c) nomeará o perito contábil.

---

[39] Disponível em: <http://www.stj.jus.br/docs_internet/VerbetesSTJ_asc.txt>.

[40] Acerca do tema *procedimento comum*, vide: TORRES, Artur. CPC passado a limpo: parte geral, procedimento comum e cumprimento de sentença. Porto Alegre: Livraria do Advogado, 2018. p. 261/403. v. I.

3. Nos casos em que houver discordância em relação ao haveres devidos, o julgador determinará à sociedade ou aos sócios remanescentes que depositem, *incontinenti*, o valor incontroverso, restando autorizado, desde logo, seu resgate pelo titular do crédito.

Art. 605. A data da resolução da sociedade será:

I – no caso de falecimento do sócio, a do óbito;

II – na retirada imotivada, o sexagésimo dia seguinte ao do recebimento, pela sociedade, da notificação do sócio retirante;

III – no recesso, o dia do recebimento, pela sociedade, da notificação do sócio dissidente;

IV – na retirada por justa causa de sociedade por prazo determinado e na exclusão judicial de sócio, a do trânsito em julgado da decisão que dissolver a sociedade; e

V – na exclusão extrajudicial, a data da assembleia ou da reunião de sócios que a tiver deliberado.

1. Ao art. 605 coube estabelecer, visando à apuração dos haveres, o momento em que se considera resolvida a sociedade, considerando cada uma das possibilidades de sua extinção. Considera-se, assim, resolvida a sociedade fundada: (a) no falecimento do sócio, na data de seu óbito; (b) na retirada imotivada de sócio, no sexagésimo dia seguinte ao do recebimento, pela sociedade, da notificação do retirante; (c) no recesso, o dia do recebimento, pela sociedade, da notificação do sócio dissidente; (d) na retirada por justa causa, tratando-se de sociedade por prazo determinado e na exclusão judicial de sócio, a data do trânsito em julgado da decisão que dissolver a sociedade; e, por fim, fundada (e) na exclusão extrajudicial, a data da assembleia ou da reunião de sócios que a tiver deliberado.

2. "É de extrema importância a definição da data em que a pessoa deixa a situação de sócia e passa para a condição de possível credora da sociedade. Ao estatuir com clareza as regras aplicáveis para consideração da data de transição, andou bem o legislador reformista, trazendo objetividade e diminuindo espaços para discussões a esse respeito." (NETO, Fernando Sacco. *In:* WAMBIER, Teresa Arruda *et al.* Breves *Comentários ao Novo Código de Processo Civil.* São Paulo: RT, 2015. p. 1511).

3. "Tutela antecipada em dissolutória para evitar a vinculação ao trânsito em julgado. A data da resolução para orientar a apuração de haveres não esgota a consequência da eficácia da sentença na dissolutória. O art. 1.032 do CC, por exemplo, fixa a averbação da resolução da sociedade como marco temporal para contagem dos prazos atinentes à responsabilidade. Não há sentido em fazer o sócio aguardar o trânsito em julgado para esta averbação. Mesmo em relação aos incisos I, II, III e V, se houver resistência à averbação da resolução, a eficácia da dissolutória, para todos os efeitos, não aguarda o trânsito em julgado. E nos dois casos, declaratória ou constitutiva, os efeitos podem ser antecipados em tutela provisória (art. 294). Preenchidos os requisitos da tutela de urgência (ou de evidência), cabe liminar de dissolução antecipada do vínculo

(TJ-PR, 17ª Câmara Cível, AI nº 1083799-9, Rel. Luis Sérgio Swiech, 22/7/2013). Esta dissolução antecipada do vínculo pode alterar o marco temporal para a apuração de haveres nos casos do inciso IV, inclusive o período de participação nos lucros (art. 608). Na exclusão judicial (que, a rigor, dissolução não é), por exemplo, não há sentido em deixar o sócio participando dos lucros até o trânsito em julgado. Pode haver, preenchidos os requisitos, exclusão sumária, com antecipação da eficácia da decisão para todos os efeitos decorrentes. Para os demais incisos, em que o marco temporal (para cômputo da apuração e participação nos lucros) não depende da eficácia da decisão na dissolutória, a tutela antecipada presta-se a antecipar o registro da averbação da alteração do contrato social, antecipando a repercussão jurídica (a eficácia) do ato. Não há óbice processual à averbação sumária e provisória do rompimento." (CRUZ E TUCCI, José Rogério *et al.* (Coord.). *Código de Processo Civil anotado*. São Paulo: AASP, 2015. p. 974).

Art. 606. Em caso de omissão do contrato social, o juiz definirá, como critério de apuração de haveres, o valor patrimonial apurado em balanço de determinação, tomando-se por referência a data da resolução e avaliando-se bens e direitos do ativo, tangíveis e intangíveis, a preço de saída, além do passivo também a ser apurado de igual forma.

Parágrafo único. Em todos os casos em que seja necessária a realização de perícia, a nomeação do perito recairá preferencialmente sobre especialista em avaliação de sociedades.

1. Consoante redação atribuída ao art. 606, o legislador de 2015 elegeu, como critério para apuração dos haveres, silente o contrato social, o *valor patrimonial*, que deverá ser apurado em *balanço de determinação*. Saliente-se, primeiro, haver preponderância hierárquica da vontade dos contratantes, uma vez que, existindo previsão contratual a respeito, deve ela triunfar; segundo, que a opção legislativa, de maneira clara, se deu em detrimento do denominado *valor econômico* da sociedade (em que se tem como referência o quanto a sociedade lucraria), devendo a avaliação das cotas observar a fórmula *patrimonial* (em que se considera o patrimônio auferido pela sociedade até a data de sua dissolução).

2. "Balanço de determinação. Outro aspecto importante a ser observado é a opção do legislador pela apuração do valor patrimonial em *balanço de determinação*. Nessa modalidade de balanço realiza-se um exercício um exercício simulatório em cenário no qual (i) se atribuiria aos bens da sociedade os valores de mercado; (ii) se pagaria todos os compromissos pendentes; (iii) se cobraria todos os débitos; (iv) se quantificaria o patrimônio liquido, composto de elementos corpóreos e incorpóreos; (v) se dissolveria totalmente a sociedade; (vi) se partilharia os haveres entre os sócios." (NETO, Fernando Sacco. *In:* WAMBIER, Teresa Arruda *et al. Breves Comentários ao Novo Código de Processo Civil*. São Paulo: RT, 2015. p. 1512).

3. A jurisprudência, embora anterior a vigência do CPC/2015, "tem indicado que o melhor método para tal avaliação é o do fluxo de caixa descon-

trato. Aliás, em recente decisão da Terceira Turma do STJ (REsp 1.335.619-SP, DJe 27/03/2015), determinou-se que somente prevalecerá o critério previsto no contrato social se o sócio retirante concordar com todo o resultado obtido. Caso não concorde deverá ser aplicado o critério do balanço de determinação conjuntamente com a metodologia do fluxo de caixa descontado. Fato é que, pelo menos, não mais serão realizadas apurações de haveres com base no valor patrimonial contábil, baseado exclusivamente no patrimônio líquido das sociedades, eis que este, não admitindo a contabilização dos intangíveis fica muito distante do valor real das participações dos sócios." (CANTALI, Fernanda Borguetti. *In*: *Novo Código de Processo Civil anotado*. Porto Alegre: OAB/RS, 2015. p. 434).

Art. 607. A data da resolução e o critério de apuração de haveres podem ser revistos pelo juiz, a pedido da parte, a qualquer tempo antes do início da perícia.

1. Antes do início da perícia, consoante expressa previsão legal, é facultado à parte requerer, de maneira fundamentada, que se proceda na *revisão da data da resolução da sociedade* (matéria disciplinada pelo art. 605), bem como do critério de apuração de haveres (como regra, apontado pelo contrato social – ou, subsidiariamente, pelo art. 606).

Art. 608. Até a data da resolução, integram o valor devido ao ex-sócio, ao espólio ou aos sucessores a participação nos lucros ou os juros sobre o capital próprio declarados pela sociedade e, se for o caso, a remuneração como administrador.

Parágrafo único. Após a data da resolução, o ex-sócio, o espólio ou os sucessores terão direito apenas à correção monetária dos valores apurados e aos juros contratuais ou legais.

1. Na condição de sócio, o direito pátrio garante ao titular da aludida posição jurídica, ou aos que vierem a lhe suceder, acesso a participação nos lucros, ao produto do capital próprio declarado, bem como, sendo o caso, a remuneração pela administração exercida (ainda que pelo sócio falecido). Assim sendo, integram a conta dos haveres, até a data da resolução da sociedade para o ex-sócio (independente do motivo da dissolução), segundo expresso apontamento legal, tais notas. Doravante, pois, computar-se-ão apenas à correção monetária dos valores apurados e os juros contratuais ou legais devidos.

2. "Manutenção da distribuição do lucro e da remuneração do administrador. Inibitória. Ao mesmo tempo em que limita o recebimento dos lucros pelos sócios, de acordo com as datas de resolução do art. 605, o dispositivo também assegura este recebimento aos sócios no período anterior à resolução. Se houver direito ao recebimento pelo sócio que está se retirando (ou sendo excluído), a Sociedade deve fazê-lo ao tempo certo, ficando impedida de suspender os repasses e deixar que sejam incluídos, apenas ao final, no montante da apuração. Se a Sociedade suspender os repasses, em afronta ao art. 608, o sócio tem à disposição a tutela inibitória (contra o ilícito do não pagamento) para impor um fazer (repasses dos lucros) – conforme parágrafo único do art. 497. Nesta hipótese não há, a toda evidência, depósito dos haveres incontroversos (art. 604, §§ 3º e 4º) ou antecipação de haveres (antecipação de soma em dinheiro em condenatória de apuração de haveres). Trata-se de ordem para manutenção do repasse ordinário dos lucros durante a tramitação do processo. Reitera-se aqui que a antecipação de haveres também não guarda nenhuma relação com o pró-labore, a despeito de muitas decisões sumárias neste sentido. É comum em sociedades de pessoas que haja acúmulo das posições de sócio e administrador. A manutenção do pró-labore (remuneração pelo trabalho que é) só faz sentido se houver a manutenção das atribuições de administrador ao sócio retirante, aqui também por vedação de enriquecimento sem causa (TJ-PR, 18ª Câmara Cível, AI nº 3682068/PR 0368206-8, Rel. Des. Rabello Filho, j. em 1º/11/2006). Reconhecendo a distinção, o art. 608 determina a manutenção da remuneração do administrador (quando o sócio permanecer na administração) até a data da resolução. Violação a esta garantia também pode ser resolvida com inibitória. E cobrança de pró-labore em atraso pode ser buscada em demanda cumulada pelo sócio que se retira ou em reconvenção em ação de exclusão." (PEREIRA, Luiz Fernando Casagrande; CRUZ E TUCCI, José Rogério *et al.* (Coord.). *Código de Processo Civil anotado*. São Paulo: AASP, 2015. p. 976/977).

Art. 609. Uma vez apurados, os haveres do sócio retirante serão pagos conforme disciplinar o contrato social e, no silêncio deste, nos termos do § 2º do art. 1.031 da Lei nº 10.406, de 10 de janeiro de 2002 (Código Civil).

1. Em não disciplinando o contrato social a forma mediante a qual deverão os haveres apurados serem entregues ao seu titular, serão eles pagos em dinheiro, no prazo de noventa dias, a contar da liquidação.

2. "Art. 1.031. Nos casos em que a sociedade se resolver em relação a um sócio, o valor da sua quota, considerada pelo montante efetivamente realizado, liquidar-se-á, salvo disposição contratual em contrário, com base na situação patrimonial da sociedade, à data da resolução, verificada em balanço especialmente levantado. (...) § 2º A quota liquidada será paga em dinheiro, no prazo de noventa dias, a partir da liquidação, salvo acordo, ou estipulação contratual em contrário." (Lei 10.406/02).

CAPÍTULO VI
DO INVENTÁRIO E DA PARTILHA

1. "A Constituição Federal assegura, em seu art. 5º, XXX, o direito de herança. E o Código Civil disciplina o direito das sucessões em quatro títulos, que tratam, respectivamente, da sucessão geral, da sucessão legítima, da sucessão testamentária e do inventário e partilha." (GONÇALVES, Carlos Roberto. *Direito Civil Brasileiro*, vol. 7: direito das sucessões. 7. ed. São Paulo: Saraiva, 2013. p. 29).

2. É possível afirmar, de um ponto de vista didático, tratar-se o procedimento especial sob comento, de procedimento *complexo*. Diz-se *complexo*, não pelo nível de dificuldade que apresenta (conceito de *complexidade* para o senso comum), mas, por revelar-se expediente processual que, estruturalmente, fora pensado a partir de *distintas* e *diversas fases*, indispensáveis para o alcance o seu desiderato: a dissolução do condomínio de direito sucessório oriundo do falecimento de determinada pessoa natural. São fases do procedimento em epígrafe: a instauração do feito; as primeiras declarações; as citações e impugnações; as últimas declarações; a avaliação e o cálculo do imposto; o pagamento das dívidas e a partilha propriamente dita.

3. Acerca do tema, no plano do direito material, vide arts. 1.991/2.027 da Lei 10.406/2002.

4. Consoante enunciado aprovado na I Jornada de Direito Processual Civil, ocorrida na cidade Brasília (24 e 25 de agosto de 2017), "Havendo registro judicial ou autorização expressa do juízo sucessório competente, nos autos do procedimento de abertura, registro e cumprimento de testamento, sendo todos os interessados capazes e concordes, poderão ser feitos o inventário e a partilha por escritura pública." (Enunciado 51).

Seção I
Disposições Gerais

Art. 610. Havendo testamento ou interessado incapaz, proceder-se-á ao inventário judicial.

§ 1º Se todos forem capazes e concordes, o inventário e a partilha poderão ser feitos por escritura pública, a qual constituirá documento hábil para qualquer ato de registro, bem como para levantamento de importância depositada em instituições financeiras.

§ 2º O tabelião somente lavrará a escritura pública se todas as partes interessadas estiverem assistidas por advogado ou por defensor público, cuja qualificação e assinatura constarão do ato notarial.

1. O condomínio de direito sucessório, oriundo do falecimento de uma pessoa natural, pode ser desfeito tanto pela via *judicial* (*de maneira contenciosa (procedimento sob comento) ou voluntária (arts. 669/679 – Arrolamento*), quanto pela via *extrajudicial*. Duas, a rigor, são as exigências para que os interessados possam resolvê-lo sem *intervenção judiciária*: (a) que o *de cujus* não tenha deixado testamento (situação em que a partilha dos bens observará a aplicação das regras de sucessão legítima – art. 1.829 e seguintes da Lei 10.406/2002 ou, ocorrido o óbito antes de sua entrada em vigor, art. 1.603 e seguintes da Lei 3.071/1916); (b) que *inexista*, entre os interessados, *incapaz*.

2. Inventário e partilha extrajudicial. Presentes os requisitos legais, os interessados, devidamente assistidos por advogado, poderão eleger a via cartorária para dissolver o condomínio de direito sucessório. O inventário e a partilha constarão, no caso, de *escritura pública*, que servirá de instrumento hábil à realização de certos atos que interessam aos herdeiros.

3. Acerca das diretrizes a serem observadas *in concreto* para a realização de Inventário e Partilha de bens pela via extrajudicial, vide Resolução n. 35/2007 do CNJ (Conselho Nacional de Justiça), em especial o teor da "Seção II", denominada "Disposições referentes ao Inventário e à partilha": "Art. 11. É obrigatória a nomeação de interessado, na escritura pública de inventário e partilha, para representar o espólio, com poderes de inventariante, no cumprimento de obrigações ativas ou passivas pendentes, sem necessidade de seguir a ordem prevista no art. 990 do Código de Processo Civil; Art. 12. Admitem-se inventário e partilha extrajudiciais com viúvo(a) ou herdeiro(s) capazes, inclusive por emancipação, representado(s) por procuração formalizada por instrumento público com poderes especiais. (redação dada pela Resolução nº 179, de 03.10.13); Art. 13. A escritura pública pode ser retificada desde que haja o consentimento de todos os interessados. Os erros materiais poderão ser corrigidos, de ofício ou mediante requerimento de qualquer das partes, ou de seu procurador, por averbação à margem do ato notarial ou, não havendo espaço, por escrituração própria lançada no livro das escrituras públicas e anotação remissiva; Art. 14. Para as verbas previstas na Lei n° 6.858/80, é também admissível a escritura pública de inventário e partilha; Art. 15. O recolhimento dos tributos incidentes deve anteceder a lavratura da escritura; Art. 16. É possível a promoção de inventário extrajudicial por cessionário de direitos hereditários, mesmo na hipótese de cessão de parte do acervo, desde que todos os herdeiros estejam presentes e concordes; Art. 17. Os cônjuges dos herdeiros deverão comparecer ao ato de lavratura da escritura pública de inventário e partilha quando houver renúncia ou algum tipo de partilha que importe em transmissão, exceto se o casamento se der sob o regime da separação absoluta; Art. 18. O(A) companheiro(a) que tenha direito à sucessão é parte, observada a necessidade de ação judicial se o autor da herança não deixar outro sucessor ou não houver consenso de todos os herdeiros, inclusive quanto ao reconhecimento da união estável; Art. 19. A meação de companheiro(a) pode ser reconhecida na escritura pública, desde que todos os herdeiros e interessados na herança, absolutamente capazes, estejam de acordo; Art. 20. As partes e respectivos cônjuges devem estar, na escritura, nomeados e qualificados (nacionalidade; profissão; idade; estado civil; regime de bens; data do casamento; pacto antenupcial e seu registro imobiliário, se houver; número do documento de identidade; número de inscrição no CPF/MF; domicílio e residência); Art. 21. A escritura pública de inventário e partilha conterá a qualificação completa do autor da herança; o regime de bens do casamento; pacto antenupcial e seu registro imobiliário, se houver; dia e lugar em que faleceu o autor da herança; data da expedição da certidão de óbito; livro, folha, número do termo e unidade de serviço em que consta o registro do óbito; e a menção ou declaração dos herdeiros de que o autor da herança não deixou testamento e outros herdeiros, sob as penas da lei; Art. 22. Na lavratura da escritura deverão ser apresentados os seguintes documentos: a) certidão de óbito do autor da herança; b) documento de identidade oficial e CPF das partes e do autor da herança; c) certidão comprobatória do vínculo de parentesco dos herdeiros; d) certidão de casamento do cônjuge sobrevivente e dos herdeiros casados e pacto antenupcial, se houver; e) certidão de propriedade de bens imóveis e direitos a eles relativos; f) documentos necessários à comprovação da titularidade dos bens móveis e direitos, se houver; g) certidão negativa de tributos; e h) Certificado de Cadastro de Imóvel Rural – CCIR –, se houver imóvel rural a ser partilhado; Art. 23. Os documentos apresentados no ato da lavratura da escritura devem ser originais ou em cópias autenticadas, salvo os de identidade das partes, que sempre serão originais; Art. 24. A escritura pública deverá fazer menção aos documentos apresentados; Art. 25. É admissível a sobrepartilha por escritura pública, ainda que referente a inventário e partilha judiciais já findos, mesmo que o herdeiro, hoje maior e capaz, fosse menor ou incapaz ao tempo do óbito ou do processo judicial; Art. 26. Havendo um só herdeiro, maior e capaz, com direito à totalidade da herança, não haverá partilha, lavrando-se a escritura de inventário e adjudicação dos bens; Art. 27. A existência de credores do espólio não impedirá a realização do inventário e partilha, ou adjudicação, por escritura pública; Art. 28. É admissível inventário negativo por escritura pública; Art. 29. É vedada a lavratura de escritura pública de inventário e partilha referente a bens localizados no exterior; Art. 30. Aplica-se a Lei nº 11.441/07 aos casos de óbitos ocorridos antes de sua vigência; Art. 31. A escritura pública de inventário e partilha pode ser lavrada a qualquer tempo, cabendo ao tabelião fiscalizar o recolhimento de eventual multa, conforme previsão em legislação tributária estadual e distrital específicas; Art. 32. O tabelião poderá se negar a lavrar a escritura de inventário ou partilha se houver fundados indícios de fraude ou em caso de dúvidas sobre a declaração de vontade de algum dos herdeiros, fundamentando a recusa por escrito".[41]

4. "Se os herdeiros forem capazes, poderão fazer partilha amigável, por escritura pública, termo nos autos do inventário, ou escrito particular, homologado pelo juiz." (art. 2.015 da Lei 10.406/2002).

Art. 611. O processo de inventário e de partilha deve ser instaurado dentro de 2 (dois) meses, a contar da abertura da sucessão, ultimando-se nos 12 (doze) meses subsequentes, podendo o juiz prorrogar esses prazos, de ofício ou a requerimento de parte.

1. Consoante expressa previsão legal, a iniciativa dos interessados na dissolução do condomínio de direito sucessório deve ocorrer em até 2 meses, a contar da abertura da sucessão (que se dá em ato contínuo ao óbito do autor da herança). Há, ainda, previsão legal no sentido de que o "processo" pertinente alcance seu cabo nos 12 meses subsequentes, prazo este que, de ofício ou a requerimento, consideradas as peculiaridades do caso concreto, poderá ser elastecido *in concreto*.

Art. 612. O juiz decidirá todas as questões de direito desde que os fatos relevantes estejam provados por documento, só remetendo para as vias ordinárias as questões que dependerem de outras provas.

1. O juiz competente para processar e julgar o Inventário é, da mesma forma, competente para decidir, desde que provados os fatos relevantes à questão

[41] Disponível em: <http://www.cnj.jus.br/images/stories/docs_cnj/resolucao/rescnj_35.pdf>.

incidental, toda e qualquer matéria de direito (pertinente) suscitada ao longo de sua tramitação.

Art. 613. Até que o inventariante preste o compromisso, continuará o espólio na posse do administrador provisório.

1. Entre o *falecimento propriamente dito* e o *compromisso prestado pelo inventariante*, por mais célere que sejam os interessados, existirá, sempre, um lapso temporal. Neste ínterim, pois, o espólio (conjunto de bens deixados pelo autor da herança) tem de ser administrado por alguém. A figura do *administrador provisório*, inerente ao plano do direito material, encontra regulamentação no art. 1.797 da Lei 10.406/2002. Prevê ele, em última análise, o rol de pessoas que se legitimam e devem ocupar a função sob comento: "Até o compromisso do inventariante, a administração da herança caberá, sucessivamente: I – ao cônjuge ou companheiro, se com o outro convivia ao tempo da abertura da sucessão; II – ao herdeiro que estiver na posse e administração dos bens, e, se houver mais de um nessas condições, ao mais velho; III – ao testamenteiro; IV – a pessoa de confiança do juiz, na falta ou escusa das indicadas nos incisos antecedentes, ou quando tiverem de ser afastadas por motivo grave levado ao conhecimento do juiz."

Art. 614. O administrador provisório representa ativa e passivamente o espólio, é obrigado a trazer ao acervo os frutos que desde a abertura da sucessão percebeu, tem direito ao reembolso das despesas necessárias e úteis que fez e responde pelo dano a que, por dolo ou culpa, der causa.

1. Tarefa do administrador provisório. Para além de administrar o patrimônio deixado pelo falecido de maneira proba e diligente, incumbe ao administrador provisório representar, ativa e passivamente, o espólio, naquilo que for preciso. É seu dever, outrossim, "trazer ao acervo" aquilo e tudo aquilo que tenha percebido, em nome do espólio, por ocasião de sua atuação representativa. O administrador provisório, como todo e qualquer gestor de patrimônio alheio, responde pelos danos que, por dolo ou culpa, der causa.

2. O administrador provisório tem o direito de ser reembolsado das despesas necessárias e úteis oriundas do exercício *in concreto* de seu mister.

Seção II
Da Legitimidade para Requerer o Inventário

Art. 615. O requerimento de inventário e de partilha incumbe a quem estiver na posse e na administração do espólio, no prazo estabelecido no art. 611.

Parágrafo único. O requerimento será instruído com a certidão de óbito do autor da herança.

1. Legitimidade ativa. Incumbe a quem estiver na posse e na administração do espólio, como regra, requerer a instauração do inventário e da partilha.

O requerimento será necessariamente instruído com a prova do óbito, o que se comprova mediante juntada aos autos de *certidão.*

2. Legitimidade passiva. Figura no polo passivo da relação processual oriunda da propositura da demanda sob comento, consoante *constatada prática forense*, o próprio falecido.

Art. 616. Têm, contudo, legitimidade concorrente:

I – o cônjuge ou companheiro supérstite;

II – o herdeiro;

III – o legatário;

IV – o testamenteiro;

V – o cessionário do herdeiro ou do legatário;

VI – o credor do herdeiro, do legatário ou do autor da herança;

VII – o Ministério Público, havendo herdeiros incapazes;

VIII – a Fazenda Pública, quando tiver interesse;

IX – o administrador judicial da falência do herdeiro, do legatário, do autor da herança ou do cônjuge ou companheiro supérstite.

1. Legitimidade ativa *concorrente.* Nada obstante a obrigação do administrador do espólio (art. 615), ao art. 616, considerando a existência de outros interessados na pronta instauração do Inventário, coube chancelar a *legitimidade ativa* de outras figuras jurídicas para dar início a dissolução do *condomínio de direito sucessório.* São eles: (a) o cônjuge ou companheiro sobrevivente; (b) os herdeiros; (c) eventuais legatários; (d) o testamenteiro; (e) o cessionário do herdeiro ou do legatário; (f) eventuais credores do herdeiro, do legatário ou do próprio falecido; (g) o Ministério Público, havendo herdeiros incapazes; (h) a Fazenda Pública, havendo interesse e, por fim, (i) o administrador judicial da falência do herdeiro, do legatário, do autor da herança ou do cônjuge ou companheiro sobrevivente.

Seção III
Do Inventariante e das Primeiras Declarações

Art. 617. O juiz nomeará inventariante na seguinte ordem:

I – o cônjuge ou companheiro sobrevivente, desde que estivesse convivendo com o outro ao tempo da morte deste;

II – o herdeiro que se achar na posse e na administração do espólio, se não houver cônjuge ou companheiro sobrevivente ou se estes não puderem ser nomeados;

III – qualquer herdeiro, quando nenhum deles estiver na posse e na administração do espólio;

IV – o herdeiro menor, por seu representante legal;

V – o testamenteiro, se lhe tiver sido confiada a administração do espólio ou se toda a herança estiver distribuída em legados;

VI – o cessionário do herdeiro ou do legatário;

VII – o inventariante judicial, se houver;

VIII – pessoa estranha idônea, quando não houver inventariante judicial.

Parágrafo único. O inventariante, intimado da nomeação, prestará, dentro de 5 (cinco) dias, o compromisso de bem e fielmente desempenhar a função.

1. Do inventariante. Trata-se de personagem inerente ao mundo processual que, em substituição ao administrador provisório, passa, grosso modo, a representar os interesses do espólio.

2. Da ordem para funcionar na condição de inventariante. O art. 617 estabelece ordem de preferência a ser observada pelo julgador para a nomeação do inventariante. Segundo o CPC/2015, nomear-se-á, primeiro, o cônjuge ou companheiro sobrevivente, desde que estivesse convivendo com o autor da herança ao tempo de seu falecimento; segundo, o herdeiro que se achar na posse e na administração do espólio, se não houver cônjuge ou companheiro sobrevivente ou se estes não puderem ser nomeados; terceiro, quaisquer herdeiros, quando nenhum deles estiver na posse e na administração do espólio; quarto, o herdeiro menor, na pessoa de seu representante legal; quinto, o testamenteiro, se lhe tiver sido confiada a administração do espólio ou se toda a herança estiver distribuída em legados; sexto, o cessionário do herdeiro ou do legatário; sétimo, inventariante judicial, se houver; ou, por fim, pessoa estranha a linha sucessória, porém, idônea a cumprir o encargo, quando não houver inventariante judicial.

3. Intimado da nomeação, o inventariante deverá comparecer ao cartório judicial em que tramita o feito, no quinquídio subsequente, para firmar o termo de compromisso de "bem e fielmente desempenhar a função". A partir da aludida assinatura, até a homologação da partilha, a administração da herança ficará sob sua responsabilidade (art. 1.991 da Lei 10.406/2002).

Art. 618. Incumbe ao inventariante:

I – representar o espólio ativa e passivamente, em juízo ou fora dele, observando-se, quanto ao dativo, o disposto no art. 75, § 1º;

II – administrar o espólio, velando-lhe os bens com a mesma diligência que teria se seus fossem;

III – prestar as primeiras e as últimas declarações pessoalmente ou por procurador com poderes especiais;

IV – exibir em cartório, a qualquer tempo, para exame das partes, os documentos relativos ao espólio;

V – juntar aos autos certidão do testamento, se houver;

VI – trazer à colação os bens recebidos pelo herdeiro ausente, renunciante ou excluído;

VII – prestar contas de sua gestão ao deixar o cargo ou sempre que o juiz lhe determinar;

VIII – requerer a declaração de insolvência.

1. Atribuições do inventariante. Coube ao art. 618 apontar o primeiro grupo de atividades inerentes a função de inventariante. O aludido rol, não exaustivo, vai complementado pelo teor do art. 619. É inerente a função sob comento, pois, (a) representar o espólio ativa e passivamente, em juízo ou fora dele; (b) administrar o espólio, zelando pela conservação e administração patrimonial como se lhe pertencessem os bens a ele inerentes; (c) prestar as primeiras e as últimas declarações; (d) exibir em cartório, a qualquer tempo, para exame das partes, os documentos pertinentes ao espólio; (e) juntar aos autos certidão do testamento, se houver; (f) trazer à colação os bens recebidos pelo herdeiro ausente, renunciante ou excluído; (g) prestar contas de sua gestão ao deixar o cargo ou sempre que o juiz lhe determinar e; (h) requerer, sendo o caso, a declaração de insolvência. Trata-se, consoante afirmado alhures, de rol de atividades meramente exemplificativo.

Art. 619. Incumbe ainda ao inventariante, ouvidos os interessados e com autorização do juiz:

I – alienar bens de qualquer espécie;

II – transigir em juízo ou fora dele;

III – pagar dívidas do espólio;

IV – fazer as despesas necessárias para a conservação e o melhoramento dos bens do espólio.

1. Ao inventariante incumbe, outrossim, (a) alienar, sendo necessário, bens pertencentes a herança de qualquer espécie, mediante autorização judicial; (b) transigir em juízo ou fora dele, preservando o interesse do espólio; (c) pagar dívidas do espólio; (d) realizar as despesas necessárias para a conservação e o melhoramento dos bens (que compõem a herança) sob sua administração.

2. "Não se fará a venda judicial se o cônjuge sobrevivente ou um ou mais herdeiros requererem lhes seja adjudicado o bem, repondo aos outros, em dinheiro, a diferença, após avaliação atualizada." (art. 2.019, § 1º, da Lei 10.406/2002).

Art. 620. Dentro de 20 (vinte) dias contados da data em que prestou o compromisso, o inventariante fará as primeiras declarações, das quais se lavrará termo circunstanciado, assinado pelo juiz, pelo escrivão e pelo inventariante, no qual serão exarados:

I – o nome, o estado, a idade e o domicílio do autor da herança, o dia e o lugar em que faleceu e se deixou testamento;

II – o nome, o estado, a idade, o endereço eletrônico e a residência dos herdeiros e, havendo cônjuge ou companheiro supérstite, além dos respectivos dados pessoais, o regime de bens do casamento ou da união estável;

III – a qualidade dos herdeiros e o grau de parentesco com o inventariado;

IV – a relação completa e individualizada de todos os bens do espólio, inclusive aqueles que devem ser conferidos à colação, e dos bens alheios que nele forem encontrados, descrevendo-se:

a) os imóveis, com as suas especificações, nomeadamente local em que se encontram, extensão da área, limites, confrontações, benfeitorias, origem dos títulos, números das matrículas e ônus que os gravam;

b) os móveis, com os sinais característicos;

c) os semoventes, seu número, suas espécies, suas marcas e seus sinais distintivos;

d) o dinheiro, as joias, os objetos de ouro e prata e as pedras preciosas, declarando-se-lhes especificadamente a qualidade, o peso e a importância;

e) os títulos da dívida pública, bem como as ações, as quotas e os títulos de sociedade, mencionando-se-lhes o número, o valor e a data;

f) as dívidas ativas e passivas, indicando-se-lhes as datas, os títulos, a origem da obrigação e os nomes dos credores e dos devedores;

g) direitos e ações;

h) o valor corrente de cada um dos bens do espólio.

§ 1º O juiz determinará que se proceda:

I – ao balanço do estabelecimento, se o autor da herança era empresário individual;

II – à apuração de haveres, se o autor da herança era sócio de sociedade que não anônima.

§ 2º As declarações podem ser prestadas mediante petição, firmada por procurador com poderes especiais, à qual o termo se reportará.

1. Primeiras declarações. Prazo. O prazo para a apresentação das *primeiras declarações* é de 20 dias. O termo inicial identifica-se com a data em que o inventariante firmou o *termo de compromisso* aludido pelo parágrafo único do art. 617. O prazo, de natureza processual, será computado em dias úteis.

2. O art. 620 prescreve o conteúdo a ser observado pelo inventariante ao prestar as primeiras declarações. É de se considerar, pois, que o mesmo, nesse momento processual, pode ignorar algumas das informações a que está obrigado a trazer aos autos, razão pela qual as informações poderão ser alteradas ou complementadas, oportunamente. Seja como for, as primeiras declarações devem apontar: (a) a qualificação do autor da herança, data e local do óbito e consideração acerca de existir, ou não, testamento; (b) a qualificação dos herdeiros; (c) a qualificação do cônjuge ou companheiro sobrevivente e menção sobre o regime patrimonial que regera a relação havida com o falecido; (d) a qualidade dos herdeiros e o grau de parentesco com o inventariado; (e) a relação completa e individualizada de todos os bens do espólio, inclusive os que devem ser conferidos à colação, e dos bens alheios que nele forem encontrados, respeitadas as exigências legais (vide apontamentos das alíneas a, b, c, d, e, f, g e h do mesmo art. 620).

Art. 621. Só se pode arguir sonegação ao inventariante depois de encerrada a descrição dos bens, com a declaração, por ele feita, de não existirem outros por inventariar.

1. Antes de prestadas as *últimas declarações*, revela-se descabida a arguição de sonegação por parte do inventariante, bem como inviável a tentativa de removê-lo da função com fulcro no teor do inciso VI, do art. 622.

2. "Encerrada a avaliação, caberá ao inventariante prestar suas últimas declarações, que deverão representar o termo final do inventário propriamente dito. Nelas poderão ser emendadas, aditadas ou complementadas as declarações iniciais, atendendo a fatos novos ou erros e omissões cometidos pelo inventariante. Com essas declarações finais, retrata-se a situação definitiva da herança a ser partilhada e adjudicada aos sucessores do de cujus. Sobre elas, as partes serão ouvidas em quinze dias (art. 637), cabendo ao juiz decidir a respeito das eventuais impugnações, de plano." (THEODORO JR., Humberto. *Curso de Direito Processual Civil*. 50. ed. Rio de Janeiro: Forense, 2016. p. 352. v. II – versão digital).

Art. 622. O inventariante será removido de ofício ou a requerimento:

I – se não prestar, no prazo legal, as primeiras ou as últimas declarações;

II – se não der ao inventário andamento regular, se suscitar dúvidas infundadas ou se praticar atos meramente protelatórios;

III – se, por culpa sua, bens do espólio se deteriorarem, forem dilapidados ou sofrerem dano;

IV – se não defender o espólio nas ações em que for citado, se deixar de cobrar dívidas ativas ou se não promover as medidas necessárias para evitar o perecimento de direitos;

V – se não prestar contas ou se as que prestar não forem julgadas boas;

VI – se sonegar, ocultar ou desviar bens do espólio.

1. Remoção do inventariante. Hipóteses. Consoante expresso apontamento legal, revelam-se fundamentos bastante para o pedido de *remoção do inventariante* a alegação de que o mesmo: (a) deixou de realizar, no prazo legal, as primeiras ou as últimas declarações; (b) no afã de evitar a conclusão do feito, pratica atos protelatórios; (c) administra inadequadamente os bens do espólio, derivando daí a deterioração dos mesmos; (d) deixou de defender o espólio em demanda para a qual foi o citado; (e) omitiu-se em cobrar dívidas ativas ou de promover as medidas necessárias para evitar o perecimento de direitos pertinentes; (f) deixou de prestar contas quando intimado para tanto ou, ao prestá-las, tornou-se flagrante a má administração do espólio; (g) sonegou, ocultou ou desviou bens pertencentes ao espólio.

Art. 623. Requerida a remoção com fundamento em qualquer dos incisos do art. 622, será intimado o inventariante para, no prazo de 15 (quinze) dias, defender-se e produzir provas.

Parágrafo único. O incidente da remoção correrá em apenso aos autos do inventário.

1. O incidente de remoção tramitará em apenso aos autos do inventário. Promovido, o inventariante será intimado para, no prazo de 15 dias úteis, apresentar defesa.

Art. 624. Decorrido o prazo, com a defesa do inventariante ou sem ela, o juiz decidirá.

Parágrafo único. Se remover o inventariante, o juiz nomeará outro, observada a ordem estabelecida no art. 617.

1. Não sendo o caso de autorizar a produção de outras provas (para além das documentais acostadas pelas partes), transcorrido o prazo para a apresentação tempestiva de resposta pelo inventariante, o incidente será julgado.

2. Acolhido o pedido de remoção, o julgador observará, no que tange à nomeação de inventariante substituto, a ordem de preferência legal (art. 617).

Art. 625. O inventariante removido entregará imediatamente ao substituto os bens do espólio e, caso deixe de fazê-lo, será compelido mediante mandado de busca e apreensão ou de imissão na posse, conforme se tratar de bem móvel ou imóvel, sem prejuízo da multa a ser fixada pelo juiz em montante não superior a três por cento do valor dos bens inventariados.

1. O inventariante removido deixa, por óbvio, de funcionar na condição de administrador dos bens do espólio, de tal sorte que seu dever de transferir, de pronto, a posse dos mesmos ao (novo) inventariante que o substitui, é decorrência natural.

2. Deixando o inventariante removido de observar o acima aludido, poderá este ser multado em até 3% do valor dos bens inventariados. Sem prejuízo da aludida punição pecuniária, o juiz determinará, conforme o caso, as medidas hábeis a implementar, no mundo dos fatos, a referida transferência.

Seção IV
Das Citações e das Impugnações

Art. 626. Feitas as primeiras declarações, o juiz mandará citar, para os termos do inventário e da partilha, o cônjuge, o companheiro, os herdeiros e os legatários e intimar a Fazenda Pública, o Ministério Público, se houver herdeiro incapaz ou ausente, e o testamenteiro, se houver testamento.

§ 1º O cônjuge ou o companheiro, os herdeiros e os legatários serão citados pelo correio, observado o disposto no art. 247, sendo, ainda, publicado edital, nos termos do inciso III do art. 259.

§ 2º Das primeiras declarações extrair-se-ão tantas cópias quantas forem as partes.

§ 3º A citação será acompanhada de cópia das primeiras declarações.

§ 4º Incumbe ao escrivão remeter cópias à Fazenda Pública, ao Ministério Público, ao testamenteiro, se houver, e ao advogado, se a parte já estiver representada nos autos.

1. Relembre-se, pois, que é apenas em sede de *primeiras declarações*, segundo a melhor técnica, que o inventariante deve, dentre outros, apontar os potenciais herdeiros, bem como qualificar o cônjuge ou companheiro sobrevivente. Antes da etapa sob comento (*das citações e impugnações*), como regra, participam do processo tão somente aquele que promoveu o Inventário (autor) e o juiz. Apresentadas as primeiras declarações (incumbência do inventariante) estar-se-á diante do momento processual oportuno para noticiar a existência do feito aos demais interessados, facultando aos mesmos impugnar as anotações realizadas pelo inventariante. Nessa senda, pois, serão citados (logo, figurarão como partes processuais – *a citação ocorrerá, como regra, pela via postal, sem prejuízo da necessidade de se promover a publicação de edital, nos termos art. 259, III*, com o que se pretende dar ciência aos demais interessados não referidos na declarações inaugurais do inventariante) (a) o cônjuge/companheiro sobrevivente, se houver; (b) os herdeiros e (c) os legatários.[42]

2. O Ministério Público, havendo direito de incapaz ou ausente *sub judice*; o testamenteiro, existindo disposição de última vontade a ser observada; e a Fazenda Pública, serão necessariamente "intimados" (e não citados) para, de acordo com os seus interesses, participar do processo. Nenhum deles é, tecnicamente falando, parte processual.

3. A correspondência citatória conterá cópia das primeiras declarações, donde constarão as anotações processuais que, sendo o caso, figurarão como objeto de impugnação. Inteligência do art. 626, § 3°, do CPC/2015.

4. É *tarefa/responsabilidade* do escrivão, pois, remeter cópia das primeiras declarações à Fazenda Pública, ao Ministério Público (quando indispensável sua participação no feito), ao testamenteiro, e ao advogado da parte já representada nos autos.

Art. 627. Concluídas as citações, abrir-se-á vista às partes, em cartório e pelo prazo comum de 15 (quinze) dias, para que se manifestem sobre as primeiras declarações, incumbindo às partes:

I – arguir erros, omissões e sonegação de bens;

II – reclamar contra a nomeação de inventariante

III – contestar a qualidade de quem foi incluído no título de herdeiro.

§ 1º Julgando procedente a impugnação referida no inciso I, o juiz mandará retificar as primeiras declarações.

§ 2º Se acolher o pedido de que trata o inciso II, o juiz nomeará outro inventariante, observada a preferência legal.

§ 3º Verificando que a disputa sobre a qualidade de herdeiro a que alude o inciso III demanda produção de provas que não a documental, o juiz remeterá a parte às vias ordinárias e sobrestará, até o julgamento da ação, a entrega do quinhão que na partilha couber ao herdeiro admitido.

1. Perfectibilizadas todas as citações, inaugurar-se-á prazo comum de 15 dias, com consulta aos autos no cartório (tramitando o feito em plataforma física, é claro) para que as partes, sendo o caso, (a) suscitem equívocos, omissões e sonegação de bens; (b) insurjam-se a nomeação do inventariante ou, ainda, (c) contestem a qualidade jurídica de quem tenha sido incluído no rol de herdeiros.

2. Acolhida impugnação pertinente à existência de erro, omissão ou sonegação de bens, o juiz determinará que se proceda na retificação das primeiras declarações; removido o inventariante, o julgador, de imediato, observando a ordem legal, nomeará inventariante substituto.

---

[42] Acerca do tema *citação*, vide: TORRES, Artur. *CPC passado a limpo*: teoria geral, processo de conhecimento e cumprimento de sentença. Porto Alegre: Livraria do Advogado, 2018. p. 205/216. v. I.

3. Caso a impugnação verse acerca da condição de herdeiro, duas são as possibilidades: apercebendo-se o julgador de que a qualidade impugnada (de herdeiro) dependa, para que seja enfrentada pelo juízo, única e exclusivamente, da produção de prova documental, determinará este que o "herdeiro" impugnado a promova, nos mesmos autos, para que a controvérsia possa ser superada; verificando, de outro giro, tratar-se de "questão complexa" (por exemplo, um "filho" não reconhecido pelo falecido fora inserto no rol de herdeiros pelo inventariante – e sua condição de descendente depende do resultado de *prévia investigação de paternidade*), o julgador, resguardando o quinhão que, em tese, tocaria ao "herdeiro" impugnado, remeterá os interessados às vias ordinárias.

Art. 628. Aquele que se julgar preterido poderá demandar sua admissão no inventário, requerendo-a antes da partilha.

§ 1º Ouvidas as partes no prazo de 15 (quinze) dias, o juiz decidirá.

§ 2º Se para solução da questão for necessária a produção de provas que não a documental, o juiz remeterá o requerente às vias ordinárias, mandando reservar, em poder do inventariante, o quinhão do herdeiro excluído até que se decida o litígio.

1. Aquele que se considerar preterido poderá, nos próprios autos, desde que o faça antes de concluída a partilha dos bens inventariados, postular o reconhecimento de sua condição de herdeiro, mediante petição simples.

2. Os demais interessados serão, acerca da alegação, ouvidos no prazo de 15 dias. Diante das manifestações ou transcorrido *in albis* o aludido prazo, o juiz decidirá. Tratando-se, pois, de situação que exija a produção de outras provas que não as de natureza documental, o requerente será remetido às vias ordinárias, sem prejuízo da reserva de seu potencial quinhão.

Art. 629. A Fazenda Pública, no prazo de 15 (quinze) dias, após a vista de que trata o art. 627, informará ao juízo, de acordo com os dados que constam de seu cadastro imobiliário, o valor dos bens de raiz descritos nas primeiras declarações.

1. Incumbe à Fazenda Pública, superado o prazo comum para apresentação tempestiva das impugnações, informar ao juízo, tomando por base as informações constantes de cadastro próprio, o valor de cada um dos bens de "raiz" apontados em sede de primeiras declarações.

Seção V
Da Avaliação e do Cálculo do Imposto

Art. 630. Findo o prazo previsto no art. 627 sem impugnação ou decidida a impugnação que houver sido oposta, o juiz nomeará, se for o caso, perito para avaliar os bens do espólio, se não houver na comarca avaliador judicial.

Parágrafo único. Na hipótese prevista no art. 620, § 1º, o juiz nomeará perito para avaliação das quotas sociais ou apuração dos haveres.

1. "Uma vez ultimada a fase das últimas declarações, o processo vai ao contador do juízo, que elabora o cálculo do imposto (...), assim como das custas do processo. Nesse cálculo, deve-se levar em conta que apenas os bens imóveis do espólio se sujeitam ao tributo sucessório e que, se o de cujus era casado em regime de comunhão de bens, a meação do cônjuge supérstite não representa herança, mas bem próprio, que, por isso, não suportará tributo algum". (THEODORO JR., Humberto. *Curso de Direito Processual Civil*. 50. ed. Rio de Janeiro: Forense, 2016. p. 352/353. v. II – versão eletrônica). O "Imposto" a que se refere o legislador é, nos termos da legislação tributária brasileira, o ITCD – *Imposto de Transmissão Causa Mortis e Doação*. Trata-se de tributo de competência estadual, prescrito pelo teor do art. 155, I, da CF/1988.

2. Da avaliação dos bens do espólio. Nomear-se-á *expert*, se, e somente se, inexistir avaliador judicial na comarca em que tramita o feito.

3. O CPC/2015 determina que se proceda, em sendo o autor da herança empresário individual, no balanço patrimonial de sua atividade empresarial; se sócio de sociedade não anônima, à apuração de haveres (art. 620, § 1º). O parágrafo único do art. 630, por sua vez, prescreve a necessidade de nomeação de *expert* para que se alcance o resultado desejado.

Art. 631. Ao avaliar os bens do espólio, o perito observará, no que for aplicável, o disposto nos arts. 872 e 873.

1. Consoante prescreve o artigo sob comento, o *expert* nomeado pelo juízo para auxiliar na identificação do valor da herança, observará os requisitos apontados pelos art. 872 e 873, abaixo examinados, no que couber.

2. Dispõe o art. 872: "A avaliação realizada pelo oficial de justiça constará de vistoria e de laudo anexados ao auto de penhora ou, em caso de perícia realizada por avaliador, de laudo apresentado no prazo fixado pelo juiz, devendo-se, em qualquer hipótese, especificar: I – os bens, com as suas características, e o estado em que se encontram; II – o valor dos bens. § 1º Quando o imóvel for suscetível de cômoda divisão, a avaliação, tendo em conta o crédito reclamado, será realizada em partes, sugerindo-se, com a apresentação de memorial descritivo, os possíveis desmembramentos para alienação. § 2º Realizada a avaliação e, sendo o caso, apresentada a proposta de desmembramento, as partes serão ouvidas no prazo de 5 (cinco) dias".

3. Dispõe o art. 873: "É admitida nova avaliação quando: I – qualquer das partes arguir, fundamentadamente, a ocorrência de erro na avaliação ou dolo do avaliador; II – se verificar, posteriormente à avaliação, que houve majoração ou diminuição no valor do bem; III – o juiz tiver fundada dúvida sobre o valor atribuído ao bem na primeira avaliação. Parágrafo único. Aplica-se o art. 480 à nova avaliação prevista no inciso III do *caput* deste artigo".

Art. 632. Não se expedirá carta precatória para a avaliação de bens situados fora da comarca onde corre o inventário se eles forem de pequeno valor ou perfeitamente conhecidos do perito nomeado.

1. Apenas se expedirá carta precatória para a realização de atividade avaliativa se os bens pertinentes, a critério do juiz, possuírem representação econômica que a justifique. Os de "pequeno valor" ou os de considerável valor, porém, conhecidos do perito nomeado, não se sujeitarão a avaliação em comarca diversa da que tramita o procedimento especial sob comento.

Art. 633. Sendo capazes todas as partes, não se procederá à avaliação se a Fazenda Pública, intimada pessoalmente, concordar de forma expressa com o valor atribuído, nas primeiras declarações, aos bens do espólio.

1. Inexistindo *incapazes* interessados no caso concreto, desde que a Fazenda Pública não discorde dos valores atribuídos aos bens objeto da herança em sede de primeiras declarações (a concordância haverá de ser expressa), torna-se despicienda a avaliação nos termos preconizados pelos artigos antecedentes. Tomar-se-á por correto, no caso, o somatório sustentado pelo inventariante.

Art. 634. Se os herdeiros concordarem com o valor dos bens declarados pela Fazenda Pública, a avaliação cingir-se-á aos demais.

1. No que inexistir discordância por parte dos herdeiros, tomar-se-á por adequado o valor informado pela Fazenda Pública; havendo controvérsia parcial, nomear-se-á *expert* para avaliar os bens objeto da mesma.

Art. 635. Entregue o laudo de avaliação, o juiz mandará que as partes se manifestem no prazo de 15 (quinze) dias, que correrá em cartório.

§ 1º Versando a impugnação sobre o valor dado pelo perito, o juiz a decidirá de plano, à vista do que constar dos autos.

§ 2º Julgando procedente a impugnação, o juiz determinará que o perito retifique a avaliação, observando os fundamentos da decisão.

1. Protocolizado o laudo avaliativo (tarefa a ser cumprida no prazo estipulado pelo juiz, ao tempo da nomeação do *expert*), os interessados serão intimados para, no prazo de 15 dias, querendo, impugná-lo.

2. Tratando-se de objeção, única e exclusivamente, relativa ao valor atribuído pelo perito (a um ou vários bens objeto da herança), o juiz enfrentará a matéria *incontinenti*, valendo-se dos demais apontamentos processuais. Desacolhida a impugnação, atribuir-se-á aos bens o valor "sugerido" pelo *expert*; acolhida, determinar-se-á a retificação da avaliação, observados "os fundamentos" decisórios.

Art. 636. Aceito o laudo ou resolvidas as impugnações suscitadas a seu respeito, lavrar-se-á em seguida o termo de últimas declarações, no qual o inventariante poderá emendar, aditar ou completar as primeiras.

1. Superada a etapa da *avaliação* dos bens objeto da herança, "lavrar-se-á em seguida" o termo das *últimas declarações*. Serve o expediente, pois, para que o inventariante possa emendar, aditar ou complementar, sendo o caso, as primeiras declarações. Do termo, serão os demais interessados, de imediato, intimados.

2. "Finda a etapa de avaliação dos bens, cumpre ao inventariante apresentar as últimas declarações, que têm por finalidade trazer a juízo, agora de forma definitiva, o retrato fidedigno do quadro de sucessores e dos bens e direitos que compõem o acervo hereditário, retificando-se, caso necessário, as informações trazidas nas primeiras declarações. Até as últimas declarações, portanto, é possível trazer ao juízo do inventário a informação sobre os bens deixados pelo de cujus, sendo que a não indicação, após a prática deste ato, caracteriza a sonegação (CPC, art. 621)." (LIPPMANN, Rafael Knorr. In: *Código de Processo Civil anotado*. CRUZ E TUCCI, José Rogério *et al.* (Coord.). São Paulo: AASP, 2015. p. 1016).

Art. 637. Ouvidas as partes sobre as últimas declarações no prazo comum de 15 (quinze) dias, proceder-se-á ao cálculo do tributo.

1. Os demais interessados poderão, no prazo de 15 dias, sendo o oportuno manifestarem-se acerca do teor das derradeiras declarações. Transcorrido o aludido lapso temporal, calcular-se-á o *quantum* deve ser recolhido para o especial fito de cumprimento da obrigação tributária. Trata-se de expediente destinado a operacionalizar o *direito fundamental ao contraditório*.

Art. 638. Feito o cálculo, sobre ele serão ouvidas todas as partes no prazo comum de 5 (cinco) dias, que correrá em cartório, e, em seguida, a Fazenda Pública.

§ 1º Se acolher eventual impugnação, o juiz ordenará nova remessa dos autos ao contabilista, determinando as alterações que devam ser feitas no cálculo.

§ 2º Cumprido o despacho, o juiz julgará o cálculo do tributo.

1. Acerca do cálculo, pois, serão ouvidos os interessados, no prazo de 5 dias. Logo após, sendo o caso, a Fazenda Pública.

2. Acolhida eventual impugnação, os autos serão remetidos ao "contabilista" para que, observados os fundamentos decisórios, altere o cálculo. Cumprida a determinação, o julgador averiguará sua adequação e julgará (adequado) o cálculo sob comento.

Seção VI
Das Colações

1. "A colação é a restituição à reserva legitimaria do valor das liberalidades recebidas do *de cujus* por herdeiro descendente, e tem por finalidade igualar as legítimas dos herdeiros obrigatórios (*par conditio*), no caso, nivelar a legítima do descendente-donatário com as legítimas dos demais descendentes do *de cujus*. (...) A lei só obriga que tragam o valor dos bens doados à colação os descendentes, estando livres disso os ascendentes e o cônjuge sobrevivente.

Houve omissão quanto ao cônjuge , uma vez que o art. 544 afirma que a doação de um cônjuge a outro importa adiantamento do que do que lhe cabe na herança, e a consequência lógica desse dispositivo é que o cônjuge deve conferir as doações que, em vida, recebeu do outro cônjuge. Mas o art. 2002 só menciona os descendentes, o que causa dúvida. A contradição entre os arts. 544 e 2.002 é evidente." (VELOSO, Zeno. *In*: *Novo Código Civil Comentado*. FIUZA, Ricardo (Coord.). 5. ed. São Paulo: Saraiva: 2006. p. 1.664).

Art. 639. No prazo estabelecido no art. 627, o herdeiro obrigado à colação conferirá por termo nos autos ou por petição à qual o termo se reportará os bens que recebeu ou, se já não os possuir, trar-lhes-á o valor.

Parágrafo único. Os bens a serem conferidos na partilha, assim como as acessões e as benfeitorias que o donatário fez, calcular-se-ão pelo valor que tiverem ao tempo da abertura da sucessão.

1. Consoante dispõe o direito material: "Art. 2.002. Os descendentes que concorrerem à sucessão do ascendente comum são obrigados, para igualar as legítimas, a conferir o valor das doações que dele em vida receberam, sob pena de sonegação. Parágrafo único. Para cálculo da legítima, o valor dos bens conferidos será computado na parte indisponível, sem aumentar a disponível. Art. 2.003. A colação tem por fim igualar, na proporção estabelecida neste Código, as legítimas dos descendentes e do cônjuge sobrevivente, obrigando também os donatários que, ao tempo do falecimento do doador, já não possuírem os bens doados. Parágrafo único. Se, computados os valores das doações feitas em adiantamento de legítima, não houver no acervo bens suficientes para igualar as legítimas dos descendentes e do cônjuge, os bens assim doados serão conferidos em espécie, ou, quando deles já não disponha o donatário, pelo seu valor ao tempo da liberalidade. Art. 2.004. O valor de colação dos bens doados será aquele, certo ou estimativo, que lhes atribuir o ato de liberalidade. § 1º Se do ato de doação não constar valor certo, nem houver estimação feita naquela época, os bens serão conferidos na partilha pelo que então se calcular valessem ao tempo da liberalidade. § 2º Só o valor dos bens doados entrará em colação; não assim o das benfeitorias acrescidas, as quais pertencerão ao herdeiro donatário, correndo também à conta deste os rendimentos ou lucros, assim como os danos e perdas que eles sofrerem. Art. 2.005. São dispensadas da colação as doações que o doador determinar saiam da parte disponível, contanto que não a excedam, computado o seu valor ao tempo da doação. Parágrafo único. Presume-se imputada na parte disponível a liberalidade feita a descendente que, ao tempo do ato, não seria chamado à sucessão na qualidade de herdeiro necessário. Art. 2.006. A dispensa da colação pode ser outorgada pelo doador em testamento, ou no próprio título de liberalidade. Art. 2.007. São sujeitas à redução as doações em que se apurar excesso quanto ao que o doador poderia dispor, no momento da liberalidade. § 1º O excesso será apurado com base no valor que os bens doados tinham, no momento da liberalidade. § 2º A redução da liberalidade far-se-á pela restituição ao monte do excesso assim apurado; a restituição será em espécie, ou, se não mais existir o bem em poder do donatário, em dinheiro, segundo o seu valor ao tempo da abertura da sucessão, observadas, no que forem aplicáveis, as regras deste Código sobre a redução das disposições testamentárias. § 3º Sujeita-se a redução, nos termos do parágrafo antecedente, a parte da doação feita a herdeiros necessários que exceder a legítima e mais a quota disponível. § 4º Sendo várias as doações a herdeiros necessários, feitas em diferentes datas, serão elas reduzidas a partir da última, até a eliminação do excesso. Art. 2.008. Aquele que renunciou a herança ou dela foi excluído, deve, não obstante, conferir as doações recebidas, para o fim de repor o que exceder o disponível. Art. 2.009. Quando os netos, representando os seus pais, sucederem aos avós, serão obrigados a trazer à colação, ainda que não o hajam herdado, o que os pais teriam de conferir. Art. 2.010. Não virão à colação os gastos ordinários do ascendente com o descendente, enquanto menor, na sua educação, estudos, sustento, vestuário, tratamento nas enfermidades, enxoval, assim como as despesas de casamento, ou as feitas no interesse de sua defesa em processo-crime. Art. 2.011. As doações remuneratórias de serviços feitos ao ascendente também não estão sujeitas a colação. Art. 2.012. Sendo feita a doação por ambos os cônjuges, no inventário de cada um se conferirá por metade." (Lei 10.406/2002).

2. No prazo para a apresentação das *impugnações*, o herdeiro obrigado a tanto, sendo o caso, trará à colação os bens que recebeu como adiantamento de herança ou, se já não os possuir, o valor correspondente (considerando-se a data da abertura da sucessão), visando a igualar as legítimas, função maior da colação.

Art. 640. O herdeiro que renunciou à herança ou o que dela foi excluído não se exime, pelo fato da renúncia ou da exclusão, de conferir, para o efeito de repor a parte inoficiosa, as liberalidades que obteve do doador.

§ 1º É lícito ao donatário escolher, dentre os bens doados, tantos quantos bastem para perfazer a legítima e a metade disponível, entrando na partilha o excedente para ser dividido entre os demais herdeiros.

§ 2º Se a parte inoficiosa da doação recair sobre bem imóvel que não comporte divisão cômoda, o juiz determinará que sobre ela se proceda a licitação entre os herdeiros.

§ 3º O donatário poderá concorrer na licitação referida no § 2º e, em igualdade de condições, terá preferência sobre os herdeiros.

1. "Art. 2.008. Aquele que renunciou a herança ou dela foi excluído, deve, não obstante, conferir as doações recebidas, para o fim de repor o que exceder o disponível." (Lei 10.406/2002).

2. É direito do herdeiro beneficiado (por doação em vida) eleger, dentre os bens doados, aqueles que lhe interessam mais de perto, oferecendo os demais, observados os limites de seu quinhão, à partilha entre os demais beneficiários da herança.

3. Se excesso de doação recair sobre bem imóvel que não comporte divisão cômoda, abrir-se-á, em relação ao mesmo, licitação entre todos os herdeiros, inclusive o donatário, que, em igualdade de condições, terá preferência à sua aquisição.

Art. 641. Se o herdeiro negar o recebimento dos bens ou a obrigação de os conferir, o juiz, ouvidas as partes no prazo comum de 15 (quinze) dias, decidirá à vista das alegações e das provas produzidas.

§ 1º Declarada improcedente a oposição, se o herdeiro, no prazo improrrogável de 15 (quinze) dias, não proceder à conferência, o juiz mandará sequestrar-lhe, para serem inventariados e partilhados, os bens sujeitos à colação ou imputar ao seu quinhão hereditário o valor deles, se já não os possuir.

§ 2º Se a matéria exigir dilação probatória diversa da documental, o juiz remeterá as partes às vias ordinárias, não podendo o herdeiro receber o seu quinhão hereditário, enquanto pender a demanda, sem prestar caução correspondente ao valor dos bens sobre os quais versar a conferência.

1. Refutado pelo herdeiro *o dever de restituir bens* ou a *existência de doação,* os demais interessados serão, no prazo de 15 dias, ouvidos. Superado o lapso temporal, com fulcro no contexto probatório havido nos autos, decidirá o juiz.

2. Desacolhida a "oposição" (ou seja, a manifestação daquele que, por decisão judicial, está obrigado a trazer bens à colação), o juiz determinará que a "conferência" ocorra no prazo de 15 dias, pena de sequestro dos bens sujeitos à colação ou de imputação, do valor dos mesmos, ao quinhão do herdeiro obrigado a tanto (isto é, dá-se por recebido o valor dos bens que deveriam ser colacionados). Tratando-se de "controvérsia" que exija dilação probatória, o julgador, determinando a retenção do "pagamento" do quinhão hereditário pertencente ao suposto obrigado à colação, remeterá os interessados às vias ordinárias.

Seção VII
Do Pagamento das Dívidas

Art. 642. Antes da partilha, poderão os credores do espólio requerer ao juízo do inventário o pagamento das dívidas vencidas e exigíveis.

§ 1º A petição, acompanhada de prova literal da dívida, será distribuída por dependência e autuada em apenso aos autos do processo de inventário.

§ 2º Concordando as partes com o pedido, o juiz, ao declarar habilitado o credor, mandará que se faça a separação de dinheiro ou, em sua falta, de bens suficientes para o pagamento.

§ 3º Separados os bens, tantos quantos forem necessários para o pagamento dos credores habilitados, o juiz mandará aliená-los, observando-se as disposições deste Código relativas à expropriação.

§ 4º Se o credor requerer que, em vez de dinheiro, lhe sejam adjudicados, para o seu pagamento, os bens já reservados, o juiz deferir-lhe-á o pedido, concordando todas as partes.

§ 5º Os donatários serão chamados a pronunciar-se sobre a aprovação das dívidas, sempre que haja possibilidade de resultar delas a redução das liberalidades.

1. Os credores do espólio poderão, antes de concluída a partilha, requerer ao juízo competente para processar e julgar o inventário, a satisfação dos créditos já exigíveis dos quais forem titulares. O petitório, *que deve trazer prova literal da existência do mesmo*, será distribuído por dependência e autuado em apenso aos autos do processo de inventário. Acerca do pedido serão, de imediato, intimadas as partes.

2. Inexistindo objeção ao pedido de satisfação da obrigação comprovada, o julgador declarará habilitado o credor e, ato contínuo, determinará a separação do quanto baste (seja em dinheiro, estando disponível a quantia necessária; seja qualquer outro bem da vida, quando inexistir o valor em espécie) para a satisfação do crédito reconhecido. Nos casos em que se fizer necessária a alienação de bens do espólio para satisfazer o crédito reconhecido, observar-se-á o regramento aplicável à *expropriação*. É possível, havendo interesse do credor e concordância das partes, a adjudicação, em benefício credor habilitado, dos bens reservados à satisfação de seu crédito.

3. Acerca dos meios expropriatórios e do regramento pertinente, vide comentários aos artigos 876/903, abaixo.

Art. 643. Não havendo concordância de todas as partes sobre o pedido de pagamento feito pelo credor, será o pedido remetido às vias ordinárias.

Parágrafo único. O juiz mandará, porém, reservar, em poder do inventariante, bens suficientes para pagar o credor quando a dívida constar de documento que comprove suficientemente a obrigação e a impugnação não se fundar em quitação.

1. Impugnado o pedido de habilitação de eventual crédito por qualquer das partes, o debate será remetido às vias ordinárias, enfrentando-se o tema à margem do processo de inventário.

2. Se o crédito impugnado estiver documentado de maneira suficiente (gerando forte indício de sua existência) e, não se fundando a motivação do impugnante no pagamento do crédito exigido, o juiz mandará reservar, em poder do inventariante, o quanto baste para garantir a satisfação oportuna do mesmo.

Art. 644. O credor de dívida líquida e certa, ainda não vencida, pode requerer habilitação no inventário.

Parágrafo único. Concordando as partes com o pedido referido no *caput*, o juiz, ao julgar habilitado o crédito, mandará que se faça separação de bens para o futuro pagamento.

1. O titular de *direito subjetivo* despido de *pretensão material* (crédito existente, porém, inexigível de imediato) poderá, outrossim, requerer a habilitação de seu crédito no inventário. Inexistindo impugnação, após julgá-lo habilitado, o julgador mandará apartar o quanto baste para oportuna satisfação do mesmo.

Art. 645. O legatário é parte legítima para manifestar-se sobre as dívidas do espólio:

I – quando toda a herança for dividida em legados;

II – quando o reconhecimento das dívidas importar redução dos legados.

1. Quando a herança *for dividida em legados* ou quando *o reconhecimento de dívidas do autor da herança importar na redução dos mesmos*, o legatário será considerado parte legítima para manifestar-se acerca das dívidas dos espólio.

Art. 646. Sem prejuízo do disposto no art. 860, é lícito aos herdeiros, ao separarem bens para o pagamento de dívidas, autorizar que o inventariante os indique à penhora no processo em que o espólio for executado.

1. Nada obstante tenham certos bens do espólio sido apartados para o especial fito de garantir o pagamento de crédito pendente de confirmação, podem estes bens (os mesmos), nos feitos em que o espólio figurar na condição de executado, serem ofertados à penhora.

2. "Art. 860. Quando o direito estiver sendo pleiteado em juízo, a penhora que recair sobre ele será averbada, com destaque, nos autos pertinentes ao direito e na ação correspondente à penhora, a fim de que esta seja efetivada nos bens que forem adjudicados ou que vierem a caber ao executado." (Lei 13.105/2015).

Seção VIII
Da Partilha

1. A partilha dos bens objeto da herança representa, ao fim e ao cabo, a própria razão de ser do procedimento especial sob comento. É mediante sua perfectibilização, pois, que o condomínio de direito sucessório (inaugurado pelo falecimento de pessoa natural) é considerado desfeito, repassando-se, em definitivo, a propriedade dos bens inventariados a quem de direito. Não é por outra razão, em última análise, que a *partilha* figura como a derradeira etapa do complexo procedimento sob análise.

Art. 647. Cumprido o disposto no art. 642, § 3º, o juiz facultará às partes que, no prazo comum de 15 (quinze) dias, formulem o pedido de quinhão e, em seguida, proferirá a decisão de deliberação da partilha, resolvendo os pedidos das partes e designando os bens que devam constituir quinhão de cada herdeiro e legatário.

Parágrafo único. O juiz poderá, em decisão fundamentada, deferir antecipadamente a qualquer dos herdeiros o exercício dos direitos de usar e de fruir de determinado bem, com a condição de que, ao término do inventário, tal bem integre a cota desse herdeiro, cabendo a este, desde o deferimento, todos os ônus e bônus decorrentes do exercício daqueles direitos.

1. Sanados os débitos que devam ser suportados pelo espólio, é facultado às partes formular *pedido de quinhão*, no prazo comum de 15 dias. A cada interessado, nesse cenário, é facultado *sugerir* ao julgador qual, segundo seu juízo de conveniência, a divisão mais adequada aos bens objeto de herança. Formulados os pedidos, ou transcorrido *in albis* o prazo para tanto, o juiz proferirá "decisão de deliberação de partilha", declarando, em observância aos critérios legais (art. 648), o conteúdo de cada quinhão hereditário.

2. Antecipação dos efeitos da partilha. Art. 647, parágrafo único. Instado a tanto, o juiz pode, entendendo conveniente, deferir a qualquer dos herdeiros o *uso* e a *fruição* de certos bens do espólio *antes da dissolução do condomínio de direito sucessório*. Nesses casos, o bem sobre o qual recaia a autorização requerida integrará, *necessariamente*, o quinhão do herdeiro beneficiado pela decisão.

3. "(arts. 645, I, 647, parágrafo único, 651) A previsão do parágrafo único do art. 647 é aplicável aos legatários na hipótese do inciso I do art. 645, desde que reservado patrimônio que garanta o pagamento do espólio (*Grupo: Procedimentos Especiais*)." (Enunciado 181 do Fórum Permanente de Processualistas Civis).

4. "(arts. 647 e 651) Aplica-se aos legatários o disposto no parágrafo único do art. 647, quando ficar evidenciado que os pagamentos do espólio não irão reduzir os legados.(*Grupo: Procedimentos Especiais*)." (Enunciado 182 do Fórum Permanente de Processualistas Civis).

Art. 648. Na partilha, serão observadas as seguintes regras:

I – a máxima igualdade possível quanto ao valor, à natureza e à qualidade dos bens;

II – a prevenção de litígios futuros;

III – a máxima comodidade dos coerdeiros, do cônjuge ou do companheiro, se for o caso.

1. Ao art. 648 coube definir os *critérios* a serem observados pelo julgador ao tempo da definição dos quinhões hereditários. São eles: (a) a *máxima igualdade possível* quanto ao valor, à natureza e à qualidade dos bens; (b) a *prevenção de litígios*; (c) a *máxima comodidade dos coerdeiros*.

Art. 649. Os bens insuscetíveis de divisão cômoda que não couberem na parte do cônjuge ou companheiro supérstite ou no quinhão de um só herdeiro serão licitados entre os interessados ou vendidos judicialmente, partilhando-se o valor apurado, salvo se houver acordo para que sejam adjudicados a todos.

1. Sendo determinado bem (objeto da herança) indivisível (ou, embora divisível, não comporte ele divisão cômoda), cuja representação econômica supere os limites dos quinhões hereditários (exemplo: cada quinhão hereditário é de R$ 100.000,00; certo bem integrante do espólio, não suscetível de divisão (ou de cômoda divisão), encontra-se avaliado em R$ 190.000,00), será ele *licitado entre as partes interessadas* em tê-lo, à integralidade, para si. Inexistindo pretendentes, o bem será alienado judicialmente, pagando-se cada um dos quinhões com o produto da aludida alienação.

2. É possível, outrossim, que os interessados, a despeito das características do bem da vida, acordem no sentido de adjudicá-lo em benefício de todos, formando-se, pois, condomínio dominial de natureza diversa (não mais se pode falar em condomínio de direito sucessório).

Art. 650. Se um dos interessados for nascituro, o quinhão que lhe caberá será reservado em poder do inventariante até o seu nascimento.

1. O quinhão do nascituro, cuja administração tocará ao inventariante, ser-lhe-á reservado por decisão judicial.

Art. 651. O partidor organizará o esboço da partilha de acordo com a decisão judicial, observando nos pagamentos a seguinte ordem:

I – dívidas atendidas;

II – meação do cônjuge;

III – meação disponível;

IV – quinhões hereditários, a começar pelo coerdeiro mais velho.

1. "O partidor tem como função organizar o esboço da partilha de acordo com as diretrizes fixadas na decisão de deliberação da partilha. Ainda quando omissa a decisão, o partidor deverá seguir estritamente as regras do art. 648 do NCPC (...). O esboço da partilha deve conter inicialmente um balanço do acervo hereditário (apuração do *monte mor*) e, em seguida, apresentar as informações exigidas pelo art. 651 do NCPC (...)". (LUCCA, Rodrigo Ramina de. *In:* WAMBIER, Teresa Arruda *et al. Breves Comentários ao Novo Código de Processo Civil*. São Paulo: RT, 2015. p. 1552/1553).

2. Os pagamentos serão feitos, consoante expresso apontamento legal, observando-se a ordem, a saber: (a) dívidas atendidas; (b) meação do cônjuge; (c) meação disponível e, por fim (d) quinhões hereditários, a começar pelo coerdeiro mais velho. Cabe referir, por oportuno, que, a nada obstante a redação legal, a *meação pertencente ao cônjuge sobrevivente não o objeto de herança.*

3. Consoante enunciado aprovado na I Jornada de Direito Processual Civil, ocorrida na cidade Brasília (24 e 25 de agosto de 2017), "Na organização do esboço da partilha tratada pelo art. 651 do CPC, deve-se incluir a meação do companheiro." (Enunciado 52).

Art. 652. Feito o esboço, as partes manifestar-se-ão sobre esse no prazo comum de 15 (quinze) dias, e, resolvidas as reclamações, a partilha será lançada nos autos.

1. Às partes, concluído o esboço da partilha, é facultado, no prazo comum de 15 dias, a ele se opor. Solvidas eventuais *impugnações*, a partilha será lançada nos autos.

Art. 653. A partilha constará:

I – de auto de orçamento, que mencionará:

a) os nomes do autor da herança, do inventariante, do cônjuge ou companheiro supérstite, dos herdeiros, dos legatários e dos credores admitidos;

b) o ativo, o passivo e o líquido partível, com as necessárias especificações;

c) o valor de cada quinhão;

II – de folha de pagamento para cada parte, declarando a quota a pagar-lhe, a razão do pagamento e a relação dos bens que lhe compõem o quinhão, as características que os individualizam e os ônus que os gravam.

Parágrafo único. O auto e cada uma das folhas serão assinados pelo juiz e pelo escrivão.

1. "Cabe ao partidor do juízo dar cumprimento ao despacho de deliberação da partilha. Antes de dar forma definitiva à divisão dos bens inventariados, aquele serventuário da Justiça elaborará um projeto, que a lei chama de esboço da partilha, para submeter ao crivo das partes e do juiz. Esse esboço delineará a formação dos quinhões, segundo os bens e valores atribuídos ao cônjuge meeiro, se houver, e a cada um dos herdeiros, além de balancear a quota disponível do *de cujus* e as dívidas atendidas. (...) A soma de todos esses valores forma o monte-mor, do qual, antes da partilha, serão abatidos os valores correspondentes às dívidas passivas do espólio, as despesas de funeral do autor da herança, as custas do processo e os honorários do advogado. O líquido será o monte partível. A meação do cônjuge não integra a herança propriamente dita. Trata-se de bem de terceiro, condômino do inventariado. Daí a necessidade de separá-la antes de iniciar a formação dos pagamentos aos herdeiros. Após essa separação, surge a parte restante, que é a meação do morto. Se houver testamento ou doação anterior ao óbito, é preciso apurar-se, em seguida, a metade disponível, para chegar-se, finalmente, à legítima dos herdeiros necessários (CC, art. 1.846). Tudo isso feito, o partidor lançará no esboço os diversos pagamentos a que fazem jus os herdeiros, isto é, indicará o quinhão de cada um, discriminando bens e valores que o comporão. Juntado aos autos, o esboço será submetido à apreciação das partes, da Fazenda Pública e do Ministério Público, quando funcionar no processo." (THEODORO JR., Humberto. *Curso de Direito Processual Civil*. 50. ed. Rio de Janeiro: Forense, 2016. v. II. p. 361/362 –versão digital).

2. Elementos obrigatórios. O "auto de orçamento" (em que todas as folhas serão assinadas pelo juiz e pelo escrivão – exigência legal que se estende, outrossim, à "folha de pagamento") apontará, necessariamente, (a) os nomes do autor da herança, do inventariante, do cônjuge ou companheiro supérstite, dos herdeiros, dos legatários e dos credores admitidos; (b) o ativo, o passivo e o líquido partível, com as necessárias especificações; (c) o valor de cada quinhão, todos mencionados em sede de "auto de orçamento", consoante preceitua o inciso I, do art. 653. Contará, outrossim, com "folha de pagamento" referente a cada um dos beneficiários da herança, donde constará "a quota a pagar-lhe, a razão do pagamento e a relação dos bens que lhe compõem o quinhão, as características que os individualizam e os ônus que os gravam".

Art. 654. Pago o imposto de transmissão a título de morte e juntada aos autos certidão ou informação negativa de dívida para com a Fazenda Pública, o juiz julgará por sentença a partilha.

Parágrafo único. A existência de dívida para com a Fazenda Pública não impedirá o julgamento da partilha, desde que o seu pagamento esteja devidamente garantido.

1. "Certidão negativa de débitos. (...) Ao contrário da legislação processual, que sempre tratou a certidão de débitos tributários de maneira genérica, O CTN não deixa dúvida de que os tributos cuja quitação se impõe são aqueles relativos *aos bens do espólio ou às suas rendas*. Sendo assim, débitos tributários que não tenham relação direta com o espólio, com o quinhão ou com a transmissão do quinhão ao sucessor não devem impedir o julgamento da partilha." (LUCCA, Rodrigo Ramina de. *In:* WAMBIER, Teresa Arruda *et al. Breves Comentários ao Novo Código de Processo Civil*. São Paulo: RT, 2015. p. 1555).

2. O imposto a ser pago e comprovado é aquele criado pelo art. 155, I, da CF/1988: o ITCD.

3. Consoante o teor do *caput* (art. 654), cumpridas as exigências legais, a partilha será julgada por sentença. A ideia, aqui, é a de emprestar ao enfrentamento da questão o selo da *cognição exauriente*, considerando-a julgada no mérito, situação que a torna passível de, uma transitada em julgado, receber o "abraço" da *coisa julgada material*.[43]

4. "O julgamento, na espécie, é homologatório da partilha lançada nos autos, na forma do art. 653. Não se trata, porém, de sentença meramente homologatória, como aquela em que o juiz homologa a partilha amigável entre maiores e capazes. Aqui o procedimento é contencioso, e o ato homologado (isto é, a partilha lançada nos autos pelo partidor do juízo) foi precedido de amplo contraditório e resultou de deliberação judicial, onde se solucionaram todas as pendências ou divergências acaso manifestadas entre as partes. A sentença é, pois, de mérito e faz coisa julgada material, só podendo ser atacada depois de esgotada a via recursal, por ação rescisória. Quanto à sua natureza, a sentença é constitutiva, porque extingue a comunhão hereditária e define a nova situação jurídica dos herdeiros sobre os bens do espólio." (THEODORO JR., Humberto. *Curso de Direito Processual Civil*. 50. ed. Rio de Janeiro: Forense, 2016. v. II. p. 363 – versão digital).

5. "(art. 654; art. 300, § 1º) Poderá ser dispensada a garantia mencionada no parágrafo único do art. 654, para efeito de julgamento da partilha, se a parte hipossuficiente não puder oferecê-la, aplicando-se por analogia o disposto no art. 300, § 1º. *(Grupo: Procedimentos Especiais; redação revista no III FPPC-Rio)*".

Art. 655. Transitada em julgado a sentença mencionada no art. 654, receberá o herdeiro os bens que lhe tocarem e um formal de partilha, do qual constarão as seguintes peças:

---

[43] Acerca dos tema, vide: TORRES, Artur. *Sentença, Coisa Julgada e Recursos Cíveis Codificados*: de acordo com as Leis 13.105/2015 e 13.256/2016. Porto Alegre: Livraria do Advogado, 2017. p. 48/65.

I – termo de inventariante e título de herdeiros;

II – avaliação dos bens que constituíram o quinhão do herdeiro;

III – pagamento do quinhão hereditário;

IV – quitação dos impostos;

V – sentença.

Parágrafo único. O formal de partilha poderá ser substituído por certidão de pagamento do quinhão hereditário quando esse não exceder a 5 (cinco) vezes o salário-mínimo, caso em que se transcreverá nela a sentença de partilha transitada em julgado.

1. Transitada em julgado a sentença que julgar a partilha, os herdeiros, para além dos bens que, doravante, lhe pertencem, receberão *formal de partilha*. O formal será instruído com cópias (a) do termo de inventariança; (b) do título de herdeiro; (c) da avaliação dos bens que constituem o quinhão hereditário; (d) folha de pagamento do quinhão hereditário; (e) do comprovante de quitação dos impostos e, por fim; (f) da sentença.

2. É dispensável a expedição de *formal de partilha* nos casos em que o quinhão representativo não exceder ao quíntuplo do salário-mínimo. Será ele substituído, pois, por certidão de pagamento, acompanhado de cópia da sentença que julgou a partilha.

Art. 656. A partilha, mesmo depois de transitada em julgado a sentença, pode ser emendada nos mesmos autos do inventário, convindo todas as partes, quando tenha havido erro de fato na descrição dos bens, podendo o juiz, de ofício ou a requerimento da parte, a qualquer tempo, corrigir-lhe as inexatidões materiais.

1. A correção de eventuais *inexatidões materiais* havidas no formal ou na certidão de pagamento não só podem, como devem, a despeito de transitada em julgado a sentença que julgou a partilha, ser corrigidas nos próprios autos do inventário. O pleito, sendo caso, ocorrerá mediante protocolo de petição simples.

Art. 657. A partilha amigável, lavrada em instrumento público, reduzida a termo nos autos do inventário ou constante de escrito particular homologado pelo juiz, pode ser anulada por dolo, coação, erro essencial ou intervenção de incapaz, observado o disposto no § 4º do art. 966.

Parágrafo único. O direito à anulação de partilha amigável extingue-se em 1 (um) ano, contado esse prazo:

I – no caso de coação, do dia em que ela cessou;

II – no caso de erro ou dolo, do dia em que se realizou o ato;

III – quanto ao incapaz, do dia em que cessar a incapacidade.

1. O fundamento da ação anulatória deve estar, necessariamente, vinculado a existência de vício de consentimento. Nada obstante o texto legal limite-se a inventariar o dolo, a coação e o erro enquanto causas que autorizam a propositura da ação, a ocorrência de estado de perigo e lesão, também servem de lastro a atuação do interessado. A intervenção de incapaz, consoante expresso apontamento legal, justifica, outrossim, o manejo da ação.

2. O direito de anular a partilha decai no prazo de 01 ano. Consideradas as causas que legitimam o pedido anulatório, o CPC/2015 estabeleceu, para cada uma delas, termo inicial distinto. Fundando-se o pleito em *coação*, o cômputo do prazo decadencial inicia-se no dia em que a mesma findar; *erro* ou *dolo*, no dia em que se realizou o ato; havendo intervenção de incapaz, na data em que cessar a incapacidade.

3. "Ação anulatória. À luz do anterior Código de Processo Civil, era assente o entendimento de que, para anulação da partilha amigável, deveria ser observado o disposto para a ação anulatória (CPC/1973, art. 486). O atual Código tornou expresso tal entendimento ao remeter expressamente para norma que trata de atos de disposição de direitos passíveis de anulação (CPC/2015, art. 966, § 4º). Diferentemente, a partilha judicial é passível de rescisão: '[...] a partilha amigável (CC/1916, art. 1.773; CC/2002, art. 2.015) é passível de anulação, nos termos dos arts. 486, 1.029 e 1.031 do CPC, enquanto a partilha judicial é rescindível, conforme preconizam os arts. 485 e 1.030 do CPC [...]' (STJ, 4ª T., REsp nº 803608/MG, Rel. Min. Raul Araújo, unânime, j. em 25/3/2014, DJe de 2/4/2014)." (BRESOLIN, Umberto Bara. *In*: *Código de Processo Civil anotado*. CRUZ E TUCCI, José Rogério *et al.* (Coord.) São Paulo: AASP, 2015. p. 1037).

4. "Os atos de disposição de direitos, praticados pelas partes ou por outros participantes do processo e homologados pelo juízo, bem como os atos homologatórios praticados no curso da execução, estão sujeitos à anulação, nos termos da lei." (art. 966, § 4º, do CPC/2015).

Art. 658. É rescindível a partilha julgada por sentença:

I – nos casos mencionados no art. 657;

II – se feita com preterição de formalidades legais;

III – se preteriu herdeiro ou incluiu quem não o seja.

1. Acerca da *ação rescisória*, vide comentários aos artigos 966/975.

2. Cabe ação rescisória, cujo objetivo é, grosso modo, expurgar do mundo jurídico a sentença meritória, não mais sujeita a recurso, que julgou a partilha, quando (a) *constatado vício de consentimento*; (b) *prolatada sem a observância das formalidades legais* ou, por fim; (c) tendo ela preterido herdeiro ou tratado como quem não se legitimava a figura na aludida posição jurídica.

3. "Diferentemente da situação contemplada no inciso III do dispositivo em comento é a do herdeiro que não participou do processo de inventário. A este assiste a chamada petição de herança, por força da qual o herdeiro preterido postula 'reconhecimento de seu direito sucessório, para obter a restituição da herança, ou de parte dela, contra quem, na qualidade de herdeiro, ou mesmo sem título, a possua' (CC, art. 1.824). Não lhe interessa a ação rescisória, posto que a coisa julgada não se operou contra si (CPC/1973, art. 472, e

CPC/2015, art. 506). O prazo prescricional para o ajuizamento de tal demanda é de dez anos (CC, art. 205)." (BRESOLIN, Umberto Bara. *In*: *Código de Processo Civil anotado*. CRUZ E TUCCI, José Rogério *et al*. (Coord.) São Paulo: AASP, 2015. p. 1039).

4. "Aplicando-se o disposto no procedimento rescisório é possível concluir que o prazo para que seja pleiteada a rescisão é de 2 anos (art. 972). Todavia, esse prazo alcança apenas aqueles que participaram do inventário. Na hipóteses daquele herdeiro que não foi integrado à relação processual e foi privado de sua cota-parte na herança, é cabível a propositura da ação de petição de herança, cujo prazo prescricional é de 10 anos (art. 205 do CC/2002)." (MOREIRA, Pedro Alexandre. *In*: STRECK, Lenio; NUNES, Dierle; CUNHA, Leonardo Carneiro da. *Comentários ao Código de Processo Civil*. São Paulo: Saraiva, 2016. p. 889).

5. "(art. 658; art. 966, § 4º; art. 1.068) Contra sentença transitada em julgado que resolve partilha, ainda que homologatória, cabe ação rescisória. *(Grupo: Coisa Julgada, Ação Rescisória e Sentença)*." (Enunciado 137 do Fórum Permanente de Processualistas Civis).

6. "(art. 658) A ação rescisória de partilha com fundamento na preterição de herdeiro, prevista no inciso III do art. 658, está vinculada à hipótese do art. 628, não se confundindo com a ação de petição de herança (art. 1.824 do Código Civil), cujo fundamento é o reconhecimento do direito sucessório e a restituição da herança por aquele que não participou, de qualquer forma, do processo de inventário e partilha. (*Grupo: Procedimentos Especiais*)." (Enunciado 183 do Fórum Permanente de Processualistas Civis).

Seção IX
Do Arrolamento

Art. 659. A partilha amigável, celebrada entre partes capazes, nos termos da lei, será homologada de plano pelo juiz, com observância dos arts. 660 a 663.

§ 1º O disposto neste artigo aplica-se, também, ao pedido de adjudicação, quando houver herdeiro único.

§ 2º Transitada em julgado a sentença de homologação de partilha ou de adjudicação, será lavrado o formal de partilha ou elaborada a carta de adjudicação e, em seguida, serão expedidos os alvarás referentes aos bens e às rendas por ele abrangidos, intimando-se o fisco para lançamento administrativo do imposto de transmissão e de outros tributos porventura incidentes, conforme dispuser a legislação tributária, nos termos do § 2º do art. 662.

1. Arrolamento. Conceito. Trata-se, em última análise, de procedimento simplificado, destinado a adjudicar ao herdeiro único, ou a partilhar os bens objeto da herança.

2. "Se os herdeiros forem capazes, poderão fazer partilha amigável, por escritura pública, termo nos autos do inventário, ou escrito particular, homologado pelo juiz." (art. 2.015 da Lei 10.406/2002).

3. Espécies de arrolamento. O CPC/2015 prevê a existência de mais de uma espécie de arrolamento: o *sumário* (art. 660) e o *comum* (art. 664). Na primeira, exige-se, no que tange à partilha dos bens, consenso entre as partes, sendo desimportante a dimensão econômica do espólio; na segunda, o critério utilizado pelo legislador diz, exatamente, com o *"valor dos bens do espólio"*, mostrando-se irrelevante, existir, ou não, consenso entre os beneficiários da herança.

4. O CPC/2015, rompendo com tradição consolidada no direito pátrio, retira do rol dos requisitos indispensáveis à expedição do formal de partilha ou da carta de adjudicação, a comprovação de quitação dos tributos relativos aos bens do espólio. Transitada em julgado a sentença homologatória da partilha alcançada via arrolamento, aduz o Código: "serão expedidos os alvarás referentes aos bens e às rendas por ele abrangidos, intimando-se o fisco para lançamento administrativo do imposto de transmissão e de outros tributos porventura incidentes, conforme dispuser a legislação tributária". Destaca-se, pois, que a questão referente ao ITCD será objeto, *a posteriori*, de oportuno lançamento administrativo.

5. "O art. 659 do CPC/2015 excepciona a previsão do art. 192 do CTN de que 'Nenhuma sentença de julgamento de partilha ou adjudicação será proferida sem prova da quitação de todos os tributos relativos aos bens do espólio, ou às suas rendas'." (LUCCA, Rodrigo Ramina de. *In*: *Código de Processo Civil anotado*. CRUZ E TUCCI, José Rogério *et al*. (Coord.) São Paulo: AASP, 2015. p. 1041).

Art. 660. Na petição de inventário, que se processará na forma de arrolamento sumário, independentemente da lavratura de termos de qualquer espécie, os herdeiros:

I – requererão ao juiz a nomeação do inventariante que designarem;

II – declararão os títulos dos herdeiros e os bens do espólio, observado o disposto no art. 630;

III – atribuirão valor aos bens do espólio, para fins de partilha.

1. Do arrolamento sumário. Conteúdo específico. Sem prejuízo da observância do teor do art. 319 e seguintes, o petitório que der ensejo ao arrolamento conterá: (a) requerimento de nomeação à inventariança, de acordo com a escolha feita pelos herdeiros; (b) apontamento acerca dos títulos que legitimam os herdeiros; (c) anotação acerca dos bens que compõem o espólio, bem como (d) atribuição, para fins de partilha, da dimensão econômica dos bens partilháveis.

2. A assunção da condição de inventariante independe da assinatura de termo.

Art. 661. Ressalvada a hipótese prevista no parágrafo único do art. 663, não se procederá à avaliação dos bens do espólio para nenhuma finalidade.

1. No arrolamento não se procederá à avaliação dos bens objeto da herança (já apontado em sede inicial), exceto se o credor (terceiro), devidamente notificado, insurgir-se a estimativa, caso em que se promoverá a avaliação dos bens destinados a reserva para satisfação do crédito do terceiro.

Art. 662. No arrolamento, não serão conhecidas ou apreciadas questões relativas ao lançamento, ao pagamento ou à quitação de taxas judiciárias e de tributos incidentes sobre a transmissão da propriedade dos bens do espólio.

§ 1º A taxa judiciária, se devida, será calculada com base no valor atribuído pelos herdeiros, cabendo ao fisco, se apurar em processo administrativo valor diverso do estimado, exigir a eventual diferença pelos meios adequados ao lançamento de créditos tributários em geral.

§ 2º O imposto de transmissão será objeto de lançamento administrativo, conforme dispuser a legislação tributária, não ficando as autoridades fazendárias adstritas aos valores dos bens do espólio atribuídos pelos herdeiros.

1. É incompatível com a *simplicidade* e *celeridade* almejados com a adoção do arrolamento (tanto o *comum*, como o *sumário*), o enfrentamento, em seu bojo, de controvérsias acerca do lançamento, pagamento ou quitação de taxas judiciárias e de imposto cujo fato gerador seja a transmissão da propriedade *causa mortis* (ITCD – art. 155, I, CF/1988). Consoante o sistema codificado, o inventário e a partilha dos bens sujeito ao regime processual do arrolamento encontra-se blindado, ao menos neste contexto, em relação a debates dessa natureza. Ao fisco cabe, entendendo oportuno, apurar em "processo administrativo" próprio (logo, à margem do arrolamento) eventuais pendências relativas aos (não) recolhimentos feitos pelos interessados *in concreto*.

Art. 663. A existência de credores do espólio não impedirá a homologação da partilha ou da adjudicação, se forem reservados bens suficientes para o pagamento da dívida.

Parágrafo único. A reserva de bens será realizada pelo valor estimado pelas partes, salvo se o credor, regularmente notificado, impugnar a estimativa, caso em que se promoverá a avaliação dos bens a serem reservados.

1. Uma vez reservados, em poder do inventariante, bens suficientes à satisfação de dívidas do autor da herança (reais ou potenciais), a partilha ou a adjudicação dos bens objeto deixados pelo *de cujus*, hão de ser homologados, a despeito da existência das aludidas pendências com terceiros.

Art. 664. Quando o valor dos bens do espólio for igual ou inferior a 1.000 (mil) salários-mínimos, o inventário processar-se-á na forma de arrolamento, cabendo ao inventariante nomeado, independentemente de assinatura de termo de compromisso, apresentar, com suas declarações, a atribuição de valor aos bens do espólio e o plano da partilha.

§ 1º Se qualquer das partes ou o Ministério Público impugnar a estimativa, o juiz nomeará avaliador, que oferecerá laudo em 10 (dez) dias.

§ 2º Apresentado o laudo, o juiz, em audiência que designar, deliberará sobre a partilha, decidindo de plano todas as reclamações e mandando pagar as dívidas não impugnadas.

§ 3º Lavrar-se-á de tudo um só termo, assinado pelo juiz, pelo inventariante e pelas partes presentes ou por seus advogados.

§ 4º Aplicam-se a essa espécie de arrolamento, no que couber, as disposições do art. 672, relativamente ao lançamento, ao pagamento e à quitação da taxa judiciária e do imposto sobre a transmissão da propriedade dos bens do espólio.

§ 5º Provada a quitação dos tributos relativos aos bens do espólio e às suas rendas, o juiz julgará a partilha.

1. "Arrolamento comum. O procedimento de arrolamento comum será observado quando o valor dos bens do espólio for inferior a mil salários mínimos. Não se exige consenso entre os sucessores. O arrolamento comum é um procedimento simplificado do inventário em razão do baixo valor dos bens." (WAMBIER, Teresa Arruda *et al. Breves Comentários ao Novo Código de Processo Civil*. São Paulo: RT, 2015. p. vide página físico).

2. "Procedimento sumaríssimo de inventário. O valor reduzido dos bens do espólio justifica um procedimento ainda mais acelerado para o inventário. A impressão de que se tem é de que o legislador tentou criar um procedimento sumaríssimo de inventário (...)". (NERY JR, Nelson; NERY, Rosa Maria Andrade. *Comentários ao Código de Processo Civil*. São Paulo: RT, 2015. p. 1981).

3. Incumbe ao inventariante, em sede inicial, (a) atribuir valor aos bens do espólio e (b) apresentar plano da partilha, desde logo. A nomeação de avaliador depende, nesse tipo de arrolamento, da existência de impugnação à estimativa econômica apresentada pelo inventariante em relação aos bens do espólio. Havendo, o juiz nomeará *expert*, a quem incumbirá, no prazo de 10 dias, apresentar laudo conclusivo.

4. A ideia, no arrolamento comum, é a de que, caso existam, todas as controvérsias inerentes ao inventário e a partilha possam ser enfrentadas e resolvidas em audiência. Segundo o CPC/2015, para além de decidir "de plano todas as reclamações" havidas, o julgador, outrossim, mandará pagar as dívidas não impugnadas, lavrando-se "de tudo um só termo".

5. "A extinção do indexador 'Obrigações do Tesouro Nacional – OTN' pela Lei 7.730/89 dificultou a apuração do valor-limite descrito no *caput* do art. 1.036 do CPC/73. O que o NCPC fez foi atualizar a regra processual, estabelecendo o salário-mínimo como base para se verificar o procedimento a ser observado nos processos de inventário. O § 3º passou a exigir expressamente a assinatura do termo de audiência pelo inventariante. Além disso, facultou a substituição da assinatura das partes pelas assinaturas de seus respectivos advogados." (DONIZETTI, Elpídio. *Novo Código de Processo Civil Comentado.* São Paulo: Atlas, 2015. p. 503).

6. O § 4º, do artigo sob comento, ao que tudo indica, incide em erro de indicação. O artigo que disciplina a impossibilidade de enfretamento dos temas suscitados pelo mesmo (questões sobre o lançamento, o pagamento e a quitação da taxa judiciária e do imposto sobre a transmissão da propriedade dos bens do espólio) é o art. 662, e não o art. 672, que versa sobre os requisitos que autorizam a cumulação *inventários*, expediente também admitido no procedimento de arrolamento comum.

Art. 665. O inventário processar-se-á também na forma do art. 664, ainda que haja interessado incapaz, desde que concordem todas as partes e o Ministério Público.

1. A despeito de haver interesse de incapaz *sub judice*, nos casos em que a dimensão econômica do espólio não superar mil salários, o inventário, concordando o Ministério Público e os demais interessados, observará as peculiaridades processuais pertinentes ao *arrolamento comum*.

Art. 666. Independerá de inventário ou de arrolamento o pagamento dos valores previstos na Lei nº 6.858, de 24 de novembro de 1980.

1. A Lei 6.858/80, que dispõe "sobre o pagamento, aos dependentes ou sucessores, de valores não recebidos em vida pelos respectivos titulares, prevê que os "valores devidos pelos empregadores aos empregados e os montantes das contas individuais do Fundo de Garantia do Tempo de Serviço e do Fundo de Participação PIS-PASEP, não recebidos em vida pelos respectivos titulares, serão pagos, em quotas iguais, aos dependentes habilitados perante a Previdência Social ou na forma da legislação específica dos servidores civis e militares, e, na sua falta, aos sucessores previstos na lei civil, indicados em alvará judicial, independentemente de inventário ou arrolamento." (art. 1º). O art. sob comento, bem compreendido, apenas chancela o asseverado pelo dispositivo material em epígrafe.

Art. 667. Aplicam-se subsidiariamente a esta Seção as disposições das Seções VII e VIII deste Capítulo.

1. Ao arrolamento aplicam-se, subsidiariamente, o teor das seções que disciplinam o "pagamento das dívidas" e a "partilha".

Seção X
Disposições Comuns a Todas as Seções

Art. 668. Cessa a eficácia da tutela provisória prevista nas Seções deste Capítulo:

I – se a ação não for proposta em 30 (trinta) dias contados da data em que da decisão foi intimado o impugnante, o herdeiro excluído ou o credor não admitido;

II – se o juiz extinguir o processo de inventário com ou sem resolução de mérito.

1. Ao art. 668 coube inventariar as *causas suspensivas* da eficácia de eventual tutela provisória concedida nas ações das quais que se ocupa o Capítulo sob comento.

2. "Eficácia da Tutela Cautelar. O prazo para a propositura da ação que visa à satisfação do direito acautelado flui da data em que da decisão foi intimado o impugnante (art. 627, §§ 1º a 3º, CPC), o herdeiro excluído (art. 628, CPC) ou o credor não admitido (art. 643, CPC), devendo ser contado do primeiro dia útil subsequente (arts. 224, § 3º, e 666, CPC). Não flui da data da efetivação da tutela de urgência. (...)." (MARINONI, Luiz Guilherme;

ARENHART, Sérgio; MITIDIERO, Daniel. *Novo Código de Processo Civil Comentado*. São Paulo: RT, 2017. p. 776).

3. Acerca do tema *tutela provisória*, vide: TORRES, Artur. *CPC passado a limpo*: parte geral, procedimento comum e cumprimento de sentença. Porto Alegre: Livraria do Advogado, 2018. p. 233/252. v. I.

Art. 669. São sujeitos à sobrepartilha os bens:

I – sonegados;

II – da herança descobertos após a partilha;

III – litigiosos, assim como os de liquidação difícil ou morosa;

IV – situados em lugar remoto da sede do juízo onde se processa o inventário.

Parágrafo único. Os bens mencionados nos incisos III e IV serão reservados à sobrepartilha sob a guarda e a administração do mesmo ou de diverso inventariante, a consentimento da maioria dos herdeiros.

1. A *sobrepartilha* nada mais é, grosso modo, do que uma nova partilha, cujo objeto diz com os bens pertencentes ao mesmo espólio, e que, por uma ou outra razão, não figuraram na partilha originária. Ao art. 669 coube inventariar quais bens encontram-se sujeitos a mesma.

2. "Por bens litigiosos entendem-se aqueles cuja posse ou domínio do espólio se acha envolvido em disputa judicial. Para que o inventário não fique longamente paralisado, os bens não litigiosos podem ser desde logo partilhados, reservando-se os controvertidos para uma partilha complementar, depois de resolvida a pendência judicial que os envolve. Bens de liquidação difícil ou morosa são aqueles que se encontram em zonas remotas, longe da sede do inventário, e que, por isso, dependem de diligências e precatória de cumprimento demorado. São, ainda, aqueles que, por sua própria natureza, reclamam operações complexas, como, por exemplo, a liquidação de sociedade ou a apuração de haveres do morto em pessoa jurídica de que era sócio." (THEODORO JR., Humberto. *Curso de Direito Processual Civil*. 50. ed. Rio de Janeiro: Forense, 2016. p. 385/386. v. II – versão eletrônica).

Art. 670. Na sobrepartilha dos bens, observar-se-á o processo de inventário e de partilha.

Parágrafo único. A sobrepartilha correrá nos autos do inventário do autor da herança.

1. Consoante razoável eleição legislativa, o procedimento a ser observado na *sobrepartilha* será aquele aplicável ao *procedimento especial de inventário e partilha* de bens, face à identidade de natureza. Sua tramitação, pois, ocorrerá nos mesmos autos em que se deu a partilha originária.

Art. 671. O juiz nomeará curador especial:

I – ao ausente, se não o tiver;

II – ao incapaz, se concorrer na partilha com o seu representante, desde que exista colisão de interesses.

1. "Para integrar a relação processual do juízo sucessório exige-se, naturalmente, a capacidade dos interessados, ou o seu suprimento através da assistência ou da representação. Pode acontecer, porém, que o incapaz não disponha, ainda, de uma pessoa legalmente investida no múnus da representação. Para essa emergência, autoriza o art. 72, I, que o juiz nomeie um curador especial (curador à lide), apenas para os atos do processo. Igual curador deverá nomear o juiz do inventário ou do arrolamento, quando o herdeiro incapaz e seu representante estiverem concorrendo, com direitos próprios, na partilha da herança (art. 671, II). Dar-se-á, também, curador especial ao ausente e ao citado por edital que permaneça revel, enquanto não for constituído advogado (arts. 72, II, e 671, I)." (THEODORO JR., Humberto. *Curso de Direito Processual Civil*. 50. ed. Rio de Janeiro: Forense, 2016. p. 386/387. v. II – versão eletrônica).

2. "Vale frisar que nem sempre o fato de existir concorrência na partilha é capaz de prejudicar os interesses do incapaz. O seu representante pode, sim, atuar de forma equânime. Além disso, a sua atuação já é fiscalizada pelo Ministério Público, por força do art. 178, II, do NCPC (...). Se, no entanto, houver colisão entre os interesses do representante e os do incapaz, o juiz nomeará curador especial, sem prejuízo da intervenção do Ministério Público quando se fizer necessário." (DONIZETTI, Elpídio. *Novo Código de Processo Civil Comentado*. São Paulo: Atlas, 2015. p. 506).

Art. 672. É lícita a cumulação de inventários para a partilha de heranças de pessoas diversas quando houver:

I – identidade de pessoas entre as quais devam ser repartidos os bens;

II – heranças deixadas pelos dois cônjuges ou companheiros;

III – dependência de uma das partilhas em relação à outra.

Parágrafo único. No caso previsto no inciso III, se a dependência for parcial, por haver outros bens, o juiz pode ordenar a tramitação separada, se melhor convier ao interesse das partes ou à celeridade processual.

1. Cumulação de inventários. Justifica-se, segundo o legislador, em mais de uma oportunidade, a cumulação de inventários.

2. Autoriza-se a tramitação conjunta das ações sob comento quando: (a) houver identidade de beneficiários das heranças; (b) os autores das heranças eram casados entre si ou mantinham, em vida, união estável; (c) a adequada realização de uma (partilha) dependa da realização da outra.

Art. 673. No caso previsto no art. 672, inciso II, prevalecerão as primeiras declarações, assim como o laudo de avaliação, salvo se alterado o valor dos bens.

1. "Aproveitamento das primeiras declarações e laudo de avaliação. Mais uma vez o legislador buscou garantir economia processual ao permitir que as primeiras declarações e o laudo de avaliação dos bens apresentados para a partilha do autor da herança pré-morto sejam aproveitados também para a partilha dos bens do cônjuge ou companheiro supérstite. Mesmo que haja habilitação de novos herdeiros ou haja novos bens a ser partilhados, isso não invalida as informações constantes das primeiras declarações. Como regra, deverá ser levado em consideração o último laudo de avaliação elaborado no processo de inventário do pré-morto. Será desconsiderado, porém, quando houver alteração no valor dos bens. Nesse caso, uma nova avaliação deverá ser realizada." (LUCCA, Rodrigo Ramina de. *In: Código de Processo Civil anotado*. CRUZ E TUCCI, José Rogério *et al.* (Coord.) São Paulo: AASP, 2015. p. 1.057).

CAPÍTULO VII
DOS EMBARGOS DE TERCEIRO

Art. 674. Quem, não sendo parte no processo, sofrer constrição ou ameaça de constrição sobre bens que possua ou sobre os quais tenha direito incompatível com o ato constritivo, poderá requerer seu desfazimento ou sua inibição por meio de embargos de terceiro.

§ 1º Os embargos podem ser de terceiro proprietário, inclusive fiduciário, ou possuidor.

§ 2º Considera-se terceiro, para ajuizamento dos embargos:

I – o cônjuge ou companheiro, quando defende a posse de bens próprios ou de sua meação, ressalvado o disposto no art. 843;

II – o adquirente de bens cuja constrição decorreu de decisão que declara a ineficácia da alienação realizada em fraude à execução;

III – quem sofre constrição judicial de seus bens por força de desconsideração da personalidade jurídica, de cujo incidente não fez parte;

IV – o credor com garantia real para obstar expropriação judicial do objeto de direito real de garantia, caso não tenha sido intimado, nos termos legais dos atos expropriatórios respectivos.

1. Início de conversa. Encontra-se o julgador, por definição, dotado de poder para, no afã de ver satisfeita determinada posição jurídica sustentada em juízo, determinar a *constrição judicial* de certos bens da vida pertencentes ao *devedor* ou ao *responsável* por seu adimplemento, desde que insertos na relação processual em que ela ocorra. Trata-se, a constrição, de medida processual que se mostra compatível com o sistema de *responsabilidade patrimonial* adotado entre nós. Sua legitimidade, sobretudo, encontra respaldo no *respeito aos ditames legais*, desmoronando, à evidência, nos casos em que incida sobre o patrimônio de quem não figure como *parte processual* e, por consequência, não deva, ao menos num primeiro momento, responder com seus bens pela satisfação do direito *sub judice*. Os *embargos de terceiro*, seguindo tal linha de raciocínio, figuram como *ferramenta processual* da qual pode se valer aquele que não é parte processual (logo, é terceiro), com o objetivo de *desfazer* ou *evitar* constrição patrimonial indevida.

2. Os embargos podem ter por objeto a proteção do direito *posse* ou *propriedade*. Inteligência do art. 674, § 1º do CPC/2015.

3. Legitimidade. O CPC/2015 considera *terceiros*, e consequentemente legitimados à propositura da ação sob comento (que tramita mediante *procedimento especial*): (a) o cônjuge ou companheiro, *quando defende a posse de bens* *próprios* ou *de sua meação*, exceto quando se tratar de constrição que *recaia sobre bem indivisível*, hipótese em que à quota-parte do cônjuge alheio recairá sobre o produto da alienação do bem; (b) o adquirente de bens *cuja constrição decorreu de decisão que declara a ineficácia da alienação realizada em fraude à execução*; (c) aquele que sofre constrição judicial de seus bens *por força de desconsideração da personalidade jurídica, não tendo sido chamado a participar do incidente*; (d) o credor *com garantia real para obstar expropriação judicial do objeto de direito real de garantia, caso não tenha sido intimado, nos termos legais dos atos expropriatórios respectivos*.

Art. 675. Os embargos podem ser opostos a qualquer tempo no processo de conhecimento enquanto não transitada em julgado a sentença e, no cumprimento de sentença ou no processo de execução, até 5 (cinco) dias depois da adjudicação, da alienação por iniciativa particular ou da arrematação, mas sempre antes da assinatura da respectiva carta.

Parágrafo único. Caso identifique a existência de terceiro titular de interesse em embargar o ato, o juiz mandará intimá-lo pessoalmente.

1. Prazo para ajuizamento dos *Embargos de terceiro*. Caso a constrição indevida (ou ameaça de) ocorra ao tempo da tramitação do "processo de conhecimento", o terceiro poderá manejar os embargos, *antes de transitada em julgado a sentença*, a qualquer tempo. Tratando-se, de outro giro, de constrição autorizada já em sede de *cumprimento de sentença* ou, ainda, em *processo de execução autônomo*, considerar-se-á preclusa a matéria caso não atacada no prazo de 5 dias, a contar do ato expropriatório.

2. O legislador, nada obstante o prazo fixado, preocupou-se em esclarecer o não "cabimento" dos *embargos* sob comento, quando o ato constritivo ocorrer em sede de *tutela executiva*, após a assinatura da "respectiva carta" expropriatória. Vale lembrar, por oportuno, que os artigos 877 (adjudicação),[44] 880 (alienação por iniciativa particular)[45] e 903 (hasta pública), disciplinam o momento em que a expropriação é considerada "perfeita e acabada". Logo, nada obstante o silêncio legal, extrai-se da parte final do art. 675 que as *cartas* respectivas não devem ser "assinadas" antes de transcorrido o prazo dos *embargos* sob comento.

[44] "Art. 877. Transcorrido o prazo de 5 (cinco) dias, contado da última intimação, e decididas eventuais questões, o juiz ordenará a lavratura do auto de adjudicação. § 1º Considera-se perfeita e acabada a adjudicação com a lavratura e a assinatura do auto pelo juiz, pelo adjudicatário, pelo escrivão ou chefe de secretaria, e, se estiver presente, pelo executado, expedindo-se: I – a carta de adjudicação e o mandado de imissão na posse, quando se tratar de bem imóvel; II – a ordem de entrega ao adjudicatário, quando se tratar de bem móvel. § 2º A carta de adjudicação conterá a descrição do imóvel, com remissão à sua matrícula e aos seus registros, a cópia do auto de adjudicação e a prova de quitação do imposto de transmissão. (...)"

[45] "Art. 880. Não efetivada a adjudicação, o exequente poderá requerer a alienação por sua própria iniciativa ou por intermédio de corretor ou leiloeiro público credenciado perante o órgão judiciário. § 1º O juiz fixará o prazo em que a alienação deve ser efetivada, a forma de publicidade, o preço mínimo, as condições de pagamento, as garantias e, se for o caso, a comissão de corretagem. § 2º A alienação será formalizada por termo nos autos, com a assinatura do juiz, do exequente, do adquirente e, se estiver presente, do executado, expedindo-se: I – a carta de alienação e o mandado de imissão na posse, quando se tratar de bem imóvel; II – a ordem de entrega ao adquirente, quando se tratar de bem móvel. (...)"

3. O terceiro potencialmente interessado em impugnar a constrição havida será, consoante expresso apontamento legal, intimado "pessoalmente" acerca de sua ocorrência.

4. Consoante enunciado aprovado na I Jornada de Direito Processual Civil, ocorrida na cidade Brasília (24 e 25 de agosto de 2017), "A falta de oposição dos embargos de terceiro preventivos no prazo do art. 792, § 4°, do CPC, não impede a propositura dos embargos de terceiro repressivos no prazo do art. 675 do mesmo código." (Enunciado 102).

Art. 676. Os embargos serão distribuídos por dependência ao juízo que ordenou a constrição e autuados em apartado.

Parágrafo único. Nos casos de ato de constrição realizado por carta, os embargos serão oferecidos no juízo deprecado, salvo se indicado pelo juízo deprecante o bem constrito ou se já devolvida a carta.

1. Competência. Os embargos, em atenção ao critério da *competência funcional*, serão distribuídos por dependência ao *juízo responsável pela realização da constrição impugnada*, e autuados de forma apartada. Em se tratando, porém, de constrição operacionalizada por *carta*, os embargos devem ser direcionados ao juízo deprecado (aquele que diligenciou na realização prática da constrição a pedido do deprecante), excetuados os casos em que o juízo deprecante houver previamente indicado o bem objeto da constrição ou, outrossim, quando a carta, cumprida, já tenha retornado à origem, hipóteses em que os *embargos* hão de ser manejados perante o juízo deprecante.

Art. 677. Na petição inicial, o embargante fará a prova sumária de sua posse ou de seu domínio e da qualidade de terceiro, oferecendo documentos e rol de testemunhas.

§ 1º É facultada a prova da posse em audiência preliminar designada pelo juiz.

§ 2º O possuidor direto pode alegar, além da sua posse, o domínio alheio.

§ 3º A citação será pessoal, se o embargado não tiver procurador constituído nos autos da ação principal.

§ 4º Será legitimado passivo o sujeito a quem o ato de constrição aproveita, assim como o será seu adversário no processo principal quando for sua a indicação do bem para a constrição judicial.

1. Para além do respeito aos requisitos previstos pelo art. 319 e seguintes, incumbe ao embargante, em sede inicial, produzir prova da posse ou propriedade do bem objeto da constrição a que se opõe, bem como, demonstrar a sua condição de terceiro em relação ao feito em que a mesma fora autorizada ou está na iminência de sê-la. Inexistindo prova documental acerca da posse, poderá esta ser produzida em sede de audiência preliminar, designada para tanto.

2. Embargos de terceiro. Citação. Possuindo o embargado advogado constituído nos autos da ação em que a constrição fora autorizada (ou está na iminência de sê-la), sua citação será realizada na pessoa do mesmo; caso contrário, consoante prevê o § 3° do art. 677, sua citação será pessoal.

3. Legitimidade passiva. Embargos de terceiro. O embargos, como regra, serão ofertados em face daquele que se beneficie com a constrição impugnada. Quando, porém, o bem objeto da constrição houver sido indicado pelo adversário processual do beneficiado pela mesma, *ambos deverão ser demandados*. A despeito da pluralidade de pessoas em um mesmo polo da demanda, por não estarem consorciados, inexiste falar em litisconsórcio, e, por consequência, na aplicação de regras processuais pertinentes as denominadas ações litisconsorciais.[46]

Art. 678. A decisão que reconhecer suficientemente provado o domínio ou a posse determinará a suspensão das medidas constritivas sobre os bens litigiosos objeto dos embargos, bem como a manutenção ou a reintegração provisória da posse, se o embargante a houver requerido.

Parágrafo único. O juiz poderá condicionar a ordem de manutenção ou de reintegração provisória de posse à prestação de caução pelo requerente, ressalvada a impossibilidade da parte economicamente hipossuficiente.

1. O sucesso dos embargos (isto é, sua procedência) conduz a *cessação das medidas constritivas impugnadas* (art. 681). Antes disso, contudo, o julgador, *ainda que com base em juízo precário*, poderá determinar a manutenção ou a reintegração provisória da posse do bem constrito, desde que requerido pelo embargante.

2. A reintegração ou a manutenção da posse provisória (do bem objeto da constrição) em favor do embargante, poderá ser condicionada, face à provisoriedade da suspensão dos efeitos constritivos, a prestação de caução idônea pelo requerente, excetuados os casos em que o mesmo se afigure "economicamente hipossuficiente".

Art. 679. Os embargos poderão ser contestados no prazo de 15 (quinze) dias, findo o qual se seguirá o procedimento comum.

1. O embargado, validamente citado (como regra, na pessoa do advogado constituído nos autos do processo em que a constrição fora determinada – inteligência do art. 667, § 3º), poderá, querendo, opor-se à pretensão do embargante, no prazo de até 15 dias. O termo inicial dependerá, pois, da via citatória utilizada *in concreto*. Citado o embargado, por exemplo, na pessoa de seu procurador, observar-se-á, como regra, a data da publicação da nota de expediente no DJE; por mandado, a *regra da juntada*; "no balcão" cartorário, *regra própria* e etc.

---

[46] "É importante distinguir *cumulação subjetiva* de lides e *litisconsórcio*. Os conceitos, de um modo geral, vêm expostos sem distinção precisa. Pode haver, no entanto, pluralidade de partes num mesmo processo sem que as partes estejam litisconsorciadas entre si. Nos embargos de terceiro não se pode, igualmente, dizer que exequente e executado se litisconsorciaram contra o embargante; (...)." (BAPTISTA DA SILVA, Ovídio A. *Curso de processo civil*. Rio de Janeiro: Forense, 2004, V. I. p. 242).

2. Acerca do *procedimento comum*, vide: TORRES, Artur. *CPC passado a limpo*: parte geral, procedimento comum e cumprimento de sentença. Porto Alegre: Livraria do Advogado, 2018. p. 261/403. v. I.

Art. 680. Contra os embargos do credor com garantia real, o embargado somente poderá alegar que:

I – o devedor comum é insolvente;

II – o título é nulo ou não obriga a terceiro;

III – outra é a coisa dada em garantia.

1. Considerando a existência de *direito real de garantia que recaia sobre o bem objeto da constrição*, o legislador limita, do "ponto de vista" da *extensão da matéria* a ser sustentada pelo embargado, o debate. Sendo o caso, as matérias alegáveis pelo embargado limitam-se aquelas previstas nos incisos do art. 680.

2. "Contra os embargos do credor com garantia real, o embargado somente poderá alegar como matéria de defesa (i) que o devedor comum é insolvente; (ii) que o título é nulo ou não obriga terceiro; ou (iii) que é outra a coisa dada em garantia (art. 680). Isso quer dizer que o credor hipotecário ou pignoratício, em princípio, pode impedir a execução alheia sobre sua garantia real. Mas não pode fazê-lo se o devedor estiver em dificuldades financeiras de molde a evidenciar a inexistência de outros bens livres para responder pela obrigação quirografária. Provando-se a insolvência do devedor executado, rejeitados serão os embargos do credor com garantia real. Sendo contudo normal a situação do patrimônio do devedor, e podendo o credor quirografário contar com outros bens para realizar a execução forçada, serão preservados aqueles vinculados à garantia real." (THEODORO JR., Humberto. *Curso de Direito Processual Civil*. 50. ed. Rio de Janeiro: Forense, 2016. p. 442/443. v. II – versão eletrônica).

Art. 681. Acolhido o pedido inicial, o ato de constrição judicial indevida será cancelado, com o reconhecimento do domínio, da manutenção da posse ou da reintegração definitiva do bem ou do direito ao embargante.

1. O acolhimento definitivo dos embargos culminará em ordem de cancelamento da constrição indevida, e reconhecerá, conforme o caso, o *domínio*, ou o direito à *manutenção* ou à *reintegração* de posse definitiva, do bem constrito, em favor do embargante. Tendo ele obtido, anteriormente, mediante prestação de caução, a suspensão dos efeitos da constrição, o valor da mesma haverá de ser liberada imediatamente.

2. A sentença que acolher os pedidos formulados pelo embargante condenará o embargado ao pagamentos das custas antecipadas pelo autor, bem como ao pagamento de honorários advocatícios.

3. Consoante enunciado aprovado na I Jornada de Direito Processual Civil, ocorrida na cidade Brasília (24 e 25 de agosto de 2017), "Para o reconhecimento definitivo do domínio ou da posse do terceiro embargante (art. 681 do CPC), é necessária a presença, no polo passivo dos embargos, do réu ou do executado a quem se impute a titularidade desse domínio ou dessa posse no processo principal." (Enunciado 53).

CAPÍTULO VIII
DA OPOSIÇÃO

1. A Oposição, à luz do sistema revogado, integrava o rol das intervenções de terceiro (arts. 56/61 da Lei 5.869/73). O CPC/2015, sem modificá-la na essência, deslocou-a para o Título dos procedimentos especiais (art. 682/686). Em relação ao tema afirmamos outrora que a "*Oposição* (...), encaixa-se perfeitamente nas linhas estruturais da denominada *intervenção principal*. Nela, o terceiro propõe, em face de ambos os contendores (partes originárias), ação (no mesmo processo) em que reivindica sua condição de titular do direito que serve de objeto à relação em que intervêm.[47] O pleito do interveniente (para o direito brasileiro: opoente), nestes casos, é proposto em detrimento tanto do autor como do réu (de ação já em tramitação). Age ele, na espécie, no afã de preservar direito próprio",[48] visando a "excluir ambos da pretensa condição de proprietários do bem da vida (...) *sub judice*." (TORRES, Artur. *Processo de Conhecimento*. Porto Alegre: Arana, 2013. v. I. p. 86).

2. "O legislador do novo Código toma partido na divergência teórica acerca da classificação do instituto e passa a considerá-lo como um tipo de procedimento especial. Assim, expressamente reconhece a natureza de ação à Oposição, exercitada por um terceiro que tem pretensão a ser deduzida contra autor e réu de outra demanda, que lhe antecede." (APRIGLIANO, Ricardo de Carvalho. *In:* WAMBIER, Teresa Arruda *et al*. *Breves Comentários ao Novo Código de Processo Civil*. São Paulo: RT, 2015. p. 1585).

Art. 682. Quem pretender, no todo ou em parte, a coisa ou o direito sobre que controvertem autor e réu poderá, até ser proferida a sentença, oferecer oposição contra ambos.

1. O expediente processual sob comento serve a quem, ainda que parcialmente, pretenda o *bem da vida* (coisa ou direito) sobre o qual litigam os contendores em ação própria, a ele, num primeiro momento, estranha. Afirmando-se titular do direito *sub judice* (objeto da demanda alheia), é facultado ao *opoente* utilizar-se do procedimento em tela, visando a obter o reconhecimento judicial da posição sustentada (com a qual se *opõe a ambos os contendores da ação já existente*), desde que o faça *anteriormente à prolação da sentença no feito em que os opostos litigam entre si.*

[47] Comentando o direito alemão de seu tempo e, entendendo que a intervenção fomenta, na verdade, duas distintas ações, sustentou Goldschmidt: "A intervenção principal é regularmente o exercício de uma ação declarativa contra o autor, e de uma de condenação contra o demandado do primeiro processo." (GOLDSCHMIDT, James. *Direito Processual Civil*. Campinas: Bookseller, 2003. t. II. p. 20).

[48] Neste sentido, assevera Chiovenda: "A segunda figura da intervenção voluntária é a intervenção principal, cujo objetivo é o de fazer valer, em face do réu e do autor, um direito próprio do interveniente e incompatível com a pretensão formulada na causa (...)." (CHIOVENDA, Giuseppe. *Instituições de Direito Processual Civil*. 4. ed. Campinas: Bookseller, 2009. p. 776).

Art. 683. O opoente deduzirá o pedido em observação aos requisitos exigidos para propositura da ação.

Parágrafo único. Distribuída a oposição por dependência, serão os opostos citados, na pessoa de seus respectivos advogados, para contestar o pedido no prazo comum de 15 (quinze) dias.

1. O opoente observará, na realização de seu pleito, os requisitos genéricos para o deferimento de toda e qualquer petição inicial.[49]

2. A oposição será distribuída por dependência à ação em que os opostos litigam entre si. Ambos, na pessoa dos advogados constituídos na demanda que motivou o oferecimento da oposição, serão citados para, querendo, no prazo comum de 15 dias, apresentar resposta.

Art. 684. Se um dos opostos reconhecer a procedência do pedido, contra o outro prosseguirá o opoente.

1. O fato de um dos *opostos* reconhecer a procedência dos pedidos formulados pelo *opoente,* não conduz, de imediato, ao triunfo processual deste, que, doravante, haverá de superar, processualmente falando, aquele que resistiu a pretensão deduzida em juízo.

Art. 685. Admitido o processamento, a oposição será apensada aos autos e tramitará simultaneamente à ação originária, sendo ambas julgadas pela mesma sentença.

Parágrafo único. Se a oposição for proposta após o início da audiência de instrução, o juiz suspenderá o curso do processo ao fim da produção das provas, salvo se concluir que a unidade da instrução atende melhor ao princípio da duração razoável do processo.

1. A *admissibilidade* do pleito sob comento em nada se distancia da admissibilidade de qualquer outro petitório inaugural, ressalvado o fato de que de o processamento da Oposição não pode, consoante expresso apontamento legal, ser admitida após a prolação de sentença referente a demanda originária (art. 682, CPC/2015).

2. "A dicção legal pode sugerir que em relação à Oposição haja algum aspecto particular no que diz respeito aos requisitos de seu processamento. Não é verdade. O exame da admissibilidade é o próprio de uma ação judicial, mas sem aspectos particulares. Quando muito, pode ser dito que a Oposição possui um requisito adicional, relativo ao momento de trâmite da ação principal para se definir se a Oposição será interventiva ou autônoma." (APRIGLIANO, Ricardo de Carvalho. *In:* WAMBIER, Teresa Arruda *et al. Breves Comentários ao Novo Código de Processo Civil.* São Paulo: RT, 2015. p. 1590).

---

[49] Acerca do tema *petição inicial,* vide: TORRES, Artur. *CPC passado a limpo*: parte geral, procedimento comum e cumprimento de sentença. Porto Alegre: Livraria do Advogado, 2018. p. 264/275. v. I.

3. A Oposição, como regra, tramitará em apenso e simultaneamente à ação originária, devendo ambas serem enfrentadas pelo mesmo pronunciamento sentencial, observado o teor do art. 686.

Art. 686. Cabendo ao juiz decidir simultaneamente a ação originária e a oposição, desta conhecerá em primeiro lugar.

1. No afã de promover o *melhor aproveitamento da prestação jurisdicional*, cabendo ao julgador examinar ambas as demandas, iniciará ele pelo enfrentamento meritório da Oposição, uma vez que, em sendo acolhida, ao menos nos limites de sua *procedência*, tornar-se-á, à evidência, prejudicial aos interesses defendidos na demanda originária.

2. O não oferecimento da Oposição, como é intuitivo, *não conduz a perda do direito material supostamente pertencente a terceiro*. Não proposto, independentemente de sua motivação, haverá o sedizente titular do direito objeto da demanda alheia (aquela que, em tese, legitimaria o oferecimento da Oposição) de promover ação autônoma para ver reconhecida sua posição jurídica.

CAPÍTULO IX
DA HABILITAÇÃO

Art. 687. A habilitação ocorre quando, por falecimento de qualquer das partes, os interessados houverem de suceder-lhe no processo.

1. O presente procedimento especial visa a operacionalizar a denominada *sucessão processual*. Vindo uma das partes a falecer no curso do processo, e não se tratando de ação personalíssima, a habilitação é medida que se impõe para a correção dos polos da relação processual.

Art. 688. A habilitação pode ser requerida:
I – pela parte, em relação aos sucessores do falecido;
II – pelos sucessores do falecido, em relação à parte.

1. Ao artigo 688 coube inventariar o rol de legitimados à utilização do expediente processual sob comento. O pleito pode ser realizado (a) pelos sucessores do falecido ou, (b) às avessas, pela parte, quando os sucessores se mantiverem inertes, face ao falecimento de seu adversário processual.

Art. 689. Proceder-se-á à habilitação nos autos do processo principal, na instância em que estiver, suspendendo-se, a partir de então, o processo.

1. Independentemente da instância em que tramitar o feito que exija a *sucessão processual*, far-se-á a habilitação nos próprios autos. Para tanto, "o processo principal" será suspenso, até oportuna regularização das partes.

2. Consoante enunciado aprovado na I Jornada de Direito Processual Civil, ocorrida na cidade Brasília (24 e 25 de agosto de 2017), "Estando o processo em grau de recurso, o requerimento de habilitação far-se-á de acordo com o Regimento Interno do respectivo tribunal (art. 687 do CPC)." (Enunciado 54).

Art. 690. Recebida a petição, o juiz ordenará a citação dos requeridos para se pronunciarem no prazo de 5 (cinco) dias.

Parágrafo único. A citação será pessoal, se a parte não tiver procurador constituído nos autos.

1. Recebido petitório que pleiteie a realização da sucessão processual, os requeridos serão citados para, no prazo de cinco dias, pronunciarem-se a respeito.

2. "(...) Em seguida, será determinada a comunicação à parte que deve responder ao pedido de habilitação. Se a habilitação for requerida pela parte, em relação aos sucessores do falecido (CPC/2015, art. 688, inciso I), os sucessores serão citados para responder ao pedido. Como regra, referida citação será pessoal, por uma das formas previstas no art. 246 do CPC/2015. Cabe observar, porém, o disposto no art. 244, inciso II, do CPC/2015, que veda a citação de cônjuge, companheiro ou qualquer parente do morto, consanguíneo ou afim, em linha reta ou na linha colateral em segundo grau, no dia do falecimento e nos sete dias seguintes. Enquanto não houver a abertura do inventário, serão legitimados para receber a citação os herdeiros do falecido. Após o início do inventário, com a nomeação de inventariante, a citação será destinada a este, conforme dispõe o art. 75, inciso VII, do CPC/2015. A citação poderá ser realizada por edital, na hipótese de os sucessores estarem em local ignorado, incerto ou inacessível (CPC/2015, art. 256, inciso II). Igual solução se dá quando desconhecidos ou incertos os sucessores do falecido (CPC/2015, art. 256, inciso I). Em ambos os casos, haverá a nomeação de curador especial. Na hipótese de o sucessor do falecido ser litisconsorte no processo no qual se pretende realizar a habilitação, será dispensável a citação pessoal, bastando a intimação para resposta, por meio do advogado constituído nos autos. Se o requerimento de habilitação for apresentado pelos sucessores do falecido, a parte do processo – ou, se houver litisconsórcio ativo ou passivo, as partes – será intimada, por meio de advogado, para responder ao pedido." (BARIONI, Rodrigo Otávio. *In: Código de Processo Civil anotado*. CRUZ E TUCCI, José Rogério *et al.* (Coord.) São Paulo: AASP, 2015. p. 1089).

Art. 691. O juiz decidirá o pedido de habilitação imediatamente, salvo se este for impugnado e houver necessidade de dilação probatória diversa da documental, caso em que determinará que o pedido seja autuado em apartado e disporá sobre a instrução.

1. O pedido de habilitação deve, de imediato, ser enfrentado. Não o será, apenas, nos casos em que, havendo impugnação, revelar-se indispensável atividade instrutória à margem da documental. Nestes casos, pois, o pleito deverá ser autuado em apartado, rumando-se à produção probatória necessária.

2. Consoante enunciado aprovado na I Jornada de Direito Processual Civil, ocorrida na cidade Brasília (24 e 25 de agosto de 2017), "É cabível apelação contra sentença proferida no procedimento especial de habilitação (arts. 687 a 692 do CPC)." (Enunciado 55).

Art. 692. Transitada em julgado a sentença de habilitação, o processo principal retomará o seu curso, e cópia da sentença será juntada aos autos respectivos.

1. Resolvida a habilitação, o processo principal retomará o seu curso, suspenso desde o recebimento do pleito sob comento. Caso a habilitação venha a tramitar em apartado (o que ocorrerá nos casos em que se imponha a dilação probatória – Art. 691), acostar-se-á aos autos do processo principal, cópia da decisão que resolveu a questão, no afã de justificar a modificação dos polos da relação processual no caso concreto.

CAPÍTULO X
DAS AÇÕES DE FAMÍLIA

Art. 693. As normas deste Capítulo aplicam-se aos processos contenciosos de divórcio, separação, reconhecimento e extinção de união estável, guarda, visitação e filiação.

Parágrafo único. A ação de alimentos e a que versar sobre interesse de criança ou de adolescente observarão o procedimento previsto em legislação específica, aplicando-se, no que couber, as disposições deste Capítulo.

1. O processo civil aplicável às denominadas "Ações de Família" mereceu, face à peculiaridade de seu objeto, especial atenção do legislador. O CPC/2015, sob a rubrica de *procedimento especial*, disciplinou o trâmite processual a ser adotado nas demandas, contenciosas, que envolvam pedidos de *divórcio, separação* (a despeito do debate acerca de sua sobrevivência no ordenamento pátrio pós EC. 66/2010), reconhecimento e extinção de união estável, guarda, visitação e filiação.

2. Restaram, ao menos *a priori*, excluídos da regência do procedimento sob comento (que possui aplicação apenas subsidiária) a *ação de alimentos* (inclusive, a demanda revisional – que permanece regida pela Lei 5.478/68), bem como as que versem sobre *interesse de criança ou de adolescente* (Lei 8.069/ 90).

3. Eis o teor da "legislação específica" a que se refere o *parágrafo único* do art. 693 ao aludir a *ação de alimentos*: "Art. 1º A ação de alimentos é de rito especial, independente de prévia distribuição e de anterior concessão do benefício de gratuidade. § 1º A distribuição será determinada posteriormente por ofício do juízo, inclusive para o fim de registro do feito. § 2º A parte que não estiver em condições de pagar as custas do processo, sem prejuízo do sustento próprio ou de sua família, gozará do benefício da gratuidade, por simples afirmativa dessas condições perante o juiz, sob pena de pagamento até o décuplo das custas judiciais. § 3º Presume-se pobre, até prova em contrário, quem afirmar essa condição, nos termos desta lei. § 4º A impugnação do direito à gratuidade não suspende o curso do processo de alimentos e será feita em autos apartados; Art. 2º O credor, pessoalmente, ou por intermédio de advogado, dirigir-se-á ao juiz competente, qualificando-se, e exporá suas necessidades, provando, apenas o parentesco ou a obrigação de alimentar do devedor, indicando seu nome e sobrenome, residência ou local de trabalho, profissão e naturalidade, quanto ganha aproximadamente ou os recursos de que dispõe. § 1º Dispensar-se-á a produção inicial de documentos probatórios; I – quando existente em notas, registros, repartições ou estabelecimentos públicos e ocorrer impedimento ou demora em extrair certidões. II – quando estiverem em poder do obrigado, as prestações alimentícias ou de terceiro residente em lugar incerto ou não sabido. § 2º Os documentos públicos ficam isentos de reconhecimento de firma. § 3º Se o credor comparecer pessoalmente e não indicar profissional que haja concordado em assisti-lo, o juiz designará desde logo quem o deva fazer. Art. 3º O pedido será apresentado por escrito, em 3 (três) vias, e deverá conter a indicação do juiz a quem for dirigido, os elementos referidos no artigo anterior e um histórico sumário dos fatos. § 1º Se houver sido designado pelo juiz defensor para assistir o solicitante, na forma prevista no art. 2º, formulará o designado, dentro de 24 (vinte e quatro) horas da nomeação, o pedido, por escrito, podendo, se achar conveniente, indicar seja a solicitação verbal reduzida a termo. § 2º O termo previsto no parágrafo anterior será em 3 (três) vias, datadas e assinadas pelo escrivão, observado, no que couber, o disposto no *caput* do presente artigo; Art. 4º As despachar o pedido, o juiz fixará desde logo alimentos provisórios a serem pagos pelo devedor, salvo se o credor expressamente declarar que deles não necessita. Parágrafo único. Se se tratar de alimentos provisórios pedidos pelo cônjuge, casado pelo regime da comunhão universal de bens, o juiz determinará igualmente que seja entregue ao credor, mensalmente, parte da renda líquida dos bens comuns, administrados pelo devedor; Art. 5º O escrivão, dentro de 48 (quarenta e oito) horas, remeterá ao devedor a segunda via da petição ou do termo, juntamente com a cópia do despacho do juiz, e a comunicação do dia e hora da realização da audiência de conciliação e julgamento. § 1º Na designação da audiência, o juiz fixará o prazo razoável que possibilite ao réu a contestação da ação proposta e a eventualidade de citação por edital. § 2º A comunicação, que será feita mediante registro postal isento de taxas e com aviso de recebimento, importa em citação, para todos os efeitos legais. § 3º Se o réu criar embarações ao recebimento da citação, ou não for encontrado, repetir-se-á a diligência por intermédio do oficial de justiça, servindo de mandado a terceira via da petição ou do termo. § 4º Impossibilitada a citação do réu por qualquer dos modos acima previstos, será ele citado por edital afixado na sede do juízo e publicado 3 (três) vezes consecutivas no órgão oficial do Estado, correndo a despesa por conta do vencido, a final, sendo previamente a conta juntada aos autos. § 5º O edital deverá conter um resumo do pedido inicial, a íntegra do despacho nele exarado, a data e a hora da audiência. § 6º O autor será notificado da data e hora da audiência no ato de recebimento da petição, ou da lavratura do termo. § 7º O juiz, ao marcar a audiência, oficiará ao empregador do réu, ou, se o mesmo for funcionário público, ao responsável por sua repartição, solicitando o envio, no máximo até a data marcada para a audiência, de informações sobre o salário ou os vencimentos do devedor, sob as penas previstas no art. 22 desta lei. § 8º A citação do réu, mesmo no caso dos artigos 200 e 201 do Código de Processo Civil, far-se-á na forma do § 2º do artigo 5º desta lei (Redação dada pela Lei nº 6.014, de 27/12/73); Art. 6º Na audiência de conciliação e julgamento deverão estar presentes autor e réu, independentemente de intimação e de comparecimento de seus representantes; Art. 7º O não comparecimento do autor determina o arquivamento do pedido, e a ausência do réu importa em revelia, além de confissão quanto à matéria de fato; Art. 8º Autor e Réu comparecerão à audiência acompanhados de suas testemunhas, 3 (três no máximo, apresentando, nessa ocasião, as demais provas; Art. 9º Aberta a audiência, lida a petição ou o termo, e a resposta, se houver, ou dispensada a leitura, o juiz ouvirá as partes litigantes e o representante do Ministério Público, propondo conciliação. (Redação dada pela Lei nº 6.014, de 27/12/73) § 1º Se houver acordo, lavrar-se-á o respectivo termo, que será assinado pelo juiz, escrivão, partes e representantes do Ministério Público. § 2º Não havendo acordo, o juiz tomará o depoimento pessoal das partes e das testemunhas, ouvidos os peritos se houver, podendo julgar o feito sem a mencionada produção de provas, se as partes concordarem; Art. 10. A audiência de julgamento será contínua; mas, se não for possível, por motivo de força maior, concluí-la no mesmo dia, o juiz marcará a sua continuação para o primeiro dia desimpedido, independentemente de novas intimações; Art. 11. Terminada a instrução, poderão as partes e o Ministério Público aduzir alegações finais, em prazo não excedente de 10 (dez) minutos para cada um. Parágrafo único. Em seguida, o juiz renovará a proposta de conciliação e, não sendo aceita, ditará sua sentença, que conterá sucinto relatório do ocorrido na audiência; Art. 12. Da sentença serão as partes intimadas, pessoalmente ou através de seus representantes, na própria audiência, ainda quando ausentes, desde que intimadas de sua realização; Art. 13. O disposto nesta lei aplica-se igualmente, no que couber, às ações ordinárias de desquite, nulidade e anulação de casamento, à revisão de sentenças proferidas em pedidos de alimentos e respectivas execuções. § 1º Os alimentos provisórios fixados na inicial poderão ser revistos a qualquer tempo, se houver modificação na situação financeira das partes, mas o pedido será sempre processado em apartado. § 2º Em qualquer caso, os alimentos fixados retroagem à data da citação. § 3º Os alimentos provisórios serão devidos até a decisão final, inclusive o julgamento do recurso extraordinário; Art. 14. Da sentença caberá apelação no efeito devolutivo (Redação dada pela Lei nº 6.014, de 27/12/73); Art. 15. A decisão judicial sobre alimentos não transita em julgado e pode a qualquer tempo ser revista, em face da modificação da situação financeira dos interessados; Art. 16. (Revogado pela Lei nº 13.105, de 2015); Art. 17. (Revogado pela Lei nº 13.105, de 2015); Art. 18. (Revogado pela Lei n º 13.105, de 2015); Art. 19. O juiz, para instrução da causa ou na execução da sentença ou do acordo, poderá tomar todas as providências necessárias para seu esclarecimento ou para o cumprimento do julgado ou do acordo, inclusive a decretação de prisão do devedor até 60 (sessenta) dias. § 1° O cumprimento integral da pena de prisão não eximirá o devedor do pagamento das prestações alimentícias, vincendas ou vencidas e não pagas. (Redação dada pela Lei n° 6.014, de 27/12/73); § 2° Da decisão que decretar a prisão do devedor, caberá agravo de instrumento. (Redação dada pela Lei n° 6.014, de 27/12/73) § 3° A interposição do agravo não suspende a execução da ordem de prisão (Redação dada pela Lei n° 6.014, de 27/12/73); Art. 20. As repartições públicas, civis ou militares, inclusive do Imposto de Renda, darão todas as informações necessárias à instrução dos processos previstos nesta lei e à execução do que for decidido ou acordado em juízo; Art. 21. O art. 244 do Código Penal passa a vigorar com a seguinte redação: 'Art. 244. Deixar, sem justa causa, de prover a subsistência do cônjuge, ou de filho menor de 18 anos ou inapto para o trabalho ou de ascendente inválido ou valetudinário, não lhes proporcionando os recursos necessários ou faltando ao pagamento de pensão alimentícia judicialmente acordada, fixada ou majorada; deixar, sem justa causa, de socorrer descendente ou ascendente gravemente enfermo: Pena – Detenção de 1 (um) ano a 4 (quatro) anos e multa, de uma a dez vezes o maior salário-mínimo vigente no País. Parágrafo único. Nas mesmas penas incide quem, sendo solvente, frustra ou ilide, de qualquer modo, inclusive por abandono injustificado de emprego ou função, o pagamento de pensão alimentícia judicialmente acordada, fixada ou majorada'; Art. 22. Constitui crime contra a administração da Justiça deixar o empregador ou funcionário público de prestar ao juízo competente as informações necessárias à instrução de processo ou execução de sentença ou acordo que fixe pensão alimentícia: Pena – Detenção de 6 (seis) meses a 1 (um) ano, sem prejuízo da pena acessória de suspensão do emprego de 30 (trinta) a 90 (noventa) dias. Parágrafo único. Nas mesmas penas incide quem, de qualquer modo, ajuda o devedor a eximir-se ao pagamento de pensão alimentícia judicialmente acordada, fixada ou majorada, ou se recusa, ou procrastina a executar ordem de descontos em folhas de pagamento, expedida pelo juiz competente; Art. 23. A prescrição qüinqüenal referida no art. 178, § 10, inciso I, do Código Civil só alcança as prestações mensais e não o direito a alimentos, que, embora irrenunciável, pode ser provisoriamente dispensado; Art. 24. A parte responsável pelo sustento da família, e que deixar a residência comum por motivo, que não necessitará declarar, poderá tomar a iniciativa de comunicar ao juízo os rendimentos de que dispõe e de pedir a citação do credor, para comparecer à audiência de conciliação e julgamento destinada à fixação dos alimento a que está obrigado; Art. 25. A prestação não pecuniária estabelecida no art. 403 do Código Civil, só pode ser autorizada pelo juiz se a ela anuir o alimentado capaz; Art. 26. É competente para as ações de alimentos decorrentes da aplicação do Decreto Legislativo n° 10, de 13 de novembro de 1958, e Decreto n° 56.826, de 2 de setembro de 1965, o juízo federal da Capital da Unidade Federativa Brasileira em que reside o devedor, sendo considerada instituição intermediária, para os fins dos referidos decretos, a Procuradoria-Geral da República. Parágrafo único. Nos termos do inciso III, art. 2°, da Convenção Internacional sobre ações de alimentos, o Governo Brasileiro Comunicará, sem demora, ao Secretário Geral das Nações Unidas, o disposto neste artigo; Art. 27. Aplicam-se supletivamente nos processos regulados por esta lei as disposições do Código de Processo Civil; Art. 28. Esta lei entrará em vigor 30 (trinta) dias depois de sua publicação. Art. 29. Revogam-se as disposições em contrário. Brasília, 25 de julho de 1968; 147º da Independência e 80º da República." (Lei 5.478/78).

4. Aos pleitos cujo objeto diga com *Divórcio ou Separação consensuais*, de *extinção consensual de união estável*, e, de *alteração do regime de bens do matrimônio*, aplica-se o teor dos artigos 731/734 (que disciplina procedimento especial de *jurisdição voluntária*), também do CPC/2015. Limita-se a aplicação do procedimento sob comento (693/699), pois, ao âmbito da *jurisdição contenciosa*.

Art. 694. Nas ações de família, todos os esforços serão empreendidos para a solução consensual da controvérsia, devendo o juiz dispor do auxílio de profissionais de outras áreas de conhecimento para a mediação e conciliação.

Parágrafo único. A requerimento das partes, o juiz pode determinar a suspensão do processo enquanto os litigantes se submetem a mediação extrajudicial ou a atendimento multidisciplinar.

1. O objeto da causa motivou o legislador a declarar, em "alto e bom tom", a diretriz a ser seguida nas demandas em tela: *a busca "incessante" por uma solução consensual do conflito*. Crédulo na contribuição que profissionais de outras áreas do conhecimento (relacionados, à evidência, ao objeto da contenda) possam dar para o alcance do aludido desiderato, o legislador prevê que atuem, *in concreto*, auxiliando partes e julgador a encontrar solução amistosa para o conflito de interesses *sub judice*.

2. É possível, a requerimento dos envolvidos, que se suspenda o trâmite processual no afã de permitir às partes, querendo, submeterem-se a mediação extrajudicial ou a atendimento multidisciplinar. Isto é: a um dos meios capazes de influenciar na autocomposição do litígio.

Art. 695. Recebida a petição inicial e, se for o caso, tomadas as providências referentes à tutela provisória, o juiz ordenará a citação do réu para comparecer à audiência de mediação e conciliação, observado o disposto no art. 694.

§ 1º O mandado de citação conterá apenas os dados necessários à audiência e deverá estar desacompanhado de cópia da petição inicial, assegurado ao réu o direito de examinar seu conteúdo a qualquer tempo.

§ 2º A citação ocorrerá com antecedência mínima de 15 (quinze) dias da data designada para a audiência.

§ 3º A citação será feita na pessoa do réu.

§ 4º Na audiência, as partes deverão estar acompanhadas de seus advogados ou de defensores públicos.

1. No *procedimento especial* em epígrafe, o demandado, tal e qual ocorre, como regra, no âmbito do *procedimento comum*, será citado (aqui: *pessoalmente*) e, ato contínuo, intimado (com *antecedência mínima de 15 dias*, pelo menos) para comparecer a audiência destinada a tentativa de autocomposição, sem prejuízo de eventual notificação acerca do deferimento de tutela provisória requerida.

2. Acerca do tema *tutela provisória*, vide: TORRES, Artur. *CPC passado a limpo*: parte geral, procedimento comum e cumprimento de sentença. Porto Alegre: Livraria do Advogado, 2018. p. 233/252. v. I.

3. O legislador inova, pois, em relação à ordem citatória. Na ação em tela, o mandado citatório não será acompanhado de cópia da petição inicial (o que ocorre nos demais procedimentos), ao que tudo indica para evitar "transtornos e reações impulsivas" capazes, por si só, considerado o objeto do litígio, de frustrar o alcance da composição consensual do litígio. Em homenagem ao *direito fundamental à publicidade*, contudo, fica assegurado ao demandado (pessoalmente ou por seu advogado) o direito de examiná-la (a petição inicial), bem como o processo como um todo, a qualquer tempo (inclusive, antes da realização da audiência).

4. As partes devem, como regra, comparecer à audiência designada acompanhadas de seus advogados, públicos ou privados, sem prejuízo, a nosso sentir, da observância do § 10 do art. 334, que autoriza, ao contendor, a constituição de representante, por meio de procuração específica, com poderes para negociar e transigir em seu lugar.

Art. 696. A audiência de mediação e conciliação poderá dividir-se em tantas sessões quantas sejam necessárias para viabilizar a solução consensual, sem prejuízo de providências jurisdicionais para evitar o perecimento do direito.

1. É possível partilhar, "em tantas sessões" quanto bastem, a solenidade destinada a tentativa de autocomposição do litígio em se tratando de *ação de família*. Observe-se que, no espectro do procedimento comum, há um limitador temporal para tanto (art. 334, § 2º, do CPC/2015 – *as demais sessões devem ser realizadas e resolvidas em prazo não superior a dois meses da realização da primeira sessão*). O art. 696, *acerca da aludida limitação temporal*, nada refere. Considerada a importância de que se obtenha solução consensual na esfera sob comento, parece-nos possível asseverar que a referida limitação temporal não se aplica ao presente cenário, quando mais porque há expressa previsão de que as providências jurisdicionais para evitar o perecimento do direito devam ser observadas por ocasião do elastecimento da etapa processual destinada ao alcance da autocomposição.

Art. 697. Não realizado o acordo, passarão a incidir, a partir de então, as normas do procedimento comum, observado o art. 335.

1. Inexitosa a tentativa de acordo, reger-se-á o feito que envolva objeto anunciado no *caput* do art. 693 (*divórcio, separação, reconhecimento e extinção de união estável, guarda, visitação e filiação*) pelos ditames inerentes ao procedimento comum.[50]

[50] Acerca do tema, vide: TORRES, Artur. *CPC passado a limpo*: parte geral, procedimento comum e cumprimento de sentença. Porto Alegre: Livraria do Advogado, 2018. p. 261/403. v. I.

Art. 698. Nas ações de família, o Ministério Público somente intervirá quando houver interesse de incapaz e deverá ser ouvido previamente à homologação de acordo.

1. A participação do Ministério Público, nas denominadas *ações de família*, limita-se aos casos em que houver, *sub judice*, interesse de incapaz.

2. É obrigatória a intimação do *parquet*, nas ações em que deva intervir, para que se manifeste previamente à homologação do acordo pretendido pelas partes.

Art. 699. Quando o processo envolver discussão sobre fato relacionado a abuso ou a alienação parental, o juiz, ao tomar o depoimento do incapaz, deverá estar acompanhado por especialista.

1. Versando o feito acerca de *abuso* ou *alienação parental*, a colheita do depoimento pessoal do incapaz far-se-á, sempre, mediante acompanhamento de *expert* na matéria, sem prejuízo da necessária presença do Ministério Público.

CAPÍTULO XI
DA AÇÃO MONITÓRIA

1. A ideia *monitória* é, a rigor, bastante simples. Trata-se, grosso modo, de técnica de sumarização procedimental mediante a qual o enfrentamento *cognitivo exauriente*, relativo ao direito afirmado pelo autor, vai postergado. A regra no processo brasileiro é a de que, primeiro, perfaça-se o juízo cognitivo acerca do direito afirmado e, apenas ulteriormente, reconhecida a posição jurídica defendida em juízo, promova-se, havendo interesse, a tutelar executiva. O procedimento monitório, em última análise, *inverte tal ordem*. "A tutela monitória foi criada para aquelas situações em que, embora não exista título executivo (...), há concretamente forte aparência de que aquele que se afirma credor tenha razão. Através do procedimento monitório, busca-se a rápida formação do título executivo – um atalho para a execução –, naqueles casos em que cumulativamente: (a) há concreta e marcante possibilidade de existência de crédito e (b) o réu, regularmente citado, não apresenta defesa nenhuma."[51] Eis um *início de conversa*.

Art. 700. A ação monitória pode ser proposta por aquele que afirmar, com base em prova escrita sem eficácia de título executivo, ter direito de exigir do devedor capaz:

I – o pagamento de quantia em dinheiro;

II – a entrega de coisa fungível ou infungível ou de bem móvel ou imóvel;

III – o adimplemento de obrigação de fazer ou de não fazer.

§ 1º A prova escrita pode consistir em prova oral documentada, produzida antecipadamente nos termos do art. 381.

[51] WAMBIER, Luiz Rodrigues; ALMEIDA, Flávio Renato Correia de; TALAMINI, Eduardo. *Curso Avançado de Processo Civil*. p. 232. v. 3.

§ 2º Na petição inicial, incumbe ao autor explicitar, conforme o caso:

I – a importância devida, instruindo-a com memória de cálculo;

II – o valor atual da coisa reclamada;

III – o conteúdo patrimonial em discussão ou o proveito econômico perseguido.

§ 3º O valor da causa deverá corresponder à importância prevista no § 2º, incisos I a III.

§ 4º Além das hipóteses do art. 330, a petição inicial será indeferida quando não atendido o disposto no § 2º deste artigo.

§ 5º Havendo dúvida quanto à idoneidade de prova documental apresentada pelo autor, o juiz intimá-lo-á para, querendo, emendar a petição inicial, adaptando-a ao procedimento comum.

§ 6º É admissível ação monitória em face da Fazenda Pública.

§ 7º Na ação monitória, admite-se citação por qualquer dos meios permitidos para o procedimento comum.

1. O procedimento especial em epígrafe serve àquele que, embora não dotado de título executivo (elemento necessário e suficiente à prestação da tutela executiva), possui prova escrita da existência da obrigação. Segundo expresso texto de lei, a prova produzida nos termos do art. 381 (Produção Antecipada da Prova), legitima a utilização do procedimento especial em tela.

2. O expediente sob comento não pode ser manejado em face de *devedor incapaz*.

3. Incumbe ao autor, *in concreto*, explicitar em sede inicial, (a) em se tratando de obrigação de pagar quantia, a importância que lhe é devida, justificando-a mediante apresentação de memória de cálculo; (b) em se tratando de obrigação que tenha por objeto entrega de coisa, o valor atual da coisa reclamada e; noutros casos, (c) o conteúdo patrimonial em discussão ou o proveito econômico perseguido. A inobservância do acima aludido conduzirá, pois, ao indeferimento da petição inicial, consoante expresso apontamento legal (art. 700, § 4º, do CPC/2015).

4. Consoante enunciado aprovado na I Jornada de Direito Processual Civil, ocorrida na cidade Brasília (24 e 25 de agosto de 2017), "É admissível ação monitória, ainda que o autor detenha título executivo extrajudicial." (Enunciado 101).

5. Consideradas as peculiaridades que envolvem o deferimento da inicial pertinente a ação sob comento (principalmente, no que diz com a ordem de expedição do denominado *mandado monitório* – art. 701), o julgador, face à constatação da idoneidade da prova que, em tese, legitima a utilização da técnica processual de sumarização, determinará a intimação do autor para, querendo, adaptar o petitório exordial, adaptando-o às exigências do procedimento comum, rito a ser observado, no caso, para a tramitação do pleito judicial.

6. Inexiste restrição à propositura de *ação monitória* em desfavor da Fazenda Pública. Ao invés: há, pois, expressa autorização legal para o seu manejo. Inteligência do art. 700, § 6º, do CPC/2015.

7. Aplica-se à *ação monitória* o regramento citatório admitido para o *procedimento comum*.

Art. 701. Sendo evidente o direito do autor, o juiz deferirá a expedição de mandado de pagamento, de entrega de coisa ou para execução de obrigação de fazer ou de não fazer, concedendo ao réu prazo de 15 (quinze) dias para o cumprimento e o pagamento de honorários advocatícios de cinco por cento do valor atribuído à causa.

§ 1º O réu será isento do pagamento de custas processuais se cumprir o mandado no prazo.

§ 2º Constituir-se-á de pleno direito o título executivo judicial, independentemente de qualquer formalidade, se não realizado o pagamento e não apresentados os embargos previstos no art. 702, observando-se, no que couber, o Título II do Livro I da Parte Especial.

§ 3º É cabível ação rescisória da decisão prevista no *caput* quando ocorrer a hipótese do § 2º.

§ 4º Sendo a ré Fazenda Pública, não apresentados os embargos previstos no art. 702, aplicar-se-á o disposto no art. 496, observando-se, a seguir, no que couber, o Título II do Livro I da Parte Especial.

§ 5º Aplica-se à ação monitória, no que couber, o art. 916.

1. Mandado monitório. Face à evidência, documentada, do direito suscitado pelo autor, o julgador, após deferir a inicial, determinará a expedição de ordem, endereçada ao demandado, para satisfação "imediata" da obrigação reclamada, bem como da *verba honorária* prevista no *caput* do art. 701 (5% do valor dado à causa). Perceba-se que o *mandado monitório*, embora retrate comando para o cumprimento da obrigação, não possui, ao menos num primeiro momento, força de título executivo. A constituição do *título executivo* (ou, melhor, a atribuição de força executiva ao pronunciamento judicial inaugural) desde logo, depende, pois, da inércia do réu. Sendo ele validamente citado e, ato contínuo, intimado para satisfazer a obrigação objeto da ação monitória, seu silêncio terá por consequência o surgimento de *título executivo* em seu desfavor, que, apenas, poderá ser expurgado do mundo jurídico mediante *ação rescisória*.

2. O prazo para a satisfação da obrigação objeto do *mandado monitório* é, segundo expresso apontamento legal, de 15 dias. Há, aqui, ao que tudo indica, "falta de comunicação" com outras passagens codificadas, a exemplo do teor do art. 498, em que a fixação do prazo para a satisfação da obrigação de *entregar coisa* fica, com razão, a cargo do julgador, consideradas as peculiaridades do caso concreto.

3. Contraditório eventual. Acerca dos *embargos monitórios*, vide comentários ao art. 702.

4. Fazenda Pública. O legislador, nada obstante admita a propositura de ação monitória em desfavor da Fazenda Pública, determina, para o caso de inércia da mesma, a observância do regramento inerente á *remessa necessária*. Eis o teor do § 4º do art. 701.[52]

5. Aplica-se à ação monitória o *parcelamento legal* previsto pelo art. 916. Vide, acerca do tema, comentários ao aludido dispositivo legal.

Art. 702. Independentemente de prévia segurança do juízo, o réu poderá opor, nos próprios autos, no prazo previsto no art. 701, embargos à ação monitória.

§ 1º Os embargos podem se fundar em matéria passível de alegação como defesa no procedimento comum.

§ 2º Quando o réu alegar que o autor pleiteia quantia superior à devida, cumprir-lhe-á declarar de imediato o valor que entende correto, apresentando demonstrativo discriminado e atualizado da dívida.

§ 3º Não apontado o valor correto ou não apresentado o demonstrativo, os embargos serão liminarmente rejeitados, se esse for o seu único fundamento, e, se houver outro fundamento, os embargos serão processados, mas o juiz deixará de examinar a alegação de excesso.

§ 4º A oposição dos embargos suspende a eficácia da decisão referida no *caput* do art. 701 até o julgamento em primeiro grau.

§ 5º O autor será intimado para responder aos embargos no prazo de 15 (quinze) dias.

§ 6º Na ação monitória admite-se a reconvenção, sendo vedado o oferecimento de reconvenção à reconvenção.

§ 7º A critério do juiz, os embargos serão autuados em apartado, se parciais, constituindo-se de pleno direito o título executivo judicial em relação à parcela incontroversa.

§ 8º Rejeitados os embargos, constituir-se-á de pleno direito o título executivo judicial, prosseguindo-se o processo em observância ao disposto no Título II do Livro I da Parte Especial, no que for cabível.

§ 9º Cabe apelação contra a sentença que acolhe ou rejeita os embargos.

§ 10. O juiz condenará o autor de ação monitória proposta indevidamente e de má-fé ao pagamento, em favor do réu, de multa de até dez por cento sobre o valor da causa.

§ 11. O juiz condenará o réu que de má-fé opuser embargos à ação monitória ao pagamento de multa de até dez por cento sobre o valor atribuído à causa, em favor do autor.

1. Contraditório eventual. Embargos monitórios. No prazo de 15 dias, observada a *regra da juntada* (art. 231), o demandado, querendo, poderá promover o *contraditório eventual* mediante oposição de *embargos monitórios*, que, de imediato, suspenderão os efeitos do *mandado monitório* até julgamento em primeiro grau. Há de se ter, por ocasião do manejo *embargos*, a notícia, a saber: o juiz está autorizado a condenar o réu que de má-fé tenha oferecido embargos monitórios ao pagamento de multa (que será revertida em favor do embargado) de até 10% o sobre o valor atribuído à causa.

[52] Vide, acerca do tema: TORRES, Artur. *CPC passado a limpo*: parte geral, procedimento comum e cumprimento de sentença. Porto Alegre: Livraria do Advogado, 2018. p. 386/388. v. I.

2. Os embargos monitórios tramitarão, via de regra, nos mesmos autos da *ação monitória*, nada obstante esteja autorizado o julgador, nos termos do § 7º, a determinar, episodicamente, sua autuação em apartado.

3. Objeto. Os embargos monitórios poderão versar sobre toda e qualquer matéria de defesa suscitável em sede de procedimento comum. A lógica da admissão da alegação de *excesso de execução* também, aqui, se faz presente. Logo, em se tratando a alegação do embargante de *excesso de exigência*, cumprir-lhe-á declarar, de imediato, o montante que entende devido, instruindo sua tese com demonstrativo discriminado e atualizado da dívida, pena de rejeição liminar dos embargos (ou de parte dele).

4. O embargado, em homenagem ao direito fundamental ao contraditório, será "intimado" para, no prazo de 15 dias, entendendo oportuno, responder aos embargos.

5. Rejeitados, no todo ou em parte, os embargos monitórios, constituir-se-á em benefício do embargado (autor da ação monitória) título executivo em relação à parte rejeitada. A *tutela executiva* da obrigação nele retratada, obedecerá, sendo o caso, aos ditames inerentes ao *cumprimento das decisões judiciais*.[53]

6. O juiz condenará o autor de ação monitória proposta indevidamente e de má-fé ao pagamento, em favor do réu, de multa de até dez por cento sobre o valor da causa. Trata-se, pois, de medida destinada a coibir a promoção de "aventuras" monitórias.

CAPÍTULO XII
DA HOMOLOGAÇÃO DO PENHOR LEGAL

1. Direitos reais de garantia. O penhor, espécie de direito real de garantia, constitui-se, consoante preconiza a Lei 10.406/2002, mediante a "transferência efetiva da posse que, em garantia do débito ao credor ou a quem o represente, faz o devedor, ou alguém por ele, de uma coisa móvel, suscetível de alienação" (art. 1.431). O penhor pode derivar de convenção entre os sujeitos de direito (operacionalizado, pois, pela via contratual) ou da incidência da lei. O objeto do capítulo sob comento diz com o penhor disciplinado a partir do art. 1.467 do CC/2002, o denominado "Penhor Legal", que, à evidência, independe de previsão contratual.

2. Consoante expressa previsão legal, exemplificativamente, gozam do aludido direito real de garantia "I – os hospedeiros, ou fornecedores de pousada ou alimento, sobre as bagagens, móveis, jóias ou dinheiro que os seus consumidores ou fregueses tiverem consigo nas respectivas casas ou estabelecimentos, pelas despesas ou consumo que aí tiverem feito; II – o dono do prédio rústico ou urbano, sobre os bens móveis que o rendeiro ou inquilino tiver guarnecendo o mesmo prédio, pelos aluguéis ou rendas", nos termos do art. 1.467 do CC/2002.

---

[53] Acerca do tema, vide: TORRES, Artur. *CPC passado a limpo*: parte geral, procedimento comum e cumprimento de sentença. Porto Alegre: Livraria do Advogado, 2018. p. 403/442. v. I.

3. Com a entrada em vigor do CPC/2015, "(...) esse procedimento passou a ser tratado no título relativo aos procedimentos especiais. Com a mudança, o instituto confirmara sua natureza de ação, e não de mera medida cautelar. Como ação que é (e sempre foi), a homologação de penhor legal visa o reconhecimento de uma situação preestabelecida em lei, de modo a dar-lhe regularidade e eficácia." (DONIZETTI, Elpídio. *Curso Didático de Direito Processual Civil*. 19. ed. São Paulo: Atlas, 2016. p. 991).

Art. 703. Tomado o penhor legal nos casos previstos em lei, requererá o credor, ato contínuo, a homologação.

§ 1º Na petição inicial, instruída com o contrato de locação ou a conta pormenorizada das despesas, a tabela dos preços e a relação dos objetos retidos, o credor pedirá a citação do devedor para pagar ou contestar na audiência preliminar que for designada.

§ 2º A homologação do penhor legal poderá ser promovida pela via extrajudicial mediante requerimento, que conterá os requisitos previstos no § 1º deste artigo, do credor a notário de sua livre escolha.

§ 3º Recebido o requerimento, o notário promoverá a notificação extrajudicial do devedor para, no prazo de 5 (cinco) dias, pagar o débito ou impugnar sua cobrança, alegando por escrito uma das causas previstas no art. 704, hipótese em que o procedimento será encaminhado ao juízo competente para decisão.

§ 4º Transcorrido o prazo sem manifestação do devedor, o notário formalizará a homologação do penhor legal por escritura pública.

1. O teor do *caput* do artigo sob comento repisa, no plano processual, regra oriunda do plano do direito material. Aduz o CC/2002: "Tomado o penhor, requererá o credor, ato contínuo, a sua homologação judicial". Nada obstante a previsão legal, vale destacar, desde logo, *a possibilidade de se obter resultado equivalente no âmbito extrajudicial*, consoante preconiza o teor do § 2º do artigo 703 do CPC/2015.

2. Homologação judicial. *Requisitos específicos da petição inicial.* Em se tratando de pedido de instauração do procedimento especial em tela, sua formulação depende da observância dos elementos gerais inerentes a toda e qualquer petição inicial,[54] bem como de certos requisitos específicos, cuja exigência se extrai do § 1º do artigo sob comento. Ao instruir a exordial, o autor diligenciará na juntada do "contrato de locação" (para a demanda fundada na hipóteses prevista pelo art. 1.467, II, da Lei 10.406/2002) ou a conta pormenorizada das despesas e a tabela dos preços (para a demanda fundada no teor do inciso I do art. 1.467), sem prejuízo da relação (no próprio corpo da petição) dos objetos retidos (sobre os quais pretende, o demandante, ver homologado o penhor).

3. O demandado será citado e, ato contínuo, intimado, para pagar o valor do crédito que se pretende ver garantido mediante *homologação do penhor legal*, ou, sendo o caso, para opor-se a tese exordial, o que deverá ser feito em sede de

[54] Acerca do tema, vide o volume I do presente estudo, mais especificamente os comentários ao art. 319 e seguintes do CPC/2015. TORRES, Artur. *CPC passado a limpo*: teoria geral, processo de conhecimento e cumprimento de sentença. Porto Alegre: Livraria do Advogado, 2018. p. 264/266. v. I.

audiência preliminar que, desde logo, vai aprazada (ou seja: deferida a petição inicial, o juiz, ato contínuo, determinará o aprazamento da aludida solenidade processual). Frustrada a tentativa de autocomposição, prosseguir-se-á com a prestação jurisdicional, com ou sem apresentação de resposta do demandado, em observância aos ditames do *procedimento comum* (art. 705).

4. "Homologação" extrajudicial. Coube aos §§ 2º, 3º e 4º do art. 703, disciplinar o *iter* a ser percorrido mediante à opção pela via administrativa para a obtenção da homologação de penhor legal, cuja competência pertence ao notário (que será escolhido pelo credor). O requerimento deve ser instruído *tal e qual* a petição inicial. Recebido, incumbe ao notário diligenciar na notificação do devedor para, no quinquídio previsto pelo § 3º, satisfazer a obrigação "reclamada" ou impugnar a cobrança. Silente o devedor, o notário "homologará" o penhor por escritura pública; vindo à baila resposta do notificado (com o intento de insurgir-se à cobrança – *impugnação com cognição limitada* – art. 704), o "procedimento" será encaminhado ao Poder Judiciário, deixando, como é evidente, de se resolver na esfera administrativa.

5. Segundo pensamos, o recebimento judiciário do "procedimento" (na verdade, *dos autos que retratam a tentativa frustrada de homologação extrajudicial do penhor legal*), para além das praxes forenses diuturnas, conduz à necessidade de imediato aprazamento de audiência preliminar, aqui, com o escopo (maior) de permitir às partes a autocomposição do conflito de interesses, diagnosticado, pois, pela apresentação de impugnação na seara extrajudicial.

Art. 704. A defesa só pode consistir em:
I – nulidade do processo;
II – extinção da obrigação;
III – não estar a dívida compreendida entre as previstas em lei ou não estarem os bens sujeitos a penhor legal;
IV – alegação de haver sido ofertada caução idônea, rejeitada pelo credor.

1. Tanto a contestação (âmbito judicial), como a impugnação (espectro extrajudicial) possuem objeto cognitivo, do ponto de vista de sua *extensão*, limitado. Cinge-se a matéria de defesa, em quaisquer delas (no que couber), as alegações previstas pelos incisos do art. 704, que, em última análise, revelam-se autoexplicativos.

Art. 705. A partir da audiência preliminar, observar-se-á o procedimento comum.

1. As peculiaridades do *procedimento especial* sob comento cingem-se, grosso modo, ao aprazamento de *audiência preliminar* (se é que se pode, diante da regra prevista pelo Código para o procedimento comum, entendê-la, atualmente, como peculiaridade) e a *limitação da extensão cognitiva*. Seja como for, em não sendo o caso de obtenção de autocomposição do litígio, observar-se-á, doravante, os ditames prescritos para o *procedimento comum*.[55]

[55] Acerca do *procedimento comum*, vide: TORRES, Artur. CPC passado a limpo: parte geral, procedimento comum e cumprimento de sentença. Porto Alegre: Livraria do Advogado, 2018. p. 261/403. v. I.

Art. 706. Homologado judicialmente o penhor legal, consolidar-se-á a posse do autor sobre o objeto.

§ 1º Negada a homologação, o objeto será entregue ao réu, ressalvado ao autor o direito de cobrar a dívida pelo procedimento comum, salvo se acolhida a alegação de extinção da obrigação.

§ 2º Contra a sentença caberá apelação, e, na pendência de recurso, poderá o relator ordenar que a coisa permaneça depositada ou em poder do autor.

1. A finalidade do procedimento especial sob comento, para além da obtenção da satisfação da obrigação sobre o qual se funda o pedido (art. 703, § 1º), é a de *legitimar a posse do autor*, até então "precária", em relação aos bens do demandado, bem como de declarar a vinculação dos aludidos bens como *garantia real* à satisfação da obrigação que se procura satisfazer.

2. Mundanamente, face às hipóteses legais que autorizam a utilização do *procedimento especial* em tela, os bens do devedor, via de regra, estarão na posse, ainda que precária, do credor. A sentença de procedência conduz a vinculatividade acima referida; a de improcedência, à efeito diverso. Sendo o caso, os bens (que se encontram sob posse precária do sedizente credor – autor no procedimento especial), terão de ser restituídos ao demandado, o que não interfere no direito do demandante de, por via diversa, exigir seu crédito.

3. A sentença prolatada nesse cenário, em atenção ao teor do art. 1.009 do CPC/2015, é impugnável pelo recurso de apelação.[56]

CAPÍTULO XIII
DA REGULAÇÃO DE AVARIA GROSSA

1. A demanda cujo objeto disser com potencial reparação oriunda de *avaria simples* não se sujeita ao *procedimento especial* sob comento.

2. "No Direito Marítimo a palavra avaria significa despesas ou danos extraordinários concernentes ao navio e/ou à carga. O Código Comercial Brasileiro (Lei n. 556/1850) conceitua avaria como 'todas as despesas extraordinárias feitas a bem do navio ou da carga, conjunta ou separadamente, bem como todos os danos acontecidos àquele ou a esta, desde o embarque ou partida até sua volta e desembarque' (art. 761) (...) a avaria grossa ocorre nas hipóteses de danos ou despesas extraordinárias decorrentes de um ato intencional e razoavelmente praticados em defesa dos interesses da comunidade marítima, em situação de perigo real e iminente, buscando resultado útil. Destaca-se que o Código Comercial (...) apresenta um rol exemplificativo de avarias grossas no art. 764. Dessa forma, para que seja configurada a avaria grossa é preciso satisfazer os seguintes requisitos: 1. dano ou despesa extraordinária, intencional e razoavelmente cometidos para preservar os bens envolvidos na expedição marítima; 2. ser plena e efetiva; 3. Ter sido praticado de forma intencional ou voluntária, decorrente da vontade humana; 4. existência de perigo real e

[56] Acerca do tema *recursos*, com maior profundidade, vide: TORRES, Artur. *Sentença, Coisa Julgada e Recursos Cíveis Codificados*: de acordo com as Leis 13.105/2015 e 13.256/2016. Porto Alegre: Livraria do Advogado, 2017.

iminente (receio, ainda que justo, não possibilita a caracterização); 5. Benefício ou resultado útil em prol de todos os envolvidos na viagem marítima; 6. ausência de responsabilidade prévia do transportador marítimo. Na ocorrência de avaria grossa, as despesas decorrentes serão suportadas proporcionalmente por todos os interessados na expedição marítima. Portanto, haverá uma parcial exoneração da responsabilidade do transportador marítimo, pois os prejuízos/danos serão repartidos entre os interessados, essencialmente os responsáveis pelo navio (proprietário e armador), pelo frete (afretador) e pela carga." (CAMPOS, Ingrid Zanella Andrade. *In:* STRECK, Lenio; NUNES, Dierle; CUNHA, Leonardo Carneiro da. *Comentários ao Código de Processo Civil*. São Paulo: Saraiva, 2016. p. 945).

3. "As avarias podem ser simples (também denominadas particulares) ou grossas (também chamadas de comuns). As avarias simples são suportadas exclusivamente pelo navio (o armador, v.g.) ou pela coisa que sofreu o dano ou deu causa à despesa (o importador, v.g.). Já nas avarias grossas as despesas são repartidas proporcionalmente entre o navio, seu frete e a carga (art. 763 do Código Comercial)." (DONIZETTI, Elpídio. *Novo Código de Processo Civil Comentado*. São Paulo: Atlas, 2015. p. 532).

4. "São avarias grossas: 1 – Tudo o que se dá ao inimigo, corsário ou pirata por composição ou a título de resgate do navio e fazendas, conjunta ou separadamente. 2 – As coisas alijadas para salvação comum. 3 – Os cabos, mastros, velas e outros quaisquer aparelhos deliberadamente cortados, ou partidos por força de vela para salvação do navio e carga. 4 – As âncoras, amarras e quaisquer outras coisas abandonadas para salvamento ou benefício comum. 5 – Os danos causados pelo alijamento às fazendas restantes a bordo. 6 – Os danos feitos deliberantemente ao navio para facilitar a evacuação d'água e os danos acontecidos por esta ocasião à carga. 7 – O tratamento, curativo, sustento e indenizações da gente da tripulação ferida ou mutilada defendendo o navio. 8 – A indenização ou resgate da gente da tripulação mandada ao mar ou à terra em serviço do navio e da carga, e nessa ocasião aprisionada ou retida. 9 – As soldadas e sustento da tripulação durante arribada forçada. 10 – Os direitos de pilotagem, e outros de entrada e saída num porto de arribada forçada. 11 – Os aluguéis de armazéns em que se depositem, em, porto de arribada forçada, as fazendas que não puderem continuar a bordo durante o conserto do navio. 12 – As despesas da reclamação do navio e carga feitas conjuntamente pelo capitão numa só instância, e o sustento e soldadas da gente da tripulação durante a mesma reclamação, uma vez que o navio e carga sejam relaxados e restituídos. 13 – Os gastos de descarga, e salários para aliviar o navio e entrar numa barra ou porto, quando o navio é obrigado a fazê-lo por borrasca, ou perseguição de inimigo, e os danos acontecidos às fazendas pela descarga e recarga do navio em perigo. 14 – Os danos acontecidos ao corpo e quilha do navio, que premeditadamente se faz varar para prevenir perda total, ou presa do inimigo. 15 – As despesas feitas para pôr a nado o navio encalhado, e toda a recompensa por serviços extraordinários feitos para prevenir a sua perda total, ou presa. 16 – As perdas ou danos sobrevindos às fazendas carregadas em barcas ou lanchas, em conseqüência de perigo. 17 – As soldadas e sustento da tripulação, se o navio depois da viagem começada é obrigado a suspendê-la por ordem de potência estrangeira, ou por superveniência de guerra; e isto por todo o tempo que o navio e carga forem impedidos. 18 – O prêmio do empréstimo a risco, tomado para fazer face a despesas que devam entrar na regra de avaria grossa. 19 – O prêmio do seguro das despesas de avaria grossa, e as perdas sofridas na venda da parte da carga no porto de arribada forçada para fazer face às mesmas despesas. 20 – As custas judiciais para regular as avarias, e fazer a repartição das avarias grossas. 21 – As despesas de uma quarentena extraordinária. E, em geral, os danos causados deliberadamente em caso de perigo ou desastre imprevisto, e sofridos como conseqüência imediata destes eventos, bem como as despesas feitas em iguais circunstâncias, depois de deliberações motivadas (artigo nº. 509), em bem e salvamento comum do navio e mercadorias, desde a sua carga e partida até o seu retorno e descarga." (art. 764 da Lei 556/1850).

Art. 707. Quando inexistir consenso acerca da nomeação de um regulador de avarias, o juiz de direito da comarca do primeiro porto onde o navio houver chegado, provocado por qualquer parte interessada, nomeará um de notório conhecimento.

1. Os interessados no caso concreto não só podem, como devem, nomear, de pronto e consensualmente, independentemente da judicialização do conflito, um *regulador de avarias*, cuja tarefa dirá com à aferição (a) da extensão dos danos experimentados, bem como (b) da proporcionalidade do rateio entre os interessados.[57] Inexistindo consenso no que tange à nomeação do regulador, *provocado*, o fará o juiz da comarca do primeiro porto em que a embarcação houver atracado. É nesse cenário, pois, que se justifica o *procedimento especial* sob comento.

2. "(art. 707) No mesmo ato em que nomear o regulador da avaria grossa, o juiz deverá determinar a citação das partes interessadas *(Grupo: Procedimentos Especiais)*." (Enunciado n. 75 do Fórum Permanente de Processualistas Civis).

3. "Na medida em que são aplicáveis ao regulador, no que couber, as disposições aplicáveis ao perito, considera-se plausível sustentar que as partes poderão, nos termos do art. 465 do CPC/2015, arguir impedimento e/ou suspeição do regulador no prazo de 15 (quinze) dias contados de sua ciência quanto à nomeação do regulador, e, dentro do prazo estipulado pelo § 3º do art. 465 do CPC/2015, tão logo conheçam o currículo e a comprovação de especialização do regulador, impugnar sua escolha, caso não tenha a habilidade e aptidão técnica necessária para a execução do trabalho. Há doutrina sustentando, contudo, que o momento processual adequado para a impugnação da nomeação do regulador, e/ou o apontamento de sua suspeição e/ou impedimento, seria o da impugnação de que trata o § 1º do art. 708 do CPC/2015." (NETO, Elias Marques de Medeiros. *In: Código de Processo Civil anotado*. CRUZ E TUCCI, José Rogério *et al.* (Coord.) São Paulo: AASP, 2015. p. 1111).

[57] "De regra, a regulação de avaria grossa se dá em caráter extrajudicial, nos termos do art. 783 do CCom (...)". MAZZEI, Rodrigo; RIZK, Werner Braun. *In:* WAMBIER, Teresa Arruda *et al. Breves Comentários ao Novo Código de Processo Civil*. São Paulo: RT, 2015.

4. "Competência. Diz o Código Comercial que a regulação e a repartição das avarias grossas deverão ocorrer no porto de entrega da carga, ou seja, o porto de destino (art. 786). Porém, o NCPC fixa nova regra de competência, atribuindo-a ao "juiz de direito da comarca do primeiro porto onde o navio houver chegado" (art. 707). Trata-se de foro relativo, podendo as partes eleger outro, a seu critério (art. 63 do NCPC). Assim, o Código Comercial, nesse ponto, foi revogado. De fato, se após o navio deixar o porto de saída houver algum incidente envolvendo a viagem, podem ocorrer as seguintes situações: (i) o retorno do navio ao porto da carga (previsto no Código Comercial, art. 786, *in fine*), (ii) a parada do navio no meio da viagem, sem ser possível o transporte para o porto de destino ou outro porto, (iii) arribada do navio, sem que se possa transportar para outro porto a carga restante. Em tais circunstâncias, a regulação apenas no foro do porto de destino contrastaria com a celeridade, eficiência e efetividade, diretrizes expressas da nova lei processual (NCPC, art. 4º). Além disso, 'é de suma importância que a regulação da avaria se dê o mais breve possível após a ocorrência dos fatos, facilitando-se sua apuração e dificultando eventuais fraudes'. Com efeito, a proximidade do juiz competente em relação ao contexto subjacente à provocação judicial é útil e necessária para o bom êxito do procedimento de regulação de avaria grossa. Correta, pois, a opção adotada pelo art. 707 do NCPC. A jurisdição, nesse caso, é a estadual. Não se trata, na hipótese, da competência do juízo federal definida no art. 109, IX, da CR/1988." (THEODORO JR., Humberto. *Curso de Direito Processual Civil*. 50. ed. Rio de Janeiro: Forense, 2016. p. 541. v. II – versão eletrônica).

Art. 708. O regulador declarará justificadamente se os danos são passíveis de rateio na forma de avaria grossa e exigirá das partes envolvidas a apresentação de garantias idôneas para que possam ser liberadas as cargas aos consignatários.

§ 1º A parte que não concordar com o regulador quanto à declaração de abertura da avaria grossa deverá justificar suas razões ao juiz, que decidirá no prazo de 10 (dez) dias.

§ 2º Se o consignatário não apresentar garantia idônea a critério do regulador, este fixará o valor da contribuição provisória com base nos fatos narrados e nos documentos que instruírem a petição inicial, que deverá ser caucionado sob a forma de depósito judicial ou de garantia bancária.

§ 3º Recusando-se o consignatário a prestar caução, o regulador requererá ao juiz a alienação judicial de sua carga na forma dos arts. 879 a 903.

§ 4º É permitido o levantamento, por alvará, das quantias necessárias ao pagamento das despesas da alienação a serem arcadas pelo consignatário, mantendo-se o saldo remanescente em depósito judicial até o encerramento da regulação.

1. "O procedimento compõe-se de três fases principais: (a) a formação da massa passiva, (b) formação da massa ativa e (c) estabelecimento da taxa de contribuição. A formação da massa passiva consiste na apuração dos valores sacrificados, incluindo danos e despesas. É nesta fase que o regulador qualifica dentre as avarias verificadas quais são simples/particulares e quais são grossas/comuns. No que tange a estas últimas, liquida-se o valor do dano de cada sujeito interessado. Para fim de formação de massa passiva é indiferente que haja ocorrido culpa ou dolo que levou à prática do ato caracterizado como avaria grossa. Tomemos como exemplo a hipótese em que a má estivagem de uma carga específica teria sido a causa do incêndio que, para ser contido, implicou molhar e danificar outra carga (papel), visando salvar a embarcação e o resto das mercadorias transportadas. Mesmo nestas circunstâncias sabendo-se que a origem de todo o dano foi a culpa do embarcador específico, a lei marítima adota solução pragmática: *todos estes danos devem compor a massa passiva a ser rateada, cabendo aos contribuintes regredir contra o causador original do dano em ação própria*. Trata-se de uma espécie de *solve et repete* em que o devedor da repetição é um terceiro. A exceção a esta regra é a causa *remota* ou *próxima* ser oriunda de vício interno do navio, ou por falta ou negligência do capitão ou da tripulação. Nestas circunstâncias ao contrário do regime de *Regras de York* e *Antuérpia*, o art. 765 do CCom retira a possibilidade de reconhecimento da avaria grossa. Já a formação da massa ativa constitui verificação do proveito obtido com o sacrifício voluntário. Por exemplo, se determinado navio iria naufragar, mas o comandante optou por alijar (lançar ao mar) parte da carga a bordo, os valores das cargas salvas, o valor do navio e o equivalente à metade do frete percebido constituirão o conjunto de benefícios, que contribuirão proporcionalmente. O estabelecimento da taxa de contribuição é exatamente o cálculo da proporção entre os valores sacrificados e salvos, com a fixação do rateio cabível a cada interessado. Alguns (beneficiados) terão que contribuir, outros (sacrificados) serão indenizados." (MAZZEI, Rodrigo; RIZK, Werner Braun. *In:* WAMBIER, Teresa Arruda *et al. Breves Comentários ao Novo Código de Processo Civil.* São Paulo: RT, 2015).

2. Incumbe ao regulador nomeado pelo juízo, primeiro, averiguar se os danos alegados, de fato, estão adstritos ao regramento aplicável à avaria grossa. Em sendo o caso, a ele toca, ato contínuo, exigir das partes que apresentem "garantias idôneas", no afã de permitir-se a liberação das "cargas aos consignatários". Não prestada a garantia, o regulador fixará "o valor da contribuição provisória", que deverá ser caucionado sob a forma de depósito judicial ou garantia bancária, *pena de alienação judicial da carga.*

3. Aplica-se à alienação judicial da carga o teor dos artigos 897/903. Vide, acerca do tema, comentários abaixo.

4. Faculta-se à parte que não concordar com o regulador judicial em relação a viabilidade da abertura da avaria grossa, insurgir-se, de maneira fundamentada, no prazo de 10 dias.

Art. 709. As partes deverão apresentar nos autos os documentos necessários à regulação da avaria grossa em prazo razoável a ser fixado pelo regulador.

1. É dever das partes acostar aos autos, observado o prazo fixado pelo regulador (*que deverá se mostrar razoável em atenção às peculiaridades de acesso à documentação requerida*), os documentos indispensáveis à regulação da avaria grossa.

2. "Documentos. São todos aqueles que permita ao regulador avaliar e regular a avaria grossa. Deverão ser juntados aos autos por meio de petição.

Nesse sentido, funciona como documentação hábil a escrituração do navio pelo Livro de Carga e pelo Diário de Navegação (CCom 502 e 504)." (NERY JR, Nelson; NERY, Rosa Maria Andrade. *Comentários ao Código de Processo Civil*. São Paulo: RT, 2015. p. 1.546).

Art. 710. O regulador apresentará o regulamento da avaria grossa no prazo de até 12 (doze) meses, contado da data da entrega dos documentos nos autos pelas partes, podendo o prazo ser estendido a critério do juiz.

§ 1º Oferecido o regulamento da avaria grossa, dele terão vista as partes pelo prazo comum de 15 (quinze) dias, e, não havendo impugnação, o regulamento será homologado por sentença.

§ 2º Havendo impugnação ao regulamento, o juiz decidirá no prazo de 10 (dez) dias, após a oitiva do regulador.

1. O art. 710 é enfático: recebidos os documentos indispensáveis para tanto, o *regulador* cumprirá com seu mister no prazo de até 12 meses. Nada obstante crítica doutrinária de outrora (que levava em conta o teor do CPC/39), em especial no que diz com a *extensão temporal*, o legislador de 2015 optou por mantê-la intocado. O prazo, embora aparentemente longo para o contexto social atual, permanece o mesmo. Vale lembrar, por fim, que, estando o mesmo fixado em "meses", *ignora-se*, aqui, a regra de cômputo apenas em dias úteis.

2. Aos interessados é facultado, observado o prazo *comum* de 15 dias, impugnar a solução ofertada pelo regulador. Sendo o caso, o julgador examinará a questão em até 10 dias; não sendo, será a "proposta", lançada pelo regulador, homologada por sentença.

Art. 711. Aplicam-se ao regulador de avarias os arts. 156 a 158, no que couber.

1. Acerca da atuação do *perito*, vide: TORRES, Artur. *CPC passado a limpo*: parte geral, procedimento comum e cumprimento de sentença. Porto Alegre: Livraria do Advogado, 2018. p. 155/157. v. I.

CAPÍTULO XIV
DA RESTAURAÇÃO DE AUTOS

1. A expressão *processo*, bem compreendida, remete à ideia de encadeamento de atos finalísticos, quer dizer, a uma sequência de realizações indispensáveis ao alcance do fim colimado (registre-se, cada *processo*, judicial ou não, tem o seu). Os autos, em se tratando de *processo judicial*, servem, grosso modo, ao registro de cada passo dado *do abandono da inércia do autor* à *efetiva prestação estatal*, independentemente da natureza e objeto da demanda.

Art. 712. Verificado o desaparecimento dos autos, eletrônicos ou não, pode o juiz, de ofício, qualquer das partes ou o Ministério Público, se for o caso, promover-lhes a restauração.

Parágrafo único. Havendo autos suplementares, nesses prosseguirá o processo.

1. A parte inicial do art. 712 desnuda, desde logo, a razão de ser do procedimento especial sob comento: *"remediar" eventual desaparecimento dos autos*. Consoante se extrai do ordenamento vigente, ao *escrivão* e/ou ao *chefe de secretaria* incumbe diligenciar na conservação dos autos, mantendo-o em sua posse (art. 152, IV). Ocorre, pois, que por circunstâncias à margem de seu querer, os autos, físicos ou digitais, podem vir a ser extraviados, no todo ou em parte. A restauração de autos, como é intuitivo, serve à solução do aludido problema, uma vez que o regular prosseguimento do feito restará prejudicado face à inexistência (reitere-se, total ou parcial[58]) de registro dos atos que interessam à prestação jurisdicional.

2. "(...) Deve o escrivão, a quem incumbe a guarda dos autos (...), comunicar ao juiz a respeito de seu desaparecimento. Pode o escrivão ser responsabilizado pela perda dos autos (CPC 155 I e II), se o fato decorreu de sua culpa ou dolo." (NERY JR, Nelson; NERY, Rosa Maria Andrade. *Comentários ao Código de Processo Civil*. São Paulo: RT, 2015. p. 1.547).

3. Legitimidade. O julgador, as partes e o Ministério Público (no casos em que sua participação revele-se indispensável no processo civil – art. 178) têm legitimidade para promover o expediente sob comento.

4. "A restauração só é cabível se não houver autos suplementares, posto que, havendo, nestes prosseguirá o processo na hipótese de desaparecimento dos autos originais (...)." (DONIZETTI, Elpídio. *Curso Didático de Direito Processual Civil*. 19. ed. São Paulo: Atlas, 2016. p. 998).

Art. 713. Na petição inicial, declarará a parte o estado do processo ao tempo do desaparecimento dos autos, oferecendo:

I – certidões dos atos constantes do protocolo de audiências do cartório por onde haja corrido o processo;

II – cópia das peças que tenha em seu poder;

III – qualquer outro documento que facilite a restauração.

1. Toca ao requerente, por ocasião de seu pleito restaurativo, informar o "estado do processo" ao tempo do extravio dos autos. A exigência sob comento, ao que tudo indica, diz com a necessidade de apontamento das etapas processuais já vivenciadas, retratada em narrativa capaz de orientar o julgador acerca da tramitação do feito (anotação dos principais fatos processuais – por exemplo: validamente citado o demandado, restou inexitosa a autocomposição; o réu apresentou resposta (contestação e reconvenção); saneado o feito, foram deferidos os pedidos de produção de prova pericial e testemunhal; o laudo pericial fora protocolizado em tal data; a prova testemunhal colhida em tal data, etc.

2. Os apontamentos acima referidos devem, sempre que possível, ser (com)provados. Não é por outra razão, pois, que o Código "requisita" a junta-

[58] "A restauração pode ter por objeto a íntegra ou apenas parte dos autos". MEDINA, José Miguel Garcia. *Direito Processual Civil Moderno*. São Paulo: RT, 2015. p. 814.

da, pelo requerente, das (a) certidões dos atos constantes do protocolo de audiências do cartório por onde haja corrido o processo; (b) das peças que tenha em seu poder, bem como (c) de quaisquer outros documentos que facilitem a restauração pretendida.

Art. 714. A parte contrária será citada para contestar o pedido no prazo de 5 (cinco) dias, cabendo-lhe exibir as cópias, as contrafés e as reproduções dos atos e dos documentos que estiverem em seu poder.

§ 1º Se a parte concordar com a restauração, lavrar-se-á o auto que, assinado pelas partes e homologado pelo juiz, suprirá o processo desaparecido.

§ 2º Se a parte não contestar ou se a concordância for parcial, observar-se-á o procedimento comum.

1. A parte contrária (o requerido), em homenagem ao direito fundamental ao contraditório, será citada e, ato continuo, intimada para, querendo, contestar o requerimento sob comento, observado o quinquídio legal, bem como para trazer aos autos (da restauração) as "cópias, as contrafés e as reproduções dos atos e dos documentos que estiverem em seu poder".

2. Inexistindo divergência em relação ao conteúdo a ser restaurado, lavrar-se-á, segundo o CPC/2015, auto que, firmado pelos interessados e, oportunamente homologado, suprirá a ausência dos autos "desaparecidos", considerando-se, para o especial fito de dar regular prosseguimento do feito (objeto dos autos perdidos), aquilo que estiver estampado na restauração julgada; havendo divergência (ainda que parcial), retratada na resposta oferecida pelo requerido, ou, sendo revel o mesmo (nada obstante, aqui, possa não se fazer sentir o principal efeito da revelia – art. 344), observar-se-á, para o deslinde da restauração, a linha de desenvolvimento natural da tutela jurisdicional (denominado, legislativamente, procedimento comum).

Art. 715. Se a perda dos autos tiver ocorrido depois da produção das provas em audiência, o juiz, se necessário, mandará repeti-las.

§ 1º Serão reinquiridas as mesmas testemunhas, que, em caso de impossibilidade, poderão ser substituídas de ofício ou a requerimento.

§ 2º Não havendo certidão ou cópia do laudo, far-se-á nova perícia, sempre que possível pelo mesmo perito.

§ 3º Não havendo certidão de documentos, esses serão reconstituídos mediante cópias ou, na falta dessas, pelos meios ordinários de prova.

§ 4º Os serventuários e os auxiliares da justiça não podem eximir-se de depor como testemunhas a respeito de atos que tenham praticado ou assistido.

§ 5º Se o juiz houver proferido sentença da qual ele próprio ou o escrivão possua cópia, esta será juntada aos autos e terá a mesma autoridade da original.

1. Ao artigo 715 coube prescrever regras específicas, aplicáveis, grosso modo, ao pleito restauratório promovido após a superação, total ou parcial, da (denominada) fase instrutória do feito vitimado pelo "desaparecimento" de seus autos.

2. Em relação às provas produzidas em audiência (não raro, aquelas colhidas de maneira oral), o julgador, entendendo conveniente, poderá determinar que sejam repetidas, ocasião em que serão reinquiridas as testemunhas outrora ouvidas, bem como, e sendo o caso, os serventuários e os auxiliares da justiça, a quem é vedado a negativa de contribuir para com a melhor reconstrução do cenário processual inerente aos autos "desaparecidos" (em especial, acerca dos atos que tenham praticado ou assistido).

3. Aduz o CPC/2015, outrossim, que, inexistindo "certidão ou cópia do laudo", far-se-á nova perícia, sempre que possível pelo mesmo perito; não havendo certidão de documentos, esses serão reconstituídos mediante cópias ou, na falta dessas, pelos meios ordinários de prova. No mais, para os casos em que a sentença já houver sido prolatada, incumbe ao julgador, ou ao escrivão que dela possuir cópia, trazê-la, de imediato, aos autos restauratórios *ex officio*.

Art. 716. Julgada a restauração, seguirá o processo os seus termos.
Parágrafo único. Aparecendo os autos originais, neles se prosseguirá, sendo-lhes apensados os autos da restauração.

1. Provido ou desprovido de controvérsias, incumbe ao julgador, no exercício de seu ofício, julgar o requerimento restauratório. Como é intuitivo, a tentativa promovida pelo requerente é a de, o quanto possível, obter a reconstrução mais rende daquilo que fora realizado no feito "desaparecido". Julgado o pedido, o produto da reconstrução servirá de base ao regular prosseguimento do feito originário.

2. O parágrafo único do art. 716 prevê peculiar hipótese em que os autos, outrora "desaparecidos", restam localizados ou se tornam novamente acessíveis. Para o caso de autos físicos, imagine-se, por exemplo, que o desaparecimento tenha origem no furto do veículo do advogado que os tinha em carga. Recuperado o veículo, considere-se a hipótese de os autos serem devolvidos ao cartório competente; já para o caso de autos eletrônicos, idealize-se que o arquivo corrompido (situação que impedia o acesso ao seu conteúdo) tenha, exemplificativamente, sido reparado. Nesses casos, pois, a opção legislativa é a de dar prosseguimento à prestação jurisdicional a partir dos autos "recuperados", devendo a eles ser apensado os da restauração sob comento.

3. "Enquanto o § 2º do revogado artigo 1.067 previa que os autos suplementares deveriam ser remetidos ao cartório para deles se extrair certidões necessárias a complementar os autos originais, a nova redação do art. 716 simplificou a tramitação, prevendo em seu parágrafo único tão somente o apensamento dos autos, o que evita morosidade e onerosidade desnecessárias." (AYUB, Carlos Eduardo Garrastazu. Novo *Código de Processo Civil anotado*. Porto Alegre: OAB/RS, 2015. p. 479).

Art. 717. Se o desaparecimento dos autos tiver ocorrido no tribunal, o processo de restauração será distribuído, sempre que possível, ao relator do processo.
§ 1º A restauração far-se-á no juízo de origem quanto aos atos nele realizados.

§ 2º Remetidos os autos ao tribunal, nele completar-se-á a restauração e proceder-se-á ao julgamento.

1. A competência para processar e julgar o requerimento restauratório é do órgão judicante responsável pelos autos ao tempo de seu extravio. Inteligência do art. 717 do CPC/2015.

Art. 718. Quem houver dado causa ao desaparecimento dos autos responderá pelas custas da restauração e pelos honorários de advogado, sem prejuízo da responsabilidade civil ou penal em que incorrer.

1. Princípio da causalidade. Aquele que der causa à propositura da restauração arcará, consoante expresso texto de lei, com custas e honorários advocatícios. Em relação a aludida responsabilidade (prevista na primeira parte do art. 718) não há, segundo pensamos, indagar acerca da existência de *dolo* ou *culpa* por parte do responsável, uma vez que, inerte o mesmo, o interessado na restauração haverá necessariamente de promovê-la, pena de ver frustrada a prestação jurisdicional requerida e, ao assim proceder, como regra, sendo ela parte, haverá de *adiantar custas* e *contratar profissional* para levar adiante sua postulação. Considere-se, outrossim, que o patrono da causa deve, nos termos da legislação processual vigente, ser remunerado em juízo por ocasião do sucesso dos pleitos patrocinados.

2. O artigo sob comento, *in fine*, enfrenta (de passagem) o tema da responsabilização, civil e/ou penal, de quem deu causa ao "desaparecimento" dos autos (responsabilidade essa que, à evidência, não pode ser baralhada com aquela acima enfrentada – custas e honorários). Nossa reflexão, por ora, diz, exclusivamente, com a responsabilização civil, deixando-se o aspecto criminal para posterior exame. Eis a indagação: trata-se, face ao silêncio do dispositivo legal sob comento, de responsabilidade *objetiva* ou *subjetiva*, aquela prevista na parte final do art. 718? Sem prejuízo de outros argumentos (inclusive oriundos do plano do direito material), parece-nos que, aqui, não se possa laborar com a ideia de responsabilidade objetiva. A culpa ou o dolo do responsável pelo extravio dos autos devem restar comprovados, pena de ilegítima responsabilização. Colhemos de nossa experiência forense o exemplo, a saber: intimado o devedor para satisfazer voluntariamente verba alimentar arbitrada provisoriamente, o procurador do "executado", seu parente próximo, retirou em carga os autos (físicos). Transcorrido *in albis* o aludido prazo, o patrono do executado deixou de restituir os autos ao cartório, primeiro, sob a alegação de que estava em curso o prazo para a *impugnação ao cumprimento* promovido, frustrando, pois, a realização dos demais atos executivos; superado em muito o referido lapso temporal, o advogado acostou aos autos (principais – ação de alimentos – os autos "desaparecidos" tinham por objeto apenas o cumprimento da verba alimentar fixada provisoriamente) informação de que os autos do *cumprimento* haviam sido "furtados" de seu veículo (no BO – boletim de ocorrência) "esqueceu", pois, de individualizar, dentre os pertences levados, o número dos autos "desaparecidos", muito embora o tenha feito em relação a outros que também detinha posse). Promovida a restauração, o requerido, deliberadamente, passou a se esquivar do ato citatório. Perpassaram-se, no caso concreto, mais de 18 meses até que o exequente, por vias obliquas, conseguisse perceber os valores a ele devidos. Indaga-se: cabe responsabilizar o patrono do executado responsável pelo "desaparecimento" dos autos, condenando-o a indenizar o exequente, que, face à ausência de recebimento da verba alimentar, passou por inúmeros problemas também de ordem financeira?

4. "Responsabilidade pelo extravio ou destruição de autos em carga. A assinatura de livro ou registro de carga pelo advogado, membro do Ministério Público ou magistrado faz presumir a sua responsabilidade pelo extravio dos autos, presunção esta cujo afastamento depende de prova da devolução dos cadernos processuais. Nesse sentido, decidiu o Tribunal Regional Federal da Quarta Região que 'restando comprovado desaparecimento dos autos no período em que os mesmos encontravam-se em carga com os advogados dos autos, e não tendo este comprovado a respectiva devolução, correta a decisão que reconhece a responsabilidade dos respectivos patronos (...)', devendo eles responder pelas sanções de que trata o art. 718 do CPC (TRF – 4ª Reg., AC 217407, 3ª T, rel. Juiz Luis Carlos Cervi (conv.), j. 10.06.2003, DJ 18.06.2003, p. 721)." (SODRÉ, Eduardo. *In:* WAMBIER, Teresa Arruda *et al. Breves Comentários ao Novo Código de Processo Civil.* São Paulo: RT, 2015. p. 1.660).

CAPÍTULO XV
DOS PROCEDIMENTOS DE JURISDIÇÃO VOLUNTÁRIA

1. O CPC/2015 classifica os procedimentos especiais, com identidade de linha outrora assumida pelo CPC/73, em procedimentos *de jurisdição contenciosa* e procedimentos *de jurisdição voluntária.* Sem prejuízo do clássico debate (doutrinário e jurisprudencial) acerca da natureza da denominada "jurisdição voluntária", importa destacar, para o momento, o critério que, historicamente, tem servido de base à aludida classificação: diz-se, pois, que a existência ou inexistência de "lide" (no sentido de conflito de interesses) funciona como "divisor de águas". Havendo conflito de interesses (ao menos em tese), a tutela diferenciada legislativamente prevista integrará o rol dos *procedimentos especiais de jurisdição contenciosa* (acima examinados); inexistindo, o dos *procedimentos especiais de jurisdição voluntária.*

2. Integram o rol (codificado) dos *procedimentos especiais de jurisdição voluntária,* que vai precedido por *seção destinada à fixação das "Disposições Gerais"* a elas aplicáveis, as ações a saber: (a) da notificação e da interpelação; (b) da alienação judicial; (c) do divórcio e da separação consensuais, da extinção consensual de união estável e da alteração do regime de bens do matrimônio; (d) dos testamentos e dos codicilos; (e) da herança jacente; (f) dos bens dos ausentes; (g) das coisas vagas; (h) da interdição; (i) da organização e da fiscalização das fundações; (j) da ratificação dos protestos marítimos e dos protestos testemunháveis formados a bordo, todos, pois, adiante examinados.

3. Vale sublinhar, desde logo, que o teor da Seção (I) denominada "Disposições gerais" disciplina, por si só, o procedimento a ser observado para o tramite de outras tantas ações. Dentre elas, pois, aquelas destinadas ao enfrentamento dos pedidos de (a) emancipação; (b) sub-rogação; (c) alienação, arrendamento ou oneração de bens de crianças ou adolescentes, de órfãos e de interditos; (d) alienação, locação e administração da coisa comum; (e) alienação de quinhão em coisa comum; (f) extinção de usufruto, quando não decorrer da morte do usufrutuário, do termo da sua duração ou da consolidação, e de fideicomisso, quando decorrer de renúncia ou quando ocorrer antes do evento que caracterizar a condição resolutória; (g) expedição de alvará judicial e (h) homologação de autocomposição extrajudicial, de qualquer natureza ou valor.

Seção I
Disposições Gerais

Art. 719. Quando este Código não estabelecer procedimento especial, regem os procedimentos de jurisdição voluntária as disposições constantes desta Seção.

1. A seção sob comento tem aplicação, inexistindo previsão legislativa específica em sentido contrário, à integralidade dos procedimentos especiais de jurisdição voluntária.

Art. 720. O procedimento terá início por provocação do interessado, do Ministério Público ou da Defensoria Pública, cabendo-lhes formular o pedido devidamente instruído com os documentos necessários e com a indicação da providência judicial.

1. Legitimidade. O interessado *in concreto*, o *parquet* e a Defensoria Pública têm legitimidade para postular a instauração de procedimento de jurisdição voluntária.

2. Os legitimados, ao formular postulação nesse sentido, deverão instruí-la com os documentos indispensáveis ao enfrentamento da mesma.

3. Consoante enunciado aprovado na I Jornada de Direito Processual Civil, ocorrida na cidade Brasília (24 e 25 de agosto de 2017), "A legitimidade conferida à Defensoria Pública pelo art. 720 do CPC compreende as hipóteses de jurisdição voluntária previstas na legislação extravagante, notadamente no Estatuto da Criança e do Adolescente." (Enunciado 56).

Art. 721. Serão citados todos os interessados, bem como intimado o Ministério Público, nos casos do art. 178, para que se manifestem, querendo, no prazo de 15 (quinze) dias.

1. Nos procedimentos de jurisdição voluntária, excetuados os casos em que o legislador aponte procedimento diverso, os interessados serão citados e, ato contínuo, intimados para, nos prazo de 15 dias, manifestarem-se acerca da postulação.

2. O Ministério Público, em demanda que envolva (a) *interesse público ou social*, ou (b) *interesse de incapaz*, será intimado, caso não funcione na condição de requerente, para se manifestar nos autos, observado o prazo legal, que para o mesmo, em não existindo previsão expressa em sentido contrário, será, sempre, dobrado, iniciando-se por ocasião da intimação pessoal do órgão ministerial (art. 180).

3. Acerca da atuação do Ministério Público no processo civil, vide: TORRES, Artur. *CPC passado a limpo*: parte geral, procedimento comum e cumprimento de sentença. Porto Alegre: Livraria do Advogado, 2018. p. 168/171. v. I.

Art. 722. A Fazenda Pública será sempre ouvida nos casos em que tiver interesse.

1. Havendo interesse da mesma, a oitiva da Fazenda Pública (ou, melhor, sua intimação para, querendo, manifestar-se) revela-se indispensável. A intimação fazendária far-se-á, na pessoa de seu representante jurídico, por carga, remessa ou meio eletrônico, gozando a mesma, em regra, de prazo em dobro para todas as suas manifestações processuais.

Art. 723. O juiz decidirá o pedido no prazo de 10 (dez) dias.
Parágrafo único. O juiz não é obrigado a observar critério de legalidade estrita, podendo adotar em cada caso a solução que considerar mais conveniente ou oportuna.

1. Os pedidos formulados em sede jurisdição voluntária devem ser decididos em até dez dias. O legislador, em mais essa passagem, a despeito de bem intencionado, deixa de prever o *dies a quo* para o cômputo e controle do prazo judicial, dando margem, à evidência, a interpretações oportunas. De mais a mais, os prazos atribuídos ao Poder Judiciário têm, historicamente, sido tratados como prazos *dilatórios*, situação que, embora compreensível, revela-se, em larga medida, prejudicial à duração razoável do processo. Seja como for, vale lembrar que, aqui, o legislador, do ponto de vista dos prazos atribuídos ao Poder Judiciário, desborda da previsão contida no art. 226 do CPC/2015.

2. Em relação aos casos ditos de jurisdição voluntária (que, ao menos em tese, não retratam conflito de interesse entre os envolvidos), é enfático o Código ao destacar que a solução a ser atribuída à causa deva atender a nota da *juridicidade*, devendo ela ser decidida da maneira mais conveniente e oportuna possível. Tal apontamento, segundo pensamos, não retrata peculiaridade inerente ao campo da jurisdição voluntária, uma vez que, também no âmbito da jurisdição contenciosa, o compromisso do julgador *é com a entrega da melhor jurisdição possível*, que, não raro, escapa à aplicação literal da lei (que, em última análise, é apenas uma – e, de regra, a mais desatualizada – das fontes do direito). O teor do parágrafo único, "em alto e bom som", destaca hipótese de julgamento por equidade.

Art. 724. Da sentença caberá apelação.

1. Na linha esposada pelo art. 1.009 do CPC/2015, o recurso hábil a impugnar a *sentença* prolatada em sede de jurisdição voluntária é, pois, a apelação.[59]

2. Acerca do tema, com maior detalhamento, vide: TORRES, Artur. *Sentença, Coisa Julgada e Recursos Cíveis Codificados*: de acordo com as Leis 13.105/2015 e 13.256/2016. Porto Alegre: Livraria do Advogado, 2017.

Art. 725. Processar-se-á na forma estabelecida nesta Seção o pedido de:

I – emancipação;

II – sub-rogação;

III – alienação, arrendamento ou oneração de bens de crianças ou adolescentes, de órfãos e de interditos;

IV – alienação, locação e administração da coisa comum;

V – alienação de quinhão em coisa comum;

VI – extinção de usufruto, quando não decorrer da morte do usufrutuário, do termo da sua duração ou da consolidação, e de fideicomisso, quando decorrer de renúncia ou quando ocorrer antes do evento que caracterizar a condição resolutória;

VII – expedição de alvará judicial;

VIII – homologação de autocomposição extrajudicial, de qualquer natureza ou valor.

Parágrafo único. As normas desta Seção aplicam-se, no que couber, aos procedimentos regulados nas seções seguintes.

1. Ao art. 725 coube inventariar os casos em que, apesar da inexistência de procedimento especial específico, tramitarão mediante observância dos ditames pertinentes a *Seção I*, do *Capítulo XV*, do *Título III*, do *Livro I*, da *Parte Especial*. São eles: os pedidos de (a) emancipação; (b) sub-rogação; (c) alienação, arrendamento ou oneração de bens de crianças ou adolescentes, de órfãos e de interditos; (d) alienação, locação e administração da coisa comum; (e) alienação de quinhão em coisa comum; (f) extinção de usufruto, quando não decorrer da morte do usufrutuário, do termo da sua duração ou da consolidação, e de fideicomisso, quando decorrer de renúncia ou quando ocorrer antes do evento que caracterizar a condição resolutória; (g) expedição de alvará judicial; (h) homologação de autocomposição extrajudicial, de qualquer natureza ou valor.

2. Os ditames estabelecidos pela *seção* sob comento, aplicam-se, subsidiariamente, aos procedimentos de jurisdição voluntária específicos. Trata-se, portanto, de regramento subsidiário às seções abaixo examinadas.

Seção II
Da Notificação e da Interpelação

Art. 726. Quem tiver interesse em manifestar formalmente sua vontade a outrem sobre assunto juridicamente relevante poderá notificar pessoas participantes da mesma relação jurídica para dar-lhes ciência de seu propósito.

[59] "Da sentença cabe apelação." (art. 1.009 do CPC/2015).

§ 1º Se a pretensão for a de dar conhecimento geral ao público, mediante edital, o juiz só a deferirá se a tiver por fundada e necessária ao resguardo de direito.

§ 2º Aplica-se o disposto nesta Seção, no que couber, ao protesto judicial.

1. O integrante de certa relação jurídica tem legitimidade para promover a ação sob comento, no afã de dar ciência aos demais integrantes da mesma, acerca de seu posicionamento em relação a "assunto juridicamente relevante" e pertinente. Nos casos em que o requerente pretender dar conhecimento ao público geral, mediante edital, o deferimento da medida dependerá da comprovação da necessidade de sua realização para o resguardo do direito que a subjaz.

2. "O credor, em lugar de se valer do registro notarial da Lei nº 9.492/1997, pode recorrer à via judicial para efetuar o protesto. Nesse caso, contudo, a finalidade do procedimento não ficará restrita ao descumprimento das dívidas de quantia certa, podendo se prestar à documentação do inadimplemento de qualquer modalidade de obrigação ou dever jurídico. No regime do CPC/1973, o protesto judicial era tido como gênero das manifestações em juízo da intenção de exercitar pretensão de ressalva ou de conservação de direitos. A notificação e a interpelação correspondiam a espécies dessa atividade processual conservativa, aplicáveis a casos especialmente previstos na lei. Agora, o NCPC define a notificação (art. 726) e a interpelação (art. 727), prevê o protesto judicial (art. 726, § 2º), mas não especifica em que consistirá ele. Como a notificação veicula manifestação de vontade endereçada a outrem, a respeito de propósito do declarante em torno de relação jurídica travada entre ambos (art. 726), e a interpelação consiste na convocação de alguém a fazer ou deixar de fazer algo que o promovente considere seu direito (art. 727), resta ao protesto judicial a função de documentação residual de qualquer pretensão que não verse sobre cumprimento de obrigações entre os sujeitos de determinada relação jurídica (notificação), nem sobre exigência de prestações devidas ao promovente (interpelação). Com o protesto, portanto, o interessado promove medida em juízo destinada a documentar certa declaração de vontade, cientificando solenemente o destinatário do propósito do promovente de ressalvar ou conservar direitos e prevenir responsabilidades. É o protesto, portanto, ato judicial de comprovação ou documentação de intenção do promovente. Revela-se, por meio dele, o propósito do agente de fazer atuar no mundo jurídico uma pretensão, geralmente, de ordem substancial ou material. Sua finalidade pode ser: (a) prevenir responsabilidade, como, por exemplo, o caso do engenheiro que elaborou o projeto e nota que o construtor não está seguindo seu plano técnico; (b) prover a conservação de seu direito, como no caso de protesto interruptivo de prescrição; (c) prover a ressalva de seus direitos, como no caso de protesto contra alienação de bens, que possa reduzir o alienante à insolvência e deixar o credor sem meios de executar seu crédito. O protesto não acrescenta nem diminui direitos ao promovente. Apenas conserva ou preserva direitos porventura preexistentes. Não tem feição de litígio e é essencialmente unilateral em seu procedimento. O outro interessado apenas recebe ciência dele. Nos casos de protesto contra alienação de bens imóveis é comum pretender-se sua averbação no Registro Imobiliário. A Lei dos Registros Públicos, todavia, não prevê tal modalidade de averbação e a jurisprudência, quase sempre lhe opunha resistência, a pretexto de nela, entrever o propósito de molestar, embaraçar e coagir o requerido, sem amparo na lei. O NCPC, entretanto, possibilita esse registro, exigindo para tanto que o promovido seja ouvido previamente (art. 728, II). Abona, assim, posição jurisprudencial menos radical, que admite possa a averbação no Registro Imobiliário ser apreciada, caso a caso, dentro do poder geral de cautela do juiz (NCPC, art. 297). Esta alteração legislativa parece benemérita, por ser a mais compatível com os desígnios da tutela cautelar e com as modernas preocupações com a efetividade da jurisdição Caberá ao juiz velar para que o expediente não seja utilizado de forma abusiva (art. 728, I). Muito embora não se trate de um procedimento contencioso, o protesto quando utilizado para interromper prescrição deve atender ao requisito do legítimo interesse, não podendo ser promovido por quem não tenha vínculo com a obrigação que lhe serve de base." (THEODORO JR., Humberto. *Curso de Direito Processual Civil*. 50. ed. Rio de Janeiro: Forense, 2016. p. 576/577. v. II – versão eletrônica).

Art. 727. Também poderá o interessado interpelar o requerido, no caso do art. 726, para que faça ou deixe de fazer o que o requerente entenda ser de seu direito.

1. A interpelação judicial poderá ter por objeto comunicação para que o requerido "faça ou deixe de fazer" aquilo que o requerente entenda de direito.

Art. 728. O requerido será previamente ouvido antes do deferimento da notificação ou do respectivo edital:

I – se houver suspeita de que o requerente, por meio da notificação ou do edital, pretende alcançar fim ilícito;

II – se tiver sido requerida a averbação da notificação em registro público.

1. Consoante prevê o art. 728, há hipóteses em que o requerido, necessariamente, deverá ser ouvido antes do deferimento da providência postulada. São eles, pois: (a) os casos em que se suspeitar que o requerente, mediante a demanda sob comento, visa a alcançar fim ilícito; (b) quando houver postulação de averbação da notificação em registro público.

Art. 729. Deferida e realizada a notificação ou interpelação, os autos serão entregues ao requerente.

1. Acolhida e cumprida a providência requerida, os autos da demanda sob comento serão entregues, em definitivo, ao requerente.

2. "AGRAVO DE INSTRUMENTO. PROCESSUAL CIVIL. INTERPELAÇÃO JUDICIAL. REQUISITOS DE ADMISSIBILIDADE. NÃO CONHECIMENTO. Comporta acolhimento a preliminar de inadmissibilidade do recurso suscitada nas contrarrazões, visto que a decisão que defere o pedido de interpelação não é atacável por meio de recurso, admitindo o STJ apenas o manejo do mandado de segurança. PRELIMINAR ACOLHIDA. AGRAVO DE INSTRUMENTO NÃO CONHECIDO." (Agravo de Instrumento nº 70066812439, Oitava Câmara Cível, Tribunal de Justiça do RS, Relator: Ricardo Moreira Lins Pastl, Julgado em 26/11/2015).

Seção III
Da Alienação Judicial

Art. 730. Nos casos expressos em lei, não havendo acordo entre os interessados sobre o modo como se deve realizar a alienação do bem, o juiz, de ofício ou a requerimento dos interessados ou do depositário, mandará aliená-lo em leilão, observando-se o disposto na Seção I deste Capítulo e, no que couber, o disposto nos arts. 879 a 903.

1. Inexistindo consenso entre os interessados acerca da forma como deva ser alienado determinado bem da vida, tem cabimento a ação sob comento, que observará, do ponto de vista procedimental, as *disposições gerais* inerentes aos procedimentos de jurisdição voluntária, bem como os *ditames aplicáveis a alienação realizada em sede de tutela executiva*.

2. Acerca dos ditames aplicáveis a alienação realizada em sede de tutela executiva, vide, abaixo, comentários aos artigos 879/903.

3. "A disciplina da alienação judicial foi simplificada no NCPC, que passou a prever apenas um dispositivo sobre o tema, mas que faz remissão ao procedimento dos arts. 879 a 903, que disciplinam a alienação no processo envolvendo título executivo extrajudicial. Nas hipóteses previstas no art. 730, o procedimento é autônomo, sem qualquer vinculação com outro processo (como ocorre na execução). São exemplos de hipóteses de aplicação do referido procedimento os arts. 1.322, 1.748, IV e 1.750 do Código Civil de 2002." (DONIZETTI, Elpídio. *Novo Código de Processo Civil Comentado*. São Paulo: Atlas, 2015. p. 545).

4. "Com uma redação simplificada em relação ao atual art. 1.113 do Código de Processo Civil, destaca-se no novo texto a ausência de acordo entre os interessados como único requisito para a alienação judicial. Além disso, aponta-se a eliminação do procedimento anteriormente previsto nos arts. 1.114 a 1.119 do CPC/1973, sendo adotado o procedimento aplicado à alienação no processo de execução (por iniciativa particular ou por leilão), que poderá ocorrer incidentalmente ou como procedimento autônomo. As alienações judiciais devem ser compreendidas como aquelas situações em que a alienação de um determinado bem deve ser feita pelo Estado-juiz pois as partes não conseguem resolver a venda por si mesmas amigavelmente, presentes as condições pelas quais determinado bem foi alienado. Pouco importa a razão pela qual isso ocorra, bastando que não haja consenso ou que a lei obrigue a adotar o caminho jurisdicional. Embora a lei não mais preveja expressamente, como assim o fazia o § 2º do art. 1.113 do CPC/1973, impõe-se o contraditório." (PARENTE,

Eduardo. *In: Código de Processo Civil anotado*. CRUZ E TUCCI, José Rogério *et al*. (Coord.) São Paulo: AASP, 2015. p. 1131/1132).

5. "Casos de alienação judicial expressos em lei. Refere o art. 730 do NCPC aos casos expressos em lei, em que cabe a alienação judicial. José Olympio de Castro Filho anota que, entre outros, o dispositivo compreende 'todos aqueles em que, segundo normas do próprio código, ou segundo normas do direito substantivo, há de se efetuar a venda judicial, tais como: 1º) a da coisa vendida a crédito, com reserva de domínio (art. 1.070, § 1º) [NCPC, sem correspondente]; 2º) de bens nas heranças arrecadadas (art. 1.155) [NCPC, art. 742]; 3º) de bens vagos (art. 1.173) [NCPC, sem correspondente]; de bens de incapazes (art. 1.112, III, que se refere, impropriamente, a órfãos) [NCPC, art. 725, III]; 4º) de bens dotais (CC, art. 293) [não há mais previsão de bem dotal no Código Civil de 2002]; do quinhão do condômino na coisa indivisível (art. 1.139) [NCPC, art. 725, V]; 5º) de bens necessários para o pagamento do passivo do inventário (art. 1.017, § 3º) [NCPC, art. 642, § 3º]; de bens achados, quando não encontrado quem mostre domínio (CC, art. 606)'. Pode-se citar, ainda, na regulação de avaria grossa ocorrida no transporte por navio, a alienação judicial da carga restante requerida pelo regulador, quando o interessado não prestar a caução exigida para liberá-la (art. 708, § 3º, do NCPC). Aqui a alienação judicial tanto poderá ser incidente de processo pendente (ex.: alienação de bem inventariado para pagamento de despesas do processo; do bem gravado com reserva de domínio etc.), como objeto de procedimento autônomo de jurisdição voluntária (ex.: alienação de bem de incapaz, de bem comum indivisível etc.)." (THEODORO JR., Humberto. *Curso de Direito Processual Civil*. 50. ed. Rio de Janeiro: Forense, 2016. p. 588. v. II – versão eletrônica).

Seção IV
Do Divórcio e da Separação Consensuais, da Extinção Consensual de União Estável e da Alteração do Regime de Bens do Matrimônio

Art. 731. A homologação do divórcio ou da separação consensuais, observados os requisitos legais, poderá ser requerida em petição assinada por ambos os cônjuges, da qual constarão:

I – as disposições relativas à descrição e à partilha dos bens comuns;

II – as disposições relativas à pensão alimentícia entre os cônjuges;

III – o acordo relativo à guarda dos filhos incapazes e ao regime de visitas; e

IV – o valor da contribuição para criar e educar os filhos.

Parágrafo único. Se os cônjuges não acordarem sobre a partilha dos bens, far-se-á esta depois de homologado o divórcio, na forma estabelecida nos arts. 647 a 658.

1. Sem prejuízo do debate acerca da extinção, ou não, da *separação*, por ocasião da entrada em vigor da EC. 66/2010, o CPC/2015, prevendo o interesse dos nubentes (e dos companheiros) em pôr fim, de maneira consensual, ao vínculo "matrimonial" que os une (ou, apenas a *sociedade conjugal* dele oriundo), disciplinou *procedimento especial de jurisdição voluntária* hábil a tanto.

2. A petição, firmada por ambos os requerentes (na pessoa de seus procuradores), apontará, necessariamente, (a) as disposições relativas à descrição e à partilha dos bens comuns; (b) as disposições relativas à pensão alimentícia entre os cônjuges; (c) o acordo relativo à guarda dos filhos incapazes e ao regime de visitas; bem como (d) o valor da contribuição para criar e educar os filhos (verba alimentar).

3. Nada obstante o procedimento especial sob comento destine-se a prestação de jurisdição não conflituosa, havendo controvérsia acerca da partilha dos bens pertencentes ao casal, nada obsta o que a extinção do vínculo existente entre ambos seja homologado, procedendo-se, ulteriormente, no acertamento da questão patrimonial. Consoante expressa previsão legal, observar-se-á, no que diz com a partilha, os ditames previstos em seção própria (destinada ao tema), encartadas no âmbito do procedimento especial (de jurisdição contenciosa) de Inventário e Partilha de bens (arts. 647/658).

Art. 732. As disposições relativas ao processo de homologação judicial de divórcio ou de separação consensuais aplicam-se, no que couber, ao processo de homologação da extinção consensual de união estável.

1. Considerando a equiparação jurídica entre *casamento* e *união estável* (contudo, respeitando suas diferenças), o legislador, acertadamente, prevê a aplicação dos ditames sob comento aos feitos cujo objeto consista na *extinção consensual da união fática.*

Art. 733. O divórcio consensual, a separação consensual e a extinção consensual de união estável, não havendo nascituro ou filhos incapazes e observados os requisitos legais, poderão ser realizados por escritura pública, da qual constarão as disposições de que trata o art. 731.

§ 1º A escritura não depende de homologação judicial e constitui título hábil para qualquer ato de registro, bem como para levantamento de importância depositada em instituições financeiras.

§ 2º O tabelião somente lavrará a escritura se os interessados estiverem assistidos por advogado ou por defensor público, cuja qualificação e assinatura constarão do ato notarial.

1. Presentes os requisitos legais, os interessados, independentemente de homologação judicial, poderão pôr fim a relação que os envolve por ato extrajudicial. A competência para lavrar a *escritura* a que se refere o legislador é do tabelião.

2. A extinção do casamento ou da união estável apenas poderá ser realizada pela via extrajudicial quando o casal não possuir filhos incapazes ou em estágio de gestação. Para além disso, outrossim, revela-se requisito permissivo a utilização da via extrajudicial a inexistência de litigiosidade em relação a extinção do vínculo sob comento. Constatados quaisquer dos impeditivos, o liame matrimonial haverá de ser desfeito, necessariamente, mediante promoção de processo judicial.

4. Efeitos da escritura. Dentre outros, a escritura pública destinada a pôr fim ao vínculo "matrimonial" havido entre os interessados, constitui título hábil para qualquer ato de registro, sem prejuízo de levantamento, junto à instituições financeiras, de quantia em dinheiro ou de bens depositados perante as mesmas.

5. O acompanhamento e a assistência dos interessados por advogado *é indispensável à validade da escritura pública* sob comento. Nela fará o tabelião constar a identificação e a firma do profissional incumbido da tarefa.

Art. 734. A alteração do regime de bens do casamento, observados os requisitos legais, poderá ser requerida, motivadamente, em petição assinada por ambos os cônjuges, na qual serão expostas as razões que justificam a alteração, ressalvados os direitos de terceiros.

§ 1º Ao receber a petição inicial, o juiz determinará a intimação do Ministério Público e a publicação de edital que divulgue a pretendida alteração de bens, somente podendo decidir depois de decorrido o prazo de 30 (trinta) dias da publicação do edital.

§ 2º Os cônjuges, na petição inicial ou em petição avulsa, podem propor ao juiz meio alternativo de divulgação da alteração do regime de bens, a fim de resguardar direitos de terceiros.

§ 3º Após o trânsito em julgado da sentença, serão expedidos mandados de averbação aos cartórios de registro civil e de imóveis e, caso qualquer dos cônjuges seja empresário, ao Registro Público de Empresas Mercantis e Atividades Afins.

1. Acerca dos regimes patrimoniais matrimoniais ("Regimes de bens entre os Cônjuges"), vide Lei 10.406/2002, artigos 1.639/1.688 e 1.725.

2. "Art. 1.639. (...) § 2° É admissível alteração do regime de bens, mediante autorização judicial em pedido motivado de ambos os cônjuges, apurada a procedência das razões invocadas e ressalvados os direitos de terceiros." (Lei 10.406/2002).

3. O petitório inicial (observados, no que couber, os requisitos do art. 319 e seguintes), firmado por ambos os requerentes (na pessoa de seus procuradores) apontará, motivadamente, as razões que justificam o pedido de alteração. As partes, outrossim, podem propor ao juiz, em sede inicial ou por petição intermediária, meio alternativo de divulgação da alteração requerida, no afã de resguardar direitos de terceiros.

4. Procedimento padrão. Recebido o petitório inicial (e, verificada sua regularidade), o juiz determinará a intimação do Ministério Público, bem como a publicação de edital que divulgue a pretendida alteração de bens, somente podendo decidir, consoante expresso texto de lei, depois de decorrido o prazo de 30 (trinta) dias, contados da publicação do edital. A intenção, no concernente, é dar prazo razoável a potenciais interessados na alteração requerida, para que tomem as medidas que entenderem necessárias.

5. Acolhido o pedido dos requerentes, expedir-se-á, após o trânsito em julgado da sentença, os competentes mandados de averbação (destinados aos cartórios de registro civil e de imóveis e, caso qualquer dos cônjuges seja empresário, ao Registro Público de Empresas Mercantis e Atividades Afins), no afã de dar ciência a terceiros da alteração sob comento.

Seção V
Dos Testamentos e dos Codicilos[60]

Art. 735. Recebendo testamento cerrado, o juiz, se não achar vício externo que o torne suspeito de nulidade ou falsidade, o abrirá e mandará que o escrivão o leia em presença do apresentante.

§ 1º Do termo de abertura constarão o nome do apresentante e como ele obteve o testamento, a data e o lugar do falecimento do testador, com as respectivas provas, e qualquer circunstância digna de nota.

§ 2º Depois de ouvido o Ministério Público, não havendo dúvidas a serem esclarecidas, o juiz mandará registrar, arquivar e cumprir o testamento.

§ 3º Feito o registro, será intimado o testamenteiro para assinar o termo da testamentária.

§ 4º Se não houver testamenteiro nomeado ou se ele estiver ausente ou não aceitar o encargo, o juiz nomeará testamenteiro dativo, observando-se a preferência legal.

§ 5º O testamenteiro deverá cumprir as disposições testamentárias e prestar contas em juízo do que recebeu e despendeu, observando-se o disposto em lei.

1. Consoante prescreve a Lei 10.406/2002, distinguem-se as "formas ordinárias" de testar (testamentos *público, cerrado* e *particular*) dos "testamentos especiais" (testamentos *marítimo, aeronáutico* e *militar*). O Código Civil, outrossim, prevê os "Codicilos" como meio de disposição de última vontade, respeitados os limites inerentes a tal figura jurídica.

2. "Do Testamento Cerrado. Art. 1.868. O testamento escrito pelo testador, ou por outra pessoa, a seu rogo, e por aquele assinado, será válido se aprovado pelo tabelião ou seu substituto legal, observadas as seguintes formalidades: I – que o testador o entregue ao tabelião em presença de duas testemunhas; II – que o testador declare que aquele é o seu testamento e quer que seja aprovado; III – que o tabelião lavre, desde logo, o auto de aprovação, na presença de duas testemunhas, e o leia, em seguida, ao testador e testemunhas; IV – que o auto de aprovação seja assinado pelo tabelião, pelas testemunhas e pelo testador. Parágrafo único. O testamento cerrado pode ser escrito mecanicamente, desde que seu subscritor numere e autentique, com a sua assinatura, todas as páginas. Art. 1.869. O tabelião deve começar o auto de aprovação imediatamente depois da última palavra do testador, declarando, sob sua fé, que o testador lhe entregou para ser aprovado na presença das testemunhas; passando a cerrar e coser o instrumento aprovado. Parágrafo único. Se não houver espaço na últi-

[60] "Codicilos são instrumento de disposição de última vontade referente a assuntos de menor repercussão econômica." (COELHO, Fábio Ulhoa. *Curso de Direito Civil*, vol. 5. São Paulo: Saraiva, 2006. p. 295).

ma folha do testamento, para início da aprovação, o tabelião aporá nele o seu sinal público, mencionando a circunstância no auto. Art. 1.870. Se o tabelião tiver escrito o testamento a rogo do testador, poderá, não obstante, aprová-lo. Art. 1.871. O testamento pode ser escrito em língua nacional ou estrangeira, pelo próprio testador, ou por outrem, a seu rogo. Art. 1.872. Não pode dispor de seus bens em testamento cerrado quem não saiba ou não possa ler. Art. 1.873. Pode fazer testamento cerrado o surdo-mudo, contanto que o escreva todo, e o assine de sua mão, e que, ao entregá-lo ao oficial público, ante as duas testemunhas, escreva, na face externa do papel ou do envoltório, que aquele é o seu testamento, cuja aprovação lhe pede. Art. 1.874. Depois de aprovado e cerrado, será o testamento entregue ao testador, e o tabelião lançará, no seu livro, nota do lugar, dia, mês e ano em que o testamento foi aprovado e entregue. Art. 1.875. Falecido o testador, o testamento será apresentado ao juiz, que o abrirá e o fará registrar, ordenando seja cumprido, se não achar vício externo que o torne eivado de nulidade ou suspeito de falsidade." (Lei 10.406/2002).

3. "Testamento cerrado (ou fechado). Nessa espécie, o testador redige o testamento de próprio punho, ou por meio de outra pessoa, a seu rogo, e o assina. Se o preferir confeccioná-lo por processo mecânico (datilografia ou processamento por microcomputador), poderá fazê-lo, desde que autentique todas as folhas com sua rubrica ou assinatura. Em seguida, leva o documento pessoalmente ao Cartório de Notas, para submetê-lo à aprovação por tabelião. A entrega do testamento ao tabelião deve ser feito na presença de duas testemunhas, oportunidade em que o testador declarará que aquele documento contém suas disposições de última vontade e que deseja sua aprovação. Diante disso, o tabelião deve lavrar seu auto de aprovação, na presença de duas testemunhas, lendo-o em seguida em voz alta. O auto de aprovação é redigido no instrumento apresentado ao tabelião, imediatamente em seguida à última palavra escrita pelo testador. Assinado o auto de aprovação pelos presentes, o tabelião passa, de imediato, a cerrar e coser o instrumento aprovado. Isto mesmo, ele dobra as folhas do testamento (ou as envelopa) e as costura. Aprovado e cerrado, o testamento é entregue ao testador, devendo o tabelião lançar, em seu livro de notas, o dia, mês e ano em que ocorreu a aprovação a aprovação e entrega do instrumento (...)." (COELHO, Fábio Ulhoa. *Curso de Direito Civil*, vol. 5. São Paulo: Saraiva, 2006. p. 293).

4. Consoante expresso apontamento legal (art. 1.875 da Lei 10.406/2002), a eficácia da disposição de última vontade "cerrada" dependerá, sem prejuízo de seu indeferimento face à constatação de vícios externos, de *apresentação* e *registro* perante o Poder Judiciário. O artigo sob comento, pois, disciplina o trâmite pertinente (arts. 735/737).

5. Devidamente provocado, o julgador, inexistindo vício externo que torne o testamento cerrado eivado de nulidade ou falsidade, "o abrirá e mandará que o escrivão" realize sua leitura, à integra, na presença do apresentante.

6. Elementos essenciais do termo de abertura. O termo apontará, obrigatoriamente, o nome do apresentante e como obteve o testamento apresentado, sem prejuízo da anotação da data e lugar do falecimento do testador (comprovado mediante juntada da certidão de óbito) e quaisquer outras circunstância dignas de nota.

7. Procedimento. Intimado o *parquet*, inexistindo dúvidas a serem esclarecidas, o juiz determinará, consoante o teor do § 2º, que se preceda o registro, "arquivamento" e cumprimento da disposição de última vontade. O testamenteiro (havendo um),[61] tão logo realizado o registro a que se refere a lei, será intimado para a assinatura do termo que confirmará sua condição *in concreto*; inexistindo testamenteiro ou não querendo ou não podendo o nomeado exercer o encargo, nomear-se-á, em observância a ordem legal, testamenteiro dativo, que dará início ao cumprimento das disposições testamentárias, de tudo prestando contas em juízo (§ 5º).

Art. 736. Qualquer interessado, exibindo o traslado ou a certidão de testamento público, poderá requerer ao juiz que ordene o seu cumprimento, observando-se, no que couber, o disposto nos parágrafos do art. 735.

1. Nada obstante a publicidade do *teor* do testamento público (*elemento estranho ao testamento cerrado*), a produção de efeitos mundanos pelo mesmo (plano da eficácia), não dispensa sua submissão à confirmação judicial. Ao art. 736 coube, a uma, confirmar o acima afirmado; a duas, legitimar quaisquer interessados a tanto; a três, tornar aplicável ao registro do testamento público, *no que couber*, os ditames previstos para a confirmação de testamento cerrado.

Art. 737. A publicação do testamento particular poderá ser requerida, depois da morte do testador, pelo herdeiro, pelo legatário ou pelo testamenteiro, bem como pelo terceiro detentor do testamento, se impossibilitado de entregá-lo a algum dos outros legitimados para requerê-la.

§ 1º Serão intimados os herdeiros que não tiverem requerido a publicação do testamento.

§ 2º Verificando a presença dos requisitos da lei, ouvido o Ministério Público, o juiz confirmará o testamento.

§ 3º Aplica-se o disposto neste artigo ao codicilo e aos testamentos marítimo, aeronáutico, militar e nuncupativo.

§ 4º Observar-se-á, no cumprimento do testamento, o disposto nos parágrafos do art. 735.

1. "Denomina-se *testamento particular* ou *hológrafo* o ato de disposição de última vontade escrito de próprio punho, ou mediante processo mecânico, assinado pelo testador, e lido por este a três testemunhas, que o subscreverão, com a obrigação de, depois da morte do disponente, confirmar a sua autenticidade." (GONÇALVES, Carlos Roberto. *Direito Civil Brasileiro*, vol. 7: direito das sucessões. 7. ed. São Paulo: Saraiva, 2013. p. 281).

---

[61] "Testamenteiro é o executor do testamento. É a pessoa encarregada de cumprir as disposições de última vontade do testador." (GONÇALVES, Carlos Roberto. *Direito Civil Brasileiro*, vol. 7: direito das sucessões. 7. ed. São Paulo: Saraiva, 2013. p. 465).

2. Testamento particular. Legitimidade. A publicação e oportuna confirmação judicial do testamento *particular* pode ser promovida pelo herdeiro, pelo legatário ou pelo testamenteiro e, episodicamente, pelo terceiro detentor do testamento, para a hipótese de não conseguir "entregá-lo" para algum dos demais legitimados. Inteligência do art. 737, *caput*, do CPC/2015.

3. Procedimento. Limita-se o CPC/2015 a informar que, provocado o órgão jurisdicional, deve o mesmo, de imediato, determinar a "intimação" dos demais herdeiros (isto é, daqueles que não promoveram o requerimento), bem como do *parquet*, para que tomem ciência do testamento e de seu pedido de confirmação.

4. Consoante expressa previsão legal (art. 737, § 4º), aplica-se o teor do artigo sob comento aos *codicilos*, bem como aos testamentos *marítimo, aeronáutico, militar* (testamentos especiais) e *nuncupativo* (espécie de testamento militar).

5. "O testamento militar pode revestir três formas: a assemelhada ao testamento público (CC, art. 1.893), a correspondente ao testamento cerrado (art. 1.894), e a *nuncupativa* (art. 1.896). (...) O testamento nuncupativo é o feito de viva voz perante duas testemunhas, por pessoas empenhadas em combate ou feridas. (...) Pressupõe-se que a pessoa esteja exposta, em qualquer caso, a risco de vida, e impossibilitada de se utilizar da escrita. Finda a guerra, porém, ou convalescendo o testador, cessaram as razões e acabaram os motivos que a lei prevê para o testamento especial, realizado *in articulo mortis.* (...) O testamento nuncupativo constitui exceção à regra de que o testamento é um negócio solene e deve ser celebrado por escrito." (GONÇALVES, Carlos Roberto. *Direito Civil Brasileiro*, vol. 7: direito das sucessões. 7. ed. São Paulo: Saraiva, 2013. p. 316/317).

Seção VI
Da Herança Jacente[62]

Art. 738. Nos casos em que a lei considere jacente a herança, o juiz em cuja comarca tiver domicílio o falecido procederá imediatamente à arrecadação dos respectivos bens.

1. Consoante o teor do art. 1.819 da Lei 10.406/2002, falecendo "alguém sem deixar testamento nem herdeiro legítimo notoriamente conhecido, os bens

[62] Acerca do tema prevê o direito material: "1. "Da Herança Jacente. Art. 1.819. Falecendo alguém sem deixar testamento nem herdeiro legítimo notoriamente conhecido, os bens da herança, depois de arrecadados, ficarão sob a guarda e administração de um curador, até a sua entrega ao sucessor devidamente habilitado ou à declaração de sua vacância. Art. 1.820. Praticadas as diligências de arrecadação e ultimado o inventário, serão expedidos editais na forma da lei processual, e, decorrido um ano de sua primeira publicação, sem que haja herdeiro habilitado, ou penda habilitação, será a herança declarada vacante.Art. 1.821. É assegurado aos credores o direito de pedir o pagamento das dívidas reconhecidas, nos limites das forças da herança. Art. 1.822. A declaração de vacância da herança não prejudicará os herdeiros que legalmente se habilitarem; mas, decorridos cinco anos da abertura da sucessão, os bens arrecadados passarão ao domínio do Município ou do Distrito Federal, se localizados nas respectivas circunscrições, incorporando-se ao domínio da União quando situados em território federal. Parágrafo único. Não se habilitando até a declaração de vacância, os colaterais ficarão excluídos da sucessão. Art. 1.823. Quando todos os chamados a suceder renunciarem à herança, será esta desde logo declarada vacante." (Lei 10.406/2002).

da herança, depois de arrecadados, ficarão sob a guarda e administração de um curador, até a sua entrega ao sucessor devidamente habilitado ou à declaração de sua vacância". Extrai-se daí, pois, a ideia de *herança jacente*, como sendo aquela que, face ao desconhecimento, ou inexistência, de beneficiados *in concreto*, permanece "em aberto". Tal fato (de permanecer "em aberto" – *no sentido de não se consolidar em benefício de um sujeito de direito qualquer*) exigiu do legislador processual, no afã de permitir a arrecadação dos bens a ela inerentes, diligenciar na construção de um *procedimento específico* para tanto. Eis a razão de ser do teor dos artigos 738/743, todos do CPC/2015.

2. Instauração. Digno de nota revela-se, pois, o tema da *iniciativa processual* em se tratando do *procedimento especial* sob comento. Ao que tudo indica, aqui, a relação processual não só pode, como deve, será instaurada *ex officio*. Trata-se, como é intuitivo, de providência extraordinária no campo processual civil.

3. "A abertura do procedimento da arrecadação da herança jacente ocorre por iniciativa do próprio juiz (art. 738). O representante do Ministério Público ou da Fazenda Pública, ou qualquer outro interessado, pode provocar a instauração do procedimento, levando ao juiz a notícia da morte de alguém que tenha deixado bens sem herdeiros conhecidos. Além de legitimado, deve o Ministério Público, como fiscal da lei, acompanhar todo o procedimento, que se inicia com a arrecadação dos bens e se encerra com a atribuição deles ao habilitado ou ente público legitimado, após o trânsito em julgado da sentença que declarar a vacância da herança." (THEODORO JR., Humberto. *Curso de Direito Processual Civil*. 50. ed. Rio de Janeiro: Forense, 2016. p. 642. v. II – versão eletrônica).

4. É competente para processar e julgar o feito cujo objeto disser com a *herança jacente*, o foro do *último domicílio do autor da herança*. Inteligência do art. 738 do CPC/2015.

Art. 739. A herança jacente ficará sob a guarda, a conservação e a administração de um curador até a respectiva entrega ao sucessor legalmente habilitado ou até a declaração de vacância.

§ 1º Incumbe ao curador:

I – representar a herança em juízo ou fora dele, com intervenção do Ministério Público;

II – ter em boa guarda e conservação os bens arrecadados e promover a arrecadação de outros porventura existentes;

III – executar as medidas conservatórias dos direitos da herança;

IV – apresentar mensalmente ao juiz balancete da receita e da despesa;

V – prestar contas ao final de sua gestão.

§ 2º Aplica-se ao curador o disposto nos arts. 159 a 161.

1. Ao juiz do caso concreto incumbe, de imediato, nomear curador, a quem será confiada a tarefa de zelar e bem administrar os bens objeto da herança (jacente), enquanto não repassados aos herdeiros ou declarada sua vacância.

2. Ao curador toca, dentre outras tarefas, (a) representar o espólio (em juízo ou fora dele); (b) ter em boa guarda e conservação os bens arrecadados e promover a arrecadação de outros porventura existentes; (c) diligenciar na execução de medidas conservatórias inerentes aos bens e direitos objeto de herança; (d) prestar contas de sua gestão, seja mediante apresentação de balancetes mensais perante o juiz da causa, seja ao tempo da finalização de sua gestão.

3. Aplica-se ao *curador* nomeado nesse contexto o regramento inerente a *responsabilidade* e a *remuneração* do depositário e do administrador nomeados em juízo (uma vez que, na prática, atua ele em ambas as frentes).[63]

Art. 740. O juiz ordenará que o oficial de justiça, acompanhado do escrivão ou do chefe de secretaria e do curador, arrole os bens e descreva-os em auto circunstanciado.

§ 1º Não podendo comparecer ao local, o juiz requisitará à autoridade policial que proceda à arrecadação e ao arrolamento dos bens, com 2 (duas) testemunhas, que assistirão às diligências.

§ 2º Não estando ainda nomeado o curador, o juiz designará depositário e lhe entregará os bens, mediante simples termo nos autos, depois de compromissado.

§ 3º Durante a arrecadação, o juiz ou a autoridade policial inquirirá os moradores da casa e da vizinhança sobre a qualificação do falecido, o paradeiro de seus sucessores e a existência de outros bens, lavrando-se de tudo auto de inquirição e informação.

§ 4º O juiz examinará reservadamente os papéis, as cartas missivas e os livros domésticos e, verificando que não apresentam interesse, mandará empacotá-los e lacrá-los para serem assim entregues aos sucessores do falecido ou queimados quando os bens forem declarados vacantes.

§ 5º Se constar ao juiz a existência de bens em outra comarca, mandará expedir carta precatória a fim de serem arrecadados.

§ 6º Não se fará a arrecadação, ou essa será suspensa, quando, iniciada, apresentarem-se para reclamar os bens o cônjuge ou companheiro, o herdeiro ou o testamenteiro notoriamente reconhecido e não houver oposição motivada do curador, de qualquer interessado, do Ministério Público ou do representante da Fazenda Pública.

1. Como é intuitivo, a arrecadação dos bens pertencentes a herança jacente *necessita ser documentada*. Quer dizer: para além de arrecadá-los, os bens devem restar devidamente inventariados. Visa-se, com tal medida, dentre outros, a obter o controle dos bens sob comento. O legislador optou por exigir, como regra, a presença de pelo menos três figuras processuais para a realização do ato (documentação da herança jacente). O *meirinho*, acompanhado do *escrivão* ou do *chefe de secretaria*, e do *curador* lavrará auto circunstanciado. Eis a regra! Excepcionalmente, a arrecadação dos bens objeto da herança jacente serão realizados pela autoridade policial, acompanhada de, pelo menos, duas

[63] Acerca do tema, vide: TORRES, Artur. *CPC passado a limpo*: parte geral, procedimento comum e cumprimento de sentença. Porto Alegre: Livraria do Advogado, 2018. p. 157/159. v. I.

testemunhas. O juiz ou a autoridade policial "inquirirá os moradores da casa e da vizinhança sobre a qualificação do falecido, o paradeiro de seus sucessores e a existência de outros bens, lavrando-se de tudo auto de inquirição e informação".

2. Os bens objeto da herança serão entregues a depositário nomeado pelo juízo quando arrecadados antes da nomeação do curador previsto pelo art. 739. Inteligência do art. 749, § 2°, do CPC/2015.

3. No afã de preservar a intimidade do *falecido*, "os papéis, as cartas missivas e os livros domésticos" serão, reservadamente, examinadas pelo julgador. Declarada a vacância da herança,[64-65] a documentação será incinerada; localizados os herdeiros, entregue aos mesmos.

4. Incumbe ao juiz do caso concreto, ciente da existência de bens objeto da herança jacente em comarca distinta, ordenar a expedição de carta precatória destinada à arrecadação do aludido patrimônio.

5. *Não se levará a cabo a arrecadação* sob comento quando o cônjuge ou o companheiro do autor da herança, seus herdeiros ou o testamenteiro, desde que inexista insurgência motivada do curador ou de qualquer outro interessado, bem como do MP e da Fazenda Pública, reclamarem os bens que integram a herança.

Art. 741. Ultimada a arrecadação, o juiz mandará expedir edital, que será publicado na rede mundial de computadores, no sítio do tribunal a que estiver vinculado o juízo e na plataforma de editais do Conselho Nacional de Justiça, onde permanecerá por 3 (três) meses, ou, não havendo sítio, no órgão oficial e na imprensa da comarca, por 3 (três) vezes com intervalos de 1 (um) mês, para que os sucessores do falecido venham a habilitar-se no prazo de 6 (seis) meses contado da primeira publicação.

§ 1º Verificada a existência de sucessor ou de testamenteiro em lugar certo, far-se-á a sua citação, sem prejuízo do edital.

§ 2º Quando o falecido for estrangeiro, será também comunicado o fato à autoridade consular.

§ 3º Julgada a habilitação do herdeiro, reconhecida a qualidade do testamenteiro ou provada a identidade do cônjuge ou companheiro, a arrecadação converter-se-á em inventário.

§ 4º Os credores da herança poderão habilitar-se como nos inventários ou propor a ação de cobrança.

1. Publicidade da arrecadação havida. Coube ao art. 741 disciplinar a forma a ser observada para dar ampla publicidade à arrecadação, no afã de permitir que os sucessores do *de cujus* habilitem-se para o recebimento da herança. Segundo o legislador de 2015, o prazo para a regular habilitação é de 6 meses, tomando-se por termo inicial *a data da (primeira) publicação do edital*. Em se

[64] "Praticadas as diligências de arrecadação e ultimado o inventário, serão expedidos editais na forma da lei processual, e, decorrido um ano de sua primeira publicação, sem que haja herdeiro habilitado, ou penda habilitação, será a herança declarada vacante." (art. 1.820 da Lei 10.406/2002).

[65] "Quando todos os chamados a suceder renunciarem à herança, será esta desde logo declarada vacante." (art. 1.823 da Lei 10.406/2002).

tratando da morte de estrangeiro, para além dos editais, o fato será comunicado à autoridade consular pertinente.

2. Havendo habilitação de herdeiro, e sendo ela acolhida, converter-se-á a arrecadação em inventário.

Art. 742. O juiz poderá autorizar a alienação:

I – de bens móveis, se forem de conservação difícil ou dispendiosa;

II – de semoventes, quando não empregados na exploração de alguma indústria;

III – de títulos e papéis de crédito, havendo fundado receio de depreciação;

IV – de ações de sociedade quando, reclamada a integralização, não dispuser a herança de dinheiro para o pagamento;

V – de bens imóveis:

a) se ameaçarem ruína, não convindo a reparação;

b) se estiverem hipotecados e vencer-se a dívida, não havendo dinheiro para o pagamento.

§ 1º Não se procederá, entretanto, à venda se a Fazenda Pública ou o habilitando adiantar a importância para as despesas.

§ 2º Os bens com valor de afeição, como retratos, objetos de uso pessoal, livros e obras de arte, só serão alienados depois de declarada a vacância da herança.

1. "Alienação de bens arrecadados. O artigo arrola situações nas quais o magistrado poderá autorizar a alienação dos bens arrecadados. São hipóteses de absoluta necessidade, já que o ideal é que os bens sejam conservados e guardados até a habilitação de sucessor ou declaração de vacância dos bens. As hipóteses são: bens móveis de difícil ou cara conservação, bens semoventes não utilizados para nenhuma atividade industrial, títulos e papéis de crédito que possam vir a ser depreciados, ações de sociedade ainda não integralizadas quando a herança não tiver recursos para realizar o pagamento, bens imóveis que não possam ser reparados e corram risco de virarem ruína, e bens imóveis hipotecados quando a herança não tiver dinheiro para quitar a dívida e liberar a hipoteca. Bens pessoais, como retratos, objetos de uso pessoal, livros e obras de arte só serão alienados após a declaração de vacância da herança." (CORTÊS, Osmar Mendes Paixão. *In*: *Código de Processo Civil anotado*. CRUZ E TUCCI, José Rogério *et al*. (Coord.) São Paulo: AASP, 2015. p. 1150).

Art. 743. Passado 1 (um) ano da primeira publicação do edital e não havendo herdeiro habilitado nem habilitação pendente, será a herança declarada vacante.

§ 1º Pendendo habilitação, a vacância será declarada pela mesma sentença que a julgar improcedente, aguardando-se, no caso de serem diversas as habilitações, o julgamento da última.

§ 2º Transitada em julgado a sentença que declarou a vacância, o cônjuge, o companheiro, os herdeiros e os credores só poderão reclamar o seu direito por ação direta.

1. Ao art. 743, por sua vez, coube estabelecer o "prazo" a ser aguardado para a declaração da vacância da herança. Perpassado 1 ano da publicação a que se refere o art. 741, inexistindo habilitação, declarar-se-á *vacante* a herança. Havendo, e não tendo ela sido julgada, a vacância será declarada ao tempo da prolação da sentença improcedência da habilitação. Existindo mais de uma habilitação pendente, aguardar-se-á, para a declaração da vacância, o julgamento de todas.

2. Transitada em julgado a sentença que declara a vacância da herança, potenciais interessados poderão reclamá-la em demanda própria.

Seção VII
Dos Bens dos Ausentes

1. Do tema *ausência*, e seus corolários, inerentes ao campo do direito material, ocupa-se o Capítulo III, do Título I (Das pessoas naturais), do Livro I (Das pessoas) da Parte Geral da Lei 10.406/2002 (Código Civil Brasileiro). A presente Seção, com acerto, limita-se a dispor acerca do *procedimento especial* destinado a dar efetividade mundana à declaração de ausência de uma pessoa natural.

Art. 744. Declarada a ausência nos casos previstos em lei, o juiz mandará arrecadar os bens do ausente e nomear-lhes-á curador na forma estabelecida na Seção VI, observando-se o disposto em lei.

1. "Art. 22. Desaparecendo uma pessoa do seu domicílio sem dela haver notícia, se não houver deixado representante ou procurador a quem caiba administrar-lhe os bens, o juiz, a requerimento de qualquer interessado ou do Ministério Público, declarará a ausência, e nomear-lhe-á curador. Art. 23. Também se declarará a ausência, e se nomeará curador, quando o ausente deixar mandatário que não queira ou não possa exercer ou continuar o mandato, ou se os seus poderes forem insuficientes." (Lei 10.406/2002).

2. Competência. "A ação em que o ausente for réu será proposta no foro de seu último domicílio, também competente para a arrecadação, o inventário, a partilha e o cumprimento de disposições testamentárias." (art. 49 do CPC/2015).

3. Provocado, por quaisquer interessados ou pelo *parquet*, e presentes os requisitos *materiais* para a declaração da ausência, o juiz ordenará a *arrecadação dos bens pertencentes ao ausente*, bem como nomeará *curador*, observando o teor dos artigos 24[66] e 25[67] do Código Civil, a quem, dentre outros, competirá zelar pelo patrimônio arrecadado.

---

[66] "O juiz, que nomear o curador, fixar-lhe-á os poderes e obrigações, conforme as circunstâncias, observando, no que for aplicável, o disposto a respeito dos tutores e curadores." (art. 24 da Lei 10.406/2002).

[67] "O cônjuge do ausente, sempre que não esteja separado judicialmente, ou de fato por mais de dois anos antes da declaração da ausência, será o seu legítimo curador. § 1º Em falta do cônjuge, a curadoria dos bens do ausente incumbe aos pais ou aos descendentes, nesta ordem, não havendo impedimento que os iniba de exercer o cargo. § 2º Entre os descendentes, os mais próximos precedem os mais remotos. § 3º Na falta das pessoas mencionadas, compete ao juiz a escolha do curador." (art. 25 da Lei 10.406/2002).

4. A realização da arrecadação obedecerá os ditames previstos pelo teor do artigo 740 do CPC/2015, acima examinado.

Art. 745. Feita a arrecadação, o juiz mandará publicar editais na rede mundial de computadores, no sítio do tribunal a que estiver vinculado e na plataforma de editais do Conselho Nacional de Justiça, onde permanecerá por 1 (um) ano, ou, não havendo sítio, no órgão oficial e na imprensa da comarca, durante 1 (um) ano, reproduzida de 2 (dois) em 2 (dois) meses, anunciando a arrecadação e chamando o ausente a entrar na posse de seus bens.

§ 1º Findo o prazo previsto no edital, poderão os interessados requerer a abertura da sucessão provisória, observando-se o disposto em lei.

§ 2º O interessado, ao requerer a abertura da sucessão provisória, pedirá a citação pessoal dos herdeiros presentes e do curador e, por editais, a dos ausentes para requererem habilitação, na forma dos arts. 689 a 692.

§ 3º Presentes os requisitos legais, poderá ser requerida a conversão da sucessão provisória em definitiva.

§ 4º Regressando o ausente ou algum de seus descendentes ou ascendentes para requerer ao juiz a entrega de bens, serão citados para contestar o pedido os sucessores provisórios ou definitivos, o Ministério Público e o representante da Fazenda Pública, seguindo-se o procedimento comum.

1. Arrecadados os bens que interessam ao *procedimento especial* sob comento, dar-se-á, nos termos da lei, ampla publicidade ao fato, visando-se, sobretudo, a notificar o ausente a "entrar na posse de seus bens". Ao *caput* do art. 745 coube estabelecer os requisitos mínimos para que a notificação via edital seja considerada legítima. Os editais serão publicados junto à rede mundial de computadores, no sítio do tribunal a que estiver vinculado e na plataforma de editais do Conselho Nacional de Justiça, lá permanecendo por pelo menos 1 ano. Nada obstante a preocupação legal estampada na parte final do *caput* do mesmo art. 745, cumpre destacar que, face ao atual estado de desenvolvimento tecnológico, não há, entre nós, órgão judicial despido de portal na *internet*.

2. "Publicação on-line dos editais. O NCPC reitera a possibilidade de publicação dos editais de ausência na rede mundial de computadores, tanto no sítio do Tribunal ao qual o juízo se vincule quanto na plataforma de editais de citação e intimação do CNJ. A novidade, presente em diversas outras hipóteses do diploma, vem no sentido de dar efetividade ao princípio da publicidade (art. 8º), assim como à prática eletrônica dos atos processuais, tudo no sentido de assegurar acessibilidade a este conteúdo pelo jurisdicionado." (DONIZETTI, Elpídio. *Novo Código de Processo Civil Comentado.* São Paulo: Atlas, 2015. p. 557).

3. Transcorrido o prazo do edital sem que o ausente "dê o ar da graça", os interessados (vide art. 27 da Lei 10.406/2002) poderão, querendo, requerer a abertura da sucessão provisória. Acerca da matéria prevê a legislação material: "Da Sucessão Provisória. Art. 26. Decorrido um ano da arrecadação dos bens do ausente, ou, se ele deixou representante ou procurador, em se passando três anos, poderão os interessados requerer que se declare a ausência e se abra provisoriamente a sucessão. Art. 27. Para o efeito previsto no artigo anterior, somente se consideram interessados: I – o cônjuge não separado judicialmente; II – os herdeiros presumidos, legítimos ou testamentários; III – os que tiverem sobre os bens do ausente direito dependente de sua morte; IV – os credores de obrigações vencidas e não pagas. Art. 28. A sentença que determinar a abertura da sucessão provisória só produzirá efeito cento e oitenta dias depois de publicada pela imprensa; mas, logo que passe em julgado, proceder-se-á à abertura do testamento, se houver, e ao inventário e partilha dos bens, como se o ausente fosse falecido. § 1º Findo o prazo a que se refere o art. 26, e não havendo interessados na sucessão provisória, cumpre ao Ministério Público requerê-la ao juízo competente. § 2º Não comparecendo herdeiro ou interessado para requerer o inventário até trinta dias depois de passar em julgado a sentença que mandar abrir a sucessão provisória, proceder-se-á à arrecadação dos bens do ausente pela forma estabelecida nos arts. 1.819 a 1.823. Art. 29. Antes da partilha, o juiz, quando julgar conveniente, ordenará a conversão dos bens móveis, sujeitos a deterioração ou a extravio, em imóveis ou em títulos garantidos pela União. Art. 30. Os herdeiros, para se imitirem na posse dos bens do ausente, darão garantias da restituição deles, mediante penhores ou hipotecas equivalentes aos quinhões respectivos. § 1º Aquele que tiver direito à posse provisória, mas não puder prestar a garantia exigida neste artigo, será excluído, mantendo-se os bens que lhe deviam caber sob a administração do curador, ou de outro herdeiro designado pelo juiz, e que preste essa garantia. § 2º Os ascendentes, os descendentes e o cônjuge, uma vez provada a sua qualidade de herdeiros, poderão, independentemente de garantia, entrar na posse dos bens do ausente. Art. 31. Os imóveis do ausente só se poderão alienar, não sendo por desapropriação, ou hipotecar, quando o ordene o juiz, para lhes evitar a ruína. Art. 32. Empossados nos bens, os sucessores provisórios ficarão representando ativa e passivamente o ausente, de modo que contra eles correrão as ações pendentes e as que de futuro àquele forem movidas. Art. 33. O descendente, ascendente ou cônjuge que for sucessor provisório do ausente, fará seus todos os frutos e rendimentos dos bens que a este couberem; os outros sucessores, porém, deverão capitalizar metade desses frutos e rendimentos, segundo o disposto no art. 29, de acordo com o representante do Ministério Público, e prestar anualmente contas ao juiz competente. Parágrafo único. Se o ausente aparecer, e ficar provado que a ausência foi voluntária e injustificada, perderá ele, em favor do sucessor, sua parte nos frutos e rendimentos. Art. 34. O excluído, segundo o art. 30, da posse provisória poderá, justificando falta de meios, requerer lhe seja entregue metade dos rendimentos do quinhão que lhe tocaria. Art. 35. Se durante a posse provisória se provar a época exata do falecimento do ausente, considerar-se-á, nessa data, aberta a sucessão em favor dos herdeiros, que o eram àquele tempo. Art. 36. Se o ausente aparecer, ou se lhe provar a existência, depois de estabelecida a posse provisória, cessarão para logo as vantagens dos sucessores nela imitidos, ficando, todavia, obrigados a tomar as medidas assecuratórias precisas, até a entrega dos bens a seu dono." (Lei 10.406/2002).

4. Notificação. Havendo requerimento de abertura da sucessão provisória, o curador e os herdeiros *presentes* serão citados pessoalmente; os herdeiros *ausentes*, por edital.

5. Admite-se, presentes os requisitos legais, a conversão da sucessão *provisória* em *definitiva*. "Haverá conversão da sucessão provisória em definitiva nos seguintes casos: (a) quando houver certeza da morte do ausente; (b) dez anos depois de passado em julgado a sentença de abertura da sucessão provisória (CC, art. 37); (c) quando o ausente contar oitenta anos de idade e se houver decorrido cinco anos das últimas notícias suas (CC, art. 38). Demonstrando a ocorrência de um dos permissivos legais, qualquer interessado poderá requerer ao juiz a conversão." (THEODORO JR., Humberto. *Curso de Direito Processual Civil*. 50. ed. Rio de Janeiro: Forense, 2016, v. III. p. 652 – versão digital).[68]

6. O regresso do ausente, como é intuitivo, tem o condão, nesse cenário, de alterar o rumo das coisas. Sendo o caso, os sucessores provisórios ou definitivos, bem como o *parquet* e o representante da Fazenda Pública, serão citados e, ato contínuo, intimados para, querendo, contestar. O "caminho" a ser percorrido será o mesmo se algum dos descendentes ou ascendentes do ausente requererem os bens envolvidos no caso concreto. O "debate" observará, do ponto de vista procedimental, o rito inerente ao *procedimento comum*.[69]

Seção VIII
Das Coisas Vagas

1. O procedimento especial do qual se ocupa a Seção sob comento, encontra-se, pois, umbilicalmente vinculado ao teor da Seção II (Da descoberta), Capítulo I (Da propriedade em geral), Título III (Da propriedade), Livro III (Direito da coisas) da Lei 10.406/2002, donde se extrai o conjunto de anotações legislativas, a saber: "Art. 1.233. Quem quer que ache coisa alheia perdida há de restituí-la ao dono ou legítimo possuidor. Parágrafo único. Não o conhecendo, o descobridor fará por encontrá-lo, e, se não o encontrar, entregará a coisa achada à autoridade competente. Art. 1.234. Aquele que restituir a coisa achada, nos termos do artigo antecedente, terá direito a uma recompensa não inferior a cinco por cento do seu valor, e à indenização pelas despesas que houver feito com a conservação e transporte da coisa, se o dono não preferir

---

68 "Da Sucessão Definitiva Art. 37. Dez anos depois de passada em julgado a sentença que concede a abertura da sucessão provisória, poderão os interessados requerer a sucessão definitiva e o levantamento das cauções prestadas. Art. 38. Pode-se requerer a sucessão definitiva, também, provando-se que o ausente conta oitenta anos de idade, e que de cinco datam as últimas notícias dele. Art. 39. Regressando o ausente nos dez anos seguintes à abertura da sucessão definitiva, ou algum de seus descendentes ou ascendentes, aquele ou estes haverão só os bens existentes no estado em que se acharem, os sub-rogados em seu lugar, ou o preço que os herdeiros e demais interessados houverem recebido pelos bens alienados depois daquele tempo. Parágrafo único. Se, nos dez anos a que se refere este artigo, o ausente não regressar, e nenhum interessado promover a sucessão definitiva, os bens arrecadados passarão ao domínio do Município ou do Distrito Federal, se localizados nas respectivas circunscrições, incorporando-se ao domínio da União, quando situados em território federal." (Lei 10.406/2002).

69 Acerca do *procedimento comum*, vide: TORRES, Artur. *CPC passado a limpo*: parte geral, procedimento comum e cumprimento de sentença. Porto Alegre: Livraria do Advogado, 2018. p. 261/403. v. I.

abandoná-la. Parágrafo único. Na determinação do montante da recompensa, considerar-se-á o esforço desenvolvido pelo descobridor para encontrar o dono, ou o legítimo possuidor, as possibilidades que teria este de encontrar a coisa e a situação econômica de ambos. Art. 1.235. O descobridor responde pelos prejuízos causados ao proprietário ou possuidor legítimo, quando tiver procedido com dolo. Art. 1.236. A autoridade competente dará conhecimento da descoberta através da imprensa e outros meios de informação, somente expedindo editais se o seu valor os comportar. Art. 1.237. Decorridos sessenta dias da divulgação da notícia pela imprensa, ou do edital, não se apresentando quem comprove a propriedade sobre a coisa, será esta vendida em hasta pública e, deduzidas do preço as despesas, mais a recompensa do descobridor, pertencerá o remanescente ao Município em cuja circunscrição se deparou o objeto perdido. Parágrafo único. Sendo de diminuto valor, poderá o Município abandonar a coisa em favor de quem a achou." (Lei 10.406/2002).

2. "O importante no regime da coisa vaga é que ela, embora perdida, não deixa de pertencer a seu dono, 'não se extinguindo a propriedade pelo fato da perda'. Daí que 'quem quer que ache coisa alheia perdida há de restituí-la ao dono ou legítimo possuidor' (CC, art. 1.233). E se não o localizar 'entregará a coisa achada à autoridade competente' (CC, art. 1.233, parágrafo único)." (THEODORO JR., Humberto. *Curso de Direito Processual Civil.* 50. ed. Rio de Janeiro: Forense, 2016. p. 655. v. II – versão eletrônica).

Art. 746. Recebendo do descobridor coisa alheia perdida, o juiz mandará lavrar o respectivo auto, do qual constará a descrição do bem e as declarações do descobridor.

§ 1º Recebida a coisa por autoridade policial, esta a remeterá em seguida ao juízo competente.

§ 2º Depositada a coisa, o juiz mandará publicar edital na rede mundial de computadores, no sítio do tribunal a que estiver vinculado e na plataforma de editais do Conselho Nacional de Justiça ou, não havendo sítio, no órgão oficial e na imprensa da comarca, para que o dono ou o legítimo possuidor a reclame, salvo se se tratar de coisa de pequeno valor e não for possível a publicação no sítio do tribunal, caso em que o edital será apenas afixado no átrio do edifício do fórum.

§ 3º Observar-se-á, quanto ao mais, o disposto em lei.

1. Legitimidade. Aquele que, sem conhecer e/ou identificar seu dono, encontrar *coisa alheia* (isto é: bem da vida (móvel) que não lhe pertença) tem legitimidade para promover o procedimento especial sob comento. A aludida legitimidade encontra assento no teor do *parágrafo único* do art. 1.233 da Lei 10.406/2002. Ação idêntica, contudo, poderá ser instaurada quando, estando a *coisa* na posse de *autoridade policial*, tome esta a iniciativa em provocar o juízo competente (inteligência do § 1º do art. 746 do CPC/2015).

2. Instaurada a relação processual, o juiz diligenciará, grosso modo, em dar ampla publicidade a descoberta, visando a permitir ao dono, ou ao legítimo possuidor, reclamá-la.[70] A publicização sob comento atenderá, necessariamente, os ditames estabelecidos pelo § 2º do art. 746 do CPC/2015.

3. Reclamado o bem *achado*, incumbe ao julgador, como é intuitivo, examinar a existência da vinculação suscitada em juízo (de posse ou propriedade) e, sendo o caso, determinar a restituição do bem da vida a quem de direito, observando, pois, o teor do art. 1.234 da Lei 10.406/2002, cuja redação disciplina o *direito de recompensa* do *descobridor*.[71]

4. O procedimento especial sob comento fora, pelo legislador de 2015, disciplinado de maneira *enxuta*. Preferiu ele, em tudo quanto mais (quer dizer: para além das diminutas anotações específicas), a observância das disposições legais comuns. Ao que tudo indica, o § 3º do art. 746 alude, a uma, as prescrições oriundas do direito material (acima transcritas – arts. 1.233/1.237 do Código Civil Brasileiro); a duas, aos ditames que orientam a tramitação dos feitos pelo *procedimento comum*.[72]

Seção IX
Da Interdição

1. A seção sob comento disciplina o expediente judicial (e tão somente isso – tudo quanto mais, pois, pertence a "competência" do direito material) a ser observado no afã de proteger o *incapaz*, mediante nomeação de um ou mais sujeitos de direito para gerir sua "vida jurídica". O procedimento sob comento serve, grosso modo, *à constatação e declaração da incapacidade de determinado sujeito de direito*, do que deriva, como é evidente, naturais consequências jurídicas. Já se disse, nessa mesma linha, que "reconhecimento da incapacidade absoluta ou relativa das pessoas que estejam elencadas nas hipóteses dos arts. 3º e 4º do Código Civil com exclusão daquelas decorrentes do fator idade (arts. 3º, I, e 4º, I, ambos do CC/2002) se dá por intermédio da interdição."(ARRUDA ALVIM, Eduardo; GRANADO, Daniel Willian. *In*: STRECK, Lenio; NUNES, Dierle; CUNHA, Leonardo Carneiro da. *Comentários ao Código de Processo Civil*. São Paulo: Saraiva, 2016. p. 987).

2. "Estão sujeitos a curatela: I – aqueles que, por causa transitória ou permanente, não puderem exprimir sua vontade; II – (Revogado); III – os ébrios habituais e os viciados em tóxico; IV – (Revogado); V – os pródigos." (art. 1.767 da Lei 10.406/02, redação decorrente da alteração promovida pela Lei 13.146/2015).

---

[70] "A autoridade competente dará conhecimento da descoberta através da imprensa e outros meios de informação, somente expedindo editais se o seu valor os comportar." (art. 1.236 da Lei 10.406/2002).

[71] "Aquele que restituir a coisa achada, nos termos do artigo antecedente, terá direito a uma recompensa não inferior a cinco por cento do seu valor, e à indenização pelas despesas que houver feito com a conservação e transporte da coisa, se o dono não preferir abandoná-la. Parágrafo único. Na determinação do montante da recompensa, considerar-se-á o esforço desenvolvido pelo descobridor para encontrar o dono, ou o legítimo possuidor, as possibilidades que teria este de encontrar a coisa e a situação econômica de ambos." (art. 1.234 da Lei 10.406/2002).

[72] Acerca do *procedimento comum*, vide: TORRES, Artur. *CPC passado a limpo*: parte geral, procedimento comum e cumprimento de sentença. Porto Alegre: Livraria do Advogado, 2018. p. 261/403. v. I.

3. "(...) a curatela, em sua figura básica, visa a proteger a pessoa maior, padecente de alguma incapacidade ou de certa circunstância que impeça a sua livre e consciente manifestação de vontade, resguardando-se, com isso, também seu patrimônio (...)." (GAGLIANO, Pablo Stolze; PAMPLONA FILHO, Rodolfo. *Novo Curso de Direito Civil*, vol. 6: Direito de Família – As famílias em perspectiva constitucional. 3 ed. São Paulo: Saraiva, 2013. p. 728).

4. "Art. 1.774. Aplicam-se à curatela as disposições concernentes à tutela, com as modificações dos artigos seguintes. Art. 1.775. O cônjuge ou companheiro, não separado judicialmente ou de fato, é, de direito, curador do outro, quando interdito. § 1° Na falta do cônjuge ou companheiro, é curador legítimo o pai ou a mãe; na falta destes, o descendente que se demonstrar mais apto. § 2° Entre os descendentes, os mais próximos precedem aos mais remotos. § 3° Na falta das pessoas mencionadas neste artigo, compete ao juiz a escolha do curador. Art. 1.775-A. Na nomeação de curador para a pessoa com deficiência, o juiz poderá estabelecer curatela compartilhada a mais de uma pessoa. (...) Art. 1.777. As pessoas referidas no inciso I do art. 1.767 receberão todo o apoio necessário para ter preservado o direito à convivência familiar e comunitária, sendo evitado o seu recolhimento em estabelecimento que os afaste desse convívio. Art. 1.778. A autoridade do curador estende-se à pessoa e aos bens dos filhos do curatelado, observado o art. 5°. Art. 1.779. Dar-se-á curador ao nascituro, se o pai falecer estando grávida a mulher, e não tendo o poder familiar. Parágrafo único. Se a mulher estiver interdita, seu curador será o do nascituro. (...) Art. 1.781. As regras a respeito do exercício da tutela aplicam-se ao da curatela, com a restrição do art. 1.772 e as desta Seção. Art. 1.782. A interdição do pródigo só o privará de, sem curador, emprestar, transigir, dar quitação, alienar, hipotecar, demandar ou ser demandado, e praticar, em geral, os atos que não sejam de mera administração. Art. 1.783. Quando o curador for o cônjuge e o regime de bens do casamento for de comunhão universal, não será obrigado à prestação de contas, salvo determinação judicial." (Redação da Lei 10.406/02 após alterações promovidas pela Lei 13.146/2015).

Art. 747. A interdição pode ser promovida:

I – pelo cônjuge ou companheiro;

II – pelos parentes ou tutores;

III – pelo representante da entidade em que se encontra abrigado o interditando;

IV – pelo Ministério Público.

Parágrafo único. A legitimidade deverá ser comprovada por documentação que acompanhe a petição inicial.

1. Ao art. 747 coube, grosso modo, inventariar os legitimados à propositura do pedido de interdição judicial de pessoa natural. Consoante o rol (*a priori*, taxativo) previsto pelos incisos do artigo sob comento, têm legitimidade para tanto (a) o cônjuge ou o companheiro do interditando; (b) seus parentes ou tutores; (c) o representante da entidade em que se encontre abrigado o mesmo; (d) o *parquet*, observadas as ressalvas constantes do art. 748. A legitimidade haverá de ser comprovada *documentalmente*, já em sede de petição inicial, como regra.

2. Vale destacar, face à peculiaridade do caso concreto, decisão proferida pelo TJRS. "AÇÃO DE INTERDIÇÃO. ILEGITIMIDADE ATIVA DA FILHA MENOR, ABSOLUTAMENTE INCAPAZ, REPRESENTADA POR GENITOR QUE MANTÉM LITÍGIO COM A INTERDITANDA. 1. A interdição é um instituto com caráter nitidamente protetivo da pessoa, não se podendo ignorar que constitui também uma medida extremamente drástica, e, por essa razão, é imperiosa a adoção de todas as cautelas para agasalhar a decisão de privar alguém da capacidade civil, ou deixar de dar tal amparo quando é incapaz. 2. Compete ao órgão do Ministério Público avaliar, no caso, a necessidade de propor a ação de interdição contra a pessoa a quem a parte autora atribui incapacidade mental, pois a parte autora é menor e absolutamente incapaz, e o genitor, que a representa, mantém litígio contra a interditanda, havendo evidente conflito de interesses. Incidência do art. 1.769, inc. III, do CPC. Recurso desprovido. (Apelação Cível nº 70072836208, Sétima Câmara Cível, Tribunal de Justiça do RS, Relator: Sérgio Fernando de Vasconcellos Chaves, Julgado em 31/05/2017)"

3. Consoante enunciado aprovado na I Jornada de Direito Processual Civil, ocorrida na cidade Brasília (24 e 25 de agosto de 2017), "Todos os legitimados a promover a curatela, cujo rol deve incluir o próprio sujeito a ser curatelado, também o são para realizar o pedido do seu levantamento." (Enunciado 57).

Art. 748. O Ministério Público só promoverá interdição em caso de doença mental grave:

I – se as pessoas designadas nos incisos I, II e III do art. 747 não existirem ou não promoverem a interdição;

II – se, existindo, forem incapazes as pessoas mencionadas nos incisos I e II do art. 747.

1. O Ministério Público tem, no caso de *interdição*, sua legitimidade ativa condicionada. A primeira das *condições* diz com o grau de insanidade do interditando, que, necessariamente, deve ser acentuado (*grave*, segundo o legislador); a segunda, revela sua atuação subsidiária no contexto sob comento, consoante se extrai do teor dos incisos I e II.

Art. 749. Incumbe ao autor, na petição inicial, especificar os fatos que demonstram a incapacidade do interditando para administrar seus bens e, se for o caso, para praticar atos da vida civil, bem como o momento em que a incapacidade se revelou.

Parágrafo único. Justificada a urgência, o juiz pode nomear curador provisório ao interditando para a prática de determinados atos.

1. Como é intuitivo, toda e qualquer demanda, de jurisdição contenciosa ou voluntária, que tramite pelo rito comum ou especial, encontra-se fundada em certa *causa de pedir*, pena de ser considerada inepta (art. 330, § 1º).[73] A exi-

[73] Acerca do tema, pois, vide: TORRES, Artur. *CPC passado a limpo*: parte geral, procedimento comum e cumprimento de sentença. Porto Alegre: Livraria do Advogado, 2018. p. 273/275. v. I.

gência legislativa se confunde, aqui, em boa medida, com a própria *causa petendi* da interdição. A anotação acerca dos fatos que demonstram a incapacidade do interditando (seja para administrar seus bens, seja para praticar outros atos da vida civil), aliado à notícia concernente ao momento em que incapacidade se fez sentir, revelam-se, bem compreendida, a própria motivação da demanda, não podendo, à evidência, restarem à margem da narrativa do requerente.

2. Verificada a *urgência* da interdição, nomear-se-á, *incontinenti*, *curador provisório*. Vale lembrar, por oportuno, que o ordenamento material versa sobre *quem* deva, como regra, figurar na aludida condição: "O cônjuge ou companheiro, não separado judicialmente ou de fato, é, de direito, curador do outro, quando interdito. (...) Na falta do cônjuge ou companheiro, é curador legítimo o pai ou a mãe; na falta destes, o descendente que se demonstrar mais apto. (...) Entre os descendentes, os mais próximos precedem aos mais remotos. (...) Na falta das pessoas mencionadas (...), compete ao juiz a escolha do curador." (art. 1.775, e parágrafos, da Lei 10.406/02).

Art. 750. O requerente deverá juntar laudo médico para fazer prova de suas alegações ou informar a impossibilidade de fazê-lo.

1. A incapacidade hábil ao deferimento do pedido de interdição deve, sempre que possível, ser (com)provada documentalmente, mediante juntada, pelo requerente, de laudo técnico que ateste a condição do interditando sustentada em juízo. Face à impossibilidade de obtê-lo previamente (seja porque o interditando se nega a passar por análise capaz de aferir sua incapacidade, seja porque os envolvidos não reúnam, de imediato, condições econômicas para patrocinar sua realização, etc.), é tarefa do requerente informá-la ao julgador, que, sendo o caso, determinará as providências a serem observadas.

Art. 751. O interditando será citado para, em dia designado, comparecer perante o juiz, que o entrevistará minuciosamente acerca de sua vida, negócios, bens, vontades, preferências e laços familiares e afetivos e sobre o que mais lhe parecer necessário para convencimento quanto à sua capacidade para praticar atos da vida civil, devendo ser reduzidas a termo as perguntas e respostas.

§ 1º Não podendo o interditando deslocar-se, o juiz o ouvirá no local onde estiver.

§ 2º A entrevista poderá ser acompanhada por especialista.

§ 3º Durante a entrevista, é assegurado o emprego de recursos tecnológicos capazes de permitir ou de auxiliar o interditando a expressar suas vontades e preferências e a responder às perguntas formuladas.

§ 4º A critério do juiz, poderá ser requisitada a oitiva de parentes e de pessoas próximas.

1. Ao art. 751 coube disciplinar, em sede de *ação de interdição*, os passos procedimentais inaugurais. Pleiteada a tutela jurisdicional (voluntária) sob comento, o interditando será citado e, ato contínuo, intimado para comparecer em audiência própria para sua oitiva (entrevista, como prefere o Código).

Detalhe: tal solenidade não se confunde com aquela prevista pelo art. 334 do CPC/2015), sendo ela própria do procedimento especial sob comento. A ideia, em última análise, é a de que, mediante contato pessoal com o interditando, possa o julgador (acompanhado, inclusive, por especialista) aferir "a quantas anda" sua capacidade para praticar os atos da vida civil. Na ocasião, entendendo conveniente, pode o julgador determinar o comparecimento de pessoas (parentes ou não) que tenham contato com o "cenário" *sub judice*, no afã de auxiliá-lo na tentativa de prestar a melhor jurisdição possível.

2. Mostrando-se "conveniente", o Código garante, ao tempo de sua oitiva, a utilização de recursos tecnológicos "capazes de permitir ou de auxiliar o interditando a expressar suas vontades e preferências e a responder às perguntas formuladas".

3. Em se tratando, pois, de caso concreto em que o interditando não possa (no sentido de *não tenha condições para tanto* – a incapacidade é tamanha que, inclusive, o impede ou torna inconveniente sua locomoção – por exemplo, pessoa em coma ou internada para tratamento psiquiátrico) comparecer ao foro, o juiz deverá ouvi-lo, mostrando-se viável (quer dizer: desde que sua oitiva seja producente), em local e ocasião diversa.

Art. 752. Dentro do prazo de 15 (quinze) dias contado da entrevista, o interditando poderá impugnar o pedido.

§ 1º O Ministério Público intervirá como fiscal da ordem jurídica.

§ 2º O interditando poderá constituir advogado, e, caso não o faça, deverá ser nomeado curador especial.

§ 3º Caso o interditando não constitua advogado, o seu cônjuge, companheiro ou qualquer parente sucessível poderá intervir como assistente.

1. Nada obstante o caráter *voluntário* da jurisdição sob comento, o Código, com acerto, permite ao interditando (que figurará como demandado na relação processual), sendo o caso, impugnar o pleito interdital. Ora, como é intuitivo, pode o mesmo entender que possui plenas condições para realizar os atos da vida civil, insurgindo-se a proteção que a ele se pretende dar por meio da interdição. O prazo para tanto, consoante expressa previsão legal, é de 15 dias, tomado por *dies a quo* a data da oitiva (reitere-se: entrevista para o Código) do próprio interditando.

2. A intimação do *parquet*, em total sintonia com o teor do art. 178, III, do CPC/2015, revela-se indispensável na espécie de ação sob comento quando não figurar o mesmo na condição de requerente (art. 748). Figurará o MP, nestes casos, na condição de *custos legis*. Inteligência do art. 752, § 1º, do CPC/2015.

3. Ao interditando, como não poderia deixar de ser, é assegurado o direito de constituir advogado. Inclusive, a impugnação a que se refere o *caput* do art. 752 não prescinde da constituição de patrono. Não o fazendo, consoante expressa previsão do § 2º, *in fine*, há obrigação judiciária de nomear curador especial para tanto.

Art. 753. Decorrido o prazo previsto no art. 752, o juiz determinará a produção de prova pericial para avaliação da capacidade do interditando para praticar atos da vida civil.

§ 1º A perícia pode ser realizada por equipe composta por expertos com formação multidisciplinar.

§ 2º O laudo pericial indicará especificadamente, se for o caso, os atos para os quais haverá necessidade de curatela.

1. O art. 753, numa primeira leitura, parece não abrir mão da realização da *prova pericial* após a transcorrência do prazo para a impugnação. Parece-nos, contudo, que o Código não possa, jamais, ser lido em "tiras". Imagine-se, exemplificativamente, caso concreto em que o autor, nos termos exigidos pelo art. 750, traga aos autos, já em sede exordial, laudo médico atestando a incapacidade do interditando; outrossim, que a "entrevista" seja reveladora, saltando aos olhos a debilidade suscitada em sede inicial. Indaga-se: a prova pericial referida pelo artigo sob comento é dispensável? A melhor resposta, ressalvadas eventuais peculiaridades do caso concreto, parece ser positiva. Para além de seu alinhamento ao modelo constitucional do processo civil pátrio (em especial dos direitos fundamentais à tutela adequada e tempestiva), parece oportuno destacar a premissa extraível do teor do art. 464, II, que denuncia a dispensabilidade da prova pericial (a ser produzida em juízo) face à existência de outras suficientes ao convencimento do julgador. Junte-se aos aludidos argumentos, agora, a inexistência de resistência, seja pelo interditando, seja por aqueles que, segundo a lei, possam intervir no feito na condição de assistentes (art. 753, § 3º). Nesse cenário, salvo melhor juízo, a prova pericial não só pode, como deve, ser dispensada *in concreto.*

2. Sendo o caso de produzi-la em juízo, a prova pericial será colhida, preferencialmente, por equipe composta de profissionais das diversas áreas diretamente ligadas a constatação que se pretende (médicos, assistentes sociais, etc.), que deverão produzir laudo em que, "cirurgicamente", restem apontados os atos da vida civil para os quais a curatela revela-se imprescindível.

Art. 754. Apresentado o laudo, produzidas as demais provas e ouvidos os interessados, o juiz proferirá sentença.

1. A sentença, nada obstante a natureza da prestação jurisdicional sob comento, é, por definição ato nuclear da prestação estatal. Consoante dito alhures, todo e qualquer procedimento possui etapas a serem cumpridas e, em se tratando de prestação jurisdicional, ao menos no que diz com a dicção do direito aplicável ao caso concreto, o aludido pronunciamento judicial revela-se "o ponto de chegada". Portanto, não pode haver surpresa ao constatar que, feitas as postulações pertinentes, saneado e instruído o feito, se tenha alcançado o momento da prolação da decisão que, por definição, pretende dar por prestada a jurisdição no caso concreto.

2. Acerca do tema, vide: TORRES, Artur. *Sentença, Coisa Julgada e Recursos Cíveis Codificados*: de acordo com as Leis 13.105/2015 e 13.256/2016. Porto Alegre: Livraria do Advogado, 2017. p. 24/47.

Art. 755. Na sentença que decretar a interdição, o juiz:

I – nomeará curador, que poderá ser o requerente da interdição, e fixará os limites da curatela, segundo o estado e o desenvolvimento mental do interdito;

II – considerará as características pessoais do interdito, observando suas potencialidades, habilidades, vontades e preferências.

§ 1º A curatela deve ser atribuída a quem melhor possa atender aos interesses do curatelado.

§ 2º Havendo, ao tempo da interdição, pessoa incapaz sob a guarda e a responsabilidade do interdito, o juiz atribuirá a curatela a quem melhor puder atender aos interesses do interdito e do incapaz.

§ 3º A sentença de interdição será inscrita no registro de pessoas naturais e imediatamente publicada na rede mundial de computadores, no sítio do tribunal a que estiver vinculado o juízo e na plataforma de editais do Conselho Nacional de Justiça, onde permanecerá por 6 (seis) meses, na imprensa local, 1 (uma) vez, e no órgão oficial, por 3 (três) vezes, com intervalo de 10 (dez) dias, constando do edital os nomes do interdito e do curador, a causa da interdição, os limites da curatela e, não sendo total a interdição, os atos que o interdito poderá praticar autonomamente.

1. Em tese, a sentença que enfrente o *meritum causae* pode ser (independentemente da natureza da demanda enfrentada) de procedência (total ou parcial) ou de improcedência. O art. 755, atento as peculiaridades da questão *sub judice*, determina, para o caso de acolhimento dos pedidos formulados em juízo, que o julgador, expressamente, resolva certas questões. Para além de nomear o(s) curador(es) (e a escolha, sublinhe-se, deve ser por aquele que melhor possa atender os interesses do, doravante, curatelado), a sentença fixará, detalhadamente, *os limites da curatela* deferida, de modo a não deixar dúvidas acerca dos poderes do curador, bem como informará as "potencialidades, habilidades, vontades e preferências" do interdito, destacando as que nortearam o acolhimento do pleito judicial.

2. O teor do § 2º do art. 755 retrata situação específica, porém, muito comum do dia a dia forense. É o caso de o interditando figurar, nada obstante se encontre nessa posição processual, *na condição de guardião de pessoa incapaz*. Por exemplo, a mãe de criança órfão de pai vem a ser interditada. A previsão legislativa, pois, diz com o tema *escolha do curador*. No caso, a ideia é de que não se limite o julgador a vislumbrar apenas os interesses do interdito, mas, também, daquele que se encontra sob sua guarda, no afã de eleger, para figurar na relevante condição de curador, pessoa que reúna as melhores condições de servir às "necessidades" de ambos.

3. A sentença prolatada no âmbito do procedimento especial ora examinado será, de imediato, levada a conhecimento do oficial registrador de pessoas naturais competente (aquele, pois, que detenha o registro do interdito – e, sendo o caso, do incapaz sob sua guarda ao tempo da interdição). Outrossim, será publicada "publicada na rede mundial de computadores, no sítio do tribunal a que estiver vinculado o juízo e na plataforma de editais do Conselho Nacional de Justiça, onde permanecerá por 6 (seis) meses, na imprensa local,

1 (uma) vez, e no órgão oficial, por 3 (três) vezes, com intervalo de 10 (dez) dias". O edital apontará, necessariamente, os nomes do interdito e de seu curador, o motivo em que se funda, bem como os limites da interdição.

Art. 756. Levantar-se-á a curatela quando cessar a causa que a determinou.

§ 1º O pedido de levantamento da curatela poderá ser feito pelo interdito, pelo curador ou pelo Ministério Público e será apensado aos autos da interdição.

§ 2º O juiz nomeará perito ou equipe multidisciplinar para proceder ao exame do interdito e designará audiência de instrução e julgamento após a apresentação do laudo.

§ 3º Acolhido o pedido, o juiz decretará o levantamento da interdição e determinará a publicação da sentença, após o trânsito em julgado, na forma do art. 755, § 3º, ou, não sendo possível, na imprensa local e no órgão oficial, por 3 (três) vezes, com intervalo de 10 (dez) dias, seguindo-se a averbação no registro de pessoas naturais.

§ 4º A interdição poderá ser levantada parcialmente quando demonstrada a capacidade do interdito para praticar alguns atos da vida civil.

1. Cessação de interdição. Ao artigo sob comento coube disciplinar o *porquê, quem, como e a forma de publicidade* a ser observada ao tempo do enfrentamento do pleito de *"levantamento" da curatela* (total ou parcial – inteligência do § 4º), que tramitará, por expressa previsão legal, apensado aos autos da interdição.

2. Eis, desde logo, um dos motivos pelos quais o juiz, ao sentenciar, deve ser detalhista no que diz com a *causa da interdição*. O *porquê* a que fazemos referência, encontra-se umbilicalmente ligado a motivação do pedido de cessação da interdição, que, por sua vez, considerado o teor do *caput*, possui vinculação direta com a causa da interdição. Verificada sua cessação (produto de material probatório – laudo pericial, bem como de prova colhida oralmente em sede de audiência (oitiva do interdito, do curador e de testemunhas, sendo o caso – inteligência do § 2º do art. 755)), presente estará, pois, o requisito legal autorizador de seu *levante*.

3. Quem pode requerê-la? Têm legitimidade para realizar o pleito de cessação da interdição o próprio interdito, seu curador e o Ministério Público.

4. Julgado procedente o pedido de "levantamento da interdição", o julgador decretá-lo-á, determinando que, uma vez transitada em julgado, seja a sentença, *incontinenti*, publicizada, em atenção ao teor do art. 755, § 3º. Não sendo possível, a determinação é de que seja publicada junto à imprensa local e do órgão oficial "por 3 (três) vezes, com intervalo de 10 (dez) dias", procedendo-se, após, sua averbação perante o registro de pessoas naturais competente.

Art. 757. A autoridade do curador estende-se à pessoa e aos bens do incapaz que se encontrar sob a guarda e a responsabilidade do curatelado ao tempo da interdição, salvo se o juiz considerar outra solução como mais conveniente aos interesses do incapaz.

1. "A autoridade do curador estende-se à pessoa e aos bens dos filhos do curatelado, observado o art. 5º." (art. 1.778 da Lei 10.406/2002).

2. Digna de nota se afigura a parte final do artigo sob comento, donde se extrai preocupação do legislador com o *melhor interesse do incapaz que se encontre sob guarda do curatelado ao tempo da interdição*. Há, portanto, consoante expressa previsão legal, espaço para que o julgador, convencido da existência de solução mais conveniente, afastar a incidência do teor do art. 1.778 do Código Civil Brasileiro.

Art. 758. O curador deverá buscar tratamento e apoio apropriados à conquista da autonomia pelo interdito.

1. Consoante sabido aos quatro cantos, a interdição de determinada pessoa natural serve à sua própria proteção. Certas causas (interditórias) revelam-se, pois, "definitivas"; outras, provisórias. Subjaz o teor do art. 758 o dever de auxílio do curador ao curatelado, aqui, com clareza solar, na seara da superação da causa (provisória) que conduziu à própria interdição. Incumbe ao curador, portanto, *diligenciar na busca de tratamento capaz de devolver ao curatelado sua autonomia*, objetivo que, uma vez conquistado, servirá de fundamento à cessação das limitações impostas pela interdição decretada judicialmente.

Seção X
Disposições Comuns à Tutela e à Curatela

Art. 759. O tutor ou o curador será intimado a prestar compromisso no prazo de 5 (cinco) dias contado da:

I – nomeação feita em conformidade com a lei;

II – intimação do despacho que mandar cumprir o testamento ou o instrumento público que o houver instituído.

§ 1º O tutor ou o curador prestará o compromisso por termo em livro rubricado pelo juiz.

§ 2º Prestado o compromisso, o tutor ou o curador assume a administração dos bens do tutelado ou do interditado.

1. Coube ao art. 759, grosso modo, disciplinar a partir de *quando* tutor e curador passam a exercer seu mister. Tudo, segundo o legislador, tem origem na *prestação de compromisso*, ato que será documentado por termo em livro rubricado pelo julgador. Uma vez prestado, o compromissado estará apto, do ponto de vista jurídico, a exercer a tarefa para a qual foi designado, administrando, doravante, o patrimônio que lhe couber.

2. É de 5 dias o prazo para que o *designado* preste compromisso em juízo. O CPC/2015 toma por termo inicial para o cômputo do quinquídio anunciado, consoante expresso apontamento legal, (1) a nomeação feita em conformidade com a lei[74-75] ou (2) a intimação do despacho que mandar cumprir o testamento ou o instrumento público que o houver instituído.

3. Vale lembrar, por oportuno, a inserção entre nós, pela Lei 13.146/2015, do instituto *da tomada de decisão apoiada*, que, *data maxima venia*, não pode ser confundido com os que emprestam nome a presente Seção. Acerca do tema prevê, pois, a legislação material: "Art. 1.783-A. A tomada de decisão apoiada é o processo pelo qual a pessoa com deficiência elege pelo menos 2 (duas) pessoas idôneas, com as quais mantenha vínculos e que gozem de sua confiança, para prestar-lhe apoio na tomada de decisão sobre atos da vida civil, fornecendo-lhes os elementos e informações necessários para que possa exercer sua capacidade. § 1º Para formular pedido de tomada de decisão apoiada, a pessoa com deficiência e os apoiadores devem apresentar termo em que constem os limites do apoio a ser oferecido e os compromissos dos apoiadores, inclusive o prazo de vigência do acordo e o respeito à vontade, aos direitos e aos interesses da pessoa que devem apoiar. § 2º O pedido de tomada de decisão apoiada será requerido pela pessoa a ser apoiada, com indicação expressa das pessoas aptas a prestarem o apoio previsto no *caput* deste artigo. § 3º Antes de se pronunciar sobre o pedido de tomada de decisão apoiada, o juiz, assistido por equipe multidisciplinar, após oitiva do Ministério Público, ouvirá pessoalmente o requerente e as pessoas que lhe prestarão apoio. § 4º A decisão tomada por pessoa apoiada terá validade e efeitos sobre terceiros, sem restrições, desde que esteja inserida nos limites do apoio acordado. § 5º Terceiro com quem a pessoa apoiada mantenha relação negocial pode solicitar que os apoiadores contra-assinem o contrato ou acordo, especificando, por escrito, sua função em relação ao apoiado. § 6º Em caso de negócio jurídico que possa trazer risco ou prejuízo relevante, havendo divergência de opiniões entre a pessoa apoiada e um dos apoiadores, deverá o juiz, ouvido o Ministério Público, decidir sobre a questão. § 7º Se o apoiador agir com negligência, exercer pressão indevida ou não adimplir as obrigações assumidas, poderá a pessoa apoiada ou qualquer pessoa apresentar denúncia ao Ministério Público ou ao juiz. § 8º Se procedente a denúncia, o juiz destituirá o apoiador e nomeará, ouvida a pessoa apoiada e se for de seu interesse, outra pessoa para prestação de apoio. § 9º A pessoa apoiada pode, a qualquer tempo, solicitar o término de acordo firmado em

---

[74] "Art. 1.729. O direito de nomear tutor compete aos pais, em conjunto. Parágrafo único. A nomeação deve constar de testamento ou de qualquer outro documento autêntico. Art. 1.730. É nula a nomeação de tutor pelo pai ou pela mãe que, ao tempo de sua morte, não tinha o poder familiar. Art. 1.731. Em falta de tutor nomeado pelos pais incumbe a tutela aos parentes consangüíneos do menor, por esta ordem: I – aos ascendentes, preferindo o de grau mais próximo ao mais remoto; II – aos colaterais até o terceiro grau, preferindo os mais próximos aos mais remotos, e, no mesmo grau, os mais velhos aos mais moços; em qualquer dos casos, o juiz escolherá entre eles o mais apto a exercer a tutela em benefício do menor. Art. 1.732. O juiz nomeará tutor idôneo e residente no domicílio do menor: I – na falta de tutor testamentário ou legítimo; II – quando estes forem excluídos ou escusados da tutela; III – quando removidos por não idôneos o tutor legítimo e o testamentário." (Lei 10.406/2002).

[75] "Art. 1.775. O cônjuge ou companheiro, não separado judicialmente ou de fato, é, de direito, curador do outro, quando interdito. § 1º Na falta do cônjuge ou companheiro, é curador legítimo o pai ou a mãe; na falta destes, o descendente que se demonstrar mais apto. § 2º Entre os descendentes, os mais próximos precedem aos mais remotos. § 3º Na falta das pessoas mencionadas neste artigo, compete ao juiz a escolha do curador." (Lei 10.406/2002).

processo de tomada de decisão apoiada. § 10. O apoiador pode solicitar ao juiz a exclusão de sua participação do processo de tomada de decisão apoiada, sendo seu desligamento condicionado à manifestação do juiz sobre a matéria. § 11. Aplicam-se à tomada de decisão apoiada, no que couber, as disposições referentes à prestação de contas na curatela." (Lei 10.406/2002).

Art. 760. O tutor ou o curador poderá eximir-se do encargo apresentando escusa ao juiz no prazo de 5 (cinco) dias contado:

I – antes de aceitar o encargo, da intimação para prestar compromisso;

II – depois de entrar em exercício, do dia em que sobrevier o motivo da escusa.

§ 1º Não sendo requerida a escusa no prazo estabelecido neste artigo, considerar-se-á renunciado o direito de alegá-la.

§ 2º O juiz decidirá de plano o pedido de escusa, e, não o admitindo, exercerá o nomeado a tutela ou a curatela enquanto não for dispensado por sentença transitada em julgado.

1. Não pode surpreender a possibilidade de que, por vezes, nada obstante a previsão legal, esteja o indicado a exercer tal encargo impossibilitado de cumpri-lo. A escusa pode fundar-se, grosso modo, nas hipóteses apontadas pelo teor do 1.736 do Código Civil Brasileiro.[76] O prazo para suscitá-la em juízo é, também, de 5 dias (no concernente, sublinhe-se: a Lei 13.105/2015 revogou o teor do Art. 1.738 da Lei 10.406/2002). O legislador, contudo, fixa termos iniciais distintos, considerando, pois, já estar, ou não, o designado compromissado. A escusa deve ser suscitada, sendo o motivo precedente a prestação do compromisso, já ao tempo da intimação para tanto; após, de outro giro, o quinquídio será contado da data em que sobrevier a causa.

2. Havendo, o pedido de escusa será enfrentado *incontinenti*. Acolhido, diligenciará o julgador na nomeação de novo tutor ou curador; desacolhido, enquanto não dispensado por sentença transitado em julgado, o nomeado haverá de exercer o encargo de maneira proba e diligente.

Art. 761. Incumbe ao Ministério Público ou a quem tenha legítimo interesse requerer, nos casos previstos em lei, a remoção do tutor ou do curador.

Parágrafo único. O tutor ou o curador será citado para contestar a arguição no prazo de 5 (cinco) dias, findo o qual observar-se-á o procedimento comum.

1. Não há baralhar a hipótese de o nomeado escusar-se do encargo sob comento com a possibilidade de o *parquet*, e demais interessados, pretender a remoção do tutor ou do curador. Face, por exemplo, à verificação de conflito de interesses entre curador ou curatelado (acerca da qual tenha silenciado aquele) ou, ainda, da constatação de que o encargo não está sendo exercido a contento, o pedido do qual se ocupa o teor do art. 761 tem espaço.

[76] "Podem escusar-se da tutela: I – mulheres casadas; II – maiores de sessenta anos; III – aqueles que tiverem sob sua autoridade mais de três filhos; IV – os impossibilitados por enfermidade; V – aqueles que habitarem longe do lugar onde se haja de exercer a tutela; VI – aqueles que já exercerem tutela ou curatela; VII – militares em serviço." (art. 1.736 da Lei 10.406/2002).

2. Sendo o caso, o tutor ou o curador será "citado" e, ato contínuo, intimado para, querendo, apresentar resposta no prazo de 5 dias. Observar-se-á para o deslinde do feito, após, os ditames inerentes ao procedimento comum.

3. "Não podem ser tutores e serão exonerados da tutela, caso a exerçam: I – aqueles que não tiverem a livre administração de seus bens; II – aqueles que, no momento de lhes ser deferida a tutela, se acharem constituídos em obrigação para com o menor, ou tiverem que fazer valer direitos contra este, e aqueles cujos pais, filhos ou cônjuges tiverem demanda contra o menor; III – os inimigos do menor, ou de seus pais, ou que tiverem sido por estes expressamente excluídos da tutela; IV – os condenados por crime de furto, roubo, estelionato, falsidade, contra a família ou os costumes, tenham ou não cumprido pena; V – as pessoas de mau procedimento, ou falhas em probidade, e as culpadas de abuso em tutorias anteriores; VI – aqueles que exercerem função pública incompatível com a boa administração da tutela." (art. 1.735 da Lei 10.406/2002).

Art. 762. Em caso de extrema gravidade, o juiz poderá suspender o tutor ou o curador do exercício de suas funções, nomeando substituto interino.

1. Insere-se no rol de poderes do juiz, como é intuitivo, o de suspender, de ofício, os poderes do tutor ou do curador que praticar, no exercício do encargo, atos que atentem aos interesses do tutelado ou do curatelado.

2. "Será destituído o tutor, quando negligente, prevaricador ou incurso em incapacidade." (art. 1.766 da Lei 10.406/2002).

Art. 763. Cessando as funções do tutor ou do curador pelo decurso do prazo em que era obrigado a servir, ser-lhe-á lícito requerer a exoneração do encargo.

§ 1º Caso o tutor ou o curador não requeira a exoneração do encargo dentro dos 10 (dez) dias seguintes à expiração do termo, entender-se-á reconduzido, salvo se o juiz o dispensar.

§ 2º Cessada a tutela ou a curatela, é indispensável a prestação de contas pelo tutor ou pelo curador, na forma da lei civil.

1. Da exoneração. É facultado ao tutor e ao curador, superado o lapso temporal em que o exercício do encargo em tela se dá de maneira obrigatória, pugnar pela própria exoneração. Segundo o direito material, por exemplo, o tutor é obrigado a servir ao tutelado por espaço não inferior a 2 anos (art. 1.765 da Lei 10.406/2002). Quedando inerte, porém, presume-se seu interesse na recondução para exercer o encargo.

2. Prestação de contas. Todo aquele que administra patrimônio alheio está, por definição, obrigado a prestar contas de sua gestão. No que interessa ao cenário em tela, prevê a legislação material: "Art. 1.755. Os tutores, embora o contrário tivessem disposto os pais dos tutelados, são obrigados a prestar contas da sua administração. Art. 1.756. No fim de cada ano de administração, os tutores submeterão ao juiz o balanço respectivo, que, depois de aprovado, se anexará aos autos do inventário. Art. 1.757. Os tutores prestarão contas de dois em dois anos, e também quando, por qualquer motivo, deixarem o exercício da tutela ou toda vez que o juiz achar conveniente. Parágrafo único. As contas serão prestadas em juízo, e julgadas depois da audiência dos interessados, recolhendo o tutor imediatamente a estabelecimento bancário oficial os saldos, ou adquirindo bens imóveis, ou títulos, obrigações ou letras, na forma do § 1° do art. 1.753. Art. 1.758. Finda a tutela pela emancipação ou maioridade, a quitação do menor não produzirá efeito antes de aprovadas as contas pelo juiz, subsistindo inteira, até então, a responsabilidade do tutor. Art. 1.759. Nos casos de morte, ausência, ou interdição do tutor, as contas serão prestadas por seus herdeiros ou representantes. Art. 1.760. Serão levadas a crédito do tutor todas as despesas justificadas e reconhecidamente proveitosas ao menor. Art. 1.761. As despesas com a prestação das contas serão pagas pelo tutelado. Art. 1.762. O alcance do tutor, bem como o saldo contra o tutelado, são dívidas de valor e vencem juros desde o julgamento definitivo das contas." (Lei 10.406/2002).

Seção XI
Da Organização e da Fiscalização das Fundações

1. Acerca das *fundações* dispõe o Código Civil Brasileiro: "Art. 62. Para criar uma fundação, o seu instituidor fará, por escritura pública ou testamento, dotação especial de bens livres, especificando o fim a que se destina, e declarando, se quiser, a maneira de administrá-la. Parágrafo único. A fundação somente poderá constituir-se para fins de: (Redação dada pela Lei n° 13.151, de 2015) I – assistência social; (Incluído pela Lei n° 13.151, de 2015) II – cultura, defesa e conservação do patrimônio histórico e artístico; (Incluído pela Lei n° 13.151, de 2015) III – educação; (Incluído pela Lei n° 13.151, de 2015) IV – saúde; (Incluído pela Lei n° 13.151, de 2015) V – segurança alimentar e nutricional; (Incluído pela Lei n° 13.151, de 2015) VI – defesa, preservação e conservação do meio ambiente e promoção do desenvolvimento sustentável; (Incluído pela Lei n° 13.151, de 2015) VII – pesquisa científica, desenvolvimento de tecnologias alternativas, modernização de sistemas de gestão, produção e divulgação de informações e conhecimentos técnicos e científicos; (Incluído pela Lei n° 13.151, de 2015) VIII – promoção da ética, da cidadania, da democracia e dos direitos humanos; (Incluído pela Lei n° 13.151, de 2015)IX – atividades religiosas; e X – (VETADO). (Incluído pela Lei n° 13.151, de 2015) Art. 63. Quando insuficientes para constituir a fundação, os bens a ela destinados serão, se de outro modo não dispuser o instituidor, incorporados em outra fundação que se proponha a fim igual ou semelhante. Art. 64. Constituída a fundação por negócio jurídico entre vivos, o instituidor é obrigado a transferir-lhe a propriedade, ou outro direito real, sobre os bens dotados, e, se não o fizer, serão registrados, em nome dela, por mandado judicial. Art. 65. Aqueles a quem o instituidor cometer a aplicação do patrimônio, em tendo ciência do encargo, formularão logo, de acordo com as suas bases (art. 62), o estatuto da fundação projetada, submetendo-o, em seguida, à aprovação da autoridade competente, com recurso ao juiz. Parágrafo único. Se o estatuto não for elaborado no prazo assinado pelo instituidor, ou, não havendo prazo, em cento e oitenta dias, a incumbência caberá ao Ministério Público. Art. 66. Velará pelas fundações o Ministério Público do Estado onde situadas. § 1º Se funcionarem no Distrito Federal ou em Território, caberá o encargo ao Ministério Público do Distrito Federal e Territórios. (Redação dada pela Lei nº 13.151, de 2015) § 2º Se estenderem a atividade por mais de um Estado, caberá o encargo, em cada um deles, ao respectivo Ministério Público. Art. 67. Para que se possa alterar o estatuto da fundação é mister que a reforma: I – seja deliberada por dois terços dos competentes para gerir e representar a fundação; II – não contrarie ou desvirtue o fim desta; III – seja aprovada pelo órgão do Ministério Público no prazo máximo de 45 (quarenta e cinco) dias, findo o qual ou no caso de o Ministério Público a denegar, poderá o juiz supri-la, a requerimento do interessado. (Redação dada pela Lei nº 13.151, de 2015) Art. 68. Quando a alteração não houver sido aprovada por votação unânime, os administradores da fundação, ao submeterem o estatuto ao órgão do Ministério Público, requererão que se dê ciência à minoria vencida para impugná-la, se quiser, em dez dias. Art. 69. Tornando-se ilícita, impossível ou inútil a finalidade a que visa a fundação, ou vencido o prazo de sua existência, o órgão do Ministério Público, ou qualquer interessado, lhe promoverá a extinção, incorporando-se o seu patrimônio, salvo disposição em contrário no ato constitutivo, ou no estatuto, em outra fundação, designada pelo juiz, que se proponha a fim igual ou semelhante".

Art. 764. O juiz decidirá sobre a aprovação do estatuto das fundações e de suas alterações sempre que o requeira o interessado, quando:

I – ela for negada previamente pelo Ministério Público ou por este forem exigidas modificações com as quais o interessado não concorde;

II – o interessado discordar do estatuto elaborado pelo Ministério Público.

§ 1º O estatuto das fundações deve observar o disposto na Lei nº 10.406, de 10 de janeiro de 2002 (Código Civil).

§ 2º Antes de suprir a aprovação, o juiz poderá mandar fazer no estatuto modificações a fim de adaptá-lo ao objetivo do instituidor.

1. Consoante se extrai da legislação material vigente (em especial do teor do artigos 65, 66 e 67, III da Lei 10.406/2002), o *parquet*, em relação as fundações, tem o poder de aprovar ou desaprovar a constituição e/ou alteração de seus estatutos. O art. 764 do CPC/2015, grosso modo, dá vida à parte final do art. 65 do Código Civil Brasileiro. Havendo, portanto, negativa por parte do MP, o interessado poderá, visando a supri-la, "recorrer" ao Poder Judiciário. Trata-se, na verdade, da propositura de ação (de jurisdição voluntária) cujo objeto será o de ver aprovado (ou alterado) o ato constitutivo da espécie de pessoa jurídica.

2. É facultado ao juiz da causa, considerado o "objetivo instituidor" da fundação, determinar que sejam feitas modificações estatutárias hábeis a adaptá-lo ao mesmo.

Art. 765. Qualquer interessado ou o Ministério Público promoverá em juízo a extinção da fundação quando:

I – se tornar ilícito o seu objeto;
II – for impossível a sua manutenção;
III – vencer o prazo de sua existência.

1. Presentes os requisitos legais (elencados pelos incisos do art. 765), o tanto o *parquet*, quanto qualquer outro interessado serão considerados legítimos para a promoção judicial da extinção da fundação.

2. "A sentença que acolher o pedido de extinção determinará o destino dos bens da fundação conforme o que estiver previsto no seu estatuto, ou, se omisso este, conforme a regra geral contida no art. 69 do Código Civil, ou seja, ordenará sua incorporação a outras fundações que se proponham a fins iguais ou semelhantes." (THEODORO JR., Humberto. *Curso de Direito Processual Civil*. 50. ed. Rio de Janeiro: Forense, 2016. p. 696. v. II – versão eletrônica).

Seção XII
Da Ratificação dos Protestos Marítimos e dos Processos Testemunháveis Formados a Bordo

1. "Art. 501 – O capitão é obrigado a ter escrituração regular de tudo quanto diz respeito à administração do navio, e à sua navegação; tendo para este fim três livros distintos, encadernados e rubricados pela autoridade a cargo de quem estiver a matrícula dos navios; pena de responder por perdas e danos que resultarem da sua falta de escrituração regular. Art. 502 – No primeiro, que se denominará – Livro da Carga – assentará diariamente as entradas e saídas da carga, com declaração específica das marcas e números dos volumes, nomes dos carregadores e consignatários, portos da carga e descarga, fretes ajustados, e quaisquer outras circunstâncias ocorrentes que possam servir para futuros esclarecimentos. No mesmo livro se lançarão também os nomes dos passageiros, com declaração do lugar do seu destino, preço e condições da passagem, e a relação da sua bagagem. Art. 503 – O segundo livro será da – Receita e Despesa da Embarcação; e nele, debaixo de competentes títulos, se lançará, em forma de contas correntes, tudo quanto o capitão receber e despender respectivamente à embarcação; abrindo-se assento a cada um dos indivíduos da tripulação, com declaração de seus vencimentos, e de qualquer ônus a que se achem obrigados, e a cargo do que receberem por conta de suas soldadas. Art. 504 – No terceiro livro, que será denominado – Diário da Navegação – se assentarão diariamente, enquanto o navio se achar em algum porto, os trabalhos que tiverem lugar a bordo, e os consertos ou reparos do navio. No mesmo livro se assentará também toda a derrota da viagem, notando-se diariamente as observações que os capitães e os pilotos são obrigados a fazer, todas as ocorrências interessantes à navegação, acontecimentos extraordinários que possam ter lugar a bordo, e com especialidade os temporais, e os danos ou avarias que o navio ou a carga possam sofrer, as deliberações que se tomarem por acordo dos oficiais da embarcação, e os competentes protestos. Art. 505 – Todos os processos testemunháveis e protestos formados a bordo, tendentes a comprovar sinistros, avarias, ou quaisquer perdas, devem ser ratificados com juramento do capitão perante a autoridade competente do primeiro lugar onde chegar; a qual deverá interrogar o mesmo capitão, oficiais, gente da equipagem (artigo nº 545, nº 7) e passageiros sobre a veracidade dos fatos e suas circunstâncias, tendo presente o Diário da Navegação, se houver sido salvo." (Lei 556/1850 – Código Comercial).

2. O Código Comercial, consoante acima demonstrado, atribui ao capitão da embarcação, dentre outros, *a tarefa de documentar os relatos*, ocorridos a bordo, destinados, grosso modo, a comprovar sinistros, avarias ou quaisquer outras perdas pertinentes. O mesmo diploma legal prevê, de outro giro, a necessidade de que os aludidos relatos documentados sejam, oportunamente, ratificados judicialmente (objetivo: para que deixem de figurar como mera de declaração unilateral). O *procedimento especial* em tela fora desenhado, em suma, para operacionalizar a referida exigência.

Art. 766. Todos os protestos e os processos testemunháveis formados a bordo e lançados no livro Diário da Navegação deverão ser apresentados pelo comandante ao juiz de direito do primeiro porto, nas primeiras 24 (vinte e quatro) horas de chegada da embarcação, para sua ratificação judicial.

1. O art. 776, visando a operacionalizar o comando previsto no art. 505 da Lei 556/1850, fixa o prazo de 24 horas para que o "comandante" da embarcação promova a demanda sob comento.

Art. 767. A petição inicial conterá a transcrição dos termos lançados no livro Diário da Navegação e deverá ser instruída com cópias das páginas que contenham os termos que serão ratificados, dos documentos de identificação do comandante e das testemunhas arroladas, do rol de tripulantes, do documento de registro da embarcação e, quando for o caso, do manifesto das cargas sinistradas e a qualificação de seus consignatários, traduzidos, quando for o caso, de forma livre para o português.

1. Ao art. 767 coube estabelecer alguns documentos considerados essenciais para a ação em epígrafe. Dadas as peculiaridades que envolvam a ratificação *sub judice*, o petitório exordial haverá de ser instruído (a) com as cópias que contenham os termos que serão ratificados, (b) documentos de identificação do comandante e das testemunhas arroladas, (c) rol de tripulantes, (d) documento de registro da embarcação e, sendo o caso, com o (e) manifesto das cargas sinistradas e a qualificação de seus consignatários.

Art. 768. A petição inicial deverá ser distribuída com urgência e encaminhada ao juiz, que ouvirá, sob compromisso a ser prestado no mesmo dia, o comandante e as testemunhas em número mínimo de 2 (duas) e máximo de 4 (quatro), que deverão comparecer ao ato independentemente de intimação.

§ 1º Tratando-se de estrangeiros que não dominem a língua portuguesa, o autor deverá fazer-se acompanhar por tradutor, que prestará compromisso em audiência.

§ 2º Caso o autor não se faça acompanhar por tradutor, o juiz deverá nomear outro que preste compromisso em audiência.

1. Outra especialidade procedimental tem assento no art. 768. A oitiva do comandante, bem como das testemunhas arroladas ocorrerá, como regra, no mesmo dia da propositura da demanda. A celeridade decorre, pois, da rotineira necessidade de a embarcação prosseguir viagem.

2. O direito legislado exige que pelo menos 2 testemunhas, para além do comandante, sejam ouvidas para ratificação dos atos documentados a bordo. Trata-se, segundo pensamos, de exigência que, face à eventual escassez de testemunhas, pode ser flexibilizada. Inteligência do art. 768 do CPC/2015.

Art. 769. Aberta a audiência, o juiz mandará apregoar os consignatários das cargas indicados na petição inicial e outros eventuais interessados, nomeando para os ausentes curador para o ato.

1. O juiz nomeará, em benefício dos ausentes, curador especial para representá-los em audiência. No que tange aos demais atos, inexiste, pois, qualquer diferença significativa se comparada a audiência prevista pelo art. 769 aquela disciplinada pelo teor do artigos 358/368 (aplicáveis no que couber).[77]

Art. 770. Inquiridos o comandante e as testemunhas, o juiz, convencido da veracidade dos termos lançados no Diário da Navegação, em audiência, ratificará por sentença o protesto ou o processo testemunhável lavrado a bordo, dispensado o relatório.

Parágrafo único. Independentemente do trânsito em julgado, o juiz determinará a entrega dos autos ao autor ou ao seu advogado, mediante a apresentação de traslado.

1. Colhida a prova testemunhal, o juiz, em audiência, sentenciará o feito. À evidência, e desde que justificadamente, o ato sentencial poderá ser prolatado em momento distinto. Nada obstante a redação legal, o julgador, como é intuitivo, poderá acolher ou rejeitar o pedido ratificatório. O acolhimento depende, em última análise, da comprovação da veracidade daquilo que fora lançado nos livros pertinentes. Convencido disso, pois, o julgador "ratificará" tais anotações (julgando procedente o pedido). Não se mostrando suficiente para tanto a prova produzida, o caso será de improcedência, ou seja, a despeito da existência das anotações feitas a bordo, não carregarão as mesmas a chancela judicial.

2. "No caso temos somente a homologação da declaração prestada pelo comandante no livro Diário de Navegação. A presunção de veracidade das alegações é relativa, podendo ser afastada por qualquer legitimado em ação

[77] Acerca do tema *audiência de instrução e julgamento*, vide: TORRES, Artur. *CPC passado a limpo*: parte geral, procedimento comum e cumprimento de sentença. Porto Alegre: Livraria do Advogado, 2018. p. 301/307. v. I.

própria. A ausência de ratificação judicial do protesto não impede a discussão da matéria. Neste sentido o extinto 1º TAC/SP previu a possibilidade de substituição da ratificação por vistoria particular alfandegária, desde que essa ocorra no desembarque ou ao menos no próprio porto, não sendo, porém, possível a sua realização no armazém, muito tempo após a vistoria alfandegária (1º TAC/SP, 7ª Câmara, Processo nº 9040787-31.1994.8.26.0000, Rel. A. Santini Teodoro)." (MOLICCA, Rogério. *In*: *Código de Processo Civil anotado*. CRUZ E TUCCI, José Rogério *et al*. (Coord.) São Paulo: AASP, 2015. p. 1179/1180).

3. Segundo Elpídio Donizetti, a "ratificação do protesto ou processo testemunhável finaliza o procedimento e garante a ressalva e conservação das pretensões dali eventualmente decorrentes. Não julga, portanto, pedido de caráter declaratório, constitutivo ou condenatório que eventualmente nascerá do fato: apenas exprime, perante a jurisdição, a vontade de realizar prova dele. Daí a determinação de entrega dos autos ao autor ou seu advogado." (DONIZETTI, Elpídio. *Novo Código de Processo Civil Comentado*. São Paulo: Atlas, 2015. p. 574).

LIVRO II
DO PROCESSO DE EXECUÇÃO

TÍTULO I
DA EXECUÇÃO EM GERAL

CAPÍTULO I
DISPOSIÇÕES GERAIS

1. A tutela executiva serve, ao fim e ao cabo, à realização prática do direito. Quer dizer: considerada a vedação à justiça de mão própria, revelando-se necessário à satisfação de certo direito (não satisfeito de maneira espontânea, porém, já estampado em título executivo), o interessado poderá requerer ao Estado-juiz providência jurisdicional capaz de satisfazê-lo *in concreto*. Nessa linha de raciocínio já se afirmou outrora, com razão, que "a necessidade de transformação do mundo físico é a matriz da função jurisdicional executiva (...) Em sede cognitiva, a missão judicial transforma o fato em direito; na execução, o direito, ou seja, a regra jurídica concreta, há de traduzir-se em fatos." (ASSIS, Araken de. *Manual da Execução*. 11. ed. São Paulo: RT, 2007. p. 89).

2. Na prestação jurisdicional *executiva* (dê-se ela de maneira autônoma ou incidental) observa-se, tal e qual ocorre no âmbito da tutela preponderantemente *cognitiva*, uma *linha de desenvolvimento natural*. Da "notificação" do executado (por vezes, mera *intimação* – regra para a execução incidente; por vezes, *citação* – regra para a execução autônoma) à sua extinção, tem-se uma sequência de atos ordenados, destinados, em última análise, à satisfação da obrigação exequenda. À margem das questões inerentes à tutela específica da obrigação (e, principalmente, das peculiaridades relativas as obrigações de (não) fazer e de entregar coisa), uma vez superada a etapa destinada à "notificação", do executado, para satisfazer voluntariamente a obrigação exequenda, penhora-se, avalia-se e, inexistindo remição (por vezes, de bens; por vezes, da execução como um todo), expropria-se, visando, sobretudo, a satisfazer os interesses do exequente. Segundo pensamos, a visão do "todo" (não só aqui, como alhures) inerente a tutela executiva, revela-se indispensável à compreensão do sistema adotado entre nós, uma vez que, diante do detalhamento legislativo (que se agiganta, inexoravelmente, em sede de tutela executiva), perder o "fio da meada" mostra-se, no mais das vezes, tarefa das mais comuns.

3. À prestação jurisdicional executiva (prestada de maneira autônoma ou incidental), como é intuitivo (e também expresso – art. 771 do CPC/2015), aplicam-se, de maneira subsidiária, os valores e princípios que orientam o processo judicial como um todo. Considerada sua razão de ser, contudo, a tutela executiva possui principiologia própria. Revelam-se dignos de nota, nessa seara, os princípios da (a) *autonomia*, (b) *do título*, (c) *da responsabilidade patrimonial*, (d) *do resultado*, (e) *da disponibilidade*, (f) *da adequação*, e, por fim, (g) *da menor gravosidade*, sem prejuízo de outros.

4. Princípio da autonomia. A tutela executiva é inconfundível com as demais ofertadas pelo ordenamento jurídico, nada obstante, não raro, possa ser requerida, e prestada, no mesmo processo em que o fora a tutela cognitiva (sendo essa, inclusive, a regra a ser observada para a satisfação forçada das obrigações estampadas em títulos judiciais – *noção de processo sincrético*). Ainda assim, não há negar, segundo pensamos, a autonomia da pretensão executiva em relação àquela inerente à declaração do reconhecimento de um direito em juízo (fruto, por definição, da tutela do conhecimento). Cada qual, para além de nascer em momento diverso, sujeita-se, inclusive, a prazo prescricional diverso: a prescrição que poderá incidir sobre a possibilidade de se reivindicar em juízo, grosso modo, a declaração de um direito não se confunde, à evidência, com a que poderá ser declarada em relação ao pleito executivo que tenha por objeto esse mesmo direito, já confirmado por "sentença".[78] A despeito dos diversos argumentos que aqui poderiam ser suscitados no afã de justificar o princípio sob comento, por ora, a notícia que se pretende fixar diz, pois, com a noção de que a tutela executiva possui, ao menos do ponto de vista de sua *razão de ser*, vida própria, quer dizer, conceitos, princípios, fundamentos próprios, o que não representa dizer que tramitará, sempre, em autos diversos daqueles em que o título se formou.

5. Princípio do título. *Nulla executio sine titulo*. A despeito do atual debate acerca do tema (fundado na redação atribuída à parte final do art. 771, *caput*),[79] encontra-se mantido entre nós, à luz do CPC/2015, o princípio do título (elemento necessário e suficiente a toda e qualquer execução). Todas as possibilidades ensejadoras de legítima tutela executiva encontram fundamento na certeza, na liquidez e na exigibilidade de determinada posição jurídica. Não há negar, ainda que no âmbito do *cumprimento de sentença*, ser ele (o título executivo) requisito indispensável à realização de toda e qualquer execução (autônoma ou não), sendo essa, inclusive, a adjetivação que lhe confere a lei (Capítulo IV, Título I, Livro II da Parte Especial do CPC/2015).

6. Princípio da responsabilidade patrimonial. A responsabilidade civil encontra limite no patrimônio do devedor ou do responsável pela satisfação da obrigação. Segundo expresso texto de lei (vide art. 789 do CPC/2015), o devedor responde com todos os seus bens, "presentes e futuros", por suas obrigações, ressalvadas as restrições legais. Apenas episodicamente é que o direito pátrio admite a coerção *pessoal* (arts. 911 e 528, ambos do CPC/2015 – Execução de Alimentos).

---

[78] Acerca do tema sentença, vide: TORRES, Artur. *Sentença, Coisa Julgada e Recursos Cíveis Codificados*: de acordo com as Leis 13.105/2015 e 13.256/2016. Porto Alegre: Livraria do Advogado, 2017. p. 24/47.

[79] "O CPC/2015 admite execução fundada em título executivo, ou não". (MEDINA, José Miguel Garcia. *Direito Processual Civil Moderno*. São Paulo: RT, 2015. p. 915).

7. Princípio do resultado/utilidade da execução. Art. 836 do CPC/2015. A tutela executiva, consoante anunciado alhures, serve à satisfação do exequente, contudo, prevê o artigo acima referido que não "se levará a efeito a penhora quando ficar evidente que o produto da execução dos bens encontrados será totalmente absorvido pelo pagamento das custas da execução". Extrai-se, daí, historicamente, o princípio sob comento. Os atos executivos (em sentido largo) devem, no mínimo, retratar a possibilidade de obtenção de resultado prático em relação à tutela requerida, cumprindo, ainda que parcialmente, com sua razão de ser: satisfazer o credor. À margem desse desiderato, ou seja, não sendo hábeis a tanto, deverão ser indeferidos ou revogados. A aplicação do princípio em tela não se limita a hipótese prevista pelo art. 836.

8. Princípio da disponibilidade. O princípio sob comento deve, para sua melhor compreensão, ser examinado, pelo menos, a partir de dois distintos enfoques. Num primeiro deles, vale lembrar que a tutela executiva (autônoma ou sincrética) depende, por definição, de ato volitivo do interessado. Portanto, não há, no processo civil pátrio, à exemplo do que ocorre no processo do trabalho, falar em execução de ofício, dependendo ela de manifestação do interessado. Nessa quadra, como é intuitivo, parte-se de um olhar vinculado ao pedido de tutela executiva; num segundo, *fundado na desistência do pedido de tutela executiva*, o princípio sob comento, à evidência, também se faz sentir. A desistência da ação autônoma de execução, do pedido de *cumprimento de sentença*, ou de qualquer outro ato inerente ao pleito executivo, não depende de anuência alheia, competindo tão somente ao "exequente", por ocasião de juízo de conveniência próprio, gozar tal prerrogativa (vide art. 775 do CPC/2015). Isso se dá, pois, em respeito ao princípio dispositivo.

9. Princípio da adequação. Com base no *direito fundamental à tutela adequada*, é possível afirmar que a tutela executiva, espécie de tutela jurisdicional que é, encontra-se adstrita ao princípio sob comento. A legislação processual tratou, em homenagem ao direito fundamental supra referido, e considerada a natureza da obrigação executada (pagar quantia certa, entregar coisa, fazer, não fazer), de desenhar "procedimentos" distintos para a satisfação de cada qual, uma vez que o ordenamento jurídico pátrio garante ao credor, vale recordar, o direito à tutela específica da obrigação. O tema, todavia, tem servido de lastro para fervoroso debate processual, objeto de aprofundamento oportuno. Motivo: o teor do art. 193, IV do CPC/2015. Há quem sustente que dele se possa extrair a adoção, entre nós, de um regime de *execução atípica*, no sentido de permitir ao julgador, considerado o caso concreto, ignorar o conteúdo do Livro II da Parte Especial, (re)desenhando, por completo, o rito a ser observado para a satisfação do exequente. Será possível?

10. Princípio da menor gravosidade para o executado. Em que pese servir ao exequente, a tutela executiva não tem por objetivo, consoante sabido aos quatro cantos, o "massacre" do devedor. Assim sendo, o CPC/2015 preconiza, "em alto e bom tom", que, quando "por vários meios o exequente puder promover a execução, o juiz mandará que se faça pelo modo menos gravoso para o executado." Consoante abaixo referido (comentários ao art. 805), o legislador, embora atento ao princípio em tela, inovou em relação ao CPC/73 (que, também, já o retratava em seu art. 620), impondo ao executado que o alegar a indicação de "outros meios mais eficazes e menos onerosos" capazes de tornar efetiva a tutela executiva, "pena de manutenção dos atos executivos já determinados."

Art. 771. Este Livro regula o procedimento da execução fundada em título extrajudicial, e suas disposições aplicam-se, também, no que couber, aos procedimentos especiais de execução, aos atos executivos realizados no procedimento de cumprimento de sentença, bem como aos efeitos de atos ou fatos processuais a que a lei atribuir força executiva.

Parágrafo único. Aplicam-se subsidiariamente à execução as disposições do Livro I da Parte Especial.

1. Ao Livro II da Parte Especial do CPC/2015 coube disciplinar o procedimento da execução fundada em título extrajudicial (vide rol do art. 784), hipótese em que a tutela executiva é prestada mediante propositura de demanda própria, com o específico fito.

2. A tutela executiva dos títulos judiciais, por sua vez, encontra-se adstrita ao regime estabelecido para o *cumprimento de sentença* (arts. 513/538), ao qual se aplica, subsidiariamente, os ditames do Livro sob comento. (TORRES, Artur. *CPC passado a limpo*: parte geral, procedimento comum e cumprimento de sentença. Porto Alegre: Livraria do Advogado, 2018. p. 403/442. v. I).

3. Aplica-se o regramento sob comento, outrossim, aos procedimentos especiais de execução, bem como aos atos ou fatos processuais a que a lei atribua força executiva.

4. Ao processo autônomo de execução, aplicam-se, subsidiariamente, as prescrições que regem o *procedimento comum* e o *cumprimento de sentença.*

Art. 772. O juiz pode, em qualquer momento do processo:

I – ordenar o comparecimento das partes;

II – advertir o executado de que seu procedimento constitui ato atentatório à dignidade da justiça;

III – determinar que sujeitos indicados pelo exequente forneçam informações em geral relacionadas ao objeto da execução, tais como documentos e dados que tenham em seu poder, assinando-lhes prazo razoável.

1. Consoante anunciado por ocasião dos comentários aos denominados "vetores do CPC/2015" (em especial ao teor de seus primeiros onze artigos), não pode surpreender a afirmativa de que ao julgador incumbe, por definição, zelar pela melhor prestação jurisdicional. (TORRES, Artur. *CPC passado a limpo*: parte geral, procedimento comum e cumprimento de sentença. Porto Alegre: Livraria do Advogado, 2018. p. 25/35. v. I.) No afã de cumprir seu mister, o legislador faculta ao julgador uma série de providências capazes de, em tese, contribuir para com o cumprimento de tal diretriz. Faculta-se-lhe, dentre outros, (a) determinar, a qualquer tempo, o comparecimento das partes em juízo (exequente/executado), para que contribuam com a entrega da melhor prestação jurisdicional possível, independentemente da posição processual que ocupem; (b) advertir o executado, preventiva ou repressivamente, de que determinada conduta constitui ato atentatório à dignidade da justiça (sendo, portanto, passível de punição); bem como (c) determinar que terceiros, indicados pelo exequente, forneçam informações acerca do objeto da execução, assinando-lhes prazo razoável para, sendo o caso, auxiliarem o juízo.

2. O teor do inciso II encontra eco (leia-se: é plenamente compatível) no âmbito dos artigos 5º e 6º, primeira parte, do CPC/2015, cujo "pano de fundo" diz com a atuação "ética" que se exige dos participantes do processo. Acerca do tema, alhures, afirmamos que o "legislador, (...), prega a realização de um processo colaborativo (bem distante, ainda hoje, do estado da arte), exigindo, pois, evidente mudança de postura daqueles que vivem o dia a dia forense. Parece-nos que a melhor interpretação do artigo sob comento seja a de que os litigantes não possam deixar de colaborar, jamais, com o Estado-juiz, contribuindo, também entre si, nos limites de seus interesses, uma vez que, consoante conhecido ditado jurídico, o direito não pode exigir do jurisdicionado que 'exerça função herói'." (TORRES, Artur. *CPC passado a limpo*: parte geral, procedimento comum e cumprimento de sentença. Porto Alegre: Livraria do Advogado, 2018. p. 30. v. I). O art. 774, exemplificativamente, inventaria algumas das condutas que merecem, no cenário sob comento, censura judiciária.

3. O teor do inciso III representa, no espectro da prestação jurisdicional executiva, corolário do dever que alcança os jurisdicionados, à integralidade: *ninguém pode se eximir, via de regra, de colaborar para a melhor prestação jurisdicional*, nada obstante sua condição de terceiro em relação ao feito. O descumprimento de ordem judicial emanada nesse sentido é, por definição, passível de punição.

Art. 773. O juiz poderá, de ofício ou a requerimento, determinar as medidas necessárias ao cumprimento da ordem de entrega de documentos e dados.

Parágrafo único. Quando, em decorrência do disposto neste artigo, o juízo receber dados sigilosos para os fins da execução, o juiz adotará as medidas necessárias para assegurar a confidencialidade.

1. É inerente ao poder jurisdicional, no afã de ver concretizada (essa ou qualquer outra) ordem de apresentação de dados ou documentos (ou com objeto diverso), determinar as medidas a serem observadas, no intuito de ver mundanamente concretizado o comando judicial.

2. Face à obtenção de dados sigilosos que sirvam à execução (recebidos por decorrência da colaboração de terceiro ou mediante operacionalização de medidas determinadas pelo juiz – *por exemplo, busca e apreensão*), o julgador diligenciará em manter a confidencialidade das informações se assim o exigir a matéria e/ou o interesse dos envolvidos.

Art. 774. Considera-se atentatória à dignidade da justiça a conduta comissiva ou omissiva do executado que:

I – frauda a execução;

II – se opõe maliciosamente à execução, empregando ardis e meios artificiosos;

III – dificulta ou embaraça a realização da penhora;

IV – resiste injustificadamente às ordens judiciais;

V – intimado, não indica ao juiz quais são e onde estão os bens sujeitos à penhora e os respectivos valores, nem exibe prova de sua propriedade e, se for o caso, certidão negativa de ônus.

Parágrafo único. Nos casos previstos neste artigo, o juiz fixará multa em montante não superior a vinte por cento do valor atualizado do débito em execução, a qual será revertida em proveito do exequente, exigível nos próprios autos do processo, sem prejuízo de outras sanções de natureza processual ou material.

1. Ao art. 774 coube, mediante a apresentação de rol exemplificativo, inventariar algumas das ações e/ou omissões consideradas, pelo CPC/2015, atentatórias à dignidade da justiça. Vale lembrar que, segundo o sistema codificado, a prática de atos dessa natureza encontram-se sujeitos a sanção processual.

2. Considera-se atentatório à dignidade da justiça, por definição legal, sem prejuízo de outros destinados a frustrar a melhor prestação jurisdicional, a (a) fraude à execução; (b) a oposição maliciosa ao sucesso da execução; (c) as ações ou omissões do executado capazes de dificultar ou causar embaraço à realização da penhora; (d) a resistência injustificada ao cumprimento das ordens judiciais; (e) o silêncio do executado quando, devidamente intimado, deixa de indicar quais são e onde estão os bens sujeitos à penhora, e seus respectivos valores, bem como, quando deixa de exibir prova de sua propriedade e, sendo o caso, certidão negativa de ônus.

3. Ato atentatório à dignidade da justiça. Punição. É passível de multa, no limite de 20% do valor atualizado do débito, a ação e/ou omissão do executado que vise a frustrar o sucesso do pleito executivo. A multa, sendo o caso, será revertida ao exequente, sendo passível de execução nos próprios autos em que fora fixada.

Art. 775. O exequente tem o direito de desistir de toda a execução ou de apenas alguma medida executiva.

Parágrafo único. Na desistência da execução, observar-se-á o seguinte:

I – serão extintos a impugnação e os embargos que versarem apenas sobre questões processuais, pagando o exequente as custas processuais e os honorários advocatícios;

II – nos demais casos, a extinção dependerá da concordância do impugnante ou do embargante.

1. A tutela executiva serve, por definição, ao exequente. A ele é facultado, independentemente de concordância alheia, desistir do pedido executivo (seja da ação autônoma executiva sob comento, seja do pedido de *cumprimento de sentença,* examinado no volume I deste trabalho), total ou parcialmente, ou, ainda, tão somente de uma ou algumas medidas executivas (por exemplo, o exequente desiste da penhora de certo bem da vida).

2. Ação executiva. Desistência. Consequências processuais. Ao executado é facultado, visando a se opor à execução ilegítima, oferecer demanda própria destinada a tanto. Em se tratando de execução fundada em título extrajudicial, a resistência do executado ocorrerá mediante o manejo de *embargos à execução* (arts. 914/920, que será distribuído por dependência ao processo de execução). Versando estes tão somente sobre questões processuais, a desistência da execução ensejará sua imediata extinção, hipótese em que o exequente (réu nos embargos à execução – o embargado) será condenado ao pagamento das custas judiciais, bem como de honorários advocatícios em favor dos patronos do executado (autor nos embargos à execução – o embargante).

3. Ação executiva. Desistência. Consequências processuais. Quando, todavia, os embargos à execução não se limitarem a debater questões processuais, a despeito da desistência do pleito executivo (reitere-se: que não depende de concordância alheia), a extinção dos embargos à execução dependerá, necessariamente, da anuência do embargado.

4. Vale lembrar: "A desistência da execução ou de alguma das medidas executivas não importa renúncia ao direito a executar. Vale dizer: não implica renúncia aos 'valores contemplados no título." (STJ, 2ª Turma, Resp 715.692/SC, j. em 16.06.2005, DJ 15.08.2005. p. 285).

Art. 776. O exequente ressarcirá ao executado os danos que este sofreu, quando a sentença, transitada em julgado, declarar inexistente, no todo ou em parte, a obrigação que ensejou a execução.

1. Denomina-se sentença, pois, o pronunciamento judicial que põe fim ao processo de execução, consoante expressa previsão do art. 203, § 1º, do CPC/2015.[80] Dentre as suas possibilidades, o julgado pode declarar inexistente, parcial ou totalmente, a obrigação que serviu de alicerce à propositura da demanda executiva. Ao artigo sob comento coube, visando a afastar quaisquer dúvidas, reafirmar a (ampla e irrestrita) responsabilidade (objetiva) do exequente pela execução que promove, destacando seu dever de ressarcir o executado, pelos danos a que se sujeitou, nos casos em que o pleito executivo se afigure infundado.

Art. 777. A cobrança de multas ou de indenizações decorrentes de litigância de má-fé ou de prática de ato atentatório à dignidade da justiça será promovida nos próprios autos do processo.

1. Eventuais punições pecuniárias a que forem submetidas as partes serão cobradas nos próprios autos em que fixadas. O teor do art. 777 deve ser observado, inclusive, para a cobrança da indenização oriunda da incidência do comando contido no art. 776.

[80] Acerca do tema, vide: TORRES, Artur. *Sentença, Coisa Julgada e Recursos Cíveis Codificados*: de acordo com as Leis 13.105/2015 e 13.256/2016. Porto Alegre: Livraria do Advogado, 2017. p. 24/47.

CAPÍTULO II
DAS PARTES

Art. 778. Pode promover a execução forçada o credor a quem a lei confere título executivo.

§ 1º Podem promover a execução forçada ou nela prosseguir, em sucessão ao exequente originário:

I – o Ministério Público, nos casos previstos em lei;

II – o espólio, os herdeiros ou os sucessores do credor, sempre que, por morte deste, lhes for transmitido o direito resultante do título executivo;

III – o cessionário, quando o direito resultante do título executivo lhe for transferido por ato entre vivos;

IV – o sub-rogado, nos casos de sub-rogação legal ou convencional.

§ 2º A sucessão prevista no § 1º independe de consentimento do executado.

1. Legitimidade ativa (originária e subsidiária). Tem legitimidade (originária) para promover o pedido de tutela jurisdicional executiva aquele "a quem a lei confere título executivo". Legitimam-se, outrossim, a requerê-la ou nela prosseguir (subsidiariamente), sucedendo o legitimado originário, (a) o *parquet*, havendo previsão legal autorizativa; (b) o espólio, os herdeiros ou os sucessores do credor, sempre que, por morte do exequente, lhes for transmitido o direito resultante do título executivo; (c) o cessionário, quando o direito resultante do título executivo lhe for transferido por ato entre vivos e; por fim, (d) o sub-rogado, nos casos de sub-rogação legal ou convencional. As hipóteses de sucessão acima inventariadas não dependem de consentimento do executado.

2. Acerca da atuação do Ministério Público no processo civil, vide: TORRES, Artur. *CPC passado a limpo*: parte geral, procedimento comum e cumprimento de sentença. Porto Alegre: Livraria do Advogado, 2018. p. 168/171. v. I.

Art. 779. A execução pode ser promovida contra:

I – o devedor, reconhecido como tal no título executivo;

II – o espólio, os herdeiros ou os sucessores do devedor;

III – o novo devedor que assumiu, com o consentimento do credor, a obrigação resultante do título executivo;

IV – o fiador do débito constante em título extrajudicial;

V – o responsável titular do bem vinculado por garantia real ao pagamento do débito;

VI – o responsável tributário, assim definido em lei.

1. Legitimidade passiva. Ao artigo sob comento coube disciplinar a *legitimidade passiva* no processo de execução. A demanda deve ser promovida, como regra, em face do (a) devedor, reconhecido como tal no título que ampara o pedido. A demanda, contudo, consideradas as peculiaridades do caso concreto, poderá ser manejada em desfavor do (b) espólio, dos herdeiros ou dos sucessores do devedor, em caso de falecimento do mesmo; (c) do "novo" devedor (aquele que, mediante o consentimento do credor, passou a figurar na aludida condição); (d) do fiador, cuja a aludida posição jurídica encontre-se estampado em título extrajudicial; (e) do responsável titular do bem vinculado por garantia real ao pagamento do débito ou, ainda; (f) do responsável tributário, tal e qual definido em lei.

2. "O fiador extrajudicial garante atos de direito material – e não processual, como é o caso do fiador judicial – por força de lei ou convenção. O fiador extrajudicial (convencional ou legal), ao contrário do judicial, somente pode integrar o polo passivo da execução se figurar em título executivo extrajudicial ou, no caso de cumprimento de sentença, se tiver participado da fase de conhecimento (art. 513, § 5º, NCPC). Em síntese, o fiador extrajudicial (legal ou convencional) deve figurar no título executivo, judicial ou extrajudicial. (...) Com o advento dessa nova regra, a execução poderá ser promovida diretamente contra o responsável garantidor, destacando-se, quanto ao fiador, que lhe assiste em matéria de defesa o benefício de ordem sempre que não houver expressamente renunciado (art. 794, *caput*, e § 3º, NCPC)." (DONIZETTI, Elpídio. *Novo Código de Processo Civil Comentado*. São Paulo: Atlas, 2015. p. 581).

3. Consoante enunciado aprovado na I Jornada de Direito Processual Civil, ocorrida na cidade Brasília (24 e 25 de agosto de 2017), "A execução pode ser promovida apenas contra o titular do bem oferecido em garantia real, cabendo, nesse caso, somente a intimação de eventual coproprietário que não tenha outorgado a garantia." (Enunciado 97).

Art. 780. O exequente pode cumular várias execuções, ainda que fundadas em títulos diferentes, quando o executado for o mesmo e desde que para todas elas seja competente o mesmo juízo e idêntico o procedimento.

1. Ao artigo 780 coube legitimar a cumulação de pleitos executivos. Ao fazê-lo, grosso modo, optou por valer-se dos mesmos requisitos exigidos para a cumulação de demandas de natureza preponderantemente *cognitiva*. O tema, no aludido cenário, fora enfrentado pelos arts. 326/327. Acerca da classificação das cumulações (cumulação *simples*. cumulação *eventual*), vide: TORRES, Artur. *CPC passado a limpo*: parte geral, procedimento comum e cumprimento de sentença. Porto Alegre: Livraria do Advogado, 2018. p. 270/271. v. I.

2. Cumulação de ações executivas. Requisitos. É facultado ao exequente, revelando-se idêntico o juízo competente para processar e julgar cada um dos pleitos executivos sujeitos ao mesmo procedimento, cumular, em face do mesmo devedor, tantas quantas demandas interessar.

CAPÍTULO III
DA COMPETÊNCIA

Art. 781. A execução fundada em título extrajudicial será processada perante o juízo competente, observando-se o seguinte:

I – a execução poderá ser proposta no foro de domicílio do executado, de eleição constante do título ou, ainda, de situação dos bens a ela sujeitos;

II – tendo mais de um domicílio, o executado poderá ser demandado no foro de qualquer deles;

III – sendo incerto ou desconhecido o domicílio do executado, a execução poderá ser proposta no lugar onde for encontrado ou no foro de domicílio do exequente;

IV – havendo mais de um devedor, com diferentes domicílios, a execução será proposta no foro de qualquer deles, à escolha do exequente;

V – a execução poderá ser proposta no foro do lugar em que se praticou o ato ou em que ocorreu o fato que deu origem ao título, mesmo que nele não mais resida o executado.

1. É pressuposto lógico à abordagem do tema a noção de que, dentre outras funções, compete ao Estado realizar atividade formal dirigida à concretização do ordenamento jurídico (ROSEMBERG, Leo. *Da Jurisdição no Processo Civil*. p. 71). Eis a dita função/atividade jurisdicional. "Costuma-se dizer, para definir a competência, que a jurisdição é o poder de julgar, conferido aos juízes e tribunais, e que a competência é a medida da jurisdição, vale dizer, a porção dela atribuída pela lei a cada magistrado, ou aos tribunais colegiados ou a porções fracionárias destes, para apreciar e julgar determinada causa" (SILVA, Ovídio Baptista da. *Curso de Processo Civil*. p. 40). Consoante a consagrada lição de Liebman, ainda, *competência* representa a "quantidade de jurisdição cujo exercício é atribuído a cada órgão ou grupo de órgãos" integrantes do Poder Judiciário (LIEBMAN, Enrico Tullio. *Manual de direito processual civil*. 2. ed. Rio de Janeiro: Forense, 1985. p. 55).[81] A medida da jurisdição, entre nós, é distribuída por disposições constitucionais, processuais, de organização judiciária e regimentais, comportando, pois, inúmeras classificações. O ordenamento pátrio submete os distintos *critérios* utilizados para distribuição da competência (*objetivo,*[82] *funcional*[83] *e territorial*) aos regimes, a saber: o da *(in)competência absoluta* (*informado pelo interesse público numa mais eficiente e organizada administração da justiça*) e o da *(in)competência relativa* (*informado pela facilitação do acesso à justiça*). (LIEBMAN, Enrico Tulio. *Manuale di Diritto Processuale Civile*. 4. ed. Milão: Giuffrè, 1980. p. 74). A violação de regra adstrita ao sistema de (in)competência absoluta (por exemplo, aquelas previstas pelo teor do art. 62), para além do dever de apontamento oficioso, não se submete ao regime da preclusão, inadmitindo-se, pois, sua prorrogação. Incumbe à parte, nos casos em que se omita o juízo, alegá-la na primeira oportunidade de se manifestar nos autos; já os casos de violação à regra sujeita ao regime da (in)competência relativa devem ser apreciados, tão somente, a requerimento da parte prejudicada, pena de prorrogação da mesma (art. 65 do CPC/2015). Tais violações devem ser suscitadas pelo réu, no âmbito do processo de conhecimento, preliminar de contestação (o que, à evidência, não se aplica ao processo de execução).

---

[81] Especificamente acerca dos "Limites da Jurisdição Brasileira", vide: LIEBMAN, Enrico Tullio. *Estudos sobre o processo civil brasileiro*. p. 11/22.

[82] Competência em razão do valor, da matéria, da pessoa etc.

[83] Em razão de "exigências especiais das funções que se chama o magistrado a exercer no processo" e que também podem tomar por base a territorialidade ("territorial funcional"). (CHIOVENDA, Giuseppe. *Instituições de Direito Processual Civil*. p. 680).

2. Ao artigo 781 coube disciplinar a competência (interna) para processar e julgar o processo autônomo de execução (oriundo de um pedido de tutela executiva fundada em obrigação estampada em título executivo extrajudicial). Seus incisos, ao que tudo indica, não estabelecem uma ordem a ser observada. O tema (*prioridade de foro*), em especial no que diz com o conteúdo do inciso I, revela-se espinhoso, e, a ele, retornaremos abaixo. Em relação aos demais, vejamos: o teor dos incisos II e III escapam, como é intuitivo, do debate acerca da *prioridade de foro*, uma vez que a aplicação de ambos resta condicionada. No primeiro caso, a constatação da existência de mais de um "domicílio" do executado; no segundo, a incerteza ou ao desconhecimento do domicílio do demandado. A norma extraível do teor do inciso IV, outrossim, não oferece maior dificuldade hermenêutica: havendo pluralidade de legitimados passivos e, possuindo eles domicílio em lugar diverso, incumbe ao exequente optar por quaisquer deles para promover o pleito sob comento. O teor do inciso V goza, pois, de idêntico grau de dificuldade compreensiva: quase nenhum. Já o teor do inciso I merece, consoante anotado acima, reflexão mais detida, conduzida, pois, pela indagação, a saber: há ordem interna nele prevista ou é livre a eleição do exequente por quaisquer dos foros ali previstos?

3. Parece-nos, visando a resolver estruturalmente o problema, indispensável, desde logo, alocar a competência apontada pelo inciso I (art. 781) dentre os *critérios* observados pelo direito pátrio: trata-se, salvo melhor juízo, de competência que observa o critério *territorial* e, assim sendo, sujeita, via de regra, ao *regime da competência relativa*, por definição, prorrogável. Seguida tal lógica, revela-se *razoável* a afirmação de que, ao exequente, *in concreto*, é facultado optar por quaisquer das possibilidades que lhe confere o legislador, cabendo ao demandado (no caso, executado) insurgir-se a eleição, pena de prorrogação. Essa, a rigor, a solução "técnica" mais identificada com "o todo" sistêmico. Em se tratando de tutela executiva, face à insurgência do executado (objeto de petição simples, nos próprios autos da execução), a livre escolha, segundo pensamos, se afigura legítima somente nos casos que não cause "maior" prejuízo ao executado (interpretação larga do *princípio da menor gravosidade*). Segundo sustentamos, *não há*, por ocasião da ordem redacional atribuída ao inciso sob comento, *ordem interna a ser observada*,[84] nada obstante sejamos obrigados a reconhecer, em determinados casos (e, aqui, despontam suas peculiaridades), a dificuldade de aceitação da prevalência do foro do *domicílio do executado*, mesmo quando exista cláusula (não abusiva) de *eleição de foro*, pactuada em fiel observância ao ordenamento pátrio.

4. "(...) estes foram os principais objetivos do art. 781 do CPC/2015, especialmente do inc. I, deixando claro, de um lado, que as regras de competência estabelecidas neste momento são para os títulos extrajudiciais, separando daquelas voltadas para os títulos judiciais (cujo regramento está no art. 515 do CPC/2015) e, de outro, que existe uma competência dinâmica em relação ao

[84] Neste mesmo sentido: "Ressalte-se que o NCPC não estabelece nenhuma ordem de preferência, podendo a execução ser promovida no foro que melhor atenda aos interesses do exequente." (DONIZETTI, Elpídio. *Novo Código de Processo Civil Comentado*. São Paulo: Atlas, 2015. p. 582).

foro, ficando o regime de opção entre o domicílio do executado, de eleição, ou do local onde se encontram os bens sujeitos à constrição (...). Assim, o CPC de 2015 mantém o regime de opção para os títulos extrajudiciais, tendo em vista que a execução poderá ser proposta, como regra, no foro do domicílio do réu, ou outros com maiores chances de êxito para o exequente." (ARAÚJO, José Henrique Mouta. *In:* WAMBIER, Teresa Arruda *et al. Breves Comentários ao Novo Código de Processo Civil*. São Paulo: RT, 2015. p. 1790/1791).

5. Acerca dos regimes de *competência* (absoluta ou relativa), para além do âmbito executivo, vide: TORRES, Artur. *CPC passado a limpo*: parte geral, procedimento comum e cumprimento de sentença. Porto Alegre: Livraria do Advogado, 2018. p. 71 e seguintes. v. I.

Art. 782. Não dispondo a lei de modo diverso, o juiz determinará os atos executivos, e o oficial de justiça os cumprirá.

§ 1º O oficial de justiça poderá cumprir os atos executivos determinados pelo juiz também nas comarcas contíguas, de fácil comunicação, e nas que se situem na mesma região metropolitana.

§ 2º Sempre que, para efetivar a execução, for necessário o emprego de força policial, o juiz a requisitará.

§ 3º A requerimento da parte, o juiz pode determinar a inclusão do nome do executado em cadastros de inadimplentes.

§ 4º A inscrição será cancelada imediatamente se for efetuado o pagamento, se for garantida a execução ou se a execução for extinta por qualquer outro motivo.

§ 5º O disposto nos §§ 3º e 4º aplica-se à execução definitiva de título judicial.

1. O julgador, na condição de "gestor" do processo, é o responsável por determinar (por vezes, mediante provocação; por vezes, *ex officio*) os atos executivos a serem observados *in concreto*. O cumprimento, via de regra, fica a cargo do *meirinho*, que se encontra habilitado a realizar seu mister, inclusive, nas comarcas vizinhas, bem como naquelas que se situam em idêntica região metropolitana, ainda que não avizinhadas diretamente. Exemplo: nada obstante lotado na comarca de Porto Alegre/RS, por determinação do juiz, pode o oficial de justiça arrestar bens do devedor que se encontrem na comarca de São Leopoldo/RS, município integrante da *grande Porto Alegre*.

2. No afã de tornar efetivo seu comando, o julgador pode, sendo necessário, requisitar força policial. Trata-se, pois, da mão forte do Estado na busca pela prestação da melhor jurisdição. Uma vez emanada, ainda que "na força", as determinações judiciais hão de ser observadas. A "força" que ora se alude é, em última análise, a que deriva da imposição "física" da autoridade policial. À guisa de exemplo, imagine-se, pois, que o executado impeça o oficial de justiça de bem realizar seu ofício, negando seu acesso ao estabelecimento empresarial em que se encontram os bens sujeitos à penhora. Cabe a força policial, como derradeiro expediente, garantir as condições para que o *meirinho* faça valer o gravame processual sob comento.

3. Visando a constranger o executado a satisfazer a obrigação que deu ensejo ao pleito executivo, o CPC/2015 passa a permitir, enquanto técnica processual, que, a requerimento, o julgador determine a inclusão do nome do executado em cadastro restritivo de crédito, devendo tal anotação, de imediato, ser cancelada por ocasião (a) da comprovação da satisfação da obrigação executada, (b) da garantia do juízo ou, ainda, (c) da extinção do pleito executivo (fundada em título judicial ou extrajudicial), independentemente de sua motivação.

4. Consoante enunciado aprovado junto à I Jornada de Direito Processual Civil, ocorrida na cidade Brasília (24 e 25 de agosto de 2017), "O artigo 782, § 3°, não veda a possibilidade de o credor ou mesmo do órgão de proteção ao crédito fazer a inclusão extrajudicial do nome do executado em cadastros de inadimplentes." (Enunciado 98).

5. Consoante enunciado aprovado na I Jornada de Direito Processual Civil, ocorrida na cidade Brasília (24 e 25 de agosto de 2017), "A inclusão do nome do executado em cadastros de inadimplentes poderá se dar na execução definitiva de título judicial ou extrajudicial." (Enunciado 99).

CAPÍTULO IV
DOS REQUISITOS NECESSÁRIOS PARA REALIZAR QUALQUER EXECUÇÃO

Seção I
Do Título Executivo

Art. 783. A execução para cobrança de crédito fundar-se-á sempre em título de obrigação certa, líquida e exigível.

1. O pedido de tutela jurisdicional executiva (autônomo ou incidente) tem por fundamento a existência de título executivo (extrajudicial ou judicial). Revelam-se notas caracterizadoras do "documento" hábil a ensejá-lo, segundo o ordenamento vigente: a *certeza*, a *liquidez* e a *exigibilidade* da obrigação nele estampada.

2. "(...) título executório, ato que se apresenta como condição necessária e suficiente, não só para iniciar, mas também para conduzir a seu termo a execução (...) contém acumulada – digamos assim – em si mesmo, toda energia necessária para que o credor possa eficazmente exigir e o órgão público possa efetivamente desenvolver a atividade destinada a atingir o resultado prático que, pelo teor do próprio título, se deve considerar conforme o direito." (LIEBMAN, Enrico Tullio. *Estudos sobre o Processo Civil Brasileiro.* São Paulo: Bestbook, 2004. p. 44).

3. Certeza. "Obrigação *certa é* aquela definida, aquela que existe suficientemente para fins de execução, aquela que define, suficientemente, os elementos *subjetivos* e *objetivos* da obrigação, isto é, quem é o credor, quem é o devedor (...), o que se deve, quanto se deve e quando se deve (...)" (BUENO, Cássio Scarpinella. *Curso sistematizado de direito processual civil*: tutela executiva. 3 ed. São Paulo: Saraiva, 2010. p. 104); "O direito do credor 'é certo quando o título não deixa dúvida em torno de sua existência (...)' (CARNELUTTI, Francesco. p. 164); "Não está a certeza, portanto, no plano da vontade ulterior das partes, mas na convicção que o órgão judicial tem de formar diante do documento que lhe é exibido pelo credor. (...) A *certeza* que permite ao juiz expedir o mandado executivo é a *resultante* do documento judicial ou de outros documentos que a lei equipare à sentença condenatória." (THEODORO JR., Humberto. *Curso de Direito Processual Civil*. 39. ed. Rio de Janeiro: Forense, 2006, v. III. p. 149).

4. Liquidez. "A liquidez importa expressa determinação do objeto da obrigação"; "Mas, quanto ao título extrajudicial, ele ou é líquido, e portanto, título; ou não é líquido, e, por isso, escapa ao gabarito de título executivo." (ASSIS, Araken de. *Manual da execução*. 11. ed. Porto Alegre: RT, 2007. p. 150/151).

5. Exigibilidade. Há "exigibilidade, quando o seu pagamento não depende de termo ou condição, nem está sujeito a outras limitações". (THEODORO JR., Humberto. *Curso de Direito Processual Civil*. 39. ed. Rio de Janeiro: Forense, 2006, v. III. p. 149); "Obrigação exigível é aquela que é passível de cumprimento porque não sujeita a nenhuma condição ou termo." (BUENO, Cássio Scarpinella. *Curso sistematizado de direito processual civil*: tutela executiva. 3 ed. São Paulo: Saraiva, 2010. p. 104).

6. "Vale dizer, o título deve necessariamente expressar certeza, liquidez e exigibilidade da obrigação a que visa executar: CERTEZA diz respeito à existência da obrigação; LIQUIDEZ, corresponde à determinação do valor ou da individuação do objeto da obrigação, conforme se trate de obrigação de pagar em dinheiro, de entrega de coisa, de fazer ou não fazer; EXIGIBILIDADE tem o sentido de que a obrigação, que se executa, não depende de termo ou condição, nem está sujeita a outras limitações." (SANTOS, Moacyr Amaral. *Primeiras Linhas de Direito Processual Civil*. São Paulo: Saraiva, 2003. p. 229. v. 3).

Art. 784. São títulos executivos extrajudiciais:

I – a letra de câmbio, a nota promissória, a duplicata, a debênture e o cheque;

II – a escritura pública ou outro documento público assinado pelo devedor;

III – o documento particular assinado pelo devedor e por 2 (duas) testemunhas;

IV – o instrumento de transação referendado pelo Ministério Público, pela Defensoria Pública, pela Advocacia Pública, pelos advogados dos transatores ou por conciliador ou mediador credenciado por tribunal;

V – o contrato garantido por hipoteca, penhor, anticrese ou outro direito real de garantia e aquele garantido por caução;

VI – o contrato de seguro de vida em caso de morte;

VII – o crédito decorrente de foro e laudêmio;

VIII – o crédito, documentalmente comprovado, decorrente de aluguel de imóvel, bem como de encargos acessórios, tais como taxas e despesas de condomínio;

IX – a certidão de dívida ativa da Fazenda Pública da União, dos Estados, do Distrito Federal e dos Municípios, correspondente aos créditos inscritos na forma da lei;

X – o crédito referente às contribuições ordinárias ou extraordinárias de condomínio edilício, previstas na respectiva convenção ou aprovadas em assembleia geral, desde que documentalmente comprovadas;

XI – a certidão expedida por serventia notarial ou de registro relativa a valores de emolumentos e demais despesas devidas pelos atos por ela praticados, fixados nas tabelas estabelecidas em lei;

XII – todos os demais títulos aos quais, por disposição expressa, a lei atribuir força executiva.

§ 1º A propositura de qualquer ação relativa a débito constante de título executivo não inibe o credor de promover-lhe a execução.

§ 2º Os títulos executivos extrajudiciais oriundos de país estrangeiro não dependem de homologação para serem executados.

§ 3º O título estrangeiro só terá eficácia executiva quando satisfeitos os requisitos de formação exigidos pela lei do lugar de sua celebração e quando o Brasil for indicado como o lugar de cumprimento da obrigação.

1. Ao artigo 784 coube inventariar *quais* os documentos a que o legislador atribui força de título executivo extrajudicial, servindo, pois, de elemento necessário e suficiente à promoção da demanda autônoma de execução. Não se trata, pois, de rol exaustivo, uma vez que, via legislação esparsa, o ordenamento pátrio conferiu tal condição a um sem número de outros documentos.

2. Figuram entre os títulos executivos extrajudiciais, para além daqueles apontados pelo artigo sob comento, exemplificativamente: (1) a cédula rural pignoratícia;[85] (2) cédula de crédito industrial, nota de crédito industrial e cédula industrial pignoratícia;[86] (3) letra de arrendamento mercantil;[87] (4) cédula hipotecária;[88] (5) cédula e nota de crédito à exportação;[89] (6) o documento que estampe crédito decorrente de alienação fiduciária;[90] (7) os créditos pertencentes a previdência social; (8) prêmio do contrato de seguro;[91] (9) o contrato de honorários advocatícios;[92] (10) multas e obrigações de fazer oriundas de decisão do plenário do Conselho Administrativo de Defesa Econômica;[93] (11) créditos pertencentes aos órgão controladores de exercício profissional;[94] (12) multas fixadas pelo Tribunal de Contas da União;[95] (13) o compromisso de ajustamento;[96] a cédula de crédito bancário e de crédito imobiliário,[97] dentre outros.

3. O CPC/2015, uma vez comparado ao CPC/73, alargou o rol de títulos executivos extrajudiciais. O inciso X retrata, pois, significativa novidade. Consoante sabido aos quatro cantos, os condomínios edilícios sobrevivem das

[85] Decreto-lei 167/67 (art. 41).

[86] Decreto-lei 413/69 (art. 41).

[87] Lei 11.882/08 (art. 2º).

[88] Decreto-lei 70/66 (art. 29).

[89] Lei 6.313/75 (art. 3º).

[90] Decreto-lei 911/69, por ocasião da alteração promovida pela Lei 13.043/2014 (art. 5º).

[91] Decreto-lei 73/66 (art. 27).

[92] Lei 8.906/94 (art. 24).

[93] Lei 12.529/11 (art. 93).

[94] Lei 6.206/75 (art. 2º).

[95] Lei 6.822/80 (art. 3º).

[96] Lei 7.347/85 (art. 5º, § 6º).

[97] Lei 10.931/2004 (arts. 28 e 20).

contribuições de seus condôminos (ordinárias e extraordinárias). Historicamente, face ao inadimplemento de cota condominial, o credor (o condomínio) necessitava promover ação de cobrança, sendo obrigado, para obter título que amparasse pedido de tutela executiva, a "atravessar" a tortuosa *linha de desenvolvimento do processo de conhecimento.*[98] O legislador de 2015 optou por inserir o crédito previsto em convenção condominial ou aprovada em assembleia geral, desde que documentada, no rol dos títulos extrajudiciais. Doravante, pois, a obrigação de pagar quantia certa ora exemplificada poderá (porque nada impede que o credor, mesmo possuidor de título extrajudicial, opte pelo processo de conhecimento – art. 785 do CPC/2015) ser exigida mediante a propositura de ação autônoma de execução. Tal pleito, face à natureza da obrigação exequenda, obedecerá o disposto no Capítulo IV, Título II, Livro II da Parte Especial do CPC/2015, denominado *Da execução por quantia certa.*

4. Consoante expressa anotação legal, a propositura de demanda que se oponha a crédito retratado em título executivo extrajudicial não impede a promoção do pleito executivo pelo credor nele apontado. Imagine-se, exemplificativamente, que o devedor, independentemente do fundamento jurídico alegado, pretenda revisar a existência de certa dívida estampada em documento particular assinado pelo devedor e por 2 (duas) testemunhas (art. 784, II, do CPC/2015). O oferecimento de ação revisional (promovida pelo devedor), não obsta a promoção da execução pelo credor, ainda que esse figure na condição de réu na aludida demanda (ação revisional).

5. A utilização do sistema dos títulos executivos extrajudiciais não é, à evidência, exclusividade pátria. O legislador optou por isentar o *título executivo extrajudicial estrangeiro* de quaisquer expedientes homologatórios, exigindo-lhes, para que entre nós produzam efeitos, tão somente (a) que sua formação atenda aos requisitos exigidos pelo ordenamento jurídico de seu país de origem (o Estado estrangeiro) para a formação de título executivo, bem como (b) que o Brasil tenha sido indicado como lugar para cumprimento da obrigação.

6. Consoante enunciados aprovados na I Jornada de Direito Processual Civil, ocorrida na cidade Brasília (24 e 25 de agosto de 2017), "O acordo de reparação de danos feito durante a suspensão condicional do processo, desde que devidamente homologado por sentença, é título executivo judicial. (Enunciado 87); "Interpreta-se a expressão condomínio edilício do art. 784, X, do CPC de forma a compreender tanto os condomínios verticais, quanto os horizontais de lotes, nos termos do art. 1.358-A do Código Civil." (Enunciado 100).

Art. 785. A existência de título executivo extrajudicial não impede a parte de optar pelo processo de conhecimento, a fim de obter título executivo judicial.

1. O teor do artigo sob comento vai de encontro à entendimento jurisprudencial e doutrinário há muito consolidado entre nós. Existente o título extrajudicial, a *falta de interesse de agir* era, rotineiramente, declarada pelos tribunais,

[98] Acerca da *expressão* e seu *conteúdo*, vide o Volume I do presente trabalho.

sob a alegação que o resultado da demanda proposta (o processo de conhecimento), na melhor das hipóteses alcançaria ao autor vitorioso um título executivo, algo que, embora extrajudicial, o mesmo já possuíra. O art. 785 fulmina, pois, a aludida tese, permitindo ao titular de título extrajudicial, querendo, promover pleito cognitivo, no afã de obter título executivo judicial, situação que o habilitará a fazer uso do *cumprimento de sentença*.

2. Consoante proposta de enunciado apresentada junto à I Jornada de Direito Processual Civil, ocorrida na cidade Brasília (24 e 25 de agosto de 2017), "Nos termos do art. 785, do Código de Processo Civil de 2015, há interesse processual na homologação de autocomposição extrajudicial, ainda que inexista demanda judicial prévia entre as partes." (Caderno Provisório – Execução e Cumprimento de Sentença – interpretação inerente ao art. 785).

Seção II
Da Exigibilidade da Obrigação

Art. 786. A execução pode ser instaurada caso o devedor não satisfaça a obrigação certa, líquida e exigível consubstanciada em título executivo.

Parágrafo único. A necessidade de simples operações aritméticas para apurar o crédito exequendo não retira a liquidez da obrigação constante do título.

1. Para além de reforçar a lição de que o título executivo é elemento necessário (e suficiente) a legitimar pedido de tutela executiva, o artigo sob comento expurga qualquer dúvida acerca da liquidez da obrigação que dependa de mera operação aritmética para a apuração do *quantum debeatur*.

Art. 787. Se o devedor não for obrigado a satisfazer sua prestação senão mediante a contraprestação do credor, este deverá provar que a adimpliu ao requerer a execução, sob pena de extinção do processo.

Parágrafo único. O executado poderá eximir-se da obrigação, depositando em juízo a prestação ou a coisa, caso em que o juiz não permitirá que o credor a receba sem cumprir a contraprestação que lhe tocar.

1. A petição inicial do processo de execução de título extrajudicial possui, dependendo da natureza da obrigação executada (pagar quantia certa, entregar coisa, fazer ou não fazer) requisitos próprios a serem observados. A exigência prescrita pelo artigo sob comento, sem prejuízo da lição supra, diz com a reciprocidade de obrigações, ou seja, versa sobre casos em que, face à peculiaridade do vínculo que subjaz o objeto da execução, só se pode exigir do executado o adimplemento da obrigação assumida após a satisfação de certa contraprestação. Nesses casos, pois, ampliam-se os elementos indispensáveis ao deferimento do petitório exordial. O exequente deve provar, já em sede inicial, que satisfez a prestação a que se obrigou. Não o fazendo de plano, a demanda executiva deve ser extinta, não sem antes, em homenagem ao *modelo constitucional do processo civil pátrio* e aos vetores do CPC/2015, facultar ao exequente a produção da prova que lhe é exigida por lei.

2. Quando o executado, ciente da demanda proposta em seu desfavor, cumprir a obrigação que serve de fundamento à execução, a satisfação do exequente deverá, presente a peculiaridade da relação de direito material apontada no *caput*, restar sobrestada até que o mesmo (o próprio exequente) comprove nos autos o adimplemento da prestação a que se obrigou a cumprir paralelamente a que figura como objeto da execução.

Art. 788. O credor não poderá iniciar a execução ou nela prosseguir se o devedor cumprir a obrigação, mas poderá recusar o recebimento da prestação se ela não corresponder ao direito ou à obrigação estabelecidos no título executivo, caso em que poderá requerer a execução forçada, ressalvado ao devedor o direito de embargá-la.

1. Consoante sabido aos quatro cantos, o direito material, de um lado, confere a todo e qualquer devedor o direito de satisfazer a obrigação assumida, visando a dela libertar-se. De outro, garante a todo e qualquer "credor" o direito à tutela específica da obrigação. O teor do art. 788 condensa, pois, ambas as posições jurídicas.

2. Uma vez exercido, pelo executado, o direito ao "pagamento" (quer dizer: satisfaça ele a obrigação que lhe toca), não pode o "credor" promover ou prosseguir na execução já em andamento. Mas, para que o comando sob comento tenha eficácia, é indispensável que o executado cumpra a obrigação assumida tal e qual prevista no título, satisfazendo, em última análise, o direito do credor à tutela específica da obrigação. Fora daí, pois, é legítimo ao credor/exequente dar seguimento ao pleito executivo.

CAPÍTULO V
DA RESPONSABILIDADE PATRIMONIAL

Art. 789. O devedor responde com todos os seus bens presentes e futuros para o cumprimento de suas obrigações, salvo as restrições estabelecidas em lei.

1. Princípio da responsabilidade patrimonial. A responsabilidade civil encontra limite no patrimônio do devedor ou do responsável pela satisfação da obrigação. Segundo expresso texto de lei (vide art. 789 do CPC/2015), o devedor responde com "todos" os seus bens, "presentes e futuros", por suas obrigações, ressalvadas as restrições legais. Apenas episodicamente é que o direito pátrio admite a coerção *pessoal* (arts. 528, § 3º, e 911, parágrafo único), ambos do CPC/2015 – Execução de Alimentos).

2. "Pelo inadimplemento das obrigações respondem todos os bens do devedor." (art. 391 da Lei 10.406/02).

3. Acerca das restrições estabelecidas em lei, vide, exemplificativamente, o teor dos artigos 832/833 do CPC/2015, bem como da Lei 8.009/90.

4. "Art. 1º O imóvel residencial próprio do casal, ou da entidade familiar, é impenhorável e não responderá por qualquer tipo de dívida civil, comercial, fiscal, previdenciária ou de outra natureza, contraída pelos cônjuges ou pelos pais ou filhos que sejam seus proprietários e nele residam, salvo nas hipóteses previstas nesta lei. Parágrafo único. A impenhorabilidade compreende o imóvel sobre o qual se assentam a construção, as plantações, as benfeitorias de qualquer natureza e todos os equipamentos, inclusive os de uso profissional, ou móveis que guarnecem a casa, desde que quitados. Art. 2º Excluem-se da impenhorabilidade os veículos de transporte, obras de arte e adornos suntuosos. Parágrafo único. No caso de imóvel locado, a impenhorabilidade aplica-se aos bens móveis quitados que guarneçam a residência e que sejam de propriedade do locatário, observado o disposto neste artigo. Art. 3º A impenhorabilidade é oponível em qualquer processo de execução civil, fiscal, previdenciária, trabalhista ou de outra natureza, salvo se movido: I – revogado; II – pelo titular do crédito decorrente do financiamento destinado à construção ou à aquisição do imóvel, no limite dos créditos e acréscimos constituídos em função do respectivo contrato; III – pelo credor da pensão alimentícia, resguardados os direitos, sobre o bem, do seu coproprietário que, com o devedor, integre união estável ou conjugal, observadas as hipóteses em que ambos responderão pela dívida; (Redação dada pela Lei nº 13.144 de 2015) IV – para cobrança de impostos, predial ou territorial, taxas e contribuições devidas em função do imóvel familiar; V – para execução de hipoteca sobre o imóvel oferecido como garantia real pelo casal ou pela entidade familiar; VI – por ter sido adquirido com produto de crime ou para execução de sentença penal condenatória a ressarcimento, indenização ou perdimento de bens. VII – por obrigação decorrente de fiança concedida em contrato de locação. (Incluído pela Lei nº 8.245, de 1991) Art. 4º Não se beneficiará do disposto nesta lei aquele que, sabendo-se insolvente, adquire de má-fé imóvel mais valioso para transferir a residência familiar, desfazendo-se ou não da moradia antiga. § 1º Neste caso, poderá o juiz, na respectiva ação do credor, transferir a impenhorabilidade para a moradia familiar anterior, ou anular-lhe a venda, liberando a mais valiosa para execução ou concurso, conforme a hipótese. § 2º Quando a residência familiar constituir-se em imóvel rural, a impenhorabilidade restringir-se-á à sede de moradia, com os respectivos bens móveis, e, nos casos do art. 5º, inciso XXVI, da Constituição, à área limitada como pequena propriedade rural. Art. 5º Para os efeitos de impenhorabilidade, de que trata esta lei, considera-se residência um único imóvel utilizado pelo casal ou pela entidade familiar para moradia permanente. Parágrafo único. Na hipótese de o casal, ou entidade familiar, ser possuidor de vários imóveis utilizados como residência, a impenhorabilidade recairá sobre o de menor valor, salvo se outro tiver sido registrado, para esse fim, no Registro de Imóveis e na forma do art. 70 do Código Civil. Art. 6º São canceladas as execuções suspensas pela Medida Provisória nº 143, de 8 de março de 1990, que deu origem a esta lei. Art. 7º Esta lei entra em vigor na data de sua publicação. Art. 8º Revogam-se as disposições em contrário." (Lei 8.009/90).

Art. 790. São sujeitos à execução os bens:

I – do sucessor a título singular, tratando-se de execução fundada em direito real ou obrigação reipersecutória;

II – do sócio, nos termos da lei;

III – do devedor, ainda que em poder de terceiros;

IV – do cônjuge ou companheiro, nos casos em que seus bens próprios ou de sua meação respondem pela dívida;

V – alienados ou gravados com ônus real em fraude à execução;

VI – cuja alienação ou gravação com ônus real tenha sido anulada em razão do reconhecimento, em ação autônoma, de fraude contra credores;

VII – do responsável, nos casos de desconsideração da personalidade jurídica.

1. "Curialmente, o primeiro patrimônio exposto aos meios executórios é o do devedor, a um só tempo obrigado e responsável. Esta situação se designa de responsabilidade primária. Mas, além do devedor, outros sujeitos e outros patrimônios eventualmente se sujeitam à demanda executória. Explica-se esse circunstância através do corte entre responsabilidade e obrigação. Embora sob o ângulo subjetivo em geral coincidam, não se afigura rara a hipótese de atribuição de uma e de outra a pessoas diversas."(ASSIS, Araken de. *Manual da Execução*. 11. ed. São Paulo: RT, 2007. p. 202). Dá-se à responsabilidade de quem não é devedor, o *nomem iuris* de *responsabilidade secundária*. Ao art. 790, bem compreendido, coube esmiuçá-la.

2. O inciso I. Não há incompatibilidade entre a regra da *limitação da responsabilidade às forças da herança* (art. 1.792 da Lei 10.406/02 e 796 do CPC/2015) e o teor do inciso I, do art. 790. O aludido inciso traz à baila duas distintas situações. Na primeira, trata de execução de obrigação garantida, por exemplo, por direito real (de garantia). Prevê, pois, o artigo 1.419 da Lei 10.406/02: nas "dívidas garantidas por penhor, anticrese ou hipoteca, o bem dado em garantia fica sujeito, por vínculo real, ao cumprimento da obrigação". Logo, o só fato de o bem (que garante certa obrigação) ter figurado como objeto de herança, passando à integrar o patrimônio do herdeiro, não o exime de servir à satisfação do crédito exequendo; na segunda, o legislador alude a obrigação reipersecutória (executa-se título cuja obrigação tenha tal natureza), que, consoante sabido, é aquela que permite o credor perseguir a coisa e buscá-la perante quem quer que seja. Sendo esse o pano de fundo do pleito executivo, não há, pois, alegar que o bem não mais pode ser alcançado pela execução, pelo simples fato de já pertencer à esfera jurídica do herdeiro.

3. "Bens do sócio. Também ficam sujeitos à execução os bens dos sócios sempre que a lei assim os considere. São os casos em que o sócio, mesmo não sendo devedor, é responsável pelo pagamento da dívida em razão de algum ato capaz de lhe imputar esta responsabilidade. Exemplifica-se com o caso em que o sócio gerente da empresa se torna responsável tributário pelo pagamento de dívida tributária da sociedade ou nos casos de abuso da personalidade jurídica em que sócio se torna também responsável pelas dívidas da sociedade (CTN/1966, art. 135) na forma prevista no CC/2002, art. 50." (SOUZA, Gelson Amaro de. *In*: *Código de Processo Civil anotado*. CRUZ E TUCCI, José Rogério *et al*. (Coord.) São Paulo: AASP, 2015. p. 1216).

4. O fato de o bem do devedor encontrar-se na posse de terceiro não o exime de servir à satisfação do crédito exequendo. Inteligência do art. 790, inciso III, do CPC/2015.

5. A Lei 10.406/02 disciplina as hipóteses típicas de *regimes patrimoniais matrimoniais* admitidos pelo ordenamento pátrio. São eles, pois: (a) "Comunhão Parcial" (arts. 1.658/1.666); (b) "Comunhão Universal" (art. 1.667/1.671); (c) "Participação Final nos Aquestos" (arts. 1.672/1.682) e, por fim, a; (d) "Separação de Bens" (art. 1.687/1.688). Como regra, independentemente de autorização alheia ou do regime adotado, os cônjuges podem "comprar, ainda a crédito, as coisas necessárias à economia doméstica" e "obter, por empréstimo, as quantias que a aquisição dessas coisas possa exigir", figurando os nubentes na condição de devedores solidários, nesses casos (art. 1.644). Sendo o caso, ambos serão responsáveis pela satisfação do crédito exequendo e, por consequência, responderão com seu patrimônio.

6. *Fraude à execução*: requisitos e consequências. *Fraude à credores*: requisitos e consequências. Vide, acerca dos temas, comentários ao art. 792 do CPC/2015.

7. Desconsideração da personalidade jurídica. Alcance dos bens do *responsável*. O sucesso do pleito desconsideratório encontra-se, pois, adstrito a constatação da presença, *in concreto*, dos requisitos materiais que autorizam a *desconsideração da personalidade jurídica*, que, inclusive, pode ser feita as avessas. O tema encontra assento, no âmbito material, no art. 50 da Lei 10.406/2002 (Código Civil), bem como no teor do art. 28 da Lei 8.078/90 (CDC). Acerca do instrumento processual manejável à sua declaração (o *incidente de desconsideração da personalidade jurídica*), consulte-se o primeiro volume do presente estudo.[99]

Art. 791. Se a execução tiver por objeto obrigação de que seja sujeito passivo o proprietário de terreno submetido ao regime do direito de superfície, ou o superficiário, responderá pela dívida, exclusivamente, o direito real do qual é titular o executado, recaindo a penhora ou outros atos de constrição exclusivamente sobre o terreno, no primeiro caso, ou sobre a construção ou a plantação, no segundo caso.

§ 1º Os atos de constrição a que se refere o *caput* serão averbados separadamente na matrícula do imóvel, com a identificação do executado, do valor do crédito e do objeto sobre o qual recai o gravame, devendo o oficial destacar o bem que responde pela dívida, se o terreno, a construção ou a plantação, de modo a assegurar a publicidade da responsabilidade patrimonial de cada um deles pelas dívidas e pelas obrigações que a eles estão vinculadas.

§ 2º Aplica-se, no que couber, o disposto neste artigo à enfiteuse, à concessão de uso especial para fins de moradia e à concessão de direito real de uso.

1. Segundo o ordenamento material, o *direito de superfície* compõe o rol dos direitos reais (art. 1.225, II), que se encontra assim regulado pela Lei 10.406/02: "Art. 1.369. O proprietário pode conceder a outrem o direito de construir ou de plantar em seu terreno, por tempo determinado, mediante escritura pública devidamente registrada no Cartório de Registro de Imóveis. Parágrafo único. O direito de superfície não autoriza obra no subsolo, salvo se for inerente ao objeto da concessão. Art. 1.370. A concessão da superfície será gratuita ou

[99] TORRES, Artur. *CPC passado a limpo*: parte geral, procedimento comum e cumprimento de sentença. Porto Alegre: Livraria do Advogado, 2018. p. 135/139. v. I.

onerosa; se onerosa, estipularão as partes se o pagamento será feito de uma só vez, ou parceladamente. Art. 1.371. O superficiário responderá pelos encargos e tributos que incidirem sobre o imóvel. Art. 1.372. O direito de superfície pode transferir-se a terceiros e, por morte do superficiário, aos seus herdeiros. Parágrafo único. Não poderá ser estipulado pelo concedente, a nenhum título, qualquer pagamento pela transferência. Art. 1.373. Em caso de alienação do imóvel ou do direito de superfície, o superficiário ou o proprietário tem direito de preferência, em igualdade de condições. Art. 1.374. Antes do termo final, resolver-se-á a concessão se o superficiário der ao terreno destinação diversa daquela para que foi concedida. Art. 1.375. Extinta a concessão, o proprietário passará a ter a propriedade plena sobre o terreno, construção ou plantação, independentemente de indenização, se as partes não houverem estipulado o contrário. Art. 1.376. No caso de extinção do direito de superfície em conseqüência de desapropriação, a indenização cabe ao proprietário e ao superficiário, no valor correspondente ao direito real de cada um. Art. 1.377. O direito de superfície, constituído por pessoa jurídica de direito público interno, rege-se por este Código, no que não for diversamente disciplinado em lei especial".

2. O *caput* do artigo sob comento disciplina, por assim dizer, a *extensão da responsabilidade patrimonial* nos casos em que o patrimônio do executado figure na condição de objeto de negócio jurídico que tenha estabelecido *direito* (real) *de superfície*. Em sendo o *superficiário* o executado, os atos executivos apenas alcançarão aquilo que estiver vinculado ao seu patrimônio jurídico, no caso, a construção ou a plantação; em sendo o *proprietário*, sobre o terreno, mas, não sobre o objeto do direito acima referido. Tal distinção, segundo o legislador, figurará como objeto de anotação detalhada registral, de maneira a evitar quaisquer dúvidas acerca do objeto, por exemplo, sobre o qual recaiu eventual gravame processual.

Art. 792. A alienação ou a oneração de bem é considerada fraude à execução:

I – quando sobre o bem pender ação fundada em direito real ou com pretensão reipersecutória, desde que a pendência do processo tenha sido averbada no respectivo registro público, se houver;

II – quando tiver sido averbada, no registro do bem, a pendência do processo de execução, na forma do art. 828;

III – quando tiver sido averbado, no registro do bem, hipoteca judiciária ou outro ato de constrição judicial originário do processo onde foi arguida a fraude;

IV – quando, ao tempo da alienação ou da oneração, tramitava contra o devedor ação capaz de reduzi-lo à insolvência;

V – nos demais casos expressos em lei.

§ 1º A alienação em fraude à execução é ineficaz em relação ao exequente.

§ 2º No caso de aquisição de bem não sujeito a registro, o terceiro adquirente tem o ônus de provar que adotou as cautelas necessárias para a aquisição, mediante a exibição das certidões pertinentes, obtidas no domicílio do vendedor e no local onde se encontra o bem.

§ 3º Nos casos de desconsideração da personalidade jurídica, a fraude à execução verifica-se a partir da citação da parte cuja personalidade se pretende desconsiderar.

§ 4º Antes de declarar a fraude à execução, o juiz deverá intimar o terceiro adquirente, que, se quiser, poderá opor embargos de terceiro, no prazo de 15 (quinze) dias.

1. O executado, face à incidência do *princípio da responsabilidade patrimonial*, responde por suas obrigações com seus bens *presentes* e *futuros*. Sublinhe-se, desde logo, que o só fato de um determinado sujeito de direito tornar-se devedor, não o impedirá de promover alteração patrimonial. Como regra, o direito de *dispor* dos bens a ele pertencentes mantém-se incólume. Vale destacar: não raro, é ela, a alienação onerosa de bens (da qual se extrai a ocorrência de modificação patrimonial *qualitativa* – saem certos bens, ingressa dinheiro no patrimônio do devedor), a (única) "solução" para que o devedor possa cumprir as obrigações que lhe alcançam. A alteração patrimonial "vigiada" pelo instituto objeto do art. 792 é aquela destinada a frustrar à satisfação do direito do credor, ou seja, realizada com o intuito de *esvaziar o patrimônio do devedor* prejudicando à satisfação forçada da obrigação. A alienação realizada em *fraude à execução* é, em relação ao exequente, ineficaz.

2. "Desnecessário se afigura ressaltar a estreita ligação da problemática da fraude à execução com a responsabilidade patrimonial. Do art. 789 do NCPC, como sucedia no direito anterior, deriva a consequência de somente os bens do devedor responderem por suas obrigações. E, por outro lado, tão só na execução patrimonial aparece o problema de recuperar os bens subtraídos pelo obrigado à execução. Toda rigidez da regra se esgaça, porém, quando ela incide sobre 'bens passados, bens que pertenceram ao devedor, mas no momento da execução não lhe pertencem mais'. E dentre tais bens figuram os alienados em fraude contra credores, fraude à execução, bem como os bens hipotecados ao credor e depois alienados a terceiro. Realmente, o patrimônio da pessoa, no exato ângulo entrevisto, sempre está *in fieri*, modificando-se por acréscimo ou diminuição de bens e frutos. E a ordem jurídica não inibe as atividades econômicas de quem assume obrigações; ao contrário, é essencial à economia de mercado. Logo, o devedor conserva a livre disposição dos seus bens, incumbindo a seus credores respeitar-lhes os atos negociais, embora seus resultados sejam nocivos e até provoquem-lhe a insolvência. Acontece, às vezes, de os atos de disposição do obrigado – e o art. 789 não estatui qualquer 'congelamento' patrimonial (retro, 39) –, em vez de retratarem alterações normais, revelarem o propósito de frustrar a realização do direito alheio. Neste caso, aparece a pretensão de revogá-los ou desfazê-los. Em princípio, inviável separar nitidamente o negócio hígido do fraudulento, pois eles apenas se diferenciam, substancialmente, quanto à finalidade. E convém enfatizar que se coíbe a redução artificial do patrimônio, restando consentidas modificações naturais (...). Por isso, as hipóteses de fraude, em suas variadas modalidades, encontram-se tipificadas: (a) a fraude contra credores, na lei civil (arts. 158 a 165 do CC); e (b) a fraude contra a execução, no art. 792 do NCPC. Estas duas formas de fraude se distinguem por meio de um dado temporal. Por vezes, os negócios jurídicos dispositivos devedor ocorrem na pendência de uma relação processual. E urge sublinhar o primeiro aspecto, que antecede o elemento cronológico: há que ocorrer ato de disposição do obrigado. Não há fraude concebível sem a manifestação de vontade do devedor. Por isso, o STJ acentuou o seguinte: 'Na hipótese de arrematação ou adjudicação judicial a vontade do devedor é irrelevante, o que obsta a caracterização da fraude'. E, de fato, a ausência de ato pelo qual o obrigado dispõe do bem elimina, na raiz, eventuais controvérsias acerca da finalidade do negócio e do seu *animus nocendi*. Seja como for, na hipótese de o executado dispor de algum bem na pendência de processo, como parece curial, a fraude adquire superlativa gravidade. O eventual negócio dispositivo não agride somente o círculo potencial de credores. Entra em cena, a par desses interesses particulares, a própria efetividade da atividade jurisdicional do Estado. Os negócios jurídicos de disposição do devedor contemporâneos à litispendência caracterizam fraude contra execução, recebendo a conduta reprovável reação mais severa e imediata. Evidencia-se essa repulsa, em primeiro lugar, no art. 774, I, considerando ato atentatório contra a dignidade da Justiça o executado fraudar a execução. Porém, a gravidade do vício desloca-o do plano da validade para o plano da eficácia. Enquanto na fraude contra credores há anulabilidade (art. 171, II, do CC), necessitando o credor prejudicado de mover ação contra o obrigado e o terceiro, na fraude contemporânea à litispendência, os negócios jurídicos são ineficazes 'em relação ao exequente', a teor do art. 792, § 1º. (...) Em outras palavras, o ato fraudulento existe e vale entre os figurantes do negócio jurídico, mas é 'como se' não existisse perante o credor, que poderá ignorá-lo, penhorando, desde logo, o bem fictamente 'presente' no patrimônio do obrigado. Por isso, o juiz declarará a fraude, incidentalmente, nos próprios autos da execução. Limita-se a perquirir em cognição sumária (a) a coincidência temporal entre o negócio do executado e o processo; (b) a inexistência de outros bens penhoráveis (insolvência)." (ASSIS, Araken de. *Manual da Execução*. 18. ed. (versão digital). São Paulo: RT, 2016. p. 222/224).

3. Fraude à execução. Requisitos: *litispendência* e *frustação dos meios executórios*. Vale lembrar, acerca do primeiro requisito, a existência de posicionamento consolidado no STJ, não bastando para sua satisfação nas demandas de natureza civil, a propositura de pleito em desfavor do executado. Revela-se indispensável, nesses casos, a *citação válida do demandado* (seja em processo de conhecimento, seja em processo de execução), por ser este, segundo o ordenamento processual aplicável, o momento em que a parte, formalmente, toma ciência de sua condição de ré;[100-101] em relação ao segundo, já se afirmou: "A

[100] "AGRAVO INTERNO NO AGRAVO EM RECURSO ESPECIAL. EMBARGOS DE TERCEIRO. ALIENAÇÃO NO CURSO DE AÇÕES DE CONHECIMENTO COM CITAÇÃO VÁLIDA.DEMANDA CAPAZ DE REDUZIR O DEVEDOR À INSOLVÊNCIA. 1. "Este Superior Tribunal da Justiça consolidou entendimento no sentido de que a alienação ou oneração do bem, para que seja considerada em fraude de execução, deverá ocorrer após a citação válida do devedor, seja no curso da ação de execução, seja durante o processo de conhecimento" (REsp 127.159/MG, Rel. Ministro ANTÔNIO DE PÁDUA RIBEIRO, TERCEIRA TURMA, DJ 13.6.2005). 2. Agravo interno a que se nega provimento. (AgInt no AREsp 518.944/MG, Rel. Ministra MARIA ISABEL GALLOTTI, QUARTA TURMA, julgado em 09/03/2017, DJe 14/03/2017)."

[101] Para as obrigações fiscais, *com força vinculante*, já se decidiu outrora: PROCESSUAL CIVIL. RECURSO ESPECIAL REPRESENTATIVO DE CONTROVÉRSIA. ART. 543-C, DO CPC. DIREITO TRIBUTÁRIO. EMBARGOS DE TERCEIRO. FRAUDE À EXECUÇÃO FISCAL. ALIENAÇÃO DE BEM POSTERIOR À CITAÇÃO DO DEVEDOR. INEXISTÊNCIA DE REGISTRO NO DEPARTAMENTO DE TRÂNSITO – DETRAN. INEFICÁCIA DO NEGÓCIO JURÍDICO. INSCRIÇÃO EM DÍVIDA ATIVA. ARTIGO 185 DO CTN, COM A REDAÇÃO DADA PELA LC Nº 118/2005. SÚMULA 375/STJ. INAPLICABILIDADE. 1. A lei especial pre-

ideia de frustração dos meios executórios sobrepõe, à luz do art. 792, à de insolvência. Na fraude contra credores, a teor do art. 185, *caput*, do CC ('Os negócios de transmissão (...) se os praticar o devedor já insolvente, ou por eles reduzido à insolvência (...)'), a insolvência constitui consequência imediata do negócio suspeito. É que, nesta espécie de fraude, impende verificar a existência do dano. No âmbito da fraude contra a execução, ao invés, dispensável a investigação do estado deficitário do patrimônio, bastando a inexistência de bens penhoráveis. Daí a noção mais adequada de frustração dos meios executórios. Seja como for, *a jurisprudência afirma que só cabe a penhora do bem do adquirente se houver insolvência do executado*. Realmente, a insolvência se insinua na hipótese do art. 792, IV (...). Deverá o credor provar o conhecimento da insolvência pelo adquirente, 'salvo se pública ou notória, ou que tenha havido má-fé'. Não se pode duvidar, de qualquer sorte, da possibilidade de o credor obter a execução específica, tomando das mãos de terceiro o bem porventura alienado no curso da demanda reivindicatória, embora aí não se cogite de insolvência, nos termos do art. 792, I. Notável se afigura, pois, a utilidade do conceito de meio executório." (ASSIS, Araken de. *Manual da Execução*. 18. ed. São Paulo: RT, 2016. p. 228 – versão digital).[102]

4. Fraude a credores.[103] Acerca do tema, prevê o direito material: "Art. 158. Os negócios de transmissão gratuita de bens ou remissão de dívida, se os pra-

---

valece sobre a lei geral (*lex specialis derrogat lex generalis*), por isso que a Súmula nº 375 do Egrégio STJ não se aplica às execuções fiscais.2. O artigo 185, do Código Tributário Nacional – CTN, assentando a presunção de fraude à execução, na sua redação primitiva, dispunha que: "Art. 185. Presume-se fraudulenta a alienação ou oneração de bens ou rendas, ou seu começo, por sujeito passivo em débito para com a Fazenda Pública por crédito tributário regularmente inscrito como dívida ativa em fase de execução. Parágrafo único. O disposto neste artigo não se aplica na hipótese de terem sido reservados pelo devedor bens ou rendas suficientes ao total pagamento da dívida em fase de execução." 3. A Lei Complementar nº 118, de 9 de fevereiro de 2005, alterou o artigo 185, do CTN, que passou a ostentar o seguinte teor: "Art. 185. Presume-se fraudulenta a alienação ou oneração de bens ou rendas, ou seu começo, por sujeito passivo em débito para com a Fazenda Pública, por crédito tributário regularmente inscrito como dívida ativa. Parágrafo único. O disposto neste artigo não se aplica na hipótese de terem sido reservados, pelo devedor, bens ou rendas suficientes ao total pagamento da dívida inscrita." 4. *Consectariamente, a alienação efetivada antes da entrada em vigor da LC nº 118/2005 (09.06.2005) presumia-se em fraude à execução se o negócio jurídico sucedesse a citação válida do devedor; posteriormente à 09.06.2005, consideram-se fraudulentas as alienações efetuadas pelo devedor fiscal após a inscrição do crédito tributário na dívida ativa*. 5. A diferença de tratamento entre a fraude civil e a fraude fiscal justifica-se pelo fato de que, na primeira hipótese, afronta-se interesse privado, ao passo que, na segunda, interesse público, porquanto o recolhimento dos tributos serve à satisfação das necessidades coletivas. (...) (REsp 1141990/PR, Rel. Ministro LUIZ FUX, PRIMEIRA SEÇÃO, julgado em 10/11/2010, DJe 19/11/2010).

[102] "EMBARGOS DE DECLARAÇÃO. APELAÇÃO CÍVEL. POSSE (BENS IMÓVEIS). EMBARGOS DE TERCEIRO. ESCRITURA PÚBLICA DE CESSÃO DE DIREITOS HEREDITÁRIOS. FRAUDE À EXECUÇÃO. INOCORRÊNCIA. ALIENAÇÃO HAVIDA ANTES DO AJUIZAMENTO DA AÇÃO EXECUTIVA E, VIA DE CONSEQUÊNCIA, DA PRÓPRIA PENHORA. DESCARACTERIZAÇÃO DA FRAUDE À EXECUÇÃO, QUE EXIGE, *DENTRE OUTROS REQUISITOS, A EXISTÊNCIA DE DEMANDA CAPAZ DE REDUZIR O DEVEDOR À INSOLVÊNCIA*. FRAUDE A CREDORES. ALEGAÇÃO VEICULADA EM SEDE DE EMBARGOS DE TERCEIRO. DESCABIMENTO. SÚMULA 195 DO SUPERIOR TRIBUNAL DE JUSTIÇA. PRETENSÃO RESISTIDA. ÔNUS DA SUCUMBÊNCIA. ALEGAÇÃO DE ERRO, CONTRADIÇÃO E OMISSÃO NO V. ACÓRDÃO EMBARGADO. INOCORRÊNCIA. DECISÃO DEVIDAMENTE FUNDAMENTADA. PRETENSÃO DE REEXAME DA DECISÃO. NÃO-PREENCHIMENTO DOS REQUISITOS DISPOSTOS NO ART. 1.022, INCISOS I E II, DO NOVO CÓDIGO DE PROCESSO CIVIL. EMBARGOS DE DECLARAÇÃO DESACOLHIDOS. (Embargos de Declaração nº 70074024928, Décima Oitava Câmara Cível, Tribunal de Justiça do RS, Relator: Pedro Celso Dal Pra, Julgado em 10/08/2017).

[103] Comparando a *fraude à credores* com a *fraude à execução* asseverou Araken de Assis: O regime da fraude contra credores é, por conseguinte, muito diverso. Essa espécie de fraude é causa de anulabilidade do ato

ticar o devedor já insolvente, ou por eles reduzido à insolvência, ainda quando o ignore, poderão ser anulados pelos credores quirografários, como lesivos dos seus direitos. § 1º Igual direito assiste aos credores cuja garantia se tornar insuficiente. § 2º Só os credores que já o eram ao tempo daqueles atos podem pleitear a anulação deles. Art. 159. Serão igualmente anuláveis os contratos onerosos do devedor insolvente, quando a insolvência for notória, ou houver motivo para ser conhecida do outro contratante. Art. 160. Se o adquirente dos bens do devedor insolvente ainda não tiver pago o preço e este for, aproximadamente, o corrente, desobrigar-se-á depositando-o em juízo, com a citação de todos os interessados. Parágrafo único. Se inferior, o adquirente, para conservar os bens, poderá depositar o preço que lhes corresponda ao valor real. Art. 161. A ação, nos casos dos arts. 158 e 159, poderá ser intentada contra o devedor insolvente, a pessoa que com ele celebrou a estipulação considerada fraudulenta, ou terceiros adquirentes que hajam procedido de má-fé. Art. 162. O credor quirografário, que receber do devedor insolvente o pagamento da dívida ainda não vencida, ficará obrigado a repor, em proveito do acervo sobre que se tenha de efetuar o concurso de credores, aquilo que recebeu. Art. 163. Presumem-se fraudatórias dos direitos dos outros credores as garantias de dívidas que o devedor insolvente tiver dado a algum credor. Art. 164. Presumem-se, porém, de

---

(art. 171, II, do CC), cujo reconhecimento e desfazimento ocorre em ação própria, prevista no art. 161 do CC. Em tal demanda, competirá ao credor prejudicado alegar e provar (a) a insolvência do devedor e (b) o concerto fraudulento com o terceiro. As naturais dificuldades de produzir prova hábil dessas maquinações, em geral dissimuladas (dissimulação fraudulenta), obriga o largo emprego de indícios para formar o convencimento do órgão judicial, a exemplo da transmissão do bem a quem não ostenta condições financeiras para adquiri-lo, abstraídas na fraude contra a execução por motivo curial: a coincidência temporal entre o negócio dispositivo e o processo. O juízo de procedência na ação do art. 161 do CC implicará a anulação do negócio e a reintegração do bem no patrimônio do alienante. A partir daí, como se constata no art. 790, VI, o bem será penhorado como qualquer outro do executado (...). Esse último pormenor merece ponderações. Equivocadamente, a partir da distorção dos efeitos do ato fraudulento, arredados dos efeitos programados justamente, porque fraudam o direito alheio, e na constatação de que a fraude não exibe nenhum defeito intrínseco, a identidade das duas figuras, entre nós já se sustentou a ineficácia de quaisquer atos em fraude contra credores. Cuidar-se-ia, aqui, de uma ineficácia (*rectius:* infraeficácia, porque relativa, atingindo somente 'credores') sucessiva, diversa da que ocorre na fraude à execução, quando é originária. E, por este motivo, a fraude contra credores continuaria reclamando a *actio pauliana.* Discrepando 'da história e da dogmática', increpou-se a construção de 'obra artificial, tentada por alguns juristas italianos'. O argumento principal, fundamentando tão veemente repulsa, recai na 'ilusão' provocada pela extensão da 'responsabilidade executiva' (!), pois, por decorrência da ação pauliana, quando se penhoram os bens fraudados, estes 'são do devedor, como quaisquer outros'. Na verdade, a tese equivocada importa disciplina do direito italiano, porque, de acordo com art. 602, 2.ª parte, do CPC peninsular, a decretação da fraude implica somente a ineficácia do negócio perante o autor da revocatória. Entre nós, a fraude constitui vício da vontade, corrigido através de ação constitutiva negativa, cuja eficácia repõe os figurantes no estado anterior, a teor do art. 182 do CC, conforme a doutrina pátria. Em certo sentido, a divergência parece conceitual – ineficácia versus anulabilidade –, mas a explicação aqui rejeitada, ao fim e ao cabo, contraria o art. 171, II, do CC, que reafirma, sob o texto da nova lei civil, a opção técnica do legislador, explícita quanto à previsão de anulabilidade. Por sinal, defendeu-se a orientação legislativa, e de maneira assaz persuasiva, ponderando que a mudança de toda a sistemática da lei civil não produziria qualquer vantagem prática, 'já que o sistema do Código nunca deu problemas, nesse particular'. De resto, a vantagem da tese, que consistiria na admissibilidade de o credor alegar e o juiz reconhecer a fraude contra credores nos embargos de terceiro, além de rejeitada por seus seguidores, recebeu o veto da Súmula do STJ, n. 195, segundo a qual 'não se anula ato jurídico, por fraude contra credores', nesta demanda. Esta restrição se justifica pela incompatibilidade de pronunciar a nulidade relativa em ação de cognição sumária. O art. 790, V, eliminou qualquer controvérsia. O bem restituído ao patrimônio do obrigado, julgada procedência a ação anulatória do negócio jurídico em fraude contra credores, responde pelo cumprimento das suas obrigações como qualquer outro. ASSIS, Araken de. *Manual da Execução.* 18 ed. (versão digital). São Paulo: RT, 2016. p. 224.

boa-fé e valem os negócios ordinários indispensáveis à manutenção de estabelecimento mercantil, rural, ou industrial, ou à subsistência do devedor e de sua família. Art. 165. Anulados os negócios fraudulentos, a vantagem resultante reverterá em proveito do acervo sobre que se tenha de efetuar o concurso de credores. Parágrafo único. Se esses negócios tinham por único objeto atribuir direitos preferenciais, mediante hipoteca, penhor ou anticrese, sua invalidade importará somente na anulação da preferência ajustada." (Lei 10.406/2002).

5. Presunções legais. Fraude à execução. Coube ao art. 792 inventariar rol *exemplificativo* de situações em que se presumem fraudulentas à alienação ou a oneração de bens. Diz-se tratar de rol *meramente exemplificativo* uma vez que o próprio do teor do inciso V, do artigo sob comento, atenta o intérprete acerca de outras hipóteses previstas em lei. As situações previstas pelos incisos do art. 792, dizem, à quase integralidade, com a alienação de bens sujeitos ao *regime registral.*

6. Fraude à execução. Bens não sujeitos ao *regime registral.* No afã de preservar o direito do adquirente de boa-fé, o legislador é expresso ao atribuir ao mesmo, em relação aos bens que escapam do regime registral, o ônus de demonstrar a inexistência de má-fé no ato aquisitivo. Segundo o legislador, afigura-se legítimo exigir de todo e qualquer adquirente prudência ao adquirir bens da vida, destacando que a ele cabe à certificação de que o alienante não está, mediante o negócio que interessa a ambos, a fraudar à execução. Inteligência do art. 792, § 2°.

7. A intimação prévia do *terceiro adquirente* é, pois, tarefa que se impõe ao reconhecimento da fraude à execução. Acerca dos *embargos de terceiro,* vide comentários aos artigos 674/681, acima.

8. Consoante enunciado aprovado na I Jornada de Direito Processual Civil, ocorrida na cidade Brasília (24 e 25 de agosto de 2017), "A falta de oposição dos embargos de terceiro preventivos no prazo do art. 792, § 4°, do CPC, não impede a propositura dos embargos de terceiro repressivos no prazo do art. 675 do mesmo código." (Enunciado 102).

9. Art. 792, V. Exemplo: em sede de tentativa de *penhora de crédito,* uma vez negado o débito pelo terceiro em conluio com o executado, eventual quitação a ele concedida caracterizará *fraude à execução.* Inteligência do art. 856, § 3°, do CPC/2015.

10. "Vários são os casos reconhecidos como configuradores de alienação ou oneração de bens em fraude à execução pelo NCPC. O art. 792 enumera cinco hipóteses em que essa modalidade de fraude pode ocorrer. (...) I – Bens objeto de ação fundada em direito real ou de pretensão reipersecutória Considera o art. 792, I, em fraude à execução a alienação ou oneração de bem sobre o qual penda ação fundada em direito real ou com pretensão reipersecutória. A hipótese, ressalte-se, versa sobre alienação de bem litigioso na pendência ou em função de processo de conhecimento, levando em conta o prejuízo que o ato de disposição ou oneração acarretará para o posterior cumprimento da sentença. Condiciona, porém, o reconhecimento da fraude ao requisito de que a pendência do processo tenha sido averbada no respectivo registro público, se houver. O NCPC, dessa maneira, ampliou a possibilidade prevista no Código anterior, ao reconhecer a fraude não só quando cometida contra ação real, mas também em prejuízo das demandas que veiculam 'pretensão reipersecutória'. Nesta categoria, compreende-se a 'ação pessoal em que o autor demanda coisa em poder de terceiro'. Na situação do inciso I, embora a fraude independa da condição de insolvência do devedor, é essencial que o credor tenha promovido a prévia averbação da pendência do processo no registro público (quando houver) em que o bem alienado deva ser inscrito. Assim, a previsão de fraude contida no inciso I do art. 792 correlaciona-se com a situação jurídica dos bens sujeitos a registro público, caso em que a preexistência de averbação da ação pendente não pode ser dispensada, porque erigida à categoria de pressuposto legal para reconhecimento da fraude à execução. O regime adotado pelo NCPC, como se deduz do inciso I do art. 792, é muito mais rígido do que o do Código anterior, para o qual a averbação do processo facilitava o reconhecimento da fraude mas não era tratado como requisito indispensável. Agora, havendo registro público (e não apenas registro de imóveis) para inscrição do bem disputado em ação real ou reipersecutória, a aquisição do bem litigioso por terceiro somente será qualificada como em fraude à execução se atendida a exigência da prévia averbação do processo no mesmo registro. Não há mais lugar, portanto, para se distinguir entre terceiro de boa-fé ou de má-fé. Se há a averbação da ação, a alienação do bem litigioso será sempre fraudulenta; se não há, não cabe cogitar-se de fraude à execução, na hipótese identificada no inciso I do art. 792. De qualquer maneira, o dispositivo em questão trata objetivamente da fraude, sem correlacioná-la com o elemento subjetivo qualificador da conduta do terceiro adquirente. Outro é o regime dos bens litigiosos não sujeitos a registro público. (...) II – Bens vinculados a processo de execução Ajuizada a execução, autoriza o art. 828 do NCPC ao exequente obter certidão de que o processo foi admitido pelo juiz para averbação no registro de imóveis, de veículos ou de outros bens sujeitos a penhora, arresto ou indisponibilidade. Na pendência da execução, feita a averbação no registro adequado, considera-se em fraude a ela a alienação ou oneração do bem que tenha sido constrito (art. 792, II). Também nesse caso não se cogita de insolvência do executado nem de má-fé do terceiro adquirente. A fraude é presumida *ex lege*. O problema situa-se na eventualidade de não ter sido averbada a execução, mas de ser comprovada a ciência que tinha o adquirente da existência da penhora, do arresto ou da indisponibilidade que incidia sobre o bem negociado. De fato, diante da literalidade do art. 792, II, não se pode tecnicamente reconhecer que o adquirente, ainda que de má-fé, tenha participado de fraude à execução, uma vez que esta, por aquele dispositivo legal, pressupõe averbação do processo executivo no registro público a que se sujeita o bem constrito. Observa, com propriedade, José Miguel Garcia Medina que se o caso não é, pelo NCPC, de fraude à execução, configura sem dúvida ato atentatório à dignidade da justiça. Com efeito, dispõe o art. 774 que comete o executado ato da espécie quando 'frauda a execução' (inc. I), ou 'dificulta ou embaraça a realização da penhora' (inc. III). Se o executado não pode atentar contra a dignidade da justiça, é óbvio que também o terceiro não pode compactuar com ele nessa prática ilícita. Cabendo ao juiz 'prevenir ou reprimir qualquer ato contrário à dignidade da justiça' (art. 139,

III), não pode permanecer impune a colusão levada a cabo entre executado e seu comparsa, cuja reparação consiste, *in casu*, na decretação de ineficácia do ato nocivo para a execução. De tal sorte, a má-fé será reprimida e a boa-fé será prestigiada, como manda a norma fundamental do art. 5º do NCPC. Em outros termos, o que não se alcança pela regra técnica da fraude à execução (art. 792, II), consegue-se pela disciplina repressora do atentado à dignidade da justiça. O resultado prático é o mesmo. Ressalve-se todavia que, inexistindo averbação no registro público, não se pode presumir a má-fé do terceiro adquirente do bem penhorado ou arrestado. O que de ordinário se presume é a boa-fé. Assim, prevalece a antiga jurisprudência do STJ, com alguma modulação, no sentido de que 'o reconhecimento da fraude de execução depende do registro da penhora do bem alienado ou da prova de má-fé do terceiro adquirente' (Súmula nº 375/STJ); e de que 'inexistindo registro na penhora na matrícula do imóvel, é do credor o ônus da prova de que o terceiro adquirente tinha conhecimento da demanda...'. Levar-se-á em conta, todavia, a demonstração que o terceiro deverá fazer acerca das cautelas necessárias para a aquisição, previstas no § 2º do art. 792. Nesse passo, a orientação do NCPC reduz um pouco o alcance da Súmula 375 do STJ, visto que não mais imputa, invariavelmente, ao exequente o ônus de provar a má-fé do terceiro adquirente. Ao contrário, é deste último que exige prova de ter adotado as cautelas necessárias para a aquisição, mediante a exibição das certidões pertinentes, obtidas no domicílio do vendedor e no local onde se encontra o bem. É evidente, portanto, a adoção de um regime dinâmico de inversão do ônus da prova tradicional em matéria de fraude e má-fé. Não prevalece mais a presunção clássica de que a boa-fé se presume e a má-fé deve ser sempre provada. Com isso, impõe-se reconhecer que a Súmula nº 375 perdeu eficácia na parte em que exigia prova da má-fé do adquirente. É bom lembrar que o próprio STJ, em alguns casos posteriores à edição da Súmula em questão, já vinha decidindo que a ausência de boa-fé poderia ser provada com a demonstração de que o adquirente não se cercou dos mínimos cuidados inerentes à segurança do negócio jurídico entabulado, de modo que nem sempre se exigia do exequente a prova direta da má-fé do terceiro. A averbação da execução pendente autorizada pelo art. 828 é muito importante para a configuração da fraude principalmente na hipótese de redução do executado à insolvência, porquanto quando efetuada à margem do registro de determinado bem, sua alienação será havida como fraudulenta sem necessidade de se demonstrar a efetiva ciência do adquirente sobre a existência da ação executiva. Desde que não haja outros bens do devedor suficientes para a garantia do juízo, a fraude à execução estará objetivamente configurada. III – Bens sujeitos à hipoteca judiciária ou outro ato de constrição judicial O novo Código institui mais uma hipótese autônoma de fraude à execução, que consiste na alienação ou oneração de bem submetido à hipoteca judiciária ou outro ato de constrição judicial. Para tanto, exige o art. 792, III, apenas que o gravame tenha sido averbado no registro público, dispensada a comprovação de má-fé e de insolvência do terceiro adquirente. Mais uma vez o Código vincula a fraude à averbação no registro do bem, ampliando os ônus do credor, que é o maior interessado na preservação do patrimônio do devedor até a satisfação de seu crédito. O Código novo consagra, mais uma vez, entendimento do STJ, consolidado na Súmula nº 375, transcrita supra. IV – Alienação que produz ou agrava a insolvência do devedor, na pendência do processo De acordo com o inciso IV do art. 792 do NCPC, ocorre fraude à execução quando o devedor aliena ou onera bem, estando respondendo a ação, que, após o ato de disposição, possa reduzi-lo à insolvência. Não importa a modalidade de ação pendente. O que importa é a aptidão do litígio para reconhecer uma obrigação de pagar quantia cuja satisfação se frustre, em razão do desfalque patrimonial verificado. O caso não se refere a execução, mas a processo de cognição, já que a fraude contra atos do processo de execução regula-se por outro dispositivo, ou seja, pelo inciso II do art. 792. O tema será mais desenvolvido no item nº 230 a seguir. V – Demais casos expressos em lei. Nos demais casos expressos em lei (inc. V do art. 792 do NCPC). Os demais casos são os que, em outros dispositivos do próprio Código e de outras leis, se consideram como praticados em fraude de execução. No Código de Processo temos os exemplos de penhora sobre crédito, contido no art. 856, § 3º, e da averbação no registro público da execução distribuída (art. 828, § 4º), na Lei dos Registros Públicos, o caso da penhora registrada (art. 240); no Código Tributário Nacional, a alienação ou oneração de bens do sujeito passivo de dívida ativa regularmente inscrita (art. 185)." (THEODORO JR., Humberto. *Curso de Direito Processual Civil*. 47. ed. Rio de Janeiro: Forense, 2016. v. III. p. 446/450 – versão digital).

Art. 793. O exequente que estiver, por direito de retenção, na posse de coisa pertencente ao devedor não poderá promover a execução sobre outros bens senão depois de excutida a coisa que se achar em seu poder.

1. O direito de retenção serve, grosso modo, para garantir à satisfação de eventual direito pertencente a quem possa exigir, do titular do bem retido, certa contraprestação. A Lei 10.406/02 o destaca em diversas passagens. O instituto, exemplificativamente, tem aplicabilidade nos contratos de (a) locação de coisas,[104] (b) de depósito,[105] (c) de mandato,[106] (d) de comissão,[107] de transporte,[108] dentre outros.

[104] "Art. 571. Havendo prazo estipulado à duração do contrato, antes do vencimento não poderá o locador reaver a coisa alugada, senão ressarcindo ao locatário as perdas e danos resultantes, nem o locatário devolvê-la ao locador, senão pagando, proporcionalmente, a multa prevista no contrato. Parágrafo único. O locatário gozará do direito de retenção, enquanto não for ressarcido." (...) "Art. 578. Salvo disposição em contrário, o locatário goza do direito de retenção, no caso de benfeitorias necessárias, ou no de benfeitorias úteis, se estas houverem sido feitas com expresso consentimento do locador." (Lei 10.406/2002).

[105] "Art. 644. O depositário poderá reter o depósito até que se lhe pague a retribuição devida, o líquido valor das despesas, ou dos prejuízos a que se refere o artigo anterior, provando imediatamente esses prejuízos ou essas despesas." (Lei 10.406/2002).

[106] "Art. 681. O mandatário tem sobre a coisa de que tenha a posse em virtude do mandato, direito de retenção, até se reembolsar do que no desempenho do encargo despendeu." (Lei 10.406/2002).

[107] "Art. 708. Para reembolso das despesas feitas, bem como para recebimento das comissões devidas, tem o comissário direito de retenção sobre os bens e valores em seu poder em virtude da comissão." (Lei 10.406/2002).

[108] "Art. 742. O transportador, uma vez executado o transporte, tem direito de retenção sobre a bagagem de passageiro e outros objetos pessoais deste, para garantir-se do pagamento do valor da passagem que não tiver sido feito no início ou durante o percurso." (Lei 10.406/2002).

2. Ao art. 793 coube destacar o *efeito processual* inerente ao instituto sob comento. O bem retido servirá, antes de quaisquer outros, a garantir à satisfação da obrigação exequenda. Como regra, é por ele que o exequente iniciará sua empreitada expropriatória. É o que se extrai, pois, da impossibilidade de que o exequente avance sobre outros bens do executado quando houver exercido o direito de retenção, ressalvados, à evidência, os casos em que o bem da vida (retido) não possua o condão de satisfazer, à integralidade, a obrigação exequenda.

Art. 794. O fiador, quando executado, tem o direito de exigir que primeiro sejam executados os bens do devedor situados na mesma comarca, livres e desembargados, indicando-os pormenorizadamente à penhora.

§ 1º Os bens do fiador ficarão sujeitos à execução se os do devedor, situados na mesma comarca que os seus, forem insuficientes à satisfação do direito do credor.

§ 2º O fiador que pagar a dívida poderá executar o afiançado nos autos do mesmo processo.

§ 3º O disposto no *caput* não se aplica se o fiador houver renunciado ao benefício de ordem.

1. O art. 794 dá "vida", no plano processual, ao denominado *benefício de ordem*.[109] O fiador, consoante sabido aos quatro cantos, é *responsável* e não *devedor*, razão pela qual, em não renunciando ao benefício sob comento, poderá requerer que o alcance do patrimônio do *devedor* (o afiançado) preceda ao seu.

2. O ressarcimento do prejuízo que houver experimentado o fiador, por ocasião da quitação da dívida afiançada em juízo, poderá ser executado nos próprios autos em que fora compelido à satisfazê-la. Nestes casos, segundo sustentamos, há de se observar o regramento aplicável ao *cumprimento de sentença*, uma vez que o crédito do fiador nasce, bem compreendida a afirmativa, no âmbito judicial.[110]

Art. 795. Os bens particulares dos sócios não respondem pelas dívidas da sociedade, senão nos casos previstos em lei.

§ 1º O sócio réu, quando responsável pelo pagamento da dívida da sociedade, tem o direito de exigir que primeiro sejam excutidos os bens da sociedade.

§ 2º Incumbe ao sócio que alegar o benefício do § 1º nomear quantos bens da sociedade situados na mesma comarca, livres e desembargados, bastem para pagar o débito.

---

[109] "Art. 827. O fiador demandado pelo pagamento da dívida tem direito a exigir, até a contestação da lide, que sejam primeiro executados os bens do devedor. Parágrafo único. O fiador que alegar o benefício de ordem, a que se refere este artigo, deve nomear bens do devedor, sitos no mesmo município, livres e desembargados, quantos bastem para solver o débito. Art. 828. Não aproveita este benefício ao fiador: I – se ele o renunciou expressamente; II – se se obrigou como principal pagador, ou devedor solidário; III – se o devedor for insolvente, ou falido." (Lei 10.406/2002).

[110] Acerca do *cumprimento de sentença*, vide: TORRES, Artur. *CPC passado a limpo*: parte geral, procedimento comum e cumprimento de sentença. Porto Alegre: Livraria do Advogado, 2018. p. 403/442. v. I.

§ 3º O sócio que pagar a dívida poderá executar a sociedade nos autos do mesmo processo.

§ 4º Para a desconsideração da personalidade jurídica é obrigatória a observância do incidente previsto neste Código.

1. "A personalidade, a vida e o patrimônio das pessoas jurídicas são distintos dos de seus associados. Há, no entanto, casos em que os sócios são corresponsáveis pelas obrigações da sociedade, como, por exemplo, se dá nas 'sociedades em nome coletivo' (art. 1.039 do Código Civil). A enumeração desses casos é feita pelo direito material, civil e comercial. Representam, também, espécies de responsabilidade sem dívida, pois os sócios solidários respondem subsidiariamente sem que sejam devedores. Há, outrossim, que se distinguir entre a solidariedade que decorre puramente da lei, por força da natureza da sociedade, e a que decorre por força da lei, mas da prática de certos atos anormais do sócio ou administrador. No caso de sócios naturalmente solidários é que se dá a responsabilidade executiva secundária, na forma do art. 790, II, cuja atuação é direta e ocorre sem necessidade de condenação do terceiro responsável em sentença própria. A responsabilidade extraordinária, como a proveniente de abuso de gestão, violação do contrato, dolo etc., depende de prévio incidente de desconsideração da personalidade jurídica, nos termos dos arts. 133 a 137 do NCPC, procedimento de cognição que irá determinar a responsabilização do sócio faltoso. Nem mesmo a desconsideração da personalidade jurídica que a jurisprudência agasalha em certas circunstâncias, e até mesmo a lei às vezes reconhece, autoriza uma sumária anulação da autonomia obrigacional existente entre a sociedade e os sócios. Em outros termos, 'a regra geral continua sendo a da distinção entre o patrimônio da empresa e o dos seus sócios'. Não comprovadas adequadamente em juízo as circunstâncias excepcionais autorizadoras da desconsideração da personalidade jurídica, não há que se cogitar da penhora direta sobre bens do sócio quando a execução se refira a dívida da sociedade. O redirecionamento da execução da pessoa jurídica para os bens particulares do sócio ou gestor, mesmo quando a lei permite possa ocorrer no curso da execução, depende de citação pessoal daquele que teria desviado os negócios sociais para acobertar seus interesses pessoais (art. 135). O requerimento do credor, em tal situação, deverá obrigatoriamente explicitar o fato ou fatos configuradores do abuso da personalidade jurídica (Código Civil, art. 50), a fim de que aquele a quem se imputa o desvio ou abuso possa exercer o contraditório e ampla defesa assegurados constitucionalmente (art. 5º, LV)." (THEODORO JR., Humberto. *Curso de Direito Processual Civil*. 47. ed. Rio de Janeiro: Forense, 2016. v. III. p. 439 – versão digital).

2. É direito do sócio *responsável pela satisfação da obrigação exequenda* (nos casos em que não figure como devedor) exigir que os bens pertencentes à sociedade sejam alcançados pela execução antes dos que lhe pertencem. O gozo do aludido direito resta condicionado ao apontamento (e comprovação), pelo sócio, do rol de bens pertencentes à sociedade sitos na mesma comarca (em que tramita a execução), livres e desembargados, hábeis a satisfazer o crédito exequendo. Inteligência do art. 795, §§ 1º e 2º, do CPC/2015.

Art. 796. O espólio responde pelas dívidas do falecido, mas, feita a partilha, cada herdeiro responde por elas dentro das forças da herança e na proporção da parte que lhe coube.

1. "O herdeiro não responde por encargos superiores às forças da herança; incumbe-lhe, porém, a prova do excesso, salvo se houver inventário que a escuse, demonstrando o valor dos bens herdados." (art. 1.792 da Lei 10.406/02).

2. Por ocasião do falecimento do autor da herança, forma-se, havendo mais de um herdeiro, um *condomínio especial*: o *condomínio de direito sucessório*, que se desfaz, via de regra, à época da expedição dos formais de partilha. O artigo sob comento, atento à previsão do direito material, destaca a responsabilidade do espólio pelo passivo deixado pelo autor da herança, e adverte: feita a partilha, quer dizer, extinto o condomínio de direito sucessório, ainda que o patrimônio partilhado passe a pertencer, em definitivo, à esfera jurídica do herdeiro, respeitados os limites do quinhão percebido e de sua responsabilidade em relação aos demais herdeiros, tal patrimônio permanece ao alcance de eventuais credores do falecido.

3. "O herdeiro que, amparado no princípio da limitação da responsabilidade às forças da herança, se encontra na contingência de livrar os outros bens da execução dispõe de embargos de terceiro." (ASSIS, Araken de. *Manual da Execução*. 2. ed. (*e-book*). São Paulo: RT, 2016. p. 1225.

TÍTULO II
DAS DIVERSAS ESPÉCIES DE EXECUÇÃO

CAPÍTULO I
DISPOSIÇÕES GERAIS

Art. 797. Ressalvado o caso de insolvência do devedor, em que tem lugar o concurso universal, realiza-se a execução no interesse do exequente que adquire, pela penhora, o direito de preferência sobre os bens penhorados.

Parágrafo único. Recaindo mais de uma penhora sobre o mesmo bem, cada exequente conservará o seu título de preferência.

1. O artigo 797 confirma velha máxima inerente ao pedido de tutela executiva (incidente ou autônoma): a execução, por definição, serve ao exequente. A assertiva, ao fim e ao cabo, traduz a própria razão de ser da tutela executiva, sendo esse, em última análise, seu fundamento maior.

2. Consoante anotado alhures, produz efeitos entre nós o princípio da responsabilidade patrimonial (art. 789 do CPC/2015). O devedor responde pelo cumprimento de suas obrigações com seus bens presentes e futuros. Coube ao instituto processual denominado *penhora* (adiante examinado microscopicamente – Seção III, Capítulo IV, Título II, Livro II da Parte Especial do CPC/2015) a tarefa de individualizar e afetar, *in concreto*, o patrimônio que servirá à satisfação da execução. O legislador não deixa espaço para dúvidas: com a penhora, o exequente adquire o direito de preferência sobre os bens penhorados.

3. "A penhora é o ato executivo que afeta determinado bem à execução, permitindo sua ulterior expropriação, e torna os atos de disposição do seu proprietário ineficazes em face do processo." (ASSIS, Araken de. *Manual da execução*. 11. ed. São Paulo: RT, 2007. p. 592).

4. É intuitivo, pois, que determinado bem da vida possa (considerada sua expressão econômica) figurar como objeto de potencial satisfação de mais de uma execução (logo, poderá ser penhorado em mais de um caso concreto). Daí decorre, pois, a necessidade legislativa de esclarecer a existência de espécie de "ordem" de penhora. Quer dizer: a cada penhora realizada, o requerente (da penhora) passa a ocupar uma posição na aludida "ordem", de modo que, uma vez satisfeito o crédito daquele que o antecede na lista, o bem da vida penhorado, ou o produto de sua alienação (no que sobejar), por exemplo, servirá à satisfação do próximo credor (na ordem estabelecida pelas várias penhoras).

5. A primeira parte do art. 797, cominada com o teor do art. 1.052, ambos do CPC/2015, mantiveram vivo entre nós o CPC/73. Consoante expressa previsão legal, até "a edição de lei específica, as execuções contra devedor insolvente, em curso ou que venham a ser propostas, permanecem reguladas pelo Livro II, Título IV, da Lei nº 5.869, de 11 de janeiro de 1973".

Art. 798. Ao propor a execução, incumbe ao exequente:

I – instruir a petição inicial com:

a) o título executivo extrajudicial;

b) o demonstrativo do débito atualizado até a data de propositura da ação, quando se tratar de execução por quantia certa;

c) a prova de que se verificou a condição ou ocorreu o termo, se for o caso;

d) a prova, se for o caso, de que adimpliu a contraprestação que lhe corresponde ou que lhe assegura o cumprimento, se o executado não for obrigado a satisfazer a sua prestação senão mediante a contraprestação do exequente;

II – indicar:

a) a espécie de execução de sua preferência, quando por mais de um modo puder ser realizada;

b) os nomes completos do exequente e do executado e seus números de inscrição no Cadastro de Pessoas Físicas ou no Cadastro Nacional da Pessoa Jurídica;

c) os bens suscetíveis de penhora, sempre que possível.

Parágrafo único. O demonstrativo do débito deverá conter:

I – o índice de correção monetária adotado;

II – a taxa de juros aplicada;

III – os termos inicial e final de incidência do índice de correção monetária e da taxa de juros utilizados;

IV – a periodicidade da capitalização dos juros, se for o caso;

V – a especificação de desconto obrigatório realizado.

1. Ao art. 798 coube, dentre outros, inventariar os elementos indispensáveis à petição inicial da execução autônoma. O exequente deve, independentemente da espécie de obrigação executada (pagar quantia certa, entregar coisa, fazer ou não fazer), instruir seu petitório com o título executivo (no caso, extrajudicial) em que se funda a ação, uma vez que o aludido documento representa, consoante dito alhures, elemento necessário e suficiente a autorizar a tutela jurisdicional sob comento.

2. Em se tratando de execução cuja obrigação diga com pagamento de quantia certa, o exequente deverá instruir a petição inicial, pena de ter de emendá-la, com o demonstrativo atualizado do débito (planilha de cálculo, segundo a linguagem forense) até a data da propositura da demanda. O demonstrativo apontará, obrigatoriamente, (a) o índice de correção monetária adotado; (b) a taxa de juros aplicada; (c) os termos inicial e final de incidência do índice de correção monetária e da taxa de juros utilizados; (d) a periodicidade da capitalização dos juros, se for o caso, bem como; (e) a especificação de desconto obrigatório realizado. Inteligência do art. 798, I, *b* e *parágrafo único* do CPC/2015.

3. Dependendo a exigibilidade do crédito da verificação de condição (acontecimento futuro e incerto) ou termo (acontecimento futuro e certo), incumbe ao exequente, já em sede exordial, comprová-los.

4. Nos casos em que o executado apenas deva cumprir a obrigação objeto da execução mediante contraprestação a cargo do exequente, deverá este, ao tempo da propositura da ação, comprovar que a satisfez.

5. Incumbe ao exequente, outrossim, sem prejuízo do exposto pelo art. 799, indicar (I) a espécie de execução eleita, quando a satisfação de seu crédito puder se realizar de mais de uma maneira (exemplo: execução de alimentos pelo rito da prisão ou da expropriação?); (II) para além de qualificar *lato sensu* as partes, informar, estando ao seu alcance, o número do CPF ou do CNPJ de todos os envolvidos; (III) quais são os bens, segundo sua ciência, sujeitos à penhora.

Art. 799. Incumbe ainda ao exequente:

I – requerer a intimação do credor pignoratício, hipotecário, anticrético ou fiduciário, quando a penhora recair sobre bens gravados por penhor, hipoteca, anticrese ou alienação fiduciária;

II – requerer a intimação do titular de usufruto, uso ou habitação, quando a penhora recair sobre bem gravado por usufruto, uso ou habitação;

III – requerer a intimação do promitente comprador, quando a penhora recair sobre bem em relação ao qual haja promessa de compra e venda registrada;

IV – requerer a intimação do promitente vendedor, quando a penhora recair sobre direito aquisitivo derivado de promessa de compra e venda registrada;

V – requerer a intimação do superficiário, enfiteuta ou concessionário, em caso de direito de superfície, enfiteuse, concessão de uso especial para fins de moradia ou concessão de direito real de uso, quando a penhora recair sobre imóvel submetido ao regime do direito de superfície, enfiteuse ou concessão;

VI – requerer a intimação do proprietário de terreno com regime de direito de superfície, enfiteuse, concessão de uso especial para fins de moradia ou concessão de direito real de uso, quando a penhora recair sobre direitos do superficiário, do enfiteuta ou do concessionário;

VII – requerer a intimação da sociedade, no caso de penhora de quota social ou de ação de sociedade anônima fechada, para o fim previsto no art. 876, § 7º;

VIII – pleitear, se for o caso, medidas urgentes;

IX – proceder à averbação em registro público do ato de propositura da execução e dos atos de constrição realizados, para conhecimento de terceiros.

1. Para além do disposto no art. 798, toca ao exequente, episodicamente, realizar certos requerimentos intimatórios no afã de evitar a promoção, por terceiros, de expedientes processuais futuros (por exemplo: embargos de terceiro). Os oito primeiros incisos do artigo sob comento dão conta, por via oblíqua, de viabilizar algo na linha das *intervenções de terceiro*, sem que o Código lhe atribua tal nomenclatura.[111] As hipóteses, pois, revelam-se autoexplicativas. O teor do art. 804, abaixo examinado, disciplina o efeito processual inerente à inobservância das mesmas.

2. É facultado ao exequente, entendendo oportuno, pleitear a concessão de *medida urgente*, também em sede de tutela executiva. Bom exemplo disso deriva, pois, dos requerimentos de *sequestro* de certos bens da vida, em execução de obrigação de entregar coisa, fundados, não raro, no temor de que tais bens "desapareçam" para a eternidade, frustrando, por consequência, o direito, do exequente, de alcançar a *tutela específica da obrigação*.

3. Incumbe ao exequente, outrossim, diligenciar, junto ao órgão registral competente, à averbação do "ato de propositura da execução", havendo interesse, bem como dos atos constritivos realizados. A ideia, mediante tal realização, é dar ciência a terceiros acerca do "estado da arte". Tais anotações, na prática, evitam que o terceiro se faça valer da alegação de que adquiriu os bens outrora pertencentes ao executado de boa-fé. Realizadas as anotações sob comento, presumir-se-á que o adquirente "optou" por correr o risco de ver os bens adquiridos sujeitarem-se aos interesses do exequente.

4. Consoante enunciado aprovado na I Jornada de Direito Processual Civil, ocorrida na cidade Brasília (24 e 25 de agosto de 2017), "O fornecimento de certidão para fins de averbação premonitória (art. 799, IX do CPC) independe de prévio despacho ou autorização do juiz." (Enunciado 104).

Art. 800. Nas obrigações alternativas, quando a escolha couber ao devedor, esse será citado para exercer a opção e realizar a prestação dentro de 10 (dez) dias, se outro prazo não lhe foi determinado em lei ou em contrato.

§ 1º Devolver-se-á ao credor a opção, se o devedor não a exercer no prazo determinado.

§ 2º A escolha será indicada na petição inicial da execução quando couber ao credor exercê-la.

1. Obrigação alternativa. Há, nesses casos, vínculo único entre os sujeitos da obrigação *sub judice*. A alternatividade a que alude o artigo sob comento

[111] Acerca das espécies típicas de *intervenção de terceiros*, vide: TORRES, Artur. *CPC passado a limpo*: parte geral, procedimento comum e cumprimento de sentença. Porto Alegre: Livraria do Advogado, 2018. p. 126/143. v. I.

diz respeito à prestação a ser realizada. Segundo o ordenamento material, "se outra coisa não se estipulou", a escolha do bem da vida apto a libertar o obrigado, cabe ao devedor (art. 252 do CC/02). Assim sendo, realizando o devedor ao menos uma das prestações pactuadas (distintas e independentes entre si), considera-se satisfeito o direito do credor.

2. Exemplo de *obrigação alternativa*: João (empresário) contrata os serviços de Mauro (empreiteiro) para construir sua nova residência. Mauro, para além de erguê-la, compromete-se, ao cabo, ou (1) a providenciar a colocação do piso ou (2) a providenciar sua pintura interna. Construída a moradia, Mauro (contratado) dá por finalizado o serviço (e cumprida sua obrigação), sem, contudo, realizar quaisquer das prestações complementares acima referidas. João, diante da resistência de Mauro, face à existência de título extrajudicial (por exemplo, instrumento privado que retrate obrigação certa, líquida e exigível, firmado pelos contratantes e duas testemunhas), executa-o. Tocando a escolha da prestação a Mauro, o julgador, ao deferir a petição inicial, determinará a observância do teor do art. 800.

3. O CPC/2015 mantém incólume, também no âmbito da tutela executiva autônoma, o *direito de escolha* do devedor, quando existente. Em se tratando de título executivo extrajudicial cuja origem seja a assunção (e descumprimento) de obrigação alternativa, o executado, quando a ele tocar a individualização da prestação, será citado e, ato contínuo, intimado (a) para "exercer a opção" (quer dizer: gozar do direito de escolha) e (b), em 10 dias, satisfazer o interesse do exequente, "se outro prazo não lhe foi determinado em lei ou em contrato". O prazo fixado em lei específica ou convencionado entre os contratantes deve preponderar em relação ao decêndio previsto pelo Código.

4. Silente o executado, ao exequente será oportunizado "escolher", observadas as prestações pactuadas, qual delas pretende ver concretizada.

Art. 801. Verificando que a petição inicial está incompleta ou que não está acompanhada dos documentos indispensáveis à propositura da execução, o juiz determinará que o exequente a corrija, no prazo de 15 (quinze) dias, sob pena de indeferimento.

1. Toda e qualquer petição inicial encontra-se sujeita a denominada *atividade saneadora inicial*, quer dizer, a juízo de deferimento. Como visto alhures (comentários ao art. 319 e seguintes), visando a "salvar" o processo, o Código determina que o julgador, em sede de *atividade saneadora inicial*, deparando-se com "defeitos" ou "irregularidades" capazes de dificultar o enfrentamento da causa, determine a intimação da parte para saná-los, quando sanáveis. Em sede de tutela executiva a exigência não é diferente. Constatada a incompletude do petitório exordial ou estar ele desacompanhado dos documentos indispensáveis à regular tramitação do feito executivo (por exemplo, inexistência de planilha de cálculo atualizado nas execuções de quantia; a falta do próprio título em se funda a execução, etc.), o juiz determinará a intimação do exequente para, no prazo da lei, diligenciar na correção dos vícios constatados, pena de extinção da demanda.

Art. 802. Na execução, o despacho que ordena a citação, desde que realizada em observância ao disposto no § 2º do art. 240, interrompe a prescrição, ainda que proferido por juízo incompetente.

Parágrafo único. A interrupção da prescrição retroagirá à data de propositura da ação.

1. Citação válida. Efeitos. Ainda quando ordenada por juízo incompetente, a citação válida (a) serve ao reconhecimento de litispendência, (b) torna litigiosa a coisa e (c) constitui em mora o devedor. A interrupção da prescrição, por sua vez, dá-se por ocasião do pronunciamento judicial que ordena a realização do ato citatório, considerando-se ter o autor abandonado seu estado de inércia à data da propositura da demanda.

Art. 803. É nula a execução se:

I – o título executivo extrajudicial não corresponder a obrigação certa, líquida e exigível;

II – o executado não for regularmente citado;

III – for instaurada antes de se verificar a condição ou de ocorrer o termo.

Parágrafo único. A nulidade de que cuida este artigo será pronunciada pelo juiz, de ofício ou a requerimento da parte, independentemente de embargos à execução.

1. Ao art. 803 coube inventariar as causas de nulidade do processo de execução. O sistema de nulidades processuais civis encontra-se fundado nos pilares, a saber: (a) princípio antitorpeza, (b) da finalidade, (c) antiprejuízo e (d) do melhor aproveitamento dos atos processuais. Vide, sobre o tema, comentários aos artigos 276/283.

2. O teor do inciso I desnuda, em última análise, a adoção, pelo ordenamento pátrio, do princípio do título. *Nulla executio sine titulo.* Consoante apontado alhures, sem prejuízo do atual debate doutrinário (fundado na redação atribuída à parte final do art. 771, *caput*),[112] encontra-se mantido entre nós, à luz do CPC/2015, o princípio do título (elemento necessário e suficiente a toda e qualquer execução). Todas as possibilidades ensejadoras de legítima tutela executiva encontram amparo, pois, na certeza, na liquidez e na exigibilidade de determinada posição jurídica. A inexistência de título fere "de morte" o pleito executivo.[113]

3. O inciso II. Em se tratando de demanda autônoma, a regular citação do executado é *conditio sine qua non* para o legítimo prosseguimento da demanda executiva fundada em título extrajudicial. Não há falar em "citação" no âmbito

[112] "O CPC/2015 admite execução fundada em título executivo, ou não." (MEDINA, José Miguel Garcia. *Direito Processual Civil Moderno.* São Paulo: RT, 2015. p. 915).

[113] Apenas para reforçar a tese, sublinhe-se, pois, a dicção do art. 783, segundo o qual a "execução para cobrança de crédito fundar-se-á sempre em título de obrigação certa, líquida e exigível".

do *cumprimento de sentença*, instituto desenhado para atender as peculiaridades inerentes à satisfação dos títulos judiciais.

4. Face à inexigibilidade da obrigação, é nula, pois, a execução promovida antes de verificada a condição ou o termo a que estiver sujeita a pretensão do exequente. O artigo 798, *alínea c*, inclusive, insere "a prova de que verificou a condição ou ocorreu o termo" dentre os elementos a serem comprovados pelo exequente, sendo o caso.

5. Exceção de pré-executividade. Nem uma novidade forense, a rigor, traz o conteúdo do parágrafo único do art. 803. De longa data, é possível afirmar, doutrina e jurisprudência já haviam consolidado os pilares sobre os quais se funda a denominada *exceção de pré-executividade*. "Por se tratar de matérias de ordem pública, não sujeitas, portanto, à preclusão, as situações inseridas no art. 803 podem ser conhecidas a qualquer tempo, independentemente do manejo de embargos à execução. Tal dispositivo, em verdade, positiva um instituto muito utilizado na prática forense, mas que, até então, tinha respaldo apenas doutrinário e jurisprudencial. Trata-se da exceção ou objeção de pré-executividade, cabível para fins de discussão de matérias cognoscíveis de ofício (pressupostos processuais e vícios objetivos do título, por exemplo) e que não demandem dilação probatória." (DONIZETTI, Elpídio. *Novo Código de Processo Civil Comentado*. São Paulo: Atlas, 2015. p. 602/603).

6. "AGRAVO DE INSTRUMENTO. NEGÓCIOS JURÍDICOS BANCÁRIOS. CADERNETA DE POUPANÇA. EXPURGOS INFLACIONÁRIOS. (...). AÇÃO COLETIVA. INSTITUTO BRASILEIRO DE DEFESA DO CONSUMIDOR (IDEC). EXCEÇÃO DE PRÉ-EXECUTIVIDADE. INADEQUAÇÃO. REJEIÇÃO. Exceção de pré-executividade: esse incidente é admitido em situações excepcionais, quando há matéria de ordem pública sobre a qual o juiz pode se pronunciar de ofício, sem desafiar a prévia segurança do juízo, tais como condições da ação e pressupostos processuais, sendo necessária a existência de prova pré-constituída, pois é impossível a dilação probatória. Sendo alegado excesso de execução, por equívoco no termo inicial de fluência dos juros moratórios, se mostra equivocado o remédio jurídico utilizado (...)". (Agravo de Instrumento nº 70061872867, Primeira Câmara Especial Cível, Tribunal de Justiça do RS, Relator: Alex Gonzalez Custodio, Julgado em 01/02/2017).

Art. 804. A alienação de bem gravado por penhor, hipoteca ou anticrese será ineficaz em relação ao credor pignoratício, hipotecário ou anticrético não intimado.

§ 1º A alienação de bem objeto de promessa de compra e venda ou de cessão registrada será ineficaz em relação ao promitente comprador ou ao cessionário não intimado.

§ 2º A alienação de bem sobre o qual tenha sido instituído direito de superfície, seja do solo, da plantação ou da construção, será ineficaz em relação ao concedente ou ao concessionário não intimado.

§ 3º A alienação de direito aquisitivo de bem objeto de promessa de venda, de promessa de cessão ou de alienação fiduciária será ineficaz em relação ao promitente vendedor, ao promitente cedente ou ao proprietário fiduciário não intimado.

§ 4º A alienação de imóvel sobre o qual tenha sido instituída enfiteuse, concessão de uso especial para fins de moradia ou concessão de direito real de uso será ineficaz em relação ao enfiteuta ou ao concessionário não intimado.

§ 5º A alienação de direitos do enfiteuta, do concessionário de direito real de uso ou do concessionário de uso especial para fins de moradia será ineficaz em relação ao proprietário do respectivo imóvel não intimado.

§ 6º A alienação de bem sobre o qual tenha sido instituído usufruto, uso ou habitação será ineficaz em relação ao titular desses direitos reais não intimado.

1. O teor do art. 804 exige, como é intuitivo, leitura conjunta com o do art. 799. Ambos, por assim dizer, representam os dois lados de uma mesma moeda: este (o art. 799), consoante acima apontado, impõe certa incumbência notificatória ao exequente, exigindo-lhe, ao tempo da formulação de seu pleito executivo, que diligencie no requerimento de intimações pontuais, consideradas as peculiaridades do caso concreto. A preocupação, em suma, é a de que *terceiros* que, de uma maneira ou outra, possuam "vínculo" com os bens potencialmente sujeitos à satisfação da obrigação exequenda, sejam, desde logo, postos à par da existência da demanda executiva; aquele (o artigo sob comento – art. 804), limita-se, bem compreendido, a disciplinar o efeito maior da inobservância das intimações exigidas por lei: a ineficácia, perante certos sujeitos de direito (aqueles que, previamente, deveriam ser intimados e não foram), das alienações realizadas à margem da exigência legal em epígrafe.

Art. 805. Quando por vários meios o exequente puder promover a execução, o juiz mandará que se faça pelo modo menos gravoso para o executado.

Parágrafo único. Ao executado que alegar ser a medida executiva mais gravosa incumbe indicar outros meios mais eficazes e menos onerosos, sob pena de manutenção dos atos executivos já determinados.

1. Princípio da menor gravosidade para o executado. A despeito de servir ao exequente, a tutela executiva não tem por objetivo, como se sabe, o "massacre" do devedor. Assim sendo, o CPC/2015 preconiza, "em alto e bom som", que, quando "por vários meios o exequente puder promover a execução, o juiz mandará que se faça pelo modo menos gravoso para o executado". O legislador, embora atento ao princípio em tela, inovou em relação ao CPC/73 (que, também, já o retratava em seu art. 620), impondo ao executado que o alegar a indicação de "outros meios mais eficazes e menos onerosos" capazes de tornar efetiva a tutela executiva, "pena de manutenção dos atos executivos já determinados".

2. Consoante proposta de enunciado apresentada junto à I Jornada de Direito Processual Civil, ocorrida na cidade Brasília (24 e 25 de agosto de 2017), "Para o atendimento da menor onerosidade possível, pode o executado demonstrar que o meio de execução por ele proposto é tão eficiente quanto aos já determinados." (Caderno Provisório – Execução e Cumprimento de Sentença – interpretação inerente ao art. 805).

CAPÍTULO II
DA EXECUÇÃO PARA A ENTREGA DE COISA

1. Em atenção (a) ao dever de ofertar, sempre, tutela jurisdicional adequada, bem como (b) ao direito, inerente a todo e qualquer credor, de obter a tutela específica da obrigação, o CPC/2015, tal e qual previa o CPC/73, prescreve rito executivo próprio para cada uma das espécies de obrigação executáveis. Ao presente capítulo (III) coube disciplinar os atos inaugurais do processo de execução autônomo, cujo objeto diga com a satisfação de obrigação de *entrega de coisa* estampada em título extrajudicial. O legislador optou por disciplinar o tema distinguindo, acertadamente, as obrigações de *entrega de coisa certa* (Seção I) e entrega de *coisa incerta* (Seção II), face às exigências do direito material.

Seção I
Da Entrega de Coisa Certa

Art. 806. O devedor de obrigação de entrega de coisa certa, constante de título executivo extrajudicial, será citado para, em 15 (quinze) dias, satisfazer a obrigação.

§ 1º Ao despachar a inicial, o juiz poderá fixar multa por dia de atraso no cumprimento da obrigação, ficando o respectivo valor sujeito a alteração, caso se revele insuficiente ou excessivo.

§ 2º Do mandado de citação constará ordem para imissão na posse ou busca e apreensão, conforme se tratar de bem imóvel ou móvel, cujo cumprimento se dará de imediato, se o executado não satisfizer a obrigação no prazo que lhe foi designado.

1. Em contraposição à ideia de "entrega de coisa incerta" (ocasião em que o objeto da obrigação é definido apenas pelo gênero e pela quantidade – por exemplo, 50 sacas de arroz do tipo A), fala-se em obrigação de *entrega de coisa certa* nos casos em que o objeto capaz de satisfazer a obrigação exequenda reste, desde logo, individualizado ao "extremo", sendo possível apartá-lo/diferenciá-lo de todos os outros, ainda que da mesma espécie (exemplo – veículo automotor BMW 320 i, ano 2016, cor preta, placas IFF 8009, Chassis 09430fr445464FGH). A seção na qual se insere o artigo sob comento tem por objeto, consoante seu próprio nome, disciplinar a satisfação das obrigações de entrega de coisa certa.

2. "Em síntese, a coisa certa mencionada no art. 806 abrange coisas perfeitamente identificadas, até mesmo em virtude de individualização em juízo, pois se afiguraria impossível penetrar na esfera patrimonial do obrigado sem que antes se saiba o que procurar exatamente." (ASSIS, Araken de. *Manual da Execução*. 2. ed. (*e-book*). São Paulo: RT, 2016. p. 544).

3. Deferida a petição inicial, o julgador determinará, como regra, a citação do executado e, ato contínuo, sua intimação para, no prazo legal (aqui, 15 dias), satisfazer a obrigação em que se funda a execução.[114] É facultado ao julgador,

[114] "Sendo positivo o juízo de admissibilidade da demanda, o juiz determina a citação do executado para cumprir a obrigação em 15 (quinze) dias. Não há, em regra, margem de discricionariedade ao magistrado quanto a eventual elastecimento deste interregno, uma vez que se trata de prazo legal, devendo ser contado em dias úteis, em observância à regra prevista no artigo 219." (Hoffmann Júnior, Lírio. Novo CPC [109]: CPC 2015, artigos 805 a 813). Disponível em <http://www.tex.pro.br/index.php/novo-cpc/7617-ncpc-109>.

independentemente da existência de pedido cominatório (portanto, de ofício), fixar, desde logo, multa para o caso de descumprimento da ordem judicial de entrega do bem da vida.[115]

4. Diferentemente da previsão contida no art. 829, *in fine*, o artigo sob comento não aponta, expressamente, o *dies a quo* para o cômputo do prazo legal para a satisfação "voluntária" da obrigação exequenda (aqui, entrega de coisa; lá, obrigação de pagar quantia). Impõe-se, então, a seguinte indagação: data da *citação* ou *regra da juntada*? Sustentamos, face ao silêncio legislativo acima apontado, a aplicação, aqui, da regra (geral) contida no art. 231 do mesmo CPC/2015. A parte inicial do aludido artigo é enfática ao asseverar que a regra ali contida apenas será afastada mediante "disposição em sentido contrário". Em relação à execução (autônoma) das obrigações de natureza distinta a de pagar quantia, o legislador, como dito, quedou inerte. Logo, não há "disposição" em sentido diverso que legitime o afastamento do referido comando legal.[116]

5. O mandado judicial conterá, para além do acima exposto, ordem para imissão na posse (sendo a coisa objeto da execução bem imóvel) ou busca e apreensão (sendo a coisa objeto da execução bem móvel). Descumprido o comando judicial pelo executado (quer dizer: transcorrido *in albis* o prazo para a satisfação "voluntária" da obrigação executada), a ordem de imissão ou de busca e apreensão será, pelo *meirinho*, cumprida imediatamente.

6. Consoante proposta de enunciado aprovada junto à I Jornada de Direito Processual Civil, ocorrida na cidade Brasília (24 e 25 de agosto de 2017), "Na execução de título extrajudicial ou judicial (art. 515, § 1º, do CPC) é cabível a citação postal." (Enunciado 85).

Art. 807. Se o executado entregar a coisa, será lavrado o termo respectivo e considerada satisfeita a obrigação, prosseguindo-se a execução para o pagamento de frutos ou o ressarcimento de prejuízos, se houver.

1. O teor do artigo 807 retrata, em última análise, cenário ideal. Isto é: ciente do comando judicial, o executado satisfaz a obrigação em que se funda a execução. Assim sendo, lavrar-se-á termo que ateste o ocorrido, dando-se por satisfeita, pelo menos, a obrigação principal.

Art. 808. Alienada a coisa quando já litigiosa, será expedido mandado contra o terceiro adquirente, que somente será ouvido após depositá-la.

1. Consoante dito alhures, um dos efeitos da citação válida é tornar litigiosa a coisa (art. 240). Se o objeto da obrigação de entrega de coisa certa for alienado após sua realização (leia-se: após a perfectibilização do ato citatório),

[115] Acerca do tema *pedido*, vide: TORRES, Artur. *CPC passado a limpo*: parte geral, procedimento comum e cumprimento de sentença. Porto Alegre: Livraria do Advogado, 2018. p. 267/273. v. I.

[116] Comentários ao teor do art. 231, vide: TORRES, Artur. *CPC passado a limpo*: parte geral, procedimento comum e cumprimento de sentença. Porto Alegre: Livraria do Advogado, 2018. p. 198/200. v. I

expedir-se-á, em face do adquirente (de boa ou de má-fé), mandado para que deposite o bem da vida em juízo.

2. Revela-se *conditio* à oitiva impugnatória do terceiro, que o mesmo, havendo interesse, deposite o bem litigioso em juízo. Acerca do proceder do terceiro, vide comentários aos artigos 674/681 (Embargos de Terceiro).

Art. 809. O exequente tem direito a receber, além de perdas e danos, o valor da coisa, quando essa se deteriorar, não lhe for entregue, não for encontrada ou não for reclamada do poder de terceiro adquirente.

§ 1º Não constando do título o valor da coisa e sendo impossível sua avaliação, o exequente apresentará estimativa, sujeitando-a ao arbitramento judicial.

§ 2º Serão apurados em liquidação o valor da coisa e os prejuízos.

1. É direito do exequente, consoante sabido aos quatro cantos, a obtenção de *tutela específica da obrigação.* Quer dizer: a ele é assegurada a satisfação da obrigação tal e qual prometida ou contratada no plano do direito material. Exemplo: tendo ele direito ao veículo automotor individualizado no exemplo acima, é este o bem da vida que se lhe deve ser entregue. Subjaz tal ideia, pois, a noção de *direito fundamental à tutela específica.*

2. Sem prejuízo do acima apontado, o *caput* do art. 809 assegura ao exequente, frustrada ou tornando-se desinteressante a *tutela específica,* o direito de perceber o *valor da coisa,* sem prejuízo de indenização por perdas e danos, sendo o caso. A frustação pode ocorrer, por exemplo, porque o bem da vida nem mais existe, ou, existindo, se encontra avariada de tal modo, que não mais interessa ao exequente. O dispositivo sob comento prescreve, outrossim, que se mantém intacto o direito de perceber o valor da coisa, ainda que o bem objeto da execução subsista (inclusive, em ótimas condições), quando o exequente (a) optar por não reclamá-lo perante terceiro ou (b) desistir de buscá-lo junto ao executado que deixar de cumprir espontaneamente a obrigação exequenda.

3. Ao que tudo indica, o executado poderá satisfazer a obrigação *in natura* (ou seja, mediante a entrega do bem da vida objeto da execução), ainda que fora do prazo a que foi intimado a cumprir (suportando ele, à evidência, o "peso" da aludida inobservância), enquanto não houver requerimento do exequente no sentido de que a obrigação seja cumprida de maneira diversa. Deferido o pedido de conversão (porque, agora, desinteressa ao exequente sua satisfação na forma originária), o querer do executado (de entregar o bem da vida) torna-se, segundo pensamos, irrelevante.

4. "APELAÇÃO CÍVEL. EXECUÇÃO PARA ENTREGA DE COISA. EXPEDIÇÃO DE MANDADO DE CITAÇÃO. NÃO ENTREGA DO PRODUTO NO PRAZO DE DEZ DIAS. CONVERSÃO EM PERDAS E DANOS. POSSIBILIDADE. ART. 627 DO CPC. Não há falar em nulidade do feito executivo quando, citados para entregar 4.579 sacos de arroz, os devedores se omitem, apenas oferecendo embargos à execução sem efeito suspensivo. Conversão da execução para entrega de coisa em execução por quantia certa, nessas circunstâncias, perfeitamente cabível, em atenção ao disposto no art. 627 do CPC, inclusive com a expedição de mandado de penhora. APELO DESPROVIDO. UNÂNIME. (Apelação Cível nº 70072790918, Vigésima Câmara Cível, Tribunal de Justiça do RS, Relator: Dilso Domingos Pereira, Julgado em 15/03/2017)". À luz do CPC/2015, o teor do art. 627 citado na ementa, corresponde ao conteúdo do atual art. 809.

Art. 810. Havendo benfeitorias indenizáveis feitas na coisa pelo executado ou por terceiros de cujo poder ela houver sido tirada, a liquidação prévia é obrigatória.

Parágrafo único. Havendo saldo:

I – em favor do executado ou de terceiros, o exequente o depositará ao requerer a entrega da coisa;

II – em favor do exequente, esse poderá cobrá-lo nos autos do mesmo processo.

1. "Indenização por benfeitorias. Se a coisa foi melhorada às custas de trabalho do devedor ou de terceiro, far-se-á prévia e obrigatória avaliação dos' valores com base no CC 1219 a 1222 (...) e CC 1255 a 1257 (...). Se o que se pretende apurar são os frutos percebidos, observar-se-á no CC 1214 A 1216 (...), isto se assim foi pactuado pelas partes (CC 233; (...))." (NERY JR, Nelson; NERY, Rosa Maria Andrade. *Comentários ao Código de Processo Civil*. São Paulo: RT, 2015. p. 1684).

2. A realização, e comprovação, do *pagamento judicial do saldo apurado* em benefício do executado, ou do terceiro que suportou o custo das benfeitorias indenizáveis, é condição para o "levantamento", pelo exequente, do bem objeto da execução.

3. "Desatendida a liquidação prévia (art. 810) na execução de título extrajudicial, cabem embargos, a teor do art. 917, IV. Esses embargos oferecidos pelo retentor têm particularidades. Da petição inicial constará o conjunto de elementos exigidos na lei material. Este dispositivo é o art. 1.222, 1ª parte, do CC (portanto, não respeita à 'forma' e ao 'processo'), segundo o qual ao exequente, obrigado a indenizar benfeitorias e acessões ao possuidor de má-fé, assiste o direito de optar entre o seu valor atual e o valor de custo. O possuidor de boa-fé receberá o 'valor atual' (art. 1.222, 2ª parte, do CC). A impugnação do embargado, além de questionar o direito de indenização e o direito de reter – matérias naturalmente separadas –, comporta compensação de frutos e dos danos com o valor das benfeitorias (art. 917, § 5º)." (ASSIS, Araken de. *Manual da Execução*. 2. ed. (*e-book*). São Paulo: RT, 2016. p. 1144).

Seção II
Da Entrega de Coisa Incerta

Art. 811. Quando a execução recair sobre coisa determinada pelo gênero e pela quantidade, o executado será citado para entregá-la individualizada, se lhe couber a escolha.

Parágrafo único. Se a escolha couber ao exequente, esse deverá indicá-la na petição inicial.

1. As obrigações de "entregar coisa" classificam-se, segundo certo entendimento doutrinário, em *obrigação de entrega de coisa certa* e *obrigação de entrega de coisa incerta*, muito embora a Lei 10.406/02 discipline as obrigações "De Dar

Coisa Certa" (arts. 233 e seguintes) e "De Dar Coisa Incerta" (arts. 243 e seguintes). Seja como for, não há discordância em asseverar que as obrigações que se limitam à identificação pelo *gênero* e *quantidade*, retratem, em última análise, obrigação *incerta*.

2. Deferida a petição inicial, o julgador determinará a citação do executado e, ato contínuo, sua intimação para, no prazo legal (ao que tudo indica, o prazo estabelecido pelo art. 806 – 15 dias), satisfazer a obrigação em que se funda a execução, já devidamente individualizada. Trata-se, pois, de comando legal atento ao *direito de escolha do executado*. Quando, no caso concreto, a escolha couber ao exequente (esse já o exercerá em sede exordial), o executado será citado e, no mesmo ato, intimado, para satisfazer a obrigação, tal e qual ocorre com a execução que se destina à satisfação da obrigação de entregar coisa certa.

3. É facultado ao julgador, independentemente da existência de pedido cominatório, fixar, considerado o teor do art. 813, multa para descumprimento da ordem judicial.[117-118]

Art. 812. Qualquer das partes poderá, no prazo de 15 (quinze) dias, impugnar a escolha feita pela outra, e o juiz decidirá de plano ou, se necessário, ouvindo perito de sua nomeação.

1. Partindo-se da premissa de que, nas obrigações dessa natureza, como regra, o direito de individualizar o bem da vida pertence ao devedor (salvo disposição contratual em sentido diverso), que não poderá escolher a "pior", nem será compelido entregar "a melhor" (art. 244, CC/2002), o legislador processual oportuniza aos litigantes (na verdade, para aquele que se encontra, no caso concreto, despido do direito de escolha) o oferecimento de impugnação relativa a individualização operada por seu adversário processual.

2. O termo inicial para o exercício da faculdade processual acima referida varia, pois, de caso para caso. Pertencendo o direito de escolha ao exequente, paira, face ao silêncio legal, certa dúvida: o executado deverá (re)agir tomando por *dies a quo* a *data de sua citação* ou da *"juntada" aos autos da confirmação de sua citação*?

3. Pertencendo, por sua vez, o direito de escolha ao executado, o termo inicial para a manifestação tempestiva do exequente, será a data da intimação do depósito (na verdade, da satisfação da obrigação de entregar coisa, agora, certa) realizado voluntariamente pelo executado (art. 807).

Art. 813. Aplicar-se-ão à execução para entrega de coisa incerta, no que couber, as disposições da Seção I deste Capítulo.

1. As disposições legais concernentes à *execução para a entrega de coisa certa* aplicam-se, subsidiariamente, e no que couber, à *execução para a entrega de coisa incerta*.

---

[117] Acerca do tema *pedido*, vide: TORRES, Artur. *CPC passado a limpo*: parte geral, procedimento comum e cumprimento de sentença. Porto Alegre: Livraria do Advogado, 2018. p. 267/273. v. I.

[118] Acerca do tema *multa judicial*, com elevado proveito, vide: PEREIRA, Rafael Caselli. *A multa judicial (astreinte) e o CPC/2015*: visão teórica, prática e jurisprudencial. Salvador: Juspodivm, 2017.

CAPÍTULO III
DA EXECUÇÃO DAS OBRIGAÇÕES DE FAZER OU DE NÃO FAZER

Seção I
Disposições Comuns

Art. 814. Na execução de obrigação de fazer ou de não fazer fundada em título extrajudicial, ao despachar a inicial, o juiz fixará multa por período de atraso no cumprimento da obrigação e a data a partir da qual será devida.

Parágrafo único. Se o valor da multa estiver previsto no título e for excessivo, o juiz poderá reduzi-lo.

1. O título executivo extrajudicial pode, consoante sabido aos quatro cantos, retratar obrigação de (não) fazer. Em sendo ela o fundamento da demanda executiva, o juiz, presentes os requisitos para o deferimento da inicial, fixará multa para o caso de eventual descumprimento do comando judicial (de *fazer* ou *desfazer*), observando, num primeiro momento (*é o que se depreende da redação atribuída do parágrafo único do artigo sob comento*), o teor da convenção firmada entre os sujeitos de direito, inclusive, no que diz com o valor da multa.

2. O pronunciamento judicial (que defere a inicial, determina a citação e, ato contínuo, a intimação do executado para satisfazer a obrigação exequenda) deve, dentre outros, apontar, expressamente, os "parâmetros" da multa fixada, ou validada pelo juízo, no afã de coagi-lo a tanto (valor, periodicidade, etc.), bem como a *data a partir da qual incidirá*.

3. A multa *convencional* (leia-se: acordada previamente pelas, agora, partes processuais), poderá, em se mostrando excessiva, ser reduzida pelo julgador, *ex officio*. Inteligência do art. 814, parágrafo único, do CPC/2015.

4. Consoante proposta de enunciado aprovada junto à I Jornada de Direito Processual Civil, ocorrida na cidade Brasília (24 e 25 de agosto de 2017), "Na execução de título extrajudicial ou judicial (art. 515, § 1º, do CPC) é cabível a citação postal." (Enunciado 85).

Seção II
Da Obrigação de Fazer

1. Vale lembrar: é direito do exequente obter, querendo e sendo "mundanamente viável", *tutela específica da obrigação*. Isto é: tem ele o direito de ver satisfeita a "obrigação jurídica" tal e qual "desenhada" no plano do direito material. Trata-se, pois, de corolário inerente ao *direito fundamental à tutela efetiva*.

Art. 815. Quando o objeto da execução for obrigação de fazer, o executado será citado para satisfazê-la no prazo que o juiz lhe designar, se outro não estiver determinado no título executivo.

1. Subjaz a expressão "fazer" a ideia de *ação, realização*, em claro contraponto à noção de *omissão*. Sendo essa a natureza da obrigação exequenda (leia-se:

um *fazer*), o julgador, consideradas às peculiaridades da mesma, e, inexistindo prazo previamente apontado no próprio título exequendo (cuja razoabilidade deverá ser aferida, sendo o caso), determinará a citação do executado e, ato contínuo, sua intimação para, *no prazo designado pelo juízo*, pena de multa (art. 814), satisfazê-la.

Art. 816. Se o executado não satisfizer a obrigação no prazo designado, é lícito ao exequente, nos próprios autos do processo, requerer a satisfação da obrigação à custa do executado ou perdas e danos, hipótese em que se converterá em indenização.

Parágrafo único. O valor das perdas e danos será apurado em liquidação, seguindo-se a execução para cobrança de quantia certa.

1. O teor do art. 816 justifica, pois, o comentário realizado no início da presente Seção (II). O exequente, querendo e sendo "mundanamente viável", tem o direito de ser contemplado com a tutela específica da obrigação (ou seja, o próprio *fazer*). A despeito do regramento material, o executado, em certos casos, pode se negar a realizar à prestação exequenda (hipótese em que não poderá, "na marra", ser compelido a realizá-la, em sendo ela pessoal – art. 821). Torna-se assim, como é intuitivo, "inviável" a satisfação da obrigação *tal e qual* prevista na origem. Duas, diante do aludido cenário, são as alternativas ofertadas ao exequente: a de obter (a) *resultado prático equivalente* (alguém, às expensas do executado, realiza "o fazer" a que tem direito o exequente – art. 817) ou (b) *indenização*, hipótese em que, apuradas as perdas e danos em liquidação, observar-se-á, dali em diante, o regramento aplicável à execução das obrigações de pagar quantia, tudo nos próprios autos do processo executivo já em tramitação (vide comentários ao Capítulo IV, Título II, Livro II, da Parte Especial do CPC/2015).

2. Consoante enunciado aprovado na I Jornada de Direito Processual Civil, ocorrida na cidade Brasília (24 e 25 de agosto de 2017), "Pode o exequente – em execução de obrigação de fazer fungível, decorrente do inadimplemento relativo, voluntário e inescusável do executado – requerer a satisfação da obrigação por terceiro, cumuladamente ou não com perdas e danos, considerando que o *caput* do art. 816 do CPC não derrogou o *caput* do art. 249 do Código Civil." (Enunciado 103).

3. "A execução por terceiro dependerá da iniciativa do exequente. Além disso, há de haver provimento do juiz acerca da possibilidade de o terceiro prestar o fato. Deverá o órgão judiciário ponderar a pessoalidade da obrigação. Se houver convenção a respeito, impossível se afigura a sub-rogação, porque interferiria no âmbito da autonomia privada; se a obrigação foi constituída considerando apenas as habilidades do obrigado, a sub-rogação, assim comandando o interesse do credor, mostrar-se-á cabível. Efetivamente, se alguém convenciona a pintura de uma natureza morta e o artista se recusa a entregá-la no prazo e forma combinados, nada veda obtenha idêntico proveito através da tela de outro mestre do pincel e da paleta. O obrigado não responde pelas imperfeições da obra do terceiro, conforme acentua o art. 819, *caput*. De toda sorte, o juiz apreciará a postulação." (ASSIS, Araken de. *Manual da Execução*. 2. ed. (*e-book*). São Paulo: RT, 2016. p. 585).

Art. 817. Se a obrigação puder ser satisfeita por terceiro, é lícito ao juiz autorizar, a requerimento do exequente, que aquele a satisfaça à custa do executado.
Parágrafo único. O exequente adiantará as quantias previstas na proposta que, ouvidas as partes, o juiz houver aprovado.

1. Digno de nota, pois, revela-se o teor do parágrafo único do art. 817. Não há dúvida: em se mostrando viável a satisfação da obrigação por terceiro (com o que se busca *resultado prático equivalente*), (a) apresentar-se-á ao juízo proposta para tanto; (b) uma vez aprovada, incumbe ao exequente, consoante expressa previsão legal, adiantar o montante devido ao terceiro (remuneração pela realização do *fazer* a que tem direito o exequente), que, à evidência, figurará como objeto de ressarcimento perante o executado, oportunamente.

Art. 818. Realizada a prestação, o juiz ouvirá as partes no prazo de 10 (dez) dias e, não havendo impugnação, considerará satisfeita a obrigação.
Parágrafo único. Caso haja impugnação, o juiz a decidirá.

1. Tendo o exequente optado pela *obtenção do resultado prático equivalente*, três, grosso modo, são as hipóteses palpáveis após a aprovação da proposta pelo juízo: (a) a prestação é realizada com êxito; (b) é realizada sem êxito (total ou parcial); (c) não é realizada. No primeiro caso, ouvidas as partes (ou, inexistindo impugnação), dar-se-á por satisfeita a obrigação, cenário em que a obrigação exequenda será considerada satisfeita, restando ao executado perseguir o ressarcimento dos valores adiantados ao terceiro (o contratado), perante o executado; no segundo, o julgador decidirá acerca das impugnações apresentadas; no terceiro, havendo adiantamento do valor ao terceiro (contratado), o exequente haverá, sendo o caso, de postular o que lhe permite o teor do art. 819.

Art. 819. Se o terceiro contratado não realizar a prestação no prazo ou se o fizer de modo incompleto ou defeituoso, poderá o exequente requerer ao juiz, no prazo de 15 (quinze) dias, que o autorize a concluí-la ou a repará-la à custa do contratante.
Parágrafo único. Ouvido o contratante no prazo de 15 (quinze) dias, o juiz mandará avaliar o custo das despesas necessárias e o condenará a pagá-lo.

1. O artigo sob comento disciplina, grosso modo, a responsabilidade do terceiro contratado para satisfazer o interesse do exequente. Face à prestação defeituosa do objeto da contratação, o legislador admite que o exequente pleiteie, observado o prazo legal, que, às expensas do terceiro, diligencie (ele próprio) na conclusão ou reparo do serviço insuficientemente prestado.

2. "É lícito ao exequente requerer ao juiz autorização para que a prestação seja executada por terceiro, na forma do art. 817 do NCPC. Se, no entanto, o terceiro deixar de prestar o fato ou prestá-lo de forma incompleta ou defeituosa, poderá o exequente, no prazo de quinze dias, requerer autorização ao juiz para concluir a prestação, à custado contratante (no caso, do executado). O que muda com o NCPC são os prazos para requer a referida autorização e para a posterior manifestação do executado acerca das despesas necessárias à execução ou à complementação do trabalho que deixou de ser realizado pelo terceiro contratado." (DONIZETTI, Elpídio. *Novo Código de Processo Civil Comentado.* São Paulo: Atlas, 2015. p. 610).

3. Em homenagem ao direito fundamental ao contraditório, o executado (tratado, face à redação atribuída ao artigo sob comento, como "contratante" – nomenclatura que, inclusive, merece nossa crítica), será ouvido no prazo da lei e, sendo o caso, será condenado a arcar com os custos da conclusão ou do reparo objeto de "reclamação" pelo exequente.

Art. 820. Se o exequente quiser executar ou mandar executar, sob sua direção e vigilância, as obras e os trabalhos necessários à realização da prestação, terá preferência, em igualdade de condições de oferta, em relação ao terceiro.

Parágrafo único. O direito de preferência deverá ser exercido no prazo de 5 (cinco) dias, após aprovada a proposta do terceiro.

1. Direito de preferência. Exequente. É facultado ao exequente dirigir e "vigiar" os trabalhos necessários à satisfação da obrigação exequenda, em igualdade de condições à proposta aprovada em juízo. Imagine-se, a título ilustrativo, que a obrigação exequenda diga com a reforma de certo imóvel, bem como que a proposta apresentada por certa empreiteira (terceiro) tenha sido aprovada em juízo. O teor do art. 820, à guisa de exemplo, permite ao exequente, *respeitado o custo aprovado em juízo*, contratar, sob sua responsabilidade, profissionais de sua confiança para realizar a aludida reforma. Havendo interesse, incumbe ao exequente postular o gozo do aludido direito (*de preferência*), observado o quinquídio posterior a aprovação da proposta apresentada por terceiro em juízo.

Art. 821. Na obrigação de fazer, quando se convencionar que o executado a satisfaça pessoalmente, o exequente poderá requerer ao juiz que lhe assine prazo para cumpri-la.

Parágrafo único. Havendo recusa ou mora do executado, sua obrigação pessoal será convertida em perdas e danos, caso em que se observará o procedimento de execução por quantia certa.

1. Consoante apontado alhures, o executado não pode ser compelido a satisfazer pessoalmente, "na marra", qualquer que seja a obrigação de fazer. A constatação, por si só, não impede o julgador, uma vez provocado, de assinar prazo para sua realização. Na verdade, tratando-se a obrigação exequenda de obrigação que deva ser pessoalmente satisfeita pelo executado, apenas episodicamente (por exemplo, nos casos em que desde logo se constate a sua impossibilidade) poderá o julgador deixar de assinar prazo para seu cumprimento.

A regra, pois, é a de que o executado seja citado e, ato contínuo, intimado para satisfazer o direito do exequente *tal e qual descrito no título*, pena de multa (art. 814).

2. Recusando-se o executado a cumprir a ordem judicial, ou incidindo ele em mora, terá o exequente de se contentar com a satisfação de sua posição jurídica por via oblíqua, em respeito ao princípio da responsabilidade patrimonial. A obrigação de fazer será *convertida*, nestes casos, em *obrigação de pagar quantia*, observando-se, para a sua satisfação, o regramento executivo aplicável à espécie.

Seção III
Da Obrigação de Não Fazer

Art. 822. Se o executado praticou ato a cuja abstenção estava obrigado por lei ou por contrato, o exequente requererá ao juiz que assine prazo ao executado para desfazê-lo.

1. As obrigações de *fazer* e *não fazer* representam, grosso modo, "os dois lados de uma mesma moeda". Enquanto naquela se exige, para a sua satisfação, *ação* (no sentido de um *agir* do sujeito de direito obrigado a tanto), nessa, *a omissão desponta como elemento nuclear*. A satisfação da espécie de obrigação (sem crise de colaboração no plano material) se dá, *a priori*, exatamente pelo *não agir* do obrigado.

2. O art. 822, como não poderia deixar de ser, traz, *mutatis mutandis*, apontamento assemelhado ao previsto pelo art. 815. Trata-se, pois, de regra a ser observada por ocasião do deferimento da petição inicial, quando o objeto exequendo disser com um *não fazer*. O juiz, a requerimento, considerada a prática do ato que ensejou a execução e a viabilidade mundana de desfazê-lo (art. 823, parágrafo único), assinará prazo (razoável) ao executado para que o desfaça, também sob pena de multa.

3. O teor do aludido artigo, como é intuitivo, se enquadra no âmbito das *tutelas repressivas*. A previsão legal, aqui, versa sobre o *desfazer* (é o que se extrai, em última análise, tanto da redação atribuída ao artigo sob comento, como ao art. 823). O só fato, pois, não torna as obrigações de não fazer incompatíveis com um pedido de tutela jurisdicional preventiva, cuja tramitação, por certo, observará regramento diverso, estranho ao cenário executivo.

Art. 823. Havendo recusa ou mora do executado, o exequente requererá ao juiz que mande desfazer o ato à custa daquele, que responderá por perdas e danos.

Parágrafo único. Não sendo possível desfazer-se o ato, a obrigação resolve-se em perdas e danos, caso em que, após a liquidação, se observará o procedimento de execução por quantia certa.

1. Ignorado o comando judicial para desfazer o ato praticado, é facultado ao exequente requerer a determinação judicial de que se desfaça o ato às expensas do executado, respondendo o mesmo por perdas e danos.

2. Revelando-se *mundanamente* impossível (ou, segundo pensamos, *inviável, ainda que possível*) o desfazimento do ato, ou, desinteressante ao exequente, a obrigação (de *desfazer*) resolver-se-á em perdas e danos, ou seja, mediante *pecuniarização da obrigação*, hipóteses em que, liquidado o valor, observar-se-á, para a satisfação da mesma, os ditames aplicáveis a execução das obrigações de pagar quantia.

CAPÍTULO IV
DA EXECUÇÃO POR QUANTIA CERTA

Seção I
Disposições Gerais

Art. 824. A execução por quantia certa realiza-se pela expropriação de bens do executado, ressalvadas as execuções especiais.

1. O capítulo sob comento disciplina a tutela executiva requerida para a satisfação de obrigação de pagar quantia estampada em título extrajudicial. Seu conteúdo (a *linha de desenvolvimento natural da tutela executiva* propriamente dita) possui, outrossim, aplicação ao *cumprimento de sentença* (consideradas as adaptações pertinentes) fundado em obrigação de idêntica natureza, bem como às demais espécies de execução quando, independentemente da natureza da obrigação exequenda, restar frustrada a satisfação da tutela específica (a que tem direito o credor), tendo o exequente de se conformar com o recebimento do "valor da coisa" ou da correspondência econômica da obrigação frustrada.

2. Ao asseverar que a execução por quantia certa realiza-se pela expropriação dos bens do executado (por vezes devedor; por vezes do responsável), o legislador, grosso modo, disciplina como ocorrerá o avanço estatal sobre o patrimônio do demandado, no afã de ver satisfeita a obrigação objeto do pedido de tutela executiva.

Art. 825. A expropriação consiste em:

I – adjudicação;

II – alienação;

III – apropriação de frutos e rendimentos de empresa ou de estabelecimentos e de outros bens.

1. Ao artigo 825 coube inventariar os meios expropriatórios propriamente ditos. A satisfação do exequente, ausente a satisfação voluntária da obrigação, dar-se-á pela (a) adjudicação, (b) pelo produto da alienação de certo bem da vida ou (c) pela apropriação de frutos e rendimentos oriundos de bens pertencentes ao demandado.

2. Nada obstante o anúncio realizado pelo legislador desde logo (acerca do meios expropriatórios admitidos entre nós), cada um deles é pormenorizadamente regulado pelo teor dos artigos 876/878 (adjudicação), 879/903 (alie-

nações) e 866/869 (apropriação de frutos e rendimentos), cenário para o qual remetemos o leitor.

3. Consoante enunciado aprovado na I Jornada de Direito Processual Civil, ocorrida na cidade Brasília (24 e 25 de agosto de 2017), "Na expropriação, a apropriação de frutos e rendimentos poderá ser priorizada em relação à adjudicação, se não prejudicar o exequente e for mais favorável ao executado." (Enunciado 106).

Art. 826. Antes de adjudicados ou alienados os bens, o executado pode, a todo tempo, remir a execução, pagando ou consignando a importância atualizada da dívida, acrescida de juros, custas e honorários advocatícios.

1. Remição da execução. O devedor (em sentido largo) tem o direito de se libertar das obrigações que sobre ele recaiam. Consoante expressa previsão legal, antes de adjudicados ou alienados os bens sujeitos à execução, pode o executado exercer o direito acima referido, remindo, pois, a execução (o que não pode ser baralhado com a *remição de bens*). Quer dizer: antes de efetivamente expropriado o patrimônio que servirá à satisfação da obrigação exequenda, o demandado tem o direito de satisfazê-la, efetuando o pagamento ou consignando o montante atualizado da dívida.

2. O executado deve, ao remir a execução, observar os acréscimos (diretos e indiretos) oriundos de sua mora. O principal deve ser atualizado (até a data do efetivo pagamento), acrescido de juros legais, custas processuais e honorários advocatícios, pena de não "liberação" do executado, e dos bens sujeitos à execução.

3. Não há confundir, tecnicamente, *remição da execução* e *remição de bens*. A primeira, encontra-se disciplinada pelo artigo sob comento (art. 826); a segunda, pelo teor do art. 902, abaixo examinado.

Seção II
Da Citação do Devedor e do Arresto

Art. 827. Ao despachar a inicial, o juiz fixará, de plano, os honorários advocatícios de dez por cento, a serem pagos pelo executado.

§ 1º No caso de integral pagamento no prazo de 3 (três) dias, o valor dos honorários advocatícios será reduzido pela metade.

§ 2º O valor dos honorários poderá ser elevado até vinte por cento, quando rejeitados os embargos à execução, podendo a majoração, caso não opostos os embargos, ocorrer ao final do procedimento executivo, levando-se em conta o trabalho realizado pelo advogado do exequente.

1. Ao deferir o petitório exordial (o que se dá, reitere-se, mediante a realização de *atividade saneadora inaugural*[119]), o julgador, *incontinenti*, fixará hono-

---

[119] Acerca do tema, vide: TORRES, Artur. *CPC passado a limpo*: parte geral, procedimento comum e cumprimento de sentença. Porto Alegre: Livraria do Advogado, 2018. p. 267. v. I.

rários advocatícios, a serem suportados pelo executado, observando, pois, o percentual mínimo de 10% do valor executado. Vale reprisar: os honorários a que alude o Código pertencem ao advogado do exequente, não ao exequente (art. 85, § 14). Trata-se, em última análise, de remuneração ao serviço do profissional jurídico que patrocina a demanda, quando ao executado assistir razão.

2. "Art. 85 (...) § 14. Os honorários constituem direito do advogado e têm natureza alimentar, com os mesmos privilégios dos créditos oriundos da legislação do trabalho, sendo vedada a compensação em caso de sucumbência parcial." Sepultando debate outrora suscitado, o CPC/2015, em "alto e bom tom", visando a tutelar à dignidade da advocacia, prescreve, primeiro, pertencer ao advogado (e não à parte vitoriosa) os honorários sucumbenciais; segundo, que tal verba possui *natureza alimentar* (e remuneratória do trabalho desenvolvido pelo advogado) e goza, sobretudo, de (idênticos) privilégios atribuídos aos créditos oriundos da legislação laboral; terceiro, que são insuscetíveis de compensação, sob quaisquer hipóteses, em caso de sucumbência parcial. Nada obstante tal lição, o legislador segue a realizar, como se diz por aí, "gentileza com o chapéu alheio", uma vez que o § 1° do artigo sob comento prevê a redução da verba honorária (reitere-se: de natureza alimentar) em 50% do valor previamente fixado para o caso de pagamento "espontâneo" do todo pelo executado.

3. O Código prescreve, outrossim, os critérios a serem observados para a majoração da verba honorária, pautado, ao que tudo indica, no "maior" ou "menor" trabalho a que se submete o advogado. A dicção legal, registre-se, não é das melhores. Utiliza-se o legislador da expressão "poderá", dando margem à interpretação no sentido de tratar-se a majoração honorária de faculdade atribuída ao julgador, quando, na verdade, o "poderá" diz com a limitação percentual da condenação (havendo "mais" trabalho a majoração é devida, podendo, pois, alcançar até 20% do valor executado). Segundo o Código, o percentual máximo deve ser observado quando "rejeitados os embargos à execução" ou, quando não opostos, a atuação do patrono, pelas "dificuldades" encontradas até a efetiva satisfação do crédito, denunciar seu merecimento. Nesse caso a majoração será confirmada ao cabo procedimento executivo.

Art. 828. O exequente poderá obter certidão de que a execução foi admitida pelo juiz, com identificação das partes e do valor da causa, para fins de averbação no registro de imóveis, de veículos ou de outros bens sujeitos a penhora, arresto ou indisponibilidade.

§ 1º No prazo de 10 (dez) dias de sua concretização, o exequente deverá comunicar ao juízo as averbações efetivadas.

§ 2º Formalizada penhora sobre bens suficientes para cobrir o valor da dívida, o exequente providenciará, no prazo de 10 (dez) dias, o cancelamento das averbações relativas àqueles não penhorados.

§ 3º O juiz determinará o cancelamento das averbações, de ofício ou a requerimento, caso o exequente não o faça no prazo.

§ 4º Presume-se em fraude à execução a alienação ou a oneração de bens efetuada após a averbação.

§ 5º O exequente que promover averbação manifestamente indevida ou não cancelar as averbações nos termos do § 2º indenizará a parte contrária, processando-se o incidente em autos apartados.

1. Deferida a inicial, é lícito ao exequente requerer a expedição de certidão hábil a ser averbada perante órgãos registrais. A ideia é (a) dar ciência a terceiros acerca da existência da dívida, evitando-se, por consequência, aquisições de boa-fé dos bens que possam servir à satisfação da execução (art. 828 (...) "§ 4º Presume-se em fraude à execução a alienação ou a oneração de bens efetuada após a averbação"), bem como (b) constranger o executado, considerada a melhor acepção da palavra, a satisfazer a obrigação exequenda o quanto antes.

2. Incumbe ao exequente, sendo o caso, no prazo de 10 dias, a contar de sua concretização, informar ao juízo competente as averbações efetivamente promovidas perante os órgãos registrais. Penhorados bens suficientes para garantir, à integralidade, a satisfação do crédito exequendo (principal, atualização, juros, custas e honorários – art. 831), é tarefa do exequente, outrossim, observado o decêndio subsequente à penhora, promover o cancelamento das averbações relativas aos bens não constritos. O juiz, em caso de inércia do exequente, determinará o aludido cancelamento, de ofício ou a requerimento. O exequente que promover averbação manifestamente indevida ou deixar de cancelar as averbações que sobejarem o crédito exequendo, indenizará a parte contrária, processando-se o incidente (reparatório) em autos apartados.

3. Consoante proposta de enunciado apresentada junto à I Jornada de Direito Processual Civil, ocorrida na cidade Brasília (24 e 25 de agosto de 2017), o "fornecimento de certidão de averbação premonitória independe de prévio despacho ou autorização do juiz." (Caderno Provisório – Execução e Cumprimento de Sentença – interpretação inerente ao art. 828).

Art. 829. O executado será citado para pagar a dívida no prazo de 3 (três) dias, contado da citação.

§ 1º Do mandado de citação constarão, também, a ordem de penhora e a avaliação a serem cumpridas pelo oficial de justiça tão logo verificado o não pagamento no prazo assinalado, de tudo lavrando-se auto, com intimação do executado.

§ 2º A penhora recairá sobre os bens indicados pelo exequente, salvo se outros forem indicados pelo executado e aceitos pelo juiz, mediante demonstração de que a constrição proposta lhe será menos onerosa e não trará prejuízo ao exequente.

1. O executado será citado[120] e, ato contínuo, intimado para, no prazo de 3 dias, satisfazer a obrigação de pagar quantia (no caso, a obrigação exequenda). O CPC/2015 inova, pois, em relação ao *dies a quo* para o cômputo do prazo legal (para satisfação voluntária), não deixando dúvidas: inicia-se o prazo,

[120] Acerca do conceito de *citação*, das formas admitidas, dos efeitos e das consequências de sua inobservância, vide: TORRES, Artur. *CPC passado a limpo*: parte geral, procedimento comum e cumprimento de sentença. Porto Alegre: Livraria do Advogado, 2018. p. 205/216. v. I.

doravante, no primeiro dia útil subsequente a citação válida (a data da efetiva citação retrata o termo inicial; o termo inicial deve ser excluído do cômputo). A regra da "juntada" fora, ao menos no cenário sob comento (execução fundada em obrigação de pagar quantia estampada em título extrajudicial), abandonada pelo legislador de 2015.

2. O mandado judicial conterá, igualmente, *ordem de penhora e avaliação*. Tais atos, via de regra, serão cumpridos pelo *meirinho* tão logo escoado o prazo para pagamento "espontâneo". Acerca das atribuições do *oficial de justiça*, vide comentários aos artigos 150/155, parte integrante do primeiro volume do presente estudo.

3. Consoante demonstrado alhures, o exequente, sendo possível (no sentido de: tendo ciência quais sejam eles), indicará os bens sujeitos à penhora. Eis o que preconiza o teor do artigo 798, inciso II, *c*. Assim sendo, a penhora recairá, via de regra, sobre os bens apontados pelo exequente, ressalvados os casos em que o *princípio da menor gravosidade* (estampado pelo art. 805) houver de ser observado.

4. Consoante enunciado aprovado na I Jornada de Direito Processual Civil, ocorrida na cidade Brasília (24 e 25 de agosto de 2017), "Conta-se em dias úteis o prazo do *caput* do art. 523 do CPC." (Enunciado 89). Sustentamos, face à identidade de natureza da obrigação exequenda, sem prejuízo de outros argumentos, que o aludido entendimento se aplica ao prazo previsto pelo *caput* do art. 829, por também se tratar de prazo processual.

5. Aprovou-se, na mesma Jornada, com sobra de razão, o enunciado, a saber: "Na execução de título extrajudicial ou judicial (art. 515, § 1°, do CPC) é cabível a citação postal." (Enunciado 85). O legislador de 2015, rompendo tradição pátria, retirou do rol de hipóteses em que não se admite o uso da via postal para a realização do ato citatório, o processo de execução autônomo (a vedação, outrora, encontrava amparo no teor do art. 222 do CPC/73). Inexiste, portanto, qualquer vedação a realização do ato pela via apontada.

Art. 830. Se o oficial de justiça não encontrar o executado, arrestar-lhe-á tantos bens quantos bastem para garantir a execução.

§ 1º Nos 10 (dez) dias seguintes à efetivação do arresto, o oficial de justiça procurará o executado 2 (duas) vezes em dias distintos e, havendo suspeita de ocultação, realizará a citação com hora certa, certificando pormenorizadamente o ocorrido.

§ 2º Incumbe ao exequente requerer a citação por edital, uma vez frustradas a pessoal e a com hora certa.

§ 3º Aperfeiçoada a citação e transcorrido o prazo de pagamento, o arresto converter-se-á em penhora, independentemente de termo.

1. Pré-penhora. O melhor enfrentamento do teor do art. 830 exige, pois, compreensão apriorística acerca da (in)adequada nomenclatura utilizada pelo legislador. "Embora designe a lei de 'arresto' à constrição, a oportuna providência semelha antes com à penhora antecipada ou pré-penhora, regulada no direito alemão (...), ressalva feita a algumas diferenças procedimentais. (...) Em virtude da circunstância de a pré-penhora pressupor a ausência do executado, parte relevante da doutrina brasileira conferiu, no direito anterior, natureza cautelar à medida contemplada no art. 830. Ora, a pré-penhora outorga ao credor o direito de preferência (art. 797, *caput*, parte final) no instante mesmo em que se efetiva o ato. Esta eficácia, intrínseca à constrição dos bens do executado e, no caso, antecipada à própria conversão em penhora, operada nos termos do art. 830, § 3º, é elemento satisfativo estranho ao verdadeiro arresto. O autêntico arresto cautelar não se transmuda automaticamente em penhora, ao contrário da pré-penhora, dependendo da realização de outro ato para essa finalidade. (...) Em realidade, o art. 830 prevê a consumação de ato de natureza executiva, caracterizado pela inversão da ordem natural subsumida no art. 829, *caput*, porque coloca antes da citação do devedor a apreensão de seus bens." (ASSIS, Araken de. *Manual da Execução*. 2. ed. (*e-book*). São Paulo: RT, 2016. p. 632).

2. Não localizado o executado, o oficial de justiça, antes mesmo de proceder em sua citação, "arrestar-lhe-á tantos bens quantos bastem para garantir a execução". Nesses casos (de desencontro entre o oficial e o demandado), o *meirinho* deve, no decêndio subsequente à pré-penhora (ou sua tentativa), procurar o executado em pelo menos duas ocasiões diversas, em "dias distintos" expressa o Código. A suspeita de ocultação (do executado) autoriza, pois, a utilização do expediente citatório por hora certa.[121]

3. "O § 1º, em consonância com o entendimento construído pela doutrina e pela jurisprudência, passa a admitir a realização de citação por hora certa do devedor/executado. Se a citação por hora certa não lograr êxito, deverá o exequente requerer a citação por edital (...) para que, afeiçoada a citação ficta, inicie-se a contagem do prazo de 3 dias para pagamento (...)." (DONIZETTI, Elpídio. *Novo Código de Processo Civil Comentado*. São Paulo: Atlas, 2015. p. 618).

4. Da conversão da *pré-penhora* em *penhora* (art. 830, § 3º), deve o executado, necessariamente, ser intimado (art. 841), pena de violação ao *devido processo de direito*.

Seção III
Da Penhora, do Depósito e da Avaliação

Subseção I
Do Objeto da Penhora

Art. 831. A penhora deverá recair sobre tantos bens quantos bastem para o pagamento do principal atualizado, dos juros, das custas e dos honorários advocatícios.

1. No sistema expropriatório, a penhora exerce papel dos mais importantes, uma vez que a ela cumpre o mister de individualizar o patrimônio que servirá, sendo necessário, a satisfação da obrigação exequenda. Ao art. 831 coube

[121] Acerca da citação *por hora certa*, vide: TORRES, Artur. *CPC passado a limpo*: parte geral, procedimento comum e cumprimento de sentença. Porto Alegre: Livraria do Advogado, 2018. p. 213/214. v. I.

delimitar sua extensão: recaíra, pois, sobre tantos bens quantos bastem à satisfação do todo devido, podendo alcançar diversos bens.

2. A realização da penhora não se encontra adstrita ao horário de realização *padrão* dos atos processuais. Inteligência do art. 212, § 2º, do CPC/2015.[122]

Art. 832. Não estão sujeitos à execução os bens que a lei considera impenhoráveis ou inalienáveis.

1. O legislador, não raro atento à dignidade da pessoa humana (elemento estruturante do Estado brasileiro), realiza recorte no que tange à operacionalização da responsabilidade patrimonial do executado. E o faz, como é intuitivo, mediante o impedimento de que certos bens da vida sejam alcançados pela penhora.

2. Consoante abaixo examinado, há casos, porém, em que não se pode, ao menos diretamente, atribuir a impenhorabilidade dos bens protegidos por lei à dignidade humana, uma vez que a proteção jurídica, inclusive, apenas pode ser suscitada por pessoa jurídica. É o caso, exemplificativamente, das previsões contidas nos incisos IX e XI, do artigo 833.

3. A impenhorabilidade dos bens depende, como regra, de previsão expressa de lei. Nada obsta, contudo, que as partes, via *negócio jurídico processual*, realizado antes ou durante a relação processual, blindem certos bens.[123]

Art. 833. São impenhoráveis:

I – os bens inalienáveis e os declarados, por ato voluntário, não sujeitos à execução;

II – os móveis, os pertences e as utilidades domésticas que guarnecem a residência do executado, salvo os de elevado valor ou os que ultrapassem as necessidades comuns correspondentes a um médio padrão de vida;

III – os vestuários, bem como os pertences de uso pessoal do executado, salvo se de elevado valor;

IV – os vencimentos, os subsídios, os soldos, os salários, as remunerações, os proventos de aposentadoria, as pensões, os pecúlios e os montepios, bem como as quantias recebidas por liberalidade de terceiro e destinadas ao sustento do devedor e de sua família, os ganhos de trabalhador autônomo e os honorários de profissional liberal, ressalvado o § 2º;

V – os livros, as máquinas, as ferramentas, os utensílios, os instrumentos ou outros bens móveis necessários ou úteis ao exercício da profissão do executado;

VI – o seguro de vida;

VII – os materiais necessários para obras em andamento, salvo se essas forem penhoradas;

VIII – a pequena propriedade rural, assim definida em lei, desde que trabalhada pela família;

---

[122] Acerca do tema, vide: TORRES, Artur. *CPC passado a limpo*: parte geral, procedimento comum e cumprimento de sentença. Porto Alegre: Livraria do Advogado, 2018. p. 190. v. I.

[123] Acerca do tema, vide: TORRES, Artur. *CPC passado a limpo*: parte geral, procedimento comum e cumprimento de sentença. Porto Alegre: Livraria do Advogado, 2018. p. 177/180. v. I.

IX – os recursos públicos recebidos por instituições privadas para aplicação compulsória em educação, saúde ou assistência social;

X – a quantia depositada em caderneta de poupança, até o limite de 40 (quarenta) salários-mínimos;

XI – os recursos públicos do fundo partidário recebidos por partido político, nos termos da lei;

XII – os créditos oriundos de alienação de unidades imobiliárias, sob regime de incorporação imobiliária, vinculados à execução da obra.

§ 1º A impenhorabilidade não é oponível à execução de dívida relativa ao próprio bem, inclusive àquela contraída para sua aquisição.

§ 2º O disposto nos incisos IV e X do *caput* não se aplica à hipótese de penhora para pagamento de prestação alimentícia, independentemente de sua origem, bem como às importâncias excedentes a 50 (cinquenta) salários-mínimos mensais, devendo a constrição observar o disposto no art. 528, § 8º, e no art. 529, § 3º.

§ 3º Incluem-se na impenhorabilidade prevista no inciso V do *caput* os equipamentos, os implementos e as máquinas agrícolas pertencentes a pessoa física ou a empresa individual produtora rural, exceto quando tais bens tenham sido objeto de financiamento e estejam vinculados em garantia a negócio jurídico ou quando respondam por dívida de natureza alimentar, trabalhista ou previdenciária.

1. Ao artigo 833 coube inventariar, do ponto de vista do direito codificado, os bens não sujeitos à penhora. A despeito da heterogeneidade dos apontamentos constantes de seus incisos, é possível afirmar que boa parte dos bens protegidos visam a preservar à dignidade humana. Enquadra-se, pois, nesta linha, por exemplo, a impenhorabilidade reconhecida aos (a) móveis, pertences e utilidades domésticas que não desbordem de médio padrão de vida; (b) ao vestuário e bens de uso pessoal do executado; (c) o produto do trabalho do executado (remuneração em sentido largo) e as liberalidades percebidas com o específico fito de patrocinar a subsistência do executado e de sua família; (d) o ferramental indispensável ao exercício da profissão do executado; (e) a pequena propriedade rural, assim definida em lei, desde que explorada pela família; a quantia depositada em caderneta de poupança, até o limite de 40 (quarenta) salários-mínimos.

2. O Código, outrossim, declara impenhoráveis (a) os bens inalienáveis e os declarados, por ato voluntário (de terceiros, segundo pensamos), não sujeitos à execução; (b) os recursos públicos recebidos por instituições privadas para aplicação compulsória em educação, saúde ou assistência social; (c) o seguro de vida; (d) os materiais necessários para obra em andamento, exceto se a mesma (a obra em si) for penhorada; (e) os recursos públicos do fundo partidário; (f) os créditos oriundos de alienação de unidades imobiliárias, sob regime de incorporação imobiliária, vinculados à execução da obra.

3. Consoante o teor do § 1º do art. 833, a impenhorabilidade não é oponível à execução de dívida contraída para a aquisição do próprio bem da vida. Vale, por oportuno, uma ilustração: imagine-se que certo advogado tenha, no afã de aperfeiçoar o serviço oferecido, adquirido uma biblioteca física completa (no sentido tornar-se proprietário de uma coleção de livros jurídicos).

A aludida biblioteca jurídica, por exemplo, não poderá ser penhorada em demanda que, exemplificativamente, encontre amparo na satisfação de obrigação de pagar quantia referente a negócio jurídico diverso (por exemplo, a compra e venda de um veículo automotor), mas, a impenhorabilidade apontada pelo inciso V do artigo 833, não poderá ser oposta, na guisa do exemplo, à cobrança de dívida contraída para a própria aquisição da biblioteca.

4. O mesmo artigo 833 (responsável pela eleição dos bens impenhoráveis) traz, consoante acima demonstrado, exceção à regra. O teor do § 1º é, pois, exemplo disso. O legislador, todavia, não para por aí. A impenhorabilidade do produto do labor do executado, bem como de reserva depositada em conta poupança, são ineficazes à penhora destinada à satisfação da obrigação alimentícia (de qualquer natureza – por exemplo, os honorários advocatícios devidos ao patrono de seu adversário processual). A constrição, nessa quadra, deve necessariamente observar o teor dos artigos 528, § 8º, e 529, § 3º, ambos do CPC/2015.

5. "Art. 528 (...) § 8º O exequente pode optar por promover o cumprimento da sentença ou decisão desde logo, nos termos do disposto neste Livro, Título II, Capítulo III, caso em que não será admissível a prisão do executado, e, recaindo a penhora em dinheiro, a concessão de efeito suspensivo à impugnação não obsta a que o exequente levante mensalmente a importância da prestação."; "Art. 529. Quando o executado for funcionário público, militar, diretor ou gerente de empresa ou empregado sujeito à legislação do trabalho, o exequente poderá requerer o desconto em folha de pagamento da importância da prestação alimentícia. (...) § 3º Sem prejuízo do pagamento dos alimentos vincendos, o débito objeto de execução pode ser descontado dos rendimentos ou rendas do executado, de forma parcelada, nos termos do *caput* deste artigo, contanto que, somado à parcela devida, não ultrapasse cinquenta por cento de seus ganhos líquidos".[124]

6. A parte do § 2º a que alude "às importâncias excedentes a 50 (cinquenta) salários-mínimos mensais" retrata, ao que tudo indica, "fruto de equívoco legislativo", uma vez que desborda de toda a sistemática eleita pelo Código, inexistindo, salvo melhor juízo, qualquer explicação razoável à sua existência.

7. Consoante enunciado aprovado na I Jornada de Direito Processual Civil, ocorrida na cidade Brasília (24 e 25 de agosto de 2017), a "As hipóteses de penhora do art. 833, § 2º, do CPC aplicam-se ao cumprimento da sentença ou à execução de título extrajudicial, relativos a honorários advocatícios, em razão de sua natureza alimentar." (Enunciado 105).

8. "Art. 1º O imóvel residencial próprio do casal, ou da entidade familiar, é impenhorável e não responderá por qualquer tipo de dívida civil, comercial, fiscal, previdenciária ou de outra natureza, contraída pelos cônjuges ou pelos pais ou filhos que sejam seus proprietários e nele residam, salvo nas hipóteses previstas nesta lei. Parágrafo único. A impenhorabilidade compreende o imóvel sobre o qual se assentam a construção, as plantações, as benfeitorias de

[124] Acerca dos artigos acima parafraseados, vide: TORRES, Artur. *CPC passado a limpo*: parte geral, procedimento comum e cumprimento de sentença. Porto Alegre: Livraria do Advogado, 2018. p. 424/429. v. I.

qualquer natureza e todos os equipamentos, inclusive os de uso profissional, ou móveis que guarnecem a casa, desde que quitados. Art. 2º Excluem-se da impenhorabilidade os veículos de transporte, obras de arte e adornos suntuosos. Parágrafo único. No caso de imóvel locado, a impenhorabilidade aplica-se aos bens móveis quitados que guarneçam a residência e que sejam de propriedade do locatário, observado o disposto neste artigo. Art. 3º A impenhorabilidade é oponível em qualquer processo de execução civil, fiscal, previdenciária, trabalhista ou de outra natureza, salvo se movido: I (revogado); II – pelo titular do crédito decorrente do financiamento destinado à construção ou à aquisição do imóvel, no limite dos créditos e acréscimos constituídos em função do respectivo contrato; III – pelo credor da pensão alimentícia, resguardados os direitos, sobre o bem, do seu coproprietário que, com o devedor, integre união estável ou conjugal, observadas as hipóteses em que ambos responderão pela dívida; (Redação dada pela Lei nº 13.144 de 2015) IV – para cobrança de impostos, predial ou territorial, taxas e contribuições devidas em função do imóvel familiar; V – para execução de hipoteca sobre o imóvel oferecido como garantia real pelo casal ou pela entidade familiar; VI – por ter sido adquirido com produto de crime ou para execução de sentença penal condenatória a ressarcimento, indenização ou perdimento de bens. VII – por obrigação decorrente de fiança concedida em contrato de locação. (Incluído pela Lei nº 8.245, de 1991) Art. 4º Não se beneficiará do disposto nesta lei aquele que, sabendo-se insolvente, adquire de má-fé imóvel mais valioso para transferir a residência familiar, desfazendo-se ou não da moradia antiga. § 1º Neste caso, poderá o juiz, na respectiva ação do credor, transferir a impenhorabilidade para a moradia familiar anterior, ou anular-lhe a venda, liberando a mais valiosa para execução ou concurso, conforme a hipótese. § 2º Quando a residência familiar constituir-se em imóvel rural, a impenhorabilidade restringir-se-á à sede de moradia, com os respectivos bens móveis, e, nos casos do art. 5º, inciso XXVI, da Constituição, à área limitada como pequena propriedade rural. Art. 5º Para os efeitos de impenhorabilidade, de que trata esta lei, considera-se residência um único imóvel utilizado pelo casal ou pela entidade familiar para moradia permanente. Parágrafo único. Na hipótese de o casal, ou entidade familiar, ser possuidor de vários imóveis utilizados como residência, a impenhorabilidade recairá sobre o de menor valor, salvo se outro tiver sido registrado, para esse fim, no Registro de Imóveis e na forma do art. 70 do Código Civil. Art. 6º São canceladas as execuções suspensas pela Medida Provisória nº 143, de 8 de março de 1990, que deu origem a esta lei. Art. 7º Esta lei entra em vigor na data de sua publicação. Art. 8º Revogam-se as disposições em contrário." (Lei 8.009/90).

Art. 834. Podem ser penhorados, à falta de outros bens, os frutos e os rendimentos dos bens inalienáveis.

1. Os bens inalienáveis são, por definição legal, impenhoráveis (art. 833, I). Seus frutos, inexistindo outros bens hábeis a satisfazer o crédito exequendo, não. Inteligência do art. 834 do CPC/2015.

Art. 835. A penhora observará, preferencialmente, a seguinte ordem:

I – dinheiro, em espécie ou em depósito ou aplicação em instituição financeira;

II – títulos da dívida pública da União, dos Estados e do Distrito Federal com cotação em mercado;

III – títulos e valores mobiliários com cotação em mercado;

IV – veículos de via terrestre;

V – bens imóveis;

VI – bens móveis em geral;

VII – semoventes;

VIII – navios e aeronaves;

IX – ações e quotas de sociedades simples e empresárias;

X – percentual do faturamento de empresa devedora;

XI – pedras e metais preciosos;

XII – direitos aquisitivos derivados de promessa de compra e venda e de alienação fiduciária em garantia;

XIII – outros direitos.

§ 1º É prioritária a penhora em dinheiro, podendo o juiz, nas demais hipóteses, alterar a ordem prevista no *caput* de acordo com as circunstâncias do caso concreto.

§ 2º Para fins de substituição da penhora, equiparam-se a dinheiro a fiança bancária e o seguro garantia judicial, desde que em valor não inferior ao do débito constante da inicial, acrescido de trinta por cento.

§ 3º Na execução de crédito com garantia real, a penhora recairá sobre a coisa dada em garantia, e, se a coisa pertencer a terceiro garantidor, este também será intimado da penhora.

1. O art. 835 estabelece ordem a ser preferencialmente observada para a penhora de bens do executado. Atento ao direito fundamental à tutela específica, o topo da lista, por se tratar de regramento aplicável imediatamente à execução de obrigação de pagar quantia, vai encabeçada pelo "dinheiro". Localizada certa quantia pertencente ao executado, seja em espécie ("dinheiro vivo"), depositada ou aplicada em instituição financeira, será ela constrita, visando a satisfazer o objeto da execução. A penhora de dinheiro é, como diz o Código, "prioritária". O legislador de 2015, equipara a dinheiro, considerado o específico fito de permitir a substituição da penhora, (a) a fiança bancaria e (b) o seguro garantia judicial. Ambos, porém, deverão assegurar o juízo em valor não inferior a 130% do valor apontado em sede inicial, pena de não gozar do referido *status* equiparatório, frustrando, pois, o deferimento de eventual pedido de substituição de penhora formulado nos autos.

2. Respeitada a prioridade estabelecida para a penhora de dinheiro, é facultado ao julgador, consideradas as peculiaridades do caso concreto, alterar, sem descurar-se do *princípio da menor gravosidade* (e suas exigências), a ordem prevista pelos incisos do art. 835.

3. O teor do § 3º merece, pois, reflexão. Segundo sua redação, na execução de crédito com garantia real, a penhora recairá sobre a coisa dada em garantia. Indaga-se: *desaparece, sendo o caso, a prioridade da penhora em dinheiro*? Vale lembrar, primeiro, que a obrigação objeto da execução aqui disciplinada, é, pois, de pagar quantia; segundo, que o modelo constitucional do processo civil pátrio prevê, dentre os direitos fundamentais de aplicação *no* e *em razão do processo*, o direito à tutela efetiva;[125] terceiro, que, certamente, a satisfação do crédito exequendo mediante alienação do bem dado em garantia, será "mais trabalhosa e menos expedita" do que a entrega, ao exequente, de quantia eventualmente penhorada; quarto, que, a despeito da possibilidade de adjudicação do bem penhorado, a utilização de tal modalidade expropriatória, não raro, faz com que o exequente tenha de desembolsar saldo em favor do executado (o qual, por vezes, não dispõe), ou, ainda, prosseguir na execução quando não satisfeito seu crédito à integralidade. Retoma-se, então, a linha questionadora: localizado "dinheiro", por exemplo, em contas bancárias do executado, o bem dado em garantia haverá, ainda assim, de preceder à penhora da aludida quantia? Segundo pensamos, considerado, primeiro, o modelo constitucional do processo civil pátrio (em especial os direitos fundamentais à tutela efetiva e à duração razoável do processo); segundo, todos os "empecilhos" prático-forenses à satisfação expedita da obrigação quando necessária a adjudicação ou a alienação de bens, sustentamos que o bem dado em garantia, face à natureza da obrigação exequenda, deva aguardar "na fila", ou seja, o "dinheiro" localizado deve servir à satisfação do exequente e, havendo saldo em aberto, a expropriação deva incidir sobre o bem dado em garantia, pena de violação à promessa constitucional.

Art. 836. Não se levará a efeito a penhora quando ficar evidente que o produto da execução dos bens encontrados será totalmente absorvido pelo pagamento das custas da execução.

§ 1º Quando não encontrar bens penhoráveis, independentemente de determinação judicial expressa, o oficial de justiça descreverá na certidão os bens que guarnecem a residência ou o estabelecimento do executado, quando este for pessoa jurídica.

§ 2º Elaborada a lista, o executado ou seu representante legal será nomeado depositário provisório de tais bens até ulterior determinação do juiz.

---

[125] Direito fundamental à tutela efetiva. "Aduz-se a uma tutela efetiva (ou direito fundamental à tutela efetiva) no sentido de alcançar àquele que se afirma titular de determinada posição jurídica, assistindo-lhe razão, a própria. 'A efetividade da tutela (...) traduz uma preocupação com a especificidade' da prestação estatal, devendo o resultado da demanda ser o mais aderente possível ao direito material. Quem pleiteia, exemplificativamente, um não fazer não deve ser agraciado, senão em última instância, com mera indenização. Não é este, a rigor, o compromisso assumido pelo Estado Constitucional e Democrático de Direito. 'Uma vez superada a ideia de que o processo (...) só pode oferecer uma tutela pelo equivalente monetário às partes, oriunda do fenômeno da pessoalização dos direitos ocorrido desde o direito romano tardio, tem-se pontuado a prioridade natural e jurídica da tutela específica dos direitos. Não basta possibilitar à parte sempre tutela pelo equivalente monetário. Em atenção ao postulado da máxima coincidência, o processo deve ser estruturado de modo a propiciar às pessoas aquilo, tudo aquilo e exatamente aquilo a que elas têm direito no plano do direito material.' Compõe, portanto, o rol de direitos assegurados pelo modelo constitucional do processo civil brasileiro o dever estatal de ofertar ao jurisdicionado tutela apta a garantir a concretização das situações materiais em espécie, revelando-se direito do exequente, pois, obter tutela específica ou, não sendo possível, resultado prático equivalente." (TORRES, Artur. *Fundamentos de um Direito Processual Civil Contemporâneo* (Parte I). Porto Alegre: Arana, 2016. p. 72).

1. O *caput* do artigo sob comento expressa a velha máxima do *resultado útil dos atos executivos*. A execução, por definição, serve ao executado, no sentido de que ela apenas existe para ver o crédito exequendo mundanamente satisfeito. Assim sendo, o legislador é enfático ao asseverar que, evidenciado que a futura expropriação dos bens localizados não cumprirá com o mister executivo (quer dizer: não satisfará o crédito exequendo sequer em parte), sendo absorvido pelas custas da execução, não se levará a penhora a efeito.

2. Em nome da *precaução*, por assim dizer, o Código, diante da não localização de bens penhoráveis desde logo pelo *meirinho*, atribui-lhe função: descrever, em sua certidão, os bens que guarnecem a residência ou o estabelecimento do executado, nomeando-o, enquanto não sobrevier ordem judicial diversa, depositário provisório dos bens inventariados. A ideia, grosso modo, é a de evitar que os bens acima referidos simplesmente "desapareçam" da esfera jurídica do executado, restando prejudicado, pois, posterior análise acerca de sua real (im)penhorabilidade.

Subseção II
Da Documentação da Penhora, de seu Registro e do Depósito

Art. 837. Obedecidas as normas de segurança instituídas sob critérios uniformes pelo Conselho Nacional de Justiça, a penhora de dinheiro e as averbações de penhoras de bens imóveis e móveis podem ser realizadas por meio eletrônico.

1. Penhora. Meio eletrônico. Na linha do desenvolvimento tecnológico inerente ao seu tempo, o CPC/2015 autoriza a realização de atos processuais por meio eletrônico (art. 193) para além dos casos em que o próprio feito tramite em autos eletrônicos. O legislador, inclusive, destinou seção própria (Seção II, Capítulo I, Título I, Livro IV da Parte Geral) para a regulamentação da matéria.[126] A penhora, com mais razão, não escapa à regra.

2. Vale lembrar, por oportuno, que a técnica processual sob comento mostra-se muito eficaz em relação aos bens da vida sujeitos ao *regime registral*, não produzindo, de outro giro, proveito em relação aqueles estranhos ao aludido regime. Como regra, os bens móveis não se sujeitam ao regime sob comento.

3. É *praxe* no dia a dia forense a utilização, por exemplo, do denominado BACENJUD, sistema que permite ao julgador determinar a constrição de ativos pertencentes ao executado, mediante comando eletrônico. Acerca do tema, com maior detalhamento, vide comentários ao art. 854.

Art. 838. A penhora será realizada mediante auto ou termo, que conterá:

I – a indicação do dia, do mês, do ano e do lugar em que foi feita;

II – os nomes do exequente e do executado;

III – a descrição dos bens penhorados, com as suas características;

IV – a nomeação do depositário dos bens.

[126] Acerca do tema, vide: TORRES, Artur. *CPC passado a limpo*: parte geral, procedimento comum e cumprimento de sentença. Porto Alegre: Livraria do Advogado, 2018. p. 180/181. v. I.

1. Ao artigo 838 coube apontar aquilo que, obrigatoriamente, deve constar do auto ou termo de penhora. O documento indicará, pois, (a) a data e o lugar em que fora realizada; (b) o nome das partes, sinalizando sua posição processual; (c) a descrição mais minuciosa possível dos bens constritos e; (d) a nomeação do depositário, responsável, doravante, pela custódia dos bens.

Art. 839. Considerar-se-á feita a penhora mediante a apreensão e o depósito dos bens, lavrando-se um só auto se as diligências forem concluídas no mesmo dia.

Parágrafo único. Havendo mais de uma penhora, serão lavrados autos individuais.

1. A penhora é, por definição, ato complexo. Quer dizer: depende da realização de um feixe de atos para que se considere realizada. São eles: a *apreensão* e o *depósito* dos bens.

2. Penhora. Efeitos. Distintos planos da ordem jurídica. A perfectibilização da penhora produz, à evidência, efeitos próprios (efeitos da penhora). No plano material, por exemplo, fazem-se sentir (a) *ineficácia relativa dos atos de disposição do bem penhorado,* (b) *a reorganização da posse* e (c) a *perda do direito de fruição.* No plano processual, por sua vez, (d) *a individualização dos bens que servirão à satisfação da obrigação executada,* (e) a *conservação do bens,* (f) o *direito de preferência sobre os bens gravados,* bem como (g) o *desencadeamento do expediente expropriativo.*

3. Nos casos em que a apreensão e o depósito dos bens penhorados ocorrem na mesma ocasião, lavrar-se-á, de tudo, documento único; não sendo o caso (por exemplo, apreende-se o bem para, no futuro, nomear o depositário), ou havendo mais de uma penhora, far-se-á, para cada qual, registro documental diverso. Inteligência do parágrafo único do art. 839.

4. O fato, contudo, de se documentar a penhora de mais de um bem em um mesmo documento, por si só, segundo pensamos, não conduz a invalidade do ato. Acerca da teoria das "nulidades" (e seus pilares) albergada pelo CPC/2015, vide: TORRES, Artur. CPC passado a limpo: parte geral, procedimento comum e cumprimento de sentença. Porto Alegre: Livraria do Advogado, 2018. p. 225/227. v. I.

Art. 840. Serão preferencialmente depositados:

I – as quantias em dinheiro, os papéis de crédito e as pedras e os metais preciosos, no Banco do Brasil, na Caixa Econômica Federal ou em banco do qual o Estado ou o Distrito Federal possua mais da metade do capital social integralizado, ou, na falta desses estabelecimentos, em qualquer instituição de crédito designada pelo juiz;

II – os móveis, os semoventes, os imóveis urbanos e os direitos aquisitivos sobre imóveis urbanos, em poder do depositário judicial;

III – os imóveis rurais, os direitos aquisitivos sobre imóveis rurais, as máquinas, os utensílios e os instrumentos necessários ou úteis à atividade agrícola, mediante caução idônea, em poder do executado.

§ 1º No caso do inciso II do *caput*, se não houver depositário judicial, os bens ficarão em poder do exequente.

§ 2º Os bens poderão ser depositados em poder do executado nos casos de difícil remoção ou quando anuir o exequente.

§ 3º As joias, as pedras e os objetos preciosos deverão ser depositados com registro do valor estimado de resgate.

1. O artigo sob comento disciplina *a quem* competirá, preferencialmente, figurar na condição de depositário dos bens alcançados pela penhora, preferindo, em relação às quantias em dinheiro, os papéis de crédito, as pedras e os metais preciosos (em relação aos quais se exige registro do valor estimado), os *bancos públicos aos privados*. Os ativos constritos via *penhora on-line*, por exemplo, após tornados indisponíveis na origem, devem, via de regra, ser transferidos para "contas judiciais" (como regra, de bancos públicos) enquanto aguardam o "desfecho da causa".

2. Os bens móveis, os semoventes, os imóveis urbanos e os direitos aquisitivos sobre imóveis urbanos devem, segundo o Código, via de regra, ser mantidos sob custódia de *depositário judicial*, sendo essa, pois, a função precípua desse auxiliar da justiça.[127] Em relação aos aludidos bens, prevendo a inexistência do auxiliar da justiça sob comento na localidade em que se deva realizar a penhora, a opção legislativa foi a de tornar depositário *o próprio exequente*. Inexiste impedimento, contudo, para que o julgador atribua ao próprio *executado* tal tarefa, uma vez constatados empecilhos mundanos (subjetivos ou objetivos) que legitimem a não reorganização da posse (efeito da penhora no plano material).

3. No que diz com os imóveis rurais, os direitos aquisitivos sobre imóveis rurais, as máquinas, os utensílios e os instrumentos necessários ou úteis à atividade agrícola, os bens penhorados permanecerão sob custódia do executado, de quem o juízo poderá, entendendo prudente, exigir a prestação de caução idônea.

4. Anuindo o exequente, independentemente da natureza do bem penhorado, será nomeado depositário o próprio executado. Inteligência do § 2º do art. 840.

Art. 841. Formalizada a penhora por qualquer dos meios legais, dela será imediatamente intimado o executado.

§ 1º A intimação da penhora será feita ao advogado do executado ou à sociedade de advogados a que aquele pertença.

§ 2º Se não houver constituído advogado nos autos, o executado será intimado pessoalmente, de preferência por via postal.

§ 3º O disposto no § 1º não se aplica aos casos de penhora realizada na presença do executado, que se reputa intimado.

§ 4º Considera-se realizada a intimação a que se refere o § 2º quando o executado houver mudado de endereço sem prévia comunicação ao juízo, observado o disposto no parágrafo único do art. 274.

1. Penhora. Notificação obrigatória. A intimação do executado acerca da formalização da penhora revela-se, pois, atividade indispensável ao regular prosseguimento do feito. Não estando presente o mesmo na ocasião de sua

[127] Acerca do tema, vide: TORRES, Artur. *CPC passado a limpo*: parte geral, procedimento comum e cumprimento de sentença. Porto Alegre: Livraria do Advogado, 2018. p. 157/159. v. I.

realização (uma vez que sua presença o deixa ciente do ocorrido e dispensa notificação diversa), a intimação será realizada, como regra, na pessoa de seu advogado, mediante publicação oficial. Exige-se a intimação pessoal do executado apenas quando (a) o mesmo não possuir advogado constituído nos autos ou (b) não houver presenciado o ato constritivo, hipótese em que será intimado, preferencialmente, pela via postal.

2. As partes, bem como seus advogados, encontram-se, por disposição legal, obrigados a informar ao juízo o endereço em que receberão as notificações processuais. É obrigação de ambos, ainda, informar eventuais alterações de endereço havidas no decorrer do processo. Visando a evitar "manobras" processuais, não raro protelatórias, o CPC/2015 presume válida a intimação dirigida ao endereço informado nos autos. O fato de a mesma não ser recebida pessoalmente pelo interessado em nada afeta a aludida presunção, que apenas quedará diante da comprovação de que a modificação (de endereço) fora acusada no processo tempestivamente. Eis a ideia que subjaz o teor do § 4º do art. 841.[128]

Art. 842. Recaindo a penhora sobre bem imóvel ou direito real sobre imóvel, será intimado também o cônjuge do executado, salvo se forem casados em regime de separação absoluta de bens.

1. No plano material, apenas um dos regimes patrimoniais matrimoniais dispensa a autorização dos cônjuges para alienar ou gravar de ônus reais os bens imóveis: o da *separação absoluta de bens*. No plano processual, considerada a razão de ser da penhora, isto é, a ideia de (um início de) expropriação que, em sentido largo, a ela subjaz, exige-se, acertadamente, a intimação do *cônjuge* quando a constrição recair sobre bens imóveis ou direitos reais a eles inerentes. Nada obstante o silêncio legislativo, sustentamos que a intimação ao *companheiro* também se afigura indispensável.

Art. 843. Tratando-se de penhora de bem indivisível, o equivalente à quota-parte do coproprietário ou do cônjuge alheio à execução recairá sobre o produto da alienação do bem.

§ 1º É reservada ao coproprietário ou ao cônjuge não executado a preferência na arrematação do bem em igualdade de condições.

§ 2º Não será levada a efeito expropriação por preço inferior ao da avaliação na qual o valor auferido seja incapaz de garantir, ao coproprietário ou ao cônjuge alheio à execução, o correspondente à sua quota-parte calculado sobre o valor da avaliação.

1. Recaindo a penhora sobre *bem indivisível*, pertencendo ele a mais de uma pessoa, não é difícil perceber que se os condôminos não forem devedores ou responsáveis pela dívida exequenda, a adjudicação ou alienação do bem constrito gerará reflexos no patrimônio de quem nada tem haver com a obrigação exequenda. Isso, contudo, *não impedirá a expropriação propriamente dita.*

---

[128] Acerca da *presunção de validade da intimação*, vide: TORRES, Artur. *CPC passado a limpo*: parte geral, procedimento comum e cumprimento de sentença. Porto Alegre: Livraria do Advogado, 2018. p. 224. v. I.

Segundo o Código o equivalente à "quota-parte" dos condôminos recaíra sobre o produto da alienação. Quer dizer: se o bem for efetivamente expropriado, caso o condômino não exerça o direito de preferência na arrematação (o qual possui em igualdade de condições), apurar-se-á, percentualmente, o equivalente a sua propriedade, repassando-lhe o valor pertinente.

2. Não pode causar espanto a afirmativa de que o bem penhorado, via de regra, deve ser imediatamente avaliado. A tarefa compete, no mais das vezes, ao próprio *meirinho* (art. 154, V). (TORRES, Artur. *CPC passado a limpo*: parte geral, procedimento comum e cumprimento de sentença. Porto Alegre: Livraria do Advogado, 2018. p. 154/155. v. I). A avaliação judicial serve de parâmetro à alienação do bem constrito. A *ratio legis* referente ao teor do § 2º é, grosso modo, a seguinte: avaliado o bem penhorado, alcançar-se-á o valor referente à quota-parte pertencente ao condômino. A alienação do bem não pode prejudicar o recebimento total, pelo condômino (que não é devedor, nem responsável pela dívida), do valor integral de sua quota-parte. À guisa de exemplo, imagine-se que certo bem foi avaliado em R$ 1.000.000,00, e que o condomínio se dá à margem de 80% para o terceiro e 20% para o executado. Logo, o condômino (não devedor e não responsável) tem direito a R$ 800.000,00. Ainda que o bem possa, excepcionalmente, ser expropriado por valor inferior ao da avaliação, o produto, no caso, não poderá ser inferior ao valor devido ao coproprietário, isto é, eventual venda, no caso, não poderá ocorrer por menos de R$ 800.000,00. Idealize-se, então, que o bem fosse arrematado por R$ 900.000,00. R$ 800.000,00 serão devidos ao coproprietário. O restante servirá à satisfação da obrigação executada. Inteligência do § 2º do art. 843.

Art. 844. Para presunção absoluta de conhecimento por terceiros, cabe ao exequente providenciar a averbação do arresto ou da penhora no registro competente, mediante apresentação de cópia do auto ou do termo, independentemente de mandado judicial.

1. Ao exequente incumbe, sendo o caso, promover a "anotação", junto aos órgãos registrais, da constrição patrimonial destinada à satisfação do crédito exequendo.

2. Mediante requerimento do interessado (devidamente instruído com cópia documental da constrição – auto ou termo), independentemente de ordem judicial, é tarefa dos órgãos registrais fazer constar, no afã de dar ciência a terceiros, a restrição processual a que se submete o bem da vida. Vale lembrar: realizada a anotação sob comento, os efeitos de eventual alienação revelam-se ineficazes perante o exequente.

Subseção III
Do Lugar de Realização da Penhora

Art. 845. Efetuar-se-á a penhora onde se encontrem os bens, ainda que sob a posse, a detenção ou a guarda de terceiros.

§ 1º A penhora de imóveis, independentemente de onde se localizem, quando apresentada certidão da respectiva matrícula, e a penhora de veículos automotores, quando apresentada certidão que ateste a sua existência, serão realizadas por termo nos autos.

§ 2º Se o executado não tiver bens no foro do processo, não sendo possível a realização da penhora nos termos do § 1º, a execução será feita por carta, penhorando-se, avaliando-se e alienando-se os bens no foro da situação.

1. Dispõe o Código, em relação ao lugar da realização da penhora (que exige, como regra, apreensão e depósito do bem), inexistir, *a priori*, restrições geográficas à sua realização, respeitados, à evidência, os limites da jurisdição pátria. O mesmo *caput* do art. 845 esclarece, outrossim, a irrelevância de estar o bem objeto da constrição sob posse, detenção ou guarda de terceiros. O só fato, consoante o sistema vigente, não obsta a realização da penhora.

2. Os bens sujeitos, por determinação legal, ao regime registral (bens imóveis, veículos automotores, etc.) serão penhorados, por ocasião da apresentação de certidão que ateste sua existência e titularidade, por termo nos autos, independentemente da realização de ato processual diverso e do local em que se encontrem. Exemplo: ao promover a demanda executiva, o exequente acosta aos autos cópia da matrícula de determinado bem imóvel pertencente ao executado, requerendo, desde logo, que a penhora recaia sobre o aludido bem, considerada a hipótese de não satisfação voluntária do crédito executado. Suponhamos, para melhor ilustrar a situação, que o bem imóvel se localiza na cidade de Pelotas/RS, e que o feito executivo, por ocasião do atual domicílio do executado, tramite em Porto Alegre/RS. Sendo o caso, o juiz, por termo nos autos, determinará a penhora do aludido bem. É o que basta, como regra, para que o bem da vida esteja definitivamente vinculado à satisfação do crédito exequendo, não sendo o caso de afastá-lo por razões outras (por exemplo, por ser ele impenhorável). Os efeitos da penhora, ou melhor, boa parte deles já se farão sentir pelo só fato.[129] A averbação da penhora perante o registro de imóveis competente é, pois, medida que se impõe tão somente para dar ciência a terceiros (art. 844).

3. A penhora que não puder ser realizada tal e qual preconiza o teor do § 1º do art. 845 (quer dizer: a "distância", por mero termo nos autos, mediante apresentação da certidão do bem sujeito ao regime registral), inexistindo bens do executado no foro em que tramita o feito executivo, o será por carta.[130] A penhora, a avaliação, bem como eventual expropriação ocorrerão, como regra, no foro da situação da coisa (art. 845, § 2º).

Art. 846. Se o executado fechar as portas da casa a fim de obstar a penhora dos bens, o oficial de justiça comunicará o fato ao juiz, solicitando-lhe ordem de arrombamento.

---

[129] São efeitos da penhora: no plano material (a) a ineficácia relativa dos atos de disposição do bem penhorado, (b) a reorganização da posse e (c) a perda do direito de fruição. No plano processual (d) a individualização dos bens que servirão à satisfação da obrigação executada, (e) a conservação do bens, (f) o direito de preferência e (g) o desencadeamento do expediente expropriativo.

[130] Acerca do tema *cartas*, vide: TORRES, Artur. *CPC passado a limpo*: parte geral, procedimento comum e cumprimento de sentença. Porto Alegre: Livraria do Advogado, 2018. p. 216/220. v. I.

§ 1º Deferido o pedido, 2 (dois) oficiais de justiça cumprirão o mandado, arrombando cômodos e móveis em que se presuma estarem os bens, e lavrarão de tudo auto circunstanciado, que será assinado por 2 (duas) testemunhas presentes à diligência.

§ 2º Sempre que necessário, o juiz requisitará força policial, a fim de auxiliar os oficiais de justiça na penhora dos bens.

§ 3º Os oficiais de justiça lavrarão em duplicata o auto da ocorrência, entregando uma via ao escrivão ou ao chefe de secretaria, para ser juntada aos autos, e a outra à autoridade policial a quem couber a apuração criminal dos eventuais delitos de desobediência ou de resistência.

§ 4º Do auto da ocorrência constará o rol de testemunhas, com a respectiva qualificação.

1. Consoante determina o § 1º do art. 829, constará do mandado citatório, também, ordem de penhora e avaliação a serem cumpridas pelo oficial de justiça tão logo verificada a não satisfação, no prazo legal, do crédito exequendo. O retorno do *meirinho* ao domicílio do executado pode, dentre outras, gerar a situação prevista pelo *caput* do art. 846. Uma das hipóteses é, pois, a de que o executado impeça o ingresso do oficial de justiça no local que se presumem armazenados os bens sujeitos ao gravame processual. Sendo o caso, o fato será comunicado, de imediato, ao juiz da causa, ocasião em que o oficial requererá a expedição de mandado de "arrombamento" (ou seja, autorização para ingressar à força no local em que fora impedido pelo executado).

2. Deferida, a ordem será cumprida por dupla de oficiais, amparados por força policial. Do ocorrido, lavrar-se-á auto (em duas vias; uma destinada a instruir o feito; outra, endereçada à autoridade policial a quem couber a apuração criminal dos eventuais delitos de desobediência ou resistência), que será firmado por pelo menos duas testemunhas oculares dos fatos.

Subseção IV
Das Modificações da Penhora

Art. 847. O executado pode, no prazo de 10 (dez) dias contado da intimação da penhora, requerer a substituição do bem penhorado, desde que comprove que lhe será menos onerosa e não trará prejuízo ao exequente.

§ 1º O juiz só autorizará a substituição se o executado:

I – comprovar as respectivas matrículas e os registros por certidão do correspondente ofício, quanto aos bens imóveis;

II – descrever os bens móveis, com todas as suas propriedades e características, bem como o estado deles e o lugar onde se encontram;

III – descrever os semoventes, com indicação de espécie, de número, de marca ou sinal e do local onde se encontram;

IV – identificar os créditos, indicando quem seja o devedor, qual a origem da dívida, o título que a representa e a data do vencimento; e

V – atribuir, em qualquer caso, valor aos bens indicados à penhora, além de especificar os ônus e os encargos a que estejam sujeitos.

§ 2º Requerida a substituição do bem penhorado, o executado deve indicar onde se encontram os bens sujeitos à execução, exibir a prova de sua propriedade e a certidão negativa ou positiva de ônus, bem como abster-se de qualquer atitude que dificulte ou embarace a realização da penhora.

§ 3º O executado somente poderá oferecer bem imóvel em substituição caso o requeira com a expressa anuência do cônjuge, salvo se o regime for o de separação absoluta de bens.

§ 4º O juiz intimará o exequente para manifestar-se sobre o requerimento de substituição do bem penhorado.

1. O *caput* do 847 visa a operacionalizar, respeitados os requisitos legais, o *princípio na menor gravosidade*, acima enfrentado. Faculta-se ao executado, no decêndio posterior à sua intimação acerca da perfectibilização da penhora, pugnar pela substituição do bem constrito, comprovando, pois, que o deferimento de seu pleito, a uma, não prejudicará o exequente; a duas, tornará a execução, em sentido largo, menos traumática ao executado.

2. O deferimento do aludido pleito, consoante expressa previsão legal, depende, também, da observância de requisitos objetivos. Para além do *dever* de atribuir, em todo e qualquer pedido de substituição, valor aos bens indicados e, sendo o caso, especificar eventuais ônus e encargos a que estejam sujeitos, incumbe ao executado (a) *trazer aos autos as respectivas matrículas e os registros, por certidão do correspondente ofício, relativos aos bens imóveis que pretenda sirvam à substituição requerida*; (b) *descrever, com todas as suas propriedades e características, os bens móveis ofertados à substituição, bem como o estado de cada um e o lugar em que se encontram*; (c) *descrever os semoventes, com indicação de espécie, de número, de marca ou sinal e do local em que se encontram*; (d) *identificar os créditos, indicando o devedor, a origem da dívida, o título que a representa e a data de seu vencimento.* Ausentes os aludidos requisitos, escapa ao julgador, excetuada a constatação de caso excepcional, a possibilidade de admitir a substituição da penhora sem a anuência do exequente.

3. A anuência do cônjuge do executado é obrigatória para o oferecimento de bem imóvel em substituição à penhora, ressalvados os casos em que o matrimônio seja regido, do ponto de vista patrimonial, pela *separação absoluta de bens*, hipótese em que inexiste *sociedade matrimonial* entre os nubentes.

4. Realizado o pleito sob comento, o julgador, em homenagem ao direito fundamental ao contraditório, intimará o exequente para, querendo, manifestar-se acerca da postulação.

Art. 848. As partes poderão requerer a substituição da penhora se:

I – ela não obedecer à ordem legal;

II – ela não incidir sobre os bens designados em lei, contrato ou ato judicial para o pagamento;

III – havendo bens no foro da execução, outros tiverem sido penhorados;

IV – havendo bens livres, ela tiver recaído sobre bens já penhorados ou objeto de gravame;

V – ela incidir sobre bens de baixa liquidez;

VI – fracassar a tentativa de alienação judicial do bem; ou

VII – o executado não indicar o valor dos bens ou omitir qualquer das indicações previstas em lei.

Parágrafo único. A penhora pode ser substituída por fiança bancária ou por seguro garantia judicial, em valor não inferior ao do débito constante da inicial, acrescido de trinta por cento.

1. Ao artigo 848 coube, grosso modo, anotar as razões que legitimam, tanto o executado, quanto o exequente, a requerer a substituição da penhora. Trata-se, segundo pensamos, de rol exemplificativo. Seja como for, a penhora, no caso concreto, pode, por um sem-número de motivos, desrespeitar à ordem legal; deixar de incidir sobre os bens designados em lei, contrato ou ato judicial; recair sobre bens estranhos ao foro da execução, existindo, contudo, bens disponíveis à constrição na localidade; incidir sobre bens já penhorados ou gravados, a despeito da existência de bens livres; recair sobre bens "invendáveis" (de quase nenhuma liquidez). Em tais casos, segundo o Código, autoriza-se a substituição.

2. Outro cenário comum é o de que, levado à hasta pública, inexistam interessados na aquisição do bem penhorado, frustrando-se a satisfação do credor. Eis, segundo o CPC/2015, fato que legitima o pedido de substituição da penhora.

3. Não há óbice para que a penhora, independentemente do bem sobre o qual venha recair, possa ser substituída por *fiança bancária* ou por *seguro garantia judicial*, desde que em valor *não inferior ao do débito constante da inicial, acrescido de trinta por cento.*

Art. 849. Sempre que ocorrer a substituição dos bens inicialmente penhorados, será lavrado novo termo.

1. À evidência, toda e qualquer penhora necessita ser documentada. A substituição do bem penhorado importa, a rigor, em nova penhora, que, por sua vez, deverá contar com nova documentação. Na linguagem do Código, há de se lavrar, obrigatoriamente, novo "termo" face ao deferimento do pedido de substituição da penhora.

Art. 850. Será admitida a redução ou a ampliação da penhora, bem como sua transferência para outros bens, se, no curso do processo, o valor de mercado dos bens penhorados sofrer alteração significativa.

1. Um exemplo ajudará na compreensão do teor do art. 850: imagine-se, pois, que em determinado processo de execução promovido para a satisfação de obrigação de pagar quantia, ocorreu, já em seus momentos inaugurais, a penhora de veículo automotor, cujo valor de mercado cobria, ao tempo da penhora, 100% do valor executado. Com o passar do tempo (decorrente, por exemplo, do aguardo do julgamento dos embargos à execução, ao qual se atribuiu efeito suspensivo), concomitantemente, tenha havido (1) aumento do valor da dívida (juros, correção, multa, honorários, custas, etc.), bem como (2) a redução do valor de mercado do bem penhorado (situação que, no dia a dia forense, é muito comum!). Idealize-se agora uma hipótese 1, em que o executado possua outros veículos automotores, tendo, ao menos um deles, valor de mercado suficiente à satisfação do crédito executado, e seus corolários, à integralidade. O art. 850 autoriza, em última análise, que a constrição passe do veículo A (já penhorado – mas que já não garante o valor integral da dívida) para o veículo B (cujo valor de mercado comporta a satisfação integral do crédito exequendo); uma hipótese 2, em que o somatório do valor dos dois veículos seja necessário para garantir a satisfação integral da execução. Aqui, poderá o julgador, a requerimento, determinar a penhora do veículo B, sem prejuízo da penhora que incide sobre o veículo A; ou, ainda, uma hipótese 3, em que, penhorados os veículos A e B, reconheceu-se judicialmente que a dívida, de fato, afigura-se inferior ao valor que serviu de base à penhora. No caso, o julgador estará autorizado, agora de ofício, a determinar a liberação de pelo menos um dos veículos anteriormente penhorados, desde que o valor de mercado do veículo remanescente sirva para garantir à satisfação total do crédito executado.

Art. 851. Não se procede à segunda penhora, salvo se:

I – a primeira for anulada;

II – executados os bens, o produto da alienação não bastar para o pagamento do exequente;

III – o exequente desistir da primeira penhora, por serem litigiosos os bens ou por estarem submetidos a constrição judicial.

1. Excepcionado o teor do art. 850, não se procederá na segunda penhora senão quando (a) houver, por qualquer razão, anulação da primeira; (b) o produto da alienação (leia-se: adjudicação e/ou alienação) não satisfizer, à integralidade, o crédito exequendo; (c) o exequente desistir da primeira penhora. Trata-se, segundo sustentamos, de rol meramente exemplificativo.

Art. 852. O juiz determinará a alienação antecipada dos bens penhorados quando:

I – se tratar de veículos automotores, de pedras e metais preciosos e de outros bens móveis sujeitos à depreciação ou à deterioração;

II – houver manifesta vantagem.

1. Considerada a elevada probabilidade de *depreciação* e/ou *deterioração* dos veículos automotores (que devem, como regra, ser recolhidos aos depósitos judiciais em caso de penhora; face à perda de valor de mercado em curto lapso temporal), bem como das "pedras e metais preciosos", o legislador permite, mediante autorização judicial, que se proceda a alienação antecipada dos aludidos bens. Na verdade, a despeito do teor do inciso I, todo e qualquer bem da vida, havendo manifesta vantagem em aliená-lo antecipadamente (*em relação ao momento do processo de execução em que regularmente os bens penhorados são submetidos a tanto*), poderá ter sua "alienação" autorizada, desde logo, pelo juízo. É o que se extrai, em última análise, do teor do inciso II do art. 852, razão pela qual, como é intuitivo, se revela despicienda a redação atribuída ao inciso I do artigo sob comento.

Art. 853. Quando uma das partes requerer alguma das medidas previstas nesta Subseção, o juiz ouvirá sempre a outra, no prazo de 3 (três) dias, antes de decidir.
Parágrafo único. O juiz decidirá de plano qualquer questão suscitada.

1. O artigo sob comento, em atenção ao modelo constitucional do processo civil pátrio, mas, especialmente, ao direito fundamental ao contraditório, determina que, uma vez requerida a "modificação" da penhora e/ou a alienação antecipada dos bens penhorados, é *defeso ao juiz decidir sem antes oportunizar manifestação à parte contrária*, que deverá ocorrer, havendo interesse, no prazo de três dias, a contar da intimação para que o faça. O dispositivo, nada obstante a indagação abaixo formulada, revela plena compatibilidade como os denominados *vetores* do CPC/2015.[131]

2. Vale, por oportuno, lembrar o teor do art. 9º do CPC/2015: "Não se proferirá decisão contra uma das partes sem que ela seja previamente ouvida", ressalvados os casos legais. O contraditório, consoante afirmamos alhures, figura como o elemento balizador do processo, representando, em boa medida, sua própria razão de ser. É a partir dele que chega (ou deveria chegar) ao juízo a notícia da existência tanto de versões conflitantes como de interesses contrapostos. O contraditório, hoje, espelha a necessidade de o magistrado ouvir aquilo que as partes têm a dizer, inclusive, no que diz com suas convicções ou tendências (convicções e tendências do julgador), de forma a delinear, sem surpresas, o caminho que provavelmente seguirá ao decidir. Nem mesmo as ditas matérias de *ordem pública* escapam dessa diretriz (art. 10), ressalvados os casos expressamente previstos em lei, para os quais o contraditório (que jamais poderá ser afastado) ocorrerá em sua dimensão *ulterior*. Facultar aos interessados a participação na construção da *solução do caso concreto* representa, destarte, a mola mestra do processo contemporâneo. Sublinhe-se, no entanto, que o contraditório nem sempre ocorrerá de forma prévia, podendo apresentar-se, consideradas as peculiaridades do caso concreto, de forma *ulterior* ou *eventual*.[132] A regra, contudo, é que se dê, sempre que possível, de maneira *prévia*.

3. O legislador concede ao executado prazo de 10 dias, a contar da intimação da penhora, para, sendo o caso, requerer a *modificação da penhora* (art. 847, *caput*). Ao exequente intimado, por exemplo, 3 dias para fazer seus apontamentos a respeito. Há, no aludido cenário, violação ao *direito fundamental à isonomia*?[133]

[131] Acerca do tema, vide: TORRES, Artur. *CPC passado a limpo*: parte geral, procedimento comum e cumprimento de sentença. Porto Alegre: Livraria do Advogado, 2018. p. 25/35. v. I.

[132] No cenário executivo, a propositura de *embargos à execução* bem ilustra hipótese de contraditório eventual.

[133] Acerca do tema *direito fundamental à isonomia*, vide: TORRES, Artur. *Fundamentos de um Direito Processual Civil Contemporâneo* (Parte I). Porto Alegre: Arana, 2016. p. 60/62.

Subseção V
Da Penhora de Dinheiro em Depósito ou em Aplicação Financeira

Art. 854. Para possibilitar a penhora de dinheiro em depósito ou em aplicação financeira, o juiz, a requerimento do exequente, sem dar ciência prévia do ato ao executado, determinará às instituições financeiras, por meio de sistema eletrônico gerido pela autoridade supervisora do sistema financeiro nacional, que torne indisponíveis ativos financeiros existentes em nome do executado, limitando-se a indisponibilidade ao valor indicado na execução.

§ 1º No prazo de 24 (vinte e quatro) horas a contar da resposta, de ofício, o juiz determinará o cancelamento de eventual indisponibilidade excessiva, o que deverá ser cumprido pela instituição financeira em igual prazo.

§ 2º Tornados indisponíveis os ativos financeiros do executado, este será intimado na pessoa de seu advogado ou, não o tendo, pessoalmente.

§ 3º Incumbe ao executado, no prazo de 5 (cinco) dias, comprovar que:

I – as quantias tornadas indisponíveis são impenhoráveis;

II – ainda remanesce indisponibilidade excessiva de ativos financeiros.

§ 4º Acolhida qualquer das arguições dos incisos I e II do § 3º, o juiz determinará o cancelamento de eventual indisponibilidade irregular ou excessiva, a ser cumprido pela instituição financeira em 24 (vinte e quatro) horas.

§ 5º Rejeitada ou não apresentada a manifestação do executado, converter-se-á a indisponibilidade em penhora, sem necessidade de lavratura de termo, devendo o juiz da execução determinar à instituição financeira depositária que, no prazo de 24 (vinte e quatro) horas, transfira o montante indisponível para conta vinculada ao juízo da execução.

§ 6º Realizado o pagamento da dívida por outro meio, o juiz determinará, imediatamente, por sistema eletrônico gerido pela autoridade supervisora do sistema financeiro nacional, a notificação da instituição financeira para que, em até 24 (vinte e quatro) horas, cancele a indisponibilidade.

§ 7º As transmissões das ordens de indisponibilidade, de seu cancelamento e de determinação de penhora previstas neste artigo far-se-ão por meio de sistema eletrônico gerido pela autoridade supervisora do sistema financeiro nacional.

§ 8º A instituição financeira será responsável pelos prejuízos causados ao executado em decorrência da indisponibilidade de ativos financeiros em valor superior ao indicado na execução ou pelo juiz, bem como na hipótese de não cancelamento da indisponibilidade no prazo de 24 (vinte e quatro) horas, quando assim determinar o juiz.

§ 9º Quando se tratar de execução contra partido político, o juiz, a requerimento do exequente, determinará às instituições financeiras, por meio de sistema eletrônico gerido por autoridade supervisora do sistema bancário, que tornem indisponíveis ativos financeiros somente em nome do órgão partidário que tenha contraído a dívida executada ou que tenha dado causa à violação de direito ou ao dano, ao qual cabe exclusivamente a responsabilidade pelos atos praticados, na forma da lei.

1. O artigo sob comento disciplina expediente processual conhecido no dia a dia forense sob o *nomen iuris* "penhora *on-line*". Trata-se de ato complexo, que depende de requerimento do credor, e se inicia mediante prolação de ordem judicial (que se dá via sistema eletrônico (§ 7º) – o BACENJUD – gerido pela autoridade supervisora do sistema financeiro nacional) que determina sejam tornados *indisponíveis* (isto é, bloqueados) ativos pertencentes ao executado (quer dizer: dinheiro – depositado ou aplicado junto às instituições financeiras), respeitados os limites do crédito exequendo.

2. Bem-sucedida a ordem, ou seja, localizados ativos financeiros pertencentes ao executado, será o mesmo, de imediato, *na pessoa de seu procurador*, intimado acerca do ocorrido (a intimação pessoal ocorrerá apenas nos casos em que o executado não tenha patrono constituído nos autos), abrindo-se-lhe prazo (5 dias, segundo expresso apontamento legal) para, sendo o caso, *comprovar que o valor tornado indisponível é impenhorável ou excessivo*. Acolhida a alegação do executado, o julgador determinará que se proceda no *cancelamento de indisponibilidade irregular ou excessiva*, o que deverá ser concluído no prazo máximo de 24 horas pela instituição financeira depositária.

3. Silente o executado ou rejeitada sua alegação, *a indisponibilidade será convertida em penhora*, ocasião em que o julgador ordenará que a instituição financeira na qual se encontra depositado o montante *bloqueado e/ou penhorado* transfira-o, no prazo de 24 horas, para conta judicial vinculada ao caso concreto, observando-se o teor do art. 840, I.

4. Ponto importante, segundo pensamos, diz com a obrigatoriedade (ou não) de intimação do executado acerca da conversão da *indisponibilidade* em *penhora*. Indaga-se: basta a intimação prevista pelo § 2º ou se aplica, à hipótese, o teor do art. 841, sob pena de macular o *devido processo de direito*?

5. Havendo satisfação da obrigação exequenda por meio diverso no intervalo que se compreende entre *a data em que se concretizou a indisponibilidade* e a *da transferência do montante à conta judicial* (ocasião em que a quantia já se encontra penhorada), o julgador, também por meio eletrônico, notificará a instituição financeira depositária *para que, no prazo de 24 horas, remova o bloqueio do valor depositado ou aplicado junto a ela*.

6. A redação atribuída ao art. 854, atenta a acontecimentos forenses nem tão distantes, demonstra acertada preocupação com os prazos para *repasse do valor à conta judicial* e *liberação de valores tornados indisponíveis*. O legislador, em ambas as situações, optou pelo prazo de 24 horas, podendo a instituição financeira, inclusive, ser responsabilizada por eventuais atrasos ou excessos no cumprimento da ordem de indisponibilidade. O teor do § 8º, inclusive, é expresso acerca da matéria.

Subseção VI
Da Penhora de Créditos

Art. 855. Quando recair em crédito do executado, enquanto não ocorrer a hipótese prevista no art. 856, considerar-se-á feita a penhora pela intimação:

I – ao terceiro devedor para que não pague ao executado, seu credor;

II – ao executado, credor do terceiro, para que não pratique ato de disposição do crédito.

1. Não é incomum, face às relações sociais que mantém, que o executado, nada obstante sua condição no *processo de execução* (ou em processo sincrético), desfrute, noutras relações igualmente jurídicas, da condição de credor. Tais créditos, judiciais ou não, podem, porque pertencentes ao patrimônio do executado, ser objeto de penhora. O CPC/2015, *nos casos em que não se consiga apreender desde logo o documento representativo do crédito*, elege marco específico para que se considere perfeita a penhora do bem da vida sob comento: (a) a intimação do terceiro, para que não satisfaça o credor originário (o executado); (b) a intimação do próprio executado, para que não pratique ato de disposição do crédito. A ideia, grosso modo, é a de que o exequente satisfaça seu crédito mediante a percepção do valor pertinente ao crédito originariamente pertencente ao executado.

Art. 856. A penhora de crédito representado por letra de câmbio, nota promissória, duplicata, cheque ou outros títulos far-se-á pela apreensão do documento, esteja ou não este em poder do executado.

§ 1º Se o título não for apreendido, mas o terceiro confessar a dívida, será este tido como depositário da importância.

§ 2º O terceiro só se exonerará da obrigação depositando em juízo a importância da dívida.

§ 3º Se o terceiro negar o débito em conluio com o executado, a quitação que este lhe der caracterizará fraude à execução.

§ 4º A requerimento do exequente, o juiz determinará o comparecimento, em audiência especialmente designada, do executado e do terceiro, a fim de lhes tomar os depoimentos.

1. Quando o crédito estiver representado por título, *far-se-á sua penhora mediante apreensão do próprio*, independentemente de quem esteja na posse do mesmo (o executado, terceiro devedor, terceiro intermediário, etc.).

2. Existindo confissão de dívida em benefício do executado (quer dizer: o devedor, reconhece sua condição, bem como a de ser o executado o titular do crédito que se pretende penhorar), o terceiro, *ope legis*, será considerado depositário do montante devido. A exoneração da aludida responsabilidade (depositário do crédito penhorado) ocorrerá, tão somente, por ocasião do depósito em juízo do valor sob sua custódia.

3. Fraude à execução. Negado o débito pelo terceiro em conluio com o executado, eventual quitação a ele concedida caracterizará fraude à execução. Havendo desconfiança acerca do conluio, o exequente poderá requerer o aprazamento de audiência própria para a oitiva dos envolvidos, no afã de desnudar a existência de "*chicana*" promovida por ambos (executado e terceiro).

4. "Considerando a evolução da penhora de crédito, antes traçada, em sentido inverso à certeza do objeto, e a imperatividade da declaração de existência, a primeira tarefa imposta pelos arts. 855 e 856 reside na identificação da disciplina entre nós adotada. À primeira vista, esses dispositivos parecem contraditórios. Consoante a segunda parte do art. 855, não sucedendo a hipótese do art. 856 – apreensão do documento representativo da dívida ou confissão do *debitordebitoris* – 'considerar-se-á feita a penhora' através de dupla intimação, correspondente, em tudo, ao *arrestatorium* e ao *inhibitorium* germânicos. Por conseguinte, o momento de produção de eficácia da penhora (retro, 267) coincide com essas intimações. Nessa circunstância, o direito pátrio se contenta com crédito apenas alegado pelo exequente, prescindindo de provimento judicial a respeito da sua existência. Porém, essa conclusão inicial esbarra no disposto no art. 856, cujo *caput* prevê a apreensão dos títulos de crédito que, por terem existência material, a isto se mostram suscetíveis, importando depósito (art. 840, I: '... papéis de crédito'). Esta remissão não significa, ademais, que os créditos penhoráveis se restringem aos documentados, sejam ou não apreendidos. Semelhante interpretação, aliás modesta, contraria a tradição do direito luso brasileiro, que sempre admitiu a penhora de coisas incorpóreas e transmissíveis. O problema avulta das disposições dos §§ 1º, 3º e 4º do art. 856. O § 1º contempla a confissão do *debitordebitoris* quanto à existência de crédito representado por título não apreendido. O § 3º extrai consequências da negativa do terceiro, conluiado com o executado. E, por fim, o § 4º prevê os depoimentos do executado e do terceiro, a instâncias do exequente. Impõe-se esclarecer se tais parágrafos regulam, nesta contingência, o incidente de declaração da existência dos créditos, seja o dos representados por títulos não apreendidos, seja o dos créditos incorpóreos e, nada obstante, penhorados na forma do art. 855, enquanto não ocorrida a hipótese do art. 856, vale dizer, realizada a declaração incidental. Segundo certa opinião, o art. 855 abrange todos os casos de penhora de créditos, aperfeiçoada com as intimações dos incs. I e II. Obviamente, a exegese negligencia a remissão ao art. 856 e as próprias disposições ali contidas. Outro alvitre é enigmático: 'Se se trata dos títulos inclusos nas regras jurídicas do art. 672' – equivalente ao art. 856 –, 'não se diga que o art. 671' – correspondente ao art. 856 – 'seja aplicável'. Enfrentou corajosamente o ponto, dando-lhe interessante solução, notável e saudoso processualista gaúcho. Inicialmente, adaptando-se o raciocínio ao texto vigente, observa que o art. 856, § 4º, tempera a eficácia das intimações do art. 855, constituindo o interlúdio cautelar do ato. Ele somente se completa, porém, sobrevindo a negativa do *debitordebitoris*, após a audiência deste e do executado. Isto permitirá ao órgão judiciário 'aquilatar a verossimilhança das alegações do terceiro' e, em seguida, autorizar ou não a penhora. Se o credor não requerer a coleta desses depoimentos, entender-se-á 'que desistiu da penhora requerida'. Existem objeções razoáveis à engenhosa tese. Em primeiro lugar, o art. 855 prevê, indubitavelmente, a efetivação da penhora mediante as intimações ao devedor e ao terceiro. Além disso, a intimação a que alude o n. II do art. 855 tem natureza satisfativa. Em realidade, o *inhibitorium* escapa à natureza de simples componente do hipotético "momento" cautelar da penhora. Do ponto de vista contrário, porém, fica difícil desprezar a remissão ao art. 856 e, tampouco, e, também, olvidar os incômodos parágrafos dessa norma. Assim, a conclusão parece explicar a disciplina parca e mesquinha da penhora de crédito no direito pátrio, cingida àqueles modestos artigos. Logo, não se afigura possível afirmar que, no direito brasileiro, a penhora de crédito prescinde da apuração da existência da dívida do terceiro, bastando a afirmativa do exequente. Ao invés, a sub-rogação do art. 857, *caput*, ou a alienação prevista no § 1º do mesmo artigo, reclamam a prévia certeza quanto à existência do objeto da penhora, originando incidente de conteúdo declaratório neste tipo de penhora." (ASSIS, Araken de. *Manual da Execução*. 18. ed. (*e-book*). São Paulo: RT, 2016. p. 680/681).

Art. 857. Feita a penhora em direito e ação do executado, e não tendo ele oferecido embargos ou sendo estes rejeitados, o exequente ficará sub-rogado nos direitos do executado até a concorrência de seu crédito.

§ 1º O exequente pode preferir, em vez da sub-rogação, a alienação judicial do direito penhorado, caso em que declarará sua vontade no prazo de 10 (dez) dias contado da realização da penhora.

§ 2º A sub-rogação não impede o sub-rogado, se não receber o crédito do executado, de prosseguir na execução, nos mesmos autos, penhorando outros bens.

1. Penhora de crédito. Consequência e possibilidades. Transcorrido *in albis* o prazo para o oferecimento de embargos, ou sendo eles rejeitados, "o exequente ficará sub-rogado nos direitos do executado até a concorrência de seu crédito". O executado pode, desde logo, preferir a alienação judicial do direito penhorado à manter sua condição de sub-rogado. Sendo o caso, o exequente deverá declarar sua vontade no decêndio posterior a efetivação da constrição.

2. O gozo da condição de sub-rogado pelo exequente não o impede de prosseguir com a tentativa de penhorar outros bens do executado, face à não satisfação do crédito exequente.

Art. 858. Quando a penhora recair sobre dívidas de dinheiro a juros, de direito a rendas ou de prestações periódicas, o exequente poderá levantar os juros, os rendimentos ou as prestações à medida que forem sendo depositados, abatendo-se do crédito as importâncias recebidas, conforme as regras de imputação do pagamento.

1. Recaindo a penhora sobre direito (do executado) de receber quantia certa, poderá o exequente, na medida em que o valor for sendo depositado pelo terceiro (ainda que em parcelas), sacá-lo, abatendo-se o montante sacado do valor total a ele devido.

Art. 859. Recaindo a penhora sobre direito a prestação ou a restituição de coisa determinada, o executado será intimado para, no vencimento, depositá-la, correndo sobre ela a execução.

1. Acerca do tema, exemplificativamente, já se disse que a "penhora sobre direito a prestação ou restituição de coisa certa deflagra singelo ato procedimental especial: a intimação do executado para depositar o objeto da prestação ou a coisa restituída quando as receber (e não quando do vencimento, como diz o dispositivo, o que pode ser fisicamente impossível em tal momento). Cumprida a determinação, a execução prossegue normalmente, com a lavratura do auto de penhora da coisa prestada ou restituída." (OLIVEIRA, Guilherme Peres de. *In*: WAMBIER, Teresa Arruda *et al*. *Breves Comentários ao Novo Código* *de Processo Civil*. São Paulo: RT, 2015. p. 1968). Não nos parece, pois, seja esta a melhor interpretação do dispositivo sob comento. Parece-nos, de outro giro, que, a despeito da (equivocada) redação legal, a pessoa a ser intimada para tal fim não é, como sugere o legislador, o *executado*, mas, *aquele sobre quem recaia a obrigação de prestar-lhe algo ou de restituir certo bem da vida ao executado* (o terceiro). Ao que tudo indica, a substituição do termo "executado" pela expressão "terceiro" resolveria boa parte das críticas doutrinárias ao dispositivo legal. A ideia, ao fim e ao cabo, é de fácil compreensão, e não desborda daquilo que é preconizado noutras passagens codificadas: intima-se o *terceiro* para satisfazer a obrigação junto aos autos em que seu credor é executado (e não perante o "credor" originário), ao tempo em que a mesma se torne exigível (ou seja: nada data de seu "vencimento", como prefere o Código). Assim sendo, como é intuitivo, o bem objeto da satisfação do "crédito" pertencente ao executado (oriundo de relação jurídica distinta) estará à disposição do juízo da execução.[134] Fora daí, salvo melhor juízo, o teor do artigo sob comento pouco auxiliaria no alcance da finalidade da prestação jurisdicional executiva: a satisfação do exequente.

Art. 860. Quando o direito estiver sendo pleiteado em juízo, a penhora que recair sobre ele será averbada, com destaque, nos autos pertinentes ao direito e na ação correspondente à penhora, a fim de que esta seja efetivada nos bens que forem adjudicados ou que vierem a caber ao executado.

1. Penhora no *"rosto dos autos"*. O crédito do executado que se pretenda penhorar pode figurar como objeto de demanda judicial distinta, já estando, ou não (caso em que revela mera expectativa de direito), confirmado em juízo. Imagine-se, primeiro, situação em que o executado tenha demandado seu devedor (em ação de conhecimento própria), vendo prosperar seu pleito, que, no momento da penhora sob comento, já se encontrava, exemplificativamente, em fase de cumprimento de sentença. Embora, ainda, inexista satisfação propriamente dita, não mais se duvida da existência do crédito objeto da penhora regulado pela presente subseção, à guisa do exemplo, já alcançado pelo manto da coisa julgada; segundo, que, embora o executado tenha promovido demanda em face de seu devedor, o processo de conhecimento ainda não fora sentenciado, persistindo dúvida acerca de sua confirmação judicial. Em quaisquer dos casos, a ideia é de que a *penhora de crédito* reste estampada tanto no feito referente ao crédito que se pretende alcançar (promovido pelo executado em face de seu devedor), como naquele em que o exequente requereu a constrição: a execução propriamente dita. Fala-se, tradicionalmente, em *penhora no rosto dos autos* porque, nos autos físicos, o cartório, não raro, lança(va) mão de um "carimbo na capa dos autos" em que o crédito do executado é (ou foi) enfrentado, no afã de identificar a existência do gravame sob comento. Em se tratando de autos eletrônicos, como é intuitivo, embora o registro ocorra de maneira diversa, a razão de ser é idêntica.

[134] Nesta mesma linha, ao que tudo indica, vide: NERY JR, Nelson; NERY, Rosa Maria Andrade. *Comentários ao Código de Processo Civil*. São Paulo: RT, 2015. p. 1745.

Subseção VII
Da Penhora das Quotas ou das Ações de Sociedades Personificadas

Art. 861. Penhoradas as quotas ou as ações de sócio em sociedade simples ou empresária, o juiz assinará prazo razoável, não superior a 3 (três) meses, para que a sociedade:

I – apresente balanço especial, na forma da lei;

II – ofereça as quotas ou as ações aos demais sócios, observado o direito de preferência legal ou contratual;

III – não havendo interesse dos sócios na aquisição das ações, proceda à liquidação das quotas ou das ações, depositando em juízo o valor apurado, em dinheiro.

§ 1º Para evitar a liquidação das quotas ou das ações, a sociedade poderá adquiri-las sem redução do capital social e com utilização de reservas, para manutenção em tesouraria.

§ 2º O disposto no *caput* e no § 1º não se aplica à sociedade anônima de capital aberto, cujas ações serão adjudicadas ao exequente ou alienadas em bolsa de valores, conforme o caso.

§ 3º Para os fins da liquidação de que trata o inciso III do *caput*, o juiz poderá, a requerimento do exequente ou da sociedade, nomear administrador, que deverá submeter à aprovação judicial a forma de liquidação.

§ 4º O prazo previsto no *caput* poderá ser ampliado pelo juiz, se o pagamento das quotas ou das ações liquidadas:

I – superar o valor do saldo de lucros ou reservas, exceto a legal, e sem diminuição do capital social, ou por doação; ou

II – colocar em risco a estabilidade financeira da sociedade simples ou empresária.

§ 5º Caso não haja interesse dos demais sócios no exercício de direito de preferência, não ocorra a aquisição das quotas ou das ações pela sociedade e a liquidação do inciso III do *caput* seja excessivamente onerosa para a sociedade, o juiz poderá determinar o leilão judicial das quotas ou das ações.

1. As quotas ou ações, de sociedade simples ou empresária (excetuadas as anônimas de capital aberto), pertencentes ao executado, considerado o fato de integrarem seu patrimônio, podem figurar como objeto de penhora. Face às peculiaridades inerentes à penhora sob comento (de quotas ou ações de sociedade personificadas), o CPC/2015 destinou subseção própria (VII) à sua regulamentação.

2. Requerida a penhora sob comento, o julgador intimará o ente ideal ao qual as quotas/ações estejam vinculadas, assinando prazo para que o mesmo (terceiro em relação à execução): (a) traga aos autos (da execução ou do *cumprimento de sentença*) balanço especial, na forma da lei; (b) oferte à aquisição, aos demais sócios, o objeto da penhora (as quotas ou as ações); (c) face à inexistência de interesse aquisitivo dos sócios (que gozam do direito de preferência), deposite, em dinheiro, o valor apurado (ou seja, o equivalente econômico das quotas penhoradas – na aludida hipótese, o juiz, a requerimento, "poderá" nomear administrador, que, oportunamente, sujeitará à apreciação judicial a forma de liquidação das quotas/ações). O prazo fixado pelo juiz não poderá, por expressa determinação legal, exceder a três meses, ressalvadas as hipóteses previstas pelo § 4º.

3. É facultado ao ente ideal (o terceiro), no afã de evitar a liquidação das quotas ou ações penhoradas, adquiri-las mediante utilização de reservas, "para manutenção em tesouraria". Ao assim proceder, como é intuitivo, o ente ideal evitará a redução do capital social. A aludida possibilidade não tem aplicabilidade quando a penhora recair sobre ações de sociedades anônimas de *capital aberto*, hipótese em que as mesmas serão adjudicadas ao exequente ou alienadas em bolsa de valores.

4. O prazo de até três meses (art. 861, *caput*) poderá, episodicamente, ser elastecido. Segundo o Código, (a) quando o pagamento das quotas ou das ações liquidadas superar o valor do saldo de lucros ou reservas, exceto a legal, e sem diminuição do capital social, ou por doação; ou, ainda, (b) quando sua observância pôr em risco a estabilidade financeira do ente ideal. A preocupação, em ambos os casos, é, grosso modo, a de manter estável a "saúde" financeira da sociedade empresária.

5. "Após a concretização expressa da penhora, o Superior Tribunal de Justiça passou a entender que mesmo havendo previsão no contrato social, não era possível vedar a alienação das quotas de sociedades personificadas, devendo-se, no entanto, ser facultada à sociedade a remissão da execução ou do bem, ou, ainda, ser facultado aos sócios o exercício do direito de preferência. Apesar no entendimento jurisprudencial favorável à penhora das quotas sociais, faltava na legislação a consolidação de regras para disciplinar esse ato e, assim, conferir maior efetividade à execução. O Novo Código tem, então, a função de suprir a lacuna existente na legislação processual, propiciando a penhora das cotas sociais mediante a observância de regras mínimas que, ao mesmo tempo em que proporcionam condições para a recuperação do crédito, se harmonizam com os princípios societários." (DONIZETTI, Elpídio. *Novo Código de Processo Civil Comentado*. São Paulo: Atlas, 2015. p. 643).

Subseção VIII
Da Penhora de Empresa, de Outros Estabelecimentos e de Semoventes

Art. 862. Quando a penhora recair em estabelecimento comercial, industrial ou agrícola, bem como em semoventes, plantações ou edifícios em construção, o juiz nomeará administrador-depositário, determinando-lhe que apresente em 10 (dez) dias o plano de administração.

§ 1º Ouvidas as partes, o juiz decidirá.

§ 2º É lícito às partes ajustar a forma de administração e escolher o depositário, hipótese em que o juiz homologará por despacho a indicação.

§ 3º Em relação aos edifícios em construção sob regime de incorporação imobiliária, a penhora somente poderá recair sobre as unidades imobiliárias ainda não comercializadas pelo incorporador.

§ 4º Sendo necessário afastar o incorporador da administração da incorporação, será ela exercida pela comissão de representantes dos adquirentes ou, se se tratar de construção financiada, por empresa ou profissional indicado pela instituição fornecedora dos recursos para a obra, devendo ser ouvida, neste último caso, a comissão de representantes dos adquirentes.

1. A penhora *de empresa* tem espaço nos casos em que uma *sociedade empresária* ou determinado *empresário pessoa física* venham a figurar na condição de executado. Não há baralhar o âmbito de sua aplicação, segundo pensamos, com aquele previsto na subseção anterior (VII), em que um sócio/acionista, e não o *ente ideal* propriamente dito, integra a relação processual na condição de demandado (o objeto da penhora, lá, serão as quotas/ações pertencentes ao sócio/acionista executado). Ao que tudo indica, aqui, o objeto da penhora é a *atividade econômica organizada* explorada a partir de certo estabelecimento empresarial, seja ele comercial, industrial ou agrícola.

2. Na espécie de penhora, com razão, a nomeação de *administrador-depositário* (*expert* na área) é, por força de lei, tarefa que se impõe. É facultado às partes, consoante expressa previsão legal, convencionar acerca de *quem, in concreto*, deva exercer tal função (§ 2º).[135] A adequada nomeação é medida de elevada importância para o alcance dos fins colimados pela *tutela executiva* em geral, uma vez que o sucesso da mesma, encontra-se, em larga medida, umbilicalmente vinculada ao sucesso administrativo do "bem" penhorado.

3. Nomeado o *administrador-depositário* (indicado pelo juiz ou pelas partes), a ele incumbe, no prazo de 10 dias, apresentar plano de administração, demonstrando ao juízo "como" ocorrerá a gestão dos bens penhorados e, consequentemente, a satisfação do crédito exequendo. Acerca da adequação do plano apresentado e da necessidade de eventuais ajustes, ouvidos *exequente* e *executado*, decidirá o julgador (de maneira interlocutória). Vale lembrar, por oportuno, que as decisões interlocutórias proferidas em sede de processo de execução desafiam agravo de instrumento, consoante previsão do art. 1.015, parágrafo único, abaixo examinado.[136]

4. Os §§ 3º e 4º. Incorporação imobiliária. Os parágrafos sob comento versam especificamente acerca da hipótese em que o pedido de penhora recaia sobre "edifícios em construção". Aparentemente visando a preservar a esfera jurídica dos adquirentes de boa-fé (das unidades autônomas), o legislador afasta a possibilidade da incidência da penhora sobre as já alienadas, embora formalmente constem, ainda, em nome da incorporadora. Já o teor do § 4º, "preocupado" com a gestão da "obra", disciplina a *quem* competirá administrá-la em sendo oportuno afastar o incorporador de sua administração: (a) em se tratando de incorporação promovida com recursos do próprio incorporador ou de investidores que não sejam instituições financeiras, por comissão de representantes dos adquirentes; (b) havendo financiamento por instituição financeira oficial, por profissionais indicados pela *financiadora* da obra, ouvidos, oportunamente, os representantes dos adquirentes.

[135] A previsão retrata evidente *negócio processual típico*. Acerca do tema *convenções processuais*, vide: TORRES, Artur. *CPC passado a limpo*: parte geral, procedimento comum e cumprimento de sentença. Porto Alegre: Livraria do Advogado, 2018. p. 177/180. v. I; RAATZ, Igor. *Autonomia Privada e Processo Civil*: negócios jurídicos processuais, flexibilização procedimental e o direito à participação na construção do caso concreto. Salvador: Juspodivm, 2017.

[136] Acerca do tema, vide: TORRES, Artur. *Sentença, Coisa Julgada e Recursos Cíveis Codificados*: de acordo com as Leis 13.105/2015 e 13.256/2016. Porto Alegre: Livraria do Advogado, 2017. p. 123/129.

Art. 863. A penhora de empresa que funcione mediante concessão ou autorização far-se-á, conforme o valor do crédito, sobre a renda, sobre determinados bens ou sobre todo o patrimônio, e o juiz nomeará como depositário, de preferência, um de seus diretores.

§ 1º Quando a penhora recair sobre a renda ou sobre determinados bens, o administrador-depositário apresentará a forma de administração e o esquema de pagamento, observando-se, quanto ao mais, o disposto em relação ao regime de penhora de frutos e rendimentos de coisa móvel e imóvel.

§ 2º Recaindo a penhora sobre todo o patrimônio, prosseguirá a execução em seus ulteriores termos, ouvindo-se, antes da arrematação ou da adjudicação, o ente público que houver outorgado a concessão.

1. A empresa (atividade econômica organizada) sujeita a concessão ou autorização também poderá, como é intuitivo, figurar como objeto de penhora. Nomear-se-á *depositário*, na hipótese, preferencialmente, um de seus diretores.

2. Consoante expressa previsão legal, a penhora, nestes casos, far-se-á "sobre a renda, sobre determinados bens ou sobre todo o patrimônio" do ente ideal, dependendo, à evidência, do valor do crédito executado. O legislador não andou bem, ao menos do ponto de vista redacional. Explicamo-nos: tal e qual disposta a matéria, é possível imaginar que, em sede de *penhora de empresa*, mostre-se viável adjudicar ou alienar no todo, ou em parte, o patrimônio do executado (tal possibilidade, segundo pensamos, de *penhora de empresa* não se trata). Na verdade, a interpretação capaz de "salvar" a passagem legal aponta, segundo pensamos, para a conclusão, a saber: a *administração da atividade empresária* (sujeita ou não a concessão ou autorização) pode incidir sobre toda, ou sobre parte, das atividades (empresárias) desenvolvidas pelo executado. Imagine-se, pois, que certo executado desenvolva regularmente *dupla* atividade empresária: (a) industrial e (b) comercial. A *penhora de empresa* poderá, por exemplo, incidir apenas sobre uma delas, para que de sua gestão (realizada por *administrador* nomeado em juízo) seja possível extrair o suficiente para a quitação do débito exequendo, restando a outra livre de quaisquer ônus processuais (p. ex., a penhora recai sobre a atividade industrial, não incidindo, pois, sobre o espectro comercial). Fora daí, ao que tudo indica, trata-se de penhora *normal* (incide sobre bens pertencentes ao executado) e não *especial*, no caso, sobre a *atividade econômica organizada* explorada pelo executado.

Art. 864. A penhora de navio ou de aeronave não obsta que continuem navegando ou operando até a alienação, mas o juiz, ao conceder a autorização para tanto, não permitirá que saiam do porto ou do aeroporto antes que o executado faça o seguro usual contra riscos.

1. A penhora que recair sobre *embarcação* ou *aeronave*, por expressa determinação legal, não impede a regular exploração dos bens (uso e gozo dos mesmos). Há, contudo, *conditio sine qua non* para tanto: a contratação, pelo executado (que, face à difícil remoção do bem, será, via de regra, nomeado depositário – art. 840, § 2º) de *seguro hábil à garantir eventual necessidade de ressarcimento oriundo de prejuízos fundados no uso dos bens penhorados.*

Art. 865. A penhora de que trata esta Subseção somente será determinada se não houver outro meio eficaz para a efetivação do crédito.

1. A penhora de empresa, de outros estabelecimentos ou de semoventes, apenas será deferida em último caso. Quer dizer: se, e somente se, inexistirem outros bens sujeitos a satisfazer o crédito exequendo.

2. Nada obstante a clareza do texto legal, a regra da "derradeira hipótese" tem por objeto a *penhora de empresa,* não incidindo, pois, sobre a penhora de semoventes, quando não figurarem os mesmos como objeto social do executado.

Subseção IX
Da Penhora de Percentual de Faturamento de Empresa

Art. 866. Se o executado não tiver outros bens penhoráveis ou se, tendo-os, esses forem de difícil alienação ou insuficientes para saldar o crédito executado, o juiz poderá ordenar a penhora de percentual de faturamento de empresa.

§ 1º O juiz fixará percentual que propicie a satisfação do crédito exequendo em tempo razoável, mas que não torne inviável o exercício da atividade empresarial.

§ 2º O juiz nomeará administrador-depositário, o qual submeterá à aprovação judicial a forma de sua atuação e prestará contas mensalmente, entregando em juízo as quantias recebidas, com os respectivos balancetes mensais, a fim de serem imputadas no pagamento da dívida.

§ 3º Na penhora de percentual de faturamento de empresa, observar-se-á, no que couber, o disposto quanto ao regime de penhora de frutos e rendimentos de coisa móvel e imóvel.

1. Cumpre, desde logo, registrar que não se pode baralhar *a penhora de empresa,* com a *penhora de percentual do faturamento da mesma.* Da primeira hipótese, que só pode ser deferida em "última hipótese", ocupa-se o teor da Subseção VIII; da segunda, a presente. No primeiro caso, há *penhora de empresa* (no sentido de *atividade* – a gestão (da atividade empresária) passa a terceiro, nomeado em juízo); no segundo, apenas *de percentual do faturamento alcançado mediante sua exploração,* sem alteração de comando. No primeiro caso, a penhora apenas será admitida por ocasião da inexistência de outros bens sujeitos à satisfação do crédito exequendo (trata-se de expediente que deve ser utilizado apenas em último caso); no segundo, a exigência legal é mais branda, podendo a penhora ser levada a efeito também quando os bens localizados mostrarem-se de difícil alienação ou insuficientes para satisfazer, à integralidade, o crédito executado.

2. O julgador, deferida a penhora sob comento, também nomeará *administrador-depositário* (que, a despeito do silêncio legal, pode, à evidência, ser indicado pelas partes). Sua função, ao que tudo indica, é a de acompanhar/verificar, "de perto", o *quantum* faturado pelo executado. A ideia, na espécie de penhora sob comento, é de que o juiz, à luz de um cotejo entre a *satisfação* do crédito *in concreto* e a viabilidade da exploração empresarial, fixe percentual (do faturamento) a ser repassado ao exequente. A expressão "tempo razoável" é utilizada uma vez que não se pretende, de uma vez só, satisfazer o crédito exequendo (situação que, não raro, poderia inviabilizar a empresa). Trata-se de meio destinado a reservar quantia mensal (ou semestral, etc.), a ser repassada ao exequente até que se obtenha a satisfação integral de seu crédito.

3. A tarefa do *administrador-depositário* consiste, para além de obter aprovação judicial da estratégia para tornar efetiva à satisfação do crédito que ensejou a penhora, em, grosso modo, entregar ao juízo, de acordo com o cronograma de pagamento, e mediante prestação de contas mensais, o montante extraído do faturamento para satisfação da obrigação exequenda. Nem de longe, portanto, pode ser confundida com a tarefa (mais profunda e "invasiva") a que incumbe ao *administrador-depositário* nos casos de *penhora de empresa.*

4. À penhora sob comento aplica-se, subsidiariamente, o regramento inerente à *penhora de frutos e rendimentos de coisa móvel ou imóvel,* disciplinada pela Subseção X da presente Seção (III), adiante comentada.

Subseção X
Da Penhora de Frutos e Rendimentos de Coisa Móvel ou Imóvel

Art. 867. O juiz pode ordenar a penhora de frutos e rendimentos de coisa móvel ou imóvel quando a considerar mais eficiente para o recebimento do crédito e menos gravosa ao executado.

1. Sempre atento ao princípio da *menor gravosidade,* o juiz, a requerimento das partes (tanto do exequente, quanto do executado – art. 869), poderá determinar, mostrando-se conveniente, que a penhora recaia sobre *frutos e rendimentos de coisa móvel ou imóvel,* evitando, pois, que gravame processual se faça sentir sobre o *bem da vida em si.* Quer dizer: o objeto da penhora, aqui, não é o bem da vida, mas, o produto de sua exploração.

2. A penhora pode recair, exemplificativamente, sobre alugueres oriundos da exploração de apartamento de propriedade do executado. É o que se extrai, pois, do teor do art. 869, § 3°.

3. Consoante enunciado aprovado na I Jornada de Direito Processual Civil, ocorrida na cidade Brasília (24 e 25 de agosto de 2017), "Na expropriação, a apropriação de frutos e rendimentos poderá ser priorizada em relação à adjudicação, se não prejudicar o exequente e for mais favorável ao executado." (Enunciado 106).

Art. 868. Ordenada a penhora de frutos e rendimentos, o juiz nomeará administrador-depositário, que será investido de todos os poderes que concernem à administração do bem e à fruição de seus frutos e utilidades, perdendo o executado o direito de gozo do bem, até que o exequente seja pago do principal, dos juros, das custas e dos honorários advocatícios.

§ 1º A medida terá eficácia em relação a terceiros a partir da publicação da decisão que a conceda ou de sua averbação no ofício imobiliário, em caso de imóveis.

§ 2º O exequente providenciará a averbação no ofício imobiliário mediante a apresentação de certidão de inteiro teor do ato, independentemente de mandado judicial.

1. O deferimento da penhora sob comento exige pronta nomeação de administrador-depositário (função que poderá ser desempenhada pelas partes ou por terceiro), bem como traz como consequência para o executado, quando não desempenhá-la, a *perda da posse do bem* (móvel ou imóvel) que gerará os frutos objeto de penhora (trata-se, pois, de efeito da penhora que se faz sentir no plano material). A situação fática persistirá enquanto não satisfeito, à integralidade, o crédito exequendo.

2. Em relação a terceiros, a penhora passa a produzir efeitos, em se tratando de fruto a ser extraído de bem móvel, a partir da publicação da decisão que a conceda junto DJE; em se tratando de bens imóveis, tão somente a partir de sua averbação perante o ofício imobiliário competente (que deverá ser providenciado pelo exequente, mediante apresentação de certidão de inteiro teor do ato, independentemente de ordem judicial).

Art. 869. O juiz poderá nomear administrador-depositário o exequente ou o executado, ouvida a parte contrária, e, não havendo acordo, nomeará profissional qualificado para o desempenho da função.

§ 1º O administrador submeterá à aprovação judicial a forma de administração e a de prestar contas periodicamente.

§ 2º Havendo discordância entre as partes ou entre essas e o administrador, o juiz decidirá a melhor forma de administração do bem.

§ 3º Se o imóvel estiver arrendado, o inquilino pagará o aluguel diretamente ao exequente, salvo se houver administrador.

§ 4º O exequente ou o administrador poderá celebrar locação do móvel ou do imóvel, ouvido o executado.

§ 5º As quantias recebidas pelo administrador serão entregues ao exequente, a fim de serem imputadas ao pagamento da dívida.

§ 6º O exequente dará ao executado, por termo nos autos, quitação das quantias recebidas.

1. Ouvidas as partes, qualquer delas poderá ser nomeada administrador-depositário. Tal medida (a determinação de que uma delas figure na condição de *administrador-depositário*) depende, segundo o direito legislado, de "acordo" entre as partes. Inexistindo, o julgador deverá nomear, par exercer tal mister, profissional qualificado, *estranho* ao feito, que deverá submeter seu plano de "gestão" e prestação de contas à aprovação judicial.

2. As quantias percebidas pelo administrador serão, como é intuitivo, repassadas ao exequente com o objetivo de satisfazer o crédito exequendo. Essa, inclusive, a razão de ser do expediente sob comento. A quitação será dada ao executado, consoante expressa previsão legal, "por termo nos autos".

3. Art. 869, § 3º. Visando, grosso modo, a "desafogar" o Poder Judiciário, bem como a dar tratamento mais expedito à satisfação do crédito exequendo, o teor do parágrafo sob comento autoriza a realização de pagamentos sem que o obrigado necessite, por ocasião de cada um dos repasses feitos ao exequente, provocar o juízo. A ideia é de simples compreensão: inexistindo terceiro nomeado *administrador-depositário*, o pagamento dos alugueres poderá ser feito, pelo locatário, diretamente ao exequente, a quem incumbirá, nos termos do § 6°, oportunamente, dar quitação em relação as quantias percebidas. A exigência de realização de depósitos judiciais, que traz consigo a "penosa" necessidade de expedição de alvarás para levantamento de valores depositados junto à contas judiciais, tornaria, à evidência, bem mais "custosa" a prestação jurisdicional executiva, em todos os aspectos.

Subseção XI
Da Avaliação

1. "Enquanto na alienação consensual os figurantes do negócio ajustam entre si, livremente, as condições do negócio e o preço, (...) a alienação coativa repousa na busca de preço justo. A execução se realiza pelo modo menos gravoso ao executado e, por isso, o art. 891, *caput*, impede o 'preço vil'." (ASSIS, Araken de. *Manual da Execução*. 2. ed. (*e-book*). São Paulo: RT, 2016. p. 750).

Art. 870. A avaliação será feita pelo oficial de justiça.

Parágrafo único. Se forem necessários conhecimentos especializados e o valor da execução o comportar, o juiz nomeará avaliador, fixando-lhe prazo não superior a 10 (dez) dias para entrega do laudo.

1. Avaliar significa, ao menos no cenário sob comento, *atribuir valor* a um bem da vida qualquer (no caso, aquele sobre o qual incidiu a penhora).

2. A avaliação, via de regra, será realizada pelo próprio *oficial de justiça*. O artigo 154, V, inclusive, adianta a dicção legal sob comento. O "sendo o caso", previsto no dispositivo legal ora referido, diz respeito ao teor do parágrafo único, hipótese em que, por depender de conhecimentos especializados, escapa ao *meirinho* a possibilidade de bem avaliar determinado bem da vida.[137] Assim sendo e, sublinhe-se, "comportando o valor da execução" (critério a ser observado para a verificação da *viabilidade* da nomeação sob comento), designar-se-á *avaliador* para, em prazo não superior a 10 dias, apresentar conclusão acerca da representatividade econômica do bem penhorado.

3. O legislador, ao examinar a conveniência da nomeação do *avaliador expert in concreto*, preocupou-se, acertadamente, com a *viabilidade econômica do expediente*. Ao que tudo indica, o raciocínio é o seguinte: a despeito da exigência de conhecimento técnico para a realização da melhor avaliação de certo bem, considerado o montante sob execução (objeto exequendo), haverá casos em que o alto custo de sua realização inviabilizará que se proceda à nomeação de um *expert*. Imagine-se, por exemplo, execução de obrigação de pagar quantia

[137] Acerca das atribuições do *oficial de justiça*, vide: TORRES, Artur. *CPC passado a limpo*: parte geral, procedimento comum e cumprimento de sentença. Porto Alegre: Livraria do Advogado, 2018. p. 152/155. v. I.

no valor de R$ 9.000,00 em que o bem penhorado necessite de avaliação especializada, cujo custo, face à complexidade da atividade, se aproxime dos R$ 20.000,00. Há no exemplo, como é intuitivo, evidente *incompatibilidade econômica* entre o *preço/custo da avaliação* e o *valor do crédito* exequendo, de tal monta que a realização da primeira torna-se inviável no caso concreto.

Art. 871. Não se procederá à avaliação quando:

I – uma das partes aceitar a estimativa feita pela outra;

II – se tratar de títulos ou de mercadorias que tenham cotação em bolsa, comprovada por certidão ou publicação no órgão oficial;

III – se tratar de títulos da dívida pública, de ações de sociedades e de títulos de crédito negociáveis em bolsa, cujo valor será o da cotação oficial do dia, comprovada por certidão ou publicação no órgão oficial;

IV – se tratar de veículos automotores ou de outros bens cujo preço médio de mercado possa ser conhecido por meio de pesquisas realizadas por órgãos oficiais ou de anúncios de venda divulgados em meios de comunicação, caso em que caberá a quem fizer a nomeação o encargo de comprovar a cotação de mercado.

Parágrafo único. Ocorrendo a hipótese do inciso I deste artigo, a avaliação poderá ser realizada quando houver fundada dúvida do juiz quanto ao real valor do bem.

1. Ao artigo 871 coube inventariar as hipóteses em que, segundo a redação codificada, "não se procederá" à avaliação nem pelo *meirinho,* nem por qualquer outro *avaliador* qualquer. É preciso, desde logo, ser cuidadoso com a dicção legal. Não se procederá à avaliação *enquanto ato próprio* (realizado pelo *meirinho* ou por avaliador), não restando dúvida, porém, *de que ao bem objeto da penhora será atribuído certo valor,* ainda que por via oblíqua.

2. Havendo indicação de bem à penhora (por qualquer das partes) e, uma vez atribuído valor ao mesmo, incumbe a parte contrária, sendo o caso, divergir em relação à matéria. A inexistência impugnação (o que representa dizer que a aceitação pode ser expressa ou tácita) trará à baila consequência processual: o valor atribuído ao bem será tomado por adequado. Há, para a hipótese, exceção prevista em lei: existindo fundada dúvida do julgador acerca do valor atribuído (e não resistido) ao bem, poderá ele, entendendo oportuno, determinar que se proceda na avaliação do bem pela forma tradicional (por oficial ou avaliador). Aplica-se ao caso, outrossim, as hipóteses que autorizam a realização de "nova" avaliação, apontadas pelo art. 873, abaixo examinado.

3. Em se tratando o bem penhorado *de título ou mercadorias que tenham cotação em bolsa,* o valor será aquele comprovado por certidão ou publicação no órgão oficial; em se tratando o bem sujeito à constrição *de título da dívida pública, de ações de sociedades e de títulos de crédito negociáveis em bolsa,* o valor da cotação oficial do dia. Em ambos os casos, como é intuitivo, a avaliação por oficial de justiça ou avaliador vai dispensada.

4. Certos bens da vida figuram, face à sua rotatividade e importância na vida em sociedade, na condição de objeto de pesquisas de mercado. Visa-se, mediante tais estudos, a conhecer o valor médio de mercado de cada um deles.

O caso dos veículos automotores é, certamente, o que melhor se enquadra no exemplo. A conhecida tabela FIPE aponta, mensalmente, a representatividade econômica da esmagadora maioria dos modelos. Segundo o Código, face à constatação, inexiste razão para que não se adote a estimativa conhecida de todos, realizada por instituição confiável, abreviando-se o feito em relação à realização de ato despiciendo (a avaliação nos moldes convencionais). Nessa quadra, o legislador atribui à parte que nomear o bem à penhora, o ônus de comprovar a cotação mercadológica do mesmo. O encargo é de fácil realização, uma vez que, via *internet*, se obtém, graciosamente, acesso a tal estudo a qualquer tempo.[138]

5. O legislador de 2015, outrossim, admite que o valor de mercado de um certo bem da vida possa ser comprovado mediante apresentação de anúncio de vendas de bens similares. Sendo o caso, também se fará descabida, ao menos *a priori*, a realização de avaliação nos termos tradicionais, que exige a realização de vistoria (pelo oficial ou pelo avaliador) e a confecção de laudos próprios, conforme teor do art. 872.

Art. 872. A avaliação realizada pelo oficial de justiça constará de vistoria e de laudo anexados ao auto de penhora ou, em caso de perícia realizada por avaliador, de laudo apresentado no prazo fixado pelo juiz, devendo-se, em qualquer hipótese, especificar:

I – os bens, com as suas características, e o estado em que se encontram;

II – o valor dos bens.

§ 1º Quando o imóvel for suscetível de cômoda divisão, a avaliação, tendo em conta o crédito reclamado, será realizada em partes, sugerindo-se, com a apresentação de memorial descritivo, os possíveis desmembramentos para alienação.

§ 2º Realizada a avaliação e, sendo o caso, apresentada a proposta de desmembramento, as partes serão ouvidas no prazo de 5 (cinco) dias.

1. "A avaliação comum ou especial deve ser fundamentada. Ainda que o oficial de justiça não detenha conhecimentos técnicos especializados, deverá expor, de modo minucioso, os critérios que empregou para chegar ao valor do bem. Não se admite, assim, a atribuição de valor de modo arbitrário e não fundamentado." (MEDINA, José Miguel Garcia. *Direito Processual Civil Moderno*. São Paulo: RT, 2015. p. 1.067).

2. Em relação ao conteúdo do laudo avaliativo já se disse, com sobra de razão, que "o avaliador descreverá os bens 'com suas características, e indicará, ainda, o 'estado em que se encontram' (...). Este último elemento é indispensável para não macular a futura alienação coativa do bem, por força da existência de vícios ocultos ou aparentes entre a coisa arrematada e a anunciada no edital. Observará o avaliador, em regra, os dados coligidos pelo oficial de justiça na minuta do auto de penhora (art. 838, III), inspecionando diretamente a coisa e anotando as alterações supervenientes, eis que os bens podem ter sofrido alguma deterioração ou depreciação, pelo uso normal e inevitável, desde a indi-

[138] Consultar: <http://veiculos.fipe.org.br/>.

cação do exequente e o momento da avaliação. Depois, o laudo consignará 'o valor dos bens' (art. 872, II), que é o de mercado." (ASSIS, Araken de. *Manual da Execução*. 18. ed. (*e-book*). São Paulo: RT, 2016. p. 756).

Art. 873. É admitida nova avaliação quando:

I – qualquer das partes arguir, fundamentadamente, a ocorrência de erro na avaliação ou dolo do avaliador;

II – se verificar, posteriormente à avaliação, que houve majoração ou diminuição no valor do bem;

III – o juiz tiver fundada dúvida sobre o valor atribuído ao bem na primeira avaliação.

Parágrafo único. Aplica-se o art. 480 à nova avaliação prevista no inciso III do *caput* deste artigo.

1. Consoante dito alhures, a avaliação serve a limitar, ao menos num primeiro momento, o preço mínimo do bem sobre o qual recairá a expropriação. A preocupação, grosso modo, é com os prejuízos que o executado possa vir a experimentar por ocasião da alienação coativa de seus bens, nada obstante a inadequada avaliação possa, à evidência, prejudicar o próprio exequente. Seja como for, comprovado o equívoco do avaliador (em sentido largo – seja do *meirinho*, seja do *expert* "na matéria") ou o dolo na atribuição de valor ao bem da vida penhorado, legitimado estará o pedido de realização de nova avaliação. Eis a hipótese prevista pelo inciso I do art. 873.

2. Entre a avaliação e a expropriação do bem penhorado transcorre, não raro, considerável lapso temporal. Nele, considerando-se a lei do mercado, é possível que haja considerável diferença entre o valor atual do bem e àquele considerado ao tempo do gravame processual. Por exemplo, o preço de um bem imóvel na data de sua penhora, havida já ao tempo da propositura da demanda executiva, e a data de sua efetiva alienação em hasta pública, geralmente revelam um gueto valorativo. Demonstrado, por inteligência do teor do inciso II do art. 873, legitimada estará a realização de novo evento avaliativo.

3. A dúvida do julgador acerca do acerto valorativo realizado anteriormente autoriza, por expressa disposição de lei, a renovação da avaliação. Inteligência do inciso III do art. 873.

4. Eis o teor do art. 480, cuja aplicação é induvidável (há, pois, expressa previsão legal nesse sentido) nos casos em que a renovação da avaliação encontrar amparo na "dúvida judicial": "O juiz determinará, de ofício ou a requerimento da parte, a realização de nova perícia quando a matéria não estiver suficientemente esclarecida. § 1º A segunda perícia tem por objeto os mesmos fatos sobre os quais recaiu a primeira e destina-se a corrigir eventual omissão ou inexatidão dos resultados a que esta conduziu. § 2º A segunda perícia rege-se pelas disposições estabelecidas para a primeira. § 3º A segunda perícia não substitui a primeira, cabendo ao juiz apreciar o valor de uma e de outra". Comentando-o, afirmamos alhures: "1. Nova perícia. Não tendo a primeira perícia alcançado o resultado desejado pelo julgador (no sentido de esclarecer-lhe algo), de ofício, ou a requerimento, o magistrado poderá, sendo o caso, determinar que se proceda nova atividade probatória dessa natureza: uma segunda perícia, visando-se a corrigir eventual omissão ou inexatidão de resultado. 2. A segunda perícia não invalida a primeira. Serve, pelo contrário, sendo o caso, a complementá-la, podendo ser realizada pelo perito já nomeado ou por profissional diverso, de acordo com a conveniência verificada pelo julgador *in concreto*." (TORRES, Artur. *CPC passado a limpo*: parte geral, procedimento comum e cumprimento de sentença. Porto Alegre: Livraria do Advogado, 2018. p. 373. v. I).

Art. 874. Após a avaliação, o juiz poderá, a requerimento do interessado e ouvida a parte contrária, mandar:

I – reduzir a penhora aos bens suficientes ou transferi-la para outros, se o valor dos bens penhorados for consideravelmente superior ao crédito do exequente e dos acessórios;

II – ampliar a penhora ou transferi-la para outros bens mais valiosos, se o valor dos bens penhorados for inferior ao crédito do exequente.

1. Como é intuitivo, o resultado da avaliação produzirá consequências processuais em diversas dimensões. Uma delas, pois, poderá dizer com o aumento, ou diminuição, da garantia do juízo. Mostrando-se oportuno, a penhora poderá ser reduzida ou aumentada (seja em relação ao mesmo bem da vida; seja mediante a alteração do próprio objeto da penhora).

Art. 875. Realizadas a penhora e a avaliação, o juiz dará início aos atos de expropriação do bem.

1. Individualizados e devidamente avaliados os bens que servirão à satisfação do crédito exequendo, dar-se-á, como regra, um passo à frente no cenário executivo. É chegado o momento, inexistindo, pelo executado, gozo do direito de remir a execução, de expropriá-los. Da matéria, pois, se ocupa a seção abaixo.

Seção IV
Da Expropriação de Bens

1. Consoante enunciado aprovado na I Jornada de Direito Processual Civil, ocorrida na cidade de Brasília (24 e 25 de agosto de 2017), na "expropriação, a apropriação de frutos e rendimentos poderá ser priorizada em relação à adjudicação, se não prejudicar o exequente e for mais favorável ao executado." (Enunciado 106).

Subseção I
Da Adjudicação

Art. 876. É lícito ao exequente, oferecendo preço não inferior ao da avaliação, requerer que lhe sejam adjudicados os bens penhorados.

§ 1º Requerida a adjudicação, o executado será intimado do pedido:

I – pelo Diário da Justiça, na pessoa de seu advogado constituído nos autos;

II – por carta com aviso de recebimento, quando representado pela Defensoria Pública ou quando não tiver procurador constituído nos autos;

III – por meio eletrônico, quando, sendo o caso do § 1º do art. 246, não tiver procurador constituído nos autos.

§ 2º Considera-se realizada a intimação quando o executado houver mudado de endereço sem prévia comunicação ao juízo, observado o disposto no art. 274, parágrafo único.

§ 3º Se o executado, citado por edital, não tiver procurador constituído nos autos, é dispensável a intimação prevista no § 1º.

§ 4º Se o valor do crédito for:

I – inferior ao dos bens, o requerente da adjudicação depositará de imediato a diferença, que ficará à disposição do executado;

II – superior ao dos bens, a execução prosseguirá pelo saldo remanescente.

§ 5º Idêntico direito pode ser exercido por aqueles indicados no art. 889, incisos II a VIII, pelos credores concorrentes que hajam penhorado o mesmo bem, pelo cônjuge, pelo companheiro, pelos descendentes ou pelos ascendentes do executado.

§ 6º Se houver mais de um pretendente, proceder-se-á a licitação entre eles, tendo preferência, em caso de igualdade de oferta, o cônjuge, o companheiro, o descendente ou o ascendente, nessa ordem.

§ 7º No caso de penhora de quota social ou de ação de sociedade anônima fechada realizada em favor de exequente alheio à sociedade, esta será intimada, ficando responsável por informar aos sócios a ocorrência da penhora, assegurando-se a estes a preferência.

1. Inexistindo cumprimento voluntário da obrigação exequenda, a satisfação da mesma, na espécie (registre-se: obrigação de pagar quantia), dar-se-á mediante expropriação dos bens do executado. Não sendo possível penhorar, desde logo, ativos pertencentes ao executado (o que serviria, com maior praticidade, à tutela específica da obrigação), a penhora, observada a ordem legal, recairá sobre outros bens a ele pertencentes. *Adjudicar, here,* quer dizer "estabelecer vínculo". No caso, *vínculo jurídico de propriedade* sobre os bens (do executado) sujeitos à satisfação da obrigação exequenda. A satisfação (integral ou parcial) do crédito exequendo dar-se-á, sendo essa a opção do exequente, *mediante transferência dominial dos bens do executado ao credor/exequente.*

2. Do pedido de adjudicação será o executado, necessariamente, intimado, observando-se as prescrições dos incisos do § 1º do art. 876. A intimação ocorrerá, como regra, na pessoa do advogado do executado, mediante publicação oficial. A aludida intimação é dispensada quando, citado por edital, o executado deixe de constituir procurador no caso concreto.

3. Não possuindo procurador habilitado nos autos ou sendo os interesses do executado patrocinado pela Defensoria Pública, a intimação acerca do pleito adjudicatório dar-se-á pela via postal, com aviso de recebimento, e não mediante publicação junto ao DJE. A correspondência será remetida ao endereço do executado constante dos autos, considerando-se perfeito o ato intimatório ainda que o mesmo não seja, por motivo de "troca de endereço", encontrado. A comunicação de alteração de endereço ao juízo é ônus que recai sobre o executado, que deve, sempre, mantê-lo atualizado. (TORRES, Artur. *CPC passado a limpo*: parte geral, procedimento comum e cumprimento de sentença. Porto Alegre: Livraria do Advogado, 2018. p. 209/210. v. I).

4. Consoante enunciado aprovado na I Jornada de Direito Processual Civil, ocorrida na cidade de Brasília (24 e 25 de agosto de 2017), "Aplicam-se às entidades referidas no § 3º do art. 186 do CPC as regras sobre intimação pessoal das partes e suas testemunhas (art. 186, § 2º; art. 455, § 4º, IV; art. 513, § 2º, II e art. 876, § 1º, II, todos do CPC). Enunciado 15.

5. O valor do crédito exequendo poderá ser superior ou inferior ao valor da avaliação (sublinhe-se: e a adjudicação não será realizada por valor inferior ao da avaliação – art. 876, *caput*). Sendo superior o crédito exequendo, uma vez adjudicados os bens penhorados, prosseguir-se-á na execução para a satisfação do saldo remanescente; revelando-se inferior, ao exequente tocará, de imediato, realizar o depósito da diferença para levantamento pelo executado, que não pode, à evidência, suportar prejuízo decorrente da diferença *entre o valor do bem adjudicado* e *do crédito exequendo*.

6. O direito de requerer a adjudicação se estende, pois, (a) ao coproprietário de bem indivisível do qual tenha sido penhorada fração ideal; (b) ao titular de usufruto, uso, habitação, enfiteuse, direito de superfície, concessão de uso especial para fins de moradia ou concessão de direito real de uso, quando a penhora recair sobre bem gravado com tais direitos reais; (c) ao proprietário do terreno submetido ao regime de direito de superfície, enfiteuse, concessão de uso especial para fins de moradia ou concessão de direito real de uso, quando a penhora recair sobre tais direitos reais; (d) ao credor pignoratício, hipotecário, anticrético, fiduciário ou com penhora anteriormente averbada, quando a penhora recair sobre bens com tais gravames, caso não seja o credor, de qualquer modo, parte na execução; (e) ao promitente comprador, quando a penhora recair sobre bem em relação ao qual haja promessa de compra e venda registrada; (f) ao promitente vendedor, quando a penhora recair sobre direito aquisitivo derivado de promessa de compra e venda registrada; (g) à União, ao Estado e ao Município, no caso de alienação de bem tombado, bem como (h) aos credores concorrentes que hajam penhorado o mesmo bem, (i) ao cônjuge, (j) ao companheiro, (k) aos descendentes e (l) aos ascendentes do executado.

7. O cônjuge, o companheiro, os descendentes e os ascendentes do executado, havendo mais de um interessado na adjudicação do bens penhorados, preferem aos demais. Havendo concorrência entre eles, observar-se-á, pois, a ordem legal prevista pelo § 6º.

8. Exequente alheio à sociedade. Incidindo a penhora sobre "quota social" ou "ação de sociedade anônima fechada" será ela, de imediato, intimada. Ciente do gravame, seu ônus será o de noticiar o ocorrido, o quanto antes, aos "sócios". Visa-se, com a aludida medida, a possibilitar o exercício do direito de preferência titularizado pelos quotistas/acionistas.

Art. 877. Transcorrido o prazo de 5 (cinco) dias, contado da última intimação, e decididas eventuais questões, o juiz ordenará a lavratura do auto de adjudicação.

§ 1º Considera-se perfeita e acabada a adjudicação com a lavratura e a assinatura do auto pelo juiz, pelo adjudicatário, pelo escrivão ou chefe de secretaria, e, se estiver presente, pelo executado, expedindo-se:

I – a carta de adjudicação e o mandado de imissão na posse, quando se tratar de bem imóvel;

II – a ordem de entrega ao adjudicatário, quando se tratar de bem móvel.

§ 2º A carta de adjudicação conterá a descrição do imóvel, com remissão à sua matrícula e aos seus registros, a cópia do auto de adjudicação e a prova de quitação do imposto de transmissão.

§ 3º No caso de penhora de bem hipotecado, o executado poderá remi-lo até a assinatura do auto de adjudicação, oferecendo preço igual ao da avaliação, se não tiver havido licitantes, ou ao do maior lance oferecido.

§ 4º Na hipótese de falência ou de insolvência do devedor hipotecário, o direito de remição previsto no § 3º será deferido à massa ou aos credores em concurso, não podendo o exequente recusar o preço da avaliação do imóvel.

1. Auto de adjudicação. A adjudicação é considerada "perfeita e acabada" por ocasião da lavratura e assinatura do denominado "auto de adjudicação". O auto sob comento servirá à expedição (a) da carta de adjudicação e da ordem de imissão na posse, em se tratando de imóvel o bem adjudicado ou (b) a ordem de entrega de bem móvel, sendo o caso.

2. Carta de adjudicação. Conteúdo. A carta de adjudicação conterá, necessariamente, a descrição do bem adjudicado (com apontamento de sua respectiva matrícula e registros perante o Registro Imobiliário), cópia do auto de adjudicação, bem como prova da quitação do imposto de transmissão. Inteligência do art. 877, § 2º.

3. A assinatura do auto de adjudicação fulmina a possibilidade de o executado *remir o bem* hipotecado alcançado pela penhora. Quer dizer: perde o executado o direito de "resgatá-lo". Vale lembrar, por oportuno, que a Lei 13.105/2015 (art. 1.072, II) revogou, expressamente, o teor dos arts. 1.482 e 1.483 da Lei 10.406/2002.

4. "Remição em caso de falência ou insolvência do devedor hipotecário. O elenco das pessoas que podem remir a execução se amplia em caso de falência ou insolvência do devedor. Caso o valor de avaliação do imóvel não cubra a dívida, e não podendo o credor recusar o preço da avaliação do imóvel, o credor concorrerá com os credores quirografários para se pagar do restante (CC 1430)". NERY JR, Nelson; NERY, Rosa Maria Andrade. Comentários ao Código de Processo Civil. São Paulo: RT, 2015. p. 1762.

Art. 878. Frustradas as tentativas de alienação do bem, será reaberta oportunidade para requerimento de adjudicação, caso em que também se poderá pleitear a realização de nova avaliação.

1. A expropriação pode ocorrer, como visto, de mais uma forma. O art. 878, bem compreendido, traz à baila cenário em que o exequente, num primeiro momento, optou, sem êxito, por alienar os bens penhorados (arts. 879 e seguintes). Face à frustação sob comento, o Código é enfático ao asseverar a possibilidade de que o exequente requeira, havendo interesse, que a satisfação do crédito exequendo se dê mediante a adjudicação dos bens penhorados.

2. Tendo o exequente optado por *alienar* os bens penhorados, nada obstante a incidência do princípio dispositivo na seara executiva, haverá ele de aguardar a conclusão da tentativa, não podendo interrompê-la, a pretexto de fazer valer o direito estampado no artigo sob comento, cujo gozo, no caso, depende da efetiva frustração da alienação.

Subseção II
Da Alienação

1. "(...) o núcleo da arrematação, e todas as modalidades de alienação coativa, simbolismos à parte, reside na conversão do bem penhorado em dinheiro. Existe diferença qualitativa entre o entre o objeto da penhora e o objeto da prestação, cujo alcance representa execução específica da obrigação. (...) Determinadas técnicas executivas prescindem totalmente da participação do devedor, alcançam seu objetivo a despeito da resistência do executado, e, por tal relevante motivo, recebem a designação de sub-rogatórias (execução direta). Dentre elas se encontram todas as modalidades de alienação coativa (...). Trata-se de conversão forçada da coisa penhorada em dinheiro." (ASSIS, Araken de. *Manual da Execução*. 11. ed. São Paulo: RT, 2007. p. 699).

Art. 879. A alienação far-se-á:

I – por iniciativa particular;

II – em leilão judicial eletrônico ou presencial.

1. O artigo sob comento anuncia as modalidades de alienação previstas pelo ordenamento processual pátrio. A expropriação dos bens penhorados, face à falta de interesse do exequente em adjudicá-los, poderá ocorrer (a) por *iniciativa particular* ou (b) mediante *oferta pública* (o leilão judicial), que ocorrerá maneira presencial (ao velho e conhecido estilo) ou pela via eletrônica.

2. Há quem sustente que os incisos do art. 879 traduzem preferência de uma modalidade de alienação em relação a outra. Nessa linha, já se afirmou que "o estabelecimento, em primeiro lugar e com preferência topográfica, da alienação por iniciativa particular, que tem regras muito menos rígidas que as dos leilões presenciais ou mesmo eletrônicos, e que no mais das vezes não depende da intervenção de terceiros intermediadores (leiloeiros, corretores etc.) ou do pagamento de comissões, é expoente dessa preocupação legislativa com a facilitação da satisfação do credor." (CÂMARA, Helder Moroni. *In*: STRECK, Lenio; NUNES, Dierle; CUNHA, Leonardo Carneiro da. *Comentários ao Código de Processo Civil*. São Paulo: Saraiva, 2016. p. 1.146). O teor do art. 881, ao menos num primeiro olhar, parece confirmar a tese.

Art. 880. Não efetivada a adjudicação, o exequente poderá requerer a alienação por sua própria iniciativa ou por intermédio de corretor ou leiloeiro público credenciado perante o órgão judiciário.

§ 1º O juiz fixará o prazo em que a alienação deve ser efetivada, a forma de publicidade, o preço mínimo, as condições de pagamento, as garantias e, se for o caso, a comissão de corretagem.

§ 2º A alienação será formalizada por termo nos autos, com a assinatura do juiz, do exequente, do adquirente e, se estiver presente, do executado, expedindo-se:

I – a carta de alienação e o mandado de imissão na posse, quando se tratar de bem imóvel;

II – a ordem de entrega ao adquirente, quando se tratar de bem móvel.

§ 3º Os tribunais poderão editar disposições complementares sobre o procedimento da alienação prevista neste artigo, admitindo, quando for o caso, o concurso de meios eletrônicos, e dispor sobre o credenciamento dos corretores e leiloeiros públicos, os quais deverão estar em exercício profissional por não menos que 3 (três) anos.

§ 4º Nas localidades em que não houver corretor ou leiloeiro público credenciado nos termos do § 3º, a indicação será de livre escolha do exequente.

1. *Alienação por iniciativa particular*. Regramento. O julgador, previamente à alienação, fixará, dentre outros, o prazo, a forma, o preço mínimo, as condições de pagamento, as garantias para sua realização, etc. Sendo bem sucedida, a alienação particular será formalizada por termo nos autos, que será assinado pelos personagens exigidos por lei, extraindo-se, dele, a *carta de alienação* e as ordens indispensáveis à concretização da posse do bem alienado em benefício do arrematante (bem móvel: ordem de entrega; bem imóvel: mandado de imissão na posse).

2. Segundo o CPC/2015, os tribunais possuem, respeitados os requisitos legais, competência para dispor acerca de regras complementares inerentes ao procedimento de alienação de bens em juízo. Tal disciplina, à evidência, não pode desbordar dos limites e finalidade promovidos pela legislação federal. Ao que tudo indica, limita-se tal competência (para editar disposições complementares) aos casos de *alienação por iniciativa particular*, uma vez que o teor do § 3º é enfático ao referir a "alienação prevista neste artigo".

3. Ao Poder Judiciário incumbe, consoante expressa determinação legal, manter cadastro atualizado de profissionais habilitados (corretores e leiloeiros) a realizar as alienações sob comento. Os credenciados (perante os tribunais) preferem aos demais habilitados. A indicação de profissional não credenciado apenas se mostrará legítima mediante a ausência de credenciados na localidade em que a alienação deva ocorrer.

Art. 881. A alienação far-se-á em leilão judicial se não efetivada a adjudicação ou a alienação por iniciativa particular.

§ 1º O leilão do bem penhorado será realizado por leiloeiro público.

§ 2º Ressalvados os casos de alienação a cargo de corretores de bolsa de valores, todos os demais bens serão alienados em leilão público.

1. Na linha do regime codificado, uma vez frustradas as possibilidades de *adjudicação* e *alienação por iniciativa particular*, proceder-se-á à expropriação dos bens penhorados por "leilão judicial" que, via de regra, será capitaneado por leiloeiro público. Trata-se, como é intuitivo, de oferta ao público em geral.

Art. 882. Não sendo possível a sua realização por meio eletrônico, o leilão será presencial.

§ 1º A alienação judicial por meio eletrônico será realizada, observando-se as garantias processuais das partes, de acordo com regulamentação específica do Conselho Nacional de Justiça.

§ 2º A alienação judicial por meio eletrônico deverá atender aos requisitos de ampla publicidade, autenticidade e segurança, com observância das regras estabelecidas na legislação sobre certificação digital.

§ 3º O leilão presencial será realizado no local designado pelo juiz.

1. Os leilões públicos ocorrerão, preferencialmente, por meio eletrônico (cuja regulamentação específica figurou como objeto de enfrentamento do CNJ) e em atenção aos princípios da publicidade, autenticidade e segurança. Não sendo possível, serão realizados presencialmente, observado local designado pelo julgador.

2. Vide, acerca do tema, a Resolução 236, de 13 de julho de 2016, disponível em: <http://www.cnj.jus.br/files/conteudo/arquivo/2016/07/bd97dfd910951f915cd0caf7c176513a.pdf>.[139]

Art. 883. Caberá ao juiz a designação do leiloeiro público, que poderá ser indicado pelo exequente.

1. A despeito da faculdade atribuída ao exequente, ao juiz compete, certo da *não suspeição* ou do *não impedimento* do leiloeiro público, designá-lo. Ao fazê-lo, portanto, poderá acolher ou desacolher a indicação do exequente.

Art. 884. Incumbe ao leiloeiro público:

I – publicar o edital, anunciando a alienação;

II – realizar o leilão onde se encontrem os bens ou no lugar designado pelo juiz;

III – expor aos pretendentes os bens ou as amostras das mercadorias;

IV – receber e depositar, dentro de 1 (um) dia, à ordem do juiz, o produto da alienação;

V – prestar contas nos 2 (dois) dias subsequentes ao depósito.

Parágrafo único. O leiloeiro tem o direito de receber do arrematante a comissão estabelecida em lei ou arbitrada pelo juiz.

1. Ao art. 844 coube inventariar as atividades a serem fielmente desempenhadas pelo leiloeiro designado. São elas, dentre outras inerentes a seu ofício:

[139] Consta da ementa: "Regulamenta, no âmbito do Poder Judiciário, procedimentos relativos à alienação judicial por meio eletrônico, na forma preconizada pelo art. 882, § 1° do novo Código de Processo Civil (Lei 13.105/2015)".

(a) publicar o edital, anunciando a alienação; (b) realizar o leilão no local em que se encontrem os bens ofertados ou no lugar designado pelo juiz; (c) expor aos pretendentes, sendo o caso, os bens ou as amostras das mercadorias que se pretende alienar; (d) receber e depositar, dentro de 1 (um) dia, à ordem do juiz, o produto da alienação e, ainda; (e) prestar contas ao juízo nos 2 (dois) dias subsequentes ao depósito.

2. Da remuneração do leiloeiro. O leiloeiro, como qualquer outro "prestador de serviços", deve, à evidência, receber pelos serviços prestados na seara judicial. Assim sendo, consoante expresso apontamento legal, tem ele o direito de perceber/exigir do arrematante a comissão estabelecida pelo legislador ou, sendo o caso, pelo próprio juízo. Inteligência do parágrafo único do art. 844.

Art. 885. O juiz da execução estabelecerá o preço mínimo, as condições de pagamento e as garantias que poderão ser prestadas pelo arrematante.

1. Compete ao juiz da execução, previamente, estabelecer o *preço mínimo para a alienação dos bens ofertados*, as condições de pagamento (que, via de regra, deve prever pagamento à vista – art. 892), bem como as garantias que se exigirão do arrematante, em caso de aquisição parcelada.

Art. 886. O leilão será precedido de publicação de edital, que conterá:

I – a descrição do bem penhorado, com suas características, e, tratando-se de imóvel, sua situação e suas divisas, com remissão à matrícula e aos registros;

II – o valor pelo qual o bem foi avaliado, o preço mínimo pelo qual poderá ser alienado, as condições de pagamento e, se for o caso, a comissão do leiloeiro designado;

III – o lugar onde estiverem os móveis, os veículos e os semoventes e, tratando-se de créditos ou direitos, a identificação dos autos do processo em que foram penhorados;

IV – o sítio, na rede mundial de computadores, e o período em que se realizará o leilão, salvo se este se der de modo presencial, hipótese em que serão indicados o local, o dia e a hora de sua realização;

V – a indicação de local, dia e hora de segundo leilão presencial, para a hipótese de não haver interessado no primeiro;

VI – menção da existência de ônus, recurso ou processo pendente sobre os bens a serem leiloados.

Parágrafo único. No caso de títulos da dívida pública e de títulos negociados em bolsa, constará do edital o valor da última cotação.

1. Ao art. 886, com riqueza de detalhes, coube disciplinar, em atenção aos princípios que norteiam o meio expropriatório sob comento, o *conteúdo do edital* que ofertará os bens da vida à sociedade como um todo. Sua publicação prévia (com pelo menos 5 dias de antecedência à data aprazada para o leilão – Art. 887, § 1º), observadas as exigências legais, revela-se *conditio sine qua non* à regularidade da alienação pretendida (ou, sendo o caso, realizada).

2. "AGRAVO DE INSTRUMENTO. DIREITO PRIVADO NÃO ESPECIFICADO. EXECUÇÃO DE TÍTULO EXTRAJUDICIAL. IMÓVEL GRAVADO COM ÔNUS REAL EM FAVOR DA UNIÃO. HIPOTECA CEDULAR. EDITAL DO LEILÃO QUE NÃO MENCIONOU A EXISTÊNCIA DE ÔNUS REAL SOBRE O IMÓVEL. ILEGITIMIDADE DO DEVEDOR. (...) *Falta da informação a respeito do ônus real no edital da hasta pública. Nulidade que só poder ser alegada pelo arrematante ou pelo próprio credor, em favor do qual houver sido constituída a garantia. Ilegitimidade do devedor para postular a nulidade do edital do leilão. O devedor é parte ilegítima para postular a nulidade do edital do leilão, por não conter a informação relativa à existência de ônus real que recai sobre o bem penhorado, cabendo somente ao credor hipotecário ou ao arrematante tal alegação. Inteligência do artigo 18, do CPC/2015.* (...) Intimação do credor hipotecário sobre a realização do leilão. Na esteira do entendimento do STJ, *a ausência de intimação do credor hipotecário para a hasta pública não contamina a validade da expropriação judicial, mas acarreta a ineficácia da arrematação em relação ao titular da garantia.* Interpretação do art. 698 do CPC/73. Decreto-Lei n. 167/67. Impenhorabilidade relativa do imóvel. É pacífico na jurisprudência o entendimento de que a impenhorabilidade do imóvel gravado com hipoteca cedular rural é relativa, pois visa resguardar o direito de preferência do credor hipotecário. Assim, a constrição realizada nesse feito não prejudicará o direito de preferência da União. Da possibilidade de alienação do imóvel no feito executivo. Considerando que o direito do credor hipotecário restará mantido, nenhum óbice há para que a alienação do bem ocorra no feito executivo. Agravo de Instrumento parcialmente conhecido e, na parte conhecida, negado provimento." (Agravo de Instrumento nº 70069355204, Décima Segunda Câmara Cível, Tribunal de Justiça do RS, Relator: Guinther Spode, Julgado em 18/07/2016).

Art. 887. O leiloeiro público designado adotará providências para a ampla divulgação da alienação.

§ 1º A publicação do edital deverá ocorrer pelo menos 5 (cinco) dias antes da data marcada para o leilão.

§ 2º O edital será publicado na rede mundial de computadores, em sítio designado pelo juízo da execução, e conterá descrição detalhada e, sempre que possível, ilustrada dos bens, informando expressamente se o leilão se realizará de forma eletrônica ou presencial.

§ 3º Não sendo possível a publicação na rede mundial de computadores ou considerando o juiz, em atenção às condições da sede do juízo, que esse modo de divulgação é insuficiente ou inadequado, o edital será afixado em local de costume e publicado, em resumo, pelo menos uma vez em jornal de ampla circulação local.

§ 4º Atendendo ao valor dos bens e às condições da sede do juízo, o juiz poderá alterar a forma e a frequência da publicidade na imprensa, mandar publicar o edital em local de ampla circulação de pessoas e divulgar avisos em emissora de rádio ou televisão local, bem como em sítios distintos do indicado no § 2º.

§ 5º Os editais de leilão de imóveis e de veículos automotores serão publicados pela imprensa ou por outros meios de divulgação, preferencialmente na seção ou no local reservados à publicidade dos respectivos negócios.

§ 6º O juiz poderá determinar a reunião de publicações em listas referentes a mais de uma execução.

1. O edital referente ao leilão judicial, atento ao conteúdo do art. 886, será tornado público (atribuição que incumbe ao leiloeiro) pelo menos cinco dias antes da data aprazada para sua realização. O legislador de 2015 estabelece, como regra, sua disponibilização junto à rede mundial de computadores (em sítio determinado pelo juízo da execução), sempre que possível trazendo ilustração (imagens, vídeos, etc.) relativa aos bens ofertados.

2. Consoante se extrai do teor do § 2º, *in fine*, do art. 887, há, por parte do legislador, certa preocupação com a publicidade/divulgação da forma como se dará o leilão judicial. Logo, o legislador exige que, de maneira expressa, haja menção se o mesmo ocorrerá de maneira virtual ou presencial, no afã de evitar quaisquer prejuízos aos interessados.

3. Não sendo possível a publicação na *internet* (hipótese, atualmente, pouco provável face ao estágio do avanço tecnológico) ou considerando o juiz, atento às peculiaridades "da sede do juízo", que a divulgação por tal ferramenta revele-se "insuficiente" ou inadequada, o "edital será afixado em local de costume e publicado, em resumo, pelo menos uma vez em jornal de ampla circulação local". Fica facultado ao julgador, entendendo conveniente, modificar "a forma e a frequência" da publicidade especial, respeitado, segundo pensamos, o "mínimo" previsto pelo legislador. Pode ele, segundo a lei, mandar que o edital seja publicado "em local de ampla circulação de pessoas", sem prejuízo da divulgação junto às emissoras de rádio ou televisão locais, "bem como em sítios distintos do indicado no § 2º".

Art. 888. Não se realizando o leilão por qualquer motivo, o juiz mandará publicar a transferência, observando-se o disposto no art. 887.

Parágrafo único. O escrivão, o chefe de secretaria ou o leiloeiro que culposamente der causa à transferência responde pelas despesas da nova publicação, podendo o juiz aplicar-lhe a pena de suspensão por 5 (cinco) dias a 3 (três) meses, em procedimento administrativo regular.

1. A publicidade de eventual adiamento de leilão obedecerá idêntico regramento ao exigido para sua realização originária. Inteligência do art. 888, *caput*, do CPC/2015.

2. O auxiliar da justiça que der causa ao adiamento da tentativa expropriatória sob comento, responderá por suas despesas (princípio da causalidade), sujeitando-se, outrossim, a punição que, definida em procedimento administrativo regular, pode alcançar até três meses de suspensão de suas atividades.

Art. 889. Serão cientificados da alienação judicial, com pelo menos 5 (cinco) dias de antecedência:

I – o executado, por meio de seu advogado ou, se não tiver procurador constituído nos autos, por carta registrada, mandado, edital ou outro meio idôneo;

II – o coproprietário de bem indivisível do qual tenha sido penhorada fração ideal;

III – o titular de usufruto, uso, habitação, enfiteuse, direito de superfície, concessão de uso especial para fins de moradia ou concessão de direito real de uso, quando a penhora recair sobre bem gravado com tais direitos reais;

IV – o proprietário do terreno submetido ao regime de direito de superfície, enfiteuse, concessão de uso especial para fins de moradia ou concessão de direito real de uso, quando a penhora recair sobre tais direitos reais;

V – o credor pignoratício, hipotecário, anticrético, fiduciário ou com penhora anteriormente averbada, quando a penhora recair sobre bens com tais gravames, caso não seja o credor, de qualquer modo, parte na execução;

VI – o promitente comprador, quando a penhora recair sobre bem em relação ao qual haja promessa de compra e venda registrada;

VII – o promitente vendedor, quando a penhora recair sobre direito aquisitivo derivado de promessa de compra e venda registrada;

VIII – a União, o Estado e o Município, no caso de alienação de bem tombado.

Parágrafo único. Se o executado for revel e não tiver advogado constituído, não constando dos autos seu endereço atual ou, ainda, não sendo ele encontrado no endereço constante do processo, a intimação considerar-se-á feita por meio do próprio edital de leilão.

1. Ao art. 889 coube inventariar o rol de pessoas que, necessariamente, serão notificadas, com pelo menos cinco diais de antecedência, acerca da tentativa de alienação pública dos bens penhorados.

2. Em relação a eventual falta de intimação das pessoas apontadas pelos incisos II/VIII, há, de um lado, quem sustente, pois, ser ela "estritamente necessária, tendo em vista que essas pessoas têm direito sobre o bem penhorado. (...); essas pessoas devem ter oportunidade de contrapor seu direito àquele do credor com preferência ou privilégio superior ao do mesmo credor. A alienação sem a intimação dessas pessoas é nula (CPC 804)" (NERY JR, Nelson; NERY, Rosa Maria Andrade. *Comentários ao Código de Processo Civil*. São Paulo: RT, 2015. p. 1771); de outro, quem assevere (valendo-se da jurisprudência do STJ)[140] que, inexistindo intimação prévia, a alienação apenas deva ser considerada ineficaz (e não nula) perante aquele que deveria ter sido notificado e não o foi. (MEDINA, José Miguel Garcia. *Direito Processual Civil Moderno*. São Paulo: RT, 2015. p. 1077).

3. Em sintonia com nosso entendimento, já se disse outrora que "é indispensável que esta intimação prévia anteceda todos os meios expropriatórios e não apenas a alienação por leilão judicial." (LUCENA, Clarissa Santos; SILVA, Jaqueline Mielke. *Novo Código de Processo Civil anotado*. Porto Alegre: OAB/RS, 2015. p. 644).

Art. 890. Pode oferecer lance quem estiver na livre administração de seus bens, com exceção:

I – dos tutores, dos curadores, dos testamenteiros, dos administradores ou dos liquidantes, quanto aos bens confiados à sua guarda e à sua responsabilidade;

[140] STJ. AgRg nos EDcl no AReEsp 479.566/SP, rel. Min. Herman Benjamin, 2ª T., j. 16.09.2014.

II – dos mandatários, quanto aos bens de cuja administração ou alienação estejam encarregados;

III – do juiz, do membro do Ministério Público e da Defensoria Pública, do escrivão, do chefe de secretaria e dos demais servidores e auxiliares da justiça, em relação aos bens e direitos objeto de alienação na localidade onde servirem ou a que se estender a sua autoridade;

IV – dos servidores públicos em geral, quanto aos bens ou aos direitos da pessoa jurídica a que servirem ou que estejam sob sua administração direta ou indireta;

V – dos leiloeiros e seus prepostos, quanto aos bens de cuja venda estejam encarregados;

VI – dos advogados de qualquer das partes.

1. O art. 890, para além de fixar regra referente aos *legitimados* a oferecer lance, estabelece importantes restrições a tal possibilidade. Encontram-se terminantemente proibidos de oferecê-lo, por expressa previsão legal, (a) os tutores, os curadores, os testamenteiros, os administradores ou os liquidantes, quanto aos bens confiados à sua guarda e à sua responsabilidade; (b) os mandatários, em relação aos bens de cuja administração ou alienação estejam encarregados; (c) o juiz, o membro do Ministério Público, da Defensoria Pública, o escrivão, o chefe de secretaria e os demais servidores e auxiliares da justiça, no que diz com bens e direitos objeto de alienação na localidade onde servirem ou a que se estender a sua autoridade; (d) os servidores públicos em geral, quanto aos bens ou aos direitos da pessoa jurídica a que servirem ou que estejam sob sua administração direta ou indireta; (d) os leiloeiros e seus prepostos, em relação aos bens da vida de cuja venda estejam encarregados; (e) os advogados das partes.

Art. 891. Não será aceito lance que ofereça preço vil.

Parágrafo único. Considera-se vil o preço inferior ao mínimo estipulado pelo juiz e constante do edital, e, não tendo sido fixado preço mínimo, considera-se vil o preço inferior a cinquenta por cento do valor da avaliação.

1. O legislador de 2015, objetivamente, posicionou-se acerca dos limites do famigerado *preço vil*. Calcado na ideia da *menor onerosidade da execução para o executado*, bem como *combatente ao enriquecimento sem causa*, o CPC/2015 refuta a possibilidade de que a arrematação se dê por *preço insignificante* (expediente que, via de regra, onera o executado e enriquece o arrematante). O cuidado legal é perceptível já a partir da melhor compreensão do teor do art. 885, ocasião em que se atribuiu ao julgador a tarefa de fixar o *valor mínimo para a venda dos bens ofertados*. Eis, aí, um dos limites legais: é vil, por definição, o preço inferior ao fixado pelo juízo como valor mínimo para a expropriação. O Código, outrossim, prevê hipótese em que tenha escapado ao julgador estipular o preço mínimo (o que, via de regra, não deve ocorrer). Nessa senda, serve-se, pois, de critério distinto: inexistindo fixação judicial de preço mínimo para a venda, é vil o preço inferior a 50% do valor da avaliação.

Art. 892. Salvo pronunciamento judicial em sentido diverso, o pagamento deverá ser realizado de imediato pelo arrematante, por depósito judicial ou por meio eletrônico.

§ 1º Se o exequente arrematar os bens e for o único credor, não estará obrigado a exibir o preço, mas, se o valor dos bens exceder ao seu crédito, depositará, dentro de 3 (três) dias, a diferença, sob pena de tornar-se sem efeito a arrematação, e, nesse caso, realizar-se-á novo leilão, à custa do exequente.

§ 2º Se houver mais de um pretendente, proceder-se-á entre eles à licitação, e, no caso de igualdade de oferta, terá preferência o cônjuge, o companheiro, o descendente ou o ascendente do executado, nessa ordem.

§ 3º No caso de leilão de bem tombado, a União, os Estados e os Municípios terão, nessa ordem, o direito de preferência na arrematação, em igualdade de oferta.

1. O pagamento relativo à arrematação sob comento deve, salvo pronunciamento judicial em sentido contrário, ser realizado (pelo arrematante) à vista, e de imediato. O pronunciamento ("em sentido diverso") a que se reporta o legislador é aquele previsto pelo art. 885, ocasião em que o julgador poderá, ao tempo de sua prolação, admitir, por exemplo, o pagamento parcelado da aquisição.

2. Para além da possibilidade adjudicatória, é *facultado ao exequente arrematar os bens penhorados* (quer dizer: pode ele oferecer lance e, em sendo o maior, arrematar o bem penhorado). Nada obstante seja essa a regra para os arrematantes em geral, o *exequente arrematante* não estará obrigado a realizar o pagamento (entrega de quantia em espécie) quando o valor do crédito exequendo for superior, ou igual, ao valor da arrematação. Haverá, no caso, compensação. De outro giro, existindo saldo em benefício do executado, deverá ele ser quitado no prazo de até três dias, pena de tornar-se despida de efeito a arrematação, caso em que o bem será ofertado ao público em geral em novo leilão.

3. Em se tratando o bem ofertado de *bem tombado*, o direito de preferência, face à existência de mais de um interessado em sua arrematação, observará a ordem, a saber: a União, os Estados e os Municípios, em igualdade de oferta, preferirão aos demais. Em não se tratando de bem tombado, a ordem de preferência é diversa. Atribui-se ao cônjuge, ao companheiro, aos descendentes ou aos ascendentes do executado, nessa ordem (quer dizer: o cônjuge prefere ao descendente, que prefere aos ascendentes, etc.), o direito sob comento.

Art. 893. Se o leilão for de diversos bens e houver mais de um lançador, terá preferência aquele que se propuser a arrematá-los todos, em conjunto, oferecendo, para os bens que não tiverem lance, preço igual ao da avaliação e, para os demais, preço igual ao do maior lance que, na tentativa de arrematação individualizada, tenha sido oferecido para eles.

1. Prefere aos demais pretendentes, o lançador que se proponha a arrematar o conjunto de bens sujeitos a tentativa alienatória. O exercício do aludido direito de preferência depende, pois, da confirmação de seu interesse em adquirir, também, os bens sobre os quais inexistam lances, observado, em relação aos mesmos, o preço da avaliação, sem prejuízo do pagamento de preço idêntico ao maior lance oferecido por aqueles que receberam propostas.

Art. 894. Quando o imóvel admitir cômoda divisão, o juiz, a requerimento do executado, ordenará a alienação judicial de parte dele, desde que suficiente para o pagamento do exequente e para a satisfação das despesas da execução.

§ 1º Não havendo lançador, far-se-á a alienação do imóvel em sua integridade.

§ 2º A alienação por partes deverá ser requerida a tempo de permitir a avaliação das glebas destacadas e sua inclusão no edital, e, nesse caso, caberá ao executado instruir o requerimento com planta e memorial descritivo subscritos por profissional habilitado.

1. O art. 894 labora sob a perspectiva de que, para tornar menos gravosa a execução, em se mostrando viável, o bem imóvel objeto da tentativa expropriatória poderá ser alienado apenas em parte. São requisitos para tanto, a uma, haver *requerimento do executado* nesse sentido; a duas, a verificação mundana da "cômoda divisão"; a três, a alienação (parcial) deve atender, à integralidade, a satisfação do crédito exequendo, bem como as demais despesas da execução (custas, honorários, etc.).

2. Face às peculiaridades da alienação fracionada (art. 894), o legislador se mostrou diligente ao exigir que o executado, ao realizar tal pleito, o faça em tempo de permitir a realização de avaliação individualizada das "glebas" ou frações, que, necessariamente, constarão do edital de seu anúncio. É tarefa do executado que assim postular, outrossim, instruir seu requerimento com "planta e memorial descrito" firmados por profissional habilitado a tanto.

3. Nada obstante o deferimento do pedido de *alienação parcial* do bem penhorado, seu insucesso, fundado na inexistência de interesse em adquiri-lo em tais condições (requisito negativo), cominado com o interesse de qualquer sujeito de direito em arrematá-lo por inteiro (requisito positivo), autorizado estará, no afã de satisfazer o exequente, sua alienação integral.

Art. 895. O interessado em adquirir o bem penhorado em prestações poderá apresentar, por escrito:

I – até o início do primeiro leilão, proposta de aquisição do bem por valor não inferior ao da avaliação;

II – até o início do segundo leilão, proposta de aquisição do bem por valor que não seja considerado vil.

§ 1º A proposta conterá, em qualquer hipótese, oferta de pagamento de pelo menos vinte e cinco por cento do valor do lance à vista e o restante parcelado em até 30 (trinta) meses, garantido por caução idônea, quando se tratar de móveis, e por hipoteca do próprio bem, quando se tratar de imóveis.

§ 2º As propostas para aquisição em prestações indicarão o prazo, a modalidade, o indexador de correção monetária e as condições de pagamento do saldo.

§ 3º (VETADO).

§ 4º No caso de atraso no pagamento de qualquer das prestações, incidirá multa de dez por cento sobre a soma da parcela inadimplida com as parcelas vincendas.

§ 5º O inadimplemento autoriza o exequente a pedir a resolução da arrematação ou promover, em face do arrematante, a execução do valor devido, devendo ambos os pedidos ser formulados nos autos da execução em que se deu a arrematação.

§ 6º A apresentação da proposta prevista neste artigo não suspende o leilão.

§ 7º A proposta de pagamento do lance à vista sempre prevalecerá sobre as propostas de pagamento parcelado.

§ 8º Havendo mais de uma proposta de pagamento parcelado:

I – em diferentes condições, o juiz decidirá pela mais vantajosa, assim compreendida, sempre, a de maior valor;

II – em iguais condições, o juiz decidirá pela formulada em primeiro lugar.

§ 9º No caso de arrematação a prazo, os pagamentos feitos pelo arrematante pertencerão ao exequente até o limite de seu crédito, e os subsequentes, ao executado.

1. O art. 895, atento à realidade social, prevê hipótese em que exista interesse de aquisição do bem penhorado, por terceiro, mediante parcelamento de seu preço. O Código, aqui, exige a apresentação de proposta por escrito, tomando em conta a data do leilão. Em se tratando de proposta apresentada até o início do primeiro leilão, é vedado, pois, que o preço ofertado seja inferior ao da avaliação; em se tratando de proposta apresentada no interregno que se compreende entre a realização do primeiro certame e o início do segundo, a proposta encontra limite no denominado *preço vil* (art. 891). Sem prejuízo do acima alegado, a proposta de parcelamento haverá de se adequar aos limites previstos pelos incisos 1° e 2° do artigo sob comento. Em quaisquer hipóteses, o valor da "entrada" não poderá ser inferior a 25% do valor proposto, nem o parcelamento do saldo poderá exceder o prazo limite de 30 meses. A aquisição parcelada dos bens penhorados (móveis ou imóveis) haverá, necessariamente, de contar com garantia idônea. Em se tratando de bem móvel, exigir-se-á seja prestada nos autos caução idônea, definida pelo julgador; de bem imóvel, a satisfação do crédito restará vinculada a direito real de garantia (no caso, a hipoteca do próprio bem objeto da alienação). A proposta de aquisição parcelada, para além do número de parcelas pretendidas pelo proponente, haverá de apontar, expressamente, a modalidade e o indexador de correção monetária a ser observado. Vale ressaltar, desde logo, que o legislador foi cuidadoso (no afã de evitar manobras processuais) no que tange ao estabelecimento dos efeitos, em relação ao leilão já aprazado, oriundos da oferta sob comento. Sua apresentação não conduz, *ope legis*, a suspensão do leilão previamente aprazado.

2. Mora. Multa legal. Art. 895, § 4°. O Código é enfático, não deixando margem à dúvida: o arrematante em mora haverá de suportar, em se tratando de aquisição parcelada, multa no aporte de 10%, tomando-se por base de cálculo o somatório da parcela em mora e das vincendas. Assim sendo, exemplificativamente, imagine-se que a proposta para aquisição de certo bem imóvel avaliado em R$ 1.000.000,00 tenha sido deferida, pagando o proponente R$ 250.000,00 a titulo de "entrada" e, nos termos propostos, parcelando-se o saldo em 10 outras vezes, com vencimento mensal. Idealize-se, agora, que o arrematante já na primeira das dez parcelas referentes ao saldo tenha se tornado inadimplente.

No caso, utilizando-se a fórmula legal, é possível afirmar que a base de cálculo será R$ 750.000,00 (R$ 75.000,00 da parcela em atraso + R$ 675.000,00 das parcelas vincendas), alcançando-se, pois, multa no valor de R$ 75.000,00.

3. O inadimplemento do arrematante, consoante expressa previsão legal, legitima o exequente (a quem pertencem os pagamentos feitos pelo arrematante até o limite de seu crédito) a (1) pugnar pela resolução da arrematação ou (2) executar o arrematante pelo valor devido (incluindo-se, aqui, a multa legal). Trata-se, pois, de eleição que compete ao credor. O requerimento, seja ele qual for, deve ser feito nos próprios autos em que à tutela executiva tenha sido requerida (recorde-se: a tutela executiva se dá, considerado o regime pátrio, por vezes, em processo autônomo; por vezes, de maneira incidente (*cumprimento de sentença* – noção de sincretismo processual[141]). Nada obstante o silencio legal, parece-nos que, nos limites do que sobejar a satisfação do crédito exequendo, a faculdade acima aludida também poderá ser gozada pelo executado, ao menos no que diz com o valor que lhe pertença.

4. O CPC/2015 estabelece critérios objetivos a serem observados para a hipótese de pluralidade de propostas para aquisição parcelada do bem penhorado. Sendo o caso, o julgador preferirá, existindo propostas "em diferentes condições" (ou seja, sendo elas distintas), aquela que represente *o maior valor final*, não importando, a princípio, o (maior ou menor) número de parcelas ofertadas; sendo idênticas, acolherá aquela apresentada anteriormente.

Art. 896. Quando o imóvel de incapaz não alcançar em leilão pelo menos oitenta por cento do valor da avaliação, o juiz o confiará à guarda e à administração de depositário idôneo, adiando a alienação por prazo não superior a 1 (um) ano.

§ 1º Se, durante o adiamento, algum pretendente assegurar, mediante caução idônea, o preço da avaliação, o juiz ordenará a alienação em leilão.

§ 2º Se o pretendente à arrematação se arrepender, o juiz impor-lhe-á multa de vinte por cento sobre o valor da avaliação, em benefício do incapaz, valendo a decisão como título executivo.

§ 3º Sem prejuízo do disposto nos §§ 1º e 2º, o juiz poderá autorizar a locação do imóvel no prazo do adiamento.

§ 4º Findo o prazo do adiamento, o imóvel será submetido a novo leilão.

1. O teor art. 896, bem compreendido, traduz evidente proteção ao patrimônio sujeito à satisfação do crédito exequendo, *quando pertencente a incapaz.* No afã de evitar prejuízos ao executado (reitere-se: aqui, incapaz), o legislador estabelece percentual (maior do que aquele estabelecido, por lei, para o denominado *preço vil*) a ser observado quando da tentativa de alienação de seus bens. Em sendo o lance ofertado, ainda que no segundo leilão, inferior a 80% do valor da avaliação, *a alienação deve ser adiada por até um ano*, facultada, mediante decisão judicial, a locação do bem (sendo ele imóvel) durante o prazo do adiamento.

[141] Acerca do *cumprimento de decisão judicial*, vide: TORRES, Artur. *CPC passado a limpo*: parte geral, procedimento comum e cumprimento de sentença. Porto Alegre: Livraria do Advogado, 2018. p. 403/442. v. I.

2. O Código, nos §§ 1º e 2º do art. 896, regula o proceder relativo à hipótese de "surgimento" de pretendente à aquisição dos bens do incapaz ao largo do período de *adiamento* (eis a nomenclatura eleita pelo CPC/2015 para tratar o tema previsto no *caput* do art. 896 – *prazo de adiamento*). A ideia, aqui, é preservar, a uma, a concorrência entre os interessados na aquisição dos bens; a duas, a própria valorização do patrimônio do executado (que goza, no caso, de proteção especial). Consoante o direito legislado, havendo interessado, nada obstante o *adiamento* da alienação, poderá ele requerer, prestando caução suficiente para garantir a alienação do bem penhorado pelo menos em observância ao valor da avaliação, seja o bem da vida, novamente (e de imediato), ofertado em hasta pública.

3. No afã de evitar meras especulações aquisitivas, o "pretendente" (aquele que, ao longo do período de adiamento, demonstrar formalmente interesse na aquisição do bem penhorado) que desistir da aquisição sujeitar-se-á à condenação ao pagamento de multa (cuja satisfação estará previamente garantida pela caução prestada nos autos), em benefício do executado incapaz, no aporte de 20% do valor da avaliação.

4. Transcorrido *in albis* o prazo de adiamento, ou seja, sem que se tenha angariado o valor necessário à satisfação do crédito exequendo por outra via, aprazar-se-á, visando a satisfazer o exequente, data para a realização de novo leilão, sujeito, agora, a regra comum para a alienação por hasta pública.

Art. 897. Se o arrematante ou seu fiador não pagar o preço no prazo estabelecido, o juiz impor-lhe-á, em favor do exequente, a perda da caução, voltando os bens a novo leilão, do qual não serão admitidos a participar o arrematante e o fiador remissos.

1. O legislador, mediante comando extraível do teor do art. 897, visa a "combater", bem compreendida a expressão, a assunção de "compromissos" aquisitivos que não possam ser cumpridos/satisfeitos pelo arrematante (ou por seu fiador). A sistemática eleita contempla, a uma, a imposição da pena de perdimento (do valor depositado a título de caução) em benefício do exequente; a duas, a impossibilidade de os atores processuais em destaque virem a participar da nova tentativa de alienação dos mesmos. O aprazamento de nova hasta pública é, à evidência, mera consequência da frustração em obter o valor suficiente à satisfação do exequente.

Art. 898. O fiador do arrematante que pagar o valor do lance e a multa poderá requerer que a arrematação lhe seja transferida.

1. Não se presume, face à posição jurídica do fiador (da arrematação), seu interesse na aquisição dos bens ofertados à alienação. Figura ele, *a priori*, na condição de mero garantidor do cumprimento da obrigação assumida pelo arrematante. Seja como for, consoante redação atribuída ao artigo sob comento, faculta-se ao fiador que arcar com o valor do lance ofertado (aquele que se prestou a garantir), sendo o caso, requerer que a arrematação lhe seja transferida, tornando-se, face à satisfação do preço ajustado (e dos corolários oriundos do inadimplemento em que incorreu o arrematante originário), titular dominial em relação ao bem da vida objeto da alienação.

Art. 899. Será suspensa a arrematação logo que o produto da alienação dos bens for suficiente para o pagamento do credor e para a satisfação das despesas da execução.

1. Não se pode perder de vista, jamais, que, nada obstante sirva ao exequente, a tutela executiva não se presta, por definição, ao "massacre" do executado. Ora, se diversos bens do devedor forem ofertados à alienação, alcançando-se produto suficiente à satisfação de suas obrigações, não há, à evidência, razões (legítimas) que justifiquem eventual prosseguimento da expropriação patrimonial. É o que interessa!

Art. 900. O leilão prosseguirá no dia útil imediato, à mesma hora em que teve início, independentemente de novo edital, se for ultrapassado o horário de expediente forense.

1. O leilão judicial, assim como tantos outros, é, por definição, ato processual em sentido largo. Tais atos, consoante sabido aos quatro cantos, devem respeitar, bem compreendida a anotação, *data, hora* e *local* para a sua realização.[142] O teor do art. 900, visando a evitar toda burocracia inerente às publicações editalícias, bem como eventual "perda de tempo" processual, autoriza o prosseguimento da tentativa de alienação, sem a necessidade de publicação de novo edital, no primeiro dia útil subsequente a suspensão dos trabalhos motivado pelo término do expediente forense. O prosseguimento começara, segundo expressa previsão legal, na mesma hora em que se iniciou o leilão sob comento.

Art. 901. A arrematação constará de auto que será lavrado de imediato e poderá abranger bens penhorados em mais de uma execução, nele mencionadas as condições nas quais foi alienado o bem.

§ 1º A ordem de entrega do bem móvel ou a carta de arrematação do bem imóvel, com o respectivo mandado de imissão na posse, será expedida depois de efetuado o depósito ou prestadas as garantias pelo arrematante, bem como realizado o pagamento da comissão do leiloeiro e das demais despesas da execução.

§ 2º A carta de arrematação conterá a descrição do imóvel, com remissão à sua matrícula ou individuação e aos seus registros, a cópia do auto de arrematação e a prova de pagamento do imposto de transmissão, além da indicação da existência de eventual ônus real ou gravame.

---

[142] Acerca do tema, vide: TORRES, Artur. *CPC passado a limpo*: parte geral, procedimento comum e cumprimento de sentença. Porto Alegre: Livraria do Advogado, 2018. p. 192 e seguintes. v. I.

1. Auto de arrematação. O auto de arrematação, que será lavrado de imediato, apontará, necessariamente, as condições da aquisição a que serve, podendo ele reunir bens penhorados em mais de uma execução. Trata-se, ao fim e ao cabo, de instrumento destinado a descrever aquilo, e tudo aquilo, ocorrido por ocasião da arrematação.

2. Os bens objeto de arrematação, como regra, não se encontram na posse do arrematante. Seu acesso mundano aos mesmos (imissão na posse de bem imóvel ou o efetivo recebimento do bem móvel) dependerá, pois, de atividade processual futura: a emissão de documento hábil para tanto (expediente indispensável, porém, não raro, insuficiente à consolidação da posse pretendida). Em se tratando de bem móvel, "ordem de entrega"; de bem imóvel, "carta de arrematação (...) com o respectivo mandado de imissão na posse". A expedição de ambos, segundo o CPC/2015, resta condicionada ao pagamento do valor (da arrematação) já exigível, ou, da efetiva prestação das garantias a que está sujeito o arrematante, sem prejuízo da satisfação das comissões e despesas processuais inerentes ao caso concreto.

3. Carta de arrematação. Conteúdo obrigatório. A carta de arrematação conterá, necessariamente, (a) a descrição do imóvel arrematado, incluindo-se, pois, anotação acerca de sua matrícula e registros, (b) cópia do auto de arrematação, (c) prova de quitação do imposto de transmissão, além de (d) indicação relativa a existência de eventuais ônus reais ou gravames que incidam sobre o bem arrematado.

Art. 902. No caso de leilão de bem hipotecado, o executado poderá remi-lo até a assinatura do auto de arrematação, oferecendo preço igual ao do maior lance oferecido.

Parágrafo único. No caso de falência ou insolvência do devedor hipotecário, o direito de remição previsto no *caput* defere-se à massa ou aos credores em concurso, não podendo o exequente recusar o preço da avaliação do imóvel.

1. Remição de bens. O *caput* do art. 902 é, consoante salta aos olhos, autoexplicativo. Para além de destacar o direito que assiste ao executado de *remir o bem objeto da arrematação,* impõe limites relativos ao momento processual para tanto (*até a assinatura do auto de arrematação*), bem como disciplina, sendo o caso, o preço capaz de garantir ao devedor o "resgate" do bem (no mínimo, *igual ao maior lance oferecido*). Não há confundir a *remição da execução* (art. 826), tratada alhures, com a *remição de bens*, ora examinada.

2. A massa ou os credores em concurso, em caso de falência ou insolvência do devedor hipotecário, podem, querendo, valer-se do *direito de remição* (de bens) outorgado ao executado pelo *caput*.

3. "Diferentemente do que já vimos no art. 826 deste CPC/2015, não estamos aqui diante da hipóteses de remição da execução como um todo, mas sim de remição de um bem específico, que pode até mesmo ser exercida por terceiros." (CÂMARA, Helder Moroni. *In:* STRECK, Lenio; NUNES, Dierle;

CUNHA, Leonardo Carneiro da. *Comentários ao Código de Processo Civil*. São Paulo: Saraiva, 2016. p. 1.165).

4. "O CPC 902 tratou de explicitar a possibilidade de aplicação, em caso de alienação judicial, das hipóteses previstas no CC1481 e 1483, no que diz com a alienação de bem hipotecado. Vale ressaltar que, neste caso, trata-se da *remição*, instituto que trata do resgate, do pagamento, e não da *remissão*, que se refere a renúncia, perdão." (NERY JR, Nelson; NERY, Rosa Maria Andrade. *Comentários ao Código de Processo Civil*. São Paulo: RT, 2015. p. 1782).

Art. 903. Qualquer que seja a modalidade de leilão, assinado o auto pelo juiz, pelo arrematante e pelo leiloeiro, a arrematação será considerada perfeita, acabada e irretratável, ainda que venham a ser julgados procedentes os embargos do executado ou a ação autônoma de que trata o § 4º deste artigo, assegurada a possibilidade de reparação pelos prejuízos sofridos.

§ 1º Ressalvadas outras situações previstas neste Código, a arrematação poderá, no entanto, ser:

I – invalidada, quando realizada por preço vil ou com outro vício;

II – considerada ineficaz, se não observado o disposto no art. 804;

III – resolvida, se não for pago o preço ou se não for prestada a caução.

§ 2º O juiz decidirá acerca das situações referidas no § 1º, se for provocado em até 10 (dez) dias após o aperfeiçoamento da arrematação.

§ 3º Passado o prazo previsto no § 2º sem que tenha havido alegação de qualquer das situações previstas no § 1º, será expedida a carta de arrematação e, conforme o caso, a ordem de entrega ou mandado de imissão na posse.

§ 4º Após a expedição da carta de arrematação ou da ordem de entrega, a invalidação da arrematação poderá ser pleiteada por ação autônoma, em cujo processo o arrematante figurará como litisconsorte necessário.

§ 5º O arrematante poderá desistir da arrematação, sendo-lhe imediatamente devolvido o depósito que tiver feito:

I – se provar, nos 10 (dez) dias seguintes, a existência de ônus real ou gravame não mencionado no edital;

II – se, antes de expedida a carta de arrematação ou a ordem de entrega, o executado alegar alguma das situações previstas no § 1º;

III – uma vez citado para responder a ação autônoma de que trata o § 4º deste artigo, desde que apresente a desistência no prazo de que dispõe para responder a essa ação.

§ 6º Considera-se ato atentatório à dignidade da justiça a suscitação infundada de vício com o objetivo de ensejar a desistência do arrematante, devendo o suscitante ser condenado, sem prejuízo da responsabilidade por perdas e danos, ao pagamento de multa, a ser fixada pelo juiz e devida ao exequente, em montante não superior a vinte por cento do valor atualizado do bem.

1. "Raramente a lei, infensa a palavras repetitivas, emprega tantas qualificações para determinado ato processual. Diz-se 'perfeita' a arrematação, porque obtido consenso quanto aos termos do negócio, tendo o juiz aceito o lanço (...); 'acabada', porque ultimado o procedimento licitatório, antes disto sujeito a desestabilizações e a reviravoltas (...); finalmente, 'irretratável', porque o arrematante não pode mais eficazmente arrepender-se." (ASSIS, Araken de. *Manual da Execução*. 11. ed. São Paulo: RT, 2007. p. 757).

2. A perfeição do ato, como regra, não sede, consoante o direito legislado, sequer à procedência dos *embargos promovidos pelo executado* ou da *ação anulatória* a que se refere o § 4º do artigo sob comento, limitando-se os efeitos de eventual sucesso do pleito *impugnatório* promovido pelo executado (em sentido largo), ao ressarcimento dos prejuízos por ele experimentados, face à consumação do certame licitatório.

3. O § 1º do art. 903 traz à baila hipóteses (sem a elas se resumir) mediante as quais a *perfeição da arrematação* pode ser posta em xeque. Dele se extrai, pois, que a alienação levada a cabo por *preço vil* ou *arranhada por outro vício qualquer*, pode ser *invalidada*; que a arrematação realizada sem a observância das intimações prescritas pelo art. 804, considerada *ineficaz* perante aqueles que, necessariamente, deveriam ser previamente intimados acerca do aprazamento do certame licitatório;[143] *resolvida*, quando não cumprida a obrigação (principal ou acessória) assumida pelo arrematante. Tais alegações, pena de preclusão (ao menos no feito em que ocorreu a arrematação – vide o teor do art. 903, § 4º – *ação invalidatória*), deverão ser suscitadas em até 10 dias, a contar do aperfeiçoamento da alienação coativa, acerca do qual o executado deverá ser, de imediato, intimado, pena de violação ao devido processo de direito. Silentes os interessados, expedir-se-á a carta de arrematação e, conforme o caso, ordem de entrega ou mandado de imissão na posse do bem arrematado.

4. *Ação invalidatória*. Expedida a carta de arrematação (que não se confunde, vale lembrar, com o auto de arrematação – parte integrante da carta) e/ou a ordem de entrega do bem da vida, as partes não mais poderão, *nos mesmos autos*, suscitar a *invalidade da arrematação*. A análise do tema, pois, dependerá da propositura de demanda própria, em que o arrematante figurará, necessariamente, na condição de litisconsorte passivo. Trata-se, em suma, de demanda cujo desiderato é, por definição, atacar a regularidade do ato expropriatório.

5. Acerca do tema *litisconsórcio*, vide, pois, os comentários aos art. 113/118, integrantes do volume I do presente estudo. (TORRES, Artur. *CPC passado a limpo*: parte geral, procedimento comum e cumprimento de sentença. Porto Alegre: Livraria do Advogado, 2018. p. 121/126. v. I)

---

[143] "A alienação de bem gravado por penhor, hipoteca ou anticrese será ineficaz em relação ao credor pignoratício, hipotecário ou anticrético não intimado. § 1º A alienação de bem objeto de promessa de compra e venda ou de cessão registrada será ineficaz em relação ao promitente comprador ou ao cessionário não intimado. § 2º A alienação de bem sobre o qual tenha sido instituído direito de superfície, seja do solo, da plantação ou da construção, será ineficaz em relação ao concedente ou ao concessionário não intimado. § 3º A alienação de direito aquisitivo de bem objeto de promessa de venda, de promessa de cessão ou de alienação fiduciária será ineficaz em relação ao promitente vendedor, ao promitente cedente ou ao proprietário fiduciário não intimado. § 4º A alienação de imóvel sobre o qual tenha sido instituída enfiteuse, concessão de uso especial para fins de moradia ou concessão de direito real de uso será ineficaz em relação ao enfiteuta ou ao concessionário não intimado. § 5º A alienação de direitos do enfiteuta, do concessionário de direito real de uso ou do concessionário de uso especial para fins de moradia será ineficaz em relação ao proprietário do respectivo imóvel não intimado. § 6º A alienação de bem sobre o qual tenha sido instituído usufruto, uso ou habitação será ineficaz em relação ao titular desses direitos reais não intimado." (art. 804 da Lei 13.105/2015).

6. Desistência. Limitam-se a três, segundo o CPC/2015, as hipóteses típicas *que autorizam o arrematante a desistir da arrematação*. Antes de examiná-las, vale destacar que, uma vez exercido o direito sob comento, o arrematante deve, de imediato, ser ressarcido em relação aos valores já desembolsados. O pleito deve ser acolhido quando o arrematante alegar e provar, respeitado o decêndio que segue a arrematação, a existência de ônus reais ou gravames que incidam sobre o bem arrematado, ocultados no edital de oferta; quando, antes de expedida a carta de arrematação ou a ordem de entrega, se fizer presente uma das hipóteses previstas pelo § 1º;[144] ou, ainda, quando o arrematante, citado em sede de ação invalidatória de arrematação, expuser, no prazo de resposta do réu, ser essa sua vontade.

7. Ato atentatório. O CPC/2015, consoante examinado alhures, combate fortemente a litigância ilegítima. Tal premissa, pois, revela-se inquestionável. Aqui, certo dos efeitos mundanos oriundos de eventual alegação de vício na arrematação (que, à evidência, prejudica a "confiança" dos adquirentes em sentido largo), o legislador foi enfático ao determinar que se proceda na punição, pecuniária, daquele que, de maneira infundada, suscitar eventual vício, *visando a provocar a desistência aquisitiva por parte do arrematante*. Tal conduta é tipificada como ato atentatório à dignidade da justiça, que autoriza a fixação de multa em benefício do exequente, em aporte não superior a 20% do valor atualizado do bem objeto de arrematação.

Seção V
Da Satisfação do Crédito

Art. 904. A satisfação do crédito exequendo far-se-á:

I – pela entrega do dinheiro;

II – pela adjudicação dos bens penhorados.

1. O momento processual sob comento, considerada a *linha de desenvolvimento natural da tutela executiva*, representa, via de regra, o ponto de chegada da espécie de tutela jurisdicional em epígrafe, que, ao fim e ao cabo, serve, por definição, à satisfação do exequente.

2. A satisfação, integral ou parcial (nesse caso, haverá, ainda, algo a ser satisfeito) do crédito exequendo, dar-se-á, como é intuitivo, mediante (a) a entrega do montante devido ao exequente (leia-se: do valor obtido por ocasião da alienação forçada dos bens penhorados – seja mediante alienação por iniciativa particular; seja por hasta pública – ou do resgate de eventual pagamento feito em juízo), ou, sendo o caso, mediante a perfectibilização do vínculo dominial referente aos bens gravados (adjudicação dos bens penhorados ao credor).

3. A satisfação do crédito exequendo em sentido estrito (quer dizer: da obrigação que serviu de fundamento ao requerimento do exequente) não tem,

---

[144] Ressalvadas outras situações previstas neste Código, a arrematação poderá, no entanto, ser: I – invalidada, quando realizada por preço vil ou com outro vício; II – considerada ineficaz, se não observado o disposto no art. 804; III – resolvida, se não for pago o preço ou se não for prestada a caução." (art. 903, § 1º, da Lei 13.105/2015).

por si só, o condão de pôr fim à prestação jurisdicional executiva, que, nada obstante sua ocorrência, poderá prosseguir para a satisfação de seus corolários, tais como custas processuais e honorários advocatícios.

Art. 905. O juiz autorizará que o exequente levante, até a satisfação integral de seu crédito, o dinheiro depositado para segurar o juízo ou o produto dos bens alienados, bem como do faturamento de empresa ou de outros frutos e rendimentos de coisas ou empresas penhoradas, quando:

I – a execução for movida só a benefício do exequente singular, a quem, por força da penhora, cabe o direito de preferência sobre os bens penhorados e alienados;

II – não houver sobre os bens alienados outros privilégios ou preferências instituídos anteriormente à penhora.

Parágrafo único. Durante o plantão judiciário, veda-se a concessão de pedidos de levantamento de importância em dinheiro ou valores ou de liberação de bens apreendidos.

1. O produto da alienação, o dinheiro depositado no afã de garantir o juízo, o faturamento de empresa ou de outros frutos e rendimentos de coisas ou empresas penhoradas, bem como a própria quantia objeto da penhora de ativos financeiros, encontram-se, via de regra, vinculados a determinada conta judicial. Assim sendo, mediante autorização do juízo, visando a satisfazer total ou parcialmente o crédito exequendo, o legislador disciplina (art. 905) as hipóteses de levantamento, pelo exequente, das quantias referidas. Segundo expresso apontamento legal, o levantamento é permitido quando (a) a execução for movida só a benefício do exequente singular (a quem, por força da penhora, couber o direito de preferência sobre os bens penhorados e alienados) ou (b) inexistir sobre os bens alienados outros privilégios ou preferências instituídos anteriormente à penhora.

2. O levantamento de valores depositados em juízo ou a liberação de bens apreendidos não pode, sob quaisquer hipóteses, ser deferido por juiz plantonista (ou melhor, por julgador que esteja atuando na aludida condição) que, ao se deparar com postulação dessa natureza, deverá encaminhá-la à apreciação do juízo regular (leia-se: fora do regime de plantão), não podendo, grosso modo, decidir acerca da matéria de fundo.

Art. 906. Ao receber o mandado de levantamento, o exequente dará ao executado, por termo nos autos, quitação da quantia paga.

Parágrafo único. A expedição de mandado de levantamento poderá ser substituída pela transferência eletrônica do valor depositado em conta vinculada ao juízo para outra indicada pelo exequente.

1. Satisfeito o crédito exequendo, o exequente, por termo nos autos, dará quitação da quantia efetivamente recebida. Trata-se, pois, de direito inerente a todo e qualquer devedor (ou responsável) que satisfaça obrigação que lhe alcance.

2. Alvará eletrônico. Face ao crescente desenvolvimento das tecnologias de transferência de valores pela via eletrônica (que, a rigor, atualmente se revelam, inclusive, mais seguras), bem como em homenagem ao melhor aproveitamento dos atos processuais e seus corolários, incorporou-se ao direito legislado prática forense diuturna: sai de cena (cada vez mais) o papel; adentram as ordens judiciais eletronicamente transmitidas. O alvará eletrônico, como é tratado no dia a dia forense, nada mais é (no atual estágio da arte) do que uma ordem judicial transmitida de forma eletrônica à instituição financeira depositária dos valores vinculados ao processo para que, de imediato, realize a transferência de ativos à conta bancária apontada, no caso, pelo exequente.

Art. 907. Pago ao exequente o principal, os juros, as custas e os honorários, a importância que sobrar será restituída ao executado.

1. O executado, consoante sabido aos quatro cantos, deve responder por suas obrigações nos limites por ela impostas. Logo, todo valor que a ela sobejar (leia-se: sobejar à obrigação em sentido largo – principal, juros, custas e honorários), a ele, por medida de justiça, será devolvido.

Art. 908. Havendo pluralidade de credores ou exequentes, o dinheiro lhes será distribuído e entregue consoante a ordem das respectivas preferências.

§ 1º No caso de adjudicação ou alienação, os créditos que recaem sobre o bem, inclusive os de natureza *propter rem*, sub-rogam-se sobre o respectivo preço, observada a ordem de preferência.

§ 2º Não havendo título legal à preferência, o dinheiro será distribuído entre os concorrentes, observando-se a anterioridade de cada penhora.

1. A *ordem de preferência* de cada credor é, segundo a lei, o critério a ser observado para a justa distribuição do montante alcançado em sede de execução entre os mesmos.

2. Art. 908, § 1º. Exemplo. "No caso de alienação de bem em leilão ou de adjudicação, os créditos que tenham recaído sobre o bem antes ou depois da arrematação ou da adjudicação sub-rogam-se no preço pago pelo arrematante ou adjudicatário. Exemplo: Se 'A' arremata um bem que possui dívida tributária, do valor da arrematação será descontado o montante do crédito. (...)." (DONIZETTI, Elpídio. *Novo Código de Processo Civil Comentado*. São Paulo: Atlas, 2015. p. 678).

3. Os títulos legais de preferência preferem ao critério processual da anterioridade da penhora. Inteligência do § 2º do art. 908.

Art. 909. Os exequentes formularão as suas pretensões, que versarão unicamente sobre o direito de preferência e a anterioridade da penhora, e, apresentadas as razões, o juiz decidirá.

1. Existindo eventual discordância entre os exequentes (a hipótese legal pressupõe pluralidade de credores) acerca do "direito de preferência" ou da "anterioridade da penhora", é facultado aos interessados, de maneira incidental, a provocação do juízo para, da maneira mais expedita possível, examinar o conflito suscitado, fulminando, pois, dúvida sobre os temas anunciados.

CAPÍTULO V
DA EXECUÇÃO CONTRA A FAZENDA PÚBLICA

1. O pedido de tutela executiva cujo objeto diga com a satisfação de obrigação de pagar quantia, estampada em título judicial, a que esteja condenada a Fazenda Pública, encontra-se regrado pelo teor dos arts. 534/535 (que possui, adiante-se, aplicação subsidiária ao cenário em tela), examinados, pois, no primeiro volume do presente estudo, para onde remetemos o leitor. O presente capítulo, em última análise, ocupa-se dos débitos fazendários oriundos dos títulos extrajudiciais.

Art. 910. Na execução fundada em título extrajudicial, a Fazenda Pública será citada para opor embargos em 30 (trinta) dias.

§ 1º Não opostos embargos ou transitada em julgado a decisão que os rejeitar, expedir-se-á precatório ou requisição de pequeno valor em favor do exequente, observando-se o disposto no art. 100 da Constituição Federal.

§ 2º Nos embargos, a Fazenda Pública poderá alegar qualquer matéria que lhe seria lícito deduzir como defesa no processo de conhecimento.

§ 3º Aplica-se a este Capítulo, no que couber, o disposto nos artigos 534 e 535.

1. Promovido o pleito executivo, a Fazenda Pública será citada (na pessoa de seu representante judicial, art. 535) e, ato continuo, intimada para, querendo, no prazo de 30 dias, opor embargos. Não prosperando eventual "defesa" suscitada pela executada, "expedir-se-á precatório ou requisição de pequeno valor em favor do exequente", observando-se, como não poderia deixar de ser, o disposto no art. 100 da Constituição Federal.[145]

[145] "Os pagamentos devidos pelas Fazendas Públicas Federal, Estaduais, Distrital e Municipais, em virtude de sentença judiciária, far-se-ão exclusivamente na ordem cronológica de apresentação dos precatórios e à conta dos créditos respectivos, proibida a designação de casos ou de pessoas nas dotações orçamentárias e nos créditos adicionais abertos para este fim. § 1º Os débitos de natureza alimentícia compreendem aqueles decorrentes de salários, vencimentos, proventos, pensões e suas complementações, benefícios previdenciários e indenizações por morte ou por invalidez, fundadas em responsabilidade civil, em virtude de sentença judicial transitada em julgado, e serão pagos com preferência sobre todos os demais débitos, exceto sobre aqueles referidos no § 2º deste artigo. § 2º Os débitos de natureza alimentícia cujos titulares, originários ou por sucessão hereditária, tenham 60 (sessenta) anos de idade, ou sejam portadores de doença grave, ou pessoas com deficiência, assim definidos na forma da lei, serão pagos com preferência sobre todos os demais débitos, até o valor equivalente ao triplo fixado em lei para os fins do disposto no § 3º deste artigo, admitido o fracionamento para essa finalidade, sendo que o restante será pago na ordem cronológica de apresentação do precatório. § 3º O disposto no *caput* deste artigo relativamente à expedição de precatórios não se aplica aos pagamentos de obrigações definidas em leis como de pequeno valor que as Fazendas referidas devam fazer em virtude de sentença judicial transitada em julgado. § 4º Para os fins do disposto no § 3º, poderão ser fixados, por leis próprias, valores distintos às entidades de direito público, segundo as diferentes capacidades econômicas, sendo o mínimo igual ao valor do maior benefício do regime geral de previdência social. § 5º É obrigatória a inclusão, no orçamento das entidades de direito público, de verba necessária ao pagamento de seus débitos, oriundos de sentenças transitadas em julgado, constantes de precatórios judiciários apresentados até 1º de julho, fazendo-se o pagamento até o final do exercício seguinte, quando terão seus valores atualizados monetariamente. § 6º As dotações orçamentárias e os créditos abertos serão consignados diretamente ao

2. Os embargos à execução (instrumento destinado, grosso modo, ao combate da presunção da existência de direito estampado em título extrajudicial), tanto aqui, como alhures, revelam-se, do ponto de vista da extensão cognitiva, demanda de cognição ilimitada. A afirmativa encontra amparo no próprio teor do § 2º, do art. 910, uma vez que é facultado à executada suscitar toda e qualquer matéria de defesa.

Poder Judiciário, cabendo ao Presidente do Tribunal que proferir a decisão exequenda determinar o pagamento integral e autorizar, a requerimento do credor e exclusivamente para os casos de preterimento de seu direito de precedência ou de não alocação orçamentária do valor necessário à satisfação do seu débito, o sequestro da quantia respectiva. § 7º O Presidente do Tribunal competente que, por ato comissivo ou omissivo, retardar ou tentar frustrar a liquidação regular de precatórios incorrerá em crime de responsabilidade e responderá, também, perante o Conselho Nacional de Justiça. § 8º É vedada a expedição de precatórios complementares ou suplementares de valor pago, bem como o fracionamento, repartição ou quebra do valor da execução para fins de enquadramento de parcela do total ao que dispõe o § 3º deste artigo. § 9º No momento da expedição dos precatórios, independentemente de regulamentação, deles deverá ser abatido, a título de compensação, valor correspondente aos débitos líquidos e certos, inscritos ou não em dívida ativa e constituídos contra o credor original pela Fazenda Pública devedora, incluídas parcelas vincendas de parcelamentos, ressalvados aqueles cuja execução esteja suspensa em virtude de contestação administrativa ou judicial. § 10. Antes da expedição dos precatórios, o Tribunal solicitará à Fazenda Pública devedora, para resposta em até 30 (trinta) dias, sob pena de perda do direito de abatimento, informação sobre os débitos que preencham as condições estabelecidas no § 9º, para os fins nele previstos. § 11. É facultada ao credor, conforme estabelecido em lei da entidade federativa devedora, a entrega de créditos em precatórios para compra de imóveis públicos do respectivo ente federado. § 12. A partir da promulgação desta Emenda Constitucional, a atualização de valores de requisitórios, após sua expedição, até o efetivo pagamento, independentemente de sua natureza, será feita pelo índice oficial de remuneração básica da caderneta de poupança, e, para fins de compensação da mora, incidirão juros simples no mesmo percentual de juros incidentes sobre a caderneta de poupança, ficando excluída a incidência de juros compensatórios. § 13. O credor poderá ceder, total ou parcialmente, seus créditos em precatórios a terceiros, independentemente da concordância do devedor, não se aplicando ao cessionário o disposto nos §§ 2º e 3º. § 14. A cessão de precatórios somente produzirá efeitos após comunicação, por meio de petição protocolizada, ao tribunal de origem e à entidade devedora. § 15. Sem prejuízo do disposto neste artigo, lei complementar a esta Constituição Federal poderá estabelecer regime especial para pagamento de crédito de precatórios de Estados, Distrito Federal e Municípios, dispondo sobre vinculações à receita corrente líquida e forma e prazo de liquidação. § 16. A seu critério exclusivo e na forma de lei, a União poderá assumir débitos, oriundos de precatórios, de Estados, Distrito Federal e Municípios, refinanciando-os diretamente. § 17. A União, os Estados, o Distrito Federal e os Municípios aferirão mensalmente, em base anual, o comprometimento de suas respectivas receitas correntes líquidas com o pagamento de precatórios e obrigações de pequeno valor. § 18. Entende-se como receita corrente líquida, para os fins de que trata o § 17, o somatório das receitas tributárias, patrimoniais, industriais, agropecuárias, de contribuições e de serviços, de transferências correntes e outras receitas correntes, incluindo as oriundas do § 1º do art. 20 da Constituição Federal, verificado no período compreendido pelo segundo mês imediatamente anterior ao de referência e os 11 (onze) meses precedentes, excluídas as duplicidades, e deduzidas: I – na União, as parcelas entregues aos Estados, ao Distrito Federal e aos Municípios por determinação constitucional; II – nos Estados, as parcelas entregues aos Municípios por determinação constitucional; III – na União, nos Estados, no Distrito Federal e nos Municípios, a contribuição dos servidores para custeio de seu sistema de previdência e assistência social e as receitas provenientes da compensação financeira referida no § 9º do art. 201 da Constituição Federal. § 19. Caso o montante total de débitos decorrentes de condenações judiciais em precatórios e obrigações de pequeno valor, em período de 12 (doze) meses, ultrapasse a média do comprometimento percentual da receita corrente líquida nos 5 (cinco) anos imediatamente anteriores, a parcela que exceder esse percentual poderá ser financiada, excetuada dos limites de endividamento de que tratam os incisos VI e VII do art. 52 da Constituição Federal e de quaisquer outros limites de endividamento previstos, não se aplicando a esse financiamento a vedação de vinculação de receita prevista no inciso IV do art. 167 da Constituição Federal. § 20. Caso haja precatório com valor superior a 15% (quinze por cento) do montante dos precatórios apresentados nos termos do § 5º deste artigo, 15% (quinze por cento) do valor deste precatório serão pagos até o final do exercício seguinte e o restante em parcelas iguais nos cinco exercícios subsequentes, acrescidas de juros de mora e correção monetária, ou mediante acordos diretos, perante Juízos Auxiliares de Conciliação de Precatórios, com redução máxima de 40% (quarenta por cento) do valor do crédito atualizado, desde que em relação ao crédito não penda recurso ou defesa judicial e que sejam observados os requisitos definidos na regulamentação editada pelo ente federado." (art. 100 da CF/88).

3. Acerca do *cumprimento de sentença que reconheça a exigibilidade de obrigação de pagar quantia certa pela Fazenda Pública*, vide: TORRES, Artur. CPC passado a limpo: parte geral, procedimento comum e cumprimento de sentença. Porto Alegre: Livraria do Advogado, 2018. p. 432/437. v. I.

CAPÍTULO VI
DA EXECUÇÃO DE ALIMENTOS

Art. 911. Na execução fundada em título executivo extrajudicial que contenha obrigação alimentar, o juiz mandará citar o executado para, em 3 (três) dias, efetuar o pagamento das parcelas anteriores ao início da execução e das que se vencerem no seu curso, provar que o fez ou justificar a impossibilidade de fazê-lo.

Parágrafo único. Aplicam-se, no que couber, os §§ 2º a 7º do art. 528.

1. O CPC/2015, face à relevância da obrigação em tela, dedicou capítulo específico para regular o processo de execução destinado a satisfazer crédito alimentar estampado em título extrajudicial.[146]

2. O juiz, devidamente provocado (aqui, pelo teor da petição inicial, e estando ela conforme), determinará a citação do devedor/executado para, no prazo de 3 dias, "efetuar o pagamento das parcelas anteriores ao início da execução e das que se vencerem no seu curso, provar que o fez ou justificar a impossibilidade de fazê-lo".

3. Aplicam-se ao processo autônomo de execução sob comento, consoante expresso apontamento legal, os ditames estabelecidos pelos §§ 2º a 7º do art. 528.

4. Apenas a "impossibilidade absoluta" justifica o inadimplemento da verba alimentar. Nesse sentido, inclusive, já se decidiu outrora: "(...) EXECUÇÃO DE ALIMENTOS. PRISÃO CIVIL. CABIMENTO. 1. Não demonstrada a impossibilidade absoluta de pagar os alimentos, cabível a prisão civil do devedor, que não é medida de exceção, senão providência prevista na lei para a execução de alimentos (...). 2. O exame de eventual alteração da condição econômica por parte do alimentante deve ter lugar em ação revisional. 3. O ajuizamento de ação revisional não têm o condão de justificar o inadimplemento da obrigação alimentar nem de impedir o cumprimento de prisão civil decretada. 4. Descabe o pedido de cumprimento da sanção em prisão domiciliar, pois inexiste motivo ponderável para tanto. Recurso desprovido." (Agravo de Instrumento nº 70063961577, Sétima Câmara Cível, Tribunal de Justiça do RS, Relator: Sérgio Fernando de Vasconcellos Chaves, Julgado em 29/04/2015).

5. Devedor de Alimentos. Coerção pessoal. Prisão Civil. Deixando o devedor de cumprir com obrigação alimentar, não comprovada a *impossibilidade absoluta* de adimpli-la, incumbe ao juiz, decretar a *prisão civil* do executado, pelo período (máximo) de até 03 meses, que deverá ser cumprida, necessariamente, em regime fechado. O cumprimento da "pena", ainda que pelo prazo máximo, não exime, sublinhe-se, o executado da obrigação de pagar as prestações ven-

[146] Acerca do *cumprimento de decisão judicial* que retrate obrigação da mesma natureza, vide: TORRES, Artur. *CPC passado a limpo*: parte geral, procedimento comum e cumprimento de sentença. Porto Alegre: Livraria do Advogado, 2018. p. 424/432. v. I.

cidas. Satisfeitas as prestações vencidas (leia-se: as que deram origem ao pleito executivo, bem como as que se venceram ao longo da prisão civil), o juiz, mediante a comprovação de pagamento, determinará, de imediato, a suspensão da ordem prisional, mandando soltar o executado.

6. O débito que autoriza a prisão civil do devedor de alimentos "é o que compreende até as 3 (três) prestações anteriores ao ajuizamento da execução e as que se vencerem no curso do processo". O entendimento encontra eco, há muito, no teor da Súmula 309 do STJ. A execução do crédito exigível há mais tempo, sujeita-se, obrigatoriamente, à execução pelo rito da expropriação (regime aplicável ao cumprimento da obrigações de pagar quantia), ainda que estampado em título extrajudicial.

Art. 912. Quando o executado for funcionário público, militar, diretor ou gerente de empresa, bem como empregado sujeito à legislação do trabalho, o exequente poderá requerer o desconto em folha de pagamento de pessoal da importância da prestação alimentícia.

§ 1º Ao despachar a inicial, o juiz oficiará à autoridade, à empresa ou ao empregador, determinando, sob pena de crime de desobediência, o desconto a partir da primeira remuneração posterior do executado, a contar do protocolo do ofício.

§ 2º O ofício conterá os nomes e o número de inscrição no Cadastro de Pessoas Físicas do exequente e do executado, a importância a ser descontada mensalmente, a conta na qual deve ser feito o depósito e, se for o caso, o tempo de sua duração.

1. Técnica do *desconto em folha de pagamento*. O teor do art. 912, com similitude redacional aquela atribuída ao art. 529 (esse, aplicável à execução do crédito alimentar estampado em título judicial), disciplina a aplicação da técnica processual do "desconto em folha". Sendo o executado "funcionário público, militar, diretor ou gerente de empresa ou empregado sujeito à legislação do trabalho", ou seja, estando ele formalmente vinculado a fonte pagadora, o juiz, ao despachar a exordial, oficiará esta para "descontar" da quantia a ser repassada ao devedor/executado, o montante da prestação alimentar a que está obrigado, repassando-o, de imediato, ao exequente. A ordem deve ser observada, pena de crime de desobediência, e deve produzir efeitos já a partir da primeira remuneração devida ao executado, a contar da data do protocolo do ofício judicial junto à fonte pagadora.

2. Limita-se o teor do § 2º, sem qualquer dificuldade hermenêutica, a inventariar os dados que necessariamente constarão do ofício para o cumprimento da ordem judicial sob comento.

Art. 913. Não requerida a execução nos termos deste Capítulo, observar-se-á o disposto no art. 824 e seguintes, com a ressalva de que, recaindo a penhora em dinheiro, a concessão de efeito suspensivo aos embargos à execução não obsta a que o exequente levante mensalmente a importância da prestação.

1. Eleição da técnica processual executiva. É facultado ao exequente, considerados os limites legais, optar pela execução (da verba alimentar) adstrita ao rito da prisão civil (regra) ou "da expropriação" (na verdade, da execução de obrigação de pagar quantia certa). Optando pela coerção patrimonial (exceção à regra), e recaindo a penhora em dinheiro, "a concessão de efeito suspensivo" à oposição manejada pelo executado não obsta, segundo o Código, o levantamento mensal da importância devida, motivado, à evidência, por sua destinação mundana: o sustento do credor.

2. Eleito o rito expropriatório, há de se observar o regramento acima examinado, aplicável, pois, à satisfação das obrigações de pagar quantia estampadas em títulos extrajudiciais.

TÍTULO III
DOS EMBARGOS À EXECUÇÃO

Art. 914. O executado, independentemente de penhora, depósito ou caução, poderá se opor à execução por meio de embargos.

§ 1º Os embargos à execução serão distribuídos por dependência, autuados em apartado e instruídos com cópias das peças processuais relevantes, que poderão ser declaradas autênticas pelo próprio advogado, sob sua responsabilidade pessoal.

§ 2º Na execução por carta, os embargos serão oferecidos no juízo deprecante ou no juízo deprecado, mas a competência para julgá-los é do juízo deprecante, salvo se versarem unicamente sobre vícios ou defeitos da penhora, da avaliação ou da alienação dos bens efetuadas no juízo deprecado.

1. O crédito retratado em título extrajudicial goza, embora *iuris tantum*, de presunção de veracidade. A ideia, inclusive, é inerente a própria razão de ser dos títulos executivos dessa natureza. Considerando não só esta, como outras razões, a *linha de desenvolvimento natural da tutela executiva* deixa de prever, tal e qual ocorre no cenário inerente da prestação jurisdicional cognitiva, instrumento de defesa intrínseco de que possa se servir o executado, réu na demanda executiva, no afã de tentar brecar as investidas do exequente. Ressalvadas as episódicas hipóteses em que se autoriza o manejo da *exceção de pré-executividade* ou a alegação de certos temas nos próprios autos executivo[147] (meios de defesa incidental), o executado, interessado em opor-se a pretensão executiva formulada em seu desfavor, terá de provocar o *contraditório eventual*, mediante propositura de ação própria (de conhecimento) para debater, em sentido largo, os limites de sua obrigação ou até mesmo sua existência. Eis a razão de ser dos denominados *embargos à execução*, também conhecidos no dia a dia forense sob a graça de *embargos do devedor*.

2. O manejo dos embargos à execução não depende da ocorrência de penhora prévia, depósito ou caução destinados a assegurar o juízo.

3. Os embargos à execução, face à evidente vinculação com o feito executivo, serão distribuídos por dependência a esse e, por determinação legal, autuados em apartado (leia-se: não tramitarão nos próprios autos da execução). Tal

---

[147] "A incorreção da penhora ou da avaliação poderá ser impugnada por simples petição, no prazo de 15 (quinze) dias, contado da ciência do ato." (art. 917, § 1º, do CPC/2015).

pleito, como é intuitivo, deverá ser instruído com cópia das peças *processuais relevantes* (inerentes ao processo de execução), que, seguindo a tendência codificada, poderão ser declaradas fieis as originais pelo patrono da causa, sob sua responsabilidade pessoal.

4. Execução por carta. A competência para processar e julgar os embargos à execução pertence, via de regra, ao juízo deprecante, ou seja, aquele perante o qual fora promovido, originariamente, o pleito executivo. Competirá ao juízo deprecado, pois, episodicamente. Isso ocorre quando o objeto dos embargos limitar-se ao combate dos "vícios ou defeitos da penhora, da avaliação ou da alienação dos bens efetuadas no juízo deprecado".

Art. 915. Os embargos serão oferecidos no prazo de 15 (quinze) dias, contado, conforme o caso, na forma do art. 231.

§ 1º Quando houver mais de um executado, o prazo para cada um deles embargar conta-se a partir da juntada do respectivo comprovante da citação, salvo no caso de cônjuges ou de companheiros, quando será contado a partir da juntada do último.

§ 2º Nas execuções por carta, o prazo para embargos será contado:

I – da juntada, na carta, da certificação da citação, quando versarem unicamente sobre vícios ou defeitos da penhora, da avaliação ou da alienação dos bens;

II – da juntada, nos autos de origem, do comunicado de que trata o § 4º deste artigo ou, não havendo este, da juntada da carta devidamente cumprida, quando versarem sobre questões diversas da prevista no inciso I deste parágrafo.

§ 3º Em relação ao prazo para oferecimento dos embargos à execução, não se aplica o disposto no art. 229.

§ 4º Nos atos de comunicação por carta precatória, rogatória ou de ordem, a realização da citação será imediatamente informada, por meio eletrônico, pelo juiz deprecado ao juiz deprecante.

1. Coube ao art. 915 disciplinar o prazo para o tempestivo oferecimento dos embargos à execução (15 dias), bem como apontar o regramento aplicável ao seu cômputo, servindo-se, para a definição do *dies a quo*, de variados critérios. O CPC/2015, para a quase integralidade dos casos, valeu-se da conhecida "regra da juntada".[148]

2. Havendo pluralidade de executados, o prazo para embargar, via de regra, conta-se separadamente, tomando-se por termo inicial a data da certificação, nos autos da execução, da juntada do comprovante citatório de cada um dos consortes.

3. Nubentes. Regra especial. Se a pluralidade de executados se der entre nubentes (em sentido largo), o *dies a quo* para o cômputo do prazo para o oferecimento dos embargos à execução será, consoante expressa previsão legal, o da juntada do último comprovante citatório, afastando-se, pois, a regra estipulada pelo primeira parte do § 1º.

[148] Acerca do tema, vide comentários ao art. 231. (TORRES, Artur. *CPC passado a limpo*: parte geral, procedimento comum e cumprimento de sentença. Porto Alegre: Livraria do Advogado, 2018. p. 198/200. v. I).

4. Execução por carta. *Dies a quo*. Na execução por carta, o prazo para o oferecimento dos embargos submete-se a regramento específico. Em se tratando de embargos que versem sobre matéria de competência do juízo deprecado, tomar-se-á por *termo a quo* a data da juntada, na carta, da certificação da citação; em se tratando, por sua vez, de matéria cuja competência pertença ao juízo deprecante, da juntada, na origem, do comunicado feito pelo juízo deprecante, ao deprecado, acerca do sucesso do ato citatório (art. 916, § 4º) ou, inexistente a aludida comunicação, da juntada da carta devidamente cumprida perante o juízo de origem.

5. "O comparecimento espontâneo (...) do executado supre a falta ou a nulidade da citação, fluindo a partir desta data o prazo para apresentação de (...)embargos à execução." (art. 239, § 1º, do CPC/2015).

Art. 916. No prazo para embargos, reconhecendo o crédito do exequente e comprovando o depósito de trinta por cento do valor em execução, acrescido de custas e de honorários de advogado, o executado poderá requerer que lhe seja permitido pagar o restante em até 6 (seis) parcelas mensais, acrescidas de correção monetária e de juros de um por cento ao mês.

§ 1º O exequente será intimado para manifestar-se sobre o preenchimento dos pressupostos do *caput*, e o juiz decidirá o requerimento em 5 (cinco) dias.

§ 2º Enquanto não apreciado o requerimento, o executado terá de depositar as parcelas vincendas, facultado ao exequente seu levantamento.

§ 3º Deferida a proposta, o exequente levantará a quantia depositada, e serão suspensos os atos executivos.

§ 4º Indeferida a proposta, seguir-se-ão os atos executivos, mantido o depósito, que será convertido em penhora.

§ 5º O não pagamento de qualquer das prestações acarretará cumulativamente:

I – o vencimento das prestações subsequentes e o prosseguimento do processo, com o imediato reinício dos atos executivos;

II – a imposição ao executado de multa de dez por cento sobre o valor das prestações não pagas.

§ 6º A opção pelo parcelamento de que trata este artigo importa renúncia ao direito de opor embargos

§ 7º O disposto neste artigo não se aplica ao cumprimento da sentença.

1. Parcelamento legal. Ao executado, observados os requisitos legais, é reconhecido o direito de parcelar o valor devido em até 07 (sete) parcelas. O Código apresenta critérios objetivos para o exercício do direito em tela. Antes de conhecê-los vale destacar que o requerimento formulado pelo executado retrata anuência ao dever de pagar, sendo incompatível, portanto, com atividade impugnativa posterior (art. 916, § 6º). O gozo do direito sob comento exige, primeiro, a observância do prazo legal (o prazo para o oferecimento dos embargos); segundo, a realização imediata de pagamento parcial que compreenda pelo menos 30% (trinta por cento) do valor devido à título principal, somado a quitação integral dos valores devidos a título de custas e honorários advocatícios. Outrossim, esclarece o legislador: sobre as parcelas vincendas incidirão correção monetária (e o índice mais utilizado tem sido o IGP-M), bem como juros legais no aporte de 1% ao mês, até a data de sua efetiva satisfação.

2. Nada obstante o dever de intimação do exequente acerca do requerimento sob comento (*parcelamento legal*), sua concordância com o regular exercício do direito do executado é, ao fim e ao cabo, irrelevante. Na verdade, o "benefício" apenas poderá ser indeferido pelo julgador quando não se fizerem presentes no caso concreto os requisitos legais. Limita-se a atuação do exequente, no concernente, a apontar eventuais irregularidades no exercício do direito do executado (leia-se: que os requisitos legais não foram adimplidos). Fora daí, haverá de se conformar com o parcelamento "pré-deferido" por lei.

3. O deferimento, *in concreto*, do requerimento sob comento enseja, por força de lei, a imediata suspensão dos atos executivos (art. 921, V). O simples requerimento, nada obstante a comprovação dos pagamentos realizados, não figura com hipótese de suspensão legal do feito executivo.

4. Como é intuitivo, considerado o dia a dia forense (com destaque para o volumoso número de processos em tramitação, etc.), a apreciação da questão (exercício do direito ao parcelamento legal) pode levar algum tempo, inclusive, superior ao da exigibilidade das parcelas mensais. Mostrou-se, em relação à hipótese, atento o Código de 2015: é obrigação do requerente/executado, considerado o aludido lapso temporal, comprovar o pagamento das parcelas mensais, independentemente de manifestação judicial prévia, facultando-se ao exequente a satisfação parcial de seu crédito mediante levantamento dos valores pagos em juízo.

5. Acolhido o pedido de parcelamento, os atos executivos serão suspensos, como é evidente, no aguardo do cumprimento da obrigação reconhecida pelo executado; desacolhido, os "depósitos" (na verdade, pagamento) serão convertidos em penhora (conforme o Código), prosseguindo-se com a marcha natural da tutela executiva. No derradeiro caso, segundo pensamos, a construção legislativa não é das melhores. Perceba-se que o próprio legislador, por força do teor do § 6º do art. 916, considera, acertadamente, o pedido de deferimento do parcelamento legal ato que representa a aquiescência do executado à existência da obrigação exequenda. Logo, os "depósitos" a que alude o Código são realizados (independentemente do (in)deferimento judicial) com a natureza de pagamento. Não seria preciso, "salta aos olhos", converter o "depósito" em penhora. Ao fim e ao cabo, segundo pensamos, há claro *pagamento* realizado pelo executado, ainda que parcial, razão pela qual bastaria a expedição de alvará em benefício do credor, caso os valores pagos ainda se encontrem depositados em juízo. Tudo quanto mais, salvo melhor juízo, serviria apenas a elastecer o tempo de tramitação processual.

6. Consoante expressa previsão legal, o inadimplemento de quaisquer das parcelas inerentes ao *parcelamento legal* produz efeitos próprios. A uma, antecipa a exigibilidade das parcelas vincendas; a duas, faz incidir sobre o montante devido multa indenizatória, *ope legis*, no percentual de 10% do montante em aberto (incluindo as prestações vincendas); a três, autoriza o exequente a prosseguir com os atos executivos.

7. O teor do § 7º, em boa hora, põe fim a debate doutrinário e jurisprudencial de outrora. O parcelamento legal não tem aplicabilidade no âmbito da tutela executiva destinada à satisfação das obrigações estampadas em títulos executivos judiciais (operacionalizado via *cumprimento de sentença*), nada obstante possam os envolvidos *in concreto*, a qualquer tempo, acordar acerca da satisfação do crédito exequendo, incluindo-se, pois, a fase de cumprimento de sentença.

Art. 917. Nos embargos à execução, o executado poderá alegar:

I – inexequibilidade do título ou inexigibilidade da obrigação;

II – penhora incorreta ou avaliação errônea;

III – excesso de execução ou cumulação indevida de execuções;

IV – retenção por benfeitorias necessárias ou úteis, nos casos de execução para entrega de coisa certa;

V – incompetência absoluta ou relativa do juízo da execução;

VI – qualquer matéria que lhe seria lícito deduzir como defesa em processo de conhecimento.

§ 1º A incorreção da penhora ou da avaliação poderá ser impugnada por simples petição, no prazo de 15 (quinze) dias, contado da ciência do ato.

§ 2º Há excesso de execução quando:

I – o exequente pleiteia quantia superior à do título;

II – ela recai sobre coisa diversa daquela declarada no título;

III – ela se processa de modo diferente do que foi determinado no título;

IV – o exequente, sem cumprir a prestação que lhe corresponde, exige o adimplemento da prestação do executado;

V – o exequente não prova que a condição se realizou.

§ 3º Quando alegar que o exequente, em excesso de execução, pleiteia quantia superior à do título, o embargante declarará na petição inicial o valor que entende correto, apresentando demonstrativo discriminado e atualizado de seu cálculo.

§ 4º Não apontado o valor correto ou não apresentado o demonstrativo, os embargos à execução:

I – serão liminarmente rejeitados, sem resolução de mérito, se o excesso de execução for o seu único fundamento;

II – serão processados, se houver outro fundamento, mas o juiz não examinará a alegação de excesso de execução.

§ 5º Nos embargos de retenção por benfeitorias, o exequente poderá requerer a compensação de seu valor com o dos frutos ou dos danos considerados devidos pelo executado, cumprindo ao juiz, para a apuração dos respectivos valores, nomear perito, observando-se, então, o art. 464.

§ 6º O exequente poderá a qualquer tempo ser imitido na posse da coisa, prestando caução ou depositando o valor devido pelas benfeitorias ou resultante da compensação.

§ 7º A arguição de impedimento e suspeição observará o disposto nos arts. 146 e 148.

1. Ao artigo 917 coube disciplinar aquilo que poderá figurar como objeto dos embargos à execução. Dado o teor de seu VI inciso ("qualquer matéria que lhe seria lícito deduzir como defesa em processo de conhecimento"), porém, parece-nos que mais importante do que compreender o que possa ser objeto dos embargos, seja compreender o que, em sede de execução, dispense a propositura da ação sob comento. A incorreção da penhora ou da avaliação, por exemplo, poderão ser suscitadas, no prazo de 15 (quinze) dias, contado da ciência do ato, por petição simples nos próprios autos da execução, conforme o teor do § 1°, do artigo sob comento.

2. O teor do inciso segundo, no que tange à alegação de *excesso de execução*, merece, pois, maior detalhamento. O § 2° do dispositivo legal em tela tratou de inventariar as hipóteses em que se considera presente o exceção de execução: quando (a) o exequente pleitear quantia superior àquela expressada pelo título; (b) recair a execução sobre coisa diversa daquela declarada no título; (c) se processar o pleito executório de modo diferente do que foi determinado no título; (d) o exequente, sem cumprir a prestação que lhe corresponde, exige o adimplemento da prestação do executado; (e) não há prova de que a condição a que se sujeita a exigibilidade da obrigação se realizou. O exequente/embargante que fundar sua impugnação na cobrança de quantia superior àquela estampada no título (que serve de base à propositura da demanda executiva), declarará, necessariamente, o valor que entende devido, justificando-o mediante apresentação de planilha de cálculo, pena de ver frustrada a análise da matéria pelo juízo (inteligência dos incisos I e II, do § 4° do art. 917.

3. Embargos à execução. Retenção por benfeitorias. Fundando-se os embargos na retenção por benfeitorias, é facultado ao embargado "requerer a compensação de seu valor com o dos frutos ou dos danos considerados devidos pelo executado". Na hipótese, o julgador, consoante expressa previsão legal, deverá nomear *expert* para apurar os respectivos valores, observando-se, pois, o teor do art. 464. Dispôs o legislador, outrossim, que o embargado poderá, a qualquer tempo, "ser imitido na posse da coisa, prestando caução ou depositando o valor devido pelas benfeitorias ou resultante da compensação" acima aludida.

4. Acerca do art. 464, abaixo transcrito, dissemos alhures:[149] "1. A prova pericial consiste em (a) *exame*, (b) *vistoria* e (c) *avaliação*. Presta-se o *exame*, a rigor, à análise de *bens móveis* ou *pessoas*; a *vistoria*, dos *bens imóveis*; e a *avaliação*, ao aferimento do valor que se deva atribuir a um bem da vida qualquer. 2. Prova pericial. Descabimento. O pedido de perícia deve ser indeferido quando (a) a prova do fato não depender de conhecimento especial de técnico; (b) for desnecessária em vista de outras provas havidas nos autos; (c) a verificação pretendida mostrar-se impraticável. 3. Prova técnica simplificada. Revelando-se o

[149] "Art. 464. A prova pericial consiste em exame, vistoria ou avaliação. § 1° O juiz indeferirá a perícia quando: I – a prova do fato não depender de conhecimento especial de técnico; II – for desnecessária em vista de outras provas produzidas; III – a verificação for impraticável. § 2° De ofício ou a requerimento das partes, o juiz poderá, em substituição à perícia, determinar a produção de prova técnica simplificada, quando o ponto controvertido for de menor complexidade. § 3° A prova técnica simplificada consistirá apenas na inquirição de especialista, pelo juiz, sobre ponto controvertido da causa que demande especial conhecimento científico ou técnico. § 4° Durante a arguição, o especialista, que deverá ter formação acadêmica específica na área objeto de seu depoimento, poderá valer-se de qualquer recurso tecnológico de transmissão de sons e imagens com o fim de esclarecer os pontos controvertidos da causa."

ponto controvertido de 'menor complexidade', de ofício ou a requerimento, o julgador pode preterir à perícia, substituindo-a pela produção de 'prova técnica simplificada', que consistirá na inquirição, pelo juiz, de *expert* (que, necessariamente, terá formação específica em relação a matéria a que for chamado a examinar), acerca do tópico que demande, para a melhor compreensão do fato, conhecimento especializado".

5. Acerca dos temas *impedimento* e *suspeição*, vide: TORRES, Artur. CPC passado a limpo: parte geral, procedimento comum e cumprimento de sentença. Porto Alegre: Livraria do Advogado, 2018. p. 146/149. v. I.

Art. 918. O juiz rejeitará liminarmente os embargos:
I – quando intempestivos;
II – nos casos de indeferimento da petição inicial e de improcedência liminar do pedido;
III – manifestamente protelatórios.
Parágrafo único. Considera-se conduta atentatória à dignidade da justiça o oferecimento de embargos manifestamente protelatórios.

1. O art. 918 inventaria as hipóteses em que o julgador deve, de imediato, rejeitar os embargos à execução.

2. Preclusão temporal. Os embargos devem ser manejados no prazo de 15 dias, observada a "regra da juntada" (art. 915). Ofertados fora do aludido lapso temporal, hão de ser considerados intempestivos e, por consequência, extintos imediatamente.

3. O legislador, acertadamente, determina a rejeição imediata dos embargos à execução, outrossim, nos casos de indeferimento da petição inicial ou de improcedência liminar do pedido. Acerca da derradeira hipótese, anotamos, pois: "1. Improcedência liminar do pedido. O artigo 332 possui, *mutatis mutandis*, essência assemelhada à contida no art. 285-A do CPC/73. 2. Diz-se, de longa data, que a angularização da relação processual decorre da citação válida do demandado, revelando-se *'regra'* no direito pátrio que, deferida a inicial, proceda-se à notificação do réu para comparecer à audiência de autocomposição. Restando infrutífera tal tentativa, segue-se, como caminho natural, de uma etapa *postulatória* à uma *decisória*, enfrentando-se, entre uma e outra, para além de uma etapa saneadora, a denominada etapa *instrutória*, destinada, por definição, à produção da prova. 3. Há casos, porém, em que o legislador, atento a desnecessidade da realização da etapa *instrutória* (por versar o caso concreto, por exemplo, acerca de questão única e exclusivamente de direito), obriga o julgador a sentenciar meritoriamente, de imediato, antes mesmo de determinar a citação do réu. O instituto tem aplicabilidade apenas para os casos de improcedência da demanda, inexistindo, pois, aplicá-lo para acolher os pedidos formulados pelo autor (hipótese em que haveria flagrante violação ao direito fundamental ao contraditório), pena de frontal agressão ao *devido processo de direito*. 4. Na linha do respeito às 'técnicas processuais vinculantes' (art. 927), a aplicação do instituto revela-se oportuna quando o pedido formulado pelo demandante contrariar tese contida em (I) enunciado de súmula do Supremo Tribunal Federal ou do Superior Tribunal de Justiça; (II) acórdão proferido pelo Supremo Tribunal Federal ou pelo Superior Tribunal de Justiça em julgamento de recursos repetitivos; (III) entendimento firmado em incidente de resolução de demandas repetitivas ou de assunção de competência ou, ainda, (IV) em enunciado de súmula de tribunal de justiça sobre direito local. Aplica-se o instituto, também, nos casos em que o julgador identificar a ocorrência de prescrição ou decadência. 5. Sustentamos, pois, indispensável, a despeito da previsão contida no art. 487, parágrafo único, do CPC/2015, em homenagem ao *modelo constitucional do processo civil* pátrio, a intimação do autor, inexistindo considerações em sede inicial acerca da decadência do direito ou da prescrição da ação, antes da prolação da sentença, no afã de permitir-lhe gozar do direito fundamental ao contraditório (faculdade de influir eficazmente na construção da norma jurídica aplicável ao caso concreto). Trata-se de medida que se impõe em homenagem ao *modelo constitucional do processo civil brasileiro* e respeito ao teor do art. 9º do CPC/2015. 6. O magistrado, ao julgar imediatamente o feito (com base no art. 332), prolata sentença meritória. Da sentença cabe apelação. Impugnado o pronunciamento sentencial, o juízo *a quo* poderá, entendendo conveniente, retratar-se no prazo de cinco dias, determinando que se proceda, pois, na citação do demandado; inexistindo retratação, determinará a citação do réu e, ato contínuo, sua intimação para, querendo, apresentar contrarrazões recursais; mantendo-se inerte o autor, ou seja, não apelando, o demandado será intimado tão somente do trânsito em julgado da decisão. 7. 'O art. 332 do CPC/2015 se aplica ao sistema de juizados especiais e o inciso IV também abrange os enunciados e súmulas dos seus órgãos colegiados competentes'." (Enunciado n. 43, ENFAM).

4. Embargos à execução manifestamente protelatórios. O legislador, da mesma forma, determina que a rejeição dos embargos seja imediata quando meramente protelatórios, hipótese em que a conduta do embargante há de ser considerada como "atentatória à dignidade da justiça", respondendo ele, nos termos da legislação processual vigente, por sua conduta inadequada.

Art. 919. Os embargos à execução não terão efeito suspensivo.

§ 1º O juiz poderá, a requerimento do embargante, atribuir efeito suspensivo aos embargos quando verificados os requisitos para a concessão da tutela provisória e desde que a execução já esteja garantida por penhora, depósito ou caução suficientes.

§ 2º Cessando as circunstâncias que a motivaram, a decisão relativa aos efeitos dos embargos poderá, a requerimento da parte, ser modificada ou revogada a qualquer tempo, em decisão fundamentada.

§ 3º Quando o efeito suspensivo atribuído aos embargos disser respeito apenas a parte do objeto da execução, esta prosseguirá quanto à parte restante.

§ 4º A concessão de efeito suspensivo aos embargos oferecidos por um dos executados não suspenderá a execução contra os que não embargaram quando o respectivo fundamento disser respeito exclusivamente ao embargante.

§ 5º A concessão de efeito suspensivo não impedirá a efetivação dos atos de substituição, de reforço ou de redução da penhora e de avaliação dos bens.

1. A interposição dos embargos à execução não suspende o curso da demanda executiva a que se referir. Quer dizer: a execução, nada obstante o oferecimento da demanda sob comento, deve prosseguir normalmente.

2. O julgador, a requerimento do embargante, episodicamente, poderá receber os embargos à execução atribuindo-lhes efeito suspensivo *ope iudicis* o que impedirá, grosso modo, que a execução atacada alcance, de imediato, seu desiderato, embora não restem prejudicados a efetivação dos "atos de substituição, de reforço ou de redução da penhora e de avaliação dos bens".

3. Embargos à execução. Efeito suspensivo. Requisitos. Coube ao § 1º do art. 919 disciplinar os requisitos para a concessão de efeito suspensivo aos embargos à execução que, vale lembrar, retrata exceção à regra. O primeiro deles, pois, é o de que o juízo esteja devidamente garantido (por penhora, depósito ou caução). Quer dizer: a execução não deve parar senão mediante a garantia de que, superado o debate ensejado pelo executado/embargante, a pretensão autoral venha a ser imediatamente satisfeita com o patrimônio ofertado em juízo; o segundo, é que estejam presentes, *in concreto*, os pressupostos autorizadores da concessão da tutela provisória.

4. Efeito suspensivo. Embargos à execução. Requisitos. Tutela provisória. O CPC/2015, segundo pensamos, poderia, no concernente, ter trabalhado à margem da vinculação do tema ao instituto da tutela provisória, o que, por si só, fulminaria uma série de dúvidas que emergem quando do enfrentamento do tema no âmbito sob comento. É que, bem compreendidos, os requisitos autorizadores da concessão da tutela de urgência (satisfativa ou cautelar) e da evidência, ambas insertas na categoria das tutelas provisórias, revelam-se distintos. Acerca da tutela de urgência afirmamos: "1. Tutela (provisória) de urgência. *Fumus boni iuris.* A concessão da tutela de urgência depende da comprovação, *in concreto*, da (considerável) probabilidade de acolhimento do pleito principal formulado (ou a ser formulado – caso de concessão antecedente) pelo requerente. Destaque-se que o juízo cognitivo realizado pelo julgador diz, no concernente, com a mera *probabilidade* de que o direito alegado (ou a ser alegado), ainda não examinado mediante cognição exauriente, venha a se confirmar. Vale lembrar, pela peculiaridade, lição, outrora, sustentada por Piero Calamandrei (*Introdução ao Estudo Sistemático dos Procedimentos Cautelares*. Carla Roberta Andreasi Bassi (Trad.). Campinas: Servanda, 2000. *passim*), para quem, em relação a *probabilidade* exigida à concessão da tutela provisória (segundo o autor, a *provisoriedade* afigura-se inerente a todo e qualquer provimento cautelar – rememore-se, ainda, que para Calamandrei o que hoje conhecemos por tutela antecipada enquadrava-se no âmbito cautelar – grupo "c" – provimentos provisionais) não há cognição sumária, mas, exauriente, no sentido de que o juiz que a concede, embora não tenha certeza acerca do direito a ser adiante examinado (o pleito principal), o tem em relação a *necessidade de tutelá-lo*, ainda que provisoriamente, de imediato. 2. Tutela (provisória) de urgência. *Periculum* (da demora ou de dano? Depende...). Nada obstante a singela redação legal, o tema serviu (e ainda serve), doutrinariamente, a debate espinhosíssimo. Consoante sustentou Ovídio A. Baptista da Silva, ao que tudo indica, com razão, no que diz com a tutela cautelar, o perigo a ser considerado é o *perigo de dano iminente e irreparável*, que não pode ser baralhado com o *perigo da demora*, indispensável à concessão da tutela antecipada. "A locução *periculum in mora* não é incorreta, mas é ambígua. Na verdade a tutela cautelar legitima-se porque o direito, carente de proteção imediata, poderia sofrer um dano irreparável, se tivesse de submeter-se às exigências do *procedimento ordinário*. (...) Como procuramos mostrar (...) as circunstâncias geradoras de uma situação de urgência, que reclame uma forma de tutela imediata, coloca o Estado (...) entre duas alternativas igualmente insatisfatórias, impondo uma opção sempre perigosa, entre proteger a *aparência*, correndo o risco de oferecer proteção a quem, depois, se verifique não ser titular do direito que o magistrado inicialmente supôs existente, provocando incômodos e prejuízos àquele que haja sofrido a *proteção imediata da aparência*; ou então, preferindo o ordenamento jurídico seguir a outra alternativa, recusando a tutela imediata com base apenas no provável direito protegido, para somente decidir quando o julgador dispuser de todos os elementos capazes de propiciar-lhe um juízo de certeza sobre a existência do direito de quem pede proteção jurisdicional, certamente fará com que a sentença se tenha tornado inútil e tardia, dado que o direito, que exigia proteção imediata, por estar disposto a um dano irreparável, ao encerrar-se a demanda, provavelmente não terá mais condições de realizar-se concretamente. Se no entanto, estivermos a imaginar um remédio contra a demora (*periculum in mora*), provavelmente seremos levados a conceber algum meio de *antecipar* a proteção jurisdicional, outorgando, desde logo, a tutela que somente seria outorgada no final do *procedimento ordinário*." (BAPTISTA DA SILVA, Ovídio A. *Curso de processo civil*. São Paulo: RT, 1998. v. III. p. 41); já em relação à tutela da evidência, anotamos alhures: "1. A tramitação do processo destinado à tutela cognitiva respeita, como regra, uma linha de desenvolvimento natural, que se inicia, bem compreendida, com a etapa postulatória e se extingue pela denominada etapa decisória. Tal travessia, naturalmente, demanda tempo. Há casos, porém, em que, embora inexista *periculum in mora*, o *fumus boni iuris* inerente às postulações formuladas pelo autor é tamanho que, presente pelo menos uma das hipóteses prescritas pelos incisos do artigo 311, há de se conceder ao demandante, de imediato, ainda que provisoriamente, a tutela requerida. Tal concessão retrata, sobremaneira, *tutela da evidência* e, vale sublinhar, depende de postulação expressa da parte". Melhor seria, segundo nosso raciocínio, que o legislador tivesse fixado critérios próprios à concessão do efeito suspensivo em sede embargos à execução.

5. Consoante enunciado aprovado na I Jornada de Direito Processual Civil, ocorrida na cidade Brasília (24 e 25 de agosto de 2017), "É cabível o recurso de agravo de instrumento contra a decisão que indefere o pedido de atribuição de efeito suspensivo a Embargos à Execução, nos termos do art. 1.015, X, do CPC." (Comissão: Recursos e Precedentes Judiciais – REP31).

6. Mediante requerimento do embargado, a concessão de efeito suspensivo deferido poderá, a qualquer tempo, ser revisto, parcial ou integralmente. Indagação que se impõe é a seguinte: pode o julgador, face ao silêncio legal, certo da alteração das circunstâncias que justificaram sua concessão, modificar ou revogar, de ofício, tal cenário?

Art. 920. Recebidos os embargos:

I – o exequente será ouvido no prazo de 15 (quinze) dias;

II – a seguir, o juiz julgará imediatamente o pedido ou designará audiência;

III – encerrada a instrução, o juiz proferirá sentença.

1. O embargado, recebidos os embargos, poderá, em homenagem ao direito fundamental ao contraditório, querendo, apresentar resposta no prazo de 15 diais.

2. Consoante enunciado aprovado na I Jornada de Direito Processual Civil, ocorrida na cidade Brasília (24 e 25 de agosto de 2017), "Aplica-se o procedimento do art. 920 do CPC à impugnação ao cumprimento de sentença, com possibilidade de rejeição liminar nas hipóteses dos arts. 525, § 5º, e 918 do CPC." (Enunciado 94).

3. Vale lembrar, por oportuno, que a desistência do pleito executivo produz, por vezes, efeitos sobre os embargos à execução. O tema é regulado pelo teor dos incisos do parágrafo único do art. 775. Versando a oposição tão somente sobre questões processuais, a desistência da execução ensejará sua imediata extinção, hipótese em que o exequente (réu nos embargos à execução – o embargado) será condenado ao pagamento das custas judiciais, bem como de honorários advocatícios em favor dos patronos do executado (autor nos embargos à execução – o embargante). Quando, todavia, os embargos à execução não se limitarem a debater questões processuais, a despeito da desistência do pleito executivo (reitere-se: que não depende de concordância alheia), a extinção dos embargos à execução dependerá, necessariamente, de ato volitivo do embargado.

TÍTULO IV
DA SUSPENSÃO E DA EXTINÇÃO DO PROCESSO DE EXECUÇÃO

CAPÍTULO I
DA SUSPENSÃO DO PROCESSO DE EXECUÇÃO

Art. 921. Suspende-se a execução:

I – nas hipóteses dos arts. 313 e 315, no que couber;

II – no todo ou em parte, quando recebidos com efeito suspensivo os embargos à execução;

III – quando o executado não possuir bens penhoráveis;

IV – se a alienação dos bens penhorados não se realizar por falta de licitantes e o exequente, em 15 (quinze) dias, não requerer a adjudicação nem indicar outros bens penhoráveis;

V – quando concedido o parcelamento de que trata o art. 916.

§ 1º Na hipótese do inciso III, o juiz suspenderá a execução pelo prazo de 1 (um) ano, durante o qual se suspenderá a prescrição.

§ 2º Decorrido o prazo máximo de 1 (um) ano sem que seja localizado o executado ou que sejam encontrados bens penhoráveis, o juiz ordenará o arquivamento dos autos.

§ 3º Os autos serão desarquivados para prosseguimento da execução se a qualquer tempo forem encontrados bens penhoráveis.

§ 4º Decorrido o prazo de que trata o § 1º sem manifestação do exequente, começa a correr o prazo de prescrição intercorrente.

§ 5º O juiz, depois de ouvidas as partes, no prazo de 15 (quinze) dias, poderá, de ofício, reconhecer a prescrição de que trata o § 4º e extinguir o processo.

1. Para além das hipóteses previstas pelo Título II, do Livro IV da Parte Geral (em especial, e no que couber, do teor dos artigos 313 e 315),[150-151] revelam-se causas suspensivas do processo de execução (a) a atribuição de efeito suspensivo *ope iudicis* aos embargos (à execução) manejados pelo executado; (b) à constatação, *in concreto*, da inexistência de bens penhoráveis; (c) o fracasso na alienação dos bens penhorados, cominado com o silêncio do exequente em relação à adjudicação ou apontamento de outros bens hábeis a satisfazer o crédito exequendo, e; (d) o deferimento do parcelamento legal (art. 916).

2. O art. 921 trata, segundo pensamos, de um dos mais importantes (e espinhosos) temas inerentes a tutela executiva: a prescrição intercorrente. Promovida a execução (requisito indispensável a possibilidade de incidência do

---

[150] "Suspende-se o processo: I – pela morte ou pela perda da capacidade processual de qualquer das partes, de seu representante legal ou de seu procurador; II – pela convenção das partes; III – pela arguição de impedimento ou de suspeição; IV- pela admissão de incidente de resolução de demandas repetitivas; V – quando a sentença de mérito: a) depender do julgamento de outra causa ou da declaração de existência ou de inexistência de relação jurídica que constitua o objeto principal de outro processo pendente; b) tiver de ser proferida somente após a verificação de determinado fato ou a produção de certa prova, requisitada a outro juízo; VI – por motivo de força maior; VII – quando se discutir em juízo questão decorrente de acidentes e fatos da navegação de competência do Tribunal Marítimo; VIII – nos demais casos que este Código regula. IX – pelo parto ou pela concessão de adoção, quando a advogada responsável pelo processo constituir a única patrona da causa; (Redação dada pela Lei 13.363/2016) X – quando o advogado responsável pelo processo constituir o único patrono da causa e tornar-se pai. (Redação dada pela Lei 13.363/2016) § 1º Na hipótese do inciso I, o juiz suspenderá o processo, nos termos do art. 689. § 2º Não ajuizada ação de habilitação, ao tomar conhecimento da morte, o juiz determinará a suspensão do processo e observará o seguinte: I – falecido o réu, ordenará a intimação do autor para que promova a citação do respectivo espólio, de quem for o sucessor ou, se for o caso, dos herdeiros, no prazo que designar, de no mínimo 2 (dois) e no máximo 6 (seis) meses; II – falecido o autor e sendo transmissível o direito em litígio, determinará a intimação de seu espólio, de quem for o sucessor ou, se for o caso, dos herdeiros, pelos meios de divulgação que reputar mais adequados, para que manifestem interesse na sucessão processual e promovam a respectiva habilitação no prazo designado, sob pena de extinção do processo sem resolução de mérito. § 3º No caso de morte do procurador de qualquer das partes, ainda que iniciada a audiência de instrução e julgamento, o juiz determinará que a parte constitua novo mandatário, no prazo de 15 (quinze) dias, ao final do qual extinguirá o processo sem resolução de mérito, se o autor não nomear novo mandatário, ou ordenará o prosseguimento do processo à revelia do réu, se falecido o procurador deste. § 4º O prazo de suspensão do processo nunca poderá exceder 1 (um) ano nas hipóteses do inciso V e 6 (seis) meses naquela prevista no inciso II. § 5º O juiz determinará o prosseguimento do processo assim que esgotados os prazos previstos no § 4º. § 6º No caso do inciso IX, o período de suspensão será de 30 (trinta) dias, contado a partir da data do parto ou da concessão da adoção, mediante apresentação de certidão de nascimento ou documento similar que comprove a realização do parto, ou de termo judicial que tenha concedido a adoção, desde que haja notificação ao cliente. § 7º No caso do inciso X, o período de suspensão será de 8 (oito) dias, contado a partir da data do parto ou da concessão da adoção, mediante apresentação de certidão de nascimento ou documento similar que comprove a realização do parto, ou de termo judicial que tenha concedido a adoção, desde que haja notificação ao cliente." (art. 313 da Lei 13.105/2015. Acerca dos comentários ao referido dispositivo, vide, pois, o volume I do presente estudo).

[151] "Se o conhecimento do mérito depender de verificação da existência de fato delituoso, o juiz pode determinar a suspensão do processo até que se pronuncie a justiça criminal. § 1º Se a ação penal não for proposta no prazo de 3 (três) meses, contado da intimação do ato de suspensão, cessará o efeito desse, incumbindo ao juiz cível examinar incidentemente a questão prévia. § 2º Proposta a ação penal, o processo ficará suspenso pelo prazo máximo de 1 (um) ano, ao final do qual aplicar-se-á o disposto na parte final do § 1º." (art. 315 da Lei 13.105/2015. Acerca dos comentários ao referido dispositivo, vide, pois, o volume I do presente estudo).

instituto sob comento), imagine-se que o executado, validamente citado, não possua, pelo menos *a priori*, bens sujeitos a penhora. Consoante previsão do § 1º, deve o julgador, de ofício ou a requerimento, suspender o feito executivo pelo período de 1 ano, durante o qual, de acordo com a previsão legal, "se suspenderá a prescrição". Os parágrafos do artigo sob comento, face ao entrelaçamento que possuem, merecem, pois, atenção redobrada do intérprete. Destaque-se, de antemão, que o teor do § 1º disciplina hipótese de suspensão do feito executivo (aplicável, segundo sustentamos, ao *cumprimento de sentença*), marco relevantíssimo ao *start* do prazo de prescrição intercorrente, mas, *não o prazo da prescrição intercorrente propriamente dito*, que depende da apuração do prazo da prescrição executiva *in concreto*.[152] Seja como for, o legislador prevê (§ 4º) que, "decorrido o prazo de que trata o § 1º sem manifestação do exequente, começa a correr o prazo de prescrição intercorrente". Então, em linhas gerais, (a) silente o exequente e (b) transcorrido o prazo da prescrição sob comento, o julgador, de ofício ou a requerimento, mediante oitiva prévia dos litigantes, declarará, sendo o caso, sua incidência, extinguindo o feito executivo (art. 924, V).

3. A sistemática adotada pelo CPC/2015 para as execuções cíveis (em sentido estrito) é assemelhada aquela prevista pelo art. 40 da LEF (Lei de Execuções Fiscais),[153] que, inclusive, serviu de base à consolidação do entendimento estampado na Súmula 314 do STJ.[154]

4. O artigo 1.056, inserto no Livro das Disposições Finais e Transitórias, traz importante regra acerca do cômputo do prazo prescricional intercorrente (hipótese de extinção da execução). Consoante expresso texto de lei, o termo *a quo* para o seu cômputo, "inclusive para as execuções em curso", é a data de vigência da Lei 13.105/2015, portanto, 18/03/2016.

5. O arquivamento previsto pelo § 2º do art. 921 é provisório, uma vez que, encontrados bens sujeitos a penhora (na verdade, havendo alegação acerca de sua existência), os autos serão imediatamente desarquivados, no afã de dar prosseguimento a tentativa de satisfação do crédito exequendo.

6. Aplica-se ao *cumprimento de sentença* o regime da prescrição intercorrente previsto pelo art. 921.

---

[152] É preciso lembrar, por oportuno, o teor da Súmula 150 do STF ("Prescreve a execução no mesmo prazo de prescrição da ação"), no afã identificar-se o prazo a ser observado para a aferição da prescrição intercorrente. O prazo de prescrição intercorrente é o mesmo da prescrição da execução.

[153] "O Juiz suspenderá o curso da execução, enquanto não for localizado o devedor ou encontrados bens sobre os quais possa recair a penhora, e, nesses casos, não correrá o prazo de prescrição. § 1º Suspenso o curso da execução, será aberta vista dos autos ao representante judicial da Fazenda Pública. § 2º Decorrido o prazo máximo de 1 (um) ano, sem que seja localizado o devedor ou encontrados bens penhoráveis, o Juiz ordenará o arquivamento dos autos. § 3º Encontrados que sejam, a qualquer tempo, o devedor ou os bens, serão desarquivados os autos para prosseguimento da execução. § 4º Se da decisão que ordenar o arquivamento tiver decorrido o prazo prescricional, o juiz, depois de ouvida a Fazenda Pública, poderá, de ofício, reconhecer a prescrição intercorrente e decretá-la de imediato. § 5º A manifestação prévia da Fazenda Pública prevista no § 4º deste artigo será dispensada no caso de cobranças judiciais cujo valor seja inferior ao mínimo fixado por ato do Ministro de Estado da Fazenda." (art. 40 da Lei 6.830/80).

[154] "Em execução fiscal, não localizados bens penhoráveis, suspende-se o processo por um ano, findo o qual se inicia o prazo da prescrição qüinqüenal intercorrente." (Súmula 314 do STJ).

7. "O termo inicial do prazo de prescrição intercorrente, inclusive para as execuções em curso, será a data do início de vigência do NCPC. Esta data transitória está prevista no art. 1.056 do NCPC. Como se vê, o comando expresso do NCPC interfere inclusive na forma da contagem do prazo prescricional para aqueles que entendem existir prescrição intercorrente na vigência do CPC/1973. Nessa senda, se até a vigência do NCPC não houver prescrição, o termo inicial será alterado e a prescrição contará a partir da nova regra." (MIRANDA, Gilson Delgado. *In:* WAMBIER, Teresa Arruda *et al. Breves Comentários ao Novo Código de Processo Civil.* São Paulo: RT, 2015. p. 2066).

8. Considerado o dia a dia forense, algumas reflexões acerca do regime da *prescrição intercorrente*, segundo nossa experiência, revelam-se inafastáveis. Indaga-se: (a) qual a consequência da manifestação do exequente havida antes de transcorrido o prazo de 1 ano de suspensão do feito executivo? Tem ela o condão de evitar, para a eternidade, o início do cômputo do prazo para a incidência do instituto? (vale lembrar que, segundo a dicção legal, o prazo se inicia apenas se o prazo da suspensão decorrer "sem manifestação do exequente"); (b) transcorrido o prazo da suspensão sob análise, a manifestação do exequente (*acerca da suposta localização de bens do executado, que, ao fim e ao cabo, resta frustrada e/ou o pedido de auxílio judiciário para a sua localização*) que se compreenda entre o início da contagem do prazo e a incidência da prescrição intercorrente, produz efeito no seu cômputo?

9. Representação gráfica:

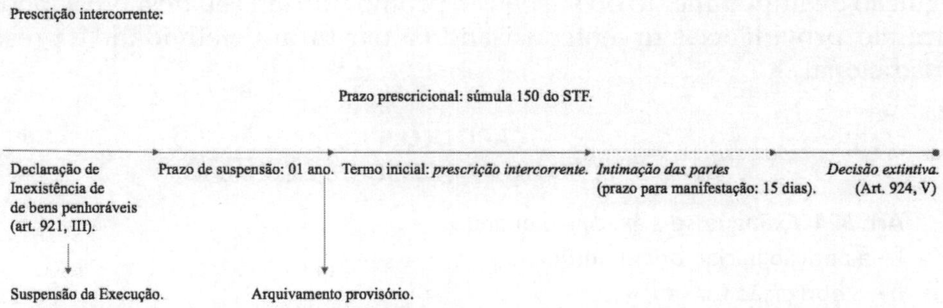

10. Prescrição intercorrente. IAC no REsp. 1.604.412/SC. O STJ, nos termos abaixo transcritos, admitiu, em 08/02/2017, Incidente de Assunção de Competência cuja matéria diz com a *prescrição intercorrente*. "A Seção, por unanimidade, admitiu o incidente de assunção de competência suscitado de ofício no presente recurso especial, nos termos dos artigos 947, § 4º, do CPC de 2015, e 271-B do RISTJ, a fim de uniformizar o entendimento acerca das seguintes questões: (i) cabimento de prescrição intercorrente e eventual imprescindibilidade de intimação prévia do credor; (ii) necessidade de oportunidade para o autor dar andamento ao processo paralisado por prazo superior àquele previsto para a prescrição da pretensão veiculada na demanda".[155] Até a data de

[155] Disponível em: <https://ww2.stj.jus.br/processo/revista/documento/mediado/?componente=ITA&sequencial=1569300&num_registro=201601251541&data=20170213&formato=PDF>.

fechamento da presente edição, o aludido incidente (tema IAC 1) não havia sido enfrentado no mérito.

Art. 922. Convindo as partes, o juiz declarará suspensa a execução durante o prazo concedido pelo exequente para que o executado cumpra voluntariamente a obrigação.

Parágrafo único. Findo o prazo sem cumprimento da obrigação, o processo retomará o seu curso.

1. Atento à autonomia da vontade dos contendores, o Código prevê hipótese de suspensão da execução por convenção das partes. A despeito dos prazos legais para cumprimento da obrigação exequenda, o exequente pode, por "liberalidade", convencionar junto ao executado, visando a obtenção de um melhor e mais expedito desfecho processual, novo prazo para pagamento espontâneo, restando o feito, nos limites do que fora acordado, suspenso.

Art. 923. Suspensa a execução, não serão praticados atos processuais, podendo o juiz, entretanto, salvo no caso de arguição de impedimento ou de suspeição, ordenar providências urgentes.

1. A despeito dos efeitos da suspensão processual, o julgador, excetuados os casos em que o próprio figure na condição de "renegado" (por ocasião de arguição de impedimento ou suspeição promovido em seu desfavor), pode determinar providências urgentes, visando a dar futura efetividade à prestação jurisdicional.

CAPÍTULO II
DA EXTINÇÃO DO PROCESSO DE EXECUÇÃO

Art. 924. Extingue-se a execução quando:

I – a petição inicial for indeferida;

II – a obrigação for satisfeita;

III – o executado obtiver, por qualquer outro meio, a extinção total da dívida;

IV – o exequente renunciar ao crédito;

V – ocorrer a prescrição intercorrente.

1. Consoante anotado alhures, a tutela executiva fundada na tentativa de satisfazer obrigação estampada em título executivo extrajudicial, dá-se, pois, mediante a propositura de demanda (executiva) autônoma. Inicia-se o tortuoso caminho a ser percorrido pelo exequente mediante protocolo da *petição inicial*, que, para além de atender requisitos específicos (que derivam da natureza da obrigação exequenda – pagar quantia, entregar coisa, fazer ou não fazer), observará, no que couber, as exigências (gerais) prescritas pelo artigo 319 e seguintes do CPC/2015. Frente ao petitório exordial, o julgador realizará a denominada *atividade saneadora inicial* (também no processo de execução), no afã de verificar se o petitório traduz, grosso modo, a observância àquilo e tudo aquilo que se afigura indispensável ao regular prosseguimento do feito executivo. Nessa senda, deparando-se o julgador com *vício sanável*, determinará intimação do exequente saná-lo; com *vício insanável*, nada obstante a necessidade de "dar voz" ao demandante, o "destino" do processo estará selado: sua extinção é questão de tempo. Diz-se, tradicionalmente, que, ausentes os requisitos jurídicos exigidos, a petição inicial deve ser *indeferida*, e o será, por definição, mediante a prolação de sentença (art. 203, § 1º, *in fine* c/c art. 485, I, ambos do CPC/2015), destinada, como é intuitivo, a extinguir a execução.[156] Este, em última análise, é o cenário a que se refere o teor do inciso I, do artigo sob comento.

2. Tomado o que até então fora dito, não pode surpreender a afirmativa de que *a razão de ser da tutela executiva* (autônoma ou incidental) *diga com a satisfação do crédito exequendo*. Tal finalidade, conforme noticiado alhures, pode ser alcançada por mais de um meio (exemplificativamente, pelo pagamento "voluntário"; pela adjudicação dos bens penhorados; mediante a entrega do produto da alienação ao exequente, etc.). Extrai-se do teor do inciso II, em linhas gerais, que a hipótese nele prevista encontra amparo no fundamento, a saber: *alcançada a finalidade executiva, inexistem razões legítimas para o prosseguimento do feito*. É preciso, contudo, estar atento a singeleza redacional do inciso sob comento, uma vez que a mera satisfação da *obrigação que serviu de lastro à execução não permite*, por si só, a extinção da relação processual. O termo "obrigação", aqui, engloba, também, "obrigações" que tenham nascido para as partes por ocasião do trâmite processual, tais como, as de satisfazer *custas, honorários* e *outros*.

3. Vale recordar, por oportuno, que o *pagamento*, segundo o ordenamento material, é a forma regular de extinção das obrigações (art. 304 da Lei 10.406/2002). Nada obstante classificadas como *anômalas*, o direito pátrio prevê, exemplificativamente, a *novação* (art. 360), a *compensação* (art. 368) e a *confusão* (art. 381) como formas de extinção obrigacional. A esse contexto, pois, refere-se o teor do inciso III. A tutela executiva merecerá, quando a incidência de uma das formas de extinção da obrigação abarcar a totalidade da obrigação exequenda, sepultamento imediato.

4. A renúncia ao direito (material) em que se funda o pedido de tutela executiva (que jamais pode ser baralhado com a desistência do pleito executivo ou de qualquer ato dessa natureza), conduz, necessariamente, a extinção da demanda executiva (bem como, sendo o caso, do pedido de *cumprimento de sentença*, em se tratando de obrigação estampada em título executivo judicial). Embora não previsto no rol do art. 924, a desistência da ação, por óbvio, também, conduz a extinção da execução.

5. Confirmada, *in concreto*, a incidência da prescrição intercorrente (disciplinada, pois, pelo teor dos §§ 4º e 5º do art. 921 – matéria acima examinada), tem ela por efeito processual a extinção da prestação jurisdicional executiva.

[156] Acerca da petição inicial e do sistema de indeferimento adotado pelo legislador de 2015, vide: TORRES, Artur. *CPC passado a limpo*: parte geral, procedimento comum e cumprimento de sentença. Porto Alegre: Livraria do Advogado, 2018. v. I.

Recorde-se, pois, que, via de regra, a prescrição não alcança (ou fulmina) o direito subjetivo material *sub judice* (o crédito exequendo), mas, apenas, sua possibilidade de reivindicação ativa em juízo. No caso dos créditos tributários, contudo, a situação é diversa, uma vez que o próprio CTN, expressamente, aponta em sentido diverso. Segundo ele, pois, a prescrição *extingue* o crédito tributário propriamente dito.[157]

6. Aplicam-se as causas extintivas, no que couber, ao pedido de *cumprimento de sentença.*

Art. 925. A extinção só produz efeito quando declarada por sentença.

1. Nada obstante a presença de uma das *causas extintivas do pleito executivo* (reitere-se: autônomo ou incidental), sua ocorrência haverá, necessariamente, de ser declarada por sentença.

2. Acerca do tema *sentença* (conceito, notas características e etc.), bem como do recurso hábil a impugnar o pronunciamento que dá por prestada a tutela jurisdicional executiva, vide: TORRES, Artur. Sentença, Coisa Julgada e Recursos Cíveis Codificados: de acordo com as Leis 13.105/2015 e 13.256/2016. Porto Alegre: Livraria do Advogado, 2017.

[157] "Extinguem o crédito tributário: (...) V – a prescrição e a decadência;" Art. 156 da Lei 5.172/66.

Livro III
DOS PROCESSOS NOS TRIBUNAIS E DOS MEIOS DE IMPUGNAÇÃO DAS DECISÕES JUDICIAIS

TÍTULO I
DA ORDEM DOS PROCESSOS E DOS PROCESSOS DE COMPETÊNCIA ORIGINÁRIA DOS TRIBUNAIS

CAPÍTULO I
DISPOSIÇÕES GERAIS

1. O teor do capítulo sob comento trouxe ao cenário jurídico pátrio, antecipe-se, um dos maiores dilemas técnicos da atualidade, mesclando, consoante sabido aos quatro cantos, debates (candentes) de ordem processual e hermenêutica. Diante de inúmeras incertezas, há, pelo menos, uma certeza: *encontra-se o sistema codificado plenamente alinhado com a tentativa de dar maior previsibilidade à prestação jurisdicional, no afã de fazer valer o direito fundamental à isonomia em sua vertente material, mediante a prolação de decisões compatíveis entre si (casos iguais merecem resposta jurisdicional idêntica)*. Nada obstante a inexistência de dúvida acerca da motivação legislativa declarada (promover a uniformização da prestação jurisdicional), optou a doutrina por se utilizar de pelo menos duas vertentes distintas para fundamentar a eleição codificada, tornando o enfrentamento e a compreensão do tema, à evidência, espinhosíssimos.

2. Há, de um lado, quem sustente (não só com base no CPC/2015, mas, também, no próprio *modelo constitucional do processo civil* brasileiro, não raro ancorado na teoria hermenêutica que discerne *texto e norma*) a possibilidade de se afirmar a adoção, entre nós, de um *sistema de precedentes* (entendendo indispensável, inclusive, que o jurista pátrio domine institutos tais como *ratio decidendi, obter dicta, overruling, signaling, anteticipatory overruling, overring*, etc. (todos vinculados, em larga medida, a cultura jurídica diversa daquela a que esteve historicamente vinculado o ordenamento brasileiro), sob pena de impossibilidade de manuseio adequado do processo civil pátrio. Segundo tal corrente, capitaneada por autores de nomeada (tais como Luiz Guilherme

Marinoni,[158] Fredie Didier Jr.,[159] Daniel Mitidiero,[160] Hermes Zanetti Jr.,[161] dentre outros), apesar de suas peculiaridades (e, nesse cenário, existem críticas ferozes ao próprio CPC), não mais há negar espécie de *commowlawlização*[162] do direito brasileiro; de outro, quem sustente que a eleição pátria não pode, nem de longe, ser confundida com o sistema (de precedentes) que se desenvolveu, na origem, "do outro lado do canal da mancha", sob premissas culturais diversas, não passando, pois, de um regime de *técnicas vinculativas* destinadas à obtenção de um *padrão decisório*. A controvérsia doutrinária é tamanha a ponto de localizarmos escritos, com excelentes fundamentos, assim denominado: "Precedentes: que precedentes? (um ensaio sobre a jurisdinormação).[163]

3. Segundo pensamos, sem prejuízo de futuro e eventual convencimento em sentido diverso (já que o tema precisa, notadamente, ser amadurecido entre nós), não há baralhar (pelo mero querer doutrinário) o sistema (de precedentes) que se desenvolveu à margem da cultura pátria (grosso modo, no âmbito do direito anglo-saxônico – embebido de cultura própria), com o regime adotado pelo CPC/2015, nada obstante não se afigure este o espaço adequado para o esmiuçamento das razões de nosso convencimento, que aparecerão, ainda que de passagem, alhures. Optamos, face à complexidade da reflexão, por esposar nossa opinião em pesquisa própria, já em fase de revisão final.

4. Na linha de nossa atual compreensão, anota Lenio Streck: "A impossibilidade de equiparar o genuíno sistema de precedentes do *common law* com o modelo criado pelo Código é evidente (...). Na realidade, ele cria e potencializa uma vertical modalidade vinculatória de diversos provimentos elencados no art. 927 do CPC. (...) Para que se compreenda a necessidade de não se confundir o sistema de precedentes do *common law* com a pretensão do CPC, esclarecemos que a doutrina dos precedentes consiste em teoria que alça as decisões judiciais como fonte imediata do Direito, junto à equidade e legislação. (...) devemos tirar lições do sistema de precedentes do *common law* para melhor compreensão do 'sistema de vinculação jurisprudencial' (e não de precedentes) criado pelo CPC no Brasil. (...) Portanto, onde está escrito no CPC *jurisprudência* não se pode ler *precedente*. (...)." (STRECK, Lenio. *In:* STRECK, Lenio; NUNES, Dierle; CUNHA, Leonardo Carneiro da. *Comentários ao Código de Processo Civil*. São Paulo: Saraiva, 2016. p. 1.191/1.209).

Art. 926. Os tribunais devem uniformizar sua jurisprudência e mantê-la estável, íntegra e coerente.

---

[158] MARINONI, Luiz Guilherme. *Precedentes obrigatórios*. São Paulo: RT, 2010.

[159] DIDIER JR., Fredie; BRAGA, Paula Sarno; OLIVEIRA, Rafael Alexandria de. *Curso de Direito Processual Civil*. 10 ed. Salvador: Juspodvm, 2015. p. 441/512

[160] MITIDIERO, Daniel. *Precedentes*: da persuasão à vinculação. 2. ed. São Paulo: RT, 2017.

[161] ZANETTI JR., Hermes. *O valor vinculante dos precedentes*: teoria dos precedentes normativos formalmente vinculantes. 2. ed. Salvador: Juspodvm, 2016.

[162] Embora em cenário distinto, a expressão fora brilhantemente cunhada por Sérgio Gilberto Porto.

[163] TESHEINER, José Maria Rosa. Disponível em: <http://www.tex.pro.br/index.php/artigos/340-artigos-ago-2016/7711-precedentes-que-precedentes-um-ensaio-sobre-a-jurisdinormacao>.

§ 1º Na forma estabelecida e segundo os pressupostos fixados no regimento interno, os tribunais editarão enunciados de súmula correspondentes a sua jurisprudência dominante.

§ 2º Ao editar enunciados de súmula, os tribunais devem ater-se às circunstâncias fáticas dos precedentes que motivaram sua criação.

1. Revela-se pouco mais do que evidente que, em nome da segurança jurídica, os tribunais (quaisquer deles) devam *uniformizar* o entendimento acerca dos temas que pertençam a sua competência, dando vida à jurisprudência, que, por definição, não só pode, como deve, mostrar-se "estável, íntegra e coerente". Dentre as diversas *técnicas de vinculatividade* previstas pelo CPC/2015 (destinadas a tanto), o artigo sob comento enfatiza a criação de *enunciados de súmula* (fruto, não raro, de diversos julgamentos que envolvam idêntica matéria) que, à evidência, devem retratar a posição consolidada no tribunal criador. O § 2º do art. 926 traz importante anotação: as circunstâncias fáticas que ensejaram decisões anteriores, as quais serviram de lastro à edificação de *súmula* não podem, ao tempo de sua edição e aplicação, serem ignoradas.

Art. 927. Os juízes e os tribunais observarão:

I – as decisões do Supremo Tribunal Federal em controle concentrado de constitucionalidade;

II – os enunciados de súmula vinculante;

III – os acórdãos em incidente de assunção de competência ou de resolução de demandas repetitivas e em julgamento de recursos extraordinário e especial repetitivos;

IV – os enunciados das súmulas do Supremo Tribunal Federal em matéria constitucional e do Superior Tribunal de Justiça em matéria infraconstitucional;

V – a orientação do plenário ou do órgão especial aos quais estiverem vinculados.

§ 1º Os juízes e os tribunais observarão o disposto no art. 10 e no art. 489, § 1º, quando decidirem com fundamento neste artigo.

§ 2º A alteração de tese jurídica adotada em enunciado de súmula ou em julgamento de casos repetitivos poderá ser precedida de audiências públicas e da participação de pessoas, órgãos ou entidades que possam contribuir para a rediscussão da tese.

§ 3º Na hipótese de alteração de jurisprudência dominante do Supremo Tribunal Federal e dos tribunais superiores ou daquela oriunda de julgamento de casos repetitivos, pode haver modulação dos efeitos da alteração no interesse social e no da segurança jurídica.

§ 4º A modificação de enunciado de súmula, de jurisprudência pacificada ou de tese adotada em julgamento de casos repetitivos observará a necessidade de fundamentação adequada e específica, considerando os princípios da segurança jurídica, da proteção da confiança e da isonomia.

§ 5º Os tribunais darão publicidade a seus precedentes, organizando-os por questão jurídica decidida e divulgando-os, preferencialmente, na rede mundial de computadores.

1. Consoante afirmado alhures, o CPC/2015, visando, diretamente, a dar maior previsibilidade à prestação jurisdicional (e, indiretamente, reduzir o fluxo e a realização de atos processuais inúteis), impõe aos julgadores (independentemente de sua posição na hierarquia judiciária) a observância (vertical e horizontal) de certos posicionamentos judiciais. Trata-se, pois, do *sistema de técnicas vinculativas* adotado pelo legislador de 2015 (inconfundível, em última análise, com o sistema de precedentes do *common law*), que, em suma, deve ser compreendido a partir da premissa, a saber: *toda vez que se pretender tornar vinculante tese jurídica quando do exame concreto de certa matéria de direito em juízo, impõe-se a utilização, nos termos da legislação vigente, de pelo menos uma das técnicas (vinculantes) previstas pelo art. 927, com o que se alcançará, grosso modo, um padrão jurídico decisório.*

2. Nessa quadra, pois, o artigo sob comento determina a vinculação dos julgadores que atuam *in concreto* (a) à tese contida nas decisões proferidas pelo STF, em controle concentrado de constitucionalidade; (b) ao teor dos enunciados de súmula vinculante; (c) às teses prevalentes nos julgamentos de *incidente de assunção de competência*, de *resolução de demandas repetitivas* e de pleitos recursais, aos quais se aplique a técnica (processual) dos *recursos repetitivos*; (d) ao teor dos enunciados das súmulas ("não vinculantes") do Supremo, em matéria constitucional, e do Superior Tribunal de Justiça em matéria infraconstitucional e, ainda; (e) a orientação do plenário ou do órgão especial aos quais estiverem diretamente vinculados.

3. Consoante expressa previsão legal, os juízes e tribunais, ao decidirem com fundamento no art. 927 (isto é, aplicando o resultado da utilização de uma das técnicas de vinculação), observarão o disposto nos artigos 10 e 489, § 1º do CPC/2015. Em relação ao primeiro anotamos, alhures, que o "processo civil pátrio labora sob a perspectiva de que os feitos cíveis não devam se assemelhar a um filme de 'suspense', tramas em que, não raro, os envolvidos veem-se, já no apagar das luzes, tomados pela surpresa. (...) Considerada a vertente do contraditório que faculta às partes influir na convicção do magistrado para a solução do caso concreto, resolvê-lo a partir de fundamento 'retirado da cartola', sem que se oferte às partes a possibilidade de, antes da tomada da decisão, ter ciência do mesmo, agride, frontalmente, o *direito fundamental ao contraditório*. (...) A despeito de tratar-se de matéria que o Estado-juiz deva manifestar-se oficiosamente, mostra-se imprescindível facultar aos contendores a possibilidade, como regra, prévia, de influenciar na construção da solução judicial do caso concreto; em relação ao segundo, que, no afã de combater rotineira prática forense utilizada ao tempo de vigência do sistema revogado, o CPC/2015 prescreve, em 'alto e bom tom', que, não se considera fundamentado o pronunciamento judicial decisório que: (a) se limitar à indicação, à reprodução ou à paráfrase de ato normativo, sem explicar sua relação com a causa ou a questão decidida; (b) empregar conceitos jurídicos indeterminados, sem explicar o motivo concreto de sua incidência no caso; (c) invocar motivos que se prestariam a justificar qualquer outra decisão; (d) deixar de enfrentar todos os argumentos deduzidos no processo capazes de, em tese, infirmar a conclusão adotada pelo julgador; (e) se limitar a invocar precedente ou enunciado de súmula, sem identificar seus fundamentos determinantes nem demonstrar que o caso sob julgamento se ajusta àqueles fundamentos; (f) deixar de seguir enunciado de súmula, jurisprudência ou precedente invocado pela parte, sem demonstrar a existência de distinção no caso em julgamento ou a superação do entendimento".[164]

4. Alteração do posicionamento jurisprudencial. Debate. Considerado o interesse social na revisão de tese jurídica consolidada, o expediente processual hábil a aferir sua conveniência "deverá" (a nosso sentir – e não apenas "poderá") contar com a participação de pessoas, órgãos ou entidades que possam contribuir para a rediscussão da tese (inteligência do § 2º do art. 927 do CPC/2015). Prosperando, pois, a conveniência em alterar-se o posicionamento judiciário acerca de determinado tema, faculta-se ao órgão julgador a *modulação dos efeitos* da decisão que o altere. Trata-se de expediente comprometido, dentre outros, com a manutenção da segurança jurídica e com o princípio da confiança.

5. Aos tribunais incumbe dar publicidade às teses vinculantes. A divulgação será, preferencialmente, difundida pela *internet* e devidamente indexada "por questão jurídica decidida".

Art. 928. Para os fins deste Código, considera-se julgamento de casos repetitivos a decisão proferida em:

I – incidente de resolução de demandas repetitivas;

II – recursos especial e extraordinário repetitivos.

Parágrafo único. O julgamento de casos repetitivos tem por objeto questão de direito material ou processual.

1. As decisões proferidas nos casos em que o tribunal se utilize da técnica de julgamento de "casos repetitivos" possuem, conforme acima afirmado, força vinculante. O legislador, no art. 928, visando a evitar embates acerca do que possa ser considerado "julgamento de casos repetitivos" (outra quimera hermenêutica), preferiu (pré-)estabelecer seu conteúdo: considera-se julgamento de casos repetitivos, portanto, a *decisão proferida* em sede de (a) *incidente de resolução de demandas repetitivas* (técnica disciplinada pelo artigos 976/987), bem como (b) de *recursos especial e extraordinário repetitivos* (técnica processual disciplinada pelo teor dos artigos 1.036/1.040).

2. Por fim, coube ao artigo sob comento enfatizar que, tanto questões de *direito material*, quanto de *direito processual*, podem figurar na condição de objeto de "julgamento de casos repetitivos".

CAPÍTULO II
DA ORDEM DOS PROCESSOS NO TRIBUNAL

Art. 929. Os autos serão registrados no protocolo do tribunal no dia de sua entrada, cabendo à secretaria ordená-los, com imediata distribuição.

[164] Acerca da *motivação da* sentença, vide: TORRES, Artur. *CPC passado a limpo*: parte geral, procedimento comum e cumprimento de sentença. Porto Alegre: Livraria do Advogado, 2018. p. 379/386. v. I; TORRES, Artur. *Sentença, Coisa Julgada e Recursos Cíveis Codificados*: de acordo com as Leis 13.105/2015 e 13.256/2016. Porto Alegre: Livraria do Advogado, 2017. p. 24/47.

Parágrafo único. A critério do tribunal, os serviços de protocolo poderão ser descentralizados, mediante delegação a ofícios de justiça de primeiro grau.

1. Há recursos, conforme abaixo apontado, que devem ser protocolizados junto ao órgão prolator da decisão impugnada – juízo *a quo* (exemplo: apelação, embargos de declaração, recurso ordinário, etc.); outros, de regra, perante o próprio juízo *ad quem* (exemplo: agravo de instrumento). Seja como for, o recurso, mais dia, menos dia, "chegará" ao tribunal. Lá chegando, os autos hão de ser imediatamente registrados junto ao protocolo e adequadamente distribuídos, observando-se, pois, os critérios da *alternatividade*, do *sorteio eletrônico* (sendo o caso) e da *publicidade*. A sistemática sob comento deve, outrossim, ser observada nas hipóteses de competência originária dos tribunais.

2. É facultado aos tribunais, entendendo conveniente, optar pela *descentralização* dos serviços de protocolos.

Art. 930. Far-se-á a distribuição de acordo com o regimento interno do tribunal, observando-se a alternatividade, o sorteio eletrônico e a publicidade.

Parágrafo único. O primeiro recurso protocolado no tribunal tornará prevento o relator para eventual recurso subsequente interposto no mesmo processo ou em processo conexo.

1. Respeitados os critérios legais, compete ao *regimento interno* dos tribunais disciplinar de que forma serão distribuídos os feitos insertos na sua competência.

2. Consoante o teor do *parágrafo único*, art. 930, o relator sorteado para funcionar no primeiro recurso pertinente ao feito, torna-se prevento para a integralidade dos recursos que pertençam à competência do mesmo tribunal. Exemplo: O autor vê, *in concreto*, seu pedido de tutela provisória satisfativa, realizada de maneira incidental, ser indeferida. Face à aludida decisão, o mesmo, agora recorrente, interpõe *agravo de instrumento* (art. 1.015, I). O pleito recursal é direcionado, por sorteio, à 7ª Câmara Cível do TJRS, e nomeado relator o Desembargador João. Independentemente do aludido recurso, e de seu resultado, o processo, na origem, prossegue, alcançando-se, oportunamente, a etapa decisória. Prolatada a sentença, o recurso hábil a impugná-la pertence, também, à competência do TJRS. O Código pretende, com a prescrição legal sob comento, deixar claro que, por já ter exercido a relatoria no julgamento do *agravo de instrumento* acima referido, o Desembargador João, por força de lei, torna-se prevento para também exercê-la no julgamento da *apelação*.

Art. 931. Distribuídos, os autos serão imediatamente conclusos ao relator, que, em 30 (trinta) dias, depois de elaborar o voto, restituí-los-á, com relatório, à secretaria.

1. O pleito recursal (bem como os demais feitos de competência originária do tribunal) será, *incontinenti*, submetido à apreciação do *relator* (sorteado ou prevento) que deve(rá), segundo expressa disposição legal, elaborar seu voto e restituir os autos à secretaria, no prazo limite de 30 dias, a contar da data da conclusão.

2. Denomina-se *relator* o integrante do *órgão colegiado* designado para capitanear o andamento processual.

Art. 932. Incumbe ao relator:

I – dirigir e ordenar o processo no tribunal, inclusive em relação à produção de prova, bem como, quando for o caso, homologar autocomposição das partes;

II – apreciar o pedido de tutela provisória nos recursos e nos processos de competência originária do tribunal;

III – não conhecer de recurso inadmissível, prejudicado ou que não tenha impugnado especificamente os fundamentos da decisão recorrida;

IV – negar provimento a recurso que for contrário a:

a) súmula do Supremo Tribunal Federal, do Superior Tribunal de Justiça ou do próprio tribunal;

b) acórdão proferido pelo Supremo Tribunal Federal ou pelo Superior Tribunal de Justiça em julgamento de recursos repetitivos;

c) entendimento firmado em incidente de resolução de demandas repetitivas ou de assunção de competência;

V – depois de facultada a apresentação de contrarrazões, dar provimento ao recurso se a decisão recorrida for contrária a:

a) súmula do Supremo Tribunal Federal, do Superior Tribunal de Justiça ou do próprio tribunal;

b) acórdão proferido pelo Supremo Tribunal Federal ou pelo Superior Tribunal de Justiça em julgamento de recursos repetitivos;

c) entendimento firmado em incidente de resolução de demandas repetitivas ou de assunção de competência;

VI – decidir o incidente de desconsideração da personalidade jurídica, quando este for instaurado originariamente perante o tribunal;

VII – determinar a intimação do Ministério Público, quando for o caso;

VIII – exercer outras atribuições estabelecidas no regimento interno do tribunal.

Parágrafo único. Antes de considerar inadmissível o recurso, o relator concederá o prazo de 5 (cinco) dias ao recorrente para que seja sanado vício ou complementada a documentação exigível.

1. Os feitos pertencentes à competência dos tribunais devem, como regra, submeterem-se a julgamento colegiado. Ao relator (responsável por capitanear seu processamento) incumbe, por definição, resolver algumas questões "preliminares" e, em alguns casos, até mesmo, enfrentá-los, no mérito, monocraticamente. Em relação aos processos que pertençam à competência originária dos tribunais, o relator (no âmbito das questões preliminares), por exemplo, haverá de (in)deferir o petitório inicial, examinar eventual pedido de tutela provisória, coordenar a produção da prova, ou, ainda, homologar autocomposição a que tenham chegado as partes; no âmbito de sua competência recursal, pois, haverá de realizar juízo de admissibilidade, examinar pedido de concessão de efeito suspensivo *ope iudicis* ou de antecipação dos efeitos da tutela recursal etc.

2. Julgamento monocrático meritório. Art. 932, IV e V, do CPC/2015. Hipóteses. Pautado na adoção de um regime dotado de *técnicas vinculativas*, o CPC/2015 remodela, bem compreendia a afirmativa, as hipóteses em que o relator não só pode, como deve, julgar monocraticamente o pleito recursal. Toma-se por base, nesse contexto, que o recurso verse sobre matéria já alcançada por uma das hipóteses do art. 927 (matéria sumulada; matéria objeto de "*recurso repetitivo*"; objeto de enfrentamento em incidente de resolução de demandas repetitivas ou de assunção de competência, etc.). A lógica é de fácil compreensão: estando o pronunciamento impugnado em consonância com entendimento já sedimentado mediante aplicação de uma das técnicas vinculativas acima apontadas, o relator deve, de pronto, negar provimento ao pleito recursal; estando o julgado, de outro giro, em desconsonância com entendimento sedimentado dessa mesma forma, dar provimento ao recurso, caso em que, em homenagem ao direito fundamental ao contraditório, haverá, necessariamente, de determinar que se proceda prévia intimação do recorrido para, querendo, apresentar contrarrazões, visando a permitir a operacionalização do direito fundamental ao contraditório.

3. Incumbe ao relator, outrossim, (a) decidir o incidente de desconsideração da personalidade jurídica, quando este for instaurado originariamente perante o tribunal; (b) determinar a intimação do Ministério Público, quando for o caso; (c) exercer outras atribuições estabelecidas no regimento interno do tribunal.

4. Na linha *flexibilizatória* observada pelo CPC/2015, é tarefa do relator, também, "antes de considerar inadmissível o recurso", determinar a intimação do recorrente para, no prazo de 5 dias, *sanar, sendo o caso, vício sanável ou, ainda, complementar a documentação (exigível) faltante*. Não se pode perder de vista que, nesses casos, o relator deve, em homenagem ao direito fundamental à motivação, apontar, expressamente, *o que deva ser corrigido ou, ainda, qual a documentação pendente*.

Art. 933. Se o relator constatar a ocorrência de fato superveniente à decisão recorrida ou a existência de questão apreciável de ofício ainda não examinada que devam ser considerados no julgamento do recurso, intimará as partes para que se manifestem no prazo de 5 (cinco) dias.

§ 1º Se a constatação ocorrer durante a sessão de julgamento, esse será imediatamente suspenso a fim de que as partes se manifestem especificamente.

§ 2º Se a constatação se der em vista dos autos, deverá o juiz que a solicitou encaminhá-los ao relator, que tomará as providências previstas no *caput* e, em seguida, solicitará a inclusão do feito em pauta para prosseguimento do julgamento, com submissão integral da nova questão aos julgadores.

1. O *caput* do art. 933, corolário do princípio que veda a prolação de *decisão surpresa*, determina que o relator, nos casos em que observe a existência de fato superveniente à decisão impugnada ou de matéria que deva enfrentar oficiosamente, determine, de pronto, a intimação dos contendores para, querendo, no prazo de 5 dias, influir na construção da norma jurídica a ser aplicada ao caso concreto, ou seja, gozar do direito fundamental ao contraditório.

2. Nos casos em que a constatação (da existência de fato superveniente à decisão impugnada ou de matéria que deva ser enfrentada oficiosamente) *ocorrer na própria sessão de julgamento*, no afã de facultar aos interessados o gozo do direito fundamental ao contraditório, *deve a mesma ser suspensa, incontinenti*. Se a constatação, de outro giro, se der em "vista dos autos", o julgador que houver feito a constatação encaminhará os autos ao relator para que diligencie na realização do expediente previsto no *caput* (intimação dos interessados), e, ato contínuo, solicitará a inclusão do feito na pauta de julgamento, agora, com a submissão da nova questão à integralidade dos julgadores.

3. Consoante enunciado aprovado na I Jornada de Direito Processual Civil, ocorrida na cidade de Brasília (24 e 25 de agosto de 2017), "É direito das partes a manifestação por escrito, no prazo de cinco dias, sobre fato superveniente ou questão de ofício na hipótese do art. 933, § 1°, do CPC, ressalvada a concordância expressa com a forma oral em sessão." (Enunciado 60).

Art. 934. Em seguida, os autos serão apresentados ao presidente, que designará dia para julgamento, ordenando, em todas as hipóteses previstas neste Livro, a publicação da pauta no órgão oficial.

1. *Não sendo caso de julgamento monocrático*, aprazar-se-á, mediante prévia publicação da pauta junto ao órgão oficial, data para o seu julgamento, que respeitará o interregno mínimo de cinco dias entre a *data da publicação da pauta* e a da *sessão de julgamento* (art. 935).

Art. 935. Entre a data de publicação da pauta e a da sessão de julgamento decorrerá, pelo menos, o prazo de 5 (cinco) dias, incluindo-se em nova pauta os processos que não tenham sido julgados, salvo aqueles cujo julgamento tiver sido expressamente adiado para a primeira sessão seguinte.

§ 1º Às partes será permitida vista dos autos em cartório após a publicação da pauta de julgamento.

§ 2º Afixar-se-á a pauta na entrada da sala em que se realizar a sessão de julgamento.

1. Prazo. Entre *a data da publicação da pauta* (que será fixada na entrada da sala onde ocorrerá a solenidade processual) e *a sessão de julgamento* haverá, necessariamente, um distanciamento de 5 dias. Questão que se põe, pois, diz com a regra aplicável à contagem do quinquídio. Considerando-se "prazo processual" em sentido estrito, dever-se-á, em relação ao cômputo, observar o teor do art. 219, contando-se apenas os dias úteis; considerando-se "processual" *lato sensu*, haverá de ser computado em dias corridos.

2. Os processos que, embora pautados para julgamento, não forem enfrentados na sessão designada para tanto serão insertos em nova pauta (com nova publicação), ressalvados os que tiverem, expressamente, seu julgamento adiado para a "primeira sessão seguinte".

3. Após a publicação da pauta, o acesso aos autos ficará restrito à consulta em cartório.

Art. 936. Ressalvadas as preferências legais e regimentais, os recursos, a remessa necessária e os processos de competência originária serão julgados na seguinte ordem:

I – aqueles nos quais houver sustentação oral, observada a ordem dos requerimentos;

II – os requerimentos de preferência apresentados até o início da sessão de julgamento;

III – aqueles cujo julgamento tenha iniciado em sessão anterior; e

IV – os demais casos.

1. Ao art. 936 coube estabelecer a ordem de enfrentamento dos casos concretos. Na sessão de julgamento, ressalvadas *as preferencias legais e regimentais*, serão enfrentados, observada essa ordem, (a) os pleitos nos quais *se admita sustentação oral*; (b) os *requerimentos de preferência apresentados até o início da sessão de julgamento*; (c) os casos em que *o julgamento tenha se iniciado em sessão anterior*; e, por fim, (d) os demais casos.

Art. 937. Na sessão de julgamento, depois da exposição da causa pelo relator, o presidente dará a palavra, sucessivamente, ao recorrente, ao recorrido e, nos casos de sua intervenção, ao membro do Ministério Público, pelo prazo improrrogável de 15 (quinze) minutos para cada um, a fim de sustentarem suas razões, nas seguintes hipóteses, nos termos da parte final do *caput* do art. 1.021:

I – no recurso de apelação;

II – no recurso ordinário;

III – no recurso especial;

IV – no recurso extraordinário;

V – nos embargos de divergência;

VI – na ação rescisória, no mandado de segurança e na reclamação;

VII – (VETADO);

VIII – no agravo de instrumento interposto contra decisões interlocutórias que versem sobre tutelas provisórias de urgência ou da evidência;

IX – em outras hipóteses previstas em lei ou no regimento interno do tribunal.

§ 1º A sustentação oral no incidente de resolução de demandas repetitivas observará o disposto no art. 984, no que couber.

§ 2º O procurador que desejar proferir sustentação oral poderá requerer, até o início da sessão, que o processo seja julgado em primeiro lugar, sem prejuízo das preferências legais.

§ 3º Nos processos de competência originária previstos no inciso VI, caberá sustentação oral no agravo interno interposto contra decisão de relator que o extinga.

§ 4º É permitido ao advogado com domicílio profissional em cidade diversa daquela onde está sediado o tribunal realizar sustentação oral por meio de videoconferência ou outro recurso tecnológico de transmissão de sons e imagens em tempo real, desde que o requeira até o dia anterior ao da sessão.

1. Observar-se-á, na aludida *sessão de julgamento*, a seguinte ordem de trabalho: serão enfrentados, *primeiro*, os recursos em que houver *sustentação oral*, observada a ordem dos requerimentos para o uso da palavra; *segundo*, os que tenham registrado pedido de *preferência* até o início da *sessão de julgamento*; *terceiro*, os que o julgamento tenha se iniciado em sessão anterior; *quarto*, os demais casos, consoante determinação do art. 936. Apregoado o feito, o relator *exporá* a causa *sub judice*. De imediato, nos casos em que se admita *sustentação oral*, dar-se-á, havendo pedido nesse sentido, "a palavra", por quinze minutos, ao recorrente, ao recorrido e, sendo o caso, ao Ministério Público para que sustentem suas razões recursais. Segundo o novel diploma processual, admite-se *sustentação oral* na *apelação*, no *recurso ordinário*, nos *recursos especial e extraordinário*, nos *embargos de divergência*, na ação rescisória, no mandado de segurança e na reclamação, no *agravo de instrumento interposto contra decisões interlocutórias que versem sobre tutelas provisórias de urgência ou da evidência* (novidade!), bem como, nos demais casos admitidos regimentalmente.

2. Devolvida "a palavra" ao órgão julgador (*nos casos em que houver sustentação da tribuna*) e, inexistindo pedido de *vista*, votará, *em primeiro lugar*, o relator; *em seguida*, os demais integrantes da *composição*, atentando-se, pois, à prescrição contida no artigo 938 (*questão preliminar*).

3. Consoante enunciado aprovado na I Jornada de Direito Processual Civil, ocorrida na cidade Brasília (24 e 25 de agosto de 2017), "Deve ser franqueado às partes sustentar oralmente as suas razões, na forma e pelo prazo previsto no art. 937, *caput*, do CPC, no agravo de instrumento que impugne decisão de resolução parcial de mérito (art. 356, § 5º, do CPC)." (Enunciado 61).

Art. 938. A questão preliminar suscitada no julgamento será decidida antes do mérito, deste não se conhecendo caso seja incompatível com a decisão.

§ 1º Constatada a ocorrência de vício sanável, inclusive aquele que possa ser conhecido de ofício, o relator determinará a realização ou a renovação do ato processual, no próprio tribunal ou em primeiro grau de jurisdição, intimadas as partes.

§ 2º Cumprida a diligência de que trata o § 1º, o relator, sempre que possível, prosseguirá no julgamento do recurso.

§ 3º Reconhecida a necessidade de produção de prova, o relator converterá o julgamento em diligência, que se realizará no tribunal ou em primeiro grau de jurisdição, decidindo-se o recurso após a conclusão da instrução.

§ 4º Quando não determinadas pelo relator, as providências indicadas nos §§ 1º e 3º poderão ser determinadas pelo órgão competente para julgamento do recurso.

1. O dispositivo sob comento determina que, *havendo questão preliminar a ser enfrentada*, não se passará à análise meritória recursal sem antes superá-la.

2. No que tange ao enfrentamento das questões prejudiciais verificadas *in concreto*, o CPC/2015, destacando a diretriz *do melhor aproveitamento dos atos processuais*, prescreve que, identificado a ocorrência de vício sanável, "inclusive aquele que possa ser conhecido de ofício", o relator determinará a realização ou a renovação do ato processual, no "próprio tribunal ou em primeiro grau, intimadas as partes", prosseguindo-se no julgamento "sempre que possível".

3. Reconhecida a necessidade de produção de prova, o relator converterá o julgamento em diligência (que se realizará no tribunal ou em instância inferior), decidindo-se o recurso após a conclusão de tal etapa.

Art. 939. Se a preliminar for rejeitada ou se a apreciação do mérito for com ela compatível, seguir-se-ão a discussão e o julgamento da matéria principal, sobre a qual deverão se pronunciar os juízes vencidos na preliminar.

1. O julgamento de um caso concreto inicia-se, por definição, pelo enfrentamento das ditas matérias "preliminares". Sendo elas rejeitadas, pois, prosseguir-se-á para o enfrentamento meritório, sobre o qual, inclusive os julgadores vencidos na preliminar (isto é, *os que acolheram, inicialmente, a tese de impossibilidade de enfrentamento meritório imediato da causa*), deverão se manifestar.

Art. 940. O relator ou outro juiz que não se considerar habilitado a proferir imediatamente seu voto poderá solicitar vista pelo prazo máximo de 10 (dez) dias, após o qual o recurso será reincluído em pauta para julgamento na sessão seguinte à data da devolução.

§ 1º Se os autos não forem devolvidos tempestivamente ou se não for solicitada pelo juiz prorrogação de prazo de no máximo mais 10 (dez) dias, o presidente do órgão fracionário os requisitará para julgamento do recurso na sessão ordinária subsequente, com publicação da pauta em que for incluído.

§ 2º Quando requisitar os autos na forma do § 1º, se aquele que fez o pedido de vista ainda não se sentir habilitado a votar, o presidente convocará substituto para proferir voto, na forma estabelecida no regimento interno do tribunal.

1. Vista de autos. Caso um dos integrantes do órgão colegiado competente para processar e julgar a causa (recursal ou de competência originária) não se considerar habilitado para enfrentá-la de imediato, poderá requerer lhe seja dado "vista" dos autos, *pelo prazo de 10 dias (prorrogável, pelo mesmo prazo, mediante fundamentação)*. O aludido prazo serve, pois, a permitir o reestudo do caso concreto. Transcorrido o aludido decêndio, o caso será reincluído na pauta de julgamento, devendo ser enfrentado, como regra, "na sessão seguinte à data da devolução" dos autos pelo julgador que pugnou pela concessão da "vista".

2. Transcorrência de prazo. *Silêncio do julgador que pugnou pela "vista"*. Incumbe ao presidente do órgão fracionário ao qual competir a apreciação da causa, *face à inércia do julgador que requereu vista dos autos*, requisitá-los para o julgamento na sessão ordinária subsequente (a próxima, a contar da devolução dos autos mediante requerimento do presidente). Não estando aquele que realizou o pedido de vista, ainda, habilitado para julgar o caso concreto, haverá de ser substituído por algum de seus pares, no afã de permitir o enfrentamento imediato do pleito.

Art. 941. Proferidos os votos, o presidente anunciará o resultado do julgamento, designando para redigir o acórdão o relator ou, se vencido este, o autor do primeiro voto vencedor.

§ 1º O voto poderá ser alterado até o momento da proclamação do resultado pelo presidente, salvo aquele já proferido por juiz afastado ou substituído.

§ 2º No julgamento de apelação ou de agravo de instrumento, a decisão será tomada, no órgão colegiado, pelo voto de 3 (três) juízes.

§ 3º O voto vencido será necessariamente declarado e considerado parte integrante do acórdão para todos os fins legais, inclusive de pré-questionamento.

1. A redação do acórdão competirá ao *relator*, se vencedora a tese por ele acolhida; ao *julgador*, vencido o relator, *que inaugurou a divergência*.

2. O voto de quaisquer integrantes do órgão colegiado poderá ser alterado enquanto não proclamado, pelo presidente, oficialmente, o resultado do julgamento, *ressalvados os votos proferidos "por juiz afastado ou substituído"*.

3. O voto vencido constará "necessariamente" do acórdão, revelando-se, para todos os fins legais (servindo, inclusive, à superação do requisito de admissibilidade recursal específico denominado pré-questionamento – exigido, por disposição constitucional, para a admissibilidade dos recursos especial e extraordinário), parte integrante do julgado.

Art. 942. Quando o resultado da apelação for não unânime, o julgamento terá prosseguimento em sessão a ser designada com a presença de outros julgadores, que serão convocados nos termos previamente definidos no regimento interno, em número suficiente para garantir a possibilidade de inversão do resultado inicial, assegurado às partes e a eventuais terceiros o direito de sustentar oralmente suas razões perante os novos julgadores.

§ 1º Sendo possível, o prosseguimento do julgamento dar-se-á na mesma sessão, colhendo-se os votos de outros julgadores que porventura componham o órgão colegiado.

§ 2º Os julgadores que já tiverem votado poderão rever seus votos por ocasião do prosseguimento do julgamento.

§ 3º A técnica de julgamento prevista neste artigo aplica-se, igualmente, ao julgamento não unânime proferido em:

I – ação rescisória, quando o resultado for a rescisão da sentença, devendo, nesse caso, seu prosseguimento ocorrer em órgão de maior composição previsto no regimento interno;

II – agravo de instrumento, quando houver reforma da decisão que julgar parcialmente o mérito.

§ 4º Não se aplica o disposto neste artigo ao julgamento:

I – do incidente de assunção de competência e ao de resolução de demandas repetitivas;

II – da remessa necessária;

III – não unânime proferido, nos tribunais, pelo plenário ou pela corte especial.

1. O teor do art. 942, bem compreendida a afirmativa, disciplina verdadeira técnica de (re)julgamento, motivada pela falta de unanimidade, no tribunal, no que diz com o resultado da causa. É conhecida nos tribunais, também, como *técnica de julgamento estendido*. Nos casos previstos em lei, não sendo unânime o resultado (reitere-se, no tribunal), prosseguir-se-á, de ofício, no julgamento da causa, convocando-se número suficiente de julgadores para, sendo o caso, em sessão própria (*como regra* – em que será garantido aos interessados *in concreto* o direito de fazer uso da palavra perante os "novos" julgadores; mostrando-se viável, o (re)julgamento, *excepcionalmente*, poderá ocorrer na mesma sessão), reverter o resultado a que se chegou por maioria de votos.

2. Aplica-se a técnica do *julgamento estendido* (prevista pelo art. 942), respeitados os pressupostos legais, à (a) *ação rescisória, quando o resultado for a rescisão da sentença*, devendo, nesse caso, seu prosseguimento ocorrer perante o órgão de maior composição previsto no regimento interno; (b) *agravo de instrumento*, quando houver *reforma da decisão que julgar parcialmente o mérito*. De outro giro, não tem aplicabilidade, ainda que o resultado alcançado retrate a falta de unanimidade entre os integrantes do órgão colegiado, aos julgamentos (1) proferidos em sede de *incidente de assunção de competência* e de *resolução de demandas repetitivas*; (b) oriundos da aplicação do instituto da *remessa necessária* (vide comentários ao art. 496), bem como (3) às decisões proferidas, nos tribunais, pelo *plenário* ou pelo *órgão especial*.

3. Afirmamos tratar-se o expediente sob comento de "técnica de (re)julgamento" uma vez que, embora anunciado o resultado (anunciação essa que, inclusive, figura na condição de pressuposto para a aplicação da técnica sob comento – *não há como saber se o resultado retrata ou não unanimidade antes de anunciado oficialmente*), o § 2°, do art. 942, autoriza, expressamente, *os julgadores que já tenham votado a rever seu posicionamento, reexaminando o caso concreto*.

4. Consoante enunciados aprovados na I Jornada de Direito Processual Civil, ocorrida na cidade de Brasília (24 e 25 de agosto de 2017), "Aplica-se a técnica prevista no art. 942 do CPC no julgamento de recurso de apelação interposto em mandado de segurança." (Enunciado 62); "A técnica de que trata o art. 942, § 3°, I, do CPC aplica-se à hipótese de rescisão parcial do julgado." (Enunciado 63).

Art. 943. Os votos, os acórdãos e os demais atos processuais podem ser registrados em documento eletrônico inviolável e assinados eletronicamente, na forma da lei, devendo ser impressos para juntada aos autos do processo quando este não for eletrônico.

§ 1º Todo acórdão conterá ementa.

§ 2º Lavrado o acórdão, sua ementa será publicada no órgão oficial no prazo de 10 (dez) dias.

1. Na linha do desenvolvimento tecnológico e da provável extinção, em breve, da integralidade dos autos físicos, o CPC/2015 ratifica a possibilidade de que o registro de quaisquer atos processuais possa ser realizado de maneira eletrônica, *destacando a necessidade de impressão, para juntada aos autos, quando o feito tramitar em plataforma física*.

2. Todo acórdão, consoante expressa previsão legal, conterá ementa, que será objeto de publicação, no órgão oficial (hoje, o DJE), no prazo de até 10 dias. Trata-se (a ementa) de espécie de "resumo" que retrata, o quanto possível, o objeto do enfrentamento judicial e da tese que deva prevalecer no caso concreto.

Art. 944. Não publicado o acórdão no prazo de 30 (trinta) dias, contado da data da sessão de julgamento, as notas taquigráficas o substituirão, para todos os fins legais, independentemente de revisão.

Parágrafo único. No caso do *caput*, o presidente do tribunal lavrará, de imediato, as conclusões e a ementa e mandará publicar o acórdão.

1. O CPC/2015 estabelece como prazo (limite do limite) para a publicação de acórdão, o período de 30 dias, contados da data da sessão de julgamento. Vilipendiado o aludido prazo, as notas taquigráficas pertinentes ao caso concreto servirão, independentemente de revisão, para todos os fins legais.

Art. 945. (Revogado pela Lei 13.256/2016).

1. A redação originária do CPC/2015 previa: "Art. 945. A critério do órgão julgador, o julgamento dos recursos e dos processos de competência originária que não admitem sustentação oral poderá realizar-se por meio eletrônico. § 1º O relator cientificará as partes, pelo Diário da Justiça, de que o julgamento se fará por meio eletrônico. § 2º Qualquer das partes poderá, no prazo de 5 (cinco) dias, apresentar memoriais ou discordância do julgamento por meio eletrônico. § 3º A discordância não necessita de motivação, sendo apta a determinar o julgamento em sessão presencial. § 4º Caso surja alguma divergência entre os integrantes do órgão julgador durante o julgamento eletrônico, este ficará imediatamente suspenso, devendo a causa ser apreciada em sessão presencial". Face à anunciada revogação, não há, pois, comentários a serem feitos.

Art. 946. O agravo de instrumento será julgado antes da apelação interposta no mesmo processo.

Parágrafo único. Se ambos os recursos de que trata o *caput* houverem de ser julgados na mesma sessão, terá precedência o agravo de instrumento.

1. Ao artigo sob comento, pautado em *critério lógico*, coube disciplinar a ordem de julgamento quando, num mesmo caso concreto, forem interpostos *agravo de instrumento* e *apelação*. Considerando que, no mais das vezes, o julgamento do *agravo* pode (ao menos em tese) tornar prejudicado o enfrentamento da apelação, o Código estabelece ordem de enfrentamento dos pleitos recursais: julga-se, primeiro, o *agravo de instrumento* e, não sendo o resultado do julgamento prejudicial, depois, a *apelação*. A ordem se impõe, como é intuitivo, em nome do melhor aproveitamento dos atos processuais.

CAPÍTULO III
DO INCIDENTE DE ASSUNÇÃO DE COMPETÊNCIA[165]

Art. 947. É admissível a assunção de competência quando o julgamento de recurso, de remessa necessária ou de processo de competência originária envolver relevante questão de direito, com grande repercussão social, sem repetição em múltiplos processos.

§ 1º Ocorrendo a hipótese de assunção de competência, o relator proporá, de ofício ou a requerimento da parte, do Ministério Público ou da Defensoria Pública, que seja o recurso, a remessa necessária ou o processo de competência originária julgado pelo órgão colegiado que o regimento indicar.

§ 2º O órgão colegiado julgará o recurso, a remessa necessária ou o processo de competência originária se reconhecer interesse público na assunção de competência.

§ 3º O acórdão proferido em assunção de competência vinculará todos os juízes e órgãos fracionários, exceto se houver revisão de tese.

§ 4º Aplica-se o disposto neste artigo quando ocorrer relevante questão de direito a respeito da qual seja conveniente a prevenção ou a composição de divergência entre câmaras ou turmas do tribunal.

1. Trata-se, grosso modo, de *técnica processual* cujo desiderato consiste em definir *tese jurídica vinculante,* por ocasião do enfrentamento de causa classificada como sendo de acentuada *repercussão* ou *relevância social,* que tramite perante um tribunal (seja em decorrência de sua competência originária, de sua competência recursal ou de remessa necessária), ainda que inexistente a multiplicidade de demandas. A admissão do incidente está condicionado, pois, à *juízo positivo de admissibilidade* pelo órgão competente para julgá-lo no mérito. Tal órgão (definido regimentalmente), no afã de verificar a pertinência da instauração do incidente sob comento, examinará a existência, ou não, de interesse público na aplicação da técnica de julgamento sob comento.

2. A instauração do incidente (ou seja, a solicitação de aplicação da técnica de julgamento) dar-se-á de *ofício* ou a *requerimento* (da parte, do *parquet* ou da Defensoria). Inteligência dos art. 947, § 1°, do CPC/2015.

3. Ao *regimento interno* do tribunal perante o qual tramitar o feito (que sirva de base à instauração do incidente) incumbe, previamente a sua admissão, designar o órgão (fracionário, caso não pertença tal prerrogativa ao pleno) competente para processar e julgar o incidente sob comento.

4. O julgamento do incidente, ou melhor, seu resultado, vinculará (vertical e horizontalmente), enquanto não revisada a tese, todos os integrantes do tribunal prolator da decisão.

5. Aplica-se a técnica vinculativa sob comento, outrossim, quando se verificar a existência de "relevante questão de direito" *sub judice,* acerca da qual "seja conveniente a prevenção ou a composição de divergência entre câmaras ou turmas do tribunal".

[165] Para consulta dos incidentes com tramitação junto ao STJ, Disponível em:<http://www.stj.jus.br/repetitivos/temas_repetitivos/pesquisa.jsp?&l=10&i=1&tt=I>.

CAPÍTULO IV
DO INCIDENTE DE ARGUIÇÃO DE INCONSTITUCIONALIDADE

1. Controle difuso de constitucionalidade. "Desde a Constituição Federal de 1891, considerada a importação do *judicial review* estadunidense, o sistema brasileiro retomou a tradição do *iustum iudicium*, traço inerente ao *direito comum*, autorizando-se a revisão de todo e qualquer ato de poder do Estado. 'Com o controle difuso de constitucionalidade, adjudicado a todos os órgãos do Poder Judiciário brasileiro' (do Juiz de primeiro grau ao Ministro do Supremo) 'nasce a supremacia do direito no Estado Democrático e Social de Direito brasileiro.' Desde lá, rememore-se, inexiste entre nós limites à revisibilidade, *in concreto*, da íntegra dos atos estatais 'que desbordem da juridicidade' constitucional". TORRES, Artur. *Fundamentos de um direito processual civil contemporâneo*. Porto Alegre: Arana, 2016. V. I. p. 107.

2. Reserva de Plenário. "Somente pelo voto da maioria absoluta de seus membros ou dos membros do respectivo órgão especial poderão os tribunais declarar a inconstitucionalidade de lei ou ato normativo do Poder Público." (art. 97 da CF/88).

3. "A diferença entre o ato do juízo singular e do órgão fracionário. Há uma diferença entre o controle exercido pelo juiz singular e o controle exercido pelos tribunais. (...) em sede de controle difuso a inconstitucionalidade não compõe o mérito da causa. Como questão prejudicial, ela pode alterar o destino do julgamento de mérito, mas nunca será, ela mesma, objeto de julgamento de mérito (apenas nos casos de controle concentrado é que temos a inconstitucionalidade como objeto do pedido e, portanto, mérito). Assim, qualquer juiz ou tribunal pode conhecer da inconstitucionalidade independentemente de ter sido ela requerida pelas partes sem que esse reconhecimento implique julgamento *extra petita*. Vale dizer, o reconhecimento da inconstitucionalidade não ofende a regra da congruência entre pedido e sentença na medida em que a inconstitucionalidade não compõe o mérito (procedência ou improcedência) do pedido. Ela pode influir no resultado do julgamento de mérito. Mas não é, ela mesma, mérito. Por isso que, tecnicamente falando, em sede de controle difuso, o órgão jurisdicional enfrenta a questão da inconstitucionalidade no capítulo da sentença que versa sobre a fundamentação e jamais no dispositivo (...). Nessa medida, há que se ressalvar que, no controle difuso de constitucionalidade, a decisão que afasta a aplicação de um dispositivo inconstitucional faz coisa julgada formal. Sem embargo, há que se anotar uma diferença entre o enfrentamento da inconstitucionalidade realizado pelo juízo singular e aquele realizado no âmbito dos tribunais. Essa diferença existe para dar cumprimento ao que impõe o art. 97 da CF/88 (reserva de plenário). (...) é importante destacar que os órgãos fracionários estão proibidos, pelo art. 97 da CF/88, secundado pela Súmula Vinculante 10 do STF, de afastar a disposição tida como inconstitucional nos casos de sua competência. Ainda que a questão tenha origem no voto de um dos julgadores que compõem a Turma ou Câmara, os dispositivos mencionados obrigam que o órgão fracionário remeta a decisão sobre a inconstitucionalidade levantada ao plenário ou, nos casos em que exista, ao órgão especial. (...) cabe ao órgão fracionário simples juízo de admissibilidade sobre a instalação do incidente, estando-lhe vedada a possibilidade, por si só, afastar a aplicação do ato inconstitucional (...). (...) é possível visualizar diferenças entre a atividade do juízo singular, do órgão fracionário e do plenário ou órgão especial (...) existem diferenças: o juiz deixa de aplicar a lei inquinada de inconstitucional. Isto quer dizer que, em outra circunstância, essa mesma lei pode por ele ser aplicada (por exemplo, uma lei municipal que trata do número de vereadores ou em um determinado caso em que foi violada a anualidade – no ano seguinte, a lei valerá). Seu ato não invalida a lei com efeito *erga omnes*. Já o ato do Tribunal, uma vez acolhido o incidente, produzirá vinculação junto aos demais órgãos fracionários (...)". STRECK, Lenio. *In:* STRECK, Lenio; NUNES, Dierle; CUNHA, Leonardo Carneiro da. Comentários ao Código de Processo Civil. São Paulo: Saraiva, 2016. p. 1.228.

4. Esclareça-se: ao presente capítulo importa, tão somente, a arguição de inconstitucionalidade realizada perante os tribunais.

Art. 948. Arguida, em controle difuso, a inconstitucionalidade de lei ou de ato normativo do poder público, o relator, após ouvir o Ministério Público e as partes, submeterá a questão à turma ou à câmara à qual competir o conhecimento do processo.

1. Não há confundir, pois, a competência para verificar a conveniência de instauração do incidente sob comento, com a competência para processar e julgar a (in)constitucionalidade da lei ou do ato normativo atacados. Suscitada a inconstitucionalidade, o relator submeterá tal situação, após ouvir as partes e o parquet, à apreciação do órgão (fracionário simples) competente para julgar a causa ou recurso in concreto, no afã de que se examine, colegiadamente, única e exclusivamente, a viabilidade de instauração do incidente em epígrafe.

Art. 949. Se a arguição for:

I – rejeitada, prosseguirá o julgamento;

II – acolhida, a questão será submetida ao plenário do tribunal ou ao seu órgão especial, onde houver.

Parágrafo único. Os órgãos fracionários dos tribunais não submeterão ao plenário ou ao órgão especial a arguição de inconstitucionalidade quando já houver pronunciamento destes ou do plenário do Supremo Tribunal Federal sobre a questão.

1. Rejeitada a conveniência de instauração do incidente, o relator (nos casos em que possua poder para julgar monocraticamente a questão) ou o órgão fracionário, prosseguirão no enfrentamento da causa em que a inconstitucionalidade foi arguida; acolhida, a questão necessariamente será submetida ao plenário do tribunal ou ao órgão especial, em respeito ao ditame constitucional contido no art. 97 da CF/88 (reserva de plenário).

2. Havendo manifestação anterior (plenária ou do órgão especial) no tribunal competente para enfrentar a causa *in concreto*, ou do plenário do STF, acerca da (in)constitucionalidade suscitada, não há cogitar novo juízo sobre a admissão do incidente.

Art. 950. Remetida cópia do acórdão a todos os juízes, o presidente do tribunal designará a sessão de julgamento.

§ 1º As pessoas jurídicas de direito público responsáveis pela edição do ato questionado poderão manifestar-se no incidente de inconstitucionalidade se assim o requererem, observados os prazos e as condições previstos no regimento interno do tribunal.

§ 2º A parte legitimada à propositura das ações previstas no art. 103 da Constituição Federal poderá manifestar-se, por escrito, sobre a questão constitucional objeto de apreciação, no prazo previsto pelo regimento interno, sendo-lhe assegurado o direito de apresentar memoriais ou de requerer a juntada de documentos.

§ 3º Considerando a relevância da matéria e a representatividade dos postulantes, o relator poderá admitir, por despacho irrecorrível, a manifestação de outros órgãos ou entidades.

1. Em caso de *juízo positivo* no que diz com a *instauração do incidente*, o acórdão que o admitir será remetido a todos os "juízes", ocasião em que o presidente do tribunal aprazará data para o enfrentamento meritório da matéria, ou seja, a (in)constitucionalidade propriamente dita.

2. Ao editor do ato normativo atacado é facultado, observado o teor do regimento interno do tribunal competente para processar e julgar a *arguição de inconstitucionalidade*, intervir no incidente. Tal faculdade se estende, segundo o CPC/2015, aos legitimados à propositura das ações previstas pelo art. 103 da Constituição Federal, sendo-lhe assegurado o direito de apresentar memoriais e requerer a juntada da documentação que entender pertinente ao enfrentamento da matéria.[166]

3. Ao relator (do incidente de inconstitucionalidade) compete examinar a conveniência da admissão, *in concreto*, da participação de terceiros no incidente. O pronunciamento judicial que enfrenta tal possibilidade é, consoante expres-

[166] "Podem propor a ação direta de inconstitucionalidade e a ação declaratória de constitucionalidade: (Redação dada pela Emenda Constitucional nº 45, de 2004) I – o Presidente da República; II – a Mesa do Senado Federal; III – a Mesa da Câmara dos Deputados; IV a Mesa de Assembléia Legislativa ou da Câmara Legislativa do Distrito Federal; (Redação dada pela Emenda Constitucional nº 45, de 2004) V o Governador de Estado ou do Distrito Federal; (Redação dada pela Emenda Constitucional nº 45, de 2004) VI – o Procurador-Geral da República; VII – o Conselho Federal da Ordem dos Advogados do Brasil; VIII – partido político com representação no Congresso Nacional; IX – confederação sindical ou entidade de classe de âmbito nacional. § 1º O Procurador-Geral da República deverá ser previamente ouvido nas ações de inconstitucionalidade e em todos os processos de competência do Supremo Tribunal Federal. § 2º Declarada a inconstitucionalidade por omissão de medida para tornar efetiva norma constitucional, será dada ciência ao Poder competente para a adoção das providências necessárias e, em se tratando de órgão administrativo, para fazê-lo em trinta dias. § 3º Quando o Supremo Tribunal Federal apreciar a inconstitucionalidade, em tese, de norma legal ou ato normativo, citará, previamente, o Advogado-Geral da União, que defenderá o ato ou texto impugnado." (art. 103 da CF/88).

sa disposição legal, irrecorrível. Acerca do tema *Amicus Curiae,* vide: TORRES, Artur. CPC passado a limpo: parte geral, procedimento comum e cumprimento de sentença. Porto Alegre: Livraria do Advogado, 2018. p. 139/142. v. I.

CAPÍTULO V
DO CONFLITO DE COMPETÊNCIA

1. O conflito de competência pode ser *positivo* ou *negativo*. Diz-se *positivo,* quando dois ou mais juízes se declaram competentes para processar e julgar o mesmo feito; *negativo*, quando dois ou mais juízes se declaram incompetentes para processar e julgar a causa, atribuindo um ao outro competência. Há conflito de competência, ainda, quando dois ou mais julgadores controvertem acerca da reunião ou separação de processos. Inteligência do art. 66 do CPC/2015.

2. Destina-se, o capítulo sob comento, a regular o expediente processual a ser observado ao tempo do enfrentamento do tema *conflito de competência.*

Art. 951. O conflito de competência pode ser suscitado por qualquer das partes, pelo Ministério Público ou pelo juiz.

Parágrafo único. O Ministério Público somente será ouvido nos conflitos de competência relativos aos processos previstos no art. 178, mas terá qualidade de parte nos conflitos que suscitar.

1. Legitimidade ativa. Coube ao art. 951 esquadrinhar a legitimidade para suscitar o *conflito* sob comento. Às partes, ao *parquet*, bem como ao próprio julgador, compete, pois, suscitá-lo.

2. Face à função exercida pelo órgão ministerial no processo civil, há, consoante apontamento legal, restrição a sua participação nos incidentes de conflito de competência. O *parquet* apenas será ouvido (nos termos do art. 956) nos casos em que o processo em que nasceu o conflito de competência autorizar/exigir sua participação.

3. "Ao contrário do CPC/73, O CPC/2015 não determinou a obrigatoriedade de oitiva do Ministério Público em todos os conflitos de competência. Sob a égide do CPC/73, o art. 116, parágrafo único, dizia que o 'Ministério Público será ouvido em todos os conflitos de competência'; ao passo que a redação atual do parágrafo único do art. 951, ora em comento, expressamente consigna que o 'Ministério Público somente será ouvido nos conflitos de competência relativos aos processos previsto no art. 178'. Ou seja, com a redação atual o MP somente será ouvido nos processos em que sua participação seja obrigatória (art. 178 do CPC/2015." (RODOVALHO, Thiago. *In:* STRECK, Lenio; NUNES, Dierle; CUNHA, Leonardo Carneiro da. *Comentários ao Código de Processo Civil.* São Paulo: Saraiva, 2016. p. 1.234).

4. Acerca da atuação do *parquet* no processo civil, vide: TORRES, Artur. *CPC passado a limpo*: parte geral, procedimento comum e cumprimento de sentença. Porto Alegre: Livraria do Advogado, 2018. p. 168/171. v. I.

Art. 952. Não pode suscitar conflito a parte que, no processo, arguiu incompetência relativa.

Parágrafo único. O conflito de competência não obsta, porém, a que a parte que não o arguiu suscite a incompetência.

1. O ordenamento pátrio submete os distintos critérios utilizados para distribuição da competência (objetivo,[167] funcional[168] e territorial) aos regimes, a saber: o da (in)competência absoluta (informado pelo interesse público numa mais eficiente e organizada administração da justiça) e o da (in)competência relativa (informado pela facilitação do acesso à justiça) (LIEBMAN, Enrico Tulio. *Manuale di Diritto Processuale Civile*. 4. ed. Milão: Giuffrè, 1980. p. 74). A violação de regra adstrita ao sistema de (in)competência absoluta (por exemplo, em razão da matéria – critério objetivo), para além do dever de apontamento oficioso, não se submete ao regime da preclusão, inadmitindo-se, pois, sua prorrogação. Incumbe à parte, nos casos em que se omita o juízo, alegá-la na primeira oportunidade de se manifestar nos autos (o réu, consoante expressa prescrição legal, suscitar-lhe-á em preliminar de contestação – art. 337, II do CPC/2015); já os casos de violação à regra sujeita ao regime da (in)competência relativa devem ser apreciados, tão somente, a requerimento da parte prejudicada, pena de prorrogação da mesma (art. 65 do CPC/2015). Tais violações devem ser suscitadas pelo réu, também, em preliminar de contestação.

2. Nada obstante sua *legitimidade* (que deriva da natureza de sua participação no feito), falta *interesse de agir* (para promover o pleito sob comento) à parte que tenha suscitado, nos autos, a incompetência relativa. Inteligência do art. 952, *caput* do CPC/2015.

Art. 953. O conflito será suscitado ao tribunal:

I – pelo juiz, por ofício;

II – pela parte e pelo Ministério Público, por petição.

Parágrafo único. O ofício e a petição serão instruídos com os documentos necessários à prova do conflito.

1. A competência para processar e julgar o conflito sob comento, consoante denuncia a localização da matéria, pertence aos tribunais. O "debate" será levado ao tribunal competente (a) por ofício, quando suscitado pelo julgador ou (b) por petição, quando suscitado por outro legitimado qualquer.

2. Tanto o ofício, quanto a petição destinada à instauração do expediente processual sob análise, serão instruídos com os documentos indispensáveis à comprovação (e compreensão) do conflito suscitado.

Art. 954. Após a distribuição, o relator determinará a oitiva dos juízes em conflito ou, se um deles for suscitante, apenas do suscitado.

[167] Competência em razão do valor, da matéria, da pessoa etc.

[168] Em razão de "exigências especiais das funções que se chama o magistrado a exercer no processo" e que também podem tomar por base a territorialidade ("territorial funcional"). CHIOVENDA, Giuseppe. *Instituições de Direito Processual Civil*. p. 680.

Parágrafo único. No prazo designado pelo relator, incumbirá ao juiz ou aos juízes prestar as informações.

1. Distribuído, ouvir-se-á, em homenagem ao *direito fundamental ao contraditório*, os juízes envolvidos. Sendo um deles o suscitante, apenas ao suscitado, no aludido contexto, será dado "voz".

2. Toca ao relator, pois, a fixação do prazo para que os julgadores envolvidos prestem, sendo o caso, as informações que entender convenientes.

Art. 955. O relator poderá, de ofício ou a requerimento de qualquer das partes, determinar, quando o conflito for positivo, o sobrestamento do processo e, nesse caso, bem como no de conflito negativo, designará um dos juízes para resolver, em caráter provisório, as medidas urgentes.

Parágrafo único. O relator poderá julgar de plano o conflito de competência quando sua decisão se fundar em:

I – súmula do Supremo Tribunal Federal, do Superior Tribunal de Justiça ou do próprio tribunal;

II – tese firmada em julgamento de casos repetitivos ou em incidente de assunção de competência.

1. Consoante dito alhures, o conflito de competência pode ser *positivo* ou *negativo*. Em sendo *positivo*, ou seja, dois ou mais juízes se dão por competentes para examinar a causa, o relator, entendendo conveniente, poderá determinar a imediata suspensão do feito, designando um dos juízes (em conflito) para examinar ("em caráter provisório"), sendo o caso, os *pedidos que versarem sobre medidas urgentes*.[169]

2. O conflito de competência não só pode, como deve, presentes os requisitos legais, ser julgado de imediato. Ora, se as teses oriundas da aplicação de *técnica (processual) de vinculatividade* gozam, realmente, de eficácia vinculante, não há alongar o procedimento em tela, pena de violação a noção de devido processo de direito. Deve o relator, *também vinculado ao produto da aplicação da técnica processual acima referida* (uma vez que nem querendo poderá julgar em sentido contrário), imediatamente, prestar jurisdição no concernente, aplicando a tese a que está obrigado.

Art. 956. Decorrido o prazo designado pelo relator, será ouvido o Ministério Público, no prazo de 5 (cinco) dias, ainda que as informações não tenham sido prestadas, e, em seguida, o conflito irá a julgamento.

1. Em não sendo o caso de julgamento imediato, o conflito será enfrentado após a oitiva ministerial (que só será intimado quando a legislação assim prescrever – vide art. 957, parágrafo único), cujo prazo para se manifestar nos autos será de cinco dias.

[169] Acerca do tema *tutela provisória*, vide: TORRES, Artur. *CPC passado a limpo*: parte geral, procedimento comum e cumprimento de sentença. Porto Alegre: Livraria do Advogado, 2018. p. 233/252. v. I.

Art. 957. Ao decidir o conflito, o tribunal declarará qual o juízo competente, pronunciando-se também sobre a validade dos atos do juízo incompetente.
Parágrafo único. Os autos do processo em que se manifestou o conflito serão remetidos ao juiz declarado competente.

1. Finalidade do incidente. Declaração do juízo competente. Consequências forenses. O escopo do expediente sob comento é evidente: declarar o juízo competente para processar e julgar determinado caso concreto. Enfrentada a matéria, portanto, cabe ao tribunal declará-lo, ocasião em que se manifestará, sendo o caso, acerca da validade dos atos já praticados perante o juízo declarado incompetente. Em atenção ao teor da decisão que enfrenta o conflito de competência, os autos serão encaminhados (por óbvio, ao juízo declarado competente) para regular prosseguimento.

Art. 958. No conflito que envolva órgãos fracionários dos tribunais, desembargadores e juízes em exercício no tribunal, observar-se-á o que dispuser o regimento interno do tribunal.

1. Em se tratando de conflito que envolva a competência dos integrantes do próprio tribunal, observar-se-á, pois, as disposições regimentais para superar o conflito suscitado.

Art. 959. O regimento interno do tribunal regulará o processo e o julgamento do conflito de atribuições entre autoridade judiciária e autoridade administrativa.

1. Também compete ao regimento interno disciplinar o expediente quando o conflito ocorra entre *autoridade judiciária* e *administrativa*.

CAPÍTULO VI
DA HOMOLOGAÇÃO DE DECISÃO ESTRANGEIRA E DA CONCESSÃO DO *EXEQUATUR* À CARTA ROGATÓRIA

1. A melhor compreensão das *ações* sob comento, passa, segundo pensamos, pelo raciocínio, a saber: cada Estado é, por definição, soberano nos limites de seu território. Nesse cenário, portanto, a ele toca a *dicção do direito*, não só em abstrato. Nos casos em que venha a ser chamado a intervir, sentença (produto da *dicção do direito* em concreto), estampará solução dada ao conflito de interesses *sub judice*. A extensão eficacial do aludido pronunciamento encontra, não raro, limite no espaço de soberania do Estado prolator. Nada obstante a existência de sistemas distintos,[170] entre nós, a eficácia da *sentença*

[170] "Diante do problema da sentença estrangeira, a posição das nações não é uniforme, havendo as que admitem um reconhecimento imediato de eficácia da jurisdição estrangeira e outras que negam qualquer validade em seus territórios aos pronunciamentos jurisdicionais de outros Estados. A Holanda, por exemplo, nenhum efeito atribui às decisões proferidas em tribunais de outros países. A Alemanha e a Espanha, por outro lado, apenas exigem a reciprocidade, i.e., reconhecem a eficácia da sentença estrangeira, desde que o país de origem adote critério recíproco. Na Inglaterra e nos Estados Unidos, a sentença dos juízes estran-

estrangeira depende, como regra, de juízo de delibação, objeto do pleito judicial sob comento, regulado pelos ditames contidos no artigos 960/965 da Lei 13.105/2015.

Art. 960. A homologação de decisão estrangeira será requerida por ação de homologação de decisão estrangeira, salvo disposição especial em sentido contrário prevista em tratado.

§ 1º A decisão interlocutória estrangeira poderá ser executada no Brasil por meio de carta rogatória.

§ 2º A homologação obedecerá ao que dispuserem os tratados em vigor no Brasil e o Regimento Interno do Superior Tribunal de Justiça.

§ 3º A homologação de decisão arbitral estrangeira obedecerá ao disposto em tratado e em lei, aplicando-se, subsidiariamente, as disposições deste Capítulo.

1. A obrigatoriedade, ou não, da propositura da *ação homologatória* pode figurar como objeto de tratado do qual o Brasil seja signatário. A regra, contudo, é de que a *sentença estrangeira* apenas seja eficaz em solo nacional após sua regular internalização. Quer dizer: uma vez homologada em juízo.

2. Pertence ao Superior Tribunal de Justiça, desde a aprovação da EC n. 45/2004, a competência para processar e julgar o pleito sob comento.

3. Procedimento. Consoante expresso apontamento legal, observar-se-á, para a homologação da sentença estrangeira, o disposto nos tratados em "vigor no Brasil" e, subsidiariamente, os apontamentos do Regimento Interno do STJ, que, acerca do tema, prescreve: "Da Homologação de Decisão Estrangeira (Redação dada pela Emenda Regimental n. 24, de 2016) Art. 216-A. É atribuição do Presidente do Tribunal homologar decisão estrangeira, ressalvado o disposto no art. 216-K. (Redação dada pela Emenda Regimental n. 24, de 2016); § 1° Serão homologados os provimentos não judiciais que, pela lei brasileira, tiverem natureza de sentença. (Incluído pela Emenda Regimental n. 18, de 2014); § 2° As decisões estrangeiras poderão ser homologadas parcialmente. (Redação dada pela Emenda Regimental n. 24, de 2016) Art. 216-B. A decisão estrangeira não terá eficácia no Brasil sem a prévia homologação do Superior Tribunal de Justiça. (Redação dada pela Emenda Regimental n. 24, de 2016) Art. 216-C. A homologação da decisão estrangeira será proposta pela parte requerente, devendo a petição inicial conter os requisitos indicados na lei processual, bem como os previstos no art. 216-D, e ser instruída com o original ou cópia autenticada da decisão homologanda e de outros documentos indispensáveis, devidamente traduzidos por tradutor oficial ou juramentado no Brasil e chancelados pela autoridade consular brasileira competente, quando for o caso. (Redação dada pela Emenda Regimental n. 24, de 2016) Art. 216-D. A decisão estrangeira deverá: (Redação dada pela Emenda Regimental n. 24, de 2016) I – ter sido proferida por autoridade competente; (Incluído pela Emenda

geiros é havida como prova do direito por eladeclarado. Mas o interessado terá que obter novo julgamento pelos juízes locais." (THEODORO JR., Humberto. *Curso de Direito Processual Civil*. 47. ed. Rio de Janeiro: Forense, 2016. v. III. p. 1.055/1.056 – versão digital).

Regimental n. 18, de 2014) II – conter elementos que comprovem terem sido as partes regularmente citadas ou ter sido legalmente verificada a revelia; (Incluído pela Emenda Regimental n. 18, de 2014) III – ter transitado em julgado. (Incluído pela Emenda Regimental n. 18, de 2014) Art. 216-E. Se a petição inicial não preencher os requisitos exigidos nos artigos anteriores ou apresentar defeitos ou irregularidades que dificultem o julgamento do mérito, o Presidente assinará prazo razoável para que o requerente a emende ou complete. (Incluído pela Emenda Regimental n. 18, de 2014) Parágrafo único. Após a intimação, se o requerente ou o seu procurador não promover, no prazo assinalado, ato ou diligência que lhe for determinada no curso do processo, será este arquivado pelo Presidente. (Incluído pela Emenda Regimental n. 18, de 2014) Art. 216-F. Não será homologada a decisão estrangeira que ofender a soberania nacional, a dignidade da pessoa humana e/ou a ordem pública. (Redação dada pela Emenda Regimental n. 24, de 2016) Art. 216-G. Admitir-se-á a tutela provisória nos procedimentos de homologação de decisão estrangeira. (Redação dada pela Emenda Regimental n. 24, de 2016) Art. 216-H. A parte interessada será citada para, no prazo de quinze dias, contestar o pedido. (Incluído pela Emenda Regimental n. 18, de 2014) Parágrafo único. A defesa somente poderá versar sobre a inteligência da decisão alienígena e a observância dos requisitos indicados nos arts. 216-C, 216-D e 216-F. (Incluído pela Emenda Regimental n. 18, de 2014) Art. 216-I. Revel ou incapaz o requerido, dar-se-lhe-á curador especial, que será pessoalmente notificado. (Incluído pela Emenda Regimental n. 18, de 2014) Art. 216-J. Apresentada contestação, serão admitidas réplica e tréplica em cinco dias. (Incluído pela Emenda Regimental n. 18, de 2014) Art. 216-K. Contestado o pedido, o processo será distribuído para julgamento pela Corte Especial, cabendo ao relator os demais atos relativos ao andamento e à instrução do processo. (Incluído pela Emenda Regimental n. 18, de 2014) Parágrafo único. O relator poderá decidir monocraticamente nas hipóteses em que já houver jurisprudência consolidada da Corte Especial a respeito do tema. (Incluído pela Emenda Regimental n. 18, de 2014) Art. 216-L. O Ministério Público terá vista dos autos pelo prazo de quinze dias, podendo impugnar o pedido. (Redação dada pela Emenda Regimental n. 24, de 2016) Art. 216-M. Das decisões do Presidente ou do relator caberá agravo. (Incluído pela Emenda Regimental n. 18, de 2014) Art. 216-N. A decisão estrangeira homologada será executada por carta de sentença no Juízo Federal competente. (Redação dada pela Emenda Regimental n. 24, de 2016)"[171]

4. Admite-se, outrossim, a homologação de *decisão estrangeira arbitral*, expediente ao qual se aplica, inexistindo previsão legal ou convencional em sentido diverso, os ditames do presente capítulo (Capítulo VI).

Art. 961. A decisão estrangeira somente terá eficácia no Brasil após a homologação de sentença estrangeira ou a concessão do exequatur às cartas rogatórias, salvo disposição em sentido contrário de lei ou tratado.

[171] Disponível em: <http://www.stj.jus.br/publicacaoinstitucional//index.php/Regimento/article/view/532/3397>;

§ 1º É passível de homologação a decisão judicial definitiva, bem como a decisão não judicial que, pela lei brasileira, teria natureza jurisdicional.

§ 2º A decisão estrangeira poderá ser homologada parcialmente.

§ 3º A autoridade judiciária brasileira poderá deferir pedidos de urgência e realizar atos de execução provisória no processo de homologação de decisão estrangeira.

§ 4º Haverá homologação de decisão estrangeira para fins de execução fiscal quando prevista em tratado ou em promessa de reciprocidade apresentada à autoridade brasileira.

§ 5º A sentença estrangeira de divórcio consensual produz efeitos no Brasil, independentemente de homologação pelo Superior Tribunal de Justiça.

§ 6º Na hipótese do § 5º, competirá a qualquer juiz examinar a validade da decisão, em caráter principal ou incidental, quando essa questão for suscitada em processo de sua competência.

1. Acerca da concessão do *exequatur* às cartas rogatórias, aduz o Regimento Interno do STJ: "Da Concessão de *Exequatur* a Cartas Rogatórias (Incluído pela Emenda Regimental n. 18, de 2014) Art. 216-O. É atribuição do Presidente conceder *exequatur* a cartas rogatórias, ressalvado o disposto no art. 216-T. (Incluído pela Emenda Regimental n. 18, de 2014); § 1° Será concedido *exequatur* à carta rogatória que tiver por objeto atos decisórios ou não decisórios. (Incluído pela Emenda Regimental n. 18, de 2014); § 2° Os pedidos de cooperação jurídica internacional que tiverem por objeto atos que não ensejem juízo deliberatório do Superior Tribunal de Justiça, ainda que denominados de carta rogatória, serão encaminhados ou devolvidos ao Ministério da Justiça para as providências necessárias ao cumprimento por auxílio direto. (Incluído pela Emenda Regimental n. 18, de 2014) Art. 216-P. Não será concedido *exequatur* à carta rogatória que ofender a soberania nacional, a dignidade da pessoa humana e/ou a ordem pública. (Incluído pela Emenda Regimental n. 18, de 2014) Art. 216-Q. A parte requerida será intimada para, no prazo de quinze dias, impugnar o pedido de concessão do *exequatur*. (Incluído pela Emenda Regimental n. 18, de 2014); § 1° A medida solicitada por carta rogatória poderá ser realizada sem ouvir a parte requerida, quando sua intimação prévia puder resultar na ineficiência da cooperação internacional. (Incluído pela Emenda Regimental n. 18, de 2014); § 2° No processo de concessão do *exequatur*, a defesa somente poderá versar sobre a autenticidade dos documentos, a inteligência da decisão e a observância dos requisitos previstos neste Regimento. (Incluído pela Emenda Regimental n. 18, de 2014) Art. 216-R. Revel ou incapaz a parte requerida, dar-se-lhe-á curador especial. (Incluído pela Emenda Regimental n. 18, de 2014) Art. 216-S. O Ministério Público terá vista dos autos nas cartas rogatórias pelo prazo de quinze dias, podendo impugnar o pedido de concessão do *exequatur*. (Redação dada pela Emenda Regimental n. 24, de 2016) Art. 216-T. Havendo impugnação ao pedido de concessão de *exequatur* a carta rogatória de ato decisório, o Presidente poderá determinar a distribuição dos autos do processo para julgamento pela Corte Especial. (Incluído pela Emenda Regimental n. 18, de 2014) Art. 216-U. Das decisões do Presidente ou do relator na concessão de *exequatur* a carta rogatória caberá agravo. (Incluído pela Emenda Regimental n. 18, de 2014) Art. 216-V. Após a concessão do *exequatur*, a carta rogatória será remetida ao Juízo Federal competente para cumprimento. (Incluído pela Emenda Regimental n. 18, de 2014); § 1º Das decisões proferidas pelo Juiz Federal competente no cumprimento da carta rogatória caberão embargos, que poderão ser opostos pela parte interessada ou pelo Ministério Público Federal no prazo de dez dias, julgando-os o Presidente deste Tribunal. (Incluído pela Emenda Regimental n. 18, de 2014); § 2º Os embargos de que trata o parágrafo anterior poderão versar sobre qualquer ato referente ao cumprimento da carta rogatória, exceto sobre a própria concessão da medida ou o seu mérito. (Incluído pela Emenda Regimental n. 18, de 2014) Art. 216-W. Da decisão que julgar os embargos cabe agravo. (Incluído pela Emenda Regimental n. 18, de 2014); Parágrafo único. O Presidente ou o relator do agravo, quando possível, poderá ordenar diretamente o atendimento à medida solicitada. (Incluído pela Emenda Regimental n. 18, de 2014) Art. 216-X. Cumprida a carta rogatória ou verificada a impossibilidade de seu cumprimento, será devolvida ao Presidente deste Tribunal no prazo de dez dias, e ele a remeterá, em igual prazo, por meio do Ministério da Justiça ou do Ministério das Relações Exteriores, à autoridade estrangeira de origem. (Incluído pela Emenda Regimental n. 18, de 2014)"[172]

2. Apenas a decisão estrangeira *definitiva* pode ser homologada. Inteligência do art. 961, § 1º, do CPC/2015.

3. Ainda que administrativa no Estado de origem, a decisão estrangeira que, no Brasil, possua natureza jurisdicional, pode ser objeto da homologação em epígrafe. Inteligência do art. 961, § 1º, do CPC/2015.

4. Se parte da decisão *homologanda* ofender (1) a *soberania nacional*, (2) a *dignidade da pessoa humana* e/ou (3) a *ordem pública, na parte em que não atentar aos aludidos ditames* poderá, preenchidos os demais requisitos legais (art. 963), ser homologada. Isto é: admite-se, entre nós, a homologação parcial do pronunciamento estrangeiro.

5. "Execução fiscal de tributo estrangeiro. O § 4º trata de requisito específico para a homologação de decisão proferida em execução fiscal estrangeira. O NCPC exige que haja previsão específica em tratado permitindo a homologação, ou, ainda, promessa de tratamento de reciprocidade entre o Estado estrangeiro e o Estado brasileiro." (DONIZETTI, Elpídio. *Novo Código de Processo Civil Comentado*. São Paulo: Atlas, 2015. p. 726).

6. A sentença estrangeira cujo objeto disser com a extinção de vínculo matrimonial pela via consensual não se encontra adstrita ao regime homologatório sob comento. Compete ao julgador mediante a qual for apresentada (e não ao STJ) examinar a validade do pronunciamento estrangeiro, em "caráter principal ou incidental".

7. "Da possibilidade de concessão de tutelas de urgência e dos atos de execução provisória. O CPC/2015, em seu art. 961, § 3º, reproduzindo o art. 216-G do RISTJ, permite a concessão de tutela de urgência nos processos de homologação de decisão estrangeira. As denominadas tutelas de urgência ado-

---

[172] Disponível em: <http://www.stj.jus.br/publicacaoinstitucional//index.php/Regimento/article/view/532/3397>;

tadas pelo ordenamento processual brasileiro constituem instrumentos práticos que visam, em princípio, proporcionar maior celeridade no trâmite do processo e estabilidade jurídica, evitando-se, assim, causar perdas irreparáveis ao autor, enquanto se aguarda a discussão acerca do direito à homologação. A novidade é que o § 3º ampliou o que já autorizava o referido art. 216-G do RISTJ, para permitir também a realização de atos de execução provisória. Tanto em relação à concessão de pedidos de urgência quanto à realização de atos de execução provisória, a parte deverá atentar às disposições nacionais acerca de tais matérias."(BARROS, Vera Cecilia Monteiro; CHISTÉ, Paula de Magalhães. *In*: CRUZ E TUCCI, José Rogério *et al*. (Coord.). São Paulo: AASP, 2015. p. 1.509).[173]

Art. 962. É passível de execução a decisão estrangeira concessiva de medida de urgência.

§ 1º A execução no Brasil de decisão interlocutória estrangeira concessiva de medida de urgência dar-se-á por carta rogatória.

§ 2º A medida de urgência concedida sem audiência do réu poderá ser executada, desde que garantido o contraditório em momento posterior.

§ 3º O juízo sobre a urgência da medida compete exclusivamente à autoridade jurisdicional prolatora da decisão estrangeira.

§ 4º Quando dispensada a homologação para que a sentença estrangeira produza efeitos no Brasil, a decisão concessiva de medida de urgência dependerá, para produzir efeitos, de ter sua validade expressamente reconhecida pelo juiz competente para dar-lhe cumprimento, dispensada a homologação pelo Superior Tribunal de Justiça.

1. Medida de urgência. Não há restrição, entre nós, ao cumprimento de decisões estrangeiras prolatadas com o objetivo de tutelar a *urgência*. Ao art. 962 coube, pois, disciplinar tal realização. O legislador é enfático: a execução da interlocutória estrangeira sob comento (prolatada para atender a urgência do caso concreto – e, vale sublinhar, não compete a autoridade pátria realizar qualquer juízo acerca da presença, ou não, dos requisitos que autorizam a tutela da urgência – tal juízo é de competência exclusiva do órgão prolator da decisão) "dar-se-á por carta rogatória". O Código, igualmente, em total coerência com seus vetores, demonstra preocupação como a operacionalização do *contraditório*, a ponto de elegê-lo como critério legitimador da interlocutória estrangeira: a execução do pronunciamento prolatado *inaudita altera pars* apenas será possível se, e somente se, mesmo que de maneira ulterior (ou, segundo pensamos, até mesmo *eventual*) se dê "voz" ao executado.

2. Nos casos em que a sentença estrangeira não estiver sujeita ao regime homologatório sob comento, competirá a autoridade judiciária pátria, a quem caiba dar-lhe efeitos mundanos, examinar a validade da interlocutória que tutela a urgência.

---

[173] Acerca do tema *tutela provisória*, vide: TORRES, Artur. *CPC passado a limpo*: parte geral, procedimento comum e cumprimento de sentença. Porto Alegre: Livraria do Advogado, 2018. p. 233/252. v. I.

3. "Questão controvertida à época do Código anterior dizia respeito à possibilidade ou não de se deferir medidas urgentes na homologação de sentença estrangeira. O STF entendia ser descabido o pedido, uma vez ser inadmissível conceder efeito executivo à sentença estrangeira antes de sua homologação no país. Posteriormente, o STF passou a admitir essas medidas, quando houvesse tratado ou convenção autorizando o seu deferimento. O STJ também já decidiu a matéria negando as medidas urgentes, haja vista que dependia "de sentença, previamente homologada pela Justiça brasileira" que as decretasse. Recentemente, contudo, reconheceu que a decisão estrangeira, ainda que pendente de homologação, 'constitui prova literal de dívida líquida e certa', o que permitiria a concessão da tutela de urgência. O NCPC resolveu a divergência, autorizando, expressamente, o deferimento de medidas de urgência e a realização de atos de execução provisória no processo de homologação de decisão estrangeira (art. 961, § 3º). A mesma orientação encontra-se no Regimento Interno do STJ, em seu art. 216-G. Assim, é possível que a decisão estrangeira seja provisoriamente executada no país, antes do trânsito em julgado da decisão do STJ que a homologa." (THEODORO JR., Humberto. *Curso de Direito Processual* Civil. 47. ed. Rio de Janeiro: Forense, 2016. v. III. p. 1.064 – versão digital).

Art. 963. Constituem requisitos indispensáveis à homologação da decisão:

I – ser proferida por autoridade competente;

II – ser precedida de citação regular, ainda que verificada a revelia;

III – ser eficaz no país em que foi proferida;

IV – não ofender a coisa julgada brasileira;

V – estar acompanhada de tradução oficial, salvo disposição que a dispense prevista em tratado;

VI – não conter manifesta ofensa à ordem pública.

Parágrafo único. Para a concessão do exequatur às cartas rogatórias, observar-se-ão os pressupostos previstos no *caput* deste artigo e no art. 962, § 2º.

1. Ao art. 963 tocou a tarefa de inventariar os requisitos indispensáveis à homologação do pronunciamento judicial estrangeiro. Quer dizer: ausentes quaisquer dos requisitos apontados nos incisos do artigo sob comento, deve o STJ negar provimento ao pleito homologatório, impedindo, pois, que o objeto da demanda produza efeitos em solo pátrio.

Art. 964. Não será homologada a decisão estrangeira na hipótese de competência exclusiva da autoridade judiciária brasileira.

Parágrafo único. O dispositivo também se aplica à concessão do exequatur à carta rogatória.

1. Não produzirá efeitos entre nós, sob quaisquer hipóteses, as decisões estrangeiras que versem sobre hipóteses insertas na *competência exclusiva* da autoridade judiciária pátria. Aos limites da aludida competência (exclusiva), o legislador de 2015 dedicou o art. 23, donde se extrai que, "à autoridade judiciária pátria" compete, "com exclusão de qualquer outra", processar e julgar as demandas ali enunciadas.

2. Acerca da *competência exclusiva da autoridade judiciária pátria*, vide: TORRES, Artur. CPC passado a limpo: parte geral, procedimento comum e cumprimento de sentença. Porto Alegre: Livraria do Advogado, 2018. p. 55. v. I.

Art. 965. O cumprimento de decisão estrangeira far-se-á perante o juízo federal competente, a requerimento da parte, conforme as normas estabelecidas para o cumprimento de decisão nacional.

Parágrafo único. O pedido de execução deverá ser instruído com cópia autenticada da decisão homologatória ou do exequatur, conforme o caso.

1. Dispõe o texto constitucional: "Art. 109. Aos juízes federais compete processar e julgar: (...) X – os crimes de ingresso ou permanência irregular de estrangeiro, a execução de carta rogatória, após o 'exequatur', e de sentença estrangeira, após a homologação, (...)". O CPC/2015, como não poderia deixar de ser, apenas se sujeita ao comando maior.

2. "Verificam-se alterações redacionais que atualizam o texto conforme as hipóteses de reconhecimento de eficácia aos atos jurisdicionais estrangeiros (homologação de sentença estrangeira ou concessão de *exequatur*). A competência para o cumprimento de decisão estrangeira continua sendo dos juízes federais, em consonância com a ordem constitucional (art. 109, X). Cria-se, tão somente, a exigência formal de apresentação da cópia autêntica do ato proveniente da jurisdição brasileira (concessão de *exequatur* ou homologação de sentença)." (DONIZETTI, Elpídio. *Novo Código de Processo Civil Comentado*. São Paulo: Atlas, 2015. p. 729/730).

CAPÍTULO VII
DA AÇÃO RESCISÓRIA

1. "A ideia de invalidar decisão já transitada em julgada gera certo desconforto. Isso se dá, especialmente, por termos um ordenamento que busca a incessante pacificação dos conflitos. O processo traz como um de seus pilares exatamente a ideia de não permitir a eternização das demandas. Assim, ao prever a ação rescisória, meio pelo qual se alcança a reabertura de um debate judicial já decidido, a primeira vista pode parecer contraditório em certa medida, pois ao mesmo tempo em que busca solucionar os conflitos de forma definitiva, abre espaço para que esse seja reaberto eventualmente, preenchidas determinadas hipóteses. Ocorre que contradição não há, pois, é igualmente objetivo do processo, além da pacificação do conflito e do encerramento dos debates judiciais, a busca pela solução mais justa possível, dentro dos limites legais e daquilo que permite e prevê o ordenamento. Desta forma, a única maneira de uma decisão se aproximar da justiça, é se o processo transcorreu de acordo com os princípios insculpidos dentro do sistema jurídico brasileiro. Ocorre que existem hipóteses em que, mesmo tendo sido aparentemente respeitado o devido processo legal e as 'regras do jogo' terem sido acatadas pelas partes, isso nem sempre se confirma no mundo fático. Assim, reserva para essas ocasiões especiais, mais especificamente previstas nos incisos I à VIII do art. 966 deste CPC, a possibilidade de superação da coisa julgada através do ajuizamento da ação rescisória. Como é possível perceber, trata-se de medida excepcional, cujo objetivo é claro: conceder ao jurisdicionado, durante determinado período de tempo (02 anos), a possibilidade de reabrir o debate, caso verificada a existência de alguma irregularidade no processo original." (PORTO, Guilherme Athayde. *Novo Código de Processo Civil anotado*. Porto Alegre: OAB/RS, 2015. p. 723/724).

Art. 966. A decisão de mérito, transitada em julgado, pode ser rescindida quando:

I – se verificar que foi proferida por força de prevaricação, concussão ou corrupção do juiz;

II – for proferida por juiz impedido ou por juízo absolutamente incompetente;

III – resultar de dolo ou coação da parte vencedora em detrimento da parte vencida ou, ainda, de simulação ou colusão entre as partes, a fim de fraudar a lei;

IV – ofender a coisa julgada;

V – violar manifestamente norma jurídica;

VI – for fundada em prova cuja falsidade tenha sido apurada em processo criminal ou venha a ser demonstrada na própria ação rescisória;

VII – obtiver o autor, posteriormente ao trânsito em julgado, prova nova cuja existência ignorava ou de que não pôde fazer uso, capaz, por si só, de lhe assegurar pronunciamento favorável;

VIII – for fundada em erro de fato verificável do exame dos autos.

§ 1º Há erro de fato quando a decisão rescindenda admitir fato inexistente ou quando considerar inexistente fato efetivamente ocorrido, sendo indispensável, em ambos os casos, que o fato não represente ponto controvertido sobre o qual o juiz deveria ter se pronunciado.

§ 2º Nas hipóteses previstas nos incisos do *caput*, será rescindível a decisão transitada em julgado que, embora não seja de mérito, impeça:

I – nova propositura da demanda; ou

II – admissibilidade do recurso correspondente.

§ 3º A ação rescisória pode ter por objeto apenas 1 (um) capítulo da decisão.

§ 4º Os atos de disposição de direitos, praticados pelas partes ou por outros participantes do processo e homologados pelo juízo, bem como os atos homologatórios praticados no curso da execução, estão sujeitos à anulação, nos termos da lei.

§ 5º Cabe ação rescisória, com fundamento no inciso V do *caput* deste artigo, contra decisão baseada em enunciado de súmula ou acórdão proferido em julgamento de casos repetitivos que não tenha considerado a existência de distinção entre a questão discutida no processo e o padrão decisório que lhe deu fundamento. (Redação dada pela Lei 13.256/2016)

§ 6º Quando a ação rescisória fundar-se na hipótese do § 5º deste artigo, caberá ao autor, sob pena de inépcia, demonstrar, fundamentadamente, tratar-se de situação particularizada por hipótese fática distinta ou de questão jurídica não examinada, a impor outra solução jurídica. (Redação dada pela Lei 13.256/2016)

1. Ao art. 966 coube inventariar, para além dos requisitos indispensáveis à propositura da ação sob comento, as hipóteses em que a mesma, ao menos em tese, é admitida. O *caput* do artigo, desde logo, traz considerável alteração no que tange ao pronunciamento judicial que pode figurar como objeto de ação rescisória. A substituição da expressão "sentença" por "decisão de mérito" revela, segundo parcela doutrinária, a existência de um gueto entre as previsões contidas no sistemas revogado e vigente. O CPC/73 limitava a tentativa rescisória às *sentenças definitivas*, excluindo as *terminativas*, bem como as interlocutórias de seu contexto. O CPC/2015 autoriza, expressamente, o manejo episódico de ação rescisória para atacar sentenças *terminativas* (art. 966, § 2º). Já em relação às decisões interlocutórias, o debate doutrinário e jurisprudencial continua candente. Há quem sustente, calcado na presença legal da expressão "*decisões meritórias*", que, respeitados os demais requisitos e hipóteses de cabimento, estejam os pronunciamentos judiciais desse calibre também sujeitos ao sucedâneo recursal em tela. Por ora, entendemos desacertado o aludido raciocínio, uma vez que os exemplos dados, não raro fundados nos pronunciamentos prolatados com base no teor dos artigos 354, parágrafo único e 356, de decisões interlocutórias não se tratam.[174]

2. A decisão meritória, transitada em julgado, pode ser rescindida quando (a) proferida por força de prevaricação, concussão ou corrupção do juiz; (b) prolatada por juiz impedido ou por juízo absolutamente incompetente; (c) oriunda de dolo ou coação da parte vencedora em detrimento da parte vencida; (d) fruto de simulação ou colusão entre as partes; (e) violentar a coisa julgada; (f) violar manifestamente norma jurídica; (g) fundada em prova cuja falsidade tenha sido apurada em processo criminal ou venha a ser demonstrada na própria ação rescisória; (h) o autor, posteriormente ao trânsito em julgado, obtiver prova nova cuja existência ignorava ou de que não pôde fazer uso, capaz, por si só, de lhe assegurar pronunciamento favorável; (i) fundada em erro de fato verificável do exame dos autos (Há erro de fato, segundo o CPC/2015, quando a decisão rescindenda *admitir fato inexistente* ou *quando considerar inexistente fato efetivamente ocorrido*, sendo indispensável, em ambos os casos, que o fato não represente ponto controvertido sobre o qual o juiz deveria ter se pronunciado).

3. É rescindível, outrossim, a sentença transitada em julgado, embora *terminativa*, que impeça (a) a repropositura da demanda, bem como (b) a admissibilidade de recurso correspondente.

4. Art. 966, V. O inciso insere nas hipóteses autorizadoras do manejo da ação rescisória a decisão judicial que, ao menos em tese, viola manifestamente "norma jurídica". Considerada a teoria hermenêutica supostamente albergada pelo legislador de 2015 (aquela que distingue *texto* de *norma*), indaga-se: a violação suscitada pelo legislador é a do *produto da interpretação*?[175]

5. A demanda rescisória pode ter por objeto o *todo*, ou apenas *parte*, da decisão que se pretende rescindir.

---

[174] Acerca do tema, vide: TORRES, Artur. *Sentença, Coisa Julgada e Recursos Cíveis Codificados*: de acordo com as Leis 13.105/2015 e 13.256/2016. Porto Alegre: Livraria do Advogado, 2017. p. 45/47.

[175] Acerca do debate, com grande proveito, vide: CRAMER, Ronaldo. *Ação rescisória por violação da norma jurídica*. 2. ed. Salvador: Juspovm, 2018.

Art. 967. Têm legitimidade para propor a ação rescisória:

I – quem foi parte no processo ou o seu sucessor a título universal ou singular;

II – o terceiro juridicamente interessado;

III – o Ministério Público:

a) se não foi ouvido no processo em que lhe era obrigatória a intervenção;

b) quando a decisão rescindenda é o efeito de simulação ou de colusão das partes, a fim de fraudar a lei;

c) em outros casos em que se imponha sua atuação;

IV – aquele que não foi ouvido no processo em que lhe era obrigatória a intervenção.

Parágrafo único. Nas hipóteses do art. 178, o Ministério Público será intimado para intervir como fiscal da ordem jurídica quando não for parte.

1. Legitimidade ativa. Ao art. 967 coube, pois, delimitar o rol de legitimados à propositura do sucedâneo recursal sob comento. Dele podem valer-se (a) quem foi parte no processo ou o seu sucessor a título universal ou singular; (b) o terceiro juridicamente interessado; (c) o Ministério Público, nos casos previstos em lei; (d) aquele que não foi ouvido no processo em que lhe era obrigatória a intervenção.

2. Ministério Público. Legitimidade ativa. Fiscal da ordem jurídica. Consoante expresso apontamento legal, o *parquet* tem legitimidade para propor a ação rescisória tão somente quando (a) embora obrigatória sua oitiva, deixou de ser intimado para atuar no processo em que prolatada a decisão que se pretende rescindir; (b) a decisão rescindenda representar o produto de simulação ou de colusão entre os "contendores"; (c) nos casos em que, expressamente, revele-se, por determinação legal, indispensável sua participação no processo. O Ministério Público, de outro giro, respeitadas as hipóteses do art. 178 do CPC/2015 (ou seja, havendo interesse público ou social, interesse de incapaz, ou, versando a decisão que se pretenda rescindir sobre litígio coletivo pela posse de terra rural ou urbana), figurará, obrigatoriamente, na condição de *custos legis*.

Art. 968. A petição inicial será elaborada com observância dos requisitos essenciais do art. 319, devendo o autor:

I – cumular ao pedido de rescisão, se for o caso, o de novo julgamento do processo;

II – depositar a importância de cinco por cento sobre o valor da causa, que se converterá em multa caso a ação seja, por unanimidade de votos, declarada inadmissível ou improcedente.

§ 1º Não se aplica o disposto no inciso II à União, aos Estados, ao Distrito Federal, aos Municípios, às suas respectivas autarquias e fundações de direito público, ao Ministério Público, à Defensoria Pública e aos que tenham obtido o benefício de gratuidade da justiça.

§ 2º O depósito previsto no inciso II do *caput* deste artigo não será superior a 1.000 (mil) salários-mínimos.

§ 3º Além dos casos previstos no art. 330, a petição inicial será indeferida quando não efetuado o depósito exigido pelo inciso II do *caput* deste artigo.

§ 4º Aplica-se à ação rescisória o disposto no art. 332.

§ 5º Reconhecida a incompetência do tribunal para julgar a ação rescisória, o autor será intimado para emendar a petição inicial, a fim de adequar o objeto da ação rescisória, quando a decisão apontada como rescindenda:

I – não tiver apreciado o mérito e não se enquadrar na situação prevista no § 2º do art. 966;

II – tiver sido substituída por decisão posterior.

§ 6º Na hipótese do § 5º, após a emenda da petição inicial, será permitido ao réu complementar os fundamentos de defesa, e, em seguida, os autos serão remetidos ao tribunal competente.

1. Petição Inicial. Definição. A petição inicial pode ser conceituada como a peça processual mediante a qual o autor, abandonando seu estado de inércia, requer ao poder competente (o Poder Judiciário) uma providência jurisdicional. É mediante o seu protocolo que se forma um vínculo jurídico (de natureza processual), limitado, num primeiro momento, ao(s) demandante(s) e o Estado-juiz. A petição inicial tem por principal função explicitar as razões, de fato e de direito, que conduzem o demandante a postular em juízo o acolhimento do(s) pedido(s) nela contido(s). Incumbe ao autor, nesse trilho, apontar: (I) o juízo a que é dirigida; (II) os nomes, os prenomes, o estado civil, a existência de união estável, a profissão, o número no cadastro de pessoas físicas ou no cadastro nacional de pessoas jurídicas, o endereço eletrônico, o domicílio e a residência do autor e do réu; (III) o fato e os fundamentos jurídicos do pedido; (IV) o pedido com as suas especificações; (V) o valor da causa; (VI) as provas com que pretende demonstrar a verdade dos fatos alegados; (VII) a opção do autor pela realização ou não de audiência de conciliação. Para além da observância dos requisitos pertinentes a petição inicial, o autor, em sede de ação rescisória deverá, sendo o caso, cumular ao pedido de rescisão, o de (re)julgamento da causa.[176]

2. A competência para processar e julgar ação rescisória pertence aos *tribunais* (por definição, *juízo colegiado*), jamais ao *juízo singular*.

3. Ação rescisória. *Requisito específico para deferimento da inicial*. Depósito rescisório. A comprovação do depósito previsto pelo inciso II, do art. 968, revela-se requisito indispensável ao deferimento da exordial em sede rescisória. O montante a ser depositado tomará por base de cálculo o valor da causa, correspondendo a 5% do mesmo. O depósito, que não será superior a 1.000 salários-mínimos, converter-se-á em multa caso a rescisória seja declarada inadmissível ou julgada improcedente, à unanimidade. Nesses casos, o valor será repassado ao réu da ação rescisória (art. 974, parágrafo único). Consoante expressa previsão legal, a exigibilidade do *depósito prévio* não alcança as pessoas jurídicas de direito público interno (leia-se: a União, os Estados, o Distrito Federal, os Municípios e suas respectivas autarquias e fundações de direito público, o

[176] Acerca da *petição inicial* e do *sistema de indeferimento* adotado pelo legislador de 2015, vide: TORRES, Artur. *CPC passado a limpo*: parte geral, procedimento comum e cumprimento de sentença. Porto Alegre: Livraria do Advogado, 2018. v. I. p. 264/301.

Ministério Público e a Defensoria Pública), bem como os litigantes que tenham obtido, em juízo, o benefício da justiça gratuita.

Art. 969. A propositura da ação rescisória não impede o cumprimento da decisão rescindenda, ressalvada a concessão de tutela provisória.

1. Ressalvados os casos em que se obtenha *tutela provisória* nesse sentido (ou seja, *especificamente para brecar o prosseguimento da tutela executiva*), a propositura da ação rescisória, de per si, não obsta o cumprimento da decisão que se pretende, no todo ou em parte, expurgar do mundo jurídico.

2. Acerca do tema *tutela provisória*, vide: TORRES, Artur. CPC passado a limpo: parte geral, procedimento comum e cumprimento de sentença. Porto Alegre: Livraria do Advogado, 2018. p. 233/252. v. I; do tema *cumprimento de sentença*, p. 403/442. v. I.

Art. 970. O relator ordenará a citação do réu, designando-lhe prazo nunca inferior a 15 (quinze) dias nem superior a 30 (trinta) dias para, querendo, apresentar resposta, ao fim do qual, com ou sem contestação, observar-se-á, no que couber, o procedimento comum.

1. Aplica-se ao trâmite da ação rescisória, à sua quase integralidade, o procedimento comum.[177] O artigo sob comento, contudo, preterindo a *audiência de autocomposição* (regra para o procedimento comum), prevê, desde logo, a citação do réu e, ato contínuo, sua intimação para, querendo, apresentar resposta no prazo designado pelo julgador *in concreto*. Tal prazo não será inferior a 15, nem superior a 30 dias.

Art. 971. Na ação rescisória, devolvidos os autos pelo relator, a secretaria do tribunal expedirá cópias do relatório e as distribuirá entre os juízes que compuserem o órgão competente para o julgamento.
Parágrafo único. A escolha de relator recairá, sempre que possível, em juiz que não haja participado do julgamento rescindendo.

1. Procedimento. Considerações específicas. Distribuída a ação rescisória, sortear-se-á, de imediato, relator para a causa (sempre que possível, *a relatoria será exercida por julgador que não tenha participado do julgamento da causa em que se prolatou a decisão que se pretende rescindir*). O mesmo, após produzir o relatório da demanda, devolverá os autos, sendo físicos, à secretaria. Esta, em ato contínuo, diligenciará na distribuição de cópia do relatório processual aos demais julgadores eleitos para participar do julgamento *in concreto*.

Art. 972. Se os fatos alegados pelas partes dependerem de prova, o relator poderá delegar a competência ao órgão que proferiu a decisão rescindenda, fixando prazo de 1 (um) a 3 (três) meses para a devolução dos autos.

---

[177] Acerca do *procedimento comum*, vide: TORRES, Artur. *CPC passado a limpo*: parte geral, procedimento comum e cumprimento de sentença. Porto Alegre: Livraria do Advogado, 2018. p. 261/403. v. I.

1. Há casos em que a demanda rescisória poderá exigir produção probatória que não possa acompanhar a petição inicial (exemplificativamente, prova pericial etc.). A instrução do feito, nesses casos, será delegada ao órgão judicial que haja processado e julgado a causa, em primeiro grau, em que se prolatou a decisão que se pretende expurgar do mundo jurídico. A atividade (instrutória) deve ser realizada/finalizada, segundo o Código, em prazo fixado pelo relator, que, observando a complexidade e a peculiaridade da prova pretendida, girará entre 1 e 3 meses.[178]

> **Art. 973.** Concluída a instrução, será aberta vista ao autor e ao réu para razões finais, sucessivamente, pelo prazo de 10 (dez) dias.
> Parágrafo único. Em seguida, os autos serão conclusos ao relator, procedendo-se ao julgamento pelo órgão competente.

1. Realizada com êxito a instrução da causa dar-se-á vista dos autos aos contendores para, querendo, apresentar *razões finais*, no prazo de 10 dias. Trata-se, pois, de vista sucessiva: primeiro ao autor, depois ao réu. Apresentadas ou transcorrido *in albis* o prazo para manifestação das partes, os autos serão conclusos ao relator que, *incontinenti*, requererá, como regra, o aprazamento de data para julgamento do caso concreto pelo órgão colegiado competente.

> **Art. 974.** Julgando procedente o pedido, o tribunal rescindirá a decisão, proferirá, se for o caso, novo julgamento e determinará a restituição do depósito a que se refere o inciso II do art. 968.
> Parágrafo único. Considerando, por unanimidade, inadmissível ou improcedente o pedido, o tribunal determinará a reversão, em favor do réu, da importância do depósito, sem prejuízo do disposto no § 2º do art. 82.

1. Acolhido o pedido rescisório, o tribunal, sendo o caso, rejulgará a causa. Nesse caso, outrossim, determinará a imediata restituição do depósito rescisório ao demandante; não sendo o caso, e, considerada inadmissível ou improcedente a postulação do autor à unanimidade, determinará a "reversão" do depósito rescisório ao demandado, bem como condenará o vencido a pagar ao vencedor as despesas que antecipou.

> **Art. 975.** O direito à rescisão se extingue em 2 (dois) anos contados do trânsito em julgado da última decisão proferida no processo.
> § 1º Prorroga-se até o primeiro dia útil imediatamente subsequente o prazo a que se refere o *caput*, quando expirar durante férias forenses, recesso, feriados ou em dia em que não houver expediente forense.
> § 2º Se fundada a ação no inciso VII do art. 966, o termo inicial do prazo será a data de descoberta da prova nova, observado o prazo máximo de 5 (cinco) anos, contado do trânsito em julgado da última decisão proferida no processo.

[178] Acerca do *direito probatório codificado*, vide: TORRES, Artur. *CPC passado a limpo*: parte geral, procedimento comum e cumprimento de sentença. Porto Alegre: Livraria do Advogado, 2018. p. 307/375. v. I.

§ 3º Nas hipóteses de simulação ou de colusão das partes, o prazo começa a contar, para o terceiro prejudicado e para o Ministério Público, que não interveio no processo, a partir do momento em que têm ciência da simulação ou da colusão.

1. O prazo para a promoção da ação rescisória é, consoante expresso apontamento legal, de 2 anos. O termo inicial para o seu cômputo é, como regra, a *data do trânsito em julgado da derradeira decisão proferida no processo em que fora prolatada a decisão que se pretende expurgar do mundo jurídico.*

2. Nos casos em que a demanda rescisória estiver fundada na *obtenção de prova nova*, capaz de, por si só, assegurar ao demandante, ao menos em tese, pronunciamento favorável (cuja existência o autor ignorava ou não pôde fazer uso ao tempo da tramitação da demanda em que a decisão atacada – pela rescisória – fora prolatada), o termo inicial será diverso: "a data de descoberta da prova nova". Há de se destacar, todavia, que, nessa especial hipótese, a "descoberta" da *prova nova deverá ocorrer antes de perpassados 5 anos*, contados, estes, do trânsito em julgado da última decisão proferida no processo.

3. Nos casos em que a rescisória estiver fundada na simulação ou na colusão das partes, o prazo para a propositura da demanda flui, para o terceiro legitimado e para o *parquet* (quando não intimado para intervir no feito), "a partir do momento em que têm ciência da simulação ou da colusão". O CPC/2015, na hipótese, não prevê qualquer limitação temporal para a "descoberta" da simulação ou da colusão.

CAPÍTULO VIII
DO INCIDENTE DE RESOLUÇÃO DE DEMANDAS REPETITIVAS[179]

1. O CPC/2015, dentre suas novidades, traz à baila o denominado *Incidente de Resolução de Demandas Repetitivas* (IRDR), instituto que, bem compreendido, guarda estreita relação com a massificação das relações sociais (nota inerente às sociedades contemporâneas), e serve, portanto, de ferramenta à tutela dos direitos *acidentalmente coletivos*. O que se pretende com a utilização do expediente processual sob comento é, a rigor, a obtenção de *sentença-paradigma* que, ao fim e ao cabo, sirva à resolução da integralidade das contendas que tenham por objeto idêntica questão de direito, de maneira a ofertar ao jurisdicionado, para além de uma resposta jurisdicional isonômica, maior previsibilidade acerca posicionamento judiciário no concernente. Trata-se, pois, de mais uma das *técnicas vinculativas* albergadas pelo legislador de 2015.

2. Examinando a versão originária do então *projeto* de Novo Código, identificamos que, "com inspiração no direito alemão" (preterindo-se, pois, a influência estadunidense do sistema da *Class Actions* – que até a entrada em vigor do CPC/2015 estruturou o pensar processual coletivo entre nós), objetivando a "evitar a dispersão excessiva da jurisprudência", pretendeu-se incorporar ao sistema processual pátrio expediente arquitetado com o especial escopo de

[179] Para consulta dos incidentes com tramitação junto ao STJ, disponível em: <http://www.stj.jus.br/repetitivos/temas_repetitivos/pesquisa.jsp?&l=10&i=1&tt=S>.

produzir *sentença-paradigma*, pronunciamento judicial revelador de tese jurídica aplicável à totalidade das ações (individuais e/ou coletivas) que guardem relação com a questão de direito apreciada no incidente. A nota de número 19 da aludida Exposição de Motivos, contou com a seguinte redação: "No direito alemão a figura se chama *Musterverfahren* e gera decisão que serve de modelo (=Mister) para a resolução de uma quantidade expressiva de processos em que as partes estejam na mesma situação, não se tratando, necessariamente, nem do mesmo autor, nem do mesmo réu." (WITTMANN, Ralf-Thomas. Il 'contenzioso di massi' in Germani. *In*: ALESSANDRO, Giorgetti; VALLEFUOCO, Valerio. *Il contenzioso di massi in Italia, in Europa e nel mondo*. Milão: Giuffrè, 2008. p. 178). O instituto, sublinhe-se, sofreu alterações substanciais ao longo da tramitação do projeto de Código ora vigente.[180]

3. Dois alertas, desde já, revelam-se pertinentes: *primeiro*, o incidente (por versar, única e exclusivamente, sobre questões de direito) não sepultou a eficácia das denominadas *ações coletivas para a tutela dos direitos individuais homogêneos*, que, fortemente influenciadas pelas *class actions for damages*, permitem o enfrentamento de questões de fato e de direito (para uma análise global do tema, vide, dentre outros: TESHEINER, José Maria Rosa (Org.) *et al*. *Processos Coletivos*. Porto Alegre: HS editora, 2012; TORRES, Artur. *Do "individualismo" ao "coletivismo" no Processo Civil Brasileiro*. Processos Coletivos, Porto Alegre, vol. 2, n. 1, 01 jan. 2011; ZAVASCKI. Teori Albino. *Processo coletivo*: tutela de direitos coletivos e tutela coletiva de direitos. 3. ed. São Paulo: RT, 2008; GIDI, António. *A "class action" como instrumento de tutela coletiva de direitos*. São Paulo: RT 2007; TORRES, Artur. *A tutela coletiva dos direitos individuais*: considerações acerca do Projeto de Novo Código de Processo Civil. Porto Alegre: Arana, 2013; GRINOVER, Ada Pellegrini; CASTRO MENDES. Aluiso Gonçalves; WATANABE. Kazuo. *Direito Processual Coletivo e o anteprojeto de Código Brasileiro de Processos Coletivos*. São Paulo: RT, 2007; MENDES, Aluísio Gonçalves de Castro. *Ações Coletivas no Direito Comparado e Nacional*. São Paulo: RT, 2002; OTHARAN, Luiz Felipe. *Incidente de resolução de demandas repetitivas como uma alternativa às ações coletivas*: notas de direito comparado; Disponível em: <http://www.processoscoletivos.net/ve_ponto.asp?id=58>; WELSCH, Gisele Mazzoni. *Incidente de Resolução de Demandas Repetitivas no Projeto do CPC*; Disponível em: <http://www.processoscoletivos.net/ponto_impressao.asp?id=121>; YEAZZEL, Stephen C. *From Medieval Group Litigation To The Modern Class Action*. Yale University Press, New have, Connecticut, 1987; TORRES, Artur. *Processo Coletivo comparado*: *Class actions for damages* e Ação coletiva para a tutela dos direitos individuais. Processos Coletivos, Porto Alegre, vol. 3, n. 4, 01 out. 2012); *segundo*, institutos importados (como é o caso), nada obstante a influência cultural que os tenha motivado na origem, devem ser trabalhados, obrigatoriamente, à luz do contexto jurídico em que se lhe pretenda dar aplicação. Vale destacar, portanto, que o IRDR, sem prejuízo da relevante influência do *Musterverfahren*, é, em última análise, instituto processual pertencente ao ordenamento jurídico

[180] Para um comparativo entre as versões *projetada* e *aprovada do Incidente*, vide: TORRES, Artur. *A tutela coletiva dos direitos individuais*: considerações acerca do Projeto de Novo Código de Processo Civil. Porto Alegre: Arana, 2013. p. 145/156.

brasileiro, e deve ser aplicado de acordo com o contexto jurídico pátrio. Conhecer a origem do expediente processual que motivou seu arquitetamento (e eventuais debates acerca de sua aplicação no estrangeiro) revela-se, à evidência, indispensável e aconselhável, porém, insuficiente ao adequado manejo da técnica processual prevista pelos 976/987 do CPC/2015.

4. Acerca das inúmeras distinções entre o *Musterverfahren* e o IRDR, vide, com grande proveito, CABRAL, Antonio do Passo. O novo procedimento-modelo *(Musterverfahren)* alemão: uma alternativa às ações coletivas. *In: Repro*. São Paulo: RT, 2007. p. 123/146.

Art. 976. É cabível a instauração do incidente de resolução de demandas repetitivas quando houver, simultaneamente:

I – efetiva repetição de processos que contenham controvérsia sobre a mesma questão unicamente de direito;

II – risco de ofensa à isonomia e à segurança jurídica.

§ 1º A desistência ou o abandono do processo não impede o exame de mérito do incidente.

§ 2º Se não for o requerente, o Ministério Público intervirá obrigatoriamente no incidente e deverá assumir sua titularidade em caso de desistência ou de abandono.

§ 3º A inadmissão do incidente de resolução de demandas repetitivas por ausência de qualquer de seus pressupostos de admissibilidade não impede que, uma vez satisfeito o requisito, seja o incidente novamente suscitado.

§ 4º É incabível o incidente de resolução de demandas repetitivas quando um dos tribunais superiores, no âmbito de sua respectiva competência, já tiver afetado recurso para definição de tese sobre questão de direito material ou processual repetitiva.

§ 5º Não serão exigidas custas processuais no incidente de resolução de demandas repetitivas.

1. Requisitos materiais de admissibilidade. São requisitos (materiais) à admissão do incidente sob comento (a) a comprovação, pelos legitimados, da existência de multiplicidade de demandas fundadas em idêntica questão de direito, (b) cujo julgamento individualizado revele a potencialidade de ofender o tratamento isonômico que é devido aos jurisdicionados envoltos a litígios idênticos, abalando, por consequência, à noção de unidade de convicção que se espera da prestação jurisdicional.

2. "A instauração do IRDR não pressupõe a existência de processo pendente no respectivo tribunal." (Enunciado n. 22, ENFAM).

3. Requisito formal de admissibilidade. A admissão do incidente encontra-se adstrita, outrossim, a verificação da inexistência, em concreto, do emprego (já consolidado ou pendente de julgamento), pelos tribunais superiores, da técnica processual prescrita pelo artigo 1.036 e seguintes ("Do Julgamento dos Recursos Extraordinário e Especial Repetitivos"), destinada à prolação de acórdão "paradigma" que revelará a tese jurídica a ser observada para a resolução dos recursos sobrestados.

4. A desistência ou o abandono, pelas partes, dos feitos que serviram de base ao pedido de instauração do IRDR, dada a razão de ser do expediente, não impede o julgamento meritório do mesmo, cujo resultado deverá ser aplicado aos casos análogos.

5. A decisão que inadmite a instauração do IRDR sob o fundamento do não preenchimento dos requisitos para tanto (requisitos de admissibilidade *materiais* e *formal*), não obsta que, uma vez superados, o expediente, mediante pleito diverso, seja admitido.

6. O regime de recolhimento de custas judiciais não tem aplicação ao pedido de instauração do IRDR.

Art. 977. O pedido de instauração do incidente será dirigido ao presidente de tribunal:

I – pelo juiz ou relator, por ofício;

II – pelas partes, por petição;

III – pelo Ministério Público ou pela Defensoria Pública, por petição.

Parágrafo único. O ofício ou a petição será instruído com os documentos necessários à demonstração do preenchimento dos pressupostos para a instauração do incidente.

1. A competência para processar e julgar o incidente sob comento é do tribunal (órgão colegiado) ao qual esteja hierarquicamente vinculado o órgão judiciário competente para apreciar, *em primeiro grau de jurisdição*, a causa. A postulação de admissão do IRDR deve ser endereçada ao presidente do tribunal.

2. Legitimidade ativa. Estão legitimados a requerer à instauração do IRDR (a) o julgador singular ou o relator que se deparar, *in concreto*, com demanda que atenda os requisitos de admissibilidade do incidente; (b) os contendores envolvidos na causa; (c) o Ministério Público ou a Defensoria Pública, independentemente de atuação prévia no caso concreto cujo objeto justifique o pedido de instauração sob comento.

3. A postulação de admissão do incidente (que se dá por *ofício* ou *petição*) será instruída com os documentos hábeis à demonstração do respeito aos requisitos autorizadores de sua instauração.

Art. 978. O julgamento do incidente caberá ao órgão indicado pelo regimento interno dentre aqueles responsáveis pela uniformização de jurisprudência do tribunal.

Parágrafo único. O órgão colegiado incumbido de julgar o incidente e de fixar a tese jurídica julgará igualmente o recurso, a remessa necessária ou o processo de competência originária de onde se originou o incidente.

1. Compete ao *Regimento Interno* dos tribunais eleger, nos limites de sua jurisdição, o órgão competente para processar e julgar o IRDR, ao qual tocará, outrossim, enfrentar o pleito recursal, a remessa necessária ou o processo de competência originária que motivou o pedido de instauração do incidente.

Não há baralhar, sublinhe-se, o direcionamento do pleito de instauração do incidente, que deve, por expressa determinação legal, ser dirigido ao presidente do tribunal (art. 977, CPC/2015), com a competência para processá-lo e julgá-lo, matéria a ele estranha.

2. Diz-se matéria "a ele estranha" porque o *parágrafo único* do artigo sob comento, ao que tudo indica, veda a possibilidade de que tal competência (para processar e julgar o IRDR) seja atribuída a *órgão não colegiado*. Para além disso, inclusive, já se afirmou que a "competência é do colegiado, e não somente do relator, de modo que" sequer "a decisão acerca da admissibilidade do incidente" "poderá ser tomada monocraticamente (...)." (VIAFORE, Daniele. *Novo Código de Processo Civil anotado*. Porto Alegre: OAB/RS, 2015. p. 745).

3. "Admite-se o IRDR nos juizados especiais, que deverá ser julgado por órgão colegiado de uniformização do próprio sistema." (Enunciado n. 44, ENFAM).

Art. 979. A instauração e o julgamento do incidente serão sucedidos da mais ampla e específica divulgação e publicidade, por meio de registro eletrônico no Conselho Nacional de Justiça.

§ 1º Os tribunais manterão banco eletrônico de dados atualizados com informações específicas sobre questões de direito submetidas ao incidente, comunicando-o imediatamente ao Conselho Nacional de Justiça para inclusão no cadastro.

§ 2º Para possibilitar a identificação dos processos abrangidos pela decisão do incidente, o registro eletrônico das teses jurídicas constantes do cadastro conterá, no mínimo, os fundamentos determinantes da decisão e os dispositivos normativos a ela relacionados.

§ 3º Aplica-se o disposto neste artigo ao julgamento de recursos repetitivos e da repercussão geral em recurso extraordinário.

1. Considerada a razão de ser do instituto, o Código impõe, dentre outros, a manutenção de banco de dados pelo CNJ, bem como pelos tribunais "locais" (competentes para julgar o IRDR), destinados a informar a sociedade (em geral) acerca das questões (de direito) sujeitas à aplicação da técnica processual sob comento.

2. No afã de possibilitar a identificação dos feitos abrangidos pela decisão prolatada em sede de IRDR (em relação aos quais a aplicação da tese vencedora será compulsória), o registro da tese apontará, no mínimo, (a) *os fundamentos determinantes da decisão* e (b) *os dispositivos normativos a ela relacionados*, consoante expressa previsão legal.

3. A Resolução 235/2016 do CNJ, dispõe "sobre a padronização de procedimentos administrativos decorrentes de julgamentos de repercussão geral, de *casos repetitivos* e de incidente de assunção de competência previstos na Lei 13.105, de 16 de março de 2015 (Código de Processo Civil), no Superior Tribunal de Justiça, no Tribunal Superior Eleitoral, no Tribunal Superior do Trabalho, no Superior Tribunal Militar, nos Tribunais Regionais Federais, nos Tribunais Regionais do Trabalho e nos Tribunais de Justiça dos Estados e do

Distrito Federal". O Capítulo II versa, especificamente, sobre o banco de dados aludido pelo artigo sob comento.

Art. 980. O incidente será julgado no prazo de 1 (um) ano e terá preferência sobre os demais feitos, ressalvados os que envolvam réu preso e os pedidos de *habeas corpus*.

Parágrafo único. Superado o prazo previsto no *caput*, cessa a suspensão dos processos prevista no art. 982, salvo decisão fundamentada do relator em sentido contrário.

1. O incidente será julgado, a contar de sua admissão, em até um ano. Ignorado o aludido prazo, salvo decisão judicial em sentido contrário, os feitos "sobrestados" pela admissão do incidente devem retomar seu curso normal, sendo julgados individualmente, excetuados os casos em que o relator (do IRDR), motivadamente, decida de maneira diversa.

2. Indaga-se: o que deverá ser julgado no prazo da lei (1 ano)? O Incidente, desconsiderado o recurso de jurisdição extraordinária contra ele manejável? O incidente, considerado o pleito recursal, *in concreto*, cabível (Recurso Especial e/ou Recurso Extraordinário)?

Art. 981. Após a distribuição, o órgão colegiado competente para julgar o incidente procederá ao seu juízo de admissibilidade, considerando a presença dos pressupostos do art. 976.

1. Juízo de *admissibilidade* e juízo *meritório*. Assim como no âmbito recursal há, sempre, de se distinguir, no cenário sob comento, os planos da *admissibilidade* e da análise *meritória* do IRDR, afigurando-se correto, de um ponto de vista lógico-sistêmico, afirmar que não se procederá no enfrentamento meritório do incidente, sem que se tenha superado, com êxito, o juízo de admissibilidade. *Admiti-lo* representa, sobretudo, confirmar a presença, *in concreto*, da integralidade dos pressupostos autorizadores de sua instauração; o enfretamento meritório do objeto do IRDR, revela-se, por definição, atividade posterior.

Art. 982. Admitido o incidente, o relator:

I – suspenderá os processos pendentes, individuais ou coletivos, que tramitam no Estado ou na região, conforme o caso;

II – poderá requisitar informações a órgãos em cujo juízo tramita processo no qual se discute o objeto do incidente, que as prestarão no prazo de 15 (quinze) dias;

III – intimará o Ministério Público para, querendo, manifestar-se no prazo de 15 (quinze) dias.

§ 1º A suspensão será comunicada aos órgãos jurisdicionais competentes.

§ 2º Durante a suspensão, o pedido de tutela de urgência deverá ser dirigido ao juízo onde tramita o processo suspenso.

§ 3º Visando à garantia da segurança jurídica, qualquer legitimado mencionado no art. 977, incisos II e III, poderá requerer, ao tribunal competente para conhecer do recurso extraordinário ou especial, a suspensão de todos os processos individuais ou coletivos em curso no território nacional que versem sobre a questão objeto do incidente já instaurado.

§ 4º Independentemente dos limites da competência territorial, a parte no processo em curso no qual se discuta a mesma questão objeto do incidente é legitimada para requerer a providência prevista no § 3º deste artigo.

§ 5º Cessa a suspensão a que se refere o inciso I do *caput* deste artigo se não for interposto recurso especial ou recurso extraordinário contra a decisão proferida no incidente.

1. *Efeito da admissão do incidente.* Superado positivamente o juízo de admissibilidade do IRDR, (a) suspender-se-ão, por determinação do relator, os feitos pendentes, individuais ou coletivos, que tramitem no âmbito jurisdicional do tribunal competente para processá-lo e julgá-lo originariamente. Da decisão e do aludido efeito serão, de imediato, comunicados os órgãos jurisdicionais vinculados ao tribunal competente, que deverão, ao receber novas demandas que versem sobre a questão jurídica objeto do incidente (ou seja, propostas após a admissibilidade do IRDR), de igual modo, suspendê-las.

2. O relator poderá, querendo, requisitar informações aos órgãos em cujo juízo tramitam processos com objeto idêntico ao discutido no IRDR. Tais informações, uma vez requeridas, serão prestadas no prazo de 15 (quinze) dias.

3. Não tendo a instauração do IRDR sido promovida pelo Ministério Público, o tribunal competente para apreciá-lo diligenciará na intimação do órgão ministerial competente para, querendo, manifestar-se no prazo de 15 (quinze) dias, considerado o *interesse social que subjaz a possibilidade de admissão do incidente*.

4. Ao largo do período em que estiver suspenso o feito na origem (aguardando julgamento do incidente), eventuais pedidos de concessão de tutela de urgência serão endereçados ao *juízo de origem*, competindo a este, entendendo conveniente, deferir o pleito emergencial postulado. A decisão que deferir ou indeferir o aludido pleito desafia *agravo de instrumento* (art. 1.015, I)

5. *Elastecimento do efeito suspensivo.* Aos contendores, ao *parquet* e à Defensoria Pública, no afã de evitar a coexistência de decisões conflitantes acerca do tema objeto do IRDR já admitido, é facultado requerer, junto ao tribunal superior competente, a suspensão da integralidade dos processos (individuais ou coletivos), que versem sobre idêntica matéria, em curso no território nacional. A legitimidade "da parte", bem compreendida a afirmativa, independe de tramitar o seu feito (que possui objeto idêntico ao *sub judice* no incidente) perante o tribunal em que tramite, *in concreto*, o IRDR.

6. Consoante enunciado aprovado na I Jornada de Direito Processual Civil, ocorrida na cidade de Brasília (24 e 25 de agosto de 2017), "Não se aplica a suspensão do art. 982, I, do CPC ao cumprimento de sentença anteriormente transitada em julgado e que tenha decidido questão objeto de posterior incidente de resolução de demandas repetitivas." (Enunciado 107).

Art. 983. O relator ouvirá as partes e os demais interessados, inclusive pessoas, órgãos e entidades com interesse na controvérsia, que, no prazo comum de 15 (quinze) dias, poderão requerer a juntada de documentos, bem como as diligências necessárias para a elucidação da questão de direito controvertida, e, em seguida, manifestar-se-á o Ministério Público, no mesmo prazo.

§ 1º Para instruir o incidente, o relator poderá designar data para, em audiência pública, ouvir depoimentos de pessoas com experiência e conhecimento na matéria.

§ 2º Concluídas as diligências, o relator solicitará dia para o julgamento do incidente.

1. O instituto do *Amicus Curiae* é compatível com o IRDR, devendo o relator autorizar a oitiva, não só das partes processuais, mas, também, dos demais interessados na controvérsia, em audiência pública. Aos interessados é facultado requerer, no prazo da lei, inclusive, a realização de diligências capazes de contribuir para a melhor compreensão da questão *sub judice*.[181]

2. Devidamente instruído, o relator solicitará dia para o julgamento do incidente.

Art. 984. No julgamento do incidente, observar-se-á a seguinte ordem:

I – o relator fará a exposição do objeto do incidente;

II – poderão sustentar suas razões, sucessivamente:

a) o autor e o réu do processo originário e o Ministério Público, pelo prazo de 30 (trinta) minutos;

b) os demais interessados, no prazo de 30 (trinta) minutos, divididos entre todos, sendo exigida inscrição com 2 (dois) dias de antecedência.

§ 1º Considerando o número de inscritos, o prazo poderá ser ampliado.

§ 2º O conteúdo do acórdão abrangerá a análise de todos os fundamentos suscitados concernentes à tese jurídica discutida, sejam favoráveis ou contrários.

1. Procedimento. IRDR. O artigo 984 estabelece ordem procedimental de realização dos atos processuais. Na sessão de julgamento, após as diligências de *praxe*, o relator exporá o objeto *sub judice*. Dar-se-á, ato contínuo, a palavra (a) ao autor e ao réu do processo originário, bem como ao Ministério Público, pelo prazo de 30 (trinta) minutos; (b) aos demais interessados (inscritos para tanto com pelo menos dois dias de antecedência), por igual tempo, partilhado entre todos.

2. Respeitada a essência do CPC/2015 em relação ao tema *motivação*, o acórdão que julgar o IRDR enfrentará, topicamente, à integralidade, os fundamentos suscitados em juízo (seja para acolhê-los, seja para rechaçá-los).

Art. 985. Julgado o incidente, a tese jurídica será aplicada:

I – a todos os processos individuais ou coletivos que versem sobre idêntica questão de direito e que tramitem na área de jurisdição do respectivo tribunal, inclusive àqueles que tramitem nos juizados especiais do respectivo Estado ou região;

---

[181] Acerca do tema *Amicus Curiae*, vide: TORRES, Artur. *CPC passado a limpo*: parte geral, procedimento comum e cumprimento de sentença. Porto Alegre: Livraria do Advogado, 2018. p. 139/142. v. I.

II – aos casos futuros que versem idêntica questão de direito e que venham a tramitar no território de competência do tribunal, salvo revisão na forma do art. 986.

§ 1º Não observada a tese adotada no incidente, caberá reclamação.

§ 2º Se o incidente tiver por objeto questão relativa a prestação de serviço concedido, permitido ou autorizado, o resultado do julgamento será comunicado ao órgão, ao ente ou à agência reguladora competente para fiscalização da efetiva aplicação, por parte dos entes sujeitos a regulação, da tese adotada.

1. Âmbito de irradiação originária do decisório proferido em sede de IRDR. Julgada a causa, a tese jurídica eleita terá aplicabilidade, sem exceções, à integralidade dos feitos que versarem sobre a questão objeto do incidente, respeitados os limites da *competência do órgão julgador*. Serão alcançados tanto os feitos já em tramitação (ao tempo da instauração do incidente) como os que vierem a ser propostos durante ou após sua tramitação.

2. Inobservada, nos casos em que se imponha sua aplicação, a tese adotada pela decisão do IRDR, o prejudicado poderá, querendo, promover *reclamação*. Vide, acerca do tema, comentários aos artigos 988/993, abaixo.

3. Versando o IRDR sobre questão inerente a prestação de serviço *concedido, permitido* ou *autorizado*, o resultado do julgamento será, de imediato, comunicado "ao órgão, ao ente ou à agência reguladora" competente para fiscalizar a aplicação da tese adotada *in concreto*.

Art. 986. A revisão da tese jurídica firmada no incidente far-se-á pelo mesmo tribunal, de ofício ou mediante requerimento dos legitimados mencionados no art. 977, inciso III.

1. O tribunal prolator da decisão oriunda da aplicação do IRDR é competente para processar e julgar, em *expediente próprio*, pedido de *revisão da tese jurídica* preponderante. O (re)enfrentamento da matéria poderá ocorrer de *ofício* ou a *requerimento*, do *parquet* ou da Defensoria Pública.

2. Destaque-se, pois, que, na linha da *vinculatividade horizontal* albergada pelo CPC/2015, é defeso ao próprio tribunal julgador posicionar-se de maneira diversa (considerado o teor da decisão proferida em sede de julgamento do IRDR), ressalvada a hipótese de *revisão de tese* sob comento.

3. Aplica-se à *revisão de tese*, a despeito do silêncio legal, o procedimento aplicável ao IRDR.

Art. 987. Do julgamento do mérito do incidente caberá recurso extraordinário ou especial, conforme o caso.

§ 1º O recurso tem efeito suspensivo, presumindo-se a repercussão geral de questão constitucional eventualmente discutida.

§ 2º Apreciado o mérito do recurso, a tese jurídica adotada pelo Supremo Tribunal Federal ou pelo Superior Tribunal de Justiça será aplicada no território nacional a todos os processos individuais ou coletivos que versem sobre idêntica questão de direito.

1. O pronunciamento judicial que julgar meritoriamente o incidente poderá, observadas as hipóteses de cabimento constitucionalmente previstas, ser impugnado por recurso *extraordinário* (art. 102, III, *a*, *b*, e *c*, da CF/88) ou *especial* (art. 105, III, *a*, *b* e *c*, da CF/88).

2. A decisão que, em sede de *admissibilidade* do incidente, negar vigência à legislação federal (exemplificativamente, ao próprio CPC), não comporta *recurso especial*?

3. Diferentemente dos recursos *extraordinário* e *especial* ofertados para impugnar decisões proferidas em processos individuais, a eficácia da decisão proferida em sede de IRDR não se fará sentir (ou seja, ficará suspensa) antes de seu trânsito em julgado. A razão é simples: os aludidos recursos, nesse cenário, têm efeito suspensivo *ope legis*.

4. A questão *constitucional* enfrentada em sede de IRDR goza, por definição, da presunção de possuir *repercussão geral* (ou seja: presume-se haver *relevância da matéria* e *transcendência de interesses*).

5. Julgado o recurso, a tese jurídica adotada pelo tribunal superior será observada, em todo o território nacional, aos processos, individuais ou coletivos, que versem sobre idêntica questão de direito, ampliando-se o espectro de irradiação da eficácia do julgado proferido em sede de IRDR, originariamente limitada à circunscrição territorial do tribunal prolator da decisão que serviu de base ao pleito recursal.

6. "Contra o acórdão que julgar o mérito do incidente de resolução de demandas repetitivas será cabível recurso especial ou recurso extraordinário, a depender da existência de violação à lei federal ou de violação direta à Constituição Federal (art. 984, *caput*). O recurso poderá ser interposto pela parte requerente do incidente, pelo Ministério Público e pela Defensoria Pública, sejam estes partes ou não no incidente. Quanto ao Ministério Público, quando não atua como parte, sua legitimidade decorre da atuação na qualidade de custos legis. A legitimidade da Defensoria Pública decorre do interesse público na fixação da tese jurídica, evitando a proliferação de processos e a insegurança jurídica. Aliás, não é por outra razão que o art. 982, § 3º, lhe confere legitimidade para requerer a suspensão dos processos na hipótese de admissão do incidente. Também ao *amicus curiae*, conforme permissivo contido no art. 138, § 3º, se confere legitimidade para recorrer. O recurso especial e o extraordinário serão dotados de efeito suspensivo *ope legis* (art. 987, § 1º), presumindo-se, quanto a este último, a repercussão geral da questão constitucional discutida. Em caso de apreciação do mérito recursal pelo Supremo Tribunal Federal ou pelo Superior Tribunal de Justiça, a tese jurídica firmada terá sua abrangência ampliada, passando a ser aplicada a todos os processos individuais ou coletivos que versem sobre idêntica questão de direito e que tramitem no território nacional." (DONIZETTI, Elpídio. *Novo Código de Processo Civil Comentado*. São Paulo: Atlas, 2015. p. 749).

7. "O IRDR pode ser suscitado com base em demandas repetitivas em curso nos juizados especiais." (Enunciado n. 21, ENFAM).

CAPÍTULO IX
DA RECLAMAÇÃO

1. "(...) o que se quer inicialmente ressaltar é a origem pretoriana da reclamação, criada pelo Supremo Tribunal Federal na vigência da Constituição de 1946, com invocação da doutrina dos poderes implícitos, a fim de garantir a autoridade de suas decisões. Em determinado caso, decidiu o Supremo Tribunal Federal que certo legado era válido; posteriormente, surgiu dúvida sobre a extensão desse legado e sobre a interpretação a ser dada à decisão anterior do Supremo Tribunal Federal, o que foi decidido pela instância local. Dessa decisão a parte vencida interpôs recurso extraordinário, alegando ofensa à coisa julgada. A Turma não conheceu do recurso extraordinário, por incabível no caso, mas determinou a remessa dos autos ao Plenário, para exame, em reclamação, da alegada ofensa à anterior decisão do Supremo Tribunal Federal. Essa reclamação, de número 141, foi julgada em 25 de janeiro de 1952. No julgamento, dividiu-se o Tribunal, tanto no que diz respeito à preliminar a respeito do cabimento da reclamação, como no que diz respeito ao mérito. Contra o conhecimento da reclamação argumentou-se com a circunstância de se tratar de remédio não previsto no sistema jurídico; ademais, se houvera ofensa à coisa julgada, a ação rescisória seria o remédio de que disporia a parte; no mérito, tanto houve quem afirmasse como quem negasse ter havido desobediência à anterior decisão do Supremo Tribunal Federal. A decisão foi por maioria, tanto para conhecer da reclamação como para julgá-la procedente. Declarou-se, na ementa do acórdão que a competência não expressa dos tribunais federais pode ser ampliada por construção constitucional; vão seria o poder, outorgado ao Supremo Tribunal Federal, de julgar em recurso extraordinário as causas decididas por outros tribunais, se não lhe fosse possível fazer prevalecer os seus próprios preceitos, acaso desatendidos pelas justiças locais." (TESHEINER, José Maria Rosa. *Novo Código de Processo Civil anotado.* Porto Alegre: OAB/RS, 2015. p. 753/754).

2. "A reclamação é a ação de competência originária dos tribunais, cabível para preservar sua competência, *garantir* a autoridade de suas decisões e a observância de precedente oriundo de julgamento de casos repetitivos ou de incidente de assunção de competência e, em relação ao STF, cabível também para garantir a observância de suas decisões em controle concentrado de constitucionalidade e de súmulas vinculantes (...)." (MEDINA, José Miguel Garcia. *Direito Processual Civil Moderno.* São Paulo: RT, 2015. p. 1318).

3. Segundo o texto constitucional, compete ao Supremo Tribunal Federal, processar e julgar, originariamente, "a reclamação para a preservação de sua competência e garantia da autoridade de suas decisões" (art. 102, I, *l*, CF/88); ao Superior Tribunal de Justiça, respeitada sua competência, da mesma forma, consoante previsão expressa do art. 105, I, *f* da CF/88. O texto constitucional prevê, ainda, que, do "ato administrativo ou decisão judicial que contrariar a súmula aplicável ou que indevidamente a aplicar, caberá reclamação ao Supremo Tribunal Federal que, julgando-a procedente, anulará o ato administrativo ou cassará a decisão judicial reclamada, e determinará que outra seja proferida com ou sem a aplicação da súmula, conforme o caso." (art. 103-A, § 3º, CF/88).

4. A ação sob comento revela-se, consideradas as premissas vinculativas que orientaram à construção do CPC/2015, de suma importância. Seu cabimento, pois, não se limita a preservação da autoridade do entendimento dos tribunais superiores. Ela tem cabimento, nos casos previstos por lei, também, para os tribunais *regionais* e *estaduais* (art. 988, § 1º).

5. A Lei 13.105/2015 revogou, à integralidade, o Capítulo (II, do Título I) da Lei 8.038/90 destinado, outrora, ao trato do tema.

Art. 988. Caberá reclamação da parte interessada ou do Ministério Público para:

I – preservar a competência do tribunal;

II – garantir a autoridade das decisões do tribunal;

III – garantir a observância de enunciado de súmula vinculante e de decisão do Supremo Tribunal Federal em controle concentrado de constitucionalidade; (Redação dada pela Lei 13.256/2016)

IV – garantir a observância de acórdão proferido em julgamento de incidente de resolução de demandas repetitivas ou de incidente de assunção de competência; (Redação dada pela Lei 13.256/2016)

§ 1º A reclamação pode ser proposta perante qualquer tribunal, e seu julgamento compete ao órgão jurisdicional cuja competência se busca preservar ou cuja autoridade se pretenda garantir.

§ 2º A reclamação deverá ser instruída com prova documental e dirigida ao presidente do tribunal.

§ 3º Assim que recebida, a reclamação será autuada e distribuída ao relator do processo principal, sempre que possível.

§ 4º As hipóteses dos incisos III e IV compreendem a aplicação indevida da tese jurídica e sua não aplicação aos casos que a ela correspondam.

§ 5º É inadmissível a reclamação:

I – proposta após o trânsito em julgado da decisão reclamada;

II – proposta para garantir a observância de acórdão de recurso extraordinário com repercussão geral reconhecida ou de acórdão proferido em julgamento de recursos extraordinário ou especial repetitivos, quando não esgotadas as instâncias ordinárias. (Redação dada pela Lei 13.256/2016)

§ 6º A inadmissibilidade ou o julgamento do recurso interposto contra a decisão proferida pelo órgão reclamado não prejudica a reclamação.

1. Legitimidade ativa. Têm legitimidade para promover a *reclamação* tanto os contendores como o Ministério Público que, nos casos em que não figurar na condição de requerente, funcionará na condição de fiscal da ordem jurídica (art. 991 do CPC/2015).

2. "Anote-se que a função da reclamação não é de impugnar as decisões judiciais. Não protege, destarte, os interesses das partes, mas a própria organização e efetividade do sistema processual. Daí, então, a legitimidade, do Ministério Público para seu ajuizamento (*caput*)." (DONIZETTI, Elpídio. *Novo Código de Processo Civil Comentado*. São Paulo: Atlas, 2015. p. 752).

3. Ao art. 988 coube inventariar as hipóteses de cabimento da ação sob comento. Cabe reclamação, nos termos do CPC/2015, para (a) *preservar a competência do tribunal;* garantir (b) *a autoridade das decisões do tribunal;* (c) *a observância de enunciado de súmula vinculante e de decisão do Supremo Tribunal Federal em controle concentrado de constitucionalidade;* bem como (d) *a observância de acórdão proferido em julgamento de incidente de resolução de demandas repetitivas ou de incidente de assunção de competência.* As hipóteses "c" e "d", correspondentes ao teor dos incisos III e IV do artigo sob comento, que tiveram redação legal alterada antes mesmo da entrada em vigor da Lei 13.105/2015, correspondem, pois, "a aplicação indevida da tese jurídica e sua não aplicação aos casos que a ela correspondam".

4. É competente para processar e julgar a reclamação, o tribunal *cuja competência ou autoridade se pretenda ver preservada.*

5. O petitório inicial deverá ser instruído com *prova documental* da "insubordinação" alegada. Trata-se, pois, de requisito específico para o deferimento da peça exordial.

6. Não se admite reclamação (a) *promovida após o trânsito em julgado da decisão reclamada,* nem (b) proposta para garantir a observância de acórdão de recurso extraordinário com repercussão geral reconhecida ou de acórdão proferido em julgamento de recurso extraordinário ou especial repetitivos, *enquanto não esgotadas as instâncias ordinárias.*

7. O teor do § 6º. Visando a evitar dúvidas no concernente, aduz o legislador: "a inadmissibilidade ou o julgamento do recurso interposto contra a decisão proferida pelo órgão reclamado não prejudica a reclamação". Consoante sustentam Nelson Nery Jr. e Rosa Maria de Andrade Nery, há independência total entre o recurso interposto para impugnar o julgado que serve de fundamento à reclamação e a própria reclamação, podendo ambos tramitar paralelamente. "A reclamação é medida processual distinta do recurso. É possível que a parte ou interessado interponha recurso contra a decisão proferida no processo e, ao mesmo tempo, reclamação contra a mesma decisão. Ambos correrão paralela e independentemente um do outro. O não seguimento do recurso ou seu não conhecimento não impede o prosseguimento da reclamação que tem autonomia procedimental relativamente ao recurso." (NERY JR, Nelson; NERY, Rosa Maria Andrade. *Comentários ao Código de Processo Civil.* São Paulo: RT, 2015. p. 1981).

Art. 989. Ao despachar a reclamação, o relator:

I – requisitará informações da autoridade a quem for imputada a prática do ato impugnado, que as prestará no prazo de 10 (dez) dias;

II – se necessário, ordenará a suspensão do processo ou do ato impugnado para evitar dano irreparável;

III – determinará a citação do beneficiário da decisão impugnada, que terá prazo de 15 (quinze) dias para apresentar a sua contestação.

1. *Procedimento.* Presentes, ao menos em tese, o requisitos legais autorizadores do processamento da reclamação, o relator requisitará informações à autoridade pertinente, que, segundo expresso texto de lei, deverá prestá-las no prazo de 10 dias. Prestadas, o relator determinará a citação daquele que se beneficiou com a decisão impugnada e, ato contínuo, sua intimação para, querendo, apresentar resposta no prazo de 15 dias.

2. A propositura da reclamação não produz, como regra, qualquer efeito em relação ao feito em que prolatada a decisão que serviu de alicerce à sua promoção. A suspensão desse, revela-se medida extraordinária, que se justifica, tão somente, "para evitar dano irreparável" e depende, portanto, de manifestação judicial.

3. Custas. "A reclamação, no Supremo Tribunal Federal, está sujeita a preparo consoante o que dispõe o art. 59, II, do RISTF: 'o preparo far-se-á: II – o de processo de competência originária do Supremo Tribunal Federal, perante a sua Secretaria e no prazo de dez dias'. Sem o respectivo preparo, exceto em caso de isenção legal (art. 61, § 1°, do RISTF), nenhum processo será distribuído, nem se praticarão nele atos processuais, salvo os que forem ordenados de ofício pelo Relator, pela Turma ou pelo Tribunal (art. 57, *caput*, do RISTF). É hipótese de isenção do preparo a reclamação proposta pelo Procurador-Geral da República (art. 61, § 1°, II, do RISTF). Verificado o preparo, sua isenção ou dispensa, os autos serão imediatamente conclusos ao Presidente para a distribuição (art. 60 do RISTF). No Superior Tribunal de Justiça são devidas custas nos processos de sua competência originária e recursal, nos termos da Lei (art. 112 do RISTJ), que é a de n. 11.636, de 28/12/2007, cujo anexo contempla expressamente a reclamação como fato gerador. A Resolução STJ n. 1, de 4/2/2014, dispõe sobre o pagamento de custas judiciais no âmbito do Superior Tribunal de Justiça." (TESHEINER, José Maria Rosa. *Novo Código de Processo Civil anotado*. Porto Alegre: OAB/RS, 2015. p. 756/757).

4. Consoante enunciado aprovado na I Jornada de Direito Processual Civil, ocorrida na cidade Brasília (24 e 25 de agosto de 2017), "Ao despachar a reclamação, deferida a suspensão do ato impugnado, o relator pode conceder tutela provisória satisfativa correspondente à decisão originária cuja autoridade foi violada." (Enunciado 64).

Art. 990. Qualquer interessado poderá impugnar o pedido do reclamante.

1. Têm legitimidade para insurgir-se ao pedido formulado pelo reclamante quaisquer interessados na causa (parte ou terceiros). Relembre-se, pois, que o interesse que legitima a intervenção de terceiro em demanda alheia é o denominado *interesse jurídico*.[182]

2. "Dispõe o art. 990 do NCPC que 'qualquer interessado poderá impugnar o pedido do reclamante'. Interessado, aqui, não é o prolator da decisão que motivou a reclamação, pois ele é o legitimado passivo; tampouco o beneficiário

[182] Acerca do *interesse jurídico* que interessa ao presente cenário, vide: TORRES, Artur. *CPC passado a limpo*: parte geral, procedimento comum e cumprimento de sentença. Porto Alegre: Livraria do Advogado, 2018. p. 127. v. I.

da decisão impugnada, pois que também é litisconsorte passivo citado como réu (art. 989, III); mas, qualquer outra pessoa que, de alguma forma, será atingida em sua esfera jurídica pelo julgamento da reclamação. Sua posição deve se justificar da mesma forma com que se faz para as intervenções do assistente e do recorrente como terceiro prejudicado."(THEODORO JR., Humberto. *Curso de Direito Processual Civil*. 47. ed. Rio de Janeiro: Forense, 2015. p. 1.163. v. III – versão eletrônica).

Art. 991. Na reclamação que não houver formulado, o Ministério Público terá vista do processo por 5 (cinco) dias, após o decurso do prazo para informações e para o oferecimento da contestação pelo beneficiário do ato impugnado.

1. O *parquet*, nos casos em que não figurar como reclamante, haverá de ser necessariamente "notificado" da existência da demanda. Garante-se ao órgão ministerial, após "o decurso do prazo para informações e para o oferecimento da contestação pelo beneficiário do ato impugnado", vista dos autos por, pelo menos, 5 dias, para postular o que entender pertinente.

Art. 992. Julgando procedente a reclamação, o tribunal cassará a decisão exorbitante de seu julgado ou determinará medida adequada à solução da controvérsia.

1. É tarefa do tribunal competente, ao julgar procedente o pleito reclamatório, determinar medida adequada à solução do caso concreto, cassando a decisão "exorbitante" (aquela que violou sua competência (art. 988, I); que desautorizou sua decisão (art. 988, II); que ignorou o teor de decisão que se deu mediante utilização de uma das técnicas vinculativas (art. 988, III e IV)), imediatamente.

2. "Na sessão de julgamento, o reclamante, o reclamado e o Ministério Público têm, cada um, o prazo de 15 minutos para a sustentação oral (art. 937, VI). Se acolhida a reclamação, o Presidente do Tribunal determina o imediato cumprimento da decisão, independentemente da lavratura do respectivo acórdão (art. 993). Da decisão de órgão fracionário que divergir do julgamento de qualquer outro órgão do mesmo tribunal cabem embargos de divergência, com fundamento no artigo 1.043, IV, por se tratar de processo da competência originária do tribunal." (TESHEINER, José Maria Rosa. *In*: *Novo Código de Processo Civil anotado*. Porto Alegre: OAB/RS, 2015. p. 757).

Art. 993. O presidente do tribunal determinará o imediato cumprimento da decisão, lavrando-se o acórdão posteriormente.

1. O cumprimento da decisão prolatada no julgamento de procedência da reclamação não depende, pois, de prévia redação e publicação de seu acórdão. Anunciado o resultado do julgamento, seu cumprimento deve ocorrer *incontinenti*. O acórdão, por sua vez, será lavrado a seu tempo.

TÍTULO II
DOS RECURSOS[183]

CAPÍTULO I
DAS DISPOSIÇÕES GERAIS

Art. 994. São cabíveis os seguintes recursos:

I – apelação;

II – agravo de instrumento;

III – agravo interno;

IV – embargos de declaração;

V – recurso ordinário;

VI – recurso especial;

VII – recurso extraordinário;

VIII – agravo em recurso especial ou extraordinário;

IX – embargos de divergência.

1. O art. 994 do CPC/2015 inventaria os recursos (codificados) admitidos no processo civil pátrio. É a partir dele que, in concreto, se verifica o respeito ao princípio da taxatividade. Integram o rol dos recursos cíveis, sem prejuízo dos previstos em legislação esparsa, (a) a apelação, (b) o agravo de instrumento, (c) o agravo interno, (d) os embargos de declaração, (e) o recurso ordinário, (f) o recurso especial, (g) o recurso extraordinário, (h) o agravo em recurso especial ou extraordinário e, por fim, (i) os embargos de divergência.

Art. 995. Os recursos não impedem a eficácia da decisão, salvo disposição legal ou decisão judicial em sentido diverso.

Parágrafo único. A eficácia da decisão recorrida poderá ser suspensa por decisão do relator, se da imediata produção de seus efeitos houver risco de dano grave, de difícil ou impossível reparação, e ficar demonstrada a probabilidade de provimento do recurso.

1. No sistema recursal pátrio, os pleitos recursais são recebidos, em regra, apenas em seu efeito devolutivo, ou seja, o oferecimento de um recurso, excetuado disposição legal em sentido contrário, não impede que a decisão impugnada produza, de imediato, eficácia.

2. Efeito suspensivo *ope iudicis*. A despeito da inexistência de previsão de efeito suspensivo *ope legis*, pode-se atribuir efeito suspensivo *ope iudicis* a todo e qualquer pleito recursal, respeitados os requisitos legais. O juízo acerca de sua oportunidade compete ao relator da causa recursal.

3. Efeito suspensivo *ope iudicis*. Requisitos legais. A concessão de efeito suspensivo *ope iudicis* fica condicionada à comprovação, pelo recorrente, dos

---

[183] Para reflexão mais aprofundada acerca de *temas recursais polêmicos*, vide: TORRES, Artur. *Sentença, Coisa Julgada e Recursos Cíveis Codificados*: de acordo com as Leis 13.105/2015 e 13.256/2016. Porto Alegre: Livraria do Advogado, 2017. p. 171/181.

requisitos, a saber: (a) haver, face à eficácia imediata da decisão atacada, risco "real" de grave dano, de difícil ou impossível reparação a sua esfera jurídica, bem como, (b) a potencial probabilidade do sucesso de seu pleito (recursal).

Art. 996. O recurso pode ser interposto pela parte vencida, pelo terceiro prejudicado e pelo Ministério Público, como parte ou fiscal da ordem jurídica.

Parágrafo único. Cumpre ao terceiro demonstrar a possibilidade de a decisão sobre a relação jurídica submetida à apreciação judicial atingir direito de que se afirme titular ou que possa discutir em juízo como substituto processual.

1. O recurso pode ser interposto pela parte vencida, pelo terceiro prejudicado e pelo Ministério Público, seja como parte ou fiscal da ordem jurídica. O texto da lei, em relação ao tema, limita-se, bem compreendido, a disciplinar a legitimidade recursal ativa.

2. O pressuposto/requisito de admissibilidade recursal (intrínseco) sob análise, do ponto de vista da legitimidade ativa, lança olhares à identidade do recorrente, no afã de desnudar a pertinência subjetiva do recurso. Responde-se, a partir de sua investigação, a questão, a saber: aquele que se fez valer do meio impugnativo in concreto figura entre os que poderiam, segundo a lei, tê-lo feito?

3. Segundo o sistema processual pátrio, têm legitimidade recursal as partes, o *parquet* e o terceiro "juridicamente" interessado. Acerca do interesse que legitima o derradeiro a recorrer, vale lembrar, adaptando-a ao cenário recursal, lição de Calamandrei no sentido de que o "interesse que legitima o interveniente a comparecer em juízo (...), não é, pois, um interesse altruísta (como o seria o de quem pretendesse intervir na causa visando, exclusivamente, demonstrar sua solidariedade com um amigo, ou o de quem agisse unicamente por um nobre desejo de cooperar com o triunfo da justiça), mas sim um interesse egoísta que tem sua base na própria (...) desvantagem que teme (...) vantagem e desvantagem que não devem ser meramente morais ou sentimentais (...) e, sim, devem ter um substrato jurídico, no sentido de que as consequências vantajosas ou não, que o interveniente espera ou tem para si, devem ser tais que repercutam, em sentido favorável ou desfavorável para ele, em uma relação jurídica da qual ele seja sujeito." (CALAMANDREI, Piero. *Instituições de Direito Processual Civil*. Campinas: Bookseller, 2003. v. III. p. 257). Não é por outra razão, pois, que se exige do terceiro a demonstração da possibilidade de a que decisão prolatada na relação jurídica submetida à apreciação judicial venha a atingir sua esfera jurídica, ou a espectro jurídico alheio, nas causas em que possa ele figurar como substituto processual.

4. O advogado, em relação aos honorários sucumbenciais insuficientemente arbitrados, é terceiro que se legitima, em nome próprio, a recorrer. Nesse sentido, outrora, decidiu o STJ: "PROCESSUAL CIVIL. RECURSO ESPECIAL. HONORÁRIOS ADVOCATÍCIOS. LEGITIMIDADE PARA RECORRER. PARTE OU ADVOGADO. DISSÍDIO JURISPRUDENCIAL. SÚMULA N. 83/STJ. 1. O STJ pacificou o entendimento segundo o qual tanto a parte quanto o advogado, em nome próprio, têm legitimidade para recorrer de decisão que cuida de honorários advocatícios. Precedentes". (...) REsp. n. 440.613 –SE, 2ª Turma, Rel. Min. João Otávio de Noronha, DJ: 12/06/2006.

5. O Ministério Público é tido por legitimado para recorrer tanto nos casos em que funcionar como custos legis, como, à evidência, nos feitos em que figurar na condição de parte. "O Ministério Público tem legitimidade para recorrer no processo em que oficiou como fiscal da lei, ainda que não haja recurso da parte." (Súmula 99 do STJ).

6. No que tange à legitimidade recursal passiva, embora silente o Código, parece-nos razoável afirmar que, salvo exceção que momentaneamente nos escape, será ela, sempre, da parte que se beneficie da decisão impugnada.

7. Respeitados posicionamentos em sentido diverso, cumpre sublinhar, pois, que os temas legitimidade para a causa e legitimidade recursal não podem, a rigor, ser baralhados, uma vez que não há negar, por exemplo, que determinado cidadão poderá recorrer justamente para ver reconhecida, em última análise, sua ilegitimidade passiva *ad causam*.

Art. 997. Cada parte interporá o recurso, independentemente, no prazo e em observância às exigências legais.

§ 1º Sendo vencidos autor e réu, ao recurso interposto por qualquer deles poderá aderir o outro.

§ 2º O recurso adesivo fica subordinado ao recurso independente, sendo-lhe aplicáveis as mesmas regras deste quanto aos requisitos de admissibilidade e julgamento no tribunal, salvo disposição legal diversa, observado, ainda, o seguinte:

I – será dirigido ao órgão perante o qual o recurso independente fora interposto, no prazo de que a parte dispõe para responder;

II – será admissível na apelação, no recurso extraordinário e no recurso especial;

III – não será conhecido, se houver desistência do recurso principal ou se for ele considerado inadmissível.

1. Cada qual dos interessados deve, respeitados os requisitos legais, interpor o seu próprio recurso.

2. Recurso Adesivo. O recurso adesivo representa técnica processual que permite ao interessado apelar, ofertar recurso especial ou recurso extraordinário, motivado pela atuação (recursal) de seu adversário processual, fora do contexto processual ordinariamente previsto para tanto. A *ratio* legislativa orientadora da técnica em tela consiste, bem compreendida, primeiro, em desestimular a atuação impugnativa primária das partes; segundo, em salvaguardar a possibilidade recursal daquele que, embora sucumbente em parte, sensível a tentativa estatal de pôr fim, em definitivo, ao conflito de interesses, não pretendia, a priori, recorrer. Havendo sucumbência recíproca não é difícil intuir que ambas as partes, em tese, podem recorrer. Como regra, devem proceder, querendo, de maneira independente. A proposta estatal de desestimular a conduta recursal primária trouxe ao sistema espécie de "garantia" ao sucumbente inerte, a quem, observados os requisitos legais, é facultado prosseguir com a tentativa de melhorar sua situação processual, uma vez que frustrada a tentativa estatal de compor o conflito de interesses de uma vez por todas.

3. O recurso (a apelação, o recurso especial e o recurso extraordinário) interposto adesivamente é, por definição, subordinado ao recurso ofertado de maneira independente, no sentido de que apenas será processado e julgado se o for, no mérito, aquele que lhe possibilitou a existência.

4. No que tange ao regramento aplicável ao recurso adesivo, o CPC/2015 é expresso: aplica-se ao recurso adesivo, quanto aos requisitos de admissibilidade e julgamento, as disposições concernentes ao recurso independente. O recurso adesivo deve ser ofertado no prazo de que dispõe o recorrido para apresentar contrarrazões no recurso independente. Deve o mesmo, ainda, ser protocolizado junto ao órgão perante o qual o recurso independente fora protocolado.

5. Interposto, pois, o recurso adesivo, em atenção ao modelo constitucional do processo civil brasileiro, facultar-se-á ao recorrido adesivo a apresentação de contrarrazões adesivas.

Art. 998. O recorrente poderá, a qualquer tempo, sem a anuência do recorrido ou dos litisconsortes, desistir do recurso.

Parágrafo único. A desistência do recurso não impede a análise de questão cuja repercussão geral já tenha sido reconhecida e daquela objeto de julgamento de recursos extraordinários ou especiais repetitivos.

1. Diferentemente da desistência da ação, submetida a regime diverso, é facultado ao recorrente, sem a anuência do recorrido, desistir do pleito recursal. Embora o art. 998 do CPC/2015 prescreva que a desistência possa ocorrer a qualquer tempo, parece-nos oportuno esclarecer que o "a qualquer tempo" deva ser lido como "a qualquer tempo antes de julgado o recurso".

2. Consoante enunciado aprovado na I Jornada de Direito Processual Civil, ocorrida na cidade Brasília (24 e 25 de agosto de 2017), "A desistência do recurso pela parte não impede a análise da questão objeto do incidente de assunção de competência." (Enunciado 65).

Art. 999. A renúncia ao direito de recorrer independe da aceitação da outra parte.

1. A renúncia ao direito de recorrer, outrossim, não necessita de aceitação da parte adversa.

2. Não há confundir desistência recursal e renúncia ao direito de recorrer. Nesta, pois, o ato volitivo da parte ocorre antes do oferecimento do recurso; naquela, por sua vez, o recurso já foi interposto, e o ato volitivo da parte recorrente visa a fulminá-lo antes de sua apreciação.

Art. 1.000. A parte que aceitar expressa ou tacitamente a decisão não poderá recorrer.

Parágrafo único. Considera-se aceitação tácita a prática, sem qualquer reserva, de ato incompatível com a vontade de recorrer.

1. Sabe-se inerente à noção recursal à inconformidade do prejudicado com determinado julgado, seja ele precário ou definitivo. Recorre-se, por definição, como ato de resistência. As partes, no desenrolar do caso concreto, realizam atos processuais. No que interessa para o momento, afigura-se oportuno ressaltar que tais atos, em alguns casos, traduzem a inconformidade da parte com determinado provimento judicial; noutros, apenas sua concordância com a decisão emanada. Diz-se, então, que, anuindo a parte, expressa ou tacitamente, ao ato judicial que o prejudica, preclusa restará a possibilidade de atacá-lo, considerando-se aceitação tácita a prática, sem reserva, de quaisquer atos incompatíveis com a vontade de recorrer. Fala-se, de um ponto de vista técnico, na consumação da denominada preclusão lógica.

Art. 1.001. Dos despachos não cabe recurso.

1. Pronunciamentos do juiz. Art. 203 do CPC/2015. Os pronunciamentos do magistrado consistem em sentenças, decisões interlocutórias e despachos. As duas primeiras, por definição, possuem carga decisória; o derradeiro, em tese, não. Apenas pronunciamentos dotados de carga decisória, consoante o sistema codificado, comportam impugnação.

2. Sustentamos, a despeito do teor do art. 1.001, na linha outrora defendida por Araken de Assis, que os despachos (pronunciamento judicial despido de carga decisória relevante) também comportam embargos de declaração. Comentando o recurso sob análise, à luz do CPC/73, já se disse, com razão, que o "fato de o despacho não provocar gravame às partes não o isenta dos defeitos do art. 535" (ASSIS, Araken de. *Manual dos recursos cíveis*. 2. ed. São Paulo: RT, 2008. p. 598), atualmente apontados pelo art. 1.022 da Lei 13.105/2015.

Art. 1.002. A decisão pode ser impugnada no todo ou em parte.

1. Ao recorrente, no que lhe prejudicar, incumbe estabelecer os limites de sua inconformidade. Sendo esta integral, poderá ele, querendo, atacá-la à integralidade ou, ainda, apenas parcialmente.

Art. 1003. O prazo para interposição de recurso conta-se da data em que os advogados, a sociedade de advogados, a Advocacia Pública, a Defensoria Pública ou o Ministério Público são intimados da decisão.

§ 1º Os sujeitos previstos no *caput* considerar-se-ão intimados em audiência quando nesta for proferida a decisão.

§ 2º Aplica-se o disposto no art. 231, incisos I a VI, ao prazo de interposição de recurso pelo réu contra decisão proferida anteriormente à citação.

§ 3º No prazo para interposição do recurso, a petição será protocolada em cartório ou conforme as normas de organização judiciária, ressalvado o disposto em regra especial.

§ 4º Para aferição da tempestividade do recurso remetido pelo correio, será considerada como data da interposição a data da postagem.

§ 5º Excetuados os embargos de declaração, o prazo para interpor os recursos e para responder-lhes é de quinze dias.

§ 6º O recorrente comprovará a ocorrência de feriado local no ato de interposição do recurso.

1. O tema "prazos", considerado a diversidade de situações processuais em que o seu adequado cômputo se revela imprescindível, merece especial atenção dos "homens do foro". Em sede recursal, *a fortiori*, o cenário não é diferente.

2. Contagem de prazos. Disciplina geral. Relembremos, então: (a) tem-se por regra, na linguagem do Código, que, "salvo disposição em contrário", exclui-se do cômputo dos prazos processuais (para além do âmbito recursal) o dia do começo, incluindo-se, pois, o dia do vencimento (art. 224); (b) computam-se tão somente os dias úteis (art. 219); (c) os prazos processuais apenas fluem (passam a ser contados) a partir do primeiro dia útil subsequente à data da publicação (art. 224, § 3º); (d) considera-se data da publicação, o primeiro dia útil subsequente à data da disponibilização da informação no Diário de Justiça eletrônico (art. 224, § 2º); (e) os dias do começo e do vencimento serão protraídos para o primeiro dia útil seguinte, se coincidirem com dia em que o expediente forense for encerrado antes ou iniciado depois da hora normal ou houver indisponibilidade da comunicação eletrônica.

3. Dos prazos recursais propriamente ditos. Perpetrou-se, face à vigência do CPC/2015, pelo menos em relação aos recursos codificados, a unificação dos prazos recursais. Ressalvada anotação legislativa referente aos embargos de declaração, aduz o Código, em "alto e bom tom", que o prazo para interpor ou responder um recurso é de 15 dias.

4. Do termo inicial e do cômputo dos prazos recursais. Na sistemática do Código, consoante expressa previsão do art. 1.003, o "prazo para interposição de recurso conta-se da data em que os advogados, a sociedade de advogados, a Advocacia Pública, a Defensoria Pública ou o Ministério Público são intimados da decisão". Tal ato (a intimação), sublinhe-se, pode ocorrer de diversas formas. A esmagadora maioria das intimações consolida-se, no cenário em tela, mediante publicação do teor do ato judicial no Diário da Justiça eletrônico.

5. Exemplo. Imagine-se, primeiro, que, encerrada a etapa instrutória do feito, o magistrado determine a conclusão dos autos para a prolação da sentença. Depois de alguns dias, lançada a decisão (prolatada em gabinete), os interessados serão, mediante disponibilização de informação processual, comunicados acerca de sua existência. Na guisa do exemplo, imagine-se, agora, que, embora prolatada em 01/03 (terça-feira), a informação processual a ela inerente fora disponibilizada tão somente em 07/03 (segunda-feira). Segundo o sistema pátrio, sendo 08/03 (terça-feira) dia útil na localidade em que tramita o processo, tal data será considerada "data da publicação" e, aplicando-se o teor do terceiro parágrafo do artigo 224, o prazo recursal passaria a fluir já em 09/03 (quarta-feira), revelando-se a data, à evidência, dia útil. Considerando-se que (a) da sentença, em regra, cabe apelação; (b) que o prazo da apelação é de 15 (quinze) dias, bem como, que, à luz do CPC/2015, (c) apenas os dias úteis devem ser computados, a data fatal para o protocolo tempestivo do recurso, no exemplo em tela, seria 29/03 (terça-feira).

6. Havendo prolação de decisão em audiência, considerar-se-ão os interessados intimados da mesma na data da solenidade processual, que passa, para fins de cômputo, a ser considerada data da publicação, iniciando-se, pois, a contagem efetiva do prazo no primeiro dia útil subsequente.

7. Imagine-se, exemplificativamente, que o demandante, em sede inicial, tenha pugnado pela concessão de tutela provisória antecipada de urgência, sendo seu pleito, *inaudita altera pars*, atendido. O réu, no caso, para além da citação e intimação para comparecer à audiência de autocomposição, deparar-se-á com decisão interlocutória que, bem compreendida a afirmativa, determina a satisfação imediata, ainda que provisória, do interesse do autor. Imagine-se, ainda, que a aludida citação perfectibilizou-se pela via postal. O termo inicial para o cômputo do prazo para o oferecimento do pleito recursal competente para cassar a decisão em tela, segundo o Código, é disciplinado pelo teor do art. 231. No exemplo, o dia do início (não computável) seria aquele em que houvesse a certificação do retorno aos autos do aviso de recebimento de correspondência (AR), iniciando-se a contagem efetiva no primeiro dia útil subsequente.

8. O aferimento da tempestividade dos recursos interpostos pela via postal tem por base a data de sua postagem. Revela-se, portanto, indispensável que o comprovante de postagem acompanhe o petitório recursal, pena de inadmissão da impugnação.

9. Incumbe ao recorrente, já no ato de interposição do recurso, comprovar a ocorrência de feriado local considerado em seu cômputo. Contudo, consoante enunciado aprovado na I Jornada de Direito Processual Civil, ocorrida na cidade de Brasília (24 e 25 de agosto de 2017), "Admite-se a correção da falta de comprovação do feriado local ou da suspensão do expediente forense, posteriormente à interposição do recurso, com fundamento no art. 932, parágrafo único, do CPC." (Enunciado 66). Em relação ao tema, contudo, o posicionamento dos tribunais segue instável. Retrato da referida situação pode ser observada, por exemplo, nos autos do AgInt no RECURSO ESPECIAL nº 1.663.221 – TO (2017/0066316-9), donde se extrai texto abaixo: "VOTO-VISTA. A EXMA. SRA. MINISTRA NANCY ANDRIGHI: Cuida-se de agravo interposto por MARIA HELENA MORBACH VIEIRA contra decisão da Presidência do STJ que não conheceu do recurso especial que interpusera em razão de sua intempestividade. Voto do Relator, Min. Ricardo Villas Bôas Cueva: *negou provimento à irresignação, pois não foi comprovada pela agravante a ocorrência de feriado local*. Revisados os fatos, decide-se. Por um lado, muito embora esta Turma venha adotando o entendimento de que a comprovação da ocorrência de feriado local para fins de aferição da tempestividade do recurso tenha de ser feita no ato de sua interposição, ao contrário da posição adotada pela Corte anteriormente à vigência do novo CPC, *é certo que essa questão está sob discussão no âmbito da Corte Especial (AREsp 957.821/MS, que aguarda prosseguimento do julgamento após pedido de vista formulado pelo Min. Herman Benjamin)*. Por outro lado, verifica-se que no curso da presente ação, por ocasião do julgamento dos EDcl no AgRg no Ag 1.237.445/TO, esta Turma decidiu que,' com o advento da Lei nº 11.419/2006, [...] a tese de que as informações processuais fornecidas pelos sites oficiais dos Tribunais de Justiça e/ou Tribunais Regionais Federais, somente possuem cunho informativo perdeu sua força, na medida em que, agora está vigente a legislação necessária para que todas as informações veiculadas pelo sistema sejam consideradas oficiais' (e-STJ Fl.794).Como resultado desse julgamento, flexibilizou-se o entendimento jurisprudencial então vigente, no sentido de que as informações divulgadas pelos sites dos Tribunais não possuíam caráter oficial, o que, à época, beneficiou os agravados em detrimento dos interesses da agravante. Nesse contexto, considerando-se que a questão referente à possibilidade de comprovação a posteriori da ocorrência de feriado local ainda se encontra sub judice neste Tribunal Superior, bem como a fim de evitar que sejam adotados entendimentos contraditórios no curso da mesma ação (independentemente de comprometer-me com a tese precitada), e, ainda, para garantir a paridade de armas a ambos os polos da relação processual, reputo adequado reconhecer a tempestividade do presente recurso especial, pois as informações constantes das fls. 1/10 (e-STJ) permitem concluir que a irresignação foi protocolada dentro do prazo legal (e-STJ Fl.3, eventos 140 e 135). Forte nessas razões, rogando a mais respeitosa vênia ao e. Relator, DOU PROVIMENTO ao agravo interno para reconhecer a tempestividade do recurso especial e determinar o prosseguimento de seu julgamento."[184]

10. Conforme o enunciado n. 616 do Fórum Permanente de Processualistas Civis, "Independentemente da data de intimação ou disponibilização de seu inteiro teor, o direito ao recurso contra as decisões colegiadas nasce na data em que proclamado o resultado em sessão de julgamento".

Art. 1004. Se, durante o prazo para a interposição do recurso, sobrevier o falecimento da parte ou de seu advogado ou ocorrer motivo de força maior que suspenda o curso do processo, será tal prazo restituído em proveito da parte, do herdeiro ou do sucessor, contra quem começará a correr novamente depois da intimação.

1. Havendo fato prejudicial que escape à alçada do interessado, ou do recorrido, em promover o pleito recursal, frustrando-lhe, em última análise, a atuação processual, comprovada sua ocorrência (e a ingerência do prejudicado), o prazo para oferecimento de recurso ou de contrarrazões recursais ser-lhe-á restituído (seja ele a parte, o herdeiro ou o sucessor), iniciando-se novo cômputo a partir da efetiva intimação do prejudicado acerca da renovação do prazo.

Art. 1005. O recurso interposto por um dos litisconsortes a todos aproveita, salvo se distintos ou opostos os seus interesses.

Parágrafo único. Havendo solidariedade passiva, o recurso interposto por um devedor aproveitará aos outros, quando as defesas opostas ao credor lhes forem comuns.

[184] Disponível em: <https://ww2.stj.jus.br/processo/revista/documento/mediado/?componente=ATC&sequencial=75207281&num_registro=201700663169&data=20170825&tipo=5&formato=PDF>.

1. Havendo compatibilidade de interesses entre os litisconsortes, o recurso interposto por um deles aproveita aos demais.

Art. 1006. Certificado o trânsito em julgado, com menção expressa da data de sua ocorrência, o escrivão ou o chefe de secretaria, independentemente de despacho, providenciará a baixa dos autos ao juízo de origem, no prazo de cinco dias.

1. Superada a prestação recursal, os autos devem retornar ao juízo de origem (leia-se, ao juízo em que se iniciou a prestação jurisdicional). É dever do escrivão ou o chefe de secretaria, certificado nos autos o trânsito em julgado, providenciar o seu retorno, no prazo legal, à origem.

2. Consoante expresso texto de lei, o prazo para a diligência é de 5 (cinco) dias.

Art. 1007. No ato de interposição do recurso, o recorrente comprovará, quando exigido pela legislação pertinente, o respectivo preparo, inclusive porte de remessa e de retorno, sob pena de deserção.

§ 1º São dispensados de preparo, inclusive porte de remessa e retorno, os recursos interpostos pelo Ministério Público, pela União, pelo Distrito Federal, pelos Estados, pelos Municípios, e respectivas autarquias, e pelos que gozam de isenção legal.

§ 2º A insuficiência no valor do preparo, inclusive porte de remessa e retorno, implicará deserção, se o recorrente, intimado na pessoa de seu advogado, não vier a supri-lo no prazo de cinco dias.

§ 3º É dispensado o recolhimento do porte de remessa e retorno no processo em autos eletrônicos.

§ 4º O recorrente que não comprovar o recolhimento do preparo, inclusive porte de remessa e retorno, no ato de interposição do recurso será intimado, na pessoa de seu advogado, para realizar o recolhimento em dobro, sob pena de deserção.

§ 5º É vedada a complementação se houver insuficiência parcial do preparo, inclusive porte de remessa e retorno, no recolhimento realizado na forma do § 4º.

§ 6º Provando o recorrente justo impedimento, o relator relevará a pena de deserção, por decisão irrecorrível, fixando-lhe prazo de cinco dias para efetuar o preparo.

§ 7º O equívoco no preenchimento da guia de custas não implicará a aplicação da pena de deserção, cabendo ao relator, na hipótese de dúvida quanto ao recolhimento, intimar o recorrente para sanar o vício no prazo de cinco dias.

1. O processo civil brasileiro é, de regra, pago. Tal diretriz alcança, também, o cenário recursal. Preparar um recurso, na linguagem processual civil, nada mais é do que adiantar e comprovar custas processuais em sentido largo. Segundo o ordenamento vigente, no "ato de interposição do recurso, o recorrente comprovará, quando exigido pela legislação pertinente, o respectivo preparo, inclusive porte de remessa e de retorno" dos autos, sob pena de deserção.

2. De outro giro, pois, o CPC/2015, embora mantendo o preparo como requisito de admissibilidade recursal, acabou por flexibilizar na aplicação da denominada pena de deserção, prescrevendo, primeiro, a obrigação do juízo competente para a admissibilidade do recurso em intimar o recorrente, diante da insuficiência do preparo, na pessoa de seu advogado, para supri-lo no prazo de cinco dias; segundo, impondo que, nos casos em que o pleito recursal sequer tenha sido parcialmente preparado, intime-se o recorrente para, em dobro, realizá-lo. Consoante expresso apontamento legal, revela-se desautorizada a inadmissão definitiva do pleito recursal, justificada pela deserção, sem a observância das notificações acima aludidas.

3. O novel diploma processual, na contramarcha dos acontecimentos jurisprudenciais a ele precedentes, admite, ainda, que, (a) provando o recorrente "justo impedimento em realizar o preparo, o relator relevará a pena de deserção," por decisão irrecorrível, fixando-lhe prazo de cinco dias para efetuá-lo e; (b) "o equívoco no preenchimento da guia de custas não implicará" à aplicação imediata da pena de deserção, cabendo ao relator, "na hipótese de dúvida quanto ao recolhimento" exigido, determinar a intimação do recorrente para sanar o vício, também, no prazo de cinco dias.

4. Estão dispensados de promover o preparo (em sentido largo), o Ministério Público, a União, o Distrito Federal, os Estados Membros, os Municípios, e respectivas autarquias, bem como, os que litigam sob o pálio da Justiça Gratuita. O porte de remessa e retorno dos autos fica dispensado a quaisquer contendores quando o feito tramitar em autos eletrônicos.

5. "Quando reconhecido o justo impedimento de que trata o § 6º do art. 1.007, a parte será intimada para realizar o recolhimento do preparo de forma simples, e não em dobro". Enunciado n. 610 do Fórum Permanente de Processualistas Civis.

Art. 1008. O julgamento proferido pelo tribunal substituirá a decisão impugnada no que tiver sido objeto de recurso.

1. Efeitos dos Recursos. Efeito substitutivo. A decisão prolatada em sede recursal substitui a decisão impugnada (que serviu de base à impugnação), uma vez que, segundo o ordenamento pátrio, não se admite a existência de mais de um provimento final para cada questão apreciada.

2. A incidência do efeito substitutivo é claramente perceptível nos casos em que, exemplificativamente, o julgamento da apelação reforma, no mérito, a sentença de primeiro grau. Há de se ter presente, todavia, que, mesmo nos casos em que a decisão atacada é, mediante apreciação recursal meritória, mantida, o efeito em tela se faz presente, embora sem idêntica nitidez. O fato é relevante, por exemplo, para fins de oferecimento de ação rescisória.

CAPÍTULO II
DA APELAÇÃO

1. O recurso encontra amparo legal a partir do artigo 1.009 do CPC/2015, que inaugura o Capítulo II (Da apelação) do Título II (Dos recursos) do Livro

III (Dos processos nos tribunais e dos meios de impugnação das decisões judiciais) da Parte Especial do Código. Trata-se a *apellatio*, pois, do recurso por excelência. O prazo para o oferecimento tempestivo do pleito recursal é de 15 dias.

2. Acerca da origem do recurso já se disse que, "dentro do quadro das transformações do direito processual originadas com o novo ordenamento político-constitucional, certamente para obviar os inconvenientes da impossibilidade de impugnar-se a sentença pronunciada pelo *iudex privatus*, Augusto passaria a admitir que a parte insatisfeita com o decidido pudesse provocar, na esfera da *cognitio extraordinaria*, o reexame do litígio pelo tribunal imperial. Além do príncipe pretender que os cidadãos tivessem '*piena fiducia in lui, come colui al quale stà a cuore la cura del bene comune, e che provvederà a prender ele giuste misure e decisioni, allo scopo di trovare, in tutte le questioni pubbliche, la soluzione più utile per la collettività*', tal faculdade representava, nada mais, nada menos, uma estratégia política pela qual o soberano passava a ter controle direto da distribuição da justiça sobre todo o território do Império. Acrescente-se que, não obstante a imprecisão das fontes, e malgrado, ainda, a opinião em sentido contrário de alguns romanistas (...), é verossímil supor que, já no início do principado, a decisão do juiz privado pudesse ser submetida à nova cognição pelo *princeps*, máxime pelo fato de que essa prática estaria em perfeita harmonia com a política judiciária de tal época". "Com o andar dos tempos, verifica-se um incremento da estrutura burocrática do império, sobretudo, pelas modificações introduzidas por Adriano (117 – 138 d. C.) no campo do direito, inclusive no sentido de tentar, pela primeira vez, a regulamentação do instituto da *appellatio*. (...) Nessa época, reafirmando o princípio de que do juiz delegado lícito era apelar ao delegante, a *appellatio* passa a ser concebida como meio processual ordinário contra a injustiça substancial das sentenças formalmente válidas. À luz de tal perspectiva (...) o recurso de apelação é acolhido nas experiências jurídicas sucessivas, tornando-se um instituto de secular tradição, presente em quase todos os ordenamentos processuais do mundo contemporâneo" (CRUZ E TUCCI, José Rogério. Jurisdição e Poder: contribuição para a história dos recursos cíveis. São Paulo: Saraiva, 1987. p. 31 e 40/41).

3. Breve investigação do ordenamento processual civil aplicável ao Brasil ao longo dos anos revela que a apelação, salvo única exceção, acompanha-nos há muito. Registre-se nas Ordenações Filipinas, por exemplo, o "Titulo LXIX: Das Apelações das sentenças interlocutórias, e que não hajam os autos por apelação; o Titulo LXXI: Das Apelações, que saem das terras das Ordens, e das terras dos Fidalgos; e o Titulo LXX: Das Apelações das sentenças definitivas"; já o Código Criminal do Império, mais precisamente no artigo 15 das disposições transitórias sobre a administração da justiça civil: "Toda a provocação interposta da sentença definitiva, ou que tem força de definitiva, do Juiz inferior para superior afim de reparar-se a injustiça, será de appellação, extinctas para esse fim as distincções entre Juizes de maior, ou menor graduação; Esta interposição póde ser na audiencia, ou por despacho do Juiz, e termo nos autos, como convier ao Appellante, intimada á outra parte, ou seu Procurador."; o Regulamento 737/1850: "CAPITULO II. DAS APPELLAÇÕES. Art. 646. Tem logar a appellação para a Relação do districto nas causas, que excederem de 200$ (art. 26 do Tit. unico), quando a sentença fôr definitiva, ou tiver força de definitiva. Art. 647. A appellação póde ser interposta ou na audiencia, ou por despacho do Juiz, e termo nos autos, sendo intimada a outra parte, ou seu procurador (art. 235). Art. 648. Esta interposição deve ser feita no termo de dez dias, contados da publicação ou intimação da sentença (art. 235)."; na era dos Código Estaduais, Código de Processo de São Paulo: "TITULO IV. DA APPELLAÇÃO. CAPITULO I. Disposições geraes: Art. 1106 – Cabe appellação das decisões de primeira instância, definitivas ou interlocutorias com força de definitivas, salvo se a lei denegar qualquer recurso ou admittir outro. Art. 1107 – O prazo para appellar é de cinco dias, contados da intimação da sentença. Art. 1108 – No despacho de recebimento declarará o juiz o effeito da appellação, que será: I – Suspensivo e devolutivo nas acções que tiverem seguido o curso ordinario e em todos os casos em que o autor fôr appellante; II – Sómente devolutivo, em qualquer outra hypothese. Art. 1109 – A appellação será arrazoada na segunda instância. § 1° – Poderá, entretanto, qualquer das partes offerecer na primeira as suas razões, sem abertura de vista. § 2° – O prazo, na segunda instância, é de dez dias para cada uma das partes.§ 3° – Sendo as partes ao mesmo tempo appellantes e appelladas, arrazoarão na ordem da interposição dos recursos."; no CPC/39: "TÍTULO II. Da apelação (...) Art. 820. Salvo disposição em contrário, caberá apelação das decisões definitivas de primeira instância."; no CPC/73, vide artigos 496, I, e 513/521. Destaque-se, de outro giro, que a Consolidação das Leis Processuais Civis, excepcionando nossa tradição, fazia menção aos denominados Embargos à sentença.

Art. 1.009. Da sentença cabe apelação.

§ 1º As questões resolvidas na fase de conhecimento, se a decisão a seu respeito não comportar agravo de instrumento, não são cobertas pela preclusão e devem ser suscitadas em preliminar de apelação, eventualmente interposta contra decisão final, ou nas contrarrazões.

§ 2º Se as questões referidas no § 1º forem suscitadas em contrarrazões, o recorrente será intimado para, em 15 (quinze) dias, manifestar-se a respeito delas.

§ 3º O disposto no *caput* deste artigo aplica-se mesmo quando as questões mencionadas no art. 1.015 integrarem capítulo da sentença.

1. Aduz o CPC/2015: "Da sentença cabe apelação". Um alerta, desde já, revela-se indispensável: no sistema revogado (CPC/73), as questões incidentes resolvidas ao longo da fase de conhecimento desafiavam o recurso de agravo (por vezes, na sua forma retida (como regra); por vezes na forma instrumental). O novel sistema, embora tenha mantido o agravo de instrumento (enfrentado oportunamente), extirpou do sistema de impugnação às decisões judiciais a figura do agravo retido, trazendo importantes consequências à apelação. Cumpre sublinhar, nessa quadra, que, de acordo com o sistema vigente, as "questões resolvidas" no âmbito da fase cognitiva do processo sincrético, que não comportarem impugnação pela via do agravo de instrumento (hipóteses do art. 1.015 e demais previstas em lei), deverão ser impugnadas em preliminar de apelação "eventualmente interposta contra decisão final", ou por ocasião de oferecimento de contrarrazões em apelação.

2. Decisão interlocutória. Não preclusão. Observação. Extrai-se, num primeiro olhar, do teor do § 1º do art. 1.009, que as decisões interlocutórias que não desafiam agravo de instrumento não se encontram sujeitas ao regime da preclusão. Não é, pois, bem assim. Tais decisões, caso não impugnadas em momento oportuno (em preliminar de razões de apelação para o apelante ou preliminar de contrarrazões de apelação para o apelado), restarão, à evidência, preclusas.

3. Ainda que a sentença enfrente matéria apontada pelo artigo 1.015, o recurso hábil a impugná-la será a apelação. Inteligência do § 3º do artigo 1.009 do CPC/2015.

4. "No julgamento de apelação ou de agravo de instrumento, a decisão será tomada, no órgão colegiado, pelo voto de 3 (três) juízes." (art. 941, § 2º, do CPC/2015).

5. Consoante enunciados aprovados na I Jornada de Direito Processual Civil, ocorrida na cidade Brasília (24 e 25 de agosto de 2017), "É cabível apelação contra sentença proferida no procedimento especial de habilitação (arts. 687 a 692 do CPC)." (Enunciado 55); "Há interesse recursal no pleito da parte para impugnar a multa do art. 334, § 8º, do CPC por meio de apelação, embora tenha sido vitoriosa na demanda." (Enunciado 67); "A intempestividade da apelação desautoriza o órgão *a quo* a proferir juízo positivo de retratação." (Enunciado 68); "Da decisão que julga a impugnação ao cumprimento de sentença cabe apelação, se extinguir o processo, ou agravo de instrumento, se não o fizer." (Enunciado 93).

Art. 1.010. A apelação, interposta por petição dirigida ao juízo de primeiro grau, conterá:

I – os nomes e a qualificação das partes;

II – a exposição do fato e do direito;

III – as razões do pedido de reforma ou de decretação de nulidade;

IV – o pedido de nova decisão.

§ 1º O apelado será intimado para apresentar contrarrazões no prazo de 15 (quinze) dias.

§ 2º Se o apelado interpuser apelação adesiva, o juiz intimará o apelante para apresentar contrarrazões.

§ 3º Após as formalidades previstas nos §§ 1º e 2º, os autos serão remetidos ao tribunal pelo juiz, independentemente de juízo de admissibilidade.

1. O pedido de revisão da sentença (ou da decisão interlocutória não adstrita ao regime da preclusão imediata), que será feito por escrito e dirigido ao juízo *a quo* (prolator da decisão), conterá, obrigatoriamente, (I) os nomes e a qualificação das partes; (II) a exposição do fato e do direito; (III) as razões do pedido de reforma ou de decretação de nulidade da sentença, bem como (IV), o pedido de nova decisão.

2. O prazo para apresentação das contrarrazões, tanto no apelo, como no apelo adesivo, se houver, é de 15 dias.

3. No que tange ao trâmite inicial do apelo, o CPC/2015 inova em relação ao sistema buzaidiano. No regime revogado, exigia-se do órgão prolator da sentença (juízo *a quo*) a realização, dentre outras atividades, de juízo acerca da admissibilidade recursal (análise, *in concreto*, dos requisitos/pressupostos intrínsecos e extrínsecos para a sua admissão). O terceiro parágrafo do artigo 1.010 do CPC/2015, contudo, dispensa o juízo *a quo* de realizar atividade dessa natureza. A ele incumbe, tão somente, protocolado o apelo, determinar a intimação do recorrido (seja no recurso principal, seja no recurso adesivo), facultando-lhe, em homenagem ao direito fundamental ao contraditório, a apresentação de contrarrazões, nada mais.[185] Cumpridas tais diligências, resume-se sua tarefa a encaminhar o processo, como se diz no foro, "com as homenagens de sempre", ao juízo *ad quem*. Em suma: o apelo não mais se encontra adstrito ao duplo juízo de admissibilidade, historicamente adotado pelo sistema processual pátrio.

4. Recurso Adesivo. O recurso adesivo representa técnica processual que permite ao interessado apelar, ofertar recurso especial ou recurso extraordinário, motivado pela atuação (recursal) de seu adversário processual, fora do contexto processual ordinariamente previsto para tanto. A *ratio* legislativa orientadora da técnica sob comento consiste, bem compreendida, primeiro, em desestimular a atuação impugnativa primária das partes; segundo, em salvaguardar a possibilidade recursal daquele que, embora sucumbente em parte, sensível ao intento estatal de pôr fim, em definitivo, ao conflito de interesses, não pretendia, *a priori*, recorrer. Havendo sucumbência recíproca não é difícil intuir que ambos os contendores, em tese, possuem *interesse recursal*. Como regra, devem proceder, querendo, de maneira independente. A proposta estatal de desestimular a conduta recursal primária trouxe ao sistema espécie de "garantia" ao sucumbente inerte, a quem, observados os requisitos legais, é facultado prosseguir com a tentativa de melhorar sua situação processual, uma vez que frustrada a tentativa estatal de compor o conflito de interesses imediatamente.

Art. 1.011. Recebido o recurso de apelação no tribunal e distribuído imediatamente, o relator:

I – decidi-lo-á monocraticamente apenas nas hipóteses do art. 932, incisos III a V;

II – se não for o caso de decisão monocrática, elaborará seu voto para julgamento do recurso pelo órgão colegiado.

1. Chegando ao tribunal, o apelo será distribuído, *incontinenti*, ao órgão fracionário competente à sua apreciação, nomeando-se, de imediato, relator para a causa. A esse incumbirá, nas hipóteses previstas pelo artigo 932, incisos

[185] Acerca do tema, vide: TORRES, Artur. *Fundamentos de um Direito Processual Civil Contemporâneo* (Parte I). Porto Alegre: Arana, 2016. p. 62 e seguintes.

III/V,[186] decidi-lo monocraticamente. Não sendo o caso, admitindo-o, submeterá o recurso, após a elaboração de seu voto, à apreciação colegiada, respeitados os termos do Regimento Interno do tribunal a que pertencer.

Art. 1.012. A apelação terá efeito suspensivo.

§ 1º Além de outras hipóteses previstas em lei, começa a produzir efeitos imediatamente após a sua publicação a sentença que:

I – homologa divisão ou demarcação de terras;

II – condena a pagar alimentos;

III – extingue sem resolução de mérito ou julga improcedentes os embargos do executado;

IV – julga procedente o pedido de instituição de arbitragem;

V – confirma, concede ou revoga tutela provisória;

VI – decreta a interdição.

§ 2º Nos casos do § 1º, o apelado poderá promover o pedido de cumprimento provisório depois de publicada a sentença.

§ 3º O pedido de concessão de efeito suspensivo nas hipóteses do § 1º poderá ser formulado por requerimento dirigido ao:

I – tribunal, no período compreendido entre a interposição da apelação e sua distribuição, ficando o relator designado para seu exame prevento para julgá-la;

II – relator, se já distribuída a apelação.

§ 4º Nas hipótese do § 1º, a eficácia da sentença poderá ser suspensa pelo relator se o apelante demonstrar a probabilidade de provimento do recurso ou se, sendo relevante a fundamentação, houver risco de dano grave ou de difícil reparação.

1. A sentença, em regra, é impugnável pelo recurso de apelação.[187] A apelação, por sua vez, "terá", segundo o *caput* do artigo 1.012 do CPC/2015, efeito suspensivo. Trata-se, pois, de efeito suspensivo *ope legis*. Deriva da premissa de que o simples fato de a sentença desafiar apelação impede que os efeitos do julgado se façam sentir de imediato.

2. Apenas excepcionalmente é que a sentença, após sua publicação, produzirá efeitos imediatos. Há casos, na linha do Código, em que, sem prejuízo do cabimento recursal, não há frustrar a eficácia imediata do julgado, facultando-se ao interessado executá-lo, querendo, provisoriamente. Consoante expresso texto de lei, a sentença "começa a produzir efeitos imediatamente após

[186] "Incumbe ao relator: (...) III – não conhecer de recurso inadmissível, prejudicado ou que não tenha impugnado especificamente os fundamentos da decisão recorrida; IV – negar provimento a recurso que for contrário a: a) súmula do Supremo Tribunal Federal, do Superior Tribunal de Justiça ou do próprio tribunal; b) acórdão proferido pelo Supremo Tribunal Federal ou pelo Superior Tribunal de Justiça em julgamento de recursos repetitivos; c) entendimento firmado em incidente de resolução de demandas repetitivas ou de assunção de competência; V – depois de facultada a apresentação de contrarrazões, dar provimento ao recurso se a decisão recorrida for contrária a: a) súmula do Supremo Tribunal Federal, do Superior Tribunal de Justiça ou do próprio tribunal; b) acórdão proferido pelo Supremo Tribunal Federal ou pelo Superior Tribunal de Justiça em julgamento de recursos repetitivos; c) entendimento firmado em incidente de resolução de demandas repetitivas ou de assunção de competência;" (art. 932 do CPC/2015).

[187] Rememore-se, exemplificativamente, que a sentença prolatada no âmbito dos denominados juizados especiais cíveis comporta recurso inominado, não apelação.

a sua publicação" nos casos em que (I) homologa divisão ou demarcação de terras; (II) condena a pagar alimentos; (III) extingue sem resolução do mérito ou julga improcedentes os embargos do executado; (IV) julga procedente o pedido de instituição de arbitragem; (V) confirma, concede ou revoga tutela provisória; ou, por fim, (VI) decreta a interdição.

3. Nos casos em que a sentença não contempla uma das hipóteses acima apontadas, o recorrente, demonstrando (a) a probabilidade do sucesso de seu pleito recursal, ou, ainda, (b) estar submetido a risco de "grave dano ou difícil reparação" oriundo da produção imediata de eficácia do pronunciamento impugnado, poderá, querendo, postular a concessão de efeito suspensivo *ope iudicis*.

4. No período que se compreende entre o oferecimento do apelo e sua distribuição junto ao tribunal competente (pois, há diligências a serem cumpridas antes da remessa dos autos ao juízo *ad quem*), o pedido de concessão do efeito suspensivo será direcionado ao tribunal (*juízo ad quem*), mediante petição com o especial fito, restando o relator designado para tal análise (concessão de efeito suspensivo *ope iudicis*) prevento para julgar o apelo; distribuído o recurso e, inexistindo postulação nesse sentido no corpo da peça recursal, o pedido deverá ser formulado mediante petitório endereçado ao já sorteado, e nomeado, relator do recurso.

5. *Efeito suspensivo ope iudicis.* A despeito da inexistência de previsão de efeito suspensivo *ope legis*, pode-se atribuir efeito suspensivo *ope iudicis* a todo e qualquer pleito recursal, respeitados os requisitos legais. O juízo acerca de sua conveniência compete ao relator da causa recursal. Requisitos legais. A concessão de efeito suspensivo *ope iudicis* fica condicionada a comprovação, pelo recorrente, dos requisitos, a saber: (a) haver, face à eficácia imediata da decisão atacada, risco "real" de grave dano, de difícil ou impossível reparação a sua esfera jurídica, bem como, (b) demonstrar a elevada probabilidade do sucesso de seu pleito (recursal).

6. "O efeito suspensivo *ope legis* do recurso de apelação não obsta a eficácia das decisões interlocutórias nele impugnadas.". (Enunciado n. 559 do Fórum Permanente de Processualistas Civis).

Art. 1.013. A apelação devolverá ao tribunal o conhecimento da matéria impugnada.

§ 1º Serão, porém, objeto de apreciação e julgamento pelo tribunal todas as questões suscitadas e discutidas no processo, ainda que não tenham sido solucionadas, desde que relativas ao capítulo impugnado.

§ 2º Quando o pedido ou a defesa tiver mais de um fundamento e o juiz acolher apenas um deles, a apelação devolverá ao tribunal o conhecimento dos demais.

§ 3º Se o processo estiver em condições de imediato julgamento, o tribunal deve decidir desde logo o mérito quando:

I – reformar sentença fundada no art. 485;

II – decretar a nulidade da sentença por não ser ela congruente com os limites do pedido ou da causa de pedir;

III – constatar a omissão no exame de um dos pedidos, hipótese em que poderá julgá-lo;

IV – decretar a nulidade de sentença por falta de fundamentação.

§ 4º Quando reformar sentença que reconheça a decadência ou a prescrição, o tribunal, se possível, julgará o mérito, examinando as demais questões, sem determinar o retorno do processo ao juízo de primeiro grau.

§ 5º O capítulo da sentença que confirma, concede ou revoga a tutela provisória é impugnável na apelação.

1. A apreciação recursal encontra limite, bem compreendida a afirmativa, na extensão da impugnação suscitada pelo recorrente (efeito devolutivo). Em hipóteses especiais, contudo, por força do efeito translativo acima examinado, ter-se-á exame recursal para além da matéria objeto de impugnação. Cabe registrar, porém, que, segundo o Código, estarão submetidas à "apreciação e julgamento pelo tribunal todas as questões suscitadas e discutidas no processo, ainda que não tenham sido solucionadas, desde que relativas ao capítulo impugnado".

2. Reproduzindo em boa medida o sistema pretérito, o CPC/2015 autoriza, estando a causa em condições de imediato julgamento, que o juízo *ad quem*, em homenagem ao direito fundamental à duração razoável do processo, enfrente, de pronto, meritoriamente o recurso, quando: (I) reformar sentença fundada no art. 485; (II) decretar a nulidade da sentença por não ser ela congruente com os limites do pedido ou da causa de pedir; (III) constatar a omissão no exame de um dos pedidos, hipótese em que poderá julgá-lo; (IV) decretar a nulidade de sentença por falta de fundamentação. Reformando sentença que reconheça a decadência ou a prescrição, o tribunal julgará o mérito, examinando as demais questões, sem determinar o retorno do processo ao juízo de primeiro grau.

Art. 1.014. As questões de fato não propostas no juízo inferior poderão ser suscitadas na apelação, se a parte provar que deixou de fazê-lo por motivo de força maior.

1. Admite-se, em sede de apelação, que as questões de fato não propostas no juízo *a quo* o sejam em sede recursal, toda vez que o interessado "provar que deixou" de assim proceder "por motivo de força maior". Trata-se de hipótese historicamente admitida entre nós (noção de "fato novo").

2. Do trâmite junto ao tribunal competente. Remetidos os autos ao juízo *ad quem*, a apelação será de imediato distribuída, nomeando-se relator para o caso concreto, com atenção aos ditames do Regimento Interno do tribunal competente para processá-la e julgá-la. Ao relator incumbirá a realização, monocrática, de juízo de admissibilidade recursal e, a despeito do teor do § 2º do artigo 941,[188] admitido o apelo, o enfrentamento meritório da impugnação ao julgado (seja para dar/negar, de pronto, provimento ao recurso – nos casos

---

[188] "No julgamento de apelação ou de agravo de instrumento, a decisão será tomada, no órgão colegiado, pelo voto de 3 (três) juízes". (art. 941, § 2º, do CPC/2015).

previstos em lei), o exame acerca da concessão de antecipação dos efeitos da tutela recursal ou, ainda, a concessão de efeito suspensivo ao apelo, sendo o caso, sem prejuízo de outras diligências que deva determinar. De outro giro, admitido o apelo, não sendo caso de julgamento monocrático (ou sendo, valia-se o interessado dos meios legais para conduzi-lo à apreciação colegiada), aprazar-se-á sessão para o seu julgamento, uma vez que a apelação, consoante expresso dispositivo de lei, comporta sustentação oral. Respeitada a ordem de realização dos atos processuais (leitura do relatório, concessão da palavra aos interessados e a votação em si mesma), o presidente do órgão fracionário anunciará o resultado do julgamento.

3. A apelação exige preparo, admite sustentação oral e recurso adesivo, e o acórdão que retratar o seu julgamento substituirá (efeito substitutivo) a decisão revista, ainda que o resultado revele-se idêntico.

4. A apelação e a técnica de julgamento prevista pelo art. 942. "Quando o resultado da apelação for não unânime, o julgamento terá prosseguimento em sessão a ser designada com a presença de outros julgadores, que serão convocados nos termos previamente definidos no regimento interno, em número suficiente para garantir a possibilidade de inversão do resultado inicial, assegurado às partes e a eventuais terceiros o direito de sustentar oralmente suas razões perante os novos julgadores. § 1º Sendo possível, o prosseguimento do julgamento dar-se-á na mesma sessão, colhendo-se os votos de outros julgadores que porventura componham o órgão colegiado. § 2º Os julgadores que já tiverem votado poderão rever seus votos por ocasião do prosseguimento do julgamento. § 3º A técnica de julgamento prevista neste artigo aplica-se, igualmente, ao julgamento não unânime proferido em: I – ação rescisória, quando o resultado for a rescisão da sentença, devendo, nesse caso, seu prosseguimento ocorrer em órgão de maior composição previsto no regimento interno; II – agravo de instrumento, quando houver reforma da decisão que julgar parcialmente o mérito. § 4º Não se aplica o disposto neste artigo ao julgamento: I – do incidente de assunção de competência e ao de resolução de demandas repetitivas; II – da remessa necessária; III – não unânime proferido, nos tribunais, pelo plenário ou pela corte especial".

CAPÍTULO III
DO AGRAVO DE INSTRUMENTO

1. O agravo de instrumento encontra-se disciplinado no Capítulo III (Do agravo de instrumento), Título II (Dos recursos), Livro III (Dos processos nos tribunais e dos meios de impugnação das decisões judiciais), da Parte Especial do CPC/2015.

2. "O novo CPC prevê um rol exaustivo de decisões interlocutórias contra as quais caberá agravo e, no caso de se proferir decisão que não se encontre no aludido rol, a mesma será irrecorrível em separado. Significa isto dizer que contra algumas decisões interlocutórias – as que não sejam expressamente previstas em lei como impugnáveis por agravo de instrumento – não se admitirá um recurso específico e autônomo. Nesses casos, proferida a decisão (...) deverá a parte interessada impugnar, arrazoadamente, a decisão interlocutória na apelação que interponha contra a sentença ou nas contrarrazões que ofereça à apelação pela outra parte interposta. (...). Do exposto, a grande conclusão que pode ser apresentada é de que a grande modificação do agravo de instrumento diz respeito ao seu cabimento, e não ao seu procedimento (...). De todo modo, o mais importante é que os profissionais do processo, diante do novo Código, percebam tratar-se de um novo sistema processual, e não de uma mera atualização do antigo. Augura-se, pois, que o novo seja tratado como novo, e não como o velho requentado." (CÂMARA, Alexandre Freitas. Do agravo de instrumento no novo Código de Processo Civil. *In*: RIBEIRO, Darci Guimarães; JOBIM, Marco Félix. *Desvendando o Novo CPC*. Porto Alegre: Livraria do Advogado, 2015. p. 9/15).

3. Qual a natureza do pronunciamento judicial previsto pelo art. 356 do CPC/2015? Sentença ou decisão interlocutória? É possível afirmar que, à luz do sistema desenhado pelo CPC/2015, existem *decisões interlocutórias apeláveis* e *sentenças agraváveis*? Em relação àquelas, não há dúvida; a estas, teremos, no mínimo, de refletir com maior profundidade acerca do tema.

4. "No julgamento de apelação ou de agravo de instrumento, a decisão será tomada, no órgão colegiado, pelo voto de 3 (três) juízes." (art. 941, § 2º, do CPC/2015).

Art. 1.015. Cabe agravo de instrumento contra as decisões interlocutórias que versarem sobre:

I – tutelas provisórias;

II – mérito do processo;

III – rejeição da alegação de convenção de arbitragem;

IV – incidente de desconsideração da personalidade jurídica;

V – rejeição do pedido de gratuidade da justiça ou acolhimento do pedido de sua revogação;

VI – exibição ou posse de documento ou coisa;

VII – exclusão de litisconsorte;

VIII – rejeição do pedido de limitação do litisconsórcio;

IX – admissão ou inadmissão de intervenção de terceiros;

X – concessão, modificação ou revogação do efeito suspensivo aos embargos à execução;

XI – redistribuição do ônus da prova nos termos do art. 373, § 1º;

XII – conversão da ação individual em ação coletiva; (VETADO)

XIII – outros casos expressamente referidos em lei.

Parágrafo único. Também caberá agravo de instrumento contra decisões interlocutórias proferidas na fase de liquidação de sentença ou de cumprimento de sentença, no processo de execução e no processo de inventário.

1. O agravo de instrumento é o recurso hábil a impugnar as decisões interlocutórias sujeitas ao regime da preclusão imediata.

2. Para além de outras hipóteses previstas em lei (elas aparecem, no Código, em pelo menos cinco outras passagens – Arts. 101, *caput*; 354, parágrafo único; 356, § 5º; 1.027, § 1º; e, 1.037, § 13º), cabe agravo de instrumento, segundo o artigo sob comento, contra decisão interlocutória que (I) conceder, negar, modificar ou revogar tutela provisória; (II) versar sobre o mérito do processo; (III) rejeitar a alegação de convenção de arbitragem; (IV) decidir o incidente de desconsideração da personalidade jurídica; (V) negar o pedido de gratuidade da justiça ou acolher o pedido de sua revogação; (VI) versar sobre exibição ou posse de documento ou coisa; (VII) excluir litisconsorte; (VIII) indeferir o pedido de limitação do litisconsórcio; (IX) admitir ou repudiar intervenção de terceiro; (X) enfrentar o pedido de concessão de efeito suspensivo aos embargos à execução; (XI) redistribuir o ônus *probandi*; sem prejuízo dos demais casos previstos em lei (exemplo: art. 354, parágrafo único, do CPC/2015 – sentença de extinção parcial do processo).

3. O agravo de instrumento e a técnica de revisão do julgado em sede recursal. A decisão que enfrenta parcialmente o mérito da causa comporta, segundo expresso apontamento legal (art. 356, § 5º, CPC/2015), agravo de instrumento. Nos casos em que o julgamento do aludido recurso, sendo essa a hipótese de cabimento, alcançar resultado não unânime, aplicar-se-á, *in concreto*, a técnica processual prescrita pelo artigo 942 do CPC/2015. Não se trata, vale lembrar, de expediente de natureza recursal propriamente dito, uma vez que tal revisão, em última análise, independe de ato volitivo do sujeito legitimado a recorrer.

4. São impugnáveis por agravo de instrumento, ainda, os pronunciamentos interlocutórios proferidos na fase de liquidação ou de cumprimento de sentença, no processo de execução e no processo de inventário.

5. A apelação é o recurso hábil à impugnação do pronunciamento judicial que pretender pôr fim à fase de liquidação, ao cumprimento de sentença, ao processo de execução ou de inventário. Nesse sentido, vide, NERY JR, Nelson. NERY, Rosa Maria de Andrade. Comentários ao Código de Processo Civil Comentado. São Paulo: RT, 2015. p. 2085/2086, respectivamente, em notas 35 e 36.

6. A decisão que enfrenta, e desacolhe, *exceção de pré-executividade* manejada com o intuito de pôr fim ao processo de execução comporta agravo de instrumento. Inteligência do art. 1.015, parágrafo único, do CPC/2015.

7. "Na hipótese de decisão parcial com fundamento no art. 485 ou no art. 487, as questões exclusivamente a ela relacionadas e resolvidas anteriormente, quando não recorríveis de imediato, devem ser impugnadas em preliminar do agravo de instrumento ou nas contrarrazões." (Enunciado n. 611 do Fórum Permanente de Processualistas Civis).

8. "Cabe agravo de instrumento contra decisão interlocutória que, apreciando pedido de concessão integral da gratuidade da Justiça, defere a redução percentual ou o parcelamento de despesas processuais." (Enunciado n. 612 do Fórum Permanente de Processualistas Civis).

9. "A hipótese do art. 1.015, parágrafo único, do CPC abrange os processos concursais, de falência e recuperação." (Enunciado 69 – I Jornada de Direito Processual Civil (24 e 25 de agosto de 2017)).

10. Consoante enunciados aprovados na I Jornada de Direito Processual Civil, ocorrida na cidade Brasília (24 e 25 de agosto de 2017), "A hipótese do art. 1.015, parágrafo único, do CPC abrange os processos concursais, de falência e recuperação." (Enunciado 69); "É agravável o pronunciamento judicial que postergar a análise de pedido de tutela provisória ou condicioná-la a qualquer exigência." (Enunciado 70); "É cabível o recurso de agravo de instrumento contra a decisão que indefere o pedido de atribuição de efeito suspensivo a Embargos à Execução, nos termos do art. 1.015, X, do CPC." (Enunciado 71); "É admissível a interposição de agravo de instrumento tanto para a decisão interlocutória que rejeita a inversão do ônus da prova, como para a que a defere." (Enunciado 72); "Da decisão que julga a impugnação ao cumprimento de sentença cabe apelação, se extinguir o processo, ou agravo de instrumento, se não o fizer." (Enunciado 93).

11. Cabe sublinhar, por oportuno, que, à época do fechamento da presente edição, o STJ, ao menos num primeiro olhar, parece ter acenado em sentido contrário a anunciada taxatividade do rol previsto pelo art. 1.015. Diz-se "num primeiro olhar" porque até a data de início do recesso forense do ano de 2017, nada obstante a existência de notícia comentada aos quatro cantos,[189] não se encontrava disponível o inteiro teor do acórdão inerente ao REsp. 1.679.909, que serviu de fonte ao ora noticiado.

Art. 1.016. O agravo de instrumento será dirigido diretamente ao tribunal competente, por meio de petição com os seguintes requisitos:

I – os nomes das partes;

II – a exposição do fato e do direito;

III – as razões do pedido de reforma ou de invalidação da decisão e o próprio pedido;

IV – o nome e o endereço completo dos advogados constantes do processo.

1. Ao artigo sob comento coube, grosso modo, apontar os requisitos indispensáveis ao petitório recursal. Face à inexistência *in concreto* de qualquer um deles, deve o agravante ser intimado para, de imediato, sanar o vício existente, pena de inadmissibilidade recursal.

2. O petitório do recurso em tela conterá, para além da qualificação de recorrente e recorrido, e do nome e endereço dos advogados que patrocinam a causa, a exposição dos fatos e direitos inerentes à contenda, sem prejuízo do apontamento da *causa de pedir recursal* (razões que embasam a impugnação – em atenção ao requisito de admissibilidade denominado *motivação atual*) e do pedido (também recursal) propriamente dito.

[189] Disponível em: <https://www.conjur.com.br/2017-nov-16/cabe-agravo-instrumento-alegacoes-incompetencia-stj>.

Art. 1.017. A petição de agravo de instrumento será instruída:

I – obrigatoriamente, com cópias da petição inicial, da contestação, da petição que ensejou a decisão agravada, da própria decisão agravada, da certidão da respectiva intimação ou outro documento oficial que comprove a tempestividade e das procurações outorgadas aos advogados do agravante e do agravado;

II – com declaração de inexistência de qualquer dos documentos referidos no inciso I, feita pelo advogado do agravante, sob pena de sua responsabilidade pessoal;

III – facultativamente, com outras peças que o agravante reputar úteis.

§ 1º Acompanhará a petição o comprovante do pagamento das respectivas custas e do porte de retorno, quando devidos, conforme tabela publicada pelos tribunais.

§ 2º No prazo do recurso, o agravo será interposto por:

I – protocolo realizado diretamente no tribunal competente para julgá-lo;

II – protocolo realizado na própria comarca, seção ou subseção judiciárias;

III – postagem, sob registro, com aviso de recebimento;

IV – transmissão de dados tipo fac-símile, nos termos da lei;

V – outra forma prevista em lei.

§ 3º Na falta da cópia de qualquer peça ou no caso de algum outro vício que comprometa a admissibilidade do agravo de instrumento, deve o relator aplicar o disposto no art. 932, parágrafo único.

§ 4º Se o recurso for interposto por sistema de transmissão de dados tipo fac-símile ou similar, as peças devem ser juntadas no momento de protocolo da petição original.

§ 5º Sendo eletrônicos os autos do processo, dispensam-se as peças referidas nos incisos I e II do *caput*, facultando-se ao agravante anexar outros documentos que entender úteis para a compreensão da controvérsia.

1. Peças obrigatórias. O recurso em tela, de um lado, deve ser instruído, necessariamente, com cópias (a) da petição inicial, (b) da contestação, (c) da petição que ensejou a decisão agravada, (d) da própria decisão agravada, (e) de certidão, ou outro documento oficial, que comprove a tempestividade do recurso, bem como, com cópias (d) das procurações outorgadas aos advogados do agravante e do agravado. Inexistindo nos autos quaisquer dos documentos acima referidos (peças obrigatórias), exige-se, para suprir-lhe(s), apresentação de declaração de inexistência do(s) documento(s) faltante(s), a ser formulada pelo advogado do agravante. Tratando-se, pois, de autos eletrônicos, o recorrente ficará dispensado de apresentá-las, admitindo-se, de outro giro, a juntada de tantas quantas peças reputar úteis à melhor compreensão de sua impugnação. Sendo o caso, o petitório recursal será, ainda, instruído com o comprovante de seu preparo (pagamento das custas e do porte de retorno dos autos).

2. Peças obrigatórias. (In)admissibilidade recursal. Antes de inadmitir o pleito recursal, o relator, nos processos que tramitem em plataforma física, ao deparar-se com a não juntada de qualquer das peças obrigatórias, diligenciará na intimação do recorrente/agravante para, no prazo de 5 (cinco) dias, sanar o vício, acostando-as. Revela-se, o expediente em tela, mais um exemplo da onda "flexibilizatória" (leia-se: combate ao formalismo pernicioso) promovida pelo CPC/2015. À luz do Código revogado, o recurso seria, de imediato, inadmitido.

3. O prazo para a interposição do agravo de instrumento é, consoante inteligência do art. 1.003, § 5º, de 15 dias.

4. Agravo de instrumento. Protocolo. Processo físico. É facultado ao recorrente protocolar o agravo de instrumento na comarca, seção ou subseção em que tramita o feito no qual prolatada a decisão interlocutória atacada (ou seja, perante o juízo *a quo*). O recurso, outrossim, pode ser protocolado diretamente na sede do tribunal competente para processá-lo e julgá-lo (o juízo *ad quem*); junto aos Correios (sob registro, com aviso de recebimento) ou, ainda; mediante transmissão de dados tipo fac-símile, nos termos da lei. No derradeiro caso, as peças (obrigatórias e facultativas) podem ser juntadas no momento do protocolo da petição original.

Art. 1.018. O agravante poderá requerer a juntada, aos autos do processo, de cópia da petição do agravo de instrumento, do comprovante de sua interposição e da relação dos documentos que instruíram o recurso.

§ 1º Se o juiz comunicar que reformou inteiramente a decisão, o relator considerará prejudicado o agravo de instrumento.

§ 2º Não sendo eletrônicos os autos, o agravante tomará a providência prevista no *caput*, no prazo de 3 (três) dias a contar da interposição do agravo de instrumento.

§ 3º O descumprimento da exigência de que trata o § 2º, desde que arguido e provado pelo agravado, importa inadmissibilidade do agravo de instrumento.

1. Ofertado o recurso, o agravante, no afã de obter reconsideração do juízo *a quo* em relação ao conteúdo do pronunciamento impugnado, poderá (e assim prevê o Código), nos feitos que tramitem pela via eletrônica, requerer sejam acostados aos autos (em que a decisão fora prolatada) cópia da petição recursal, do comprovante de sua interposição e da relação dos documentos que instruíram o recurso. Obtendo êxito em sua empreitada, ou seja, havendo retratação do juiz prolator da decisão impugnada, considerar-se-á prejudicado o agravo de instrumento.

2. Se ao quaisquer dos autos (do agravo de instrumento ou do processo na origem) for físico (não eletrônico), a juntada dos documentos acima referidos (no caso, nos autos em que a decisão atacada fora prolatada) deixa de figurar como mera faculdade do agravante, que, no prazo de três dias, a contar da interposição do recurso, se obriga, pena de, arguida e provada (pelo agravado) sua inércia no concernente, vê-lo inadmitido.

3. "A diligência não tem o objetivo de intimar a parte contrária, porque sua cientificação será promovida diretamente pelo tribunal (art. 1.019, II). Sua função é, precipuamente, de documentação, servindo, também, como meio de provocar o juízo de retratação (...)". BRUSCHI, Gilberto Gomes. In: WAMBIER, Teresa Arruda *et al*. Breves Comentários ao Novo Código de Processo Civil. São Paulo: RT, 2015. p. 2255.

4. Acerca da obrigatoriedade ou não da diligência junto ao juízo *a quo*, vide, com grande proveito: PORTO, Sérgio Gilberto; USTÁRROZ, Daniel. *Manual dos Recursos Cíveis*. Porto Alegre: Livraria do Advogado, 2016. p. 163/164.

5. Consoante enunciado aprovado na I Jornada de Direito Processual Civil, ocorrida na cidade Brasília (24 e 25 de agosto de 2017), "Para efeito de não conhecimento do agravo de instrumento por força da regra prevista no § 3º do art. 1.018 do CPC, deve o juiz, previamente, atender ao art. 932, parágrafo único, e art. 1.017, § 3º, do CPC, intimando o agravante para sanar o vício ou complementar a documentação exigível." (Enunciado 73).

Art. 1.019. Recebido o agravo de instrumento no tribunal e distribuído imediatamente, se não for o caso de aplicação do art. 932, incisos III e IV, o relator, no prazo de 5 (cinco) dias:

I – poderá atribuir efeito suspensivo ao recurso ou deferir, em antecipação de tutela, total ou parcialmente, a pretensão recursal, comunicando ao juiz sua decisão;

II – ordenará a intimação do agravado pessoalmente, por carta com aviso de recebimento, quando não tiver procurador constituído, ou pelo Diário da Justiça ou por carta com aviso de recebimento dirigida ao seu advogado, para que responda no prazo de 15 (quinze) dias, facultando-lhe juntar a documentação que entender necessária ao julgamento do recurso;

III – determinará a intimação do Ministério Público, preferencialmente por meio eletrônico, quando for o caso de sua intervenção, para que se manifeste no prazo de 15 (quinze) dias.

1. Não sendo caso de julgamento monocrático imediato, o relator, no quinquídio subsequente, diligenciará (a) no enfrentamento dos pedidos de concessão de efeito suspensivo ao recurso (uma vez que, de regra, o agravo de instrumento não tem efeito suspensivo) e de antecipação dos efeitos da tutela recursal, se houver; (b) na intimação do agravado (por seu procurador, em regra) e do Ministério Público, sendo o caso, em homenagem ao direito fundamental ao contraditório.

2. "Aplica-se o inciso V do art. 932 ao agravo de instrumento." (Enunciado n. 592 do Fórum Permanente de Processualistas Civis).

Art. 1.020. O relator solicitará dia para julgamento em prazo não superior a 1 (um) mês da intimação do agravado.

1. Ao relator incumbe, tomando-se por termo inicial a data da intimação do agravado, solicitar data para o julgamento colegiado do agravo, no prazo de até 01 mês.

2. Vale sublinhar, por oportuno, que o agravo de instrumento fundado na impugnação de decisão interlocutória que verse sobre o (des)acolhimento de tutela provisória (de urgência ou de evidência) comporta, à luz do CPC/2015, sustentação oral, consoante inteligência do art. 937, VIII.

CAPÍTULO IV
DO AGRAVO INTERNO

Art. 1.021. Contra decisão proferida pelo relator caberá agravo interno para o respectivo órgão colegiado, observadas, quanto ao processamento, as regras do regimento interno do tribunal.

§ 1º Na petição de agravo interno, o recorrente impugnará especificadamente os fundamentos da decisão agravada.

§ 2º O agravo será dirigido ao relator, que intimará o agravado para manifestar-se sobre o recurso no prazo de 15 (quinze) dias, ao final do qual, não havendo retratação, o relator levá-lo-á a julgamento pelo órgão colegiado, com inclusão em pauta.

§ 3º É vedado ao relator limitar-se à reprodução dos fundamentos da decisão agravada para julgar improcedente o agravo interno.

§ 4º Quando o agravo interno for declarado manifestamente inadmissível ou improcedente em votação unânime, o órgão colegiado, em decisão fundamentada, condenará o agravante a pagar ao agravado multa fixada entre um e cinco por cento do valor atualizado da causa.

§ 5º A interposição de qualquer outro recurso está condicionada ao depósito prévio do valor da multa prevista no § 4º, à exceção da Fazenda Pública e do beneficiário de gratuidade da justiça, que farão o pagamento ao final.

1. As causas insertas na competência (recursal ou originária) dos tribunais são, de regra, submetidas a julgamento colegiado. A legislação pátria, contudo, autoriza, respeitadas as hipóteses legais, que o relator, em certos casos (exercendo os denominados "poderes especiais"), enfrente a questão *sub judice* monocraticamente, no afã de dar resposta mais expedida aos interessados.

2. Respeitados os demais requisitos de admissibilidade recursal, o legitimado, visando a alcançar pronunciamento colegiado acerca da matéria enfrentada monocraticamente, poderá, querendo, ofertar agravo interno, no prazo de 15 dias (computados tão somente os dias úteis). A competência para processar e julgar o aludido recurso pertence, pois, ao órgão fracionário ao qual pertença o relator.

3. É competente para disciplinar o trâmite de processamento do recurso sob comento, respeitadas as prescrições do CPC/2015, o regimento interno do tribunal competente para processá-lo e julgá-lo.

4. Incumbe ao recorrente (agravante) impugnar especificadamente os fundamentos da decisão atacada (o julgado monocrático), pena de inadmissibilidade do pleito recursal. O presente apontamento legal, bem compreendido, revela-se corolário do denominado princípio da motivação atual.

5. Direcionamento. Diligências. Retratação. Julgamento. O agravo interno deve ser endereçado ao relator da causa (aquele mesmo que julgou monocraticamente a questão *sub judice*) que, de imediato, determinará que se proceda, em homenagem ao direito fundamental ao contraditório,[190] na intimação do

[190] Acerca do tema: TORRES, Artur. *Fundamentos de um Direito Processual Civil Contemporâneo* (Parte I). Porto Alegre: Arana, 2016. *Passim.*

recorrido (no caso, o agravado) para, no prazo da lei, querendo, apresentar contrarrazões recursais. Escoado o aludido lapso temporal, e ausente a reconsideração (juízo de retratação positivo), o relator requererá a inclusão do recurso em pauta, sujeitando-o à apreciação colegiada.

6. Não há baralhar a decisão que monocraticamente julga a causa (e que serve de fundamento ao oferecimento do agravo interno) e a que enfrenta o agravo interno propriamente dito. Tratando-se de pronunciamentos diversos, cada qual deve ter fundamentação própria, revelando-se defeso (ou seja, proibido) ao relator limitar-se à mera reprodução dos fundamentos da decisão agravada para negar provimento ao agravo interno.

7. Agravo protelatório. Punição. Quando o agravo interno for declarado manifestamente inadmissível, ou improcedente, em votação unânime, o órgão colegiado, em decisão fundamentada, condenará o agravante a pagar ao agravado multa fixada entre um e cinco por cento do valor atualizado da causa. Trata-se, pois, de expediente legislativo destinado a combater o oferecimento de recursos meramente protelatórios. A multa, havendo condenação, será devida ao recorrido. Consoante teor do enunciado aprovado na I Jornada de Direito Processual Civil, o "termo 'manifestamente' previsto no § 4º do art. 1.021 do CPC se refere tanto à improcedência quanto à inadmissibilidade do agravo." (Enunciado 74 – I Jornada de Direito Processual Civil (24 e 25 de agosto de 2017)).

8. Havendo condenação do agravante ao pagamento da multa acima referida, a comprovação de seu adimplemento passará a figurar como *requisito de admissibilidade* para os futuros recursos promovidos pelo devedor (o ora agravante). Não estão sujeitos à aludida comprovação a Fazenda Pública e o jurisdicionado que litigue sob o pálio da justiça gratuita, de quem só se poderá exigir o cumprimento da referida obrigação pecuniária ao cabo do processo.

9. O agravo interno não se encontra adstrito ao regramento do preparo.

10. Agravo interno. Sustentação oral. Tendo a monocrática impugnada sido prolatada em sede de recurso que admita sustentação oral não há, pena de violação ao devido processo de direito, suprimir tal possibilidade. Nesses casos, a parte a quem interessar o uso da palavra (sustentação oral) por ocasião do julgamento do recurso em epígrafe, dela poderá, na sessão de julgamento, se fazer valer.

11. "Art. 1.030. Recebida a petição do recurso pela secretaria do tribunal, o recorrido será intimado para apresentar contrarrazões no prazo de 15 (quinze) dias, findo o qual os autos serão conclusos ao presidente ou ao vice-presidente do tribunal recorrido, que deverá: I – negar seguimento: a) a recurso extraordinário que discuta questão constitucional à qual o Supremo Tribunal Federal não tenha reconhecido a existência de repercussão geral ou a recurso extraordinário interposto contra acórdão que esteja em conformidade com entendimento do Supremo Tribunal Federal exarado no regime de repercussão geral; b) a recurso extraordinário ou a recurso especial interposto contra acórdão que esteja em conformidade com entendimento do Supremo Tribunal Federal ou do Superior Tribunal de Justiça, respectivamente, exarado no regime de julgamento de recursos repetitivos; (...) III – sobrestar o recurso que versar sobre controvérsia de caráter repetitivo ainda não decidida pelo Supremo Tribunal Federal ou pelo Superior Tribunal de Justiça, conforme se trate de matéria constitucional ou infraconstitucional; (...) *§ 2º Da decisão proferida com fundamento nos incisos I e III caberá agravo interno, nos termos do art. 1.021.*" (Redação dada pela Lei 13.256/2016).

12. "Art. 1.035. O Supremo Tribunal Federal, em decisão irrecorrível, não conhecerá do recurso extraordinário quando a questão constitucional nele versada não tiver repercussão geral, nos termos deste artigo. (...) § 6º O interessado pode requerer, ao presidente ou ao vice-presidente do tribunal de origem, que exclua da decisão de sobrestamento e inadmita o recurso extraordinário que tenha sido interposto intempestivamente, tendo o recorrente o prazo de 5 (cinco) dias para manifestar-se sobre esse requerimento. § 7º *Da decisão que indeferir o requerimento referido no § 6º ou que aplicar entendimento firmado em regime de repercussão geral ou em julgamento de recursos repetitivos caberá agravo interno.*" (Redação dada pela Lei nº 13.256, de 2016) (...).

13. "Art. 1.036. Sempre que houver multiplicidade de recursos extraordinários ou especiais com fundamento em idêntica questão de direito, haverá afetação para julgamento de acordo com as disposições desta Subseção, observado o disposto no Regimento Interno do Supremo Tribunal Federal e no do Superior Tribunal de Justiça. (...) § 2º O interessado pode requerer, ao presidente ou ao vice-presidente, que exclua da decisão de sobrestamento e inadmita o recurso especial ou o recurso extraordinário que tenha sido interposto intempestivamente, tendo o recorrente o prazo de 5 (cinco) dias para manifestar-se sobre esse requerimento. *§ 3º Da decisão que indeferir o requerimento referido no § 2º caberá apenas agravo interno.*" (Redação dada pela Lei 13.256/2016).

14. "Art. 1.037. Selecionados os recursos, o relator, no tribunal superior, constatando a presença do pressuposto do *caput* do art. 1.036, proferirá decisão de afetação, na qual: (...) § 9º Demonstrando distinção entre a questão a ser decidida no processo e aquela a ser julgada no recurso especial ou extraordinário afetado, a parte poderá requerer o prosseguimento do seu processo. § 10. O requerimento a que se refere o § 9º será dirigido: I – ao juiz, se o processo sobrestado estiver em primeiro grau; II – ao relator, se o processo sobrestado estiver no tribunal de origem; III – ao relator do acórdão recorrido, se for sobrestado recurso especial ou recurso extraordinário no tribunal de origem; IV – ao relator, no tribunal superior, de recurso especial ou de recurso extraordinário cujo processamento houver sido sobrestado. § 11. A outra parte deverá ser ouvida sobre o requerimento a que se refere o § 9º, no prazo de 5 (cinco) dias. § 12. Reconhecida a distinção no caso: I – dos incisos I, II e IV do § 10, o próprio juiz ou relator dará prosseguimento ao processo; II – do inciso III do § 10, o relator comunicará a decisão ao presidente ou ao vice-presidente que houver determinado o sobrestamento, para que o recurso especial ou o recurso extraordinário seja encaminhado ao respectivo tribunal superior, na forma do art. 1.030, parágrafo único. § 13. Da decisão que resolver o requerimento a que se refere o § 9º caberá: I – agravo de instrumento, se o processo estiver em primeiro grau; *II – agravo interno, se a decisão for de relator*".

15. "A interposição do agravo interno prolonga a dispensa provisória de adiantamento de despesa processual de que trata o § 7º do art. 99, sendo desnecessário postular a tutela provisória recursal." (Enunciado n. 613 do Fórum Permanente de Processualistas Civis). O art. 99, assim prevê: "Art. 99 (...) § 7º Requerida a concessão de gratuidade da justiça em recurso, o recorrente estará dispensado de comprovar o recolhimento do preparo, incumbindo ao relator, neste caso, apreciar o requerimento e, se indeferi-lo, fixar prazo para realização do recolhimento".

16. "Caberá recurso de agravo interno contra decisão monocrática que, com fundamento no art. 932, III, do CPC/2015, não admitir os embargos de divergência. Neste caso, o recorrente deverá impugnar especificamente a decisão que não admitiu o recurso sob pena de não se conhecer do recurso de agravo interno. Este é o entendimento iterativo do Superior Tribunal de Justiça. (...)". (FREIRE, Alexandre. *In*: WAMBIER, Teresa Arruda Alvim; DIDIER JR., Fredie; TALAMINI, Eduardo; DANTAS, Bruno. (Coord.). *Breves Comentários ao Novo Código de Processo Civil*. São Paulo: RT, 2015. – extraído da versão digital – páginas variáveis).

17. "É de 15 (quinze) dias o prazo para a interposição de qualquer agravo, previsto em lei ou em regimento interno de tribunal, contra decisão de relator ou outra decisão unipessoal proferida em tribunal." (art. 1.070 do CPC/2015).

CAPÍTULO V
DOS EMBARGOS DE DECLARAÇÃO

Art. 1.022. Cabem embargos de declaração contra qualquer decisão judicial para:

I – esclarecer obscuridade ou eliminar contradição;

II – suprir omissão de ponto ou questão sobre o qual devia se pronunciar o juiz de ofício ou a requerimento;

III – corrigir erro material.

Parágrafo único. Considera-se omissa a decisão que:

I – deixe de se manifestar sobre tese firmada em julgamento de casos repetitivos ou em incidente de assunção de competência aplicável ao caso sob julgamento;

II – incorra em qualquer das condutas descritas no art. 489, § 1º.

1. Inexistem, no processo, pronunciamentos judiciais despidos de finalidade, ou seja, toda e qualquer manifestação do juízo visa a obtenção de um resultado (impulsionar o feito, decidir questão incidente, dar por prestada a jurisdição, etc.). Tais pronunciamentos devem, por definição, revelarem-se claros, coerentes e atentos à integralidade das postulações formuladas (doravante, também, aos argumentos suscitados pelas partes, capazes, em tese, de infirmar a convicção alcançada pelo julgador). Faculta-se ao interessado, ausentes quaisquer dos requisitos anunciados (clareza, coerência, enfrentamento de todos os pedidos realizados e enfrentamento dos argumentos nucleares suscitados em juízo), opor embargos de declaração, no afã de vê-los, *in concreto*, respeitados.

2. Os embargos de declaração, na linha do CPC/2015, figuram, também, como ferramenta processual hábil à correção do erros materiais havidos no pronunciamento judicial. Inteligência do art. 1.022, III, da Lei 13.105/2015.

3. O recurso sob comento, segundo expressa previsão legal, tem cabimento para: (a) esclarecer obscuridade ou eliminar contradição havida no julgado; (b) suprir omissão de ponto ou questão sobre o qual devia se pronunciar o juiz de ofício ou a requerimento e não o fez; (c) postular a correção de erro material.

4. Omissão. Inteligência do art. 1.022, II, do CPC/2015. Considera-se omissa, segundo o CPC/2015, a decisão que (a) deixar de se manifestar acerca de tese firmada em julgamento de casos repetitivos ou em incidente de assunção de competência aplicável ao caso concreto; (b) cingir-se à indicação, à reprodução ou à paráfrase de ato normativo, sem explicar sua relação com a causa ou a questão decidida; (c) empregar conceitos jurídicos indeterminados, deixando de explicar o motivo e os limites de sua incidência no caso concreto; (d) que invocar motivos que se prestariam a justificar qualquer outra decisão; (e) que deixar de enfrentar quaisquer dos argumentos deduzidos no processo capazes de, em tese, infirmar a conclusão adotada pelo julgador; (f) que se limitar a invocar precedente ou enunciado de súmula, sem identificar seus fundamentos determinantes nem demonstrar que o caso sob julgamento se ajusta aos mesmos; e, por fim, (h) que deixar de seguir enunciado de súmula, jurisprudência ou precedente invocado pela parte, sem demonstrar a existência de distinção no caso em julgamento ou a superação do entendimento.

5. Sustentamos, a despeito do teor do art. 1.001, na linha outrora defendida por Araken de Assis, que os despachos (pronunciamento judicial despido de carga decisória relevante) também comportam embargos de declaração. Comentando o recurso sob análise, à luz do CPC/73, já se disse, com razão, que o "fato de o despacho não provocar gravame às partes não o isenta dos defeitos do art. 535" (ASSIS, Araken de. Manual dos recursos cíveis. 2 ed. São Paulo: RT, 2008. p. 598.), atualmente apontados pelo art. 1.022, da Lei 13.105/2015.

6. Consoante enunciados aprovados na I Jornada de Direito Processual Civil, ocorrida na cidade de Brasília (24 e 25 de agosto de 2017), "Cabem embargos declaratórios contra decisão que não admite recurso especial ou extraordinário, no tribunal de origem ou no tribunal superior, com a consequente interrupção do prazo recursal." (Enunciado 75); "É considerada omissa, para efeitos do cabimento dos embargos de declaração, a decisão que, na superação de precedente, não se manifesta sobre a modulação de efeitos." (Enunciado 76).

Art. 1.023. Os embargos serão opostos, no prazo de 5 (cinco) dias, em petição dirigida ao juiz, com indicação do erro, obscuridade, contradição ou omissão, e não se sujeitam a preparo.

§ 1º Aplica-se aos embargos de declaração o art. 229.

§ 2º O juiz intimará o embargado para, querendo, manifestar-se, no prazo de 5 (cinco) dias, sobre os embargos opostos, caso seu eventual acolhimento implique a modificação da decisão embargada.

1. Os embargos de declaração, apesar da unificação dos prazos recursais promovida pelo CPC/2015, destoaram, no concernente, dos demais meios intrínsecos de impugnação às decisões judiciais. Enquanto os demais recursos codificados, à integralidade, devem ser ofertados no prazo de 15 (quinze) dias, os declaratórios, por sua vez, devem ser promovidos, pena de preclusão temporal, no período de 5 (cinco) dias (vale lembrar: computam-se, para todos os prazos fixados em dias, apenas os dias úteis). Ressalte-se, pois, que, nas ações litisconsorciais, se os litisconsortes possuírem distintos procuradores (de escritórios de advocacia diferentes), o prazo para o oferecimento do recurso será dobrado (exceto nos processos que tramitem na plataforma eletrônica), independentemente de requerimento e do órgão competente para processar e julgar o recurso (inteligência do art. 229, CPC/2015).

2. Embargos declaratórios. Competência. É competente para processar e julgar os embargos de declaração o órgão prolator do pronunciamento impugnado. Não há, nesse cenário, distinguir juízo *a quo* e juízo *ad quem*.

3. Incumbe ao embargante, pena de inadmissibilidade do pleito recursal, apontar, expressamente, o erro, a obscuridade, a contradição ou omissão que serve de fundamento ao recurso promovido, ou seja, esmiuçar em qual hipótese de cabimento, *in concreto*, enquadra-se o pleito recursal promovido.

4. Embargos de declaração. Preparo. O processamento e o julgamento dos aclaratórios independem de preparo.

5. Direito fundamental ao contraditório. Embargos de declaração. Procedimento. Os declaratórios não se prestam, por definição, imediatamente a alterar meritoriamente o "resultado" contido no pronunciamento. Há, contudo, hipóteses em que o acolhimento do pleito recursal sob comento conduzirá, em última análise, a resultado diverso (isto é, alteração "de resultado" no julgado que serviu de base à propositura dos embargos). Diz-se, nesses casos, que os *efeitos infringentes* se fazem sentir. Quando, ao menos em tese, exista tal possibilidade (de que os efeitos infringentes se façam presentes), o julgador, em homenagem ao direito fundamental ao contraditório, determinará que se proceda, de imediato, na intimação do embargado, antes do enfrentamento meritório do pleito recursal, para, querendo, manifestar-se (apresentando contrarrazões), no prazo de 5 (cinco) dias.

6. "Não havendo prévia intimação do embargado para apresentar contrarrazões aos embargos de declaração, se surgir divergência capaz de acarretar o acolhimento com atribuição de efeito modificativo do recurso durante a sessão de julgamento, esse será imediatamente suspenso para que seja o embargado intimado a manifestar-se no prazo do § 2º do art. 1.023." (Enunciado 614 do Fórum Permanente de Processualistas Civis).

Art. 1.024. O juiz julgará os embargos em 5 (cinco) dias.

§ 1º Nos tribunais, o relator apresentará os embargos em mesa na sessão subsequente, proferindo voto, e, não havendo julgamento nessa sessão, será o recurso incluído em pauta automaticamente.

§ 2º Quando os embargos de declaração forem opostos contra decisão de relator ou outra decisão unipessoal proferida em tribunal, o órgão prolator da decisão embargada decidi-los-á monocraticamente.

§ 3º O órgão julgador conhecerá dos embargos de declaração como agravo interno se entender ser este o recurso cabível, desde que determine previamente a intimação do recorrente para, no prazo de 5 (cinco) dias, complementar as razões recursais, de modo a ajustá-las às exigências do art. 1.021, § 1º.

§ 4º Caso o acolhimento dos embargos de declaração implique modificação da decisão embargada, o embargado que já tiver interposto outro recurso contra a decisão originária tem o direito de complementar ou alterar suas razões, nos exatos limites da modificação, no prazo de 15 (quinze) dias, contado da intimação da decisão dos embargos de declaração.

§ 5º Se os embargos de declaração forem rejeitados ou não alterarem a conclusão do julgamento anterior, o recurso interposto pela outra parte antes da publicação do julgamento dos embargos de declaração será processado e julgado independentemente de ratificação.

1. Prazo para a apreciação recursal. Os embargos de declaração, segundo o texto legal, serão "julgados" no prazo de cinco dias. Problema que se põe diz com o termo inicial para o cômputo do quinquídio. Data do protocolo do recurso? Data da primeira conclusão? Data da juntada das contrarrazões, quando cabíveis?

2. Compete ao julgador que prolatou decisão unipessoal, por ocasião de trâmite processual junto a tribunal, julgar, monocraticamente, os embargos de declaração opostos face à decisão (unipessoal/monocrática) atacada.

3. Hipótese típica de aplicação da fungibilidade recursal. O órgão julgador conhecerá dos embargos de declaração opostos como agravo interno se entender ser este o recurso cabível, determinando a imediata intimação do recorrente para, no prazo de 5 (cinco) dias, complementar as razões recursais, de modo a ajustá-las as exigências do agravo interno. Trata-se de medida, em última análise, que visa ao melhor aproveitamento dos atos processuais.

4. Efeitos infringentes *in concreto*. Consequências processuais para o embargado. O oferecimento dos declaratórios interrompe, para o embargante, o prazo para oferecimento do recurso "principal". Havendo sucumbência recíproca, é possível, pois, que ambos os contendores venham a impugnar a decisão que serviu de alicerce à oferta dos embargos. Perceba-se que, para o embargado, não há falar em interrupção do prazo para o oferecimento do recurso "principal" (o que acontece, reitere-se, apenas para o embargante), razão pela qual, a despeito do oferecimento de embargos de declaração alheio, deve o mesmo (o embargado), no prazo originário, pena de preclusão temporal, promover o recurso que entender cabível. Note-se, porém, que a interposição do aludido recurso tomará por base, necessariamente, o teor da decisão proferida antes do enfrentamento dos embargos de declaração que, em caso de acolhimento, poderá alterá-la (efeitos infringentes). Na hipótese, ou seja, havendo modificação no julgado originário (face ao acolhimento dos aclaratórios), o legislador assegura ao embargado/recorrente o direito de "complementar ou alterar suas razões" recursais, respeitados os "exatos limites da modificação", advinda dos efeitos infringentes dos embargos, no prazo de 15 dias, contados da intimação da decisão dos aclaratórios. Trata-se de medida, em última análise, que demonstra total sintonia com o direito fundamental ao contraditório. Desacolhidos, todavia, os embargos de declaração, mostra-se dispensável, segundo o Código, que o embargado/recorrente renove seu interesse na apreciação do recurso já ofertado com base na decisão originária.

Art. 1.025. Consideram-se incluídos no acórdão os elementos que o embargante suscitou, para fins de pré-questionamento, ainda que os embargos de declaração sejam inadmitidos ou rejeitados, caso o tribunal superior considere existentes erro, omissão, contradição ou obscuridade.

1. Consoante expressa prescrição constitucional, o prequestionamento ("causa decidida") figura como requisito de admissibilidade recursal (específico) inerente ao acesso à jurisdição extraordinária (Resp. e RE.). Num passado nem tão distante, os "homens do foro", no afã de preparar o terreno para acessar tal alçada da jurisdição, viam-se compelidos, face à omissão dos julgadores em enfrentar certos fundamentos suscitados in concreto (com o que se pretendia, sobretudo, suprir a exigência constitucional), a lançar mão do recurso em tela, com o claro intuito de (pre)questionar a matéria. Problema maior, em última análise, advinha do não conhecimento dos aclaratórios (face à alegação, por exemplo, da inexistência de omissão, obscuridade ou contradição no julgado, não raro motivado pela afirmativa de que o julgador não estaria, sob a égide do CPC/73, obrigado a enfrentar todos os fundamentos suscitados pela parte) uma vez que, embora alegados, diante do silêncio judiciário, certos temas eram considerados não "enfrentados", fechando-se, pois, as portas da jurisdição extraordinária. O art. 1.025 do CPC/2015, atento a tal peculiaridade, vem em bom momento. Segundo o próprio, consideram-se, doravante, inclusos na decisão embargada os elementos que o recorrente suscitou, para fins de prequestionamento, ainda que os embargos de declaração sejam inadmitidos ou rejeitados, caso o tribunal superior considere existentes erro, omissão, contradição ou obscuridade. Trata-se de expediente, à evidência, combativo a denominada jurisprudência defensiva.

2. Reputamos importante, na condição de "dica" forense, havendo, por exemplo, interesse no enfrentamento direto, pelo julgado, de certo dispositivo de lei, que o advogado o formule, também, na condição de pedido, uma vez que, havendo postulação nesse sentido, e, em não se tratando de cumulação eventual de pedidos, o julgador estará, por força de lei, obrigado a enfrentá-lo, pena de caracterização da omissão tradicional que legitima a oferta do recurso sob comento.

Art. 1.026. Os embargos de declaração não possuem efeito suspensivo e interrompem o prazo para a interposição de recurso.

§ 1º A eficácia da decisão monocrática ou colegiada poderá ser suspensa pelo respectivo juiz ou relator se demonstrada a probabilidade de provimento do recurso ou, sendo relevante a fundamentação, se houver risco de dano grave ou de difícil reparação.

§ 2º Quando manifestamente protelatórios os embargos de declaração, o juiz ou o tribunal, em decisão fundamentada, condenará o embargante a pagar ao embargado multa não excedente a dois por cento sobre o valor atualizado da causa.

§ 3º Na reiteração de embargos de declaração manifestamente protelatórios, a multa será elevada a até dez por cento sobre o valor atualizado da causa, e a interposição de qualquer recurso ficará condicionada ao depósito prévio do valor da multa, à exceção da Fazenda Pública e do beneficiário de gratuidade da justiça, que a recolherão ao final.

§ 4º Não serão admitidos novos embargos de declaração se os 2 (dois) anteriores houverem sido considerados protelatórios.

1. Todo pronunciamento judicial, respeitadas as hipóteses de cabimento do recurso em epígrafe, comporta, em tese, embargos de declaração. Algumas das decisões judiciais, consoante apontado acima, estão sujeitas a impugnação por recursos que, por disposição legal, impedem que a eficácia do pronunciamento atacado se faça sentir de imediato (o só fato de haver previsão do cabimento de recurso que deva ser recebido com efeito suspensivo já a impede de se fazer sentir *incontinenti* – exemplo: sentença sujeita ao recurso de apelação, que não se enquadra nas exceções legais). Há casos, porém, em que a decisão, para além da possibilidade de oferecimento dos declaratórios, comporta impugnação mediante interposição de recurso despido de efeito suspensivo *ope legis*. No primeiro caso, embora ofertados os embargos, perceba-se que a não eficácia imediata da decisão atacada deriva, sobretudo, da previsão (legal) de estar a decisão embargada sujeita à impugnação mediante recurso que deva ser recebido no efeito suspensivo, em nada interferindo, no concernente, a interposição dos embargos declaratórios; no segundo, ou seja, nos casos em que inexista previsão legal de efeito suspensivo, a interposição dos aclaratórios, por si só, não possuem o condão de evitar que a decisão atacada produza, desde logo, eficácia mundana. O recurso em tela, sublinhe-se, não se insere no grupo daqueles que impedem, pelo seu só cabimento, que a decisão atacada se faça sentir.

2. É facultado ao órgão prolator da decisão (também competente para apreciar os declaratórios), ofertado o recurso e presentes os requisitos legais, a ele atribuir efeito suspensivo *ope iudicis*. Inteligência do § 1º do artigo 1.026 do CPC/2015.

3. Embora despido de efeito suspensivo *ope legis*, o oferecimento dos embargos de declaração *interrompe* o prazo para a interposição do recurso destinado à impugnação principal da decisão. A sentença, em regra, comporta apelação. O prazo para a interposição do apelo é de 15 dias. Imagine-se, pois, que certa sentença (de improcedência), proferida em gabinete, fora disponibilizada no Diário de Justiça em 02.03.2017 (quinta-feira). Em tese, o prazo fatal (computados apenas os dias úteis) para o oferecimento da apelação seria 24.03.2016 (sexta-feira). Imagine-se, agora, que, sustentando determinada omissão, o autor (sucumbente) interponha, em 09.03.2017, embargos de declaração. Na data do protocolo do recurso sob comento, pois, o prazo do autor/embargante para a interposição da apelação, restará interrompido. Significa dizer: após o julgamento dos embargos, o prazo para apelar será devolvido ao autor à integralidade, ou seja, após a publicação do resultado do julgamento dos declaratórios, mantido o interesse recursal, computar-se-ão outros 15 dias (úteis) para o oferecimento do apelo.

4. Há de se registrar, em relação aos efeitos da interposição dos embargos, que o CPC/2015 pôs fim à dicotomia havida entre o(s) procedimento(s) previstos pelo CPC/73 e o procedimento especialíssimo dos Juizados Especiais, no que diz com a "paralisação" do prazo para interposição do recurso principal. O teor do art. 50 da Lei 9.099/95 (Lei dos Juizados Especiais) dispunha outrora: "Quando interpostos contra sentença, os embargos de declaração suspenderão o prazo para recurso". O artigo 1.065 do CPC/2015, por sua vez, alterou a redação do aludido dispositivo legal, fazendo constar: "O art. 50 da Lei nº 9.099, de 26 de setembro de 1995, passa a vigorar com a seguinte redação: 'Art. 50. Os embargos de declaração interrompem o prazo para a interposição de recurso'".

5. "Os embargos de declaração no âmbito do Supremo Tribunal Federal interrompem o prazo para a interposição de outros recursos." (Enunciado n. 563 do Fórum Permanente de Processualistas Civis).

CAPÍTULO VI
DOS RECURSOS PARA O SUPREMO TRIBUNAL FEDERAL E PARA O SUPERIOR TRIBUNAL DE JUSTIÇA

1. Afigura-se adequado afirmar que a jurisdição pátria, de um ponto de vista macroscópico, é prestada em dupla dimensão: uma ordinária; outra extraordinária. Fala-se, no primeiro caso, de uma prestação comprometida com a análise, bem compreendida a afirmativa, de questões de fato e de direito inerentes ao caso *sub judice* (nada obstante possam, nesse cenário, limitar-se, *in concreto*, a questões de direito); no segundo, de atividade estatal comprometida com a uniformização da aplicação do direito. No âmbito da jurisdição ordinária, a atividade recursal dá vida, como regra, ao consagrado princípio do duplo grau de jurisdição, visando os contentores, sobretudo, a obter revisão/reanálise das questões de fato e de direito envoltas à causa, já apreciadas (como regra), mediante juízo de certeza ou não, em grau inferior de jurisdição. São exemplos de recursos de jurisdição ordinária a apelação e o agravo de instrumento. A competência para enfrentá-los meritoriamente pertence, em regra, aos tribunais locais e regionais, bem como, às turmas recursais. Há casos, porém, em que a tarefa toca aos tribunais superiores (cuja função precípua é diversa), a exemplo do que ocorre com o denominado recurso ordinário, de previsão constitucional.

2. No espectro dos recursos de jurisdição extraordinária, por sua vez, não há falar em operacionalização do duplo grau de jurisdição (que, em tese, se revela pressuposto lógico de acesso à jurisdição extraordinária – não se alcança tal âmbito, como regra, sem o esgotamento, tópico, da jurisdição ordinária) ou, ainda, em um terceiro grau de jurisdição (que tecnicamente não existe e, faticamente, não deveria existir). A melhor compreensão da atividade recursal extraordinária requer um cotejo com a função precípua atribuída aos tribunais superiores: uniformizar a aplicação do direito objetivo. Eis a tarefa! O espaço em epígrafe (jurisdição extraordinária) não se presta, portanto, à revisão de questões fáticas (objeto, sempre, de prestação jurisdicional ordinária). Destina-se, de outro giro, a impor a aplicação igualitária do direito posto (por vezes, da legislação federal infraconstitucional; por vezes, da própria Constituição).

3. "Os recursos dirigidos aos Tribunais Superiores, logicamente, são interpostos por pessoas animadas pelo desejo de ver reconhecido algum direito. Isto é inegável. Contudo, esses recursos são idealizados no sistema com fins distintos dos recursos ditos ordinários. Pode ocorrer – e certamente ocorre – que muitos requisitos de admissibilidade ou regras de julgamento dos recursos tradicionalmente ordinários sejam observados quando da apreciação dos recursos dirigidos aos Tribunais Superiores. Todavia, há traços que lhes permitem agrupar em categoria diversa da generalidade dos recursos previstos nos graus ordinários de jurisdição, pois, são, em realidade, recursos de natureza extraordinária, ou seja, somente são admitidos frente a circunstâncias que vão para além da alegação de justiça ou injustiça da decisão. A existência dos recursos de índole extraordinária, dentro do sistema, é animada por outro interesse, que não apenas o direito das partes envolvidas no litígio." (USTÁRROZ, Daniel; PORTO, Sérgio Gilberto. *Manual dos Recursos Cíveis*. 4. ed. Porto Alegre: Livraria do Advogado, 2013. p. 213).

4. "Através do julgamento dos recursos extraordinário e especial, os Tribunais Superiores desempenham a função de definir e assegurar a unidade de inteligência da norma constitucional e federal infraconstitucional. (...) o texto da Constituição ou da lei é o ponto de partida para se chegar à norma jurídica, e que esta é o produto da interpretação realizada para resolver problemas. O recurso extraordinário, e, depois, o recurso especial surgiram com a finalidade de assegurar que a norma jurídica (isso é, o sentido atribuído a um texto, ou a um princípio jurídico) seja uniforme, em âmbito nacional, e de preservar sua autoridade. (...) Pode-se dizer papel preponderante dos tribunais superiores, em nosso ordenamento, liga-se a definição do direito objetivo (muito embora também acabem julgando casos, com o que, reflexamente, acabam também definindo o direito das partes, no processo)." (MEDINA, José Miguel Garcia. *Direito Processual Civil Moderno*. São Paulo: RT, 2015. p. 1257/1258).

Seção I
Do Recurso Ordinário

Art. 1.027. Serão julgados em recurso ordinário:

I – pelo Supremo Tribunal Federal, os mandados de segurança, os habeas data e os mandados de injunção decididos em única instância pelos tribunais superiores, quando denegatória a decisão;

II – pelo Superior Tribunal de Justiça:

a) os mandados de segurança decididos em única instância pelos tribunais regionais federais ou pelos tribunais de justiça dos Estados e do Distrito Federal e Territórios, quando denegatória a decisão;

b) os processos em que forem partes, de um lado, Estado estrangeiro ou organismo internacional e, de outro, Município ou pessoa residente ou domiciliada no País.

§ 1º Nos processos referidos no inciso II, alínea "b", contra as decisões interlocutórias caberá agravo de instrumento dirigido ao Superior Tribunal de Justiça, nas hipóteses do art. 1.015.

§ 2º Aplica-se ao recurso ordinário o disposto nos arts. 1.013, § 3º, e 1.029, § 5º.

1. O recurso ordinário, bem compreendida a afirmativa, cumpre, face às hipóteses constitucionalmente previstas, a função da apelação. Serve, pois, à operacionalização do duplo grau de jurisdição, nos casos de competência originária dos tribunais (por vezes, dos tribunais locais e tribunais regionais; por vezes, dos próprios tribunais superiores). Assim, a despeito de pertencer a competência (recursal) dos tribunais superiores, trata-se, na linha da classificação por nós adotada, de recurso de jurisdição ordinária. As Cortes Superiores, no caso do recurso sob comento, funcionam na condição de Cortes de Justiça, tais e quais os tribunais estaduais e regionais.

2. "Embora as Cortes Superiores tenham como principal função, respectivamente, a guarda da Constituição e a unidade do direito federal, atuando em recursos extravagantes que não correspondem ao desiderato de reexame das questões de fato e de direito que ensejaram uma determinada decisão, em sede de processo subjetivo, o recurso ordinário afeiçoa-se aos recursos comuns, mais precisamente à apelação, atribuindo a função de duplo grau de jurisdição tanto ao Supremo Tribunal Federal como ao Superior Tribunal de Justiça, em situações especialíssimas (...).". (MACEDO, Elaine Harzhein. *In*: *Novo Código de Processo Civil anotado*. Porto Alegre: OAB/RS, 2015. p. 144).

3. As hipóteses de cabimento recursal aventadas pelo CPC/2015, como não poderia deixar de ser, reproduzem aquelas previstas pelos artigos 102, II, *a*, e 105, II, *b* e *c* (inerentes à matéria cível) da Constituição Federal de 1988.

4. As interlocutórias proferidas nos processos em que figurem como partes, de um lado, Estado estrangeiro ou organismo internacional e, de outro, Município ou pessoa residente ou domiciliada no País, são impugnáveis por agravo de instrumento, respeitadas as hipóteses prescritas pelo artigo 1.015 do CPC/2015.

5. O tribunal superior competente para processar e julgar o recurso ordinário deve enfrentá-lo, de imediato (ou seja, sem determinar o retorno dos autos ao juízo *a quo*), para, sendo o caso, (a) reformar sentença terminativa prolatada pelo juízo *a quo*; (b) reconhecer a nulidade do julgado, por revelar-se incongruente com os limites da postulação *sub judice*; (c) constatar que um dos pedidos formulados pela parte não foi enfrentado pelo julgado impugnado; ou, ainda, (d) para decretar a nulidade da sentença por falta de fundamentação.

6. A decisão que comporta o oferecimento de recurso ordinário produz, via de regra, eficácia imediata, uma vez que inexiste previsão legal de que o cabimento do recurso, por si só, a impeça (em outras palavras: não há previsão de efeito suspensivo *ope legis* para o recurso sob comento).[191-192] É possível, segundo o sistema pátrio, que o interessado formule pedido de concessão de efeito suspensivo *ope iudicis*, sendo o caso. O § 2º do art. 1.027, *in fine*, disciplina, valendo-se da regra aplicável aos recursos de jurisdição extraordinária, o destinatário da postulação: tal pedido (leia-se: de concessão de efeito suspensivo *ope iudicis*) deve ser feito (a) ao tribunal competente para apreciar meritoriamente o pleito recursal, no período compreendido entre a interposição do recurso e sua distribuição, ficando o relator designado para seu exame prevento para julgá-lo ou, (b) ao relator, se já distribuído o recurso. Alerte-se, entretanto, que, ao menos nos casos em que a legislação prevê expressamente a aplicação do regramento pertinente ao recurso de apelação para o recurso ordinário, apesar do entendimento jurisprudencial, não nos parece desarrazoado sustentar a incidência do efeito suspensivo *ope legis* ao recurso sob comento.

7. "Recurso ordinário nas causas internacionais. (...). Tais causas são julgadas, em primeiro grau de jurisdição, pelos juízes federais (CF/1988, art. 109, II). Para efeito de impugnação de seus provimentos jurisdicionais, cumpre distinguir as sentenças das decisões interlocutórias. Estas são recorríveis por meio de agravo de instrumento (...). Já contra as suas sentenças proferidas nas causas internacionais é cabível o recurso ordinário, equiparável – nesse caso – à apelação." (FONSECA, João Francisco Naves. *In*: WAMBIER, Teresa Arruda Alvim; DIDIER JR., Fredie; TALAMINI, Eduardo; DANTAS, Bruno. (Coord.). *Breves Comentários ao Novo Código de Processo Civil*. São Paulo: RT, 2015. p. 2291).

8. A Lei 13.105/2015 revogou, tacitamente, o ter do art. 36 da Lei 8.038/90.

Art. 1.028. Ao recurso mencionado no art. 1.027, inciso II, alínea "b", aplicam-se, quanto aos requisitos de admissibilidade e ao procedimento, as disposições relativas à apelação e o Regimento Interno do Superior Tribunal de Justiça.

§ 1º Na hipótese do art. 1.027, § 1º, aplicam-se as disposições relativas ao agravo de instrumento e o Regimento Interno do Superior Tribunal de Justiça.

§ 2º O recurso previsto no art. 1.027, incisos I e II, alínea "a", deve ser interposto perante o tribunal de origem, cabendo ao seu presidente ou vice-presidente determinar a intimação do recorrido para, em 15 (quinze) dias, apresentar as contrarrazões.

§ 3º Findo o prazo referido no § 2º, os autos serão remetidos ao respectivo tribunal superior, independentemente de juízo de admissibilidade.

1. Ao recurso ordinário fundado na hipótese prevista pelo artigo 1.027, II, *b* (ou seja, nos processos em que figurem como partes, de um lado, Estado

---

[191] "PROCESSO CIVIL. ADMINISTRATIVO. CAUTELAR PARA ATRIBUIR EFEITO SUSPENSIVO A RECURSO ORDINÁRIO EM MANDADO DE SEGURANÇA. CONCURSO PÚBLICO. SERVIÇOS NOTARIAIS E DE REGISTRO. CERTIDÕES. CARTÓRIOS DISTRIBUIDORES. DESCUMPRIMENTO DO EDITAL. PROBABILIDADE DE ÊXITO. AUSÊNCIA. 1. O deferimento de medida liminar para atribuir efeito suspensivo a recurso interposto perante esta Corte Superior é medida de caráter excepcional, apenas cabível quando efetivamente demonstrada a plausibilidade das alegações, a probabilidade de êxito do apelo e o perigo na demora. (...) (AgRg na MC 25.183/PR, Rel. Ministra DIVA MALERBI (Desembargadora Convocada TRF 3ª Região), SEGUNDA TURMA, julgado em 09/08/2016, DJe 18/08/2016)".

[192] SCALABRIN, Felipe; COSTA, Miguel do Nascimento; CUNHA, Guilherme Antunes da. *Lições de Processo Civil*: recursos. Porto Alegre: Livraria do Advogado, 2017. p. 174.

estrangeiro ou organismo internacional e, de outro, Município ou pessoa residente ou domiciliada no País), aplica-se, quanto ao juízo de admissibilidade e o procedimento, a disciplina inerente à apelação, respeitado o teor do RISTJ (Regimento Interno do Superior Tribunal de Justiça), em especial os artigos (249/252).

2. Aduz o RISTJ, quanto ao processamento da apelação cível: "Art. 249. Aplicam-se à apelação, quanto aos requisitos de admissibilidade e ao procedimento no Juízo de origem, as normas do Código de Processo Civil. Art. 250. Distribuída a apelação, será aberta vista ao Ministério Público pelo prazo de vinte dias. Parágrafo único. Conclusos os autos ao relator, este pedirá dia para julgamento. Art. 251. A apelação não será incluída em pauta antes do agravo de instrumento interposto no mesmo processo. Art. 252. O agravo retido será julgado preliminarmente, na forma estabelecida na lei processual." O derradeiro artigo, face à extinção do agravo retido, fica, enquanto perdurar inalterado o RISTJ, revogado tacitamente.

3. Oferecido agravo de instrumento (na hipótese do artigo 1.027, § 1º), observar-se-ão, quanto ao trâmite, as anotações processuais inerentes ao recurso (art. 1.015 e seguintes, bem como, os apontamentos concernentes ao trâmite dos processos nos tribunais), sem prejuízo do contido no RISTJ.

4. Os §§ 2º e 3º do artigo sob comento revelam-se, a rigor, despiciendos, mediante compreensão de que, consoante afirmamos alhures, o recurso ordinário faz, grosso modo, às vezes da apelação. A redação de ambos retrata, na essência, trâmite processual idêntico ao previsto para a apelação, seja em relação à intimação do recorrido, seja no que diz com a supressão do duplo juízo de admissibilidade.

5. O RISTJ, em relação ao recurso ordinário em mandado de segurança, prescreve: "Art. 247. Aplicam-se ao recurso ordinário em mandado de segurança, quanto aos requisitos de admissibilidade e ao procedimento no Tribunal recorrido, as regras do Código de Processo Civil relativas à apelação. Art. 248. Distribuído o recurso, a Secretaria fará os autos com vista ao Ministério Público pelo prazo de cinco dias. Parágrafo único. Conclusos os autos ao relator, este pedirá dia para julgamento".

Seção II
Do Recurso Extraordinário e do Recurso Especial

1. Os recursos *especial* (competência do STJ) e *extraordinário* (competência do STF), revelam-se, por definição, recursos de jurisdição extraordinária. Tratam-se de expedientes recursais que se justificam no escopo de se obter uniformização da aplicação do direito (por vezes, constitucional; por vezes, federal). Inexiste, nesse âmbito, bem compreendida a afirmativa, enfrentamento de questões de fato, limitando-se os tribunais ao exame das teses jurídicas que devem prevalecer e, dentre outros, balizar o julgamento de casos assemelhados, no afã de dar (maior) estabilidade/previsibilidade ao sistema jurídico pátrio.

2. Os tribunais superiores, nesse cenário, funcionam, em última análise, na condição de *Cortes Supremas*, não de *Cortes de Justiça*, considerando-se a conceituação técnica atribuída a cada um dos epítetos.

3. Acerca do procedimento a ser respeitado nos tribunais superiores, vide RISTJ (arts. 255/257 – Do Recurso Especial) e RISTF (arts. 321/329 – Do Recurso Extraordinário).

4. Cumpre destacar, desde logo, que a Lei 13.105/2015 revogou, à integralidade, o Capítulo (I do Título II) da Lei 8.038/90 destinado, outrora, ao trato do tema.

5. "É cabível recurso extraordinário contra decisão proferida por juiz de primeiro grau nas causas de alçada, ou por turma recursal de juizado especial cível e criminal." (Súmula 640 do STF).

Subseção I
Disposições Gerais

Art. 1.029. O recurso extraordinário e o recurso especial, nos casos previstos na Constituição Federal, serão interpostos perante o presidente ou o vice-presidente do tribunal recorrido, em petições distintas que conterão:

I – a exposição do fato e do direito;

II – a demonstração do cabimento do recurso interposto;

III – as razões do pedido de reforma ou de invalidação da decisão recorrida.

§ 1º Quando o recurso fundar-se em dissídio jurisprudencial, o recorrente fará a prova da divergência com a certidão, cópia ou citação do repositório de jurisprudência, oficial ou credenciado, inclusive em mídia eletrônica, em que houver sido publicado o acórdão divergente, ou ainda com a reprodução de julgado disponível na rede mundial de computadores, com indicação da respectiva fonte, devendo-se, em qualquer caso, mencionar as circunstâncias que identifiquem ou assemelhem os casos confrontados.

§ 2º Revogado.

§ 3º O Supremo Tribunal Federal ou o Superior Tribunal de Justiça poderá desconsiderar vício formal de recurso tempestivo ou determinar sua correção, desde que não o repute grave.

§ 4º Quando, por ocasião do processamento do incidente de resolução de demandas repetitivas, o presidente do Supremo Tribunal Federal ou do Superior Tribunal de Justiça receber requerimento de suspensão de processos em que se discuta questão federal constitucional ou infraconstitucional, poderá, considerando razões de segurança jurídica ou de excepcional interesse social, estender a suspensão a todo o território nacional, até ulterior decisão do recurso extraordinário ou do recurso especial a ser interposto.

§ 5º O pedido de concessão de efeito suspensivo a recurso extraordinário ou a recurso especial poderá ser formulado por requerimento dirigido:

I – ao tribunal superior respectivo, no período compreendido entre a publicação da decisão de admissão do recurso e sua distribuição, ficando o relator designado para seu exame prevento para julgá-lo; (Redação dada pela Lei 13.256/2016)

II – ao presidente ou ao vice-presidente do tribunal recorrido, no período compreendido entre a interposição do recurso e a publicação da decisão de admissão do recurso, assim como no caso de o recurso ter sido sobrestado, nos termos do art. 1.037. (Redação dada pela Lei 13.256/2016)

1. Consoante o texto constitucional vigente, compete ao STF julgar, mediante recurso extraordinário, as causas decididas em única ou última instância, quando a decisão recorrida: (a) contrariar dispositivo da Constituição; (b) declarar a inconstitucionalidade de tratado ou lei federal; (c) julgar válida lei ou ato de governo local contestado em face da Constituição Federal; (d) julgar válida lei local contestada em face de lei federal. Ao STJ, por sua vez, compete julgar, mediante recurso especial, as causas decididas, em única ou última instância, pelos Tribunais Regionais Federais ou pelos Tribunais dos Estados, do Distrito Federal e Territórios, quando a decisão recorrida: (a) contrariar tratado ou lei federal, ou negar-lhes vigência; (b) julgar válido ato de governo local contestado em face de lei federal; (c) der a lei federal interpretação divergente da que lhe haja atribuído outro tribunal.

2. Protocolo recursal. O RE (recurso extraordinário) e o Resp. (recurso especial) devem ser interpostos perante o tribunal recorrido, ou seja, àquele que prolatou a decisão judicial que lhe serve de alicerce. Exemplo: o TJRS prolata, em última instância (de jurisdição ordinária), decisão que, em tese, viola dispositivo constitucional. O RE, no caso, deve, embora pertencente à competência meritória recursal do STF, ser protocolado perante o próprio TJRS (o "tribunal recorrido"), e direcionado à sua presidência ou vice-presidência, consoante prescrição regimental.

3. A despeito de atacar idêntica decisão (leia-se: o mesmo pronunciamento judicial), RE e Resp., nada obstante devam ser ofertados simultaneamente (pena de preclusão), devem constar de petitórios distintos, que apontarão, grosso modo, (a) a exposição do fato e do direito; (b) o cabimento do recurso ofertado e; (c) as razões do pedido de reforma ou de invalidação da decisão recorrida, sem prejuízo de outras exigências tópicas que variam de recurso para recurso, no afã de atender, por exemplo, a regularidade formal exigida por lei (requisito de admissibilidade extrínseco).

4. Nos casos em que a impugnação se fundar na hipótese de *dissídio jurisprudencial*, ao recorrente incumbirá produzir prova acerca da existência da divergência suscitada. Prova-se o fato (ou seja, haver divergência), mediante acostamento de certidão, cópia ou citação do repositório de jurisprudência, oficial ou credenciado, inclusive em mídia eletrônica, em que houver sido publicado o acórdão divergente. O CPC/2015 admite, outrossim, que a prova da divergência se dê mediante reprodução de julgado disponível na rede mundial de computadores, com indicação da respectiva fonte julgadora. Revela-se função do recorrente, ainda, realizar cotejo, *in concreto*, entre o caso *sub judice* e aquele que serve de base à impugnação promovida, confrontando-os, no afã de esmiuçar, analiticamente, a existência de aplicação diversa do ordenamento jurídico.

5. Instrumentalidade das formas. É facultado aos tribunais superiores, desde que tempestivo, desconsiderar vícios formais que não influenciem na apreciação do pleito recursal, visando a enfrentá-lo meritoriamente. É possível afirmar que tal possibilidade se encontra alinhada com fundamento que subjaz a construção do CPC/2015: sempre que possível, a prestação jurisdicional ofertada deve ser meritória (art. 6º, CPC/2015).

6. Os recursos de jurisdição extraordinária não possuem, *ope legis*, efeito suspensivo. Há, contudo, a possibilidade de concessão de efeito suspensivo *ope iudicis*. Tal pleito, sendo o caso, deve ser dirigido (a) ao tribunal superior respectivo, no período compreendido entre a publicação da decisão de admissão do recurso e sua distribuição, ficando o relator designado para seu exame prevento para julgá-lo ou, (b) ao presidente ou ao vice-presidente do tribunal recorrido, no período compreendido entre a interposição do recurso e a publicação da decisão de admissão do mesmo, bem como, no caso de o recurso ter sido sobrestado, nos termos do art. 1.037.

7. "Não cabe recurso extraordinário, por violação de lei federal, quando a ofensa alegada for a regimento de tribunal." (Súmula 399 do STF).

8. "Interposto o recurso extraordinário por mais de um dos fundamentos indicados no art. 101, III, da Constituição, a admissão apenas por um deles não prejudica o seu conhecimento por qualquer dos outros." (Súmula 292 do STF).

9. "No recurso extraordinário pela letra *d* do art. 101, n. III, da Constituição, a prova do dissídio jurisprudencial far-se-á por certidão, ou mediante indicação do Diário da Justiça ou de repertório de jurisprudência autorizado, com a transcrição do trecho que configure a divergência, mencionadas as circunstâncias que identifiquem ou assemelhem os casos confrontados." (Súmula 291 do STF).

Art. 1.030. Recebida a petição do recurso pela secretaria do tribunal, o recorrido será intimado para apresentar contrarrazões no prazo de 15 (quinze) dias, findo o qual os autos serão conclusos ao presidente ou ao vice-presidente do tribunal recorrido, que deverá:

I – negar seguimento:

a) a recurso extraordinário que discuta questão constitucional à qual o Supremo Tribunal Federal não tenha reconhecido a existência de repercussão geral ou a recurso extraordinário interposto contra acórdão que esteja em conformidade com entendimento do Supremo Tribunal Federal exarado no regime de repercussão geral;

b) a recurso extraordinário ou a recurso especial interposto contra acórdão que esteja em conformidade com entendimento do Supremo Tribunal Federal ou do Superior Tribunal de Justiça, respectivamente, exarado no regime de julgamento de recursos repetitivos;

II – encaminhar o processo ao órgão julgador para realização do juízo de retratação, se o acórdão recorrido divergir do entendimento do Supremo Tribunal Federal ou do Superior Tribunal de Justiça exarado, conforme o caso, nos regimes de repercussão geral ou de recursos repetitivos;

III – sobrestar o recurso que versar sobre controvérsia de caráter repetitivo ainda não decidida pelo Supremo Tribunal Federal ou pelo Superior Tribunal de Justiça, conforme se trate de matéria constitucional ou infraconstitucional;

IV – selecionar o recurso como representativo de controvérsia constitucional ou infraconstitucional, nos termos do § 6º do art. 1.036;

V – realizar o juízo de admissibilidade e, se positivo, remeter o feito ao Supremo Tribunal Federal ou ao Superior Tribunal de Justiça, desde que:

a) o recurso ainda não tenha sido submetido ao regime de repercussão geral ou de julgamento de recursos repetitivos;

b) o recurso tenha sido selecionado como representativo da controvérsia; ou

c) o tribunal recorrido tenha refutado o juízo de retratação.

§ 1º Da decisão de inadmissibilidade proferida com fundamento no inciso V caberá agravo ao tribunal superior, nos termos do art. 1.042.

§ 2º Da decisão proferida com fundamento nos incisos I e III caberá agravo interno, nos termos do art. 1.021. (Redação dada pela Lei 13.256/2016)

1. Devido processo de direito. Direito fundamental ao contraditório. Diligências. Protocolado o recurso junto ao tribunal recorrido (juízo *a quo*), incumbe ao mesmo diligenciar à intimação da parte recorrida para, querendo, apresentar contrarrazões, observado o prazo da lei (15 dias). Superado o aludido prazo, com ou sem manifestação do recorrido, o tribunal estadual ou regional realizará juízo de admissibilidade (análise, *in concreto*, acerca de estarem presentes os requisitos de admissibilidade gerais (intrínsecos e extrínsecos) e específicos). Tal cenário foi o principal responsável pela edição da Lei 13.256/2016, que alterou a redação originária do CPC/2015, antes mesmo de sua vigência. O texto sancionado em março de 2015 previa que os autos, facultado o contraditório, seriam, despidos de juízo de admissibilidade, remetidos, de imediato, ao tribunal superior competente para processar e julgar o recurso (de jurisdição extraordinária) manejado. O duplo juízo de admissibilidade, face à alteração legal acima referida, permanece viva, ao menos, para os recursos de jurisdição extraordinária.

2. Ao tribunal recorrido incumbe, pois, de imediato, *negar seguimento* (a) ao recurso extraordinário que tenha por objeto questão constitucional à qual o Supremo Tribunal Federal não tenha reconhecido a existência de repercussão geral ou a recurso extraordinário interposto contra acórdão, exarado sob o regime da repercussão geral, que esteja em conformidade com entendimento do Supremo Tribunal Federal; (b) ao recurso extraordinário ou ao recurso especial interposto contra acórdão que esteja em conformidade com entendimento do Supremo Tribunal Federal ou do Superior Tribunal de Justiça, exarados à luz do *regime de julgamento de recursos repetitivos*. Trata-se, bem compreendida a afirmativa, de tarefa que se impõe em regime jurídico comprometido com certo grau de vinculatividade (tanto vertical, quanto horizontal), tema ao qual retornaremos oportunamente.

3. Saliente-se que a expressão "negar seguimento" (apontada no inciso I do art. sob comento – que não é, tecnicamente, das melhores), diz, ao que tudo indica, com o plano da admissibilidade recursal (melhor seria o legislado houvesse optado pela expressão "inadmitir"). O conteúdo das alíneas *a* e *b*, segundo pensamos, estabelecem genuínos pressupostos (específicos) de admissibilidade recursal. Para além daqueles já anteriormente enfrentados, a admissão do pleito recursal de natureza extraordinária depende, outrossim, da inexistência, *in concreto*, de incompatibilidade entre tese vinculante (que deriva da aplicação de uma das técnicas processuais destinadas a tornar determinada tese de aplicação obrigatória – hipótese do art. 927) e a sustentada pelo recorrente. Perceba-se, pois, que em ambas as hipóteses o pleito recursal deixará de ser examinado no mérito (face à inadmissão) por ocasião do efeito vinculativo inerente a atuação anterior dos tribunais superiores, que, aplicando técnicas (processuais) de vinculatividade não retomarão, ao menos por tal via, a enfrentar a matéria.

4. Incumbe ao tribunal recorrido (pela presidência ou vice-presidência), outrossim, encaminhar o processo ao órgão julgador (aquele que prolatou a decisão objeto da impugnação) para realização do juízo de retratação, nos casos em que o decisório atacado divirja do entendimento, vinculante, do juízo *ad quem*, exarado mediante aplicação de técnica processual vinculativa (de repercussão geral ou de recursos repetitivos). A decisão que, face à remessa sob comento, for alterada para adequar-se ao entendimento dos tribunais superiores, é, consoante o teor do § 7º do art. 1.035 ("Da decisão que (...) aplicar entendimento firmado em regime de repercussão geral ou em julgamento de recursos repetitivos caberá agravo interno"), impugnável por agravo interno.

5. Deparando-se com controvérsia de "caráter repetitivo" ainda não decidida pelos tribunais superiores, o tribunal recorrido diligenciará, no afã de evitar decisões contraditórias, no sobrestamento imediato do pleito recursal, aguardando-se a definição da tese jurídica que deva preponderar nos casos assemelhados. É tarefa do tribunal *a quo*, igualmente, selecionar recurso representativo da controvérsia *sub judice*, para, sendo o caso, sugerir ao juízo *ad quem* a aplicação da técnica processual dos recursos repetitivos.

6. Após realizar juízo de admissibilidade positivo, ressalvadas as hipóteses legais, o tribunal recorrido remeterá os autos ao juízo *ad quem*. Consoante expresso texto legal, são requisitos específicos à remessa dos autos ao tribunal superior competente para processar a julgar o pleito recursal, que, (1) o recurso ainda não tenha sido submetido ao regime de repercussão geral ou de julgamento de recursos repetitivos; (2) o recurso tenha sido selecionado como representativo da controvérsia ou, ainda; (3) que o tribunal recorrido tenha, embora advertido da existência de tese vinculante, refutado juízo de retratação positivo.

7. O recurso hábil a impugnar o pronunciamento judicial que inadmite o recurso de jurisdição extraordinária ofertado é o Agravo, respectivamente, em recurso especial ou em recurso extraordinário, disciplinado pelo art. 1.042, excetuado o exposto no § 2º do art. 1.030, hipótese em que o tribunal recorrido "nega seguimento" ao recurso com fundamento no respeito ao sistema de técnicas processuais vinculativas.

8. Tanto a decisão que (a) negar "seguimento" ao pleito recursal (inciso I – na verdade, inadmiti-lo mediante o fundamento da vinculatividade), como a que (b) determinar o seu sobrestamento (inciso III) desafiam, consoante expresso apontamento legal, Agravo Interno (art. 1.021). Inteligência do art. 1.030, § 2º, do CPC/2015.

9. "Antes de inadmitir o recurso especial ou recurso extraordinário, cabe ao presidente ou vice-presidente do tribunal recorrido conceder o prazo de cinco dias ao recorrente para que seja sanado o vício ou complementada a documentação exigível, nos termos do parágrafo único do art. 932." (Enunciado 593 do Fórum Permanente de Processualistas Civis).

10. Consoante enunciados aprovados na I Jornada de Direito Processual Civil, ocorrida na cidade de Brasília (24 e 25 de agosto de 2017), "Cabem embargos declaratórios contra decisão que não admite recurso especial ou extraordinário, no tribunal de origem ou no tribunal superior, com a consequente interrupção do prazo recursal." (Enunciado 75); "Para impugnar decisão que obsta trânsito a recurso excepcional e que contenha simultaneamente fundamento relacionado à sistemática dos recursos repetitivos ou da repercussão geral (art. 1.030, I, do CPC) e fundamento relacionado à análise dos pressupostos de admissibilidade recursais (art. 1.030, V, do CPC), a parte sucumbente deve interpor, simultaneamente, agravo interno (art. 1.021 do CPC) caso queira impugnar a parte relativa aos recursos repetitivos ou repercussão geral e agravo em recurso especial/extraordinário (art. 1.042 do CPC) caso queira impugnar a parte relativa aos fundamentos de inadmissão por ausência dos pressupostos recursais." (Enunciado 77); "A suspensão do recurso prevista no art. 1.030, III, do CPC deve se dar apenas em relação ao capítulo da decisão afetada pelo repetitivo, devendo o recurso ter seguimento em relação ao remanescente da controvérsia, salvo se a questão repetitiva for prejudicial à solução das demais matérias." (Enunciado 78).

Art. 1.031. Na hipótese de interposição conjunta de recurso extraordinário e recurso especial, os autos serão remetidos ao Superior Tribunal de Justiça.

§ 1º Concluído o julgamento do recurso especial, os autos serão remetidos ao Supremo Tribunal Federal para apreciação do recurso extraordinário, se este não estiver prejudicado.

§ 2º Se o relator do recurso especial considerar prejudicial o recurso extraordinário, em decisão irrecorrível, sobrestará o julgamento e remeterá os autos ao Supremo Tribunal Federal.

§ 3º Na hipótese do § 2º, se o relator do recurso extraordinário, em decisão irrecorrível, rejeitar a prejudicialidade, devolverá os autos ao Superior Tribunal de Justiça para o julgamento do recurso especial.

1. O artigo 1.031, para além de determinar a ordem dos atos processuais para o caso de interposição concomitante dos recursos *extraordinário* e *especial* (depois de admitido pelo tribunal recorrido, os autos serão remetidos, primeiro, ao STJ para análise do recurso especial e, apenas se não restar prejudicado, ao STF, para análise do recurso extraordinário), disciplina a possibilidade de o relator do recurso especial, entendendo ser o recurso extraordinário, em tese, prejudicial à análise do REsp., determinar a remessa dos autos, *incontinenti*, ao Supremo. Nesses casos, pois, o relator do recurso extraordinário poderá, mediante decisão irrecorrível, insurgir-se à prejudicialidade sustentada pelo

Ministro do STJ (o relator do recurso especial), determinando o retorno imediato dos autos ao Superior Tribunal de Justiça para julgamento prévio do REsp.

Art. 1.032. Se o relator, no Superior Tribunal de Justiça, entender que o recurso especial versa sobre questão constitucional, deverá conceder prazo de 15 (quinze) dias para que o recorrente demonstre a existência de repercussão geral e se manifeste sobre a questão constitucional.

Parágrafo único. Cumprida a diligência de que trata o *caput*, o relator remeterá o recurso ao Supremo Tribunal Federal, que, em juízo de admissibilidade, poderá devolvê-lo ao Superior Tribunal de Justiça.

1. Entendendo o relator do recurso especial que, ao fim e ao cabo, o recurso ofertado versa sobre questão constitucional (e não, infraconstitucional – ou seja, trata-se de hipótese de recurso extraordinário), diligenciará na imediata intimação do recorrente para, no prazo de 15 dias, querendo, demonstrar a existência de repercussão geral da matéria (requisito de admissibilidade *específico* do recurso extraordinário – vide art. 103, III, § 3º, da CF/88). Cumprida tal diligência, os autos serão remetidos ao STF que, em novo juízo de admissibilidade, poderá determinar sua devolução ao Superior Tribunal de Justiça.

2. "Na hipótese de conversão de recurso extraordinário em recurso especial ou vice-versa, após a manifestação do recorrente, o recorrido será intimado para, no prazo do *caput* do art. 1.032, complementar suas contrarrazões." (Enunciado 565 do Fórum Permanente de Processualistas Civis).

3. Consoante enunciados aprovados na I Jornada de Direito Processual Civil, ocorrida na cidade Brasília (24 e 25 de agosto de 2017), "Na hipótese do art. 1.032 do CPC, cabe ao relator, após possibilitar que o recorrente adite o seu recurso para inclusão de preliminar sustentando a existência de repercussão geral, oportunizar ao recorrido que, igualmente, adite suas contrarrazões para sustentar a inexistência da repercussão." (Enunciado 79).

Art. 1.033. Se o Supremo Tribunal Federal considerar como reflexa a ofensa à Constituição afirmada no recurso extraordinário, por pressupor a revisão da interpretação de lei federal ou de tratado, remetê-lo-á ao Superior Tribunal de Justiça para julgamento como recurso especial.

1. Ao Supremo Tribunal Federal compete, mediante análise de recurso extraordinário, entendendo tratar-se a violação suscitada pelo recorrente de ofensa reflexa à Constituição, determinar a remessa dos autos ao Superior Tribunal de Justiça, para que receba, processe e julgue o recurso interposto como recurso especial. O apontamento legal, bem compreendido, evita que o pleito recursal seja, de imediato, fulminado. Num passado nem tão distante, em casos assemelhados, o RE era inadmitido sob tal fundamento com alguma frequência, nada obstante o critério aplicado pelo Supremo acerca de se estar diante de ofensa "frontal" ou "reflexa" à Constituição jamais tenha escapado de uma zona cinzenta. Doravante, pois, o jurisdicionado, sendo o caso de "ofensa reflexa" terá, ao menos, seu pleito (recursal) endereçado ao STJ, para que não fique, grosso modo, sem uma resposta meritória (presentes, é claro, todos os demais requisitos de admissibilidade recursal), ao menos motivada por tal classificação.

2. "Na hipótese de conversão do recurso extraordinário em recurso especial, nos termos do art. 1.033, cabe ao relator conceder o prazo do *caput* do art. 1.032 para que o recorrente adapte seu recurso e se manifeste sobre a questão infraconstitucional." (Enunciado 566 do Fórum Permanente de Processualistas Civis).

3. Consoante enunciados aprovados na I Jornada de Direito Processual Civil, ocorrida na cidade de Brasília (24 e 25 de agosto de 2017), "Quando o Supremo Tribunal Federal considerar como reflexa a ofensa à Constituição afirmada no recurso extraordinário, deverá, antes de remetê-lo ao Superior Tribunal de Justiça para julgamento como recurso especial, conceder prazo de quinze dias para que as partes complementem suas razões e contrarrazões de recurso." (Enunciado 80).

Art. 1.034. Admitido o recurso extraordinário ou o recurso especial, o Supremo Tribunal Federal ou o Superior Tribunal de Justiça julgará o processo, aplicando o direito.

Parágrafo único. Admitido o recurso extraordinário ou o recurso especial por um fundamento, devolve-se ao tribunal superior o conhecimento dos demais fundamentos para a solução do capítulo impugnado.

1. Admitido o pleito recursal de jurisdição extraordinária, independentemente da hipótese de cabimento acolhida, devolve-se ao tribunal superior, à integralidade, o conhecimento da questão impugnada. O "fundamento" a que se refere o legislador, ao que tudo indica, parece ser a hipótese de cabimento prevista constitucionalmente que serviu à superação do requisito de admissibilidade (geral e intrínseco) denominado *cabimento*.

Art. 1.035. O Supremo Tribunal Federal, em decisão irrecorrível, não conhecerá do recurso extraordinário quando a questão constitucional nele versada não tiver repercussão geral, nos termos deste artigo.

§ 1º Para efeito de repercussão geral, será considerada a existência ou não de questões relevantes do ponto de vista econômico, político, social ou jurídico que ultrapassem os interesses subjetivos do processo.

§ 2º O recorrente deverá demonstrar a existência de repercussão geral para apreciação exclusiva pelo Supremo Tribunal Federal.

§ 3º Haverá repercussão geral sempre que o recurso impugnar acórdão que:

I – contrarie súmula ou jurisprudência dominante do Supremo Tribunal Federal;

II – (Revogado); (Redação dada pela Lei nº 13.256, de 2016)

III – tenha reconhecido a inconstitucionalidade de tratado ou de lei federal, nos termos do art. 97 da Constituição Federal.

§ 4º O relator poderá admitir, na análise da repercussão geral, a manifestação de terceiros, subscrita por procurador habilitado, nos termos do Regimento Interno do Supremo Tribunal Federal.

§ 5º Reconhecida a repercussão geral, o relator no Supremo Tribunal Federal determinará a suspensão do processamento de todos os processos pendentes, individuais ou coletivos, que versem sobre a questão e tramitem no território nacional.

§ 6º O interessado pode requerer, ao presidente ou ao vice-presidente do tribunal de origem, que exclua da decisão de sobrestamento e inadmita o recurso extraordinário que tenha sido interposto intempestivamente, tendo o recorrente o prazo de 5 (cinco) dias para manifestar-se sobre esse requerimento.

§ 7º Da decisão que indeferir o requerimento referido no § 6º ou que aplicar entendimento firmado em regime de repercussão geral ou em julgamento de recursos repetitivos caberá agravo interno. (Redação dada pela Lei nº 13.256, de 2016)

§ 8º Negada a repercussão geral, o presidente ou o vice-presidente do tribunal de origem negará seguimento aos recursos extraordinários sobrestados na origem que versem sobre matéria idêntica.

§ 9º O recurso que tiver a repercussão geral reconhecida deverá ser julgado no prazo de 1 (um) ano e terá preferência sobre os demais feitos, ressalvados os que envolvam réu preso e os pedidos de habeas corpus.

§ 10. (Revogado). (Redação dada pela Lei nº 13.256, de 2016)

§ 11. A súmula da decisão sobre a repercussão geral constará de ata, que será publicada no diário oficial e valerá como acórdão.

1. Repercussão Geral. Consoante o texto constitucional vigente, no "recurso extraordinário o recorrente deverá demonstrar a repercussão geral das questões constitucionais discutidas no caso, nos termos da lei, a fim de que o Tribunal examine a admissão do recurso, somente podendo recusá-lo pela manifestação de dois terços de seus membros". É tarefa do recorrente, em preliminar formal, demonstrar a existência de repercussão geral no caso concreto, pena de inadmissibilidade recursal.

2. O procedimento de análise da repercussão geral encontra-se disciplinado pelo RISTF, que, acerca do tema, prevê: "Art. 322. O Tribunal recusará recurso extraordinário cuja questão constitucional não oferecer repercussão geral, nos termos deste capítulo. Parágrafo único. Para efeito da repercussão geral, será considerada a existência, ou não, de questões que, relevantes do ponto de vista econômico, político, social ou jurídico, ultrapassem os interesses subjetivos das partes. Art. 323. Quando não for caso de inadmissibilidade do recurso por outra razão, o(a) Relator(a) ou o Presidente submeterá, por meio eletrônico, aos demais Ministros, cópia de sua manifestação sobre a existência, ou não, de repercussão geral. § 1º Nos processos em que o Presidente atuar como Relator, sendo reconhecida a existência de repercussão geral, seguir-se-á livre distribuição para o julgamento de mérito. § 2º Tal procedimento não terá lugar, quando o recurso versar questão cuja repercussão já houver sido reconhecida pelo Tribunal, ou quando impugnar decisão contrária a súmula ou a jurisprudência dominante, casos em que se presume a existência de repercussão geral. § 3º Mediante decisão irrecorrível, poderá o(a) Relator(a) admitir de ofício ou a requerimento, em prazo que fixar, a manifestação de terceiros, subscrita por procurador habilitado, sobre a questão da repercussão geral. Art. 323-A. O julgamento de mérito de questões com repercussão geral, nos casos de reafirmação de jurisprudência dominante da Corte, também poderá ser realizado por meio eletrônico. Art. 324. Recebida a manifestação do(a) Relator(a), os demais Ministros encaminhar-lhe-ão, também por meio eletrônico, no prazo comum de vinte dias, manifestação sobre a questão da repercussão geral. § 1º Decorrido o prazo sem manifestações suficientes para recusa do recurso, reputar-se-á existente a repercussão geral. § 2º Não incide o disposto no parágrafo anterior quando o Relator declare que a matéria é infraconstitucional, caso em que a ausência de pronunciamento no prazo será considerada como manifestação de inexistência de repercussão geral, autorizando a aplicação do art. 543-A, § 5º, do Código de Processo Civil, se alcançada a maioria de dois terços de seus membros. § 3º No julgamento realizado por meio eletrônico, se vencido o Relator, redigirá o acórdão o Ministro sorteado na redistribuição, dentre aqueles que divergiram ou não se manifestaram, a quem competirá a relatoria do recurso para exame do mérito e de incidentes processuais. Art. 325. O(A) Relator(a) juntará cópia das manifestações aos autos, quando não se tratar de processo informatizado, e, uma vez definida a existência da repercussão geral, julgará o recurso ou pedirá dia para seu julgamento, após vista ao Procurador-Geral, se necessária; negada a existência, formalizará e subscreverá decisão de recusa do recurso. Parágrafo único. O teor da decisão preliminar sobre a existência da repercussão geral, que deve integrar a decisão monocrática ou o acórdão, constará sempre das publicações dos julgamentos no Diário Oficial, com menção clara à matéria do recurso. Art. 325-A. Reconhecida a repercussão geral, serão distribuídos ou redistribuídos ao Relator do recurso paradigma, por prevenção, os processos relacionados ao mesmo tema. Art. 326. Toda decisão de inexistência de repercussão geral é irrecorrível e, valendo para todos os recursos sobre questão idêntica, deve ser comunicada, pelo(a) Relator(a), à Presidência do Tribunal, para os fins do artigo subsequente e do art. 329. Art. 327. A Presidência do Tribunal recusará recursos que não apresentem preliminar formal e fundamentada de repercussão geral, bem como aqueles cuja matéria carecer de repercussão geral, segundo precedente do Tribunal, salvo se a tese tiver sido revista ou estiver em procedimento de revisão. § 1º Igual competência exercerá o(a) Relator(a) sorteado(a), quando o recurso não tiver sido liminarmente recusado pela Presidência. § 2º Da decisão que recusar recurso, nos termos deste artigo, caberá agravo. Art. 328. Protocolado ou distribuído recurso cuja questão for suscetível de reproduzir-se em múltiplos feitos, a Presidência do Tribunal ou o(a) Relator(a), de ofício ou a requerimento da parte interessada, comunicará o fato aos tribunais ou turmas de juizado especial, a fim de que observem o disposto no art. 543-B do Código de Processo Civil, podendo pedir-lhes informações, que deverão ser prestadas em cinco dias, e sobrestar todas as demais causas com questão idêntica. Parágrafo único. Quando se verificar subida ou distribuição de múltiplos recursos com fundamento em idêntica controvérsia, a Presidência do Tribunal ou o(a)

Relator(a) selecionará um ou mais representativos da questão e determinará a devolução dos demais aos tribunais ou turmas de juizado especial de origem, para aplicação dos parágrafos do art. 543-B do Código de Processo Civil. Art. 328-A. Nos casos previstos no art. 543-B, *caput*, do Código de Processo Civil, o Tribunal de origem não emitirá juízo de admissibilidade sobre os recursos extraordinários já sobrestados, nem sobre os que venham a ser interpostos, até que o Supremo Tribunal Federal decida os que tenham sido selecionados nos termos do § 1° daquele artigo. § 1° Nos casos anteriores, o Tribunal de origem sobrestará os agravos de instrumento contra decisões que não tenham admitido os recursos extraordinários, julgando-os prejudicados nas hipóteses do art. 543-B, § 2°, e, quando coincidente o teor dos julgamentos, § 3°. § 2° Julgado o mérito do recurso extraordinário em sentido contrário ao dos acórdãos recorridos, o Tribunal de origem remeterá ao Supremo Tribunal Federal os agravos em que não se retratar. Art. 329. A Presidência do Tribunal promoverá ampla e específica divulgação do teor das decisões sobre repercussão geral, bem como formação e atualização de banco eletrônico de dados a respeito". O Regimento Interno do STF, ao menos no que tange ao tema, haverá, uma vez que faz apontamentos expressos ao CPC/73, de ser revisado.

3. Antes da análise da repercussão geral propriamente dita, incumbe ao relator, visando a identificar o respeito à integralidade dos demais requisitos de admissão recursal (intrínsecos e extrínsecos), realizar juízo de admissibilidade. Apenas após resposta positiva no concernente, é que se passará, a rigor, à análise dos elementos que caracterizam a repercussão geral da causa *sub judice*: a *relevância* e a *transcendência*.

4. Relevância. Considera-se relevante o fundamento que serve de alicerce ao recurso extraordinário, segundo o ordenamento pátrio, quando, do ponto de vista econômico, político, social ou jurídico, revele magnitude tamanha, capaz de, inobservado, causar considerável intranquilidade social. Consoante denuncia o próprio *nomen iuris* atribuído ao "filtro", o tema não pode ser "comezinho". Há de se revelar, pelo contrário, de repercussão geral. Vide, acerca do tema, o art. 322 do RISTF.

5. Transcendência. Embora certo debate, pela via do controle difuso de constitucionalidade (processo subjetivo; conflito entre os contendores), possa alcançar o STF, o interesse na resolução do impasse social (e o enfrentamento da matéria pela mais alta Corte nacional), deve, bem compreendida a afirmativa, mostrar-se de interesse da sociedade como um todo, ou de parte considerável dela, não se limitando (o interesse na) sua apreciação, ao querer, tão somente, das partes processuais *in concreto*.

6. Acerca da tramitação da proposta de emenda constitucional (PEC 209/2012) que propõe a inserção da *repercussão geral* como requisito de admissibilidade específico, também, do Recurso Especial, vide: TORRES, Artur. *Sentença, Coisa Julgada e Recursos Cíveis Codificados*: de acordo com as Leis 13.105/2015 e 13.256/2016. 2. ed. Porto Alegre: Livraria do Advogado, 2018. *passim*.

7. *Amicus Curiae*. O relator poderá admitir, na análise da repercussão geral, manifestação de terceiros, subscrita por procurador habilitado, nos termos do Regimento Interno do Supremo Tribunal Federal (vide, Art. 323, § 3º, do RISTF). O instituto, no âmbito da legislação federal, encontra amparo no art. 138 do CPC/2015.

8. Repercussão Geral. Reconhecimento. Consequências. Reconhecida a *relevância* e a *transcendência* do fundamento do recurso extraordinário, o relator determinará a suspensão do processamento de todos os feitos pendentes (individuais e/ou coletivos), em tramitação no país, que versem sobre a questão acerca da qual fora reconhecida a repercussão.

9. A tempestividade é, por definição, requisito extrínseco de admissibilidade recursal. O pleito recursal manejado a destempo não pode, apesar de se ter reconhecido repercussão geral à matéria que o fundamenta, ser admitido. Não é por outra razão, pois, que o interessado em fulminá-lo, nos casos em que se tenha determinado o sobrestamento dos recursos que versam sobre determinada matéria, poderá endereçar requerimento ao tribunal de origem (juízo *a quo*), postulando a retirada do recurso intempestivo da lista de feitos sobrestados, para que seja, o quanto antes, inadmitido. Face ao requerimento, em homenagem ao direito fundamental ao contraditório, o recorrente será intimado para, querendo, insurgir-se à tese da intempestividade suscitada pelo recorrido.[193] A decisão (prolatada pelo tribunal de origem) que indeferir o requerimento de inadmissão por intempestividade comporta, segundo expresso texto de lei, agravo interno. Em relação ao tema, o CPC/2015 (art. 1.035, § 7º) fora alterado pela Lei 13.256/2016.

10. Negativa de repercussão geral. Decisão. Efeitos. Declarada a inexistência de repercussão geral da causa, o tribunal de origem, devidamente comunicado da decisão proferida pelo Supremo, "negará seguimento" aos pleitos recursais sobrestados (recursos extraordinários fundados na matéria renegada – quer dizer: deixará de admiti-los), fulminando-os. Acerca da possibilidade, outrossim, é expresso o teor do art. 1.030, I, *a*.

11. O recurso extraordinário eleito para análise da repercussão geral da matéria, sendo ela reconhecida, deve ser julgado em até 01 (um) ano. A Lei 13.256/2016, acabou por extirpar do ordenamento jurídico a "pena" para a inobservância do lapso temporal acima aludido. O § 10º do artigo sob comento previa, originariamente, que, não "ocorrendo o julgamento no prazo de 1 (um) ano a contar do reconhecimento da repercussão geral" os processos suspensos, em todo o território nacional, retomariam o seu curso normal. O referido parágrafo foi, contudo, revogado expressamente.

12. A "súmula" destinada a retratar o teor da decisão que reconheça a existência de repercussão geral "constará de ata", que, devidamente publicada no diário oficial, "valerá como acórdão", vinculando, inclusive, o próprio Supremo.

13. Inexiste falar no *expediente de reconhecimento*, ou não, *de repercussão geral*, quando o recurso extraordinário atacar decisão que (a) contrarie súmula

---

[193] Acerca do *direito fundamental ao contraditório*, vide TORRES, Artur. *Fundamentos de um direito processual civil contemporâneo* (parte I). Porto Alegre: Arana, 2016.

ou jurisprudência dominante do Supremo Tribunal Federal ou (b) tenha reconhecido a inconstitucionalidade de tratado ou de lei federal, nos termos do art. 97 da Constituição Federal. Nesses casos, pois, presume-se haver repercussão geral da matéria.

14. "A Emenda Constitucional nº 45/2004 incluiu a necessidade de a questão constitucional trazida nos recursos extraordinários possuir repercussão geral para que fosse analisada pelo Supremo Tribunal Federal. O instituto foi regulamentado mediante alterações no Código de Processo Civil e no Regimento Interno do Supremo Tribunal Federal. As características do instituto demandam comunicação mais direta entre os órgãos do Poder Judiciário, principalmente no compartilhamento de informações sobre os temas em julgamento e feitos sobrestados e na sistematização das decisões e das ações necessárias à plena efetividade e à uniformização de procedimentos. Nesse sentido, essa sistematização de informações destina-se a auxiliar a padronização de procedimentos no âmbito do Supremo Tribunal Federal e nos demais órgãos do Poder Judiciário, de forma a atender os objetivos da reforma constitucional e a garantir a racionalidade dos trabalhos e a segurança dos jurisdicionados, destinatários maiores da mudança que ora se opera. FUNDAMENTOS. CF/88, artigo 102, § 3º, acrescido pela Emenda Constitucional nº 45/04. CPC, artigos 1.035 e 1.036, acrescido pela Lei nº 13.105, de 16 de março de 2015. RISTF, – Artigo nº 13, com a redação das Emendas Regimentais nº 24/2008, nº 29/2009 e nº 41/2010. – Artigos nº 21, 340 e 341, com a redação das Emendas Regimentais nº 41/2010 e 42/2010. – Artigos nº 38, 57, 59, 60, 67, 78, 323-A e 325-A, com a redação da Emenda Regimental nº 42/2010 – Artigos nºs 322-A e 328, com a redação da Emenda Regimental nº 21/2007. – Artigo nº 324, com a redação das Emendas Regimentais nº 31/2009, nº 41/2010, nº 47/2012 e nº 49/2014. – Artigo nº 328-A, com a redação da Emenda Regimental nº 23/08 e da Emenda Regimental nº 27/2008. FINALIDADES. – Delimitar a competência do STF, no julgamento de recursos extraordinários, às questões constitucionais com relevância social, política, econômica ou jurídica, que transcendam os interesses subjetivos da causa. – Uniformizar a interpretação constitucional sem exigir que o STF decida múltiplos casos idênticos sobre a mesma questão constitucional. NATUREZA E COMPETÊNCIA PARA O EXAME. A existência da repercussão geral da questão constitucional suscitada é requisito necessário para o conhecimento de todos os recursos extraordinários, inclusive em matéria penal. Exige-se preliminar formal de repercussão geral, sob pena de não ser admitido o recurso extraordinário. A verificação da existência da preliminar formal é de competência concorrente do Tribunal, Turma Recursal ou Turma de Uniformização de origem e do STF. A análise sobre a existência ou não da repercussão geral, inclusive o reconhecimento de presunção legal de repercussão geral, é de competência exclusiva do STF."[194]

---

[194] Disponível em: <http://portal.stf.jus.br/textos/verTexto.asp?servico=jurisprudenciaRepercussaoGeral&pagina=apresentacao>.

15. Para consulta acerca das matérias as quais se reconheceu *repercussão geral*, bem como do *resultado meritório dos respectivos julgamentos*, vide *boletins de repercussão geral*.[195]

Subseção II
Do Julgamento dos Recursos Extraordinário e Especial Repetitivos[196-197]

Art. 1.036. Sempre que houver multiplicidade de recursos extraordinários ou especiais com fundamento em idêntica questão de direito, haverá afetação para julgamento de acordo com as disposições desta Subseção, observado o disposto no Regimento Interno do Supremo Tribunal Federal e no do Superior Tribunal de Justiça.

§ 1º O presidente ou o vice-presidente de tribunal de justiça ou de tribunal regional federal selecionará 2 (dois) ou mais recursos representativos da controvérsia, que serão encaminhados ao Supremo Tribunal Federal ou ao Superior Tribunal de Justiça para fins de afetação, determinando a suspensão do trâmite de todos os processos pendentes, individuais ou coletivos, que tramitem no Estado ou na região, conforme o caso.

§ 2º O interessado pode requerer, ao presidente ou ao vice-presidente, que exclua da decisão de sobrestamento e inadmita o recurso especial ou o recurso extraordinário que tenha sido interposto intempestivamente, tendo o recorrente o prazo de 5 (cinco) dias para manifestar-se sobre esse requerimento.

§ 3º Da decisão que indeferir o requerimento referido no § 2º caberá apenas agravo interno. (Redação dada pela Lei 13.256/2016)

§ 4º A escolha feita pelo presidente ou vice-presidente do tribunal de justiça ou do tribunal regional federal não vinculará o relator no tribunal superior, que poderá selecionar outros recursos representativos da controvérsia.

§ 5º O relator em tribunal superior também poderá selecionar 2 (dois) ou mais recursos representativos da controvérsia para julgamento da questão de direito independentemente da iniciativa do presidente ou do vice-presidente do tribunal de origem.

§ 6º Somente podem ser selecionados recursos admissíveis que contenham abrangente argumentação e discussão a respeito da questão a ser decidida.

1. O artigo 1.036 inaugura o trato da *técnica processual* eleita pelo ordenamento processual civil pátrio no afã de, entre outras, permitir a conformação da função precípua dos tribunais superiores (uniformização da aplicação do direito). Face à multiplicidade de recursos (especial e/ou extraordinário) fundados em idêntica questão de direito, autoriza-se o Estado-juiz (juízo *a quo* ou juízo *ad quem*)a eleger dois ou mais pleitos recursais (dentre os inúmeros manejados – embora o legislador não especifique o que entende por "multiplicidade" (2, 10, 20, 100, 1.000?)), capazes de bem elucidar, com profundidade, a essência da questão *sub judice*. Tais recursos servirão de base à análise da

[195] Disponíveis em: <http://www.stf.jus.br/portal/cms/verTexto.asp?servico=publicacaoInformativoRG>.

[196] Para consulta da aplicação da presente técnica processual junto ao STJ, disponível em: <http://www.stj.jus.br/repetitivos/temas_repetitivos/pesquisa.jsp?&l=10&i=1&tt=T>.

[197] Até a data de fechamento da presente edição (31/12/2017), o STJ registrava 986 temas objeto de aplicação da técnica processual dos recursos repetitivos.

matéria suscitada, aplicando-se o teor do "acórdão paradigma" (art. 1.040) à integralidade dos recursos "assemelhados".

2. A sugestão de aplicação da *técnica processual* sob comento ocorrerá por iniciativa dos "tribunais locais" (juízo *a quo*) ou do próprio tribunal superior competente para processar e julgar o recurso de jurisdição extraordinária (especial/STJ; extraordinário/STF; juízo *ad quem*). É intuitivo, pois, que, considerado o regramento procedimental aplicável aos recursos sob comento (que determina seja sua interposição direcionada ao juízo *a quo*), a percepção primeira acerca da multiplicidade de recursos (que versem sobre idêntica questão de direito) ocorrerá, naturalmente, nesse cenário. Não é por outro motivo, ao fim e ao cabo, que o tribunal de origem, na figura de seus representantes, encontra-se autorizado a eleger os casos concretos que servirão à aplicação da técnica processual em tela (sem que a eles estejam vinculados os tribunais superiores). Ao elegê-los, no afã de aguardar o resultado da aplicação da técnica dos recursos repetitivos, o juízo *a quo* deve, por definição, determinar a suspensão de todos os demais feitos (e não só os recursos) fundados em idêntica matéria, respeitados, à evidência, os limites de sua jurisdição.

3. A tempestividade é, por definição, requisito geral extrínseco de admissibilidade recursal. O pleito recursal manejado a destempo não pode, em última análise, ser admitido. Por tal razão, o interessado em fulminá-lo, nos casos em que se tenha determinado o sobrestamento inerente ao expediente, poderá endereçar requerimento ao tribunal de origem (juízo *a quo*), postulando, com fulcro na intempestividade, a retirada do recurso *in concreto* da lista daqueles que aguardam o julgamento da causa pelo tribunal superior competente, inadmitindo-o. Face ao requerimento, em homenagem ao direito fundamental ao contraditório, o recorrente (aquele que manejou o recurso de jurisdição extraordinária supostamente intempestivo) será intimado para, querendo, insurgir-se à tese da intempestividade suscitada pelo recorrido. A decisão (prolatada pelo tribunal de origem) que indeferir o requerimento de inadmissão por intempestividade é impugnável por agravo interno (inteligência do art. 1.036, § 3º, do CPC/2015).

4. O tribunal superior competente, a despeito da inércia do "tribunal local", poderá, respeitados os requisitos legais, lançar mão da *técnica processual* sob comento, independentemente da atuação de tribunal alheio. Como regra, os tribunais locais sugerirão aos tribunais superiores a aplicação técnica processual, por terem o primeiro contato com a "multiplicidade" exigida por lei. Nos casos em que o juízo *a quo* não o fizer, permite-se ao tribunal superior competente aplicar o art. 1.036.

5. É da essência do instituto que sejam tomados por paradigmas recursos que, ao fim e ao cabo, retratem com a clareza e a profundidade necessárias a causa *sub judice*. Consoante o Enunciado n. 615 do Fórum Permanente de Processualistas Civis, na "escolha dos casos paradigmas, devem ser preferidas, como representativas da controvérsia, demandas coletivas às individuais, observados os requisitos do art. 1.036, especialmente do § 6º".

Art. 1.037. Selecionados os recursos, o relator, no tribunal superior, constatando a presença do pressuposto do *caput* do art. 1.036, proferirá decisão de afetação, na qual:

I – identificará com precisão a questão a ser submetida a julgamento;

II – determinará a suspensão do processamento de todos os processos pendentes, individuais ou coletivos, que versem sobre a questão e tramitem no território nacional;

III – poderá requisitar aos presidentes ou aos vice-presidentes dos tribunais de justiça ou dos tribunais regionais federais a remessa de um recurso representativo da controvérsia.

§ 1º Se, após receber os recursos selecionados pelo presidente ou pelo vice-presidente de tribunal de justiça ou de tribunal regional federal, não se proceder à afetação, o relator, no tribunal superior, comunicará o fato ao presidente ou ao vice-presidente que os houver enviado, para que seja revogada a decisão de suspensão referida no art. 1.036, § 1º.

§ 2º Revogado.

§ 3º Havendo mais de uma afetação, será prevento o relator que primeiro tiver proferido a decisão a que se refere o inciso I do *caput*.

§ 4º Os recursos afetados deverão ser julgados no prazo de 1 (um) ano e terão preferência sobre os demais feitos, ressalvados os que envolvam réu preso e os pedidos de habeas corpus.

§ 5º Revogado.

§ 6º Ocorrendo a hipótese do § 5º, é permitido a outro relator do respectivo tribunal superior afetar 2 (dois) ou mais recursos representativos da controvérsia na forma do art. 1.036.

§ 7º Quando os recursos requisitados na forma do inciso III do *caput* contiverem outras questões além daquela que é objeto da afetação, caberá ao tribunal decidir esta em primeiro lugar e depois as demais, em acórdão específico para cada processo.

§ 8º As partes deverão ser intimadas da decisão de suspensão de seu processo, a ser proferida pelo respectivo juiz ou relator quando informado da decisão a que se refere o inciso II do *caput*.

§ 9º Demonstrando distinção entre a questão a ser decidida no processo e aquela a ser julgada no recurso especial ou extraordinário afetado, a parte poderá requerer o prosseguimento do seu processo.

§ 10. O requerimento a que se refere o § 9º será dirigido:

I – ao juiz, se o processo sobrestado estiver em primeiro grau;

II – ao relator, se o processo sobrestado estiver no tribunal de origem;

III – ao relator do acórdão recorrido, se for sobrestado recurso especial ou recurso extraordinário no tribunal de origem;

IV – ao relator, no tribunal superior, de recurso especial ou de recurso extraordinário cujo processamento houver sido sobrestado.

§ 11. A outra parte deverá ser ouvida sobre o requerimento a que se refere o § 9º, no prazo de 5 (cinco) dias.

§ 12. Reconhecida a distinção no caso:

I – dos incisos I, II e IV do § 10, o próprio juiz ou relator dará prosseguimento ao processo;

II – do inciso III do § 10, o relator comunicará a decisão ao presidente ou ao vice--presidente que houver determinado o sobrestamento, para que o recurso especial ou o recurso extraordinário seja encaminhado ao respectivo tribunal superior, na forma do art. 1.030, parágrafo único.

§ 13. Da decisão que resolver o requerimento a que se refere o § 9º caberá:

I – agravo de instrumento, se o processo estiver em primeiro grau;

II – agravo interno, se a decisão for de relator.

1. Decisão de afetação. Pertence à competência do relator eleito no tribunal superior responsável pelo enfrentamento meritório do recurso (de jurisdição extraordinária), prolatar decisão que, acolhendo sugestão oriunda do tribunal de origem (ou, motivada pela própria atuação do tribunal superior), dentre outros, (a) delimite, de maneira límpida, a questão a ser submetida a julgamento (repetitivo); (b) determine a suspensão de todos os processos pendentes, individuais ou coletivos, que versem sobre a questão; (c) ordene aos tribunais locais, na pessoa de seus representantes, a remessa, sendo o caso, de recurso representativo da controvérsia. Denomina-se tal pronunciamento, consoante o CPC/2015, "decisão de afetação", que não pode ser baralhada, sob quaisquer hipóteses, com o pronunciamento judicial proferido pelo juízo *a quo* (no caso, tribunais locais) que sugira a aplicação da técnica processual sob comento.

2. Nos casos em que houver sugestão de aplicação da técnica processual dos recursos repetitivos por tribunal local, o relator, no tribunal superior, entendendo impertinente/inoportuna a mesma, notificará o tribunal de origem de sua decisão, determinando, pois, que se proceda na revogação da decisão (prolatada pelo tribunal local) que determinou a suspensão dos demais feitos que versem sobre a matéria, seguindo, os recursos outrora sobrestados, seu processamento normal.

3. Admitida a aplicação da técnica, o julgamento deverá ser concluído em até 01 (um) ano, contado da data de publicação da decisão de afetação, priorizando-se, pois, sua apreciação. A Lei 13.256/2016 (que alterou o texto originário sancionado) extirpou do ordenamento jurídico processual os efeitos da limitação temporal sob comento, outrora prevista pelo § 5º do art. 1.037. O § 6º, considerada a alteração ora anunciada, ficou sem sentido. Hoje, reflete, nada mais nada menos, do que mero esquecimento do legislador.

4. As partes (dos feitos alcançados pela aplicação da técnica processual sob comento) serão, necessariamente, intimadas acerca da suspensão de seus processos, independentemente do tribunal que tenha tomado a iniciativa de aplicá-la.

5. Visa-se, mediante aplicação da técnica processual em epígrafe, dentre outros, a dar, do ponto de vista da tese jurídica que deva preponderar *in concreto*, tratamento isonômico aos jurisdicionados, decidindo-se todos os casos "idênticos" de maneira isonômica. Há casos, porém, que, a despeito da aparente "semelhança", retratam causas distintas. Neles, incumbe à parte, demonstrando haver distinção entre a questão a ser decidida em seu recurso e aquela a ser julgada mediante aplicação da técnica dos recursos repetitivos, requerer o prosseguimento de seu pleito (trata-se de pedido de distinção). O requerimento de "distinção da causa" há de ser formulado perante (a) o juiz, se o processo sobrestado estiver em primeiro grau; (b) o relator, se o processo sobrestado estiver no tribunal de origem; (c) o relator do acórdão recorrido, se for sobrestado recurso especial ou recurso extraordinário no tribunal de origem; (d) o relator, no tribunal superior, de recurso especial ou de recurso extraordinário cujo processamento houver sido sobrestado. Acerca da postulação de "distinção da causa" a parte adversa, em homenagem ao direito fundamental ao contraditório, será intimada para, querendo, no prazo de 05 (cinco) dias, exercer o direito de influenciar na construção da manifestação judicial destinada a resolver o aludido pleito.

6. Acolhida a "distinção da causa", observar-se-á, no que diz com o prosseguimento do feito, as prescrições do § 12 do artigo 1.037. A impugnação à aludida decisão será feita, nos casos em que o processo tramite em primeiro grau de jurisdição, por agravo de instrumento; se a decisão houver sido prolatada por relator, mediante agravo interno.

7. "É obrigatória a determinação de suspensão dos processos pendentes, individuais e coletivos, em trâmite nos Estados ou regiões, nos termos do § 1° do art. 1.036 do CPC/2015, bem como nos termos do art. 1.037 do mesmo código." (Enunciado 23, ENFAM).

8. Consoante enunciados aprovados na I Jornada de Direito Processual Civil, ocorrida na cidade Brasília (24 e 25 de agosto de 2017), "A devolução dos autos pelo Superior Tribunal de Justiça ou Supremo Tribunal Federal ao tribunal de origem depende de decisão fundamentada, contra a qual cabe agravo na forma do art. 1.037, § 13, II, do CPC." (Enunciado 81).

Art. 1.038. O relator poderá:

I – solicitar ou admitir manifestação de pessoas, órgãos ou entidades com interesse na controvérsia, considerando a relevância da matéria e consoante dispuser o regimento interno;

II – fixar data para, em audiência pública, ouvir depoimentos de pessoas com experiência e conhecimento na matéria, com a finalidade de instruir o procedimento;

III – requisitar informações aos tribunais inferiores a respeito da controvérsia e, cumprida a diligência, intimará o Ministério Público para manifestar-se.

§ 1º No caso do inciso III, os prazos respectivos são de 15 (quinze) dias, e os atos serão praticados, sempre que possível, por meio eletrônico.

§ 2º Transcorrido o prazo para o Ministério Público e remetida cópia do relatório aos demais ministros, haverá inclusão em pauta, devendo ocorrer o julgamento com preferência sobre os demais feitos, ressalvados os que envolvam réu preso e os pedidos de habeas corpus.

§ 3º O conteúdo do acórdão abrangerá a análise dos fundamentos relevantes da tese jurídica discutida. (Redação dada pela Lei 13.256/2016)

1. A aplicação da técnica processual sob comento é, à evidência, compatível com o instituto do *Amicus Curiae*. Pode o relator da causa, de ofício ou a requerimento, admitir que se manifestem os que, grosso modo, possam colaborar para com a prestação da melhor jurisdição possível, designando, por exemplo, data para audiência pública. Pode o relator, outrossim, requisitar, entendendo pertinente, informações aos tribunais inferiores acerca da controvérsia objeto da aplicação da técnica processual.

2. O Ministério Público será intimado para participar do expediente processual em que se pretender operacionalizar a técnica processual sob comento.

3. O acórdão que enfrentar a questão que deu ensejo à aplicação da técnica dos recursos repetitivos versará, consoante alteração promovida pela Lei 13.256/2016, apenas, sobre os fundamentos relevantes da tese jurídica discutida. O texto originário previa, em linha diversa, a obrigatoriedade de enfrentamento de "todos os fundamentos" inerentes ao tema *sub judice*.

4. Consoante enunciados aprovados na I Jornada de Direito Processual Civil, ocorrida na cidade Brasília (24 e 25 de agosto de 2017), "Quando houver pluralidade de pedidos de admissão de *amicus curiae*, o relator deve observar, como critério para definição daqueles que serão admitidos, o equilíbrio na representatividade dos diversos interesses jurídicos contrapostos no litígio, velando, assim, pelo respeito à amplitude do contraditório, paridade de tratamento e isonomia entre todos os potencialmente atingidos pela decisão." (Enunciado 82).

Art. 1.039. Decididos os recursos afetados, os órgãos colegiados declararão prejudicados os demais recursos versando sobre idêntica controvérsia ou os decidirão aplicando a tese firmada.

Parágrafo único. Negada a existência de repercussão geral no recurso extraordinário afetado, serão considerados automaticamente inadmitidos os recursos extraordinários cujo processamento tenha sido sobrestado.

1. Recurso repetitivo. Julgamento. Consequência processual. A decisão que contemplar a resolução meritória da causa submetida à técnica dos recursos repetitivos vincula o tribunal prolator (STJ/STJ – vinculação horizontal), os "tribunais locais", bem como os julgadores singulares (vinculação vertical), que, face à sua publicação, observarão, no julgamento das "causas idênticas" (em tramitação ou porvir), a tese jurídica que, segundo o tribunal superior competente, deva prevalecer no enfrentamento judicial de casos análogos.

2. Quando a aplicação da técnica processual sob comento tiver por base recurso extraordinário, negada a existência de repercussão geral à matéria (requisito de admissibilidade recursal específico), os recursos sobrestados serão, consoante expressa disposição legal, automaticamente inadmitidos. A expressão "automaticamente" (que não é, nem de longe, a melhor) utilizada pela lei, não dispensa, contudo, a publicação de decisão destinada a dar ciência ao recorrente acerca do não conhecimento do pleito recursal por ele manejado.

Art. 1.040. Publicado o acórdão paradigma:

I – o presidente ou o vice-presidente do tribunal de origem negará seguimento aos recursos especiais ou extraordinários sobrestados na origem, se o acórdão recorrido coincidir com a orientação do tribunal superior;

II – o órgão que proferiu o acórdão recorrido, na origem, reexaminará o processo de competência originária, a remessa necessária ou o recurso anteriormente julgado, se o acórdão recorrido contrariar a orientação do tribunal superior;

III – os processos suspensos em primeiro e segundo graus de jurisdição retomarão o curso para julgamento e aplicação da tese firmada pelo tribunal superior;

IV – se os recursos versarem sobre questão relativa a prestação de serviço público objeto de concessão, permissão ou autorização, o resultado do julgamento será comunicado ao órgão, ao ente ou à agência reguladora competente para fiscalização da efetiva aplicação, por parte dos entes sujeitos a regulação, da tese adotada.

§ 1º A parte poderá desistir da ação em curso no primeiro grau de jurisdição, antes de proferida a sentença, se a questão nela discutida for idêntica à resolvida pelo recurso representativo da controvérsia.

§ 2º Se a desistência ocorrer antes de oferecida contestação, a parte ficará isenta do pagamento de custas e de honorários de sucumbência.

§ 3º A desistência apresentada nos termos do § 1º independe de consentimento do réu, ainda que apresentada contestação.

1. Publicado o decisório que, mediante utilização da técnica sob comento, retrate o enfrentamento da matéria pelo tribunal superior competente, incumbe ao tribunal de origem, nos casos em que *acórdão recorrido* e *"acórdão paradigma"* convergirem, fulminar os recursos sobrestados.

2. Divergindo as teses jurídicas vencedoras contidas no *acórdão recorrido* e no *"acórdão paradigma"*, o juízo *a quo* reexaminará a orientação por ele adotada, visando a, grosso modo, adaptá-la a adotada pelo tribunal superior, cuja função precípua diz com o zelo pela uniformização da aplicação do direito.

3. A publicação do acórdão paradigma, em relação aos processos suspensos, tem o condão de desobstruir o andamento dos feitos, aos quais serão aplicados à solução jurídica alcançada pelo tribunal superior, prolator da decisão paradigma, em observância ao sistema das "técnicas de vinculatividade".

4. Nas hipóteses em que a técnica processual tenha sido utilizada para o enfrentamento de questões relativas "a prestação de serviço público objeto de concessão, permissão ou autorização", o resultado do julgamento haverá de ser, de imediato, comunicado "ao ente ou à agência reguladora competente" no afã de permitir-lhes a fiscalização do cumprimento da tese adotada (vencedora), por quem, de direito, a ela estiver submetida.

5. Da desistência da ação que tenha por objeto questão idêntica à enfrentada pelo recurso representativo da controvérsia. O autor pode, antes de proferida a sentença, independentemente da anuência do demandado, desistir da ação em curso no primeiro grau de jurisdição, nos casos em que o objeto do processo verse sobre matéria idêntica à resolvida pelo recurso representativo da controvérsia, restando, inclusive, dispensado de promover o pagamento de custas e honorários quando a desistência ocorrer antes de oferecida a contestação. Após o protocolo da defesa, embora dispensável, nesses casos, a anuência do demandado, acolhido o pedido de desistência, restará obrigado o desistente a arcar com custas processuais e honorários, nos termos do pronunciamento judicial que extinguir o feito.

Art. 1.041. Mantido o acórdão divergente pelo tribunal de origem, o recurso especial ou extraordinário será remetido ao respectivo tribunal superior, na forma do art. 1.036, § 1º.

§ 1º Realizado o juízo de retratação, com alteração do acórdão divergente, o tribunal de origem, se for o caso, decidirá as demais questões ainda não decididas cujo enfrentamento se tornou necessário em decorrência da alteração.

§ 2º Quando ocorrer a hipótese do inciso II do *caput* do art. 1.040 e o recurso versar sobre outras questões, caberá ao presidente ou ao vice-presidente do tribunal recorrido, depois do reexame pelo órgão de origem e independentemente de ratificação do recurso, sendo positivo o juízo de admissibilidade, determinar a remessa do recurso ao tribunal superior para julgamento das demais questões. (Redação dada pela Lei 13.256/2016)

1. Nos casos em que, a despeito do efeito vinculativo (e essa é a regra), o tribunal de origem, por essa ou aquela razão optar por manter o acórdão recorrido (ignorando o entendimento adotado pelo tribunal superior), o recurso sobrestado será remetido à superior instância para análise individualizada. Realizado, de outro giro, juízo de retratação, o tribunal de origem enfrentará, sendo o caso, as demais questões pendentes que, face à alteração de posicionamento (adoção da tese vencedora – alcançada mediante utilização da técnica de julgamento sob análise), tornaram-se de enfrentamento necessário.

Seção III
Do Agravo em Recurso Especial e em Recurso Extraordinário

Art. 1.042. Cabe agravo contra decisão do presidente ou do vice-presidente do tribunal recorrido que inadmitir recurso extraordinário ou recurso especial, salvo quando fundada na aplicação de entendimento firmado em regime de repercussão geral ou em julgamento de recursos repetitivos.

I – (Revogado);

II – (Revogado);

III – (Revogado).

§ 1º (Revogado):

I – (Revogado);

II – (Revogado):

a) (Revogada);

b) (Revogada).

§ 2º A petição de agravo será dirigida ao presidente ou ao vice-presidente do tribunal de origem e independe do pagamento de custas e despesas postais, aplicando-se a ela o regime de repercussão geral e de recursos repetitivos, inclusive quanto à possibilidade de sobrestamento e do juízo de retratação. (Redação dada pela Lei 13.256/2016)

§ 3º O agravado será intimado, de imediato, para oferecer resposta no prazo de 15 (quinze) dias.

§ 4º Após o prazo de resposta, não havendo retratação, o agravo será remetido ao tribunal superior competente.

§ 5º O agravo poderá ser julgado, conforme o caso, conjuntamente com o recurso especial ou extraordinário, assegurada, neste caso, sustentação oral, observando-se, ainda, o disposto no regimento interno do tribunal respectivo.

§ 6º Na hipótese de interposição conjunta de recursos extraordinário e especial, o agravante deverá interpor um agravo para cada recurso não admitido.

§ 7º Havendo apenas um agravo, o recurso será remetido ao tribunal competente, e, havendo interposição conjunta, os autos serão remetidos ao Superior Tribunal de Justiça.

§ 8º Concluído o julgamento do agravo pelo Superior Tribunal de Justiça e, se for o caso, do recurso especial, independentemente de pedido, os autos serão remetidos ao Supremo Tribunal Federal para apreciação do agravo a ele dirigido, salvo se estiver prejudicado.

1. O recurso previsto pelo *caput* do artigo 1.042, a despeito de contar com nomenclatura diversa, cumpre, em boa medida, com a função atribuída ao agravo do artigo 544, no sistema revogado (CPC/73).[198] Trata-se de expediente recursal hábil a impugnar o não conhecimento do recurso de jurisdição extraordinária pelo tribunal de origem. Sua tarefa é, pois, fazer com que os autos cheguem ao tribunal superior competente para apreciar o pleito inadmitido, no afã de ver refeito o juízo de admissibilidade (realizado pelo tribunal de origem) e, em caso de sucesso, permitir o enfrentamento meritório do pleito recursal de natureza extraordinária.

2. Não cabe o agravo sob comento quando a inadmissão do recurso de jurisdição extraordinária (havida no tribunal de origem) fundar-se na aplicação de entendimento fixado em sede de análise de repercussão geral (por exemplo, o Supremo já decidiu que a matéria *sub judice* não tem repercussão geral) ou mediante aplicação da técnica dos recursos repetitivos (por exemplo, a tese defendida no recurso especial contraria a que preponderou por ocasião da aplicação da técnica processual de vinculatividade).

3. Ao recurso em tela aplica-se, inclusive quanto à possibilidade de sobrestamento, os regimes da repercussão geral (sendo ele apresentado em face de decisão que inadmita recurso extraordinário) e dos recursos repetitivos (atacando ele decisão que tenha inadmitido recurso especial ou recurso extraordinário).

4. Procedimento. O agravo sob comento será endereçado ao tribunal de origem, independentemente de preparo; o agravado, em homenagem ao direito fundamental ao contraditório, será intimado para, querendo, no prazo de 15 (quinze) dias, apresentar contrarrazões; transcorrido o prazo para resposta, com ou sem manifestação do recorrido, não se retratando o tribunal de origem, o recurso subirá ao tribunal superior competente; é assegurado aos procurado-

[198] Nesse mesmo sentido, aduz Felipe Waquil Ferraro: "O art. 1.042, (...) vem em aparente substituição ao art. 544 do Código de Processo Civil de 1973." (FERRARO, Felipe Waquil. *In: Novo Código de Processo Civil anotado*. Porto Alegre: OAB/RS, 2015. p. 384).

res das partes, nos casos em que o agravo vier a ser julgado conjuntamente com o recurso especial/extraordinário, o uso da palavra (sustentação oral).

5. Quando a parte oferecer, em face de um mesmo acórdão, recurso especial e recurso extraordinário, restando ambos inadmitidos, o recorrente, no afã de "destrancá-los", deverá ofertar um agravo para cada recurso inadmitido. Interpostos os agravos, os autos serão, por determinação legal, primeiramente, remetidos ao STJ.

Seção IV
Dos Embargos de Divergência

Art. 1.043. É embargável o acórdão de órgão fracionário que:

I – em recurso extraordinário ou em recurso especial, divergir do julgamento de qualquer outro órgão do mesmo tribunal, sendo os acórdãos, embargado e paradigma, de mérito;

II – Revogado.

III – em recurso extraordinário ou em recurso especial, divergir do julgamento de qualquer outro órgão do mesmo tribunal, sendo um acórdão de mérito e outro que não tenha conhecido do recurso, embora tenha apreciado a controvérsia;

IV – Revogado.

§ 1º Poderão ser confrontadas teses jurídicas contidas em julgamentos de recursos e de ações de competência originária.

§ 2º A divergência que autoriza a interposição de embargos de divergência pode verificar-se na aplicação do direito material ou do direito processual.

§ 3º Cabem embargos de divergência quando o acórdão paradigma for da mesma turma que proferiu a decisão embargada, desde que sua composição tenha sofrido alteração em mais da metade de seus membros.

§ 4º O recorrente provará a divergência com certidão, cópia ou citação de repositório oficial ou credenciado de jurisprudência, inclusive em mídia eletrônica, onde foi publicado o acórdão divergente, ou com a reprodução de julgado disponível na rede mundial de computadores, indicando a respectiva fonte, e mencionará as circunstâncias que identificam ou assemelham os casos confrontados.

§ 5º Revogado.

1. A função precípua dos tribunais superiores (enquanto cortes superiores) consiste, bem compreendida a afirmativa, em diligenciar na uniformização da aplicação do direito objetivo (trata-se de tema pertencente ao campo do direito material; trate-se de tema inerente ao espectro processual), definindo, pois, as teses jurídicas que devam prevalecer na resolução dos conflitos sujeitos à apreciação do Judiciário pátrio. Dada a conformação estrutural dos mesmos (compostos por órgãos fracionários), há, em tese, a possibilidade de que, dentro de um mesmo tribunal superior, coexistam decisões (prolatadas, não raro, por órgãos fracionários diversos) antagônicas entre si. Considerada a função precípua dos tribunais, alhures anunciada, o ordenamento pátrio disponibiliza ao jurisdicionado instrumento recursal capaz de pôr em xeque tal contradição: os embargos de divergência.

2. Hipóteses de cabimento. Cabe embargos de divergência quando (a) em recurso extraordinário ou em recurso especial, a decisão prolatada por órgão fracionário divergir de julgamento prolatado por órgão integrante do mesmo tribunal, sendo os acórdãos, embargado e paradigma, de mérito ou; quando (b) em recurso extraordinário ou em recurso especial, o decisório atacado divergir do julgamento de qualquer outro órgão do mesmo tribunal, sendo um acórdão de mérito e outro que não tenha conhecido do recurso, embora tenha apreciado a controvérsia. As duas outras hipóteses de cabimento previstas na redação originária do CPC/2015 (incisos II e IV do art. 1.043) foram revogadas pela Lei 13.256/2016.

3. Denomina-se acórdão paradigma aquele utilizado para fundamentar a existência da divergência que autoriza o oferecimento dos embargos.

4. O CPC/2015, atento ao escopo de que o valor maior a ser preservado pela atuação dos tribunais superiores (enquanto cortes superiores) é o da unidade de convicção (corolário da segurança jurídica), autoriza que o cotejo relativo à divergência anunciada tenha assento em pleitos judiciários de natureza diversa. Consoante o teor do primeiro parágrafo do artigo sob comento, nada obsta que sejam confrontadas teses contidas em julgamentos de recursos e de ações de competência originária dos tribunais superiores.

5. Quando a divergência constar de acórdão prolatado pela mesma turma que examinou o caso *sub judice*, admitir-se-á o oferecimento dos embargos sob comento se, e somente se, o órgão fracionário julgador houver enfrentado reestruturação mediante substituição de, pelo menos, metade de seus integrantes.

6. A divergência suscitada será necessariamente (com)provada nos autos dos embargos mediante apresentação de certidão, cópia ou citação de repositório oficial ou credenciado de jurisprudência, inclusive em mídia eletrônica, onde foi publicado o acórdão divergente, ou mediante a reprodução de julgado disponível na rede mundial de computadores, indicada sua fonte. Compete ao recorrente, ainda, realizar um cotejo entre os casos concretos, destacando os elementos "que identificam ou assemelham" os casos confrontados.

7. O § 5º do artigo sob comento, em homenagem ao direito fundamental à motivação (atual e concreta), impedia, em sua redação originária, que pleito recursal (os embargos de divergência) fosse inadmito sob o fundamento genérico "de que as circunstâncias fáticas" do acórdão paradigma e do acórdão recorrido eram "diferentes". O texto, revogado, incumbia o tribunal de realizar cotejo analítico entre os casos confrontados, esmiuçando as razões pelas quais entendia diversos os mesmos. A Lei 13.256/2016, a nosso juízo inadequadamente, revogou o teor do parágrafo em epígrafe antes mesmo de o CPC/2015 entrar em vigor.

Art. 1.044. No recurso de embargos de divergência, será observado o procedimento estabelecido no regimento interno do respectivo tribunal superior.

§ 1º A interposição de embargos de divergência no Superior Tribunal de Justiça interrompe o prazo para interposição de recurso extraordinário por qualquer das partes.

§ 2º Se os embargos de divergência forem desprovidos ou não alterarem a conclusão do julgamento anterior, o recurso extraordinário interposto pela outra parte antes da publicação do julgamento dos embargos de divergência será processado e julgado independentemente de ratificação.

1. O Regimento Interno do tribunal superior competente para processar e julgar os embargos de divergência disciplinará o procedimento a ele aplicável. Vide, no âmbito do STJ, o conteúdo dos artigos 266/267; no STF, artigos 330/336, todos pertencentes aos respectivos regimentos.

2. RISTJ. Em 08.04.2014. "SEÇÃO IV. Dos Embargos de Divergência. Art. 266. Das decisões da Turma, em recurso especial, poderão, em quinze dias, ser interpostos embargos de divergência, que serão julgados pela Seção competente, quando as Turmas divergirem entre si ou de decisão da mesma. Seção. Se a divergência for entre Turmas de Seções diversas, ou entre Turma e outra Seção ou com a Corte Especial, competirá a esta o julgamento dos embargos. § 1º A divergência indicada deverá ser comprovada na forma do disposto no art. 255, §§ 1º e 2º, deste Regimento. § 2º Os embargos serão juntados aos autos independentemente de despacho e não terão efeito suspensivo. § 3º Sorteado o relator, este poderá indeferi-los, liminarmente, quando intempestivos, ou quando contrariarem Súmula do Tribunal, ou não se comprovar ou não se configurar a divergência jurisprudencial. § 4º Se for caso de ouvir o Ministério Público, este terá vista dos autos por vinte dias. Art. 267. Admitidos os embargos em despacho fundamentado, promover-se-á a publicação, no 'Diário da Justiça', do termo de 'vista' ao embargado para apresentar impugnação nos quinze dias subsequentes. Parágrafo único. Impugnados ou não os embargos, serão os autos conclusos ao relator, que pedirá a inclusão do feito na pauta de julgamento".

3. RISTF. Em 08.04.2014. "Capítulo VI. DOS EMBARGOS. Seção I. DOS EMBARGOS DE DIVERGÊNCIA E DOS EMBARGOS INFRINGENTES. Art. 330. Cabem embargos de divergência à decisão de Turma que, em recurso extraordinário ou em agravo de instrumento, divergir de julgado de outra Turma ou do Plenário na interpretação do direito federal. Art. 331. A divergência será comprovada mediante certidão, cópia autenticada ou pela citação do repositório de jurisprudência, oficial ou credenciado, inclusive em mídia eletrônica, em que tiver sido publicada a decisão divergente, ou ainda pela reprodução de julgado disponível na internet, com indicação da respectiva fonte, mencionando, em qualquer caso, as circunstâncias que identifiquem ou assemelhem os casos confrontados. Parágrafo único. (Revogado.) Art. 332. Não cabem embargos, se a jurisprudência do Plenário ou de ambas as Turmas estiver firmada no sentido da decisão embargada, salvo o disposto no art. 103. Art. 333. Cabem embargos infringentes à decisão não unânime do Plenário ou da Turma: I – que julgar procedente a ação penal; II – que julgar improcedente a revisão criminal; III – que julgar a ação rescisória; IV – que julgar a representação de inconstitucionalidade; V – que, em recurso criminal ordinário, for desfavorável ao acusado. O cabimento dos embargos, em decisão do Plenário, depende da existência, no mínimo, de quatro votos divergentes, salvo nos casos de julgamento criminal em sessão secreta Art. 334. Os embargos de divergência e os embargos infringentes serão opostos no prazo de quinze dias, perante a Secretaria, e juntos aos autos, independentemente de despacho. Art. 335. Interpostos os embargos, o Relator abrirá vista ao recorrido, por quinze dias, para contrarrazões. § 1º Transcorrido o prazo do *caput*, o Relator do acórdão embargado apreciará a admissibilidade do recurso. § 2º Da decisão que não admitir os embargos, caberá agravo, em cinco dias, para o órgão competente para o julgamento do recurso. § 3º Admitidos os embargos, proceder-se-á à distribuição nos termos do art. 76. Art. 336. Na sessão de julgamento, aplicar-se-ão, supletivamente, as normas do processo originário, observado o disposto no art. 146. Parágrafo único. Recebidos os embargos de divergência, o Plenário julgará a matéria restante, salvo nos casos do art. 313, I e II, quando determinará a subida do recurso principal".

4. Protocolizados os embargos de divergência junto ao STJ, considerar-se-á interrompido, para ambas as partes, o prazo para oferecimento de eventual recurso extraordinário cabível. O recurso extraordinário ofertado pela parte embargada anteriormente à publicação da decisão referente aos embargos de divergência, inalterado o posicionamento da Corte por ocasião de sua apreciação, será processado e julgado independentemente de ratificação pelo recorrente.

5. "Nos embargos de divergência não servem como padrão de discordância os mesmos paradigmas invocados para demonstrá-la mas repelidos como não dissidentes no julgamento do recurso extraordinário." (Súmula 598 do STF).

6. Consoante enunciado aprovado na I Jornada de Direito Processual Civil, ocorrida na cidade Brasília (24 e 25 de agosto de 2017), "Caso os embargos de divergência impliquem alteração das conclusões do julgamento anterior, o recorrido que já tiver interposto o recurso extraordinário terá o direito de complementar ou alterar suas razões, nos exatos limites da modificação, no prazo de quinze dias, contados da intimação da decisão dos embargos de divergência." (Enunciado 83).

Livro Complementar
Disposições Finais e Transitórias

Art. 1.045. Este Código entra em vigor após decorrido 1 (um) ano da data de sua publicação oficial.

1. Ao artigo sob comento coube estabelecer a *vacatio legis* do CPC/2015. A Lei 13.105, vale sublinhar, fora, antes mesmo de produzir efeitos mundanos, reformada. No dia 15 de dezembro de 2015, o Projeto de Lei de n. 168, originário da Câmara dos Deputados, fora votado pelo Senado Federal. Aprovado em ambas as casas do Congresso Nacional, a alteração legislativa fora sancionada pela, então, presidente da república, Sra. Dilma Rousseff, sendo publicada no DOU em 05/02/2016, sob o n. 13.256/2016.

2. O CPC/2015 passou a produzir efeitos em 18/03/2016, sexta-feira.

Art. 1.046. Ao entrar em vigor este Código, suas disposições se aplicarão desde logo aos processos pendentes, ficando revogada a Lei nº 5.869, de 11 de janeiro de 1973.

§ 1º As disposições da Lei nº 5.869, de 11 janeiro de 1973, relativas ao procedimento sumário e aos procedimentos especiais que forem revogadas aplicar-se-ão às ações propostas e não sentenciadas até o início da vigência deste Código.

§ 2º Permanecem em vigor as disposições especiais dos procedimentos regulados em outras leis, aos quais se aplicará supletivamente este Código.

§ 3º Os processos mencionados no art. 1.218 da Lei nº 5.869, de 11 de janeiro de 1973, cujo procedimento ainda não tenha sido incorporado por lei submetem-se ao procedimento comum previsto neste Código.

§ 4º As remissões a disposições do Código de Processo Civil revogado, existentes em outras leis, passam a referir-se às que lhes são correspondentes neste Código.

§ 5º A primeira lista de processos para julgamento em ordem cronológica observará a antiguidade da distribuição entre os já conclusos na data da entrada em vigor deste Código.

1. O *caput* do art. 146 traz à baila duas importantes "notícias". Prevê, a uma, a revogação do CPC/73, a Lei 5.869 (o que não inclui, consoante o teor do § 2º, os procedimentos especiais previstos em legislação esparsa); a duas, sua aplicabilidade imediata às demandas em tramitação, com ressalvas.

2. Exceção à regra da aplicação imediata. Considerando a tramitação de demanda, ainda não sentenciada, adstrita ao *procedimento sumário* e/ou a *procedimento especial* extirpado do ordenamento processual pelo CPC/2015, o Código determina a observância do sistema pretérito até sua conclusão.

3. No afã de evitar que se proceda em alteração legislativa de todos os diplomas legais que se valham de remissões ao "Código de Processo Civil", utilizou-se o legislador de 2015, de maneira apropriada, da técnica, a saber: haverá o intérprete de localizar, na legislação vigente, instituto correspondente ao previsto pela legislação revogada, extraindo, daí, o cenário, doravante, a ser considerado para a aplicabilidade do ditame jurídico que, outrora, considerou a legislação processual revogada.

4. Tomando por base o teor do art. 12 (controle externo de ordem de julgamento), estabeleceu-se, pois, critério objetivo a ser observado para a formação da primeira lista de julgamento: a *antiguidade da distribuição* dentre os feitos já conclusos ao tempo da entrada em vigor do CPC/2015. Vale lembrar, por oportuno, que o teor do artigo acima aludido fora, antes mesmo da vigência da lei sob comento, alterado, tornando, bem compreendida a afirmativa, "facultativa" a observância do comando legal. Acerca do tema, e crítica pertinente, vide o volume I do presente estudo.

Art. 1.047. As disposições de direito probatório adotadas neste Código aplicam-se apenas às provas requeridas ou determinadas de ofício a partir da data de início de sua vigência.

1. O CPC/2015, no que tange ao direito probatório, adotou regramento consideravelmente distinto daquele previsto pelo CPC/73. O cuidado legislativo, estampado no artigo sob comento, foi o de limitar sua aplicabilidade às provas "requeridas ou determinadas" após a entrada em vigor da Lei 13.105. Nada mais.

Art. 1.048. Terão prioridade de tramitação, em qualquer juízo ou tribunal, os procedimentos judiciais:

I – em que figure como parte ou interessado pessoa com idade igual ou superior a 60 (sessenta) anos ou portadora de doença grave, assim compreendida qualquer das enumeradas no art. 6º, inciso XIV, da Lei nº 7.713, de 22 de dezembro de 1988;

II – regulados pela Lei nº 8.069, de 13 de julho de 1990 (Estatuto da Criança e do Adolescente).

§ 1º A pessoa interessada na obtenção do benefício, juntando prova de sua condição, deverá requerê-lo à autoridade judiciária competente para decidir o feito, que determinará ao cartório do juízo as providências a serem cumpridas.

§ 2º Deferida a prioridade, os autos receberão identificação própria que evidencie o regime de tramitação prioritária.

§ 3º Concedida a prioridade, essa não cessará com a morte do beneficiado, estendendo-se em favor do cônjuge supérstite ou do companheiro em união estável.

§ 4º A tramitação prioritária independe de deferimento pelo órgão jurisdicional e deverá ser imediatamente concedida diante da prova da condição de beneficiário.

1. Prioridade de tramitação processual. O art. 1.048, apoiado na legislação esparsa, prevê as hipóteses em que se observará a *prioridade de tramitação*. O benefício deve ser concedido, grosso modo, à parte que comprovar idade igual ou superior a 60 anos, à portadora de doença grave, bem como aos casos que tramitam sob o fundamento do Estatuto da Criança e do Adolescente (Lei 8.069 de 1990).

2. Trata-se, consoante o teor do § 4°, de benefício cuja incidência independe de deferimento judicial (incide *ope legis*).

Art. 1.049. Sempre que a lei remeter a procedimento previsto na lei processual sem especificá-lo, será observado o procedimento comum previsto neste Código.

Parágrafo único. Na hipótese de a lei remeter ao procedimento sumário, será observado o procedimento comum previsto neste Código, com as modificações previstas na própria lei especial, se houver.

1. Consoante explicado no primeiro volume do presente estudo, o procedimento comum desnuda a existência de uma *linha de desenvolvimento natural da tutela cognitiva*, servindo ela de base à compreensão macroscópica do fenômeno processual. Essa *linha*, como é intuitivo, deve ser observada ainda quando não houver especificação do procedimento a ser observado, ou, quando, dispositivo processual diverso do Código indicar a aplicação do sepultado procedimento sumário, previsto, outrora, pelo CPC/73.

Art. 1.050. A União, os Estados, o Distrito Federal, os Municípios, suas respectivas entidades da administração indireta, o Ministério Público, a Defensoria Pública e a Advocacia Pública, no prazo de 30 (trinta) dias a contar da data da entrada em vigor deste Código, deverão se cadastrar perante a administração do tribunal no qual atuem para cumprimento do disposto nos arts. 246, § 2º, e 270, parágrafo único.

§ 1º Com exceção das microempresas e das empresas de pequeno porte, as empresas públicas e privadas são obrigadas a manter cadastro nos sistemas de processo em autos eletrônicos, para efeito de recebimento de citações e intimações, as quais serão efetuadas preferencialmente por esse meio." Citação por meio eletrônico. Cadastro. Exigência legal. Excetuadas as microempresas (ME) e as empresas de pequeno porte (EPPs) (na verdade, as sociedades empresárias sujeitas ao aludido enquadramento jurídico), as demais (públicas ou privadas), sem prejuízo das pessoas jurídicas de direito publico interno, encontram-se obrigadas, consoante expressa determinação legal, a cadastrarem-se (e manter os dados atualizados) nos sistemas de processo em autos eletrônicos, para o especial fito de receber notificações (citações e intimações) mediante envio de mensagem eletrônica aos endereços (também eletrônicos) previamente cadastrados.

1. "Art. 246. A citação será feita: (...) V – por meio eletrônico, conforme regulado em lei".

2. "Art. 270. As intimações realizam-se, sempre que possível, por meio eletrônico, na forma da lei. Parágrafo único. Aplica-se ao Ministério Público, à Defensoria Pública e à Advocacia Pública o disposto no § 1° do art. 246". O CPC/2015 elegeu, expressamente, a intimação eletrônica como meio preferencial à comunicação dos atos processuais. Dispõe a Lei 11.419/2006 (que disciplina a informatização do processo judicial), que, no processo eletrônico, as "intimações serão feitas por meio eletrônico em portal próprio aos que se cadastrarem (...), dispensando-se a publicação no órgão oficial, inclusive eletrônico. (...) Considerar-se-á realizada a intimação no dia em que o intimando efetivar a consulta eletrônica ao teor da intimação, certificando-se nos autos a sua realização" e "nos casos em que a consulta se dê em dia não útil, a intimação será considerada como realizada no primeiro dia útil seguinte". A consulta referida nos §§ 1º e 2º , do art. 5º, da Lei sob comento, "deverá ser feita em até 10 (dez) dias corridos contados da data do envio da intimação, sob pena de considerar-se a intimação automaticamente realizada na data do término desse prazo". "Em caráter informativo, poderá ser efetivada remessa de correspondência eletrônica, comunicando o envio da intimação e a abertura automática do prazo processual", aos que manifestarem interesse por esse serviço. "Nos casos urgentes em que a intimação feita na forma deste artigo possa causar prejuízo a quaisquer das partes ou nos casos em que for evidenciada qualquer tentativa de burla ao sistema, o ato processual deverá ser realizado por outro meio que atinja a sua finalidade, conforme determinado pelo juiz". "As intimações feitas na forma deste artigo, inclusive da Fazenda Pública, serão consideradas pessoais para todos os efeitos legais." (art. 5º, §§ 1º, 2º, 3º, 4º, 5º e 6º, da Lei 11.419/2006).

3. Ao art. 1.050, ao fim e ao cabo, coube fixar o prazo para o cadastramento dos entes ideais por ele apontados para a realização do cadastro obrigatório: 30 dias, a contar, na prática, de 18/03/2017.

Art. 1.051. As empresas públicas e privadas devem cumprir o disposto no art. 246, § 1º, no prazo de 30 (trinta) dias, a contar da data de inscrição do ato constitutivo da pessoa jurídica, perante o juízo onde tenham sede ou filial.
Parágrafo único. O disposto no *caput* não se aplica às microempresas e às empresas de pequeno porte.

1. Em relação às empresas públicas e privadas, excetuadas aquelas enquadras na condição de microempresas ou empresas de pequeno porte, o *dies a quo* para a realização do cadastramento obrigatório é distinto daquele previsto pelo art. 1.050. Nessa quadra, pois, toma-se por termo inicial "a data de inscrição do ato constitutivo da pessoa jurídica" junto ao ente competente para tanto (no caso, as Juntas Comerciais). O prazo a ser observado, contudo, também é de 30 dias. Aqui, pois, não há falar no cômputo apenas de dias úteis forenses, uma vez que, embora previsto na legislação processual, não se trata de prazo processual propriamente dito.

Art. 1.052. Até a edição de lei específica, as execuções contra devedor insolvente, em curso ou que venham a ser propostas, permanecem reguladas pelo Livro II, Título IV, da Lei nº 5.869, de 11 de janeiro de 1973.

1. O art. 1.052, bem compreendido, mantém vigente, em parte, a Lei 5.869/73, especificamente no que diz com o pedido de tutela executiva em face de devedor insolvente. O tema encontra-se disciplinado pelo artigos 748/786-A do CPC/73.

2. "(...) TÍTULO IV. DA EXECUÇÃO POR QUANTIA CERTA CONTRA DEVEDOR INSOLVENTE. CAPÍTULO I. DA INSOLVÊNCIA. Art. 748. Dá-se a insolvência toda vez que as dívidas excederem à importância dos bens do devedor. Art. 749. Se o devedor for casado e o outro cônjuge, assumindo a responsabilidade por dívidas, não possuir bens próprios que bastem ao pagamento de todos os credores, poderá ser declarada, nos autos do mesmo processo, a insolvência de ambos. Art. 750. Presume-se a insolvência quando: I – o devedor não possuir outros bens livres e desembaraçados para nomear à penhora; II – forem arrestados bens do devedor, com fundamento no art. 813, I, II e III. Art. 751. A declaração de insolvência do devedor produz: I – o vencimento antecipado das suas dívidas; II – a arrecadação de todos os seus bens suscetíveis de penhora, quer os atuais, quer os adquiridos no curso do processo; III – a execução por concurso universal dos seus credores. Art. 752. Declarada a insolvência, o devedor perde o direito de administrar os seus bens e de dispor deles, até a liquidação total da massa. Art. 753. A declaração de insolvência pode ser requerida: I – por qualquer credor quirografário; II – pelo devedor; III – pelo inventariante do espólio do devedor. CAPÍTULO II. DA INSOLVÊNCIA REQUERIDA PELO CREDOR. Art. 754. O credor requererá a declaração de insolvência do devedor, instruindo o pedido com título executivo judicial ou extrajudicial (art. 586). Art. 755. O devedor será citado para, no prazo de 10 (dez) dias, opor embargos; se os não oferecer, o juiz proferirá, em 10 (dez) dias, a sentença. Art. 756. Nos embargos pode o devedor alegar: I – que não paga por ocorrer alguma das causas enumeradas nos arts. 741, 742 e 745, conforme o pedido de insolvência se funde em título judicial ou extrajudicial; II – que o seu ativo é superior ao passivo. Art. 757. O devedor ilidirá o pedido de insolvência se, no prazo para opor embargos, depositar a importância do crédito, para lhe discutir a legitimidade ou o valor. Art. 758. Não havendo provas a produzir, o juiz dará a sentença em 10 (dez) dias; havendo-as, designará audiência de instrução e julgamento. CAPÍTULO III. DA INSOLVÊNCIA REQUERIDA PELO DEVEDOR OU PELO SEU ESPÓLIO. Art. 759. É lícito ao devedor ou ao seu espólio, a todo tempo, requerer a declaração de insolvência. Art. 760. A petição, dirigida ao juiz da comarca em que o devedor tem o seu domicílio, conterá: I – a relação nominal de todos os credores, com a indicação do domicílio de cada um, bem como da importância e da natureza dos respectivos créditos; II – a individuação de todos os bens, com a estimativa do valor de cada um; III – o relatório do estado patrimonial, com a exposição das causas que determinaram a insolvência. CAPÍTULO IV. DA DECLARAÇÃO JUDICIAL DE INSOLVÊNCIA. Art. 761. Na sentença, que declarar a insolvência, o juiz: I – nomeará, dentre os maiores credores, um administrador da massa; II – mandará expedir edital, convocando os credores para que apresentem, no prazo de 20 (vinte) dias, a declaração do crédito, acompanhada do respectivo título. Art. 762. Ao juízo da insolvência concorrerão todos os credores do devedor comum. § 1º As execuções movidas por credores individuais serão remetidas ao juízo da insolvência. § 2º Havendo, em alguma execução, dia designado para a praça ou o leilão, far-se-á a arrematação, entrando para a massa o produto dos bens. CAPÍTULO V. DAS ATRIBUIÇÕES DO ADMINISTRADOR.

Art. 763. A massa dos bens do devedor insolvente ficará sob a custódia e responsabilidade de um administrador, que exercerá as suas atribuições, sob a direção e superintendência do juiz. Art. 764. Nomeado o administrador, o escrivão o intimará a assinar, dentro de 24 (vinte e quatro) horas, termo de compromisso de desempenhar bem e fielmente o cargo. Art. 765. Ao assinar o termo, o administrador entregará a declaração de crédito, acompanhada do título executivo. Não o tendo em seu poder, juntá-lo-á no prazo fixado pelo art. 761, II. Art. 766. Cumpre ao administrador: I – arrecadar todos os bens do devedor, onde quer que estejam, requerendo para esse fim as medidas judiciais necessárias; II – representar a massa, ativa e passivamente, contratando advogado, cujos honorários serão previamente ajustados e submetidos à aprovação judicial; III – praticar todos os atos conservatórios de direitos e de ações, bem como promover a cobrança das dívidas ativas; IV – alienar em praça ou em leilão, com autorização judicial, os bens da massa. Art. 767. O administrador terá direito a uma remuneração, que o juiz arbitrará, atendendo à sua diligência, ao trabalho, à responsabilidade da função e à importância da massa. CAPÍTULO VI. DA VERIFICAÇÃO E DA CLASSIFICAÇÃO DOS CRÉDITOS. Art. 768. Findo o prazo, a que se refere o nº II do art. 761, o escrivão, dentro de 5 (cinco) dias, ordenará todas as declarações, autuando cada uma com o seu respectivo título. Em seguida intimará, por edital, todos os credores para, no prazo de 20 (vinte) dias, que lhes é comum, alegarem as suas preferências, bem como a nulidade, simulação, fraude, ou falsidade de dívidas e contratos. Parágrafo único. No prazo, a que se refere este artigo, o devedor poderá impugnar quaisquer créditos. Art. 769. Não havendo impugnações, o escrivão remeterá os autos ao contador, que organizará o quadro geral dos credores, observando, quanto à classificação dos créditos e dos títulos legais de preferência, o que dispõe a lei civil. Parágrafo único. Se concorrerem aos bens apenas credores quirografários, o contador organizará o quadro, relacionando-os em ordem alfabética. Art. 770. Se, quando for organizado o quadro geral dos credores, os bens da massa já tiverem sido alienados, o contador indicará a percentagem, que caberá a cada credor no rateio. Art. 771. Ouvidos todos os interessados, no prazo de 10 (dez) dias, sobre o quadro geral dos credores, o juiz proferirá sentença. Art. 772. Havendo impugnação pelo credor ou pelo devedor, o juiz deferirá, quando necessário, a produção de provas e em seguida proferirá sentença. § 1º Se for necessária prova oral, o juiz designará audiência de instrução e julgamento. § 2º Transitada em julgado a sentença, observar-se-á o que dispõem os três artigos antecedentes. Art. 773. Se os bens não foram alienados antes da organização do quadro geral, o juiz determinará a alienação em praça ou em leilão, destinando-se o produto ao pagamento dos credores. CAPÍTULO VII. DO SALDO DEVEDOR. Art. 774. Liquidada a massa sem que tenha sido efetuado o pagamento integral a todos os credores, o devedor insolvente continua obrigado pelo saldo. Art. 775. Pelo pagamento dos saldos respondem os bens penhoráveis que o devedor adquirir, até que se lhe declare a extinção das obrigações. Art. 776. Os bens do devedor poderão ser arrecadados nos autos do mesmo processo, a requerimento de qualquer credor incluído no quadro geral, a que se refere o art. 769, procedendo-se à sua alienação e à distribuição do respectivo produto aos credores, na proporção dos seus saldos. CAPÍTULO VIII. DA EXTINÇÃO DAS OBRIGAÇÕES. Art. 777. A prescrição das obrigações, interrompida com a instauração do concurso universal de credores, recomeça a correr no dia em que passar em julgado a sentença que encerrar o processo de insolvência. Art. 778. Consideram-se extintas todas as obrigações do devedor, decorrido o prazo de 5 (cinco) anos, contados da data do encerramento do processo de insolvência. Art. 779. É lícito ao devedor requerer ao juízo da insolvência a extinção das obrigações; o juiz mandará publicar edital, com o prazo de 30 (trinta) dias, no órgão oficial e em outro jornal de grande circulação. Art. 780. No prazo estabelecido no artigo antecedente, qualquer credor poderá opor-se ao pedido, alegando que: I – não transcorreram 5 (cinco) anos da data do encerramento da insolvência; II – o devedor adquiriu bens, sujeitos à arrecadação (art. 776). Art. 781. Ouvido o devedor no prazo de 10 (dez) dias, o juiz proferirá sentença; havendo provas a produzir, o juiz designará audiência de instrução e julgamento. Art. 782. A sentença, que declarar extintas as obrigações, será publicada por edital, ficando o devedor habilitado a praticar todos os atos da vida civil. CAPÍTULO IX. DAS DISPOSIÇÕES GERAIS. Art. 783. O devedor insolvente poderá, depois da aprovação do quadro a que se refere o art. 769, acordar com os seus credores, propondo-lhes a forma de pagamento. Ouvidos os credores, se não houver oposição, o juiz aprovará a proposta por sentença. Art. 784. Ao credor retardatário é assegurado o direito de disputar, por ação direta, antes do rateio final, a prelação ou a cota proporcional ao seu crédito. Art. 785. O devedor, que caiu em estado de insolvência sem culpa sua, pode requerer ao juiz, se a massa o comportar, que lhe arbitre uma pensão, até a alienação dos bens. Ouvidos os credores, o juiz decidirá. Art. 786. As disposições deste Título aplicam-se às sociedades civis, qualquer que seja a sua forma. Art. 786-A – Os editais referidos neste Título também serão publicados, quando for o caso, nos órgãos oficiais dos Estados em que o devedor tenha filiais ou representantes." (Lei 5.869/73).

Art. 1.053. Os atos processuais praticados por meio eletrônico até a transição definitiva para certificação digital ficam convalidados, ainda que não tenham observado os requisitos mínimos estabelecidos por este Código, desde que tenham atingido sua finalidade e não tenha havido prejuízo à defesa de qualquer das partes.

1. Consoante o teor do artigo sob comento, atento a teoria das invalidades adotada pelo Código (vide comentários aos arts. 276/283), os atos processuais praticados eletronicamente em período anterior à vigência do CPC/2015, inexistindo prejuízo e tendo eles alcançado sua finalidade, restarão convalidados, independentemente da observância para a prática dos atos eletrônicos posteriores a entrada em vigor do CPC/2015.

Art. 1.054. O disposto no art. 503, § 1º, somente se aplica aos processos iniciados após a vigência deste Código, aplicando-se aos anteriores o disposto nos arts. 5º, 325 e 470 da Lei nº 5.869, de 11 de janeiro de 1973.

1. "A decisão que julgar total ou parcialmente o mérito tem força de lei nos limites da questão principal expressamente decidida. § 1º O disposto no *caput* aplica-se à resolução de questão prejudicial, decidida expressa e incidentemente no processo, se: I – dessa resolução depender o julgamento do mérito; II – a seu respeito tiver havido contraditório prévio e efetivo, não se aplicando no caso de revelia; III – o juízo tiver competência em razão da matéria e da pessoa para resolvê-la como questão principal." (art. 503 do CPC/2015).

2. No sistema revogado, o artigo 469 era expresso ao excluir da incidência da coisa julgada material a *questão prejudicial decidida incidentalmente no processo*. Assim, o litigante que pretendesse vê-la vinculada ao selo da imutabilidade deveria, revelando-se o juiz da causa competente em razão da matéria e constituindo-se o enfrentamento da questão indispensável ao julgamento da contenda, promover *ação declaratória incidental*.[199] O CPC/2015 não reproduziu a previsão legal de outrora (antigo 469, III, CPC/73), e os parágrafos do artigo 503 do mesmo diploma processual denunciam, a rigor, mudança de postura legislativa. Consoante o CPC/2015, a *questão prejudicial será abarcada pelo manto da imutabilidade*, se (a) do seu enfrentamento depender necessariamente o julgamento meritório da questão principal; (b) a seu respeito tiver havido contraditório prévio e efetivo e, por fim, (c) o julgador da questão principal possuir competência em razão da matéria e da pessoa para resolvê-la como se questão principal fosse. Havendo quaisquer restrições probatórias ou limitações cognitivas que dificultem ou impeçam a melhor compreensão da questão incidental ou, sendo o réu revel, a questão prejudicial, ainda que enfrentada *in concreto* e apontada no decisório, não será alcançada pela coisa julgada material.

Art. 1.055. (VETADO).

1. Não há comentário.

Art. 1.056. Considerar-se-á como termo inicial do prazo da prescrição prevista no art. 924, inciso V, inclusive para as execuções em curso, a data de vigência deste Código.

1. O artigo sob comento traz importante regra acerca do cômputo do prazo prescricional intercorrente (hipótese de extinção da execução), matéria dis-

---

[199] Acerca do tema afirmamos alhures: "A ação declaratória incidental encontra-se disciplinada pelos artigos 5º, 109, 325, 469, III e 470, todos do CPC. Tendo em vista que as questões decididas incidentemente pelo magistrado em cada caso concreto não fazem, segundo expresso texto de lei, coisa julgada (art. 469, III, do CPC), o Código viabiliza ao interessado que, propondo a ação em destaque, obtenha manifestação judicial imutável acerca da questão prejudicial ao julgamento da contenda principal (art. 470do CPC). Qualquer das partes possui legitimidade para tanto. Trata-se, vale dizer, de ação que tem por pressupostos (a) haver ação principal em curso, (b) existir litigiosidade acerca da questão incidente e, (c) mostrar-se a referida litigiosidade prejudicial ao julgamento da ação principal. Consoante se extrai do teor do artigo 325 do CPC, o autor tem o prazo de 10 (dez) dias para propô-la. Em relação ao réu, embora nada conste, é assente na doutrina e na jurisprudência, para o fim de estabelecer o prazo fatal para o seu agir, a aplicação analógica do artigo 297 do CPC (15 dias). O interessado o fará, respeitados o teor dos artigos 282 e 283 do CPC, distribuindo-a por dependência à ação principal, nos termos do artigo 109 do mesmo diploma legal." (TORRES, Artur. *Processo de Conhecimento*. Porto Alegre: Arana, 2013. p. 30-31).

ciplinada, pois, pelo teor dos §§ 4º e 5º do art. 921 (vide comentários acima). Consoante expresso texto de lei, o termo *a quo* para o seu cômputo, "inclusive para as execuções em curso", é a data de vigência da Lei 13.105/2015, portanto, 18/03/2016.

Art. 1.057. O disposto no art. 525, §§ 14 e 15, e no art. 535, §§ 7º e 8º, aplica-se às decisões transitadas em julgado após a entrada em vigor deste Código, e, às decisões transitadas em julgado anteriormente, aplica-se o disposto no art. 475-L, § 1º, e no art. 741, parágrafo único, da Lei nº 5.869, de 11 de janeiro de 1973.

1. "Art. 525. Transcorrido o prazo previsto no art. 523 sem o pagamento voluntário, inicia-se o prazo de 15 (quinze) dias para que o executado, independentemente de penhora ou nova intimação, apresente, nos próprios autos, sua impugnação. (...) § 12. Para efeito do disposto no inciso III do § 1º deste artigo, considera-se também inexigível a obrigação reconhecida em título executivo judicial fundado em lei ou ato normativo considerado inconstitucional pelo Supremo Tribunal Federal, ou fundado em aplicação ou interpretação da lei ou do ato normativo tido pelo Supremo Tribunal Federal como incompatível com a Constituição Federal, em controle de constitucionalidade concentrado ou difuso. (...) § 14. A decisão do Supremo Tribunal Federal referida no § 12 deve ser anterior ao trânsito em julgado da decisão exequenda. § 15. Se a decisão referida no § 12 for proferida após o trânsito em julgado da decisão exequenda, caberá ação rescisória, cujo prazo será contado do trânsito em julgado da decisão proferida pelo Supremo Tribunal Federal".

2. "Art. 535. A Fazenda Pública será intimada na pessoa de seu representante judicial, por carga, remessa ou meio eletrônico, para, querendo, no prazo de 30 (trinta) dias e nos próprios autos, impugnar a execução, podendo arguir: I – falta ou nulidade da citação se, na fase de conhecimento, o processo correu à revelia; II – ilegitimidade de parte; III – inexequibilidade do título ou inexigibilidade da obrigação; IV – excesso de execução ou cumulação indevida de execuções; V – incompetência absoluta ou relativa do juízo da execução; VI – qualquer causa modificativa ou extintiva da obrigação, como pagamento, novação, compensação, transação ou prescrição, desde que supervenientes ao trânsito em julgado da sentença. (...) § 5º Para efeito do disposto no inciso III do *caput* deste artigo, considera-se também inexigível a obrigação reconhecida em título executivo judicial fundado em lei ou ato normativo considerado inconstitucional pelo Supremo Tribunal Federal, ou fundado em aplicação ou interpretação da lei ou do ato normativo tido pelo Supremo Tribunal Federal como incompatível com a Constituição Federal, em controle de constitucionalidade concentrado ou difuso. (...) § 7º A decisão do Supremo Tribunal Federal referida no § 5º deve ter sido proferida antes do trânsito em julgado da decisão exequenda. § 8º Se a decisão referida no § 5º for proferida após o trânsito em julgado da decisão exequenda, caberá ação rescisória, cujo prazo será contado do trânsito em julgado da decisão proferida pelo Supremo Tribunal Federal".

3. Aplica-se, consoante o teor do art. 1.057, às decisões transitadas em julgado antes de 18/03/2016, o disposto nos arts. 475-L, § 1º e 741, parágrafo único, ambos do CPC/73; às transitadas em julgado após já sob a égide do CPC/2015, o regramento acima exposto.

Art. 1.058. Em todos os casos em que houver recolhimento de importância em dinheiro, esta será depositada em nome da parte ou do interessado, em conta especial movimentada por ordem do juiz, nos termos do art. 840, inciso I.

1. Consoante o teor do inciso I, do art. 840, "as quantias em dinheiro" devem ser depositadas "no Banco do Brasil, na Caixa Econômica Federal ou em banco do qual o Estado ou o Distrito Federal possua mais da metade do capital social integralizado, ou, na falta desses estabelecimentos, em qualquer instituição de crédito designada pelo juiz". Coube ao art. 1.058, visando a evitar dúvidas, estabelecer que tais depósitos, ainda que "judiciais" (porque motivados por processo judicial), devem ser realizados em nome da parte ou do interessado, a eles restando vinculados.

Art. 1.059. À tutela provisória requerida contra a Fazenda Pública aplica-se o disposto nos arts. 1º a 4º da Lei nº 8.437, de 30 de junho de 1992, e no art. 7º, § 2º, da Lei nº 12.016, de 7 de agosto de 2009.

1. "Art. 1° Não será cabível medida liminar contra atos do Poder Público, no procedimento cautelar ou em quaisquer outras ações de natureza cautelar ou preventiva, toda vez que providência semelhante não puder ser concedida em ações de mandado de segurança, em virtude de vedação legal. § 1° Não será cabível, no juízo de primeiro grau, medida cautelar inominada ou a sua liminar, quando impugnado ato de autoridade sujeita, na via de mandado de segurança, à competência originária de tribunal. § 2° O disposto no parágrafo anterior não se aplica aos processos de ação popular e de ação civil pública. § 3° Não será cabível medida liminar que esgote, no todo ou em qualquer parte, o objeto da ação. § 4° Nos casos em que cabível medida liminar, sem prejuízo da comunicação ao dirigente do órgão ou entidade, o respectivo representante judicial dela será imediatamente intimado. § 5° Não será cabível medida liminar que defira compensação de créditos tributários ou previdenciários. Art. 2° No mandado de segurança coletivo e na ação civil pública, a liminar será concedida, quando cabível, após a audiência do representante judicial da pessoa jurídica de direito público, que deverá se pronunciar no prazo de setenta e duas horas . Art. 3° O recurso voluntário ou *ex officio*, interposto contra sentença em processo cautelar, proferida contra pessoa jurídica de direito público ou seus agentes, que importe em outorga ou adição de vencimentos ou de reclassificação funcional, terá efeito suspensivo. Art. 4° Compete ao presidente do tribunal, ao qual couber o conhecimento do respectivo recurso, suspender, em despacho fundamentado, a execução da liminar nas ações movidas contra o Poder Público ou seus agentes, a requerimento do Ministério Público ou da pessoa jurídica de direito público interessada, em caso de manifesto interesse público ou de flagrante ilegitimidade, e para evitar grave lesão à ordem, à saúde, à segurança e à economia públicas. § 1° Aplica-se o disposto neste artigo à sentença proferida em processo de ação cautelar inominada, no processo de ação popular e na ação civil pública, enquanto não transitada em julgado. § 2º O Presidente do Tribunal poderá ouvir o autor e o Ministério Público, em setenta e duas horas. § 3º Do despacho que conceder ou negar a suspensão, caberá agravo, no prazo de cinco dias, que será levado a julgamento na sessão seguinte a sua interposição. § 4º Se do julgamento do agravo de que trata o § 3º resultar a manutenção ou o restabelecimento da decisão que se pretende suspender, caberá novo pedido de suspensão ao Presidente do Tribunal competente para conhecer de eventual recurso especial ou extraordinário. § 5º É cabível também o pedido de suspensão a que se refere o § 4º, quando negado provimento a agravo de instrumento interposto contra a liminar a que se refere este artigo. § 6º A interposição do agravo de instrumento contra liminar concedida nas ações movidas contra o Poder Público e seus agentes não prejudica nem condiciona o julgamento do pedido de suspensão a que se refere este artigo. § 7º O Presidente do Tribunal poderá conferir ao pedido efeito suspensivo liminar, se constatar, em juízo prévio, a plausibilidade do direito invocado e a urgência na concessão da medida. § 8º As liminares cujo objeto seja idêntico poderão ser suspensas em uma única decisão, podendo o Presidente do Tribunal estender os efeitos da suspensão a liminares supervenientes, mediante simples aditamento do pedido original. § 9º A suspensão deferida pelo Presidente do Tribunal vigorará até o trânsito em julgado da decisão de mérito na ação principal. (...)" Lei 8.437/92.

2. "Art. 7º Ao despachar a inicial, o juiz ordenará: (...) § 2º Não será concedida medida liminar que tenha por objeto a compensação de créditos tributários, a entrega de mercadorias e bens provenientes do exterior, a reclassificação ou equiparação de servidores públicos e a concessão de aumento ou a extensão de vantagens ou pagamento de qualquer natureza." (Lei 12.016/09).

Art. 1.060. O inciso II do art. 14 da Lei nº 9.289, de 4 de julho de 1996, passa a vigorar com a seguinte redação: (Vigência)

"Art. 14. ....

II – aquele que recorrer da sentença adiantará a outra metade das custas, comprovando o adiantamento no ato de interposição do recurso, sob pena de deserção, observado o disposto nos §§ 1º a 7º do art. 1.007 do Código de Processo Civil;

...."

1. Altera a redação do art. 14, II, da Lei 9.289/96, que dispõe sobre as custas devidas à União, na Justiça Federal de primeiro e segundo graus e dá outras providências.

Art. 1.061. O § 3º do art. 33 da Lei nº 9.307, de 23 de setembro de 1996 (Lei de Arbitragem), passa a vigorar com a seguinte redação: (Vigência)

"Art. 33. ....

....

§ 3º A decretação da nulidade da sentença arbitral também poderá ser requerida na impugnação ao cumprimento da sentença, nos termos dos arts. 525 e seguintes do Código de Processo Civil, se houver execução judicial."

1. Altera a redação do art. 33, § 3º, da Lei 9.307/96, que dispõe sobre a arbitragem.

Art. 1.062. O incidente de desconsideração da personalidade jurídica aplica-se ao processo de competência dos juizados especiais.

1. Consoante a redação do art. 1.062, o incidente de desconsideração da personalidade jurídica – IDPJ, disciplinado pelos art. 133/137, tem aplicabilidade no âmbito dos procedimentos especialíssimos, regulados pelas Leis 9.099/95 (Juizados Especiais Estaduais) e 10.259/01 (Juizados Especiais Federais).

2. Acerca do tema, vide: TORRES, Artur. *CPC passado a limpo*: parte geral, procedimento comum e cumprimento de sentença. Porto Alegre: Livraria do Advogado, 2018. p. 135/139. v. I.

Art. 1.063. Até a edição de lei específica, os juizados especiais cíveis previstos na Lei nº 9.099, de 26 de setembro de 1995, continuam competentes para o processamento e julgamento das causas previstas no art. 275, inciso II, da Lei nº 5.869, de 11 de janeiro de 1973.

1. O CPC/73, diferentemente da sistemática adotada pelo CPC/2015, distinguia, no âmbito da tutela cognitiva (o processo de conhecimento), os procedimentos ordinário e sumário. O derradeiro, pois, encontrava amparo no teor dos artigos 275/281, sendo aplicado, em tese, para questões de menor relevância. Das hipóteses de aplicação do procedimento sumário se ocupava o art. 275 que, nos últimos anos de vigência da lei, contou com a redação, saber: "Observar-se-á o procedimento sumário: I – nas causas cujo valor não exceda a 60 (sessenta) vezes o valor do salário mínimo; (Redação dada pela Lei nº 10.444, de 7.5.2002) II – nas causas, qualquer que seja o valor; (Redação dada pela Lei nº 9.245, de 26.12.1995) a) de arrendamento rural e de parceria agrícola; (Redação dada pela Lei nº 9.245, de 26.12.1995) b) de cobrança ao condômino de quaisquer quantias devidas ao condomínio; (Redação dada pela Lei nº 9.245, de 26.12.1995) c) de ressarcimento por danos em prédio urbano ou rústico; (Redação dada pela Lei nº 9.245, de 26.12.1995) d) de ressarcimento por danos causados em acidente de veículo de via terrestre; (Redação dada pela Lei nº 9.245, de 26.12.1995) e) de cobrança de seguro, relativamente aos danos causados em acidente de veículo, ressalvados os casos de processo de execução; (Redação dada pela Lei nº 9.245, de 26.12.1995) f) de cobrança de honorários dos profissionais liberais, ressalvado o disposto em legislação especial; (Redação dada pela Lei nº 9.245, de 26.12.1995) g) nos demais casos previstos em lei. (Redação dada pela Lei nº 9.245, de 26.12.1995) g) que versem sobre revogação de doação; (Redação dada pela Lei nº 12.122, de 2009). h) nos demais casos previstos em lei. (Incluído pela Lei nº 12.122, de 2009). Parágrafo único. Este procedimento não será observado nas ações relativas ao estado e à capacidade das pessoas". Tal competência, ressalvada expressa alteração legislativa, permanece, pois, com os Juizados disciplinados pela Lei 9.099. É o que se depreende, em última análise, do teor do artigo sob comento.

Art. 1.064. O *caput* do art. 48 da Lei nº 9.099, de 26 de setembro de 1995, passa a vigorar com a seguinte redação: (Vigência)

"Art. 48. Caberão embargos de declaração contra sentença ou acórdão nos casos previstos no Código de Processo Civil.

...."

1. Altera a redação do art. 48 da Lei 9.099/95, que dispõe sobre os Juizados Especiais Cíveis e Criminais e dá outras providências.

Art. 1.065. O art. 50 da Lei nº 9.099, de 26 de setembro de 1995, passa a vigorar com a seguinte redação: (Vigência)

"Art. 50. Os embargos de declaração interrompem o prazo para a interposição de recurso."

1. Altera a redação do art. 50 da Lei 9.099/95, que dispõe sobre os Juizados Especiais Cíveis e Criminais e dá outras providências.

Art. 1.066. O art. 83 da Lei nº 9.099, de 26 de setembro de 1995, passam a vigorar com a seguinte redação: (Vigência)

"Art. 83. Cabem embargos de declaração quando, em sentença ou acórdão, houver obscuridade, contradição ou omissão.

....

§ 2º Os embargos de declaração interrompem o prazo para a interposição de recurso.

...."

1. Altera a redação do art. 83, § 2º da Lei 9.099/95, que dispõe sobre os Juizados Especiais Cíveis e Criminais e dá outras providências.

Art. 1.067. O art. 275 da Lei nº 4.737, de 15 de julho de 1965 (Código Eleitoral), passa a vigorar com a seguinte redação: (Vigência)

"Art. 275. São admissíveis embargos de declaração nas hipóteses previstas no Código de Processo Civil.

§ 1º Os embargos de declaração serão opostos no prazo de 3 (três) dias, contado da data de publicação da decisão embargada, em petição dirigida ao juiz ou relator, com a indicação do ponto que lhes deu causa.

§ 2º Os embargos de declaração não estão sujeitos a preparo.

§ 3º O juiz julgará os embargos em 5 (cinco) dias.

§ 4º Nos tribunais:

I – o relator apresentará os embargos em mesa na sessão subsequente, proferindo voto;

II – não havendo julgamento na sessão referida no inciso I, será o recurso incluído em pauta;

III – vencido o relator, outro será designado para lavrar o acórdão.

§ 5º Os embargos de declaração interrompem o prazo para a interposição de recurso.

§ 6º Quando manifestamente protelatórios os embargos de declaração, o juiz ou o tribunal, em decisão fundamentada, condenará o embargante a pagar ao embargado multa não excedente a 2 (dois) salários-mínimos.

§ 7º Na reiteração de embargos de declaração manifestamente protelatórios, a multa será elevada a até 10 (dez) salários-mínimos."

1. Altera a redação do art. 275 da Lei 4.737/65, que institui o Código Eleitoral Brasileiro.

Art. 1.068. O art. 274 e o *caput* do art. 2.027 da Lei nº 10.406, de 10 de janeiro de 2002 (Código Civil), passam a vigorar com a seguinte redação: (Vigência)

"Art. 274. O julgamento contrário a um dos credores solidários não atinge os demais, mas o julgamento favorável aproveita-lhes, sem prejuízo de exceção pessoal que o devedor tenha direito de invocar em relação a qualquer deles".

"Art. 2.027. A partilha é anulável pelos vícios e defeitos que invalidam, em geral, os negócios jurídicos.

...."

1. Altera a redação dos arts. 274 e 2.027 da Lei 10.406, o Código Civil Brasileiro.

Art. 1.069. O Conselho Nacional de Justiça promoverá, periodicamente, pesquisas estatísticas para avaliação da efetividade das normas previstas neste Código.

1. No afã de verificar a efetividade do sistema erguido pelo CPC/2015, o art. 1.069 determina que o CNJ realize, rotineiramente, pesquisas estatísticas capazes de, sendo o caso, "medi-la".

Art. 1.070. É de 15 (quinze) dias o prazo para a interposição de qualquer agravo, previsto em lei ou em regimento interno de tribunal, contra decisão de relator ou outra decisão unipessoal proferida em tribunal.

1. Independentemente das previsões legais ou regimentais existentes ao tempo da entrada em vigor do CPC/2015, o prazo para impugnar, via agravo, decisão monocrática proferida por relator é, pois, de 15 dias. O artigo sob comento, bem compreendido, visa a manter hígida a tentativa de uniformização dos prazos para a interposição de recursos principais.

2. Exemplo. Art. 317, *caput* do RISTF. A despeito da redação prevista pelo art. 317 do RISTF (onde se lê: "Ressalvadas as exceções previstas neste Regimento, caberá agravo regimental, no prazo de cinco dias de decisão do Presidente do Tribunal, de Presidente de Turma ou do Relator, que causar prejuízo ao direito da parte."), o prazo a ser considerado é de quinze dias, e não cinco, como prevê o texto regimental.

Art. 1.071. O Capítulo III do Título V da Lei nº 6.015, de 31 de dezembro de 1973 (Lei de Registros Públicos), passa a vigorar acrescida do seguinte art. 216-A: (Vigência)

"Art. 216-A. Sem prejuízo da via jurisdicional, é admitido o pedido de reconhecimento extrajudicial de usucapião, que será processado diretamente perante o cartório do registro de imóveis da comarca em que estiver situado o imóvel usucapiendo, a requerimento do interessado, representado por advogado, instruído com:

I – ata notarial lavrada pelo tabelião, atestando o tempo de posse do requerente e seus antecessores, conforme o caso e suas circunstâncias;

II – planta e memorial descritivo assinado por profissional legalmente habilitado, com prova de anotação de responsabilidade técnica no respectivo conselho de fiscalização profissional, e pelos titulares de direitos reais e de outros direitos registrados ou averbados na matrícula do imóvel usucapiendo e na matrícula dos imóveis confinantes;

III – certidões negativas dos distribuidores da comarca da situação do imóvel e do domicílio do requerente;

IV – justo título ou quaisquer outros documentos que demonstrem a origem, a continuidade, a natureza e o tempo da posse, tais como o pagamento dos impostos e das taxas que incidirem sobre o imóvel.

§ 1º O pedido será autuado pelo registrador, prorrogando-se o prazo da prenotação até o acolhimento ou a rejeição do pedido.

§ 2º Se a planta não contiver a assinatura de qualquer um dos titulares de direitos reais e de outros direitos registrados ou averbados na matrícula do imóvel usucapiendo e na matrícula dos imóveis confinantes, esse será notificado pelo registrador competente, pessoalmente ou pelo correio com aviso de recebimento, para manifestar seu consentimento expresso em 15 (quinze) dias, interpretado o seu silêncio como discordância.

§ 3º O oficial de registro de imóveis dará ciência à União, ao Estado, ao Distrito Federal e ao Município, pessoalmente, por intermédio do oficial de registro de títulos e documentos, ou pelo correio com aviso de recebimento, para que se manifestem, em 15 (quinze) dias, sobre o pedido.

§ 4º O oficial de registro de imóveis promoverá a publicação de edital em jornal de grande circulação, onde houver, para a ciência de terceiros eventualmente interessados, que poderão se manifestar em 15 (quinze) dias.

§ 5º Para a elucidação de qualquer ponto de dúvida, poderão ser solicitadas ou realizadas diligências pelo oficial de registro de imóveis.

§ 6º Transcorrido o prazo de que trata o § 4º deste artigo, sem pendência de diligências na forma do § 5º deste artigo e achando-se em ordem a documentação, com inclusão da concordância expressa dos titulares de direitos reais e de outros direitos registrados ou averbados na matrícula do imóvel usucapiendo e na matrícula dos imóveis confinantes, o oficial de registro de imóveis registrará a aquisição do imóvel com as descrições apresentadas, sendo permitida a abertura de matrícula, se for o caso.

§ 7º Em qualquer caso, é lícito ao interessado suscitar o procedimento de dúvida, nos termos desta Lei.

§ 8º Ao final das diligências, se a documentação não estiver em ordem, o oficial de registro de imóveis rejeitará o pedido.

§ 9º A rejeição do pedido extrajudicial não impede o ajuizamento de ação de usucapião.

§ 10. Em caso de impugnação do pedido de reconhecimento extrajudicial de usucapião, apresentada por qualquer um dos titulares de direito reais e de outros direitos registrados ou averbados na matrícula do imóvel usucapiendo e na matrícula dos imóveis confinantes, por algum dos entes públicos ou por algum terceiro interessado, o oficial de registro de imóveis remeterá os autos ao juízo competente da comarca da situação do imóvel, cabendo ao requerente emendar a petição inicial para adequá-la ao procedimento comum".

1. Altera a redação do Capítulo III, do Título V da Lei 6.015/73 (que dispõe sobre os registros públicos e dá outras providências), para fazer constar, doravante, o art. 216-A.

Art. 1.072. Revogam-se:

I – o art. 22 do Decreto-Lei nº 25, de 30 de novembro de 1937;

II – os arts. 227, *caput*, 229, 230, 456, 1.482, 1.483 e 1.768 a 1.773 da Lei nº 10.406, de 10 de janeiro de 2002 (Código Civil);

III – os arts. 2º, 3º, 4º, 6º, 7º, 11, 12 e 17 da Lei nº 1.060, de 5 de fevereiro de 1950;

IV – os arts. 13 a 18, 26 a 29 e 38 da Lei nº 8.038, de 28 de maio de 1990;

V – os arts. 16 a 18 da Lei nº 5.478, de 25 de julho de 1968; e

VI – o art. 98, § 4º, da Lei nº 12.529, de 30 de novembro de 2011.

1. Revoga, expressa e parcialmente, as Leis 10.406/02, 1.060/50, 8.038/90, 5.478/68 e 12.559/11, bem como o Decreto-Lei 25/37, respeitados, à evidência, os limites do texto sob comento.

Brasília, 16 de março de 2015; 194º da Independência e 127º da República.
DILMA ROUSSEFF
José Eduardo Cardozo
Jaques Wagner
Joaquim Vieira Ferreira Levy
Luís Inácio Lucena Adams

Enunciados pertinentes

I JORNADA DE DIREITO PROCESSUAL CIVIL

ENUNCIADO 1 – A verificação da violação à boa-fé objetiva dispensa a comprovação do animus do sujeito processual.

ENUNCIADO 2 – As disposições do CPC aplicam-se supletiva e subsidiariamente às Leis n. 9.099/1995, 10.259/2001 e 12.153/2009, desde que não sejam incompatíveis com as regras e princípios dessas Leis.

ENUNCIADO 3 – As disposições do CPC aplicam-se supletiva e subsidiariamente ao Código de Processo Penal, no que não forem incompatíveis com esta Lei.

ENUNCIADO 4 – A entrada em vigor de acordo ou tratado internacional que estabeleça dispensa da caução prevista no art. 83, § 1º, inc. I do CPC/2015, implica na liberação da caução previamente imposta.

ENUNCIADO 5 – Ao proferir decisão parcial de mérito ou decisão parcial fundada no art. 485 do CPC, condenar-se-á proporcionalmente o vencido a pagar honorários ao advogado do vencedor, nos termos do art. 85 do CPC.

ENUNCIADO 6 – A fixação dos honorários de sucumbência por apreciação equitativa só é cabível nas hipóteses previstas no § 8º do art. 85 do CPC.

ENUNCIADO 7 – A ausência de resposta ao recurso pela parte contrária, por si só, não tem o condão de afastar a aplicação do disposto no art. 85, § 11, do CPC.

ENUNCIADO 8 – Não cabe majoração de honorários advocatícios em agravo de instrumento, salvo se interposto contra decisão interlocutória que tenha fixado honorários na origem, respeitados os limites estabelecidos no art. 85, §§ 2º, 3º e 8º, do CPC.

ENUNCIADO 9 – Aplica-se o art. 90, § 4º, do CPC ao reconhecimento da procedência do pedido feito pela Fazenda Pública nas ações relativas às prestações de fazer e de não fazer.

ENUNCIADO 10 – O benefício do § 4º do art. 90 do CPC aplica-se apenas à fase de conhecimento.

ENUNCIADO 11 – Aplica-se o disposto nos arts. 133 a 137 do CPC às hipóteses de desconsideração indireta e expansiva da personalidade jurídica.

ENUNCIADO 12 – É cabível a intervenção de *amicus curiae* (art. 138 do CPC) no procedimento do Mandado de Injunção (Lei n. 13.300/2016).

ENUNCIADO 13 – O art. 139, VI, do CPC autoriza o deslocamento para o futuro do termo inicial do prazo.

ENUNCIADO 14 – A ordem cronológica do art. 153 do CPC não será renovada quando houver equívoco atribuível ao Poder Judiciário no cumprimento de despacho ou decisão.

ENUNCIADO 15 – Aplicam-se às entidades referidas no § 3º do art. 186 do CPC as regras sobre intimação pessoal das partes e suas testemunhas (art. 186, § 2º; art. 455, § 4º, IV; art. 513, § 2º, II e art. 876, § 1º, II, todos do CPC).

ENUNCIADO 16 – As disposições previstas nos arts. 190 e 191 do CPC poderão aplicar-se aos procedimentos previstos nas leis que tratam dos juizados especiais, desde que não ofendam os princípios e regras previstos nas Leis n. 9.099/1995, 10.259/2001 e 12.153/2009.

ENUNCIADO 17 – A Fazenda Pública pode celebrar convenção processual, nos termos do art. 190 do CPC.

ENUNCIADO 18 – A convenção processual pode ser celebrada em pacto antenupcial ou em contrato de convivência, nos termos do art. 190 do CPC.

ENUNCIADO 19 – O prazo em dias úteis previsto no art. 219 do CPC aplica-se também aos procedimentos regidos pelas Leis n. 9.099/1995, 10.259/2001 e 12.153/2009.

ENUNCIADO 20 – Aplica-se o art. 219 do CPC na contagem do prazo para oposição de embargos à execução fiscal previsto no art. 16 da Lei n. 6.830/1980.

ENUNCIADO 21 – A suspensão dos prazos processuais prevista no *caput* do art. 220 do CPC estende-se ao Ministério Público, à Defensoria Pública e à Advocacia Pública.

ENUNCIADO 22 – Em causas que dispensem a fase instrutória, é possível o julgamento de improcedência liminar do pedido que contrariar decisão do Supremo Tribunal Federal em controle concentrado de constitucionalidade ou enunciado de súmula vinculante.

ENUNCIADO 23 – Na ausência de auxiliares da justiça, o juiz poderá realizar a audiência inaugural do art. 334 do CPC, especialmente se a hipótese for de conciliação.

ENUNCIADO 24 – Havendo a Fazenda Pública publicizado ampla e previamente as hipóteses em que está autorizada a transigir, pode o juiz dispensar a realização da audiência de mediação e conciliação, com base no art. 334, § 4º, II, do CPC, quando o direito discutido na ação não se enquadrar em tais situações.

ENUNCIADO 25 – As audiências de conciliação ou mediação, inclusive dos juizados especiais, poderão ser realizadas por videoconferência, áudio, sistemas de troca de mensagens, conversa *on-line*, conversa escrita, eletrônica, telefônica e telemática ou outros mecanismos que estejam à disposição dos profissionais da autocomposição para estabelecer a comunicação entre as partes.

ENUNCIADO 26 – A multa do § 8º do art. 334 do CPC não incide no caso de não comparecimento do réu intimado por edital.

ENUNCIADO 27 – Não é necessário o anúncio prévio do julgamento do pedido nas situações do art. 355 do CPC.

ENUNCIADO 28 – Os incisos do art. 357 do CPC não exaurem o conteúdo possível da decisão de saneamento e organização do processo.

ENUNCIADO 29 – A estabilidade do saneamento não impede a produção de outras provas, cuja necessidade se origine de circunstâncias ou fatos apurados na instrução.

ENUNCIADO 30 – É admissível a prova emprestada, ainda que não haja identidade de partes, nos termos do art. 372 do CPC.

ENUNCIADO 31 – A compatibilização do disposto nos arts. 378 e 379 do CPC com o art. 5º, LXIII, da CF/1988, assegura à parte, exclusivamente, o direito de não produzir prova contra si quando houver reflexos no ambiente penal.

ENUNCIADO 32 – A vedação à apresentação de defesa prevista no art. 382, § 4º, do CPC, não impede a alegação pelo réu de matérias defensivas conhecíveis de ofício.

ENUNCIADO 33 – No depoimento pessoal, o advogado da contraparte formulará as perguntas diretamente ao depoente.

ENUNCIADO 34 – A qualificação incompleta da testemunha só impede a sua inquirição se houver demonstração de efetivo prejuízo.

ENUNCIADO 35 – Considerando os princípios do acesso à justiça e da segurança jurídica, persiste o interesse de agir na propositura de ação declaratória a respeito da questão prejudicial incidental, a ser distribuída por dependência da ação preexistente, inexistindo litispendência entre ambas as demandas (arts. 329 e 503, § 1º, do CPC).

ENUNCIADO 36 – O disposto no art. 506 do CPC não permite que se incluam, dentre os beneficiados pela coisa julgada, litigantes de outras demandas em que se discuta a mesma tese jurídica.

ENUNCIADO 37 – Aplica-se aos juizados especiais o disposto nos parágrafos do art. 489 do CPC.

ENUNCIADO 38 – As medidas adequadas para efetivação da tutela provisória independem do trânsito em julgado, inclusive contra o Poder Público (art. 297 do CPC).

ENUNCIADO 39 – Cassada ou modificada a tutela de urgência na sentença, a parte poderá, além de interpor recurso, pleitear o respectivo restabelecimento na instância superior, na petição de recurso ou em via autônoma.

ENUNCIADO 40 – A irreversibilidade dos efeitos da tutela de urgência não impede sua concessão, em se tratando de direito provável, cuja lesão seja irreversível.

ENUNCIADO 41 – Nos processos sobrestados por força do regime repetitivo, é possível a apreciação e a efetivação de tutela provisória de urgência, cuja competência será do órgão jurisdicional onde estiverem os autos.

ENUNCIADO 42 – É cabível a concessão de tutela provisória de urgência em incidente de desconsideração da personalidade jurídica.

ENUNCIADO 43 – Não ocorre a estabilização da tutela antecipada requerida em caráter antecedente, quando deferida em ação rescisória.

ENUNCIADO 44 – É requisito da petição inicial da tutela cautelar requerida em caráter antecedente a indicação do valor da causa.

ENUNCIADO 45 – Aplica-se às tutelas provisórias o princípio da fungibilidade, devendo o juiz esclarecer as partes sobre o regime processual a ser observado.

ENUNCIADO 46 – A cessação da eficácia da tutela cautelar, antecedente ou incidental, pela não efetivação no prazo de 30 dias, só ocorre se caracterizada omissão do requerente.

ENUNCIADO 47 – A probabilidade do direito constitui requisito para concessão da tutela da evidência fundada em abuso do direito de defesa ou em manifesto propósito protelatório da parte contrária.

ENUNCIADO 48 – É admissível a tutela provisória da evidência, prevista no art. 311, II, do CPC, também em casos de tese firmada em repercussão geral ou em súmulas dos tribunais superiores.

ENUNCIADO 49 – A tutela da evidência pode ser concedida em mandado de segurança.

ENUNCIADO 50 – A eficácia da produção antecipada de provas não está condicionada a prazo para a propositura de outra ação.

ENUNCIADO 51 – Havendo registro judicial ou autorização expressa do juízo sucessório competente, nos autos do procedimento de abertura, registro e cumprimento de testamento, sendo todos os interessados capazes e concordes, poderão ser feitos o inventário e a partilha por escritura pública.

ENUNCIADO 52 – Na organização do esboço da partilha tratada pelo art. 651 do CPC, deve-se incluir a meação do companheiro.

ENUNCIADO 53 – Para o reconhecimento definitivo do domínio ou da posse do terceiro embargante (art. 681 do CPC), é necessária a presença, no polo passivo dos embargos, do réu ou do executado a quem se impute a titularidade desse domínio ou dessa posse no processo principal.

ENUNCIADO 54 – Estando o processo em grau de recurso, o requerimento de habilitação far-se-á de acordo com o Regimento Interno do respectivo tribunal (art. 687 do CPC).

ENUNCIADO 55 – É cabível apelação contra sentença proferida no procedimento especial de habilitação (arts. 687 a 692 do CPC).

ENUNCIADO 56 – A legitimidade conferida à Defensoria Pública pelo art. 720 do CPC compreende as hipóteses de jurisdição voluntária previstas na legislação extravagante, notadamente no Estatuto da Criança e do Adolescente.

ENUNCIADO 57 – Todos os legitimados a promover a curatela, cujo rol deve incluir o próprio sujeito a ser curatelado, também o são para realizar o pedido do seu levantamento.

ENUNCIADO 58 – O prazo para interposição do agravo previsto na Lei n. 8.437/92 é de quinze dias, conforme o disposto no art. 1.070 do CPC.

ENUNCIADO 59 – Não é exigível identidade absoluta entre casos para a aplicação de um precedente, seja ele vinculante ou não, bastando que ambos possam compartilhar os mesmos fundamentos determinantes.

ENUNCIADO 60 – É direito das partes a manifestação por escrito, no prazo de cinco dias, sobre fato superveniente ou questão de ofício na hipótese do art. 933, § 1º, do CPC, ressalvada a concordância expressa com a forma oral em sessão.

ENUNCIADO 61 – Deve ser franqueado às partes sustentar oralmente as suas razões, na forma e pelo prazo previsto no art. 937, *caput*, do CPC, no agravo de instrumento que impugne decisão de resolução parcial de mérito (art. 356, § 5º, do CPC).

ENUNCIADO 62 – Aplica-se a técnica prevista no art. 942 do CPC no julgamento de recurso de apelação interposto em mandado de segurança.

ENUNCIADO 63 – A técnica de que trata o art. 942, § 3º, I, do CPC aplica-se à hipótese de rescisão parcial do julgado.

ENUNCIADO 64 – Ao despachar a reclamação, deferida a suspensão do ato impugnado, o relator pode conceder tutela provisória satisfativa correspondente à decisão originária cuja autoridade foi violada.

ENUNCIADO 65 – A desistência do recurso pela parte não impede a análise da questão objeto do incidente de assunção de competência.

ENUNCIADO 66 – Admite-se a correção da falta de comprovação do feriado local ou da suspensão do expediente forense, posteriormente à interposição do recurso, com fundamento no art. 932, parágrafo único, do CPC.

ENUNCIADO 67 – Há interesse recursal no pleito da parte para impugnar a multa do art. 334, § 8º, do CPC por meio de apelação, embora tenha sido vitoriosa na demanda.

ENUNCIADO 68 – A intempestividade da apelação desautoriza o órgão *a quo* a proferir juízo positivo de retratação.

ENUNCIADO 69 – A hipótese do art. 1.015, parágrafo único, do CPC abrange os processos concursais, de falência e recuperação.

ENUNCIADO 70 – É agravável o pronunciamento judicial que postergar a análise de pedido de tutela provisória ou condicioná-la a qualquer exigência.

ENUNCIADO 71 – É cabível o recurso de agravo de instrumento contra a decisão que indefere o pedido de atribuição de efeito suspensivo a Embargos à Execução, nos termos do art. 1.015, X, do CPC.

ENUNCIADO 72 – É admissível a interposição de agravo de instrumento tanto para a decisão interlocutória que rejeita a inversão do ônus da prova, como para a que a defere.

ENUNCIADO 73 – Para efeito de não conhecimento do agravo de instrumento por força da regra prevista no § 3º do art. 1.018 do CPC, deve o juiz, previamente, atender ao art. 932, parágrafo único, e art. 1.017, § 3º, do CPC, intimando o agravante para sanar o vício ou complementar a documentação exigível.

ENUNCIADO 74 – O termo "manifestamente" previsto no § 4º do art. 1.021 do CPC se refere tanto à improcedência quanto à inadmissibilidade do agravo.

ENUNCIADO 75 – Cabem embargos declaratórios contra decisão que não admite recurso especial ou extraordinário, no tribunal de origem ou no tribunal superior, com a consequente interrupção do prazo recursal.

ENUNCIADO 76 – É considerada omissa, para efeitos do cabimento dos embargos de declaração, a decisão que, na superação de precedente, não se manifesta sobre a modulação de efeitos.

ENUNCIADO 77 – Para impugnar decisão que obsta trânsito a recurso excepcional e que contenha simultaneamente fundamento relacionado à sistemática dos recursos repetitivos ou da repercussão geral (art. 1.030, I, do CPC) e fundamento relacionado à análise dos pressupostos de admissibilidade recursais (art. 1.030, V, do CPC), a parte sucumbente deve interpor, simultaneamente, agravo interno (art. 1.021 do CPC) caso queira impugnar a parte relativa aos recursos repetitivos ou repercussão geral e agravo em recurso especial/extraordinário (art. 1.042 do CPC) caso queira impugnar a parte relativa aos fundamentos de inadmissão por ausência dos pressupostos recursais.

ENUNCIADO 78 – A suspensão do recurso prevista no art. 1.030, III, do CPC deve se dar apenas em relação ao capítulo da decisão afetada pelo repetitivo, devendo o recurso ter seguimento em relação ao remanescente da controvérsia, salvo se a questão repetitiva for prejudicial à solução das demais matérias.

ENUNCIADO 79 – Na hipótese do art. 1.032 do CPC, cabe ao relator, após possibilitar que o recorrente adite o seu recurso para inclusão de preliminar sustentando a existência de repercussão geral, oportunizar ao recorrido que, igualmente, adite suas contrarrazões para sustentar a inexistência da repercussão.

ENUNCIADO 80 – Quando o Supremo Tribunal Federal considerar como reflexa a ofensa à Constituição afirmada no recurso extraordinário, deverá, antes de remetê-lo ao Superior Tribunal de Justiça para julgamento como recurso especial, conceder prazo de quinze dias para que as partes complementem suas razões e contrarrazões de recurso.

ENUNCIADO 81 – A devolução dos autos pelo Superior Tribunal de Justiça ou Supremo Tribunal Federal ao tribunal de origem depende de decisão fundamentada, contra a qual cabe agravo na forma do art. 1.037, § 13, II, do CPC.

ENUNCIADO 82 – Quando houver pluralidade de pedidos de admissão de *amicus curiae*, o relator deve observar, como critério para definição daqueles que serão admitidos, o equilíbrio na representatividade dos diversos interesses jurídicos contrapostos no litígio, velando, assim, pelo respeito à amplitude do contraditório, paridade de tratamento e isonomia entre todos os potencialmente atingidos pela decisão.

ENUNCIADO 83 – Caso os embargos de divergência impliquem alteração das conclusões do julgamento anterior, o recorrido que já tiver interposto o recurso extraordinário terá o direito de complementar ou alterar suas razões, nos exatos limites da modificação, no prazo de quinze dias, contados da intimação da decisão dos embargos de divergência.

ENUNCIADO 84 – O comparecimento espontâneo da parte constitui termo inicial dos prazos para pagamento e, sucessivamente, impugnação ao cumprimento de sentença.

ENUNCIADO 85 – Na execução de título extrajudicial ou judicial (art. 515, § 1º, do CPC) é cabível a citação postal.

ENUNCIADO 86 – As prestações vincendas até o efetivo cumprimento da obrigação incluem-se na execução de título executivo extrajudicial (arts. 323 e 318, parágrafo único, do CPC).

ENUNCIADO 87 – O acordo de reparação de danos feito durante a suspensão condicional do processo, desde que devidamente homologado por sentença, é título executivo judicial.

ENUNCIADO 88 – A caução prevista no inc. IV do art. 520 do CPC não pode ser exigida em cumprimento definitivo de sentença. Considera-se como tal o cumprimento de sentença transitada em julgado no processo que deu origem ao crédito executado, ainda que sobre ela penda impugnação destituída de efeito suspensivo.

ENUNCIADO 89 – Conta-se em dias úteis o prazo do *caput* do art. 523 do CPC.

ENUNCIADO 90 – Conta-se em dobro o prazo do art. 525 do CPC nos casos em que o devedor é assistido pela Defensoria Pública.

ENUNCIADO 91 – Interpreta-se o art. 524 do CPC e seus parágrafos no sentido de permitir que a parte patrocinada pela Defensoria Pública continue a valer-se da contadoria judicial para elaborar cálculos para execução ou cumprimento de sentença.

ENUNCIADO 92 – A intimação prevista no *caput* do art. 523 do CPC deve contemplar, expressamente, o prazo sucessivo para impugnar o cumprimento de sentença.

ENUNCIADO 93 – Da decisão que julga a impugnação ao cumprimento de sentença cabe apelação, se extinguir o processo, ou agravo de instrumento, se não o fizer.

ENUNCIADO 94 – Aplica-se o procedimento do art. 920 do CPC à impugnação ao cumprimento de sentença, com possibilidade de rejeição liminar nas hipóteses dos arts. 525, § 5º, e 918 do CPC.

ENUNCIADO 95 – O juiz, antes de rejeitar liminarmente a impugnação ao cumprimento de sentença (art. 525, § 5º, do CPC), deve intimar o impugnante para sanar eventual vício, em observância ao dever processual de cooperação (art. 6º do CPC).

ENUNCIADO 96 – Os critérios referidos no *caput* do art. 537 do CPC devem ser observados no momento da fixação da multa, que não está limitada ao valor da obrigação principal e não pode ter sua exigibilidade postergada para depois do trânsito em julgado.

ENUNCIADO 97 – A execução pode ser promovida apenas contra o titular do bem oferecido em garantia real, cabendo, nesse caso, somente a intimação de eventual coproprietário que não tenha outorgado a garantia.

ENUNCIADO 98 – O art. 782, § 3º, do CPC não veda a possibilidade de o credor, ou mesmo o órgão de proteção ao crédito, fazer a inclusão extrajudicial do nome do executado em cadastros de inadimplentes.

ENUNCIADO 99 – A inclusão do nome do executado em cadastros de inadimplentes poderá se dar na execução definitiva de título judicial ou extrajudicial.

ENUNCIADO 100 – Interpreta-se a expressão condomínio edilício do art. 784, X, do CPC de forma a compreender tanto os condomínios verticais, quanto os horizontais de lotes, nos termos do art. 1.358-A do Código Civil.

ENUNCIADO 101 – É admissível ação monitória, ainda que o autor detenha título executivo extrajudicial.

ENUNCIADO 102 – A falta de oposição dos embargos de terceiro preventivos no prazo do art. 792, § 4º, do CPC não impede a propositura dos embargos de terceiro repressivos no prazo do art. 675 do mesmo Código.

ENUNCIADO 103 – Pode o exequente – em execução de obrigação de fazer fungível, decorrente do inadimplemento relativo, voluntário e inescusável do executado – requerer a satisfação da obrigação por terceiro, cumuladamente ou não com perdas e danos, considerando que o *caput* do art. 816 do CPC não derrogou o *caput* do art. 249 do Código Civil.

ENUNCIADO 104 – O fornecimento de certidão para fins de averbação premonitória (art. 799, IX, do CPC) independe de prévio despacho ou autorização do juiz.

ENUNCIADO 105 – As hipóteses de penhora do art. 833, § 2º, do CPC aplicam-se ao cumprimento da sentença ou à execução de título extrajudicial relativo a honorários advocatícios, em razão de sua natureza alimentar.

ENUNCIADO 106 – Na expropriação, a apropriação de frutos e rendimentos poderá ser priorizada em relação à adjudicação, se não prejudicar o exequente e for mais favorável ao executado.

ENUNCIADO 107 – Não se aplica a suspensão do art. 982, I, do CPC ao cumprimento de sentença anteriormente transitada em julgado e que tenha decidido questão objeto de posterior incidente de resolução de demandas repetitivas.

Fórum permanente de processualistas civis

1. Cancelado (III FPPC-Rio).
2. (arts. 10 e 927, § 1º) Para a formação do precedente, somente podem ser usados argumentos submetidos ao contraditório. *(Grupo: Precedentes 2)*
3. Cancelado (III FPPC-Rio).
4. (art. 69, § 1º) A carta arbitral tramitará e será processada no Poder Judiciário de acordo com o regime previsto no Código de Processo Civil, respeitada a legislação aplicável. (Grupo: Arbitragem)
5. (art. 69, § 3º) O pedido de cooperação jurisdicional poderá ser realizado também entre o árbitro e o Poder Judiciário. *(Grupo: Arbitragem – Enunciado aprovado por aclamação)*
6. (arts. 5º, 6º e 190) O negócio jurídico processual não pode afastar os deveres inerentes à boa-fé e à cooperação. *(Grupo: Negócio Processual; redação revista no III FPPC-Rio)*
7. (art. 85, § 18; art. 1.026, § 3º, III) O pedido, quando omitido em decisão judicial transitada em julgado, pode ser objeto de ação autônoma. *(Grupo: Ordem dos Processos no Tribunal, Teoria Geral dos Recursos, Apelação e Agravo)*
8. (arts. 85, § 18, 1.026, § 3º, III) Fica superado o enunciado 453 da súmula do STJ após a entrada em vigor do CPC ("Os honorários sucumbenciais, quando omitidos em decisão transitada em julgado, não podem ser cobrados em execução ou em ação própria"). (Grupo: Ordem dos Processos no Tribunal, Teoria Geral dos Recursos, Apelação e Agravo)
9. Cancelado (VI FPPC-Curitiba)
10. (arts. 113, §§ 1º e 2º, art. 240, § 1º). Em caso de desmembramento do litisconsórcio multitudinário, a interrupção da prescrição retroagirá à data de propositura da demanda original. (Grupo: Litisconsórcio, Intervenção de Terceiros e Resposta do Réu; redação revista no III FPPC-Rio)
11. (arts. 116 e 124). O litisconsorte unitário, integrado ao processo a partir da fase instrutória, tem direito de especificar, pedir e produzir provas, sem prejuízo daquelas já produzidas, sobre as quais o interveniente tem o ônus de se manifestar na primeira oportunidade em que falar no processo. (Grupo: Litisconsórcio, Intervenção de Terceiros e Resposta do Réu; redação revista no III FPPC-Rio)
12. (arts. 139, IV, 523, 536 e 771) A aplicação das medidas atípicas sub-rogatórias e coercitivas é cabível em qualquer obrigação no cumprimento de sentença ou execução de título executivo extrajudicial. Essas medidas, contudo, serão aplicadas de forma subsidiária às medidas tipificadas, com observação do contraditório, ainda que diferido, e por meio de decisão à luz do art. 489, § 1º, I e II. (Grupo: Execução)
13. (art. 189, IV) O disposto no inciso IV do art. 189 abrange todo e qualquer ato judicial relacionado à arbitragem, desde que a confidencialidade seja comprovada perante o Poder Judiciário, ressalvada em qualquer caso a divulgação das decisões, preservada a identidade das partes e os fatos da causa que as identifiquem. (Grupo: Arbitragem; redação revista no III FPPC-Rio)
14. Cancelado (III FPPC-Rio).
15. (art. 189) As arbitragens que envolvem a Administração Pública respeitarão o princípio da publicidade, observadas as exceções legais (vide art. 2º, § 3º, da Lei n. 9.307/1996, com a redação da Lei n. 13.129/2015). (Grupo: Arbitragem; aprovado por aclamação)
16. (art. 190, parágrafo único) O controle dos requisitos objetivos e subjetivos de validade da convenção de procedimento deve ser conjugado com a regra segundo a qual não há invalidade do ato sem prejuízo. (Grupo: Negócio Processual)
17. (art. 190) As partes podem, no negócio processual, estabelecer outros deveres e sanções para o caso do descumprimento da convenção. (Grupo: Negócio Processual; redação revista no III FPPC-Rio)

18. (art. 190, parágrafo único) Há indício de vulnerabilidade quando a parte celebra acordo de procedimento sem assistência técnico-jurídica. (Grupo: Negócio Processual)

19. (art. 190) São admissíveis os seguintes negócios processuais, dentre outros: pacto de impenhorabilidade, acordo de ampliação de prazos das partes de qualquer natureza, acordo de rateio de despesas processuais, dispensa consensual de assistente técnico, acordo para retirar o efeito suspensivo de recurso, acordo para não promover execução provisória; pacto de mediação ou conciliação extrajudicial prévia obrigatória, inclusive com a correlata previsão de exclusão da audiência de conciliação ou de mediação prevista no art. 334; pacto de exclusão contratual da audiência de conciliação ou de mediação prevista no art. 334; pacto de disponibilização prévia de documentação (pacto de *disclosure*), inclusive com estipulação de sanção negocial, sem prejuízo de medidas coercitivas, mandamentais, sub-rogatórias ou indutivas; previsão de meios alternativos de comunicação das partes entre si; acordo de produção antecipada de prova; a escolha consensual de depositário-administrador no caso do art. 866; convenção que permita a presença da parte contrária no decorrer da colheita de depoimento pessoal. *(Grupo: Negócio Processual; redação revista no III FPPC- RIO, no V FPPC-Vitória e no VI FPPC-Curitiba)*

20. (art. 190) Não são admissíveis os seguintes negócios bilaterais, dentre outros: acordo para modificação da competência absoluta, acordo para supressão da primeira instância, acordo para afastar motivos de impedimento do juiz, acordo para criação de novas espécies recursais, acordo para ampliação das hipóteses de cabimento de recursos. *(Grupo: Negócio Processual; redação revista no VI FPPC- Curitiba)*

21. (art. 190) São admissíveis os seguintes negócios, dentre outros: acordo para realização de sustentação oral, acordo para ampliação do tempo de sustentação oral, julgamento antecipado do mérito convencional, convenção sobre prova, redução de prazos processuais. *(Grupo: Negócio Processual; redação revista no III FPPC-Rio)*

22. (art. 218, § 4º; art. 1.003) O Tribunal não poderá julgar extemporâneo ou intempestivo recurso, na instância ordinária ou na extraordinária, interposto antes da abertura do prazo. *(Grupo: Ordem dos Processos no Tribunal, Teoria Geral dos Recursos, Apelação e Agravo)*

23. (art. 218, § 4º; art. 1.024, § 5º) Fica superado o enunciado 418 da súmula do STJ após a entrada em vigor do CPC ("É inadmissível o recurso especial interposto antes da publicação do acórdão dos embargos de declaração, sem posterior ratificação"). (Grupo: Ordem dos Processos no Tribunal, Teoria Geral dos Recursos, Apelação e Agravo)

24. (art. 237, IV) Independentemente da sede da arbitragem ou dos locais em que se realizem os atos a ela inerentes, a carta arbitral poderá ser processada diretamente pelo órgão do Poder Judiciário do foro onde se dará a efetivação da medida ou decisão, ressalvadas as hipóteses de cláusulas de eleição de foro subsidiário. *(Grupo: Arbitragem; redação revista no III FPPC- RIO e no V FPPC- Vitória)*

25. (art. 246, § 3º; art. 1.071 e §§) A inexistência de procedimento judicial especial para a ação de usucapião e de regulamentação da usucapião extrajudicial não implica vedação da ação, que remanesce no sistema legal, para qual devem ser observadas as peculiaridades que lhe são próprias, especialmente a necessidade de citação dos confinantes e a ciência da União, do Estado, do Distrito Federal e do Município. *(Grupo: Procedimentos Especiais; redação revista no III FPPC-Rio)*

26. (art. 260; art. 267, I) Os requisitos legais mencionados no inciso I do art. 267 são os previstos no art. 260. *(Grupo: Arbitragem – Enunciado aprovado por aclamação)*

27. (art. 267) Não compete ao juízo estatal revisar o mérito da medida ou decisão arbitral cuja efetivação se requer por meio da carta arbitral. *(Grupo: Arbitragem – Enunciado aprovado por aclamação)*

28. Cancelado (V FPPC-Vitória).

29. (art. 298, art. 1.015, I) É agravável o pronunciamento judicial que postergar a análise do pedido de tutela provisória ou condicionar sua apreciação ao pagamento de custas ou a qualquer outra exigência. *(Grupo: Tutela Antecipada; redação revista no V FPPC-Vitória e no VII FPPC-São Paulo)*

30. (art. 298) O juiz deve justificar a postergação da análise liminar da tutela provisória sempre que estabelecer a necessidade de contraditório prévio. *(Grupo: Tutela Antecipada; redação revista no V FPPC-Vitória)*

31. (art. 301) O poder geral de cautela está mantido no CPC. *(Grupo: Tutela Antecipada)*

32. (art. 304) Além da hipótese prevista no art. 304, é possível a estabilização expressamente negociada da tutela antecipada de urgência antecedente. *(Grupo: Tutela Antecipada; redação revista no V FPPC-Vitória)*

33. (art. 304, §§) Não cabe ação rescisória nos casos estabilização da tutela antecipada de urgência. *(Grupo: Tutela Antecipada)*

34. (art. 311, I) Considera-se abusiva a defesa da Administração Pública, sempre que contrariar entendimento coincidente com orientação vinculante firmada no âmbito administrativo do próprio ente público, consolidada em manifestação, parecer ou súmula administrativa, salvo se demonstrar a existência de distinção ou da necessidade de superação do entendimento. *(Grupo: Tutela Antecipada)*

35. (art. 311) As vedações à concessão de tutela provisória contra a Fazenda Pública limitam-se às tutelas de urgência. *(Grupo: Tutela Antecipada; redação revista no V FPPC-Vitória)*

36. Cancelado (V FPPC-Vitória).

37. (art. 333, I) É presumida a relevância social na hipótese do inciso I do art. 333, sendo dispensável a verificação da "dificuldade de formação do litisconsórcio". *(Grupo: Conversão de Ação Individual em Coletiva)*

38. (art. 333, II) Os requisitos de relevância social e de dificuldade de formação do litisconsórcio são alternativos. *(Grupo: Conversão de Ação Individual em Coletiva; redação revista no III FPPC-Rio)*
39. (art. 333) É dever do juiz intimar os legitimados do art. 333 do CPC para, se for o caso, requerer a conversão, aplicando-se, por analogia, o art. 139, X, do CPC. *(Grupo: Conversão de Ação Individual em Coletiva)*
40. (art. 333) Havendo requerimento de conversão, o juiz, antes de decidir, ouvirá o autor e, caso já tenha sido citado, o réu. *(Grupo: Conversão de Ação Individual em Coletiva)*
41. (art. 333) A oposição das partes à conversão da ação individual em coletiva limita- se à alegação do não preenchimento dos seus pressupostos. *(Grupo: Conversão de Ação Individual em Coletiva)*
42. (art. 339) O dispositivo aplica-se mesmo a procedimentos especiais que não admitem intervenção de terceiros, bem como aos juizados especiais cíveis, pois se trata de mecanismo saneador, que excepciona a estabilização do processo. *(Grupo: Litisconsórcio, Intervenção de Terceiros e Resposta do Réu)*
43. Cancelado (III FPPC-Rio).
44. (art. 339) A responsabilidade a que se refere o art. 339 é subjetiva. *(Grupo: Litisconsórcio, Intervenção de Terceiros e Resposta do Réu)*
45. (art. 343) Para que se considere proposta a reconvenção, não há necessidade de uso desse *nomen iuris*, ou dedução de um capítulo próprio. Contudo, o réu deve manifestar inequivocamente o pedido de tutela jurisdicional qualitativa ou quantitativamente maior que a simples improcedência da demanda inicial. *(Grupo: Litisconsórcio, Intervenção de Terceiros e Resposta do Réu)*
46. (art. 343, § 3º) A reconvenção pode veicular pedido de declaração de usucapião, ampliando subjetivamente o processo, desde que se observem os arts. 259, I, e 328, § 1º, II. Ampliação do Enunciado 237 da Súmula do STF *(Grupo: Petição inicial, resposta do réu e saneamento; redação revista no IV FPPC-BH)*
47. (art. 485, VII) A competência do juízo estatal deverá ser analisada previamente à alegação de convenção de arbitragem *(Grupo: Arbitragem; redação revista no III FPPC-Rio)*
48. (art. 485, VII) A alegação de convenção de arbitragem deverá ser examinada à luz do princípio da competência. *(Grupo: Arbitragem – enunciado aprovado por aclamação)*
49. Cancelado (III FPPC-Rio).
50. (art. 369; art. 370, *caput*) Os destinatários da prova são aqueles que dela poderão fazer uso, sejam juízes, partes ou demais interessados, não sendo a única função influir eficazmente na convicção do juiz. *(Grupo: Direito Probatório)*
51. (art. 378; art. 379) A compatibilização do disposto nestes dispositivos com o art. 5º, LXIII, da CF/1988, assegura à parte, exclusivamente, o direito de não produzir prova contra si em razão de reflexos no ambiente penal. *(Grupo: Direito Probatório)*
52. (art. 372) Para a utilização da prova emprestada, faz-se necessária a observância do contraditório no processo de origem, assim como no processo de destino, considerando-se que, neste último, a prova mantenha a sua natureza originária. *(Grupo: Direito Probatório)*
53. (art. 396) Na ação de exibição não cabe a fixação, nem a manutenção de multa quando a exibição for reconhecida como impossível. *(Grupo: Direito Probatório)*
54. (art. 400, parágrafo único; art. 403, parágrafo único) Fica superado o enunciado 372 da súmula do STJ ("*Na ação de exibição de documentos, não cabe a aplicação de multa cominatória*") após a entrada em vigor do CPC, pela expressa possibilidade de fixação de multa de natureza coercitiva na ação de exibição de documento. *(Grupo: Direito Probatório)*
55. (art. 927, § 3º) Pelos pressupostos do § 3º do art. 927, a modificação do precedente tem, como regra, eficácia temporal prospectiva. No entanto, pode haver modulação temporal, no caso concreto. *(Grupo: Precedentes 2)*
56. (art. 525, § 1º, VII) É cabível alegação de causa modificativa ou extintiva da obrigação na impugnação de executado, desde que tenha ocorrido após o início do julgamento da apelação, e, uma vez alegada pela parte, tenha o tribunal superior se recusado ou omitido de apreciá-la. *(Grupo: Execução)*
57. (art. 525, § 1º, VII; art. 535, VI) A prescrição prevista nos arts. 525, § 1º, VII e 535, VI, é exclusivamente da pretensão executiva. *(Grupo: Execução)*
58. (art. 525, §§ 12 e 13; Art. 535, §§ 5º e 6º) As decisões de inconstitucionalidade a que se referem os art. 525, §§ 12 e 13 e art. 535 §§ 5º e 6º devem ser proferidas pelo plenário do STF. *(Grupo: Sentença, Coisa Julgada e Ação Rescisória)*
59. (art. 540). Em ação de consignação e pagamento, quando a coisa devida for corpo que deva ser entregue no lugar em que está, poderá o devedor requerer a consignação no foro em que ela se encontra. A supressão do parágrafo único do art. 891 do Código de Processo Civil de 1973 é inócua, tendo em vista o art. 341 do Código Civil. *(Grupo: Procedimentos Especiais; redação revista no III FPPC-Rio)*
60. (art. 541) Na ação de consignação em pagamento que tratar de prestações sucessivas, consignada uma delas, pode o devedor continuar a consignar sem mais formalidades as que se forem vencendo, enquanto estiver pendente o processo. *(Grupo: Procedimentos Especiais)*
61. (art. 545) É permitido ao réu da ação de consignação em pagamento levantar "desde logo" a quantia ou coisa depositada em outras hipóteses além da prevista no § 1º do art. 545 (insuficiência do depósito), desde que tal postura não seja contraditória com fundamento da defesa. *(Grupo: Procedimentos Especiais)*

62. (art. 548, III) A regra prevista no art. 548, III, que dispõe que, em ação de consignação em pagamento, o juiz declarará efetuado o depósito extinguindo a obrigação em relação ao devedor, prosseguindo o processo unicamente entre os presuntivos credores, só se aplicará se o valor do depósito não for controvertido, ou seja, não terá aplicação caso o montante depositado seja impugnado por qualquer dos presuntivos credores. *(Grupo: Procedimentos Especiais)*
63. (art. 554) No caso de ação possessória em que figure no polo passivo grande número de pessoas, a ampla divulgação prevista no § 3º do art. 554 contempla a inteligência do art. 301, com a possibilidade de determinação de registro de protesto para consignar a informação do litígio possessório na matricula imobiliária respectiva. *(Grupo: Procedimentos Especiais)*
64. Cancelado, em razão de duplicidade (enunciado n. 59).
65. (art. 557) O art. 557 não obsta a cumulação pelo autor de ação reivindicatória e de ação possessória, se os fundamentos forem distintos. *(Grupo: Procedimentos Especiais; redação revista no VI FPPC-Curitiba)*
66. (art. 565) A medida liminar referida no art. 565 é hipótese de tutela antecipada. *(Grupo: Procedimentos Especiais; redação revista no III FPPC-Rio)*
67. (art. 565) A audiência de mediação referida no art. 565 (e seus parágrafos) deve ser compreendida como a sessão de mediação ou de conciliação, conforme as peculiaridades do caso concreto. *(Grupo: Procedimentos Especiais)*
68. (art. 569) Também possuem legitimidade para a ação demarcatória os titulares de direito real de gozo e fruição, nos limites dos seus respectivos direitos e títulos constitutivos de direito real. Assim, além da propriedade, aplicam-se os dispositivos do Capítulo sobre ação demarcatória, no que for cabível, em relação aos direitos reais de gozo e fruição. *(Grupo: Procedimentos Especiais)*
69. (art. 569) Cabe ao proprietário ação demarcatória para extremar a demarcação entre o seu prédio e do confinante, bem como fixar novos limites, aviventar rumos apagados e a renovar marcos destruídos (art. 1.297 do Código Civil). *(Grupo: Procedimentos Especiais)*
70. (art. 580) Do laudo pericial que traçar a linha demarcanda, deverá ser oportunizada a manifestação das partes interessadas, em prestígio ao princípio do contraditório e da ampla defesa. *(Grupo: Procedimentos Especiais)*
71. (art. 654; art. 300, § 1º) Poderá ser dispensada a garantia mencionada no parágrafo único do art. 654, para efeito de julgamento da partilha, se a parte hipossuficiente não puder oferecê-la, aplicando-se por analogia o disposto no art. 300, § 1º. *(Grupo: Procedimentos Especiais; redação revista no III FPPC-Rio)*
72. (art. 693) O rol do art. 693 não é exaustivo, sendo aplicáveis os dispositivos previstos no Capítulo X a outras ações de caráter contencioso envolvendo o Direito de Família. *(Grupo: Procedimentos Especiais)*
73. (art. 703, §§) No caso de homologação do penhor legal promovida pela via extrajudicial, incluem-se nas contas do crédito as despesas com o notário, constantes do § 2º do art. 703. *(Grupo: Procedimentos Especiais)*
74. (art. 704) No rol do art. 704, que enumera as matérias de defesa da homologação do penhor legal, deve-se incluir a hipótese do art. 1.468 do Código Civil, não tendo o CPC revogado o citado dispositivo. *(Grupo: Procedimentos Especiais)*
75. (art. 707) No mesmo ato em que nomear o regulador da avaria grossa, o juiz deverá determinar a citação das partes interessadas. *(Grupo: Procedimentos Especiais)*
76. (art. 716) Localizados os autos originários, neles devem ser praticados os atos processuais subsequentes, dispensando-se a repetição dos atos que tenham sido ultimados nos autos da restauração, em consonância com a garantia constitucional da duração razoável do processo (CF/88, 5º, LXXVIII) e inspiração no art. 964 do Código de Processo Civil Português. *(Grupo: Procedimentos Especiais)*
77. Cancelado (III FPPC-Rio).
78. Cancelado (III FPPC-Rio).
79. (art. 768) Não sendo possível a inquirição tratada no art. 768 sem prejuízo aos compromissos comerciais da embarcação, o juiz expedirá carta precatória itinerante para a tomada dos depoimentos em um dos portos subsequentes de escala. *(Grupo: Procedimentos Especiais)*
80. (art. 919, § 1º; art. 969) A tutela antecipada prevista nestes dispositivos pode ser de urgência ou de evidência. *(Grupo: Tutela Antecipada)*
81. (art. 932, V) Por não haver prejuízo ao contraditório, é dispensável a oitiva do recorrido antes do provimento monocrático do recurso, quando a decisão recorrida: (a) indeferir a inicial; (b) indeferir liminarmente a justiça gratuita; ou (c) alterar liminarmente o valor da causa. *(Grupo: Ordem dos Processos no Tribunal, Teoria Geral dos Recursos, Apelação e Agravo)*
82. (art. 932, parágrafo único; art. 938, § 1º) É dever do relator, e não faculdade, conceder o prazo ao recorrente para sanar o vício ou complementar a documentação exigível, antes de inadmitir qualquer recurso, inclusive os excepcionais. *(Grupo: Ordem dos Processos no Tribunal, Teoria Geral dos Recursos, Apelação e Agravo)*
83. (art. 932, parágrafo único; art. 76, § 2º; art. 104, § 2º; art. 1.029, § 3º) Fica superado o enunciado 115 da súmula do STJ após a entrada em vigor do CPC (*"Na instância especial é inexistente recurso interposto por advogado sem procuração nos autos"*). *(Grupo: Ordem dos Processos no Tribunal, Teoria Geral dos Recursos, Apelação e Agravo)*

84. (art. 935) A ausência de publicação da pauta gera nulidade do acórdão que decidiu o recurso, ainda que não haja previsão de sustentação oral, ressalvada, apenas, a hipótese do § 1º do art. 1.024, na qual a publicação da pauta é dispensável. *(Grupo: Ordem dos Processos no Tribunal, Teoria Geral dos Recursos, Apelação e Agravo)*

85. (arts. 960 a 965) Deve prevalecer a regra de direito mais favorável na homologação de sentença arbitral estrangeira em razão do princípio da máxima eficácia. (art. 7º da Convenção de Nova York – Decreto nº 4.311/2002). (Grupo: Arbitragem; *redação revista no III FPPC-Rio)*

86. (art. 964; art. 960, § 3º) Na aplicação do art. 964 considerar-se-á o disposto no § 3º do art. 960. *(Grupo: Arbitragem; enunciado aprovado por aclamação; redação revista no V FPPC-Vitória)*

87. (art. 976, II) A instauração do incidente de resolução de demandas repetitivas não pressupõe a existência de grande quantidade de processos versando sobre a mesma questão, mas preponderantemente o risco de quebra da isonomia e de ofensa à segurança jurídica. *(Grupo: Recursos Extraordinários e Incidente de Resolução de Demandas Repetitivas)*

88. (art. 976; art. 928, parágrafo único) Não existe limitação de matérias de direito passíveis de gerar a instauração do incidente de resolução de demandas repetitivas e, por isso, não é admissível qualquer interpretação que, por tal fundamento, restrinja seu cabimento. *(Grupo: Recursos Extraordinários e Incidente de Resolução de Demandas Repetitivas)*

89. (art. 976) Havendo apresentação de mais de um pedido de instauração do incidente de resolução de demandas repetitivas perante o mesmo tribunal todos deverão ser apensados e processados conjuntamente; os que forem oferecidos posteriormente à decisão de admissão serão apensados e sobrestados, cabendo ao órgão julgador considerar as razões neles apresentadas. *(Grupo: Recursos Extraordinários e Incidente de Resolução de Demandas Repetitivas)*

90. (art. 976) É admissível a instauração de mais de um incidente de resolução de demandas repetitivas versando sobre a mesma questão de direito perante tribunais de 2º grau diferentes. *(Grupo: Recursos Extraordinários e Incidente de Resolução de Demandas Repetitivas)*

91. (art. 981) Cabe ao órgão colegiado realizar o juízo de admissibilidade do incidente de resolução de demandas repetitivas, sendo vedada a decisão monocrática. *(Grupo: Recursos Extraordinários e Incidente de Resolução de Demandas Repetitivas)*

92. (art. 982, I; Art. 313, IV) A suspensão de processos prevista neste dispositivo é consequência da admissão do incidente de resolução de demandas repetitivas e não depende da demonstração dos requisitos para a tutela de urgência. *(Grupo: Recursos Extraordinários e Incidente de Resolução de Demandas Repetitivas; redação revista no III FPPC-Rio)*

93. (art. 982, I) Admitido o incidente de resolução de demandas repetitivas, também devem ficar suspensos os processos que versem sobre a mesma questão objeto do incidente e que tramitem perante os juizados especiais no mesmo estado ou região. *(Grupo: Recursos Extraordinários e Incidente de Resolução de Demandas Repetitivas)*

94. (art. 982, § 4º; art. 987) A parte que tiver o seu processo suspenso nos termos do inciso I do art. 982 poderá interpor recurso especial ou extraordinário contra o acórdão que julgar o incidente de resolução de demandas repetitivas. *(Grupo: Recursos Extraordinários e Incidente de Resolução de Demandas Repetitivas; redação revista no V FPPC-Vitória)*

95. (art. 982, §§ 3º, 4º e 5º) A suspensão de processos na forma deste dispositivo depende apenas da demonstração da existência de múltiplos processos versando sobre a mesma questão de direito em tramitação em mais de um estado ou região. *(Grupo: Recursos Extraordinários e Incidente de Resolução de Demandas Repetitivas)*

96. (art. 1.003, § 4º) Fica superado o enunciado 216 da súmula do STJ após a entrada em vigor do CPC ("A tempestividade de recurso interposto no Superior Tribunal de Justiça é aferida pelo registro no protocolo da Secretaria e não pela data da entrega na agência do correio"). (Grupo: Ordem dos Processos no Tribunal, Teoria Geral dos Recursos, Apelação e Agravo)

97. (art. 1.007, § 4º) É de cinco dias o prazo para efetuar o preparo. (Grupo: Ordem dos Processos no Tribunal, Teoria Geral dos Recursos, Apelação e Agravo)

98. (art. 1.007, §§ 2º e 4º) O disposto nestes dispositivos aplica-se aos Juizados Especiais. *(Grupo: Ordem dos Processos no Tribunal, Teoria Geral dos Recursos, Apelação e Agravo)*

99. (art. 1.010, § 3º) O órgão a quo não fará juízo de admissibilidade da apelação. (Grupo: Ordem dos Processos no Tribunal, Teoria Geral dos Recursos, Apelação e Agravo)

100. (art. 1.013, § 1º, parte final) Não é dado ao tribunal conhecer de matérias vinculadas ao pedido transitado em julgado pela ausência de impugnação. *(Grupo: Ordem dos Processos no Tribunal, Teoria Geral dos Recursos, Apelação e Agravo)*

101. Cancelado (III FPPC-Rio).

102. (arts. 1.013, § 1º, e 326) O pedido subsidiário (art. 326) não apreciado pelo juiz – que acolheu o pedido principal – é devolvido ao tribunal com a apelação interposta pelo réu. *(Grupo: Ordem dos Processos no Tribunal, Teoria Geral dos Recursos, Apelação e Agravo)*

103. (arts. 1.015, II, 203, § 2º, 354, parágrafo único, 356, § 5º) A decisão parcial proferida no curso do processo com fundamento no art. 487, I, sujeita-se a recurso de agravo de instrumento. *(Grupo: Sentença, Coisa Julgada e Ação Rescisória; redação revista no III FPPC-Rio)*

104. (art. 1.024, § 3º) O princípio da fungibilidade recursal é compatível com o CPC e alcança todos os recursos, sendo aplicável de ofício. *(Grupo: Ordem dos Processos no Tribunal, Teoria Geral dos Recursos, Apelação e Agravo)*

105. Cancelado (III FPPC-Rio).

106. (arts. 6º, 8º, 1.007, § 2º) Não se pode reconhecer a deserção do recurso, em processo trabalhista, quando houver recolhimento insuficiente das custas e do depósito recursal, ainda que ínfima a diferença, cabendo ao juiz determinar a sua complementação. (Grupo: Impacto do CPC no Processo do Trabalho)

107. (arts. 7º, 139, I, 218, 437, § 2º) O juiz pode, de ofício, dilatar o prazo para a parte se manifestar sobre a prova documental produzida. *(Grupo: Negócios Processuais)*

108. (art. 9º; art. 15) No processo do trabalho, não se proferirá decisão contra uma das partes, sem que esta seja previamente ouvida e oportunizada a produção de prova, bem como não se pode decidir com base em causa de pedir ou fundamento de fato ou de direito a respeito do qual não se tenha oportunizado manifestação das partes e a produção de prova, ainda que se trate de matéria apreciável de ofício. (Grupo: Impacto do CPC no Processo do Trabalho)

109. (arts. 10 e 15) No processo do trabalho, quando juntadas novas provas ou alegado fato novo, deve o juiz conceder prazo, para a parte interessada se manifestar a respeito, sob pena de nulidade. *(Grupo: Impacto do CPC no Processo do Trabalho)*

110. (art. 18, parágrafo único) Havendo substituição processual, e sendo possível identificar o substituto, o juiz deve determinar a intimação deste último para, querendo, integrar o processo. *(Grupo: Litisconsórcio e Intervenção de Terceiros).*

111. (arts. 19, 329, II, 503, § 1º) Persiste o interesse no ajuizamento de ação declaratória quanto à questão prejudicial incidental. *(Grupo: Coisa Julgada, Ação Rescisória e Sentença)*

112. (arts. 90, § 3º, 15) No processo do trabalho, se a transação ocorrer antes da sentença, as partes ficam dispensadas do pagamento das custas processuais, se houver. *(Grupo: Impacto do CPC no Processo do Trabalho)*

113. (art. 98) Na Justiça do Trabalho, o empregador pode ser beneficiário da gratuidade da justiça, na forma do art. 98. *(Grupo: Impacto do CPC no Processo do Trabalho)*

114. (IV FPPC-BH).

115. (arts. 190, 109 e 110) O negócio jurídico celebrado nos termos do art. 190 obriga herdeiros e sucessores. *(Grupo: Negócios Processuais)*

116. (arts. 113, § 1º, e 139, VI) Quando a formação do litisconsórcio multitudinário for prejudicial à defesa, o juiz poderá substituir a sua limitação pela ampliação de prazos, sem prejuízo da possibilidade de desmembramento na fase de cumprimento de sentença. *(Grupo: Negócios Processuais)*

117. (arts. 113 e 312) Em caso de desmembramento do litisconsórcio multitudinário ativo, os efeitos mencionados no art. 240 são considerados produzidos desde o protocolo originário da petição inicial. *(Grupo: Litisconsórcio e Intervenção de Terceiros)*

118. (art. 116) O litisconsorte unitário ativo, uma vez convocado, pode optar por ingressar no processo na condição de litisconsorte do autor ou de assistente do réu. *(Grupo: Litisconsórcio e Intervenção de Terceiros)*

119. (arts. 116 e 259, III; art. 7 º da lei 7.347/1985) Em caso de relação jurídica plurilateral que envolva diversos titulares do mesmo direito, o juiz deve convocar, por edital, os litisconsortes unitários ativos incertos e indeterminados (art. 259, III), cabendo-lhe, na hipótese de dificuldade de formação do litisconsórcio, oficiar ao Ministério Público, à Defensoria Pública ou a outro legitimado para que possa propor a ação coletiva. *(Grupo: Litisconsórcio e Intervenção de Terceiros; redação revista no VII FPPC-São Paulo)*

120. (art. 125, § 1º, art. 1.072, II) A ausência de denunciação da lide gera apenas a preclusão do direito de a parte promovê-la, sendo possível ação autônoma de regresso. *(Grupo: Litisconsórcio e Intervenção de Terceiros)*

121. (art. 125, II, art. 128, parágrafo único) O cumprimento da sentença diretamente contra o denunciado é admissível em qualquer hipótese de denunciação da lide fundada no inciso II do art. 125. *(Grupo: Litisconsórcio e Intervenção de Terceiros)*

122. (art. 129) Vencido o denunciante na ação principal e não tendo havido resistência à denunciação da lide, não cabe a condenação do denunciado nas verbas de sucumbência. *(Grupo: Litisconsórcio e Intervenção de Terceiros)*

123. (art. 133) É desnecessária a intervenção do Ministério Público, como fiscal da ordem jurídica, no incidente de desconsideração da personalidade jurídica, salvo nos casos em que deva intervir obrigatoriamente, previstos no art. 178. *(Grupo: Litisconsórcio e Intervenção de Terceiros)*

124. (art. 133; art. 15) A desconsideração da personalidade jurídica no processo do trabalho deve ser processada na forma dos arts. 133 a 137, podendo o incidente ser resolvido em decisão interlocutória ou na sentença. *(Grupo: Impacto do CPC no Processo do Trabalho)*

125. (art. 134) Há litisconsórcio passivo facultativo quando requerida a desconsideração da personalidade jurídica, juntamente com outro pedido formulado na petição inicial ou incidentemente no processo em curso. *(Grupo: Litisconsórcio e Intervenção de Terceiros)*

126. (art. 134; art. 15) No processo do trabalho, da decisão que resolve o incidente de desconsideração da personalidade jurídica na fase de execução cabe agravo de petição, dispensado o preparo. *(Grupo: Impacto do CPC no Processo do Trabalho)*

127. (art. 138) A representatividade adequada exigida do *amicus curiae* não pressupõe a concordância unânime daqueles a quem representa. *(Grupo: Litisconsórcio e Intervenção de Terceiros)*

128. (art. 138; art. 489, § 1º, IV) No processo em que há intervenção do *amicus curiae*, a decisão deve enfrentar as alegações por ele apresentadas, nos termos do inciso IV do § 1º do art. 489. *(Grupo: Litisconsórcio e Intervenção de Terceiros)*

129. (art. 139, VI, e parágrafo único) A autorização legal para ampliação de prazos pelo juiz não se presta a afastar preclusão temporal já consumada. *(Grupo: Negócios Processuais)*

130. (art. 152, V; art. 828) A obtenção da certidão prevista no art. 828 independe de decisão judicial. *(Grupo: Execução)*

131. (art. 190; art. 15) Aplica-se ao processo do trabalho o disposto no art. 190 no que se refere à flexibilidade do procedimento por proposta das partes, inclusive quanto aos prazos. *(Grupo: Impacto do CPC no Processo do Trabalho)*

132. (art. 190) Além dos defeitos processuais, os vícios da vontade e os vícios sociais podem dar ensejo à invalidação dos negócios jurídicos atípicos do art. 190. *(Grupo: Negócios Processuais)*

133. (art. 190; art. 200, parágrafo único) Salvo nos casos expressamente previstos em lei, os negócios processuais do art. 190 não dependem de homologação judicial. *(Grupo: Negócios Processuais)*

134. (art. 190, parágrafo único) Negócio jurídico processual pode ser invalidado parcialmente. *(Grupo: Negócios Processuais)*

135. (art. 190) A indisponibilidade do direito material não impede, por si só, a celebração de negócio jurídico processual. *(Grupo: Negócios Processuais)*

136. (art. 240, § 1º; art. 485, VII) A citação válida no processo judicial interrompe a prescrição, ainda que o processo seja extinto em decorrência do acolhimento da alegação de convenção de arbitragem. *(Grupo: Arbitragem)*

137. (art. 658; art. 966, § 4º; art. 1.068) Contra sentença transitada em julgado que resolve partilha, ainda que homologatória, cabe ação rescisória. *(Grupo: Coisa Julgada, Ação Rescisória e Sentença)*

138. (art. 657; art. 966, § 4º; art. 1.068) A partilha amigável extrajudicial e a partilha amigável judicial homologada por decisão ainda não transitada em julgado são impugnáveis por ação anulatória. *(Grupo: Coisa Julgada, Ação Rescisória e Sentença)*

139. (art. 287; art. 15) No processo do trabalho, é requisito da petição inicial a indicação do endereço, eletrônico ou não, do advogado, cabendo-lhe atualizá-lo, sempre que houver mudança, sob pena de se considerar válida a intimação encaminhada para o endereço informado nos autos. *(Grupo: Impacto do CPC no Processo do Trabalho)*

140. (art. 296) A decisão que julga improcedente o pedido final gera a perda de eficácia da tutela antecipada. *(Grupo: Tutela Antecipada)*

141. (art. 298) O disposto no art. 298, CPC, aplica-se igualmente à decisão monocrática ou colegiada do Tribunal. *(Grupo: Tutela Antecipada)*

142. (art. 298; art. 1.021) Da decisão monocrática do relator que concede ou nega o efeito suspensivo ao agravo de instrumento ou que concede, nega, modifica ou revoga, no todo ou em parte, a tutela jurisdicional nos casos de competência originária ou recursal, cabe o recurso de agravo interno nos termos do art. 1.021 do CPC. *(Grupo: Tutela Antecipada)*

143. (art. 300, *caput*) A redação do art. 300, *caput*, superou a distinção entre os requisitos da concessão para a tutela cautelar e para a tutela satisfativa de urgência, erigindo a probabilidade e o perigo na demora a requisitos comuns para a prestação de ambas as tutelas de forma antecipada. *(Grupo: Tutela Antecipada)*

144. Cancelado (V FPPC-Vitória).

145. (art. 319; art. 15) No processo do trabalho, é requisito da inicial a indicação do número no cadastro de pessoas físicas ou no cadastro nacional de pessoas jurídicas, bem como os endereços eletrônicos do autor e do réu, aplicando-se as regras do novo Código de Processo Civil a respeito da falta de informações pertinentes ou quando elas tornarem impossível ou excessivamente oneroso o acesso à justiça. *(Grupo: Impacto do CPC no Processo do Trabalho)*

146. (art. 332, I; art. 927, IV) Na aplicação do inciso I do art. 332, o juiz observará o inciso IV do *caput* do art. 927. *(Grupo: Precedentes)*

147. (art. 333) O autor poderá requerer a intimação, prevista no *caput* do art. 333, para a conversão da ação individual em coletiva. *(Grupo: Conversão da Ação Individual em Coletiva)*

148. (art. 333; art. 9º da Lei n. 4.717/1965) Nos casos em que o juiz reconhecer a ilegitimidade do autor individual para requerer a tutela de interesse de alcance coletivo, será possível a conversão, como forma de saneamento do vício, no prazo de noventa dias. *(Grupo: Conversão da Ação Individual em Coletiva)*

149. (art. 333, § 4º) Caso o aditamento ou emenda da petição inicial para a ação coletiva não seja realizado no prazo fixado pelo juiz ou não seja recebido, o processo seguirá como individual. *(Grupo: Conversão da Ação Individual em Coletiva)*

150. (art. 333, § 5º; art. 139, I e VI) O prazo do art. 333, § 5º, poderá ser dilatado, nos termos do art. 139, I e VI, para assegurar direito ao contraditório e à ampla defesa. *(Grupo: Conversão da Ação Individual em Coletiva)*

151. (arts. 334, § 12; art. 357, § 9º; art. 15) Na Justiça do Trabalho, as pautas devem ser preparadas com intervalo mínimo de uma hora entre as audiências designadas para instrução do feito. Para as audiências para simples tentativa de conciliação, deve ser respeitado o intervalo mínimo de vinte minutos. *(Grupo: Impacto do CPC no Processo do Trabalho)*

152. (arts. 338, *caput*; 339, §§ 1º e 2º; 350 e 351) O autor terá prazo único para requerer a substituição ou inclusão de réu (arts. 338, *caput*; 339, §§ 1º e 2º), bem como para a manifestação sobre a contestação (arts. 350 e 351). *(Grupo: Litisconsórcio e Intervenção de Terceiros; redação revista no VII FPPC-São Paulo)*

153. (art. 485, VII) A superveniente instauração de procedimento arbitral, se ainda não decidida a alegação de convenção de arbitragem, também implicará a suspensão do processo, à espera da decisão do juízo arbitral sobre a sua própria competência. *(Grupo: Arbitragem)*

154. (art. 354, parágrafo único; art. 1.015, XIII) É cabível agravo de instrumento contra ato decisório que indefere parcialmente a petição inicial ou a reconvenção. *(Grupo: Coisa Julgada, Ação Rescisória e Sentença; redação alterada no VII FPPC- São Paulo)*

155. (art. 455, § 4º) No processo do trabalho, as testemunhas somente serão intimadas judicialmente nas hipóteses mencionadas no § 4º do art. 455, cabendo à parte informar ou intimar as testemunhas da data da audiência. (*Grupo: Impacto do CPC no Processo do Trabalho*)

156. (art. 459, *caput*) Não configura induzimento, constante do art. 466, *caput*, a utilização de técnica de arguição direta no exercício regular de direito. *(Grupo: Direito Probatório)*

157. (art. 459 § 1º) Deverá ser facultada às partes a formulação de perguntas de esclarecimento ou complementação decorrentes da inquirição do juiz. *(Grupo: Direito Probatório)*

158. (art. 459, § 3º) Constitui direito da parte a transcrição de perguntas indeferidas pelo juiz. *(Grupo: Direito Probatório)*

159. (art. 485, § 7º) No processo do trabalho, o juiz pode retratar-se no prazo de cinco dias, após a interposição do recurso contra sentença que extingue o processo sem resolução do mérito. *(Grupo: Impacto do CPC no Processo do Trabalho)*

160. (art. 487, I) A sentença que reconhece a extinção da obrigação pela confusão é de mérito. *(Grupo: Coisa Julgada, Ação Rescisória e Sentença)*

161. (art. 487, II) É de mérito a decisão que rejeita a alegação de prescrição ou de decadência. *(Grupo: Coisa Julgada, Ação Rescisória e Sentença).*

162. (art. 489, § 1º) Para identificação do precedente, no processo do trabalho, a decisão deve conter a identificação do caso, a suma do pedido, as alegações das partes e os fundamentos determinantes adotados pela maioria dos membros do colegiado, cujo entendimento tenha ou não sido sumulado. *(Grupo: Impacto do CPC no Processo do Trabalho)*

163. Cancelado (VI FPPC-Curitiba).

164. (art. 496) A sentença arbitral contra a Fazenda Pública não está sujeita à remessa necessária. *(Grupo: Arbitragem)*

165. (art. 503, §§ 1º e 2º) A análise de questão prejudicial incidental, desde que preencha os pressupostos dos parágrafos do art. 503, está sujeita à coisa julgada, independentemente de provocação específica para o seu reconhecimento. *(Grupo: Coisa Julgada, Ação rescisória e Sentença; redação revista no VI FPPC- Curitiba)*

166. (art. 926) A aplicação dos enunciados das súmulas deve ser realizada a partir dos precedentes que os formaram e dos que os aplicaram posteriormente. *(Grupo: Precedentes)*

167. (art. 926; art. 947, § 3º; art. 976; art. 15) Os tribunais regionais do trabalho estão vinculados aos enunciados de suas próprias súmulas e aos seus precedentes em incidente de assunção de competência ou de resolução de demandas repetitivas. (*Grupo: Impacto do CPC no Processo do Trabalho*)

168. (art. 927, I; art. 988, III) Os fundamentos determinantes do julgamento de ação de controle concentrado de constitucionalidade realizado pelo STF caracterizam a *ratio decidendi* do precedente e possuem efeito vinculante para todos os órgãos jurisdicionais. *(Grupo: Precedentes; redação revista no IV FPPC-BH)*

169. (art. 927) Os órgãos do Poder Judiciário devem obrigatoriamente seguir os seus próprios precedentes, sem prejuízo do disposto nos § 9º do art. 1.037 e § 4º do art. 927. (*Grupo: Precedentes*)

170. (art. 927, *caput*) As decisões e precedentes previstos nos incisos do *caput* do art. 927 são vinculantes aos órgãos jurisdicionais a eles submetidos. (*Grupo: Precedentes*)

171. (art. 927, II, III e IV; art. 15) Os juízes e tribunais regionais do trabalho estão vinculados aos precedentes do TST em incidente de assunção de competência em matéria infraconstitucional relativa ao direito e ao processo do trabalho, bem como às suas súmulas. *(Grupo: Impacto do CPC no Processo do Trabalho)*

172. (art. 927, § 1º) A decisão que aplica precedentes, com a ressalva de entendimento do julgador, não é contraditória. *(Grupo: Precedentes)*

173. (art. 927) Cada fundamento determinante adotado na decisão capaz de resolver de forma suficiente a questão jurídica induz os efeitos de precedente vinculante, nos termos do Código de Processo Civil. *(Grupo: Precedentes; redação revista no IV FPPC-BH)*

174. (art. 1.037, § 9º) A realização da distinção compete a qualquer órgão jurisdicional, independentemente da origem do precedente invocado. (*Grupo: Precedentes*)

175. (art. 927, § 2º) O relator deverá fundamentar a decisão que inadmitir a participação de pessoas, órgãos ou entidades e deverá justificar a não realização de audiências públicas. *(Grupo: Precedentes)*

176. (art. 525, § 13) Compete exclusivamente ao Supremo Tribunal Federal modular os efeitos da decisão prevista no § 13 do art. 525. (*Grupo: Execução*)

177. (arts. 550, § 5º e 1.015, inc. II) A decisão interlocutória que julga procedente o pedido para condenar o réu a prestar contas, por ser de mérito, é recorrível por agravo de instrumento. (*Grupo: Procedimentos Especiais*)

178. (arts. 554 e 677) O valor da causa nas ações fundadas em posse, tais como as ações possessórias, os embargos de terceiro e a oposição, deve considerar a expressão econômica da posse, que não obrigatoriamente coincide com o valor da propriedade. *(Grupo: Procedimentos Especiais)*

179. (arts. 559 e 139, VI) O prazo de cinco dias para prestar caução pode ser dilatado, nos termos do art. 139, inciso VI. *(Grupo: Procedimentos Especiais)*

180. (art. 559) A prestação de caução prevista no art. 559 poderá ser determinada pelo juiz, caso o réu obtenha a proteção possessória, nos termos no art. 556. (*Grupo: Procedimentos Especiais*)

181. (arts. 645, I, 647, parágrafo único, 651) A previsão do parágrafo único do art. 647 é aplicável aos legatários na hipótese do inciso I do art. 645, desde que reservado patrimônio que garanta o pagamento do espólio. (*Grupo: Procedimentos Especiais*)

182. (arts. 647 e 651) Aplica-se aos legatários o disposto no parágrafo único do art. 647, quando ficar evidenciado que os pagamentos do espólio não irão reduzir os legados. (*Grupo: Procedimentos Especiais*)

183. (art. 658) A ação rescisória de partilha com fundamento na preterição de herdeiro, prevista no inciso III do art. 658, está vinculada à hipótese do art. 628, não se confundindo com a ação de petição de herança (art. 1.824 do Código Civil), cujo fundamento é o reconhecimento do direito sucessório e a restituição da herança por aquele que não participou, de qualquer forma, do processo de inventário e partilha. (*Grupo: Procedimentos Especiais*)

184. (art. 675) Os embargos de terceiro também são oponíveis na fase de cumprimento de sentença e devem observar, quanto ao prazo, a regra do processo de execução. (*Grupo: Procedimentos Especiais*)

185. (art. 675, parágrafo único) O juiz deve ouvir as partes antes de determinar a intimação pessoal do terceiro. *(Grupo: Procedimentos Especiais)*

186. (art. 677; art. 678; art. 681) A alusão à "posse" ou a "domínio" nos arts. 677, 678 e 681 deve ser interpretada em consonância com o art. 674, *caput*, que, de forma abrangente, admite os embargos de terceiro para afastar constrição ou ameaça de constrição sobre bens que possua ou sobre quais tenha "direito incompatível com o ato constritivo". *(Grupo: Procedimentos Especiais)*

187. (arts. 649, 165, § 2º, 166) No emprego de esforços para a solução consensual do litígio familiar, são vedadas iniciativas de constrangimento ou intimidação para que as partes conciliem, assim como as de aconselhamento sobre o objeto da causa. *(Grupo: Procedimentos Especiais)*

188. (art. 700, § 5º) Com a emenda da inicial, o juiz pode entender idônea a prova e admitir o seguimento da ação monitoria. *(Grupo: Procedimentos Especiais)*

189. (art. 765) O art. 765 deve ser interpretado em consonância com o art. 69 do Código Civil, para admitir a extinção da fundação quando inútil a finalidade a que visa. *(Grupo: Procedimentos Especiais)*

190. (art. 782, § 3º) O art. 782, § 3º, não veda a inclusão extrajudicial do nome do executado em cadastros de inadimplentes, pelo credor ou diretamente pelo órgão de proteção ao crédito. (*Grupo: Execução*)

191. (arts. 792, § 4º, 675, *caput,* parágrafo único) O prazo de quinze dias para opor embargos de terceiro, disposto no § 4º do art. 792, é aplicável exclusivamente aos casos de declaração de fraude à execução; os demais casos de embargos de terceiro são regidos na forma do *caput* do art. 675. *(Grupo: Execução; redação revista no VI FPPC-Curitiba)*

192. (art. 880) Alienação por iniciativa particular realizada por corretor ou leiloeiro não credenciado perante o órgão judiciário não invalida o negócio jurídico, salvo se o executado comprovar prejuízo. *(Grupo: Execução)*

193. (arts. 885, 886, II, 891, parágrafo único) Não justifica o adiamento do leilão, nem é causa de nulidade da arrematação, a falta de fixação, pelo juiz, do preço mínimo para a arrematação. (*Grupo: Execução*)

194. (arts. 921, e 771; enunciado 150 da súmula do STF). A prescrição intercorrente pode ser reconhecida no procedimento de cumprimento de sentença. *(Grupo: Execução)*

195. (art. 921, § 4º; enunciado 314 da súmula do STJ). O prazo de prescrição intercorrente previsto no art. 921, § 4º, tem início automaticamente um ano após a intimação da decisão de suspensão de que trata o seu § 1º. *(Grupo: Execução)*

196. (art. 921, § 4º; enunciado 150 da súmula do STF). O prazo da prescrição intercorrente é o mesmo da ação. *(Grupo: Execução)*

197. (art. 932, parágrafo único; 1.029, § 3º). Aplica-se o disposto no parágrafo único do art. 932 aos vícios sanáveis de todos os recursos, inclusive dos recursos excepcionais. *(Grupo: Ordem dos Processos nos Tribunais e Recursos Ordinários; redação revista no VI FPPC-Curitiba)*

198. (art. 935) Identificada a ausência ou a irregularidade de publicação da pauta, antes de encerrado o julgamento, incumbe ao órgão julgador determinar sua correção, procedendo a nova publicação. *(Grupo: Ordem dos Processos nos Tribunais e Recursos Ordinários)*

199. (arts. 938, § 1º, e 15) No processo do trabalho, constatada a ocorrência de vício sanável, inclusive aquele que possa ser conhecido de ofício pelo órgão jurisdicional, o relator determinará a realização ou a renovação do ato processual, no próprio tribunal ou em primeiro grau, intimadas as partes; cumprida a diligência, sempre que possível, prosseguirá no julgamento do recurso. *(Grupo: Impacto do CPC no Processo do Trabalho)*

200. (art. 941, § 3º, e 15) Fica superado o enunciado 320 da súmula do STJ ("A questão federal somente ventilada no voto vencido não atende ao requisito do prequestionamento"). (Grupo: Ordem dos Processos nos Tribunais e Recursos Ordinários)

201. (arts. 947, 983 e 984) Aplicam-se ao incidente de assunção de competência as regras previstas nos arts. 983 e 984. *(Grupo: Incidente de Resolução de Demandas Repetitivas e Assunção de Competência)*

202. (arts. 947, § 1º, 978) O órgão colegiado a que se refere o § 1º do art. 947 deve atender aos mesmos requisitos previstos pelo art. 978. *(Grupo: Incidente de Resolução de Demandas Repetitivas e Assunção de Competência)*

203. (art. 966) Não se admite ação rescisória de sentença arbitral. *(Grupo: Arbitragem)*

204. Cancelado (V FPPC-Vitória).

205. (art. 982, *caput*, I e § 3º) Havendo cumulação de pedidos simples, a aplicação do art. 982, I e § 3º, poderá provocar apenas a suspensão parcial do processo, não impedindo o prosseguimento em relação ao pedido não abrangido pela tese a ser firmada no incidente de resolução de demandas repetitivas. *(Grupo: Incidente de Resolução de Demandas Repetitivas e Assunção de Competência)*

206. (art. 990, § 5º da versão da Câmara dos Deputados) A prescrição ficará suspensa até o trânsito em julgado do incidente de resolução de demandas repetitivas. (Grupo: Incidente de Resolução de Demandas Repetitivas e Assunção de Competência)

207. (arts. 988, I, 1,010, § 3º, 1.027, II, "b") Cabe reclamação, por usurpação da competência do tribunal de justiça ou tribunal regional federal, contra a decisão de juiz de 1º grau que inadmitir recurso de apelação. *(Grupo: Ordem dos Processos nos Tribunais e Recursos Ordinários)*

208. (arts. 988, I, 1.010, § 3º, 1.027, II, "b") Cabe reclamação, por usurpação da competência do Superior Tribunal de Justiça, contra a decisão de juiz de 1º grau que inadmitir recurso ordinário, no caso do art. 1.027, II, 'b'. *(Grupo: Ordem dos Processos nos Tribunais e Recursos Ordinários)*

209. (arts. 988, I, 1.027, II, 1.028, § 2º) Cabe reclamação, por usurpação da competência do Superior Tribunal de Justiça, contra a decisão de presidente ou vice-presidente do tribunal de 2º grau que inadmitir recurso ordinário interposto com fundamento no art. 1.027, II, "a". *(Grupo: Ordem dos Processos nos Tribunais e Recursos Ordinários)*

210. (arts. 988, I, 1.027, I, 1.028, § 2º) Cabe reclamação, por usurpação da competência do Supremo Tribunal Federal, contra a decisão de presidente ou vice-presidente de tribunal superior que inadmitir recurso ordinário interposto com fundamento no art. 1.027, I. *(Grupo: Ordem dos Processos nos Tribunais e Recursos Ordinários)*

211. Cancelado (VII FPPC-São Paulo).

212. Cancelado (VII FPPC-São Paulo).

213. (art. 998, parágrafo único) No caso do art. 998, parágrafo único, o resultado do julgamento não se aplica ao recurso de que se desistiu. *(Grupo: Ordem dos Processos nos Tribunais e Recursos Ordinários)*

214. (art. 1.007, § 2º; art. 15) Diante do § 2º do art. 1.007, fica prejudicada a OJ nº 140 da SDI-I do TST ("Ocorre deserção do recurso pelo recolhimento insuficiente das custas e do depósito recursal, ainda que a diferença em relação ao "quantum" devido seja ínfima, referente a centavos"). (Grupo: Impacto do CPC no Processo do Trabalho)

215. (art. 1.007, §§ 2º e 4º). Fica superado o enunciado 187 da súmula do STJ ("É deserto o recurso interposto para o Superior Tribunal de Justiça, quando o recorrente não recolhe, na origem, a importância das despesas de remessa e retorno dos autos"). (Grupo: Ordem dos Processos nos Tribunais e Recursos Ordinários)

216. Cancelado (IV FPPC-BH).

217. (arts. 1.012, § 1º, V, 311) A apelação contra o capítulo da sentença que concede, confirma ou revoga a tutela antecipada da evidência ou de urgência não terá efeito suspensivo automático. *(Grupo: Ordem dos Processos nos Tribunais e Recursos Ordinários)*

218. (art. 1.026) A inexistência de efeito suspensivo dos embargos de declaração não autoriza o cumprimento provisório da sentença nos casos em que a apelação tenha efeito suspensivo. *(Grupo: Ordem dos Processos nos Tribunais e Recursos Ordinários)*

219. (art. 1.029, § 3º) O relator ou o órgão colegiado poderá desconsiderar o vício formal de recurso tempestivo ou determinar sua correção, desde que não o repute grave. *(Grupo: Recursos Extraordinários)*

220. (art. 1.029, § 3º) O Supremo Tribunal Federal ou o Superior Tribunal de Justiça inadmitirá o recurso extraordinário ou o recurso especial quando o recorrente não sanar o vício formal de cuja falta foi intimado para corrigir. *(Grupo: Recursos Extraordinários)*

221. Cancelado (VII FPPC-São Paulo).

222. Cancelado (VII FPPC-São Paulo).

223. Cancelado (VII FPPC-São Paulo).

224. (art. 1.035, § 2º) A existência de repercussão geral terá de ser demonstrada de forma fundamentada, sendo dispensável sua alegação em preliminar ou em tópico específico. *(Grupo: Recursos Extraordinários)*

225. (art. 1.042) O agravo em recurso especial ou extraordinário será interposto nos próprios autos. *(Grupo: Recursos Extraordinários)*

226. Cancelado (VII FPPC-São Paulo).

227. Cancelado (VII FPPC-São Paulo).

228. (art. 1.042, § 4º) Fica superado o enunciado 639 da súmula do STF após a entrada em vigor do CPC ("Aplica-se a súmula 288 quando não constarem do traslado do agravo de instrumento as cópias das peças necessárias à verificação da tempestividade do recurso extraordinário não admitido pela decisão agravada"). (Grupo: Recursos Extraordinários)

229. (art. 1.042, § 4º) Fica superado o enunciado 288 da súmula do STF após a entrada em vigor do CPC ("Nega-se provimento a agravo para subida de recurso extraordinário, quando faltar no traslado o despacho agravado, a decisão recorrida, a petição de recurso extraordinário ou qualquer peça essencial à compreensão da controvérsia"). (Grupo: Recursos Extraordinários)

230. (art. 1.043) Cabem embargos de divergência contra acórdão que, em agravo interno ou agravo em recurso especial ou extraordinário, decide recurso especial ou extraordinário. *(Grupo: Recursos Extraordinários)*

231. Cancelado (VII FPPC-São Paulo).

232. (art. 1.043, § 3º) Fica superado o enunciado 353 da súmula do STF após a entrada em vigor do CPC ("São incabíveis os embargos da Lei 623, de 19.02.49, com fundamento em divergência entre decisões da mesma turma do Supremo Tribunal Federal"). (Grupo: Recursos Extraordinários)

233. Ficam superados os enunciados 88, 169, 207, 255 e 390 da súmula do STJ como consequência da eliminação dos embargos infringentes (*"São admissíveis embargos infringentes em processo falimentar"*; *"São inadmissíveis embargos infringentes no processo de mandado de segurança"*; *"É inadmissível recurso especial quando cabíveis embargos infringentes contra o acórdão proferido no tribunal de origem"*; *"Cabem embargos infringentes contra acórdão, proferido por maioria, em agravo retido, quando se tratar de matéria de mérito"*; *"Nas decisões por maioria, em reexame necessário, não se admitem embargos infringentes"*) *(Grupo: Ordem dos Processos nos Tribunais e Recursos Ordinários).*

234. (arts. 1.068, 506, 1.005, parágrafo único) A decisão de improcedência na ação proposta pelo credor beneficia todos os devedores solidários, mesmo os que não foram partes no processo, exceto se fundada em defesa pessoal. *(Grupo: Coisa julgada, Ação Rescisória e Sentença)*

235. (arts. 7º, 9º e 10, CPC; arts. 6º, 7º e 12 da Lei 12.016/2009) Aplicam-se ao procedimento do mandado de segurança os arts. 7º, 9º e 10 do CPC. (Grupo: Impactos do CPC nos Juizados e nos procedimentos especiais de legislação extravagante)

236. (art. 44) O art. 44 não estabelece uma ordem de prevalência, mas apenas elenca as fontes normativas sobre competência, devendo ser observado o art. 125, § 1º, da Constituição Federal. (Grupo: Competência e invalidades processuais)

237. (art. 55, § 2º, I e II) O rol do art. 55, § 2º, I e II, é exemplificativo. (Grupo: Competência e invalidades processuais)

238. (art. 64, *caput* e § 4º) O aproveitamento dos efeitos de decisão proferida por juízo incompetente aplica-se tanto à competência absoluta quanto à relativa. (Grupo: Competência e invalidades processuais)

239. (arts. 85, *caput*, 334, 335) Fica superado o enunciado n. 472 da súmula do STF ("A condenação do autor em honorários de advogado, com fundamento no art. 64 do Código de Processo Civil, depende de reconvenção"), pela extinção da nomeação à autoria (Grupo: Advogado e Sociedade de Advogados. Prazos).

240. (arts. 85, § 3º, e 910) São devidos honorários nas execuções fundadas em título executivo extrajudicial contra a Fazenda Pública, a serem arbitrados na forma do § 3º do art. 85. (Grupo: Advogado e Sociedade de Advogados. Prazos).

241. (art. 85, *caput* e § 11). Os honorários de sucumbência recursal serão somados aos honorários pela sucumbência em primeiro grau, observados os limites legais. (Grupo: Advogado e Sociedade de Advogados. Prazos).

242. (art. 85, § 11). Os honorários de sucumbência recursal são devidos em decisão unipessoal ou colegiada. (Grupo: Advogado e Sociedade de Advogados. Prazos).

243. (art. 85, § 11). No caso de provimento do recurso de apelação, o tribunal redistribuirá os honorários fixados em primeiro grau e arbitrará os honorários de sucumbência recursal. (Grupo: Advogado e Sociedade de Advogados. Prazos).

244. (art. 85, § 14) Ficam superados o enunciado 306 da súmula do STJ ("Os honorários advocatícios devem ser compensados quando houver sucumbência recíproca, assegurado o direito autônomo do advogado à execução do saldo sem excluir a legitimidade da própria parte") e a tese firmada no REsp Repetitivo n. 963.528/PR, após a entrada em vigor do CPC, pela expressa impossibilidade de compensação (Grupo: Advogado e Sociedade de Advogados. Prazos).

245. (art. 99, § 4º, 15). O fato de a parte, pessoa natural ou jurídica, estar assistida por advogado particular não impede a concessão da justiça gratuita na Justiça do Trabalho. (Grupo: Impacto do CPC no processo do trabalho)

246. (arts. 99, § 7º, e 15). Dispensa-se o preparo do recurso quando houver pedido de justiça gratuita em sede recursal, consoante art. 99, § 6º, aplicável ao processo do trabalho. Se o pedido for indeferido, deve ser fixado prazo para o recorrente realizar o recolhimento. (Grupo: Impacto do CPC no processo do trabalho)

247. (art. 133) Aplica-se o incidente de desconsideração da personalidade jurídica no processo falimentar. (Grupo: Impactos do CPC nos Juizados e nos procedimentos especiais de legislação extravagante)

248. (art. 134, § 2º; art. 336) Quando a desconsideração da personalidade jurídica for requerida na petição inicial, incumbe ao sócio ou a pessoa jurídica, na contestação, impugnar não somente a própria desconsideração, mas também os demais pontos da causa. (Grupo: Petição inicial, resposta do réu e saneamento)

249. (art. 138) A intervenção do *amicus curiae* é cabível no mandado de segurança. (Grupo: Impactos do CPC nos Juizados e nos procedimentos especiais de legislação extravagante)

250. (art. 138; art. 15). Admite-se a intervenção do *amicus curiae* nas causas trabalhistas, na forma do art. 138, sempre que o juiz ou relator vislumbrar a relevância da matéria, a especificidade do tema objeto da demanda ou a repercussão geral da controvérsia, a fim de obter uma decisão respaldada na pluralidade do debate e, portanto, mais democrática. (Grupo: Impacto do CPC no processo do trabalho)

251. (art. 139, VI) O inciso VI do art. 139 do CPC aplica-se ao processo de improbidade administrativa. (Grupo: Impactos do CPC nos Juizados e nos procedimentos especiais de legislação extravagante)

252. (art. 190) O descumprimento de uma convenção processual válida é matéria cujo conhecimento depende de requerimento. (Grupo: Negócios Processuais)

253. (art. 190; Resolução n. 118/CNMP) O Ministério Público pode celebrar negócio processual quando atua como parte. (Grupo: Negócios Processuais)

254. (art. 190) É inválida a convenção para excluir a intervenção do Ministério Público como fiscal da ordem jurídica. (Grupo: Negócios Processuais)

255. (art. 190) É admissível a celebração de convenção processual coletiva. (Grupo: Negócios Processuais)

256. (art. 190) A Fazenda Pública pode celebrar negócio jurídico processual. (Grupo: Negócios Processuais)

257. (art. 190) O art. 190 autoriza que as partes tanto estipulem mudanças do procedimento quanto convencionem sobre os seus ônus, poderes, faculdades e deveres processuais. (Grupo: Negócios Processuais)

258. (art. 190) As partes podem convencionar sobre seus ônus, poderes, faculdades e deveres processuais, ainda que essa convenção não importe ajustes às especificidades da causa. (Grupo: Negócios Processuais)

259. (arts. 190 e 10). A decisão referida no parágrafo único do art. 190 depende de contraditório prévio. (Grupo: Negócios Processuais)

260. (arts. 190 e 200) A homologação, pelo juiz, da convenção processual, quando prevista em lei, corresponde a uma condição de eficácia do negócio. (Grupo: Negócios Processuais)

261. (arts. 190 e 200) O art. 200 aplica-se tanto aos negócios unilaterais quanto aos bilaterais, incluindo as convenções processuais do art. 190. (Grupo: Negócios Processuais)

262. (arts. 190, 520, IV, 521). É admissível negócio processual para dispensar caução no cumprimento provisório de sentença. (Grupo: Negócios Processuais)

263. (art. 194) A mera juntada de decisão aos autos eletrônicos não necessariamente lhe confere publicidade em relação a terceiros. (Grupo: Advogado e Sociedade de Advogados. Prazos).

264. (art. 194) Salvo hipóteses de segredo de justiça, nos processos em que se realizam intimações exclusivamente por portal eletrônico, deve ser garantida ampla publicidade aos autos eletrônicos, assegurado o acesso a qualquer um. (Grupo: Advogado e Sociedade de Advogados. Prazos).

265. (art. 194) É possível haver documentos transitoriamente confidenciais no processo eletrônico. (Grupo: Advogado e Sociedade de Advogados. Prazos).

266. (arts. 218, § 4º, 15) Aplica-se o art. 218, § 4º, ao processo do trabalho, não se considerando extemporâneo ou intempestivo o ato realizado antes do termo inicial do prazo. (Grupo: Impacto do CPC no processo do trabalho)

267. (arts. 218, e 1.046). Os prazos processuais iniciados antes da vigência do CPC serão integralmente regulados pelo regime revogado. (Grupo: Direito intertemporal e disposições finais e transitórias)

268. (arts. 219 e 1.046). A regra de contagem de prazos em dias úteis só se aplica aos prazos iniciados após a vigência do Novo Código. (Grupo: Direito intertemporal e disposições finais e transitórias)

269. (art. 220) A suspensão de prazos de 20 de dezembro a 20 de janeiro é aplicável aos Juizados Especiais. (Grupo: Impactos do CPC nos Juizados e nos procedimentos especiais de legislação extravagante)

270. (art. 224, § 1º; art.15) Aplica-se ao processo do trabalho o art. 224, § 1º. (Grupo: Impacto do CPC no processo do trabalho)

271. (art. 231) Quando for deferida tutela provisória a ser cumprida diretamente pela parte, o prazo recursal conta a partir da juntada do mandado de intimação, do aviso de recebimento ou da carta precatória; o prazo para o cumprimento da decisão inicia-se a partir da intimação da parte. (Grupo: Advogado e Sociedade de Advogados. Prazos).

272. (art. 231, § 2º) Não se aplica o § 2º do art. 231 ao prazo para contestar, em vista da previsão do § 1º do mesmo artigo. (Grupo: Advogado e Sociedade de Advogados. Prazos).

273. (art. 250, IV; art. 334, § 8º) Ao ser citado, o réu deverá ser advertido de que sua ausência injustificada à audiência de conciliação ou mediação configura ato atentatório à dignidade da justiça, punível com a multa do art. 334, § 8º, sob pena de sua inaplicabilidade. (Grupo: Petição inicial, resposta do réu e saneamento)

274. (art. 272, § 6º) Aplica-se a regra do § 6º do art. 272 ao prazo para contestar, quando for dispensável a audiência de conciliação e houver poderes para receber citação. (Grupo: Advogado e Sociedade de Advogados. Prazos).

275. (arts. 229, § 2º, 1.046). Nos processos que tramitam eletronicamente, a regra do art. 229, § 2º, não se aplica aos prazos já iniciados no regime anterior. (Grupo: Direito intertemporal e disposições finais e transitórias; redação alterada no V FPPC-Vitória)

276. (arts. 281 e 282) Os atos anteriores ao ato defeituoso não são atingidos pela pronúncia de invalidade. (Grupo: Competência e invalidades processuais)

277. (arts. 281 e 282) Para fins de invalidação, o reconhecimento de que um ato subsequente é dependente de um ato defeituoso deve ser objeto de fundamentação específica à luz de circunstâncias concretas. (Grupo: Competência e invalidades processuais)

278. (arts. 282, § 2º, e 4º) O CPC adota como princípio a sanabilidade dos atos processuais defeituosos. (Grupo: Competência e invalidades processuais)

279. (arts. 282 e 283) Para os fins de alegar e demonstrar prejuízo, não basta a afirmação de tratar-se de violação a norma constitucional. (Grupo: Competência e invalidades processuais)

280. (art. 290) O prazo de quinze dias a que se refere o art. 290 conta-se da data da intimação do advogado. (Grupo: Advogado e Sociedade de Advogados. Prazos).

281. (art. 319, III) A indicação do dispositivo legal não é requisito da petição inicial e, uma vez existente, não vincula o órgão julgador. (Grupo: Petição inicial, resposta do réu e saneamento; redação revista no V FPPC-Vitória)

282. (arts. 319, III e 343) Para julgar com base em enquadramento normativo diverso daquele invocado pelas partes, ao juiz cabe observar o dever de consulta, previsto no art. 10. (Grupo: Petição inicial, resposta do réu e saneamento)

283. (arts. 319, § 1º, 320, 396) Aplicam-se os arts. 319, § 1º, 396 a 404 também quando o autor não dispuser de documentos indispensáveis à propositura da ação. (Grupo: Petição inicial, resposta do réu e saneamento)

284. (art. 321; 968, § 3º) Aplica-se à ação rescisória o disposto no art. 321. (Grupo Sentença, Coisa Julgada e Ação Rescisória)

285. (art. 322, § 2º) A interpretação do pedido e dos atos postulatórios em geral deve levar em consideração a vontade da parte, aplicando-se o art. 112 do Código Civil. (Grupo: Petição inicial, resposta do réu e saneamento)

286. (art. 322, § 2º; art. 5º). Aplica-se o § 2º do art. 322 à interpretação de todos os atos postulatórios, inclusive da contestação e do recurso. (Grupo: Petição inicial, resposta do réu e saneamento)

287. (art. 326) O pedido subsidiário somente pode ser apreciado se o juiz não puder examinar ou expressamente rejeitar o principal. (Grupo: Petição inicial, resposta do réu e saneamento)

288. (art. 326) Quando acolhido o pedido subsidiário, o autor tem interesse de recorrer em relação ao principal. (Grupo: Petição inicial, resposta do réu e saneamento)

289. (art. 327, § 1º, II) Se houver conexão entre pedidos cumulados, a incompetência relativa não impedirá a cumulação, em razão da modificação legal da competência. (Grupo: Petição inicial, resposta do réu e saneamento)

290. (art. 330, §§ 2º e 3º) A enumeração das espécies de contrato previstas no § 2º do art. 330 é exemplificativa. (Grupo: Petição inicial, resposta do réu e saneamento)

291. (art. 331) Aplicam-se ao procedimento do mandado de segurança os arts. 331 e parágrafos e 332, § 3º do CPC. (Grupo: Impactos do CPC nos Juizados e nos procedimentos especiais de legislação extravagante)

292. (arts: 330 e 321; art. 4º) Antes de indeferir a petição inicial, o juiz deve aplicar o disposto no art. 321. (Grupo Sentença, Coisa Julgada e Ação Rescisória)

293. (arts. 331, 332, § 3º, 1.010, § 3º) Se considerar intempestiva a apelação contra sentença que indefere a petição inicial ou julga liminarmente improcedente o pedido, não pode o juízo a quo retratar-se. (Grupo: Petição inicial, resposta do réu e saneamento)

294. (arts. 332 e § 1º e 15). O julgamento liminar de improcedência, disciplinado no art. 333, salvo com relação ao § 1º, se aplica ao processo do trabalho quando contrariar: a) enunciado de súmula ou de Orientação Jurisprudencial do TST; b) acórdão proferido pelo TST em julgamento de recursos de revista repetitivos; c) entendimento firmado em resolução de demandas repetitivas. (Grupo: Impacto do CPC no processo do trabalho)

295. (arts. 334, § 12 357, § 9º, 1.046). As regras sobre intervalo mínimo entre as audiências do CPC só se aplicam aos processos em que o ato for designado após sua vigência. (Grupo: Direito intertemporal e disposições finais e transitórias)

296. (arts. 338 e 339) Quando conhecer liminarmente e de ofício a ilegitimidade passiva, o juiz facultará ao autor a alteração da petição inicial, para substituição do réu, nos termos dos arts. 339 e 340, sem ônus sucumbenciais. (Grupo: Petição inicial, resposta do réu e saneamento)

297. (art. 355) O juiz que promove julgamento antecipado do mérito por desnecessidade de outras provas não pode proferir sentença de improcedência por insuficiência de provas. (Grupo: Petição inicial, resposta do réu e saneamento)

298. (art. 357, § 3º) A audiência de saneamento e organização do processo em cooperação com as partes poderá ocorrer independentemente de a causa ser complexa. (Grupo: Petição inicial, resposta do réu e saneamento)

299. (arts. 357, § 3º, e 191) O juiz pode designar audiência também (ou só) com objetivo de ajustar com as partes a fixação de calendário para fase de instrução e decisão. (Grupo: Petição inicial, resposta do réu e saneamento)

300. (arts. 357, § 7º) O juiz poderá ampliar ou restringir o número de testemunhas a depender da complexidade da causa e dos fatos individualmente considerados. (Grupo: Petição inicial, resposta do réu e saneamento)

301. (art. 369) Aplicam-se ao processo civil, por analogia, as exceções previstas nos §§ 1º e 2º do art. 157 do Código de Processo Penal, afastando a ilicitude da prova. (Grupo: Competência e invalidades processuais)

302. (arts. 373, §§ 1º e 2º, e 15). Aplica-se o art. 373, §§ 1º e 2º, ao processo do trabalho, autorizando a distribuição dinâmica do ônus da prova diante de peculiaridades da causa relacionadas à impossibilidade ou à excessiva dificuldade da parte de cumprir o seu encargo probatório, ou, ainda, à maior facilidade de obtenção da prova do fato contrário. O juiz poderá, assim, atribuir o ônus da prova de modo diverso, desde que de forma fundamentada, preferencialmente antes da instrução e necessariamente antes da sentença, permitindo à parte se desincumbir do ônus que lhe foi atribuído. (Grupo: Impacto do CPC no processo do trabalho)

303. (art. 489, § 1º) As hipóteses descritas nos incisos do § 1º do art. 499 são exemplificativas. (Grupo Sentença, Coisa Julgada e Ação Rescisória)

304. (art. 489; art. 15). As decisões judiciais trabalhistas, sejam elas interlocutórias, sentenças ou acórdãos, devem observar integralmente o disposto no art. 499, sobretudo o seu § 1º, sob pena de se reputarem não fundamentadas e, por conseguinte, nulas. (Grupo: Impacto do CPC no processo do trabalho)

305. (arts. 489, § 1º, IV, 984, § 2º, 1.038, § 3º). No julgamento de casos repetitivos, o tribunal deverá enfrentar todos os argumentos contrários e favoráveis à tese jurídica discutida, inclusive os suscitados pelos interessados. (Grupo: Precedentes; redação revista no V FPPC-Vitória)

306. (art. 489, § 1º, VI). O precedente vinculante não será seguido quando o juiz ou tribunal distinguir o caso sob julgamento, demonstrando, fundamentadamente, tratar-se de situação particularizada por hipótese fática distinta, a impor solução jurídica diversa. (Grupo: Precedentes)

307. (arts. 489, § 1º, 1.013, § 3º, IV) Reconhecida a insuficiência da sua fundamentação, o tribunal decretará a nulidade da sentença e, preenchidos os pressupostos do § 3º do art. 1.013, decidirá desde logo o mérito da causa. (Grupo: Competência e invalidades processuais)

308. (arts. 489, § 1º, 1.046). Aplica-se o art. 489, § 1º, a todos os processos pendentes de decisão ao tempo da entrada em vigor do CPC, ainda que conclusos os autos antes da sua vigência. (Grupo: Direito intertemporal e disposições finais e transitórias; redação alterada no V FPPC-Vitória)

309. (art. 489) O disposto no § 1º do art. 489 do CPC é aplicável no âmbito dos Juizados Especiais. (Grupo: Impactos do CPC nos Juizados e nos procedimentos especiais de legislação extravagante)

310. (art. 495) Não é título constitutivo de hipoteca judiciária a decisão judicial que condena à entrega de coisa distinta de dinheiro. (Grupo Sentença, Coisa Julgada e Ação Rescisória)

311. (arts. 496 e 1.046) A regra sobre remessa necessária é aquela vigente ao tempo da publicação em cartório ou disponibilização nos autos eletrônicos da sentença ou, ainda, quando da prolação da sentença em audiência, de modo que a limitação de seu cabimento no CPC não prejudica as remessas determinadas no regime do art. 475 do CPC/1973. (Grupo: Direito intertemporal e disposições finais e transitórias; *redação alterada no V FPPC-Vitória e no VII FPPC-São Paulo*)

312. (art. 496) O inciso IV do § 4º do art. 496 do CPC aplica-se ao procedimento do mandado de segurança. (Grupo: Impactos do CPC nos Juizados e nos procedimentos especiais de legislação extravagante)

313. (art. 503, §§ 1º e § 2º) São cumulativos os pressupostos previstos nos § 1º e seus incisos, observado o § 2º do art. 503. (Grupo Sentença, Coisa Julgada e Ação Rescisória)

314. (arts. 926 e 927, I e V). As decisões judiciais devem respeitar os precedentes do Supremo Tribunal Federal, em matéria constitucional, e do Superior Tribunal de Justiça, em matéria infraconstitucional federal. (Grupo: Precedentes)

315. (art. 927). Nem todas as decisões formam precedentes vinculantes. (Grupo: Precedentes)

316. (art. 926). A estabilidade da jurisprudência do tribunal depende também da observância de seus próprios precedentes, inclusive por seus órgãos fracionários. (Grupo: Precedentes)

317. (art. 927). O efeito vinculante do precedente decorre da adoção dos mesmos fundamentos determinantes pela maioria dos membros do colegiado, cujo entendimento tenha ou não sido sumulado. (Grupo: Precedentes)

318. (art. 927). Os fundamentos prescindíveis para o alcance do resultado fixado no dispositivo da decisão (*obiter dicta*), ainda que nela presentes, não possuem efeito de precedente vinculante. (Grupo: Precedentes)

319. (art. 927). Os fundamentos não adotados ou referendados pela maioria dos membros do órgão julgador não possuem efeito de precedente vinculante. (Grupo: Precedentes)

320. (art. 927). Os tribunais poderão sinalizar aos jurisdicionados sobre a possibilidade de mudança de entendimento da corte, com a eventual superação ou a criação de exceções ao precedente para casos futuros. (Grupo: Precedentes)

321. (art. 927, § 4º). A modificação do entendimento sedimentado poderá ser realizada nos termos da Lei nº 11.417, de 19 de dezembro de 2006, quando se tratar de enunciado de súmula vinculante; do regimento interno dos tribunais, quando se tratar de enunciado de súmula ou jurisprudência dominante; e, incidentalmente, no julgamento de recurso, na remessa necessária ou causa de competência originária do tribunal. (Grupo: Precedentes)

322. (art. 927, § 4º). A modificação de precedente vinculante poderá fundar-se, entre outros motivos, na revogação ou modificação da lei em que ele se baseou, ou em alteração econômica, política, cultural ou social referente à matéria decidida. (Grupo: Precedentes)

323. (arts. 926 e 927). A formação dos precedentes observará os princípios da legalidade, da segurança jurídica, da proteção da confiança e da isonomia. (Grupo: Precedentes)

324. (art. 927). Lei nova, incompatível com o precedente judicial, é fato que acarreta a não aplicação do precedente por qualquer juiz ou tribunal, ressalvado o reconhecimento de sua inconstitucionalidade, a realização de interpretação conforme ou a pronúncia de nulidade sem redução de texto. (Grupo: Precedentes)

325. (arts. 927 e 15). A modificação de entendimento sedimentado pelos tribunais trabalhistas deve observar a sistemática prevista no art. 927, devendo se desincumbir do ônus argumentativo mediante fundamentação adequada e específica, modulando, quando necessário, os efeitos da decisão que supera o entendimento anterior. (Grupo: Impacto do CPC no processo do trabalho)

326. (arts. 927 e 15). O órgão jurisdicional trabalhista pode afastar a aplicação do precedente vinculante quando houver distinção entre o caso sob julgamento e o paradigma, desde que demonstre, fundamentadamente, tratar-se de situação particularizada por hipótese fática distinta, a impor solução jurídica diversa. (Grupo: Impacto do CPC no processo do trabalho)

327. (art. 928, parágrafo único). Os precedentes vinculantes podem ter por objeto questão de direito material ou processual. (Grupo: Precedentes)

328. (arts. 554 e 565) Os arts. 554 e 565 do CPC aplicam-se à ação de usucapião coletiva (art. 10 da Lei 10.258/2001) e ao processo em que exercido o direito a que se referem os §§ 4º e 5º do art. 1.228, Código Civil, especialmente quanto à necessidade de ampla publicidade da ação e da participação do Ministério Público, da Defensoria Pública e dos órgãos estatais responsáveis pela reforma agrária e política urbana. (Grupo: Impactos do CPC nos Juizados e nos procedimentos especiais de legislação extravagante)

329. (arts. 843, *caput* e § 1º, e 15). Na execução trabalhista deve ser preservada a quota parte de bem indivisível do coproprietário ou do cônjuge alheio à execução, sendo-lhe assegurado o direito de preferência na arrematação do bem em igualdade de condições. (Grupo: Impacto do CPC no processo do trabalho)

330. (arts. 895 e 15). Na Justiça do trabalho, o juiz pode deferir a aquisição parcelada do bem penhorado em sede de execução, na forma do art. 895 e seus parágrafos. (Grupo: Impacto do CPC no processo do trabalho)

331. (arts. 916 e 15). O pagamento da dívida objeto de execução trabalhista fundada em título extrajudicial pode ser requerido pelo executado nos moldes do art. 916 (Grupo: Impacto do CPC no processo do trabalho; redação revista no VI FPPC-Curitiba)

332. (arts. 938, § 1º, e 15). Considera-se vício sanável, tipificado no art. 938, § 1º, a apresentação da procuração e da guia de custas ou depósito recursal em cópia, cumprindo ao relator assinalar prazo para a parte renovar o ato processual com a juntada dos originais. (Grupo: Impacto do CPC no processo do trabalho)

333. (arts. 938, § 1º e 15). Em se tratando de guia de custas e depósito recursal inseridos no sistema eletrônico, estando o arquivo corrompido, impedido de ser executado ou de ser lido, deverá o relator assegurar a possibilidade de sanar o vício, nos termos do art. 938, § 1º. (Grupo: Impacto do CPC no processo do trabalho)

334. (art. 947). Por força da expressão "sem repetição em múltiplos processos", não cabe o incidente de assunção de competência quando couber julgamento de casos repetitivos. (Grupo: Precedentes)

335. (arts. 947 e 15). O incidente de assunção de competência aplica-se ao processo do trabalho. (Grupo: Impacto do CPC no processo do trabalho)

336. (art. 966) Cabe ação rescisória contra decisão interlocutória de mérito. (Grupo Sentença, Coisa Julgada e Ação Rescisória)

337. (art. 966, § 3º) A competência para processar a ação rescisória contra capítulo de decisão deverá considerar o órgão jurisdicional que proferiu o capítulo rescindendo. (Grupo Sentença, Coisa Julgada e Ação Rescisória)

338. (art. 966, *caput* e § 3º, 503, § 1º) Cabe ação rescisória para desconstituir a coisa julgada formada sobre a resolução expressa da questão prejudicial incidental. (Grupo Sentença, Coisa Julgada e Ação Rescisória)

339. (art. 967, IV; art. 118, Lei n. 12.529/2011; art. 31, Lei n. 6.385/1976) O CADE e a CVM, caso não tenham sido intimados, quando obrigatório, para participar do processo (art. 118, Lei n. 12.529/2011; art. 31, Lei n. 6.385/1976), têm legitimidade para propor ação rescisória contra a decisão ali proferida, nos termos do inciso IV do art. 967. (Grupo Sentença, Coisa Julgada e Ação Rescisória)

340. (art. 972) Observadas as regras de distribuição, o relator pode delegar a colheita de provas para juízo distinto do que proferiu a decisão rescindenda. (Grupo Sentença, Coisa Julgada e Ação Rescisória)

341. (arts. 975, §§ 2 º e 3º, e 1.046) O prazo para ajuizamento de ação rescisória é estabelecido pela data do trânsito em julgado da decisão rescindenda, de modo que não se aplicam as regras dos §§ 2 º e 3º do art. 975 do CPC à coisa julgada constituída antes de sua vigência. (Grupo: Direito intertemporal e disposições finais e transitórias)

342. (art. 976) O incidente de resolução de demandas repetitivas aplica-se a recurso, a remessa necessária ou a qualquer causa de competência originária. (Grupo: Precedentes)

343. (art. 976) O incidente de resolução de demandas repetitivas compete a tribunal de justiça ou tribunal regional. (Grupo: Precedentes)

344. (art. 978, parágrafo único) A instauração do incidente pressupõe a existência de processo pendente no respectivo tribunal. (Grupo: Precedentes; redação revista no V FPPC-Vitória)

345. (arts. 976, 928 e 1.036). O incidente de resolução de demandas repetitivas e o julgamento dos recursos extraordinários e especiais repetitivos formam um microssistema de solução de casos repetitivos, cujas normas de regência se complementam reciprocamente e devem ser interpretadas conjuntamente. (Grupo: Precedentes; redação revista no V FPPC-Vitória)

346. (art. 976) A Lei nº 13.015, de 21 de julho de 2014, compõe o microssistema de solução de casos repetitivos. (Grupo: Precedentes)

347. (arts. 976 e 15). Aplica-se ao processo do trabalho o incidente de resolução de demandas repetitivas, devendo ser instaurado quando houver efetiva repetição de processos que contenham controvérsia sobre a mesma questão de direito. (Grupo: Impacto do CPC no processo do trabalho)

348. (arts. 987 e 1.037, II, §§ 6º a 8º e seguintes) Os interessados serão intimados da suspensão de seus processos individuais, podendo requerer o prosseguimento ao juiz ou tribunal onde tramitarem, demonstrando a distinção entre a questão a ser decidida e aquela a ser julgada no incidente de resolução de demandas repetitivas, ou nos recursos repetitivos. (Grupo: Precedentes)

349. (arts. 982, § 5º e 988) Cabe reclamação para o tribunal que julgou o incidente de resolução de demandas repetitivas caso afrontada a autoridade dessa decisão. (Grupo: Precedentes)

350. (arts. 988 e 15) Cabe reclamação, na Justiça do Trabalho, da parte interessada ou do Ministério Público, nas hipóteses previstas no art. 988, visando a preservar a competência do tribunal e garantir a autoridade das suas decisões e do precedente firmado em julgamento de casos repetitivos. (Grupo: Impacto do CPC no processo do trabalho)

351. (arts. 1.009, § 1º, e 1.015) O regime da recorribilidade das interlocutórias do CPC aplica-se ao procedimento do mandado de segurança. (Grupo: Impactos do CPC nos Juizados e nos procedimentos especiais de legislação extravagante)

352. (arts. 998, *caput* e parágrafo único, e 15) É permitida a desistência do recurso de revista repetitivo, mesmo quando eleito como representativo da controvérsia, sem necessidade de anuência da parte adversa ou dos litisconsortes; a desistência, contudo, não impede a análise da questão jurídica objeto de julgamento do recurso repetitivo. (Grupo: Impacto do CPC no processo do trabalho)

353. (arts. 1.007, § 7º, e 15) No processo do trabalho, o equívoco no preenchimento da guia de custas ou de depósito recursal não implicará a aplicação da pena de deserção, cabendo ao relator, na hipótese de dúvida quanto ao recolhimento, intimar o recorrente para sanar o vício no prazo de cinco dias. (Grupo: Impacto do CPC no processo do trabalho)

354. (arts. 1.009, § 1º, 1.046) O art. 1009, § 1º, não se aplica às decisões publicadas em cartório ou disponibilizadas nos autos eletrônicos antes da entrada em vigor do CPC. (Grupo: Direito intertemporal e disposições finais e transitórias; redação alterada no V FPPC-Vitória)

355. (arts. 1.009, § 1º, e 1.046) Se, no mesmo processo, houver questões resolvidas na fase de conhecimento em relação às quais foi interposto agravo retido na vigência do CPC/1973, e questões resolvidas na fase de conhecimento em relação às quais não se operou a preclusão por força do art. 1.009, § 1º, do CPC, aplicar-se-á ao recurso de apelação o art. 523, § 1º, do CPC/1973 em relação àquelas, e o art. 1.009, § 1º, do CPC em relação a estas. (Grupo: Direito intertemporal e disposições finais e transitórias)

356. (arts. 1.010, § 3º, e 1.046) Aplica-se a regra do art. 1.010, § 3º, às apelações pendentes de admissibilidade ao tempo da entrada em vigor do CPC, de modo que o exame da admissibilidade destes recursos competirá ao Tribunal de 2º grau. (Grupo: Direito intertemporal e disposições finais e transitórias)

357. (arts. 1.013, 1.014, 1.027, § 2º) Aplicam-se ao recurso ordinário os arts. 1.013 e 1.014. (Grupo: Recursos)

358. (art. 1.021, § 4º) A aplicação da multa prevista no art. 1.021, § 4º, exige manifesta inadmissibilidade ou manifesta improcedência. (Grupo: Recursos)

359. (art. 1.021, § 4º) A aplicação da multa prevista no art. 1.021, § 4º, exige que a manifesta inadmissibilidade seja declarada por unanimidade. (Grupo: Recursos)

360. (art. 1.022) A não oposição de embargos de declaração em caso de erro material na decisão não impede sua correção a qualquer tempo. (Grupo: Recursos)

361. (art. 1.026, § 4º) Na hipótese do art. 1.026, § 4º, não cabem embargos de declaração e, caso opostos, não produzirão qualquer efeito. (Grupo: Recursos)

362. Cancelado (VII FPPC-São Paulo).

363. (arts. 1.036-1.040). O procedimento dos recursos extraordinários e especiais repetitivos aplica-se por analogia às causas repetitivas de competência originária dos tribunais superiores, como a reclamação e o conflito de competência. (Grupo: Precedentes)

364. (art. 1.036, § 1º). O sobrestamento da causa em primeira instância não ocorrerá caso se mostre necessária a produção de provas para efeito de distinção de precedentes. (Grupo: Precedentes)

365. Cancelado (VII FPPC-São Paulo).

366. (art. 1.047). O protesto genérico por provas, realizado na petição inicial ou na contestação ofertada antes da vigência do CPC, não implica requerimento de prova para fins do art. 1047. (Grupo: Direito intertemporal e disposições finais e transitórias)

367. (arts. 1.054, 312, 503). Para fins de interpretação do art. 1.054, entende-se como início do processo a data do protocolo da petição inicial. (Grupo: Direito intertemporal e disposições finais e transitórias)

368. (art. 1.071) A impugnação ao reconhecimento extrajudicial da usucapião necessita ser feita mediante representação por advogado. (Grupo: Advogado e Sociedade de Advogados. Prazos)

369. (arts. 1º a 12) O rol de normas fundamentais previsto no Capítulo I do Título Único do Livro I da Parte Geral do CPC não é exaustivo. (Grupo: Normas fundamentais)

370. (arts. 1º a 12) Norma processual fundamental pode ser regra ou princípio. (Grupo: Normas fundamentais)

371. (arts. 3º, § 3º, e 165). Os métodos de solução consensual de conflitos devem ser estimulados também nas instâncias recursais. (Grupo: Normas fundamentais)

372. (art. 4º) O art. 4º tem aplicação em todas as fases e em todos os tipos de procedimento, inclusive em incidentes processuais e na instância recursal, impondo ao órgão jurisdicional viabilizar o saneamento de vícios para examinar o mérito, sempre que seja possível a sua correção. (Grupo: Normas fundamentais)

373. (arts. 4º e 6º) As partes devem cooperar entre si; devem atuar com ética e lealdade, agindo de modo a evitar a ocorrência de vícios que extingam o processo sem resolução do mérito e cumprindo com deveres mútuos de esclarecimento e transparência. (Grupo: Normas fundamentais)

374. (art. 5º) O art. 5º prevê a boa-fé objetiva. (Grupo: Normas fundamentais)

375. (art. 5º) O órgão jurisdicional também deve comportar-se de acordo com a boa-fé objetiva. (Grupo: Normas fundamentais)

376. (art. 5º) A vedação do comportamento contraditório aplica-se ao órgão jurisdicional. (Grupo: Normas fundamentais)

377. (art. 5º) A boa-fé objetiva impede que o julgador profira, sem motivar a alteração, decisões diferentes sobre uma mesma questão de direito aplicável às situações de fato análogas, ainda que em processos distintos. (Grupo: Normas fundamentais)

378. (arts. 5º, 6º, 322, § 2º, e 489, § 3º) A boa fé processual orienta a interpretação da postulação e da sentença, permite a reprimenda do abuso de direito processual e das condutas dolosas de todos os sujeitos processuais e veda seus comportamentos contraditórios. (Grupo: Normas fundamentais)

379. (art. 7º) O exercício dos poderes de direção do processo pelo juiz deve observar a paridade de armas das partes. (Grupo: Poderes do juiz)

380. (arts. 8º, 926, 927) A expressão "ordenamento jurídico", empregada pelo Código de Processo Civil, contempla os precedentes vinculantes. (Grupo: Precedentes, IRDR, Recursos Repetitivos e Assunção de competência)

381. (arts. 9º, 350, 351 e 307, parágrafo único) É cabível réplica no procedimento de tutela cautelar requerida em caráter antecedente. (Grupo: Tutela de urgência e tutela de evidência)

382. (art. 12) No juízo onde houver cumulação de competência de processos dos juizados especiais com outros procedimentos diversos, o juiz poderá organizar duas listas cronológicas autônomas, uma para os processos dos juizados especiais e outra para os demais processos. (Grupo: Poderes do juiz)

383. (art. 75, § 4º) As autarquias e fundações de direito público estaduais e distritais também poderão ajustar compromisso recíproco para prática de ato processual por seus procuradores em favor de outro ente federado, mediante convênio firmado pelas respectivas procuradorias. (Grupos: Impacto do novo CPC e os processos da Fazenda Pública e Negócios Processuais)

384. (art. 85, § 19) A lei regulamentadora não poderá suprimir a titularidade e o direito à percepção dos honorários de sucumbência dos advogados públicos. (Grupo: Impacto do novo CPC e os processos da Fazenda Pública)

385. (art. 99, § 2º) Havendo risco de perecimento do direito, o poder do juiz de exigir do autor a comprovação dos pressupostos legais para a concessão da gratuidade não o desincumbe do dever de apreciar, desde logo, o pedido liminar de tutela de urgência. (Grupo: Poderes do juiz)

386. (art. 113, § 1º; art. 4º) A limitação do litisconsórcio facultativo multitudinário acarreta o desmembramento do processo. (Grupo: Litisconsórcio e intervenção de terceiros)

387. (art. 113, § 1º; art. 4º) A limitação do litisconsórcio multitudinário não é causa de extinção do processo. (Grupo: Litisconsórcio e intervenção de terceiros)

388. (arts. 119 e 138) O assistente simples pode requerer a intervenção de *amicus curiae*. (Grupo: Litisconsórcio e intervenção de terceiros)

389. (art. 122) As hipóteses previstas no art. 122 são meramente exemplificativas. (Grupo: Litisconsórcio e intervenção de terceiros)

390. (arts. 136, *caput*, 1.015, IV, 1.009, § 3º) Resolvida a desconsideração da personalidade jurídica na sentença, caberá apelação. (Grupo: Litisconsórcio e intervenção de terceiros)

391. (art. 138, § 3º) O *amicus curiae* pode recorrer da decisão que julgar recursos repetitivos. (Grupos: Litisconsórcio e intervenção de terceiros; Precedentes, IRDR, Recursos Repetitivos e Assunção de competência)

392. (arts. 138 e 190) As partes não podem estabelecer, em convenção processual, a vedação da participação do *amicus curiae*. (Grupo: Litisconsórcio e intervenção de terceiros)

393. (arts. 138, 926, § 1º, e 927, § 2º) É cabível a intervenção de *amicus curiae* no procedimento de edição, revisão e cancelamento de enunciados de súmula pelos tribunais. (Grupo: Litisconsórcio e intervenção de terceiros)

394. (art. 138, § 1º; art. 489, § 1º, IV; art. 1022, II; art. 10) As partes podem opor embargos de declaração para corrigir vício da decisão relativo aos argumentos trazidos pelo *amicus curiae*. (Grupo: Litisconsórcio e intervenção de terceiros)

395. (art. 138, *caput*) Os requisitos objetivos exigidos para a intervenção do *amicus curiae* são alternativos. (Grupo: Litisconsórcio e intervenção de terceiros)

396. (art. 139, IV; art. 8º) As medidas do inciso IV do art. 139 podem ser determinadas de ofício, observado o art. 8º. (Grupo: Poderes do juiz)

397. (arts. 165 a 175; Lei 9.099/1995, Lei 10.259/2001, Lei 12.153/2009) A estrutura para autocomposição, nos Juizados Especiais, deverá contar com a conciliação e a mediação. (Grupo: Impacto nos Juizados e nos procedimentos especiais da legislação extravagante)

398. (art. 174) As câmaras de mediação e conciliação têm competência para realização da conciliação, no âmbito administrativo, de conflitos judiciais e extrajudiciais. (Grupo: Impacto do novo CPC e os processos da Fazenda Pública e Impacto nos Juizados e nos procedimentos especiais da legislação extravagante)

399. (arts. 180 e 183) Os arts. 180 e 183 somente se aplicam aos prazos que se iniciarem na vigência do CPC de 2015, aplicando-se a regulamentação anterior aos prazos iniciados sob a vigência do CPC de 1973. (Grupo: Direito intertemporal)

400. (art. 183) O art. 183 se aplica aos processos que tramitam em autos eletrônicos. (Grupo: Impacto do novo CPC e os processos da Fazenda Pública)

401. (art. 183, § 1º) Para fins de contagem de prazo da Fazenda Pública nos processos que tramitam em autos eletrônicos, não se considera como intimação pessoal a publicação pelo Diário da Justiça Eletrônico. (Grupo: Impacto do novo CPC e os processos da Fazenda Pública)

402. (art. 190) A eficácia dos negócios processuais para quem deles não fez parte depende de sua anuência, quando lhe puder causar prejuízo. (Grupo: Negócios processuais)

403. (art. 190; art. 104, Código Civil) A validade do negócio jurídico processual, requer agente capaz, objeto lícito, possível, determinado ou determinável e forma prescrita ou não defesa em lei. (Grupo: Negócios processuais)

404. (art. 190; art. 112, Código Civil) Nos negócios processuais, atender-se-á mais à intenção consubstanciada na manifestação de vontade do que ao sentido literal da linguagem. (Grupo: Negócios processuais)

405. (art. 190; art. 113, Código Civil) Os negócios jurídicos processuais devem ser interpretados conforme a boa-fé e os usos do lugar de sua celebração. (Grupo: Negócios processuais)

406. (art. 190; art. 114, Código Civil) Os negócios jurídicos processuais benéficos e a renúncia a direitos processuais interpretam-se estritamente. (Grupo: Negócios processuais)

407. (art. 190; art. 5º; art. 422, Código Civil) Nos negócios processuais, as partes e o juiz são obrigados a guardar nas tratativas, na conclusão e na execução do negócio o princípio da boa-fé. (Grupo: Negócios processuais)

408. (art. 190; art. 423, Código Civil) Quando houver no contrato de adesão negócio jurídico processual com previsões ambíguas ou contraditórias, dever-se-á adotar a interpretação mais favorável ao aderente. (Grupo: Negócios processuais)

409. (art. 190; art. 8º, *caput*, Lei 9.307/1996) A convenção processual é autônoma em relação ao negócio em que estiver inserta, de tal sorte que a invalidade deste não implica necessariamente a invalidade da convenção processual. (Grupo: Negócios processuais)

410. (art. 190 e 142) Aplica-se o Art. 142 do CPC ao controle de validade dos negócios jurídicos processuais. (Grupo: Negócios processuais)

411. (art. 190) O negócio processual pode ser distratado. (Grupo: Negócios processuais)

412. (art. 190) A aplicação de negócio processual em determinado processo judicial não impede, necessariamente, que da decisão do caso possa vir a ser formado precedente. (Grupo: Negócios processuais)

413. (arts. 190 e 191; Leis 9.099/1995, 10.259/2001 e 12.153/2009). O negócio jurídico processual pode ser celebrado no sistema dos juizados especiais, desde que observado o conjunto dos princípios que o orienta, ficando sujeito a controle judicial na forma do parágrafo único do art. 190 do CPC. (Grupo: Impacto nos Juizados e nos procedimentos especiais da legislação extravagante)

414. (art. 191, § 1º) O disposto no § 1º do artigo 191 refere-se ao juízo. (Grupo: Negócios processuais)

415. (arts. 212 e 219; Lei 9.099/1995, Lei 10.259/2001, Lei 12.153/2009) Os prazos processuais no sistema dos Juizados Especiais são contados em dias úteis. (Grupo: Impacto nos Juizados e nos procedimentos especiais da legislação extravagante)

416. (art. 219) A contagem do prazo processual em dias úteis prevista no art. 219 aplica- se aos Juizados Especiais Cíveis, Federais e da Fazenda Pública. (Grupo: Impacto do novo CPC e os processos da Fazenda Pública)

417. (arts. 260, *caput* e § 3º, 267, I) São requisitos para o cumprimento da carta arbitral: indicação do árbitro ou do tribunal arbitral de origem e do órgão do Poder Judiciário de destino; ii) inteiro teor do requerimento da parte, do pronunciamento do árbitro ou do Tribunal arbitral e da procuração conferida ao representante da parte, se houver; iii) especificação do ato processual que deverá ser praticado pelo juízo de destino; iv) encerramento com a assinatura do árbitro ou do presidente do tribunal arbitral conforme o caso. (Grupo: Arbitragem)

418. (arts. 294 a 311; Leis 9.099/1995, 10.259/2001 e 12.153/2009). As tutelas provisórias de urgência e de evidência são admissíveis no sistema dos Juizados Especiais. (Grupo: Impacto nos Juizados e nos procedimentos especiais da legislação extravagante)

419. (art. 300, § 3º) Não é absoluta a regra que proíbe tutela provisória com efeitos irreversíveis. (Grupo: Tutela de urgência e tutela de evidência)

420. (art. 304) Não cabe estabilização de tutela cautelar. (Grupo: Tutela de urgência e tutela de evidência)

421. (arts. 304 e 969) Não cabe estabilização de tutela antecipada em ação rescisória. (Grupo: Tutela de urgência e tutela de evidência)

422. (art. 311) A tutela de evidência é compatível com os procedimentos especiais. (Grupo: Tutela de urgência e tutela de evidência)

423. (arts. 311; 995, parágrafo único; 1.012, § 4º; 1.019, inciso I; 1.026, § 1º; 1.029, § 5º) Cabe tutela de evidência recursal. (Grupo: Tutela de urgência e tutela de evidência)

424. (art. 319; art. 15, Lei 11.419/2006) Os parágrafos do art. 319 devem ser aplicados imediatamente, inclusive para as petições iniciais apresentadas na vigência do CPC-1973. (Grupo: Direito intertemporal)

425. (arts. 321, 106, § 1°) Ocorrendo simultaneamente as hipóteses dos art. 106, § 1°, e art. 321, *caput*, o prazo de emenda será único e de quinze dias. (Grupo: Petição inicial, resposta do réu e saneamento)

426. (art. 340, § 2°) O juízo para o qual foi distribuída a contestação ou a carta precatória só será considerado prevento se o foro competente for o local onde foi citado. (Grupo: Petição inicial, resposta do réu e saneamento)

427. (art. 357, § 2º) A proposta de saneamento consensual feita pelas partes pode agregar questões de fato até então não deduzidas. (Grupo: Negócios processuais)

428. (art. 357, § 3°, 329) A integração e o esclarecimento das alegações nos termos do art. 357, § 3°, não se confundem com o aditamento do ato postulatório previsto no art. 329. (Grupo: Petição inicial, resposta do réu e saneamento)

429. (art. 359) A arbitragem a que se refere o art. 359 é aquela regida pela Lei 9.307/1996. (Grupo: Arbitragem)

430. (art. 361, parágrafo único) A necessidade de licença concedida pelo juiz, prevista no parágrafo único do art. 361, é aplicável também aos Defensores Públicos. (Grupo: Poderes do juiz)

431. (arts. 489, § 1º, VI, 926 e 927) O julgador, que aderir aos fundamentos do voto- vencedor do relator, há de seguir, por coerência, o precedente que ajudou a construir no julgamento da mesma questão em processos subsequentes, salvo se demonstrar a existência de distinção ou superação. (Grupo: Poderes do juiz)

432. (art. 496, § 1º) A interposição de apelação parcial não impede a remessa necessária. (Grupo: Impacto do novo CPC e os processos da Fazenda Pública)

433. (arts. 496, § 4º, IV, 6º, 927, § 5º) Cabe à Administração Pública dar publicidade às suas orientações vinculantes, preferencialmente pela rede mundial de computadores. (Grupo: Impacto do novo CPC e os processos da Fazenda Pública)

434. (art. 485, VII) O reconhecimento da competência pelo juízo arbitral é causa para a extinção do processo judicial sem resolução de mérito. (Grupo: Arbitragem)

435. (arts. 485, VII, 1015, III) Cabe agravo de instrumento contra a decisão do juiz que, diante do reconhecimento de competência pelo juízo arbitral, se recusar a extinguir o processo judicial sem resolução de mérito. (Grupo: Arbitragem)

436. (arts. 502 e 506) Preenchidos os demais pressupostos, a decisão interlocutória e a decisão unipessoal (monocrática) são suscetíveis de fazer coisa julgada. (Grupo: Sentença, coisa julgada e ação rescisória)

437. (arts. 503, § 1º, 19) A coisa julgada sobre a questão prejudicial incidental se limita à existência, inexistência ou modo de ser de situação jurídica, e à autenticidade ou falsidade de documento. (Grupo: Sentença, coisa julgada e ação rescisória)

438. (art. 503, § 1º) É desnecessário que a resolução expressa da questão prejudicial incidental esteja no dispositivo da decisão para ter aptidão de fazer coisa julgada. (Grupo: Sentença, coisa julgada e ação rescisória)

439. (art. 503, §§ 1º e 2º) Nas causas contra a Fazenda Pública, além do preenchimento dos pressupostos previstos no art. 503, §§ 1º e 2º, a coisa julgada sobre a questão prejudicial incidental depende de remessa necessária, quando for o caso. (Grupo: Impacto do novo CPC e os processos da Fazenda Pública)

440. (arts. 516, III e 515, IX). O art. 516, III e o seu parágrafo único aplicam-se à execução de decisão interlocutória estrangeira, após a concessão do *exequatur* à carta rogatória. (Grupo: Execução)

441. (arts. 536, § 5º, 537, § 5º) O § 5º do art. 536 e o § 5º do art. 537 alcançam situação jurídica passiva correlata a direito real. (Grupo: Execução)

442. (arts. 536, § 5º, 537, § 5º). O § 5º do art. 536 e o § 5º do art. 537 alcançam os deveres legais. (Grupo: Execução)

443. (art. 557) Em ação possessória movida pelo proprietário é possível ao réu alegar a usucapião como matéria de defesa, sem violação ao art. 557. (Grupo: Procedimentos Especiais)

444. (arts. 771, parágrafo único, 822 e 823 e 139, IV) Para o processo de execução de título extrajudicial de obrigação de não fazer, não é necessário propor a ação de conhecimento para que o juiz possa aplicar as normas decorrentes dos arts. 536 e (Grupo: Execução)

445. (art. 779) O fiador judicial também pode ser sujeito passivo da execução. (Grupo: Execução)

446. (arts. 785 e 700) Cabe ação monitória mesmo quando o autor for portador de título executivo extrajudicial. (Grupo: Execução)

447. (arts. 799, 804, 889, VIII e 1.072, I) O exequente deve providenciar a intimação da União, Estados e Municípios no caso de penhora de bem tombado. (Grupo: Execução)

448. (arts. 799, VIII) As medidas urgentes previstas no art. 799, VIII, englobam a tutela provisória urgente antecipada. (Grupo: Execução)

449. (art. 806 do CPC/1973) O art. 806 do CPC de 1973 aplica-se às cautelares propostas antes da entrada em vigor do CPC de 2015. (Grupo: Direito intertemporal)

450. (arts. 827, § 2º, 523, 525, 771, parágrafo único) Aplica-se a regra decorrente do art. 827, § 2º, ao cumprimento de sentença. (Grupo: Execução)

451. (arts. 827, *caput* e *§ 1º*; art. 85, § 1º) A regra decorrente do *caput* e do § 1º do art. 827 aplica-se às execuções fundadas em título executivo extrajudicial de obrigação de fazer, não fazer e entrega de coisa. (Grupo: Execução)

452. (arts. 921, § 1 a 5º, 980 e 982) Durante a suspensão do processo prevista no art. 982 não corre o prazo de prescrição intercorrente. (Grupo: Precedentes, IRDR, Recursos Repetitivos e Assunção de competência)

453. (arts. 926 e 1.022, parágrafo único, I) A estabilidade a que se refere o *caput* do art. 926 consiste no dever de os tribunais observarem os próprios precedentes. (Grupo: Precedentes, IRDR, Recursos Repetitivos e Assunção de competência)

454. (arts. 926 e 1.022, parágrafo único, I) Uma das dimensões da coerência a que se refere o *caput* do art. 926 consiste em os tribunais não ignorarem seus próprios precedentes (dever de autorreferência). (Grupo: Precedentes, IRDR, Recursos Repetitivos e Assunção de competência)

455. (art. 926) Uma das dimensões do dever de coerência significa o dever de não contradição, ou seja, o dever de os tribunais não decidirem casos análogos contrariamente às decisões anteriores, salvo distinção ou superação. (Grupo: Precedentes, IRDR, Recursos Repetitivos e Assunção de competência)

456. (art. 926) Uma das dimensões do dever de integridade consiste em os tribunais decidirem em conformidade com a unidade do ordenamento jurídico. (Grupo: Precedentes, IRDR, Recursos Repetitivos e Assunção de competência)

457. (art. 926) Uma das dimensões do dever de integridade previsto no *caput* do art. 926 consiste na observância das técnicas de distinção e superação dos precedentes, sempre que necessário para adequar esse entendimento à interpretação contemporânea do ordenamento jurídico. (Grupo: Precedentes, IRDR, Recursos Repetitivos e Assunção de competência)

458. (arts. 926, 927, § 1º, e 10) Para a aplicação, de ofício, de precedente vinculante, o órgão julgador deve intimar previamente as partes para que se manifestem sobre ele. (Grupo: Precedentes, IRDR, Recursos Repetitivos e Assunção de competência)

459. (arts. 927, § 1º, 489, § 1º, V e VI, e 10) As normas sobre fundamentação adequada quanto à distinção e superação e sobre a observância somente dos argumentos submetidos ao contraditório são aplicáveis a todo o microssistema de formação dos precedentes. (Grupo: Precedentes, IRDR, Recursos Repetitivos e Assunção de competência)

460. (arts. 927, § 1º, 138) O microssistema de aplicação e formação dos precedentes deverá respeitar as técnicas de ampliação do contraditório para amadurecimento da tese, como a realização de audiências públicas prévias e participação de *amicus curiae*. (Grupo: Precedentes, IRDR, Recursos Repetitivos e Assunção de competência)

461. (arts. 927, § 2º, e art. 947) O disposto no § 2º do art. 927 aplica-se ao incidente de assunção de competência. (Grupo: Precedentes, IRDR, Recursos Repetitivos e Assunção de competência)

462. (arts. 932, 489, § 1º, V e VI) É nula, por usurpação de competência funcional do órgão colegiado, a decisão do relator que julgar monocraticamente o mérito do recurso, sem demonstrar o alinhamento de seu pronunciamento judicial com um dos padrões decisórios descritos no art. 932. (Grupo: Poderes do juiz)

463. (arts. 932, parágrafo único, 933 e 9º, 10) O parágrafo único do art. 932 e o art. 933 devem ser aplicados aos recursos interpostos antes da entrada em vigor do CPC/2015 e ainda pendentes de julgamento. (Grupo: Direito intertemporal; *redação alterada no VII FPPC-São Paulo*)

464. (arts. 932 e 1.021; Lei 9.099/1995; Lei 10.259/2001; Lei 12.153/2009) A decisão unipessoal (monocrática) do relator em Turma Recursal é impugnável por agravo interno. (Grupo: Impacto nos Juizados e nos procedimentos especiais da legislação extravagante)

465. (arts. 995, parágrafo único; 1.012, § 3º; Lei 9.099/1995, Lei 10.259/2001, Lei 12.153/2009) A concessão do efeito suspensivo ao recurso inominado cabe exclusivamente ao relator na turma recursal. (Grupo: Impacto nos Juizados e nos procedimentos especiais da legislação extravagante)

466. (art. 942) A técnica do art. 942 não se aplica aos embargos infringentes pendentes ao tempo do início da vigência do CPC, cujo julgamento deverá ocorrer nos termos dos arts. 530 e seguintes do CPC de 1973. (Grupo: Direito intertemporal)

467. (arts. 947, 179, 976, § 2º, 982, III, 983, *caput*, 984, II, "a") O Ministério Público deve ser obrigatoriamente intimado no incidente de assunção de competência. (Grupo: Precedentes, IRDR, Recursos Repetitivos e Assunção de competência)

468. (art. 947). O incidente de assunção de competência aplica-se em qualquer tribunal. (Grupo: Precedentes, IRDR, Recursos Repetitivos e Assunção de competência)

469. (art. 947). A "grande repercussão social", pressuposto para a instauração do incidente de assunção de competência, abrange, dentre outras, repercussão jurídica, econômica ou política. (Grupo: Precedentes, IRDR, Recursos Repetitivos e Assunção de competência)

470. (art. 982, I) Aplica-se no âmbito dos juizados especiais a suspensão prevista no art. 982, I. (Grupo: Precedentes, IRDR, Recursos Repetitivos e Assunção de competência)

471. (art. 982, § 3º) Aplica-se no âmbito dos juizados especiais a suspensão prevista no art. 982, § 3º. (Grupo: Precedentes, IRDR, Recursos Repetitivos e Assunção de competência)

472. (art. 985, I) Aplica-se o inciso I do art. 985 ao julgamento de recursos repetitivos e ao incidente de assunção de competência. (Grupo: Precedentes, IRDR, Recursos Repetitivos e Assunção de competência)

473. (art. 986) A possibilidade de o tribunal revisar de ofício a tese jurídica do incidente de resolução de demandas repetitivas autoriza as partes a requerê-la. (Grupo: Precedentes, IRDR, Recursos Repetitivos e Assunção de competência)

474. (art. 1.010, § 3º, *fine*; art. 41 da Lei 9.099/1995) O recurso inominado interposto contra sentença proferida nos juizados especiais será remetido à respectiva turma recursal independentemente de juízo de admissibilidade. (Grupo: Impacto nos Juizados e nos procedimentos especiais da legislação extravagante)

475. (arts. 1.022 e 1.064; art. 48 da Lei 9.099/1995) Cabem embargos de declaração contra decisão interlocutória no âmbito dos juizados especiais. (Grupo: Impacto nos Juizados e nos procedimentos especiais da legislação extravagante)

476. (arts. 1046 e 14) Independentemente da data de intimação, o direito ao recurso contra as decisões unipessoais nasce com a publicação em cartório, secretaria do juízo ou inserção nos autos eletrônicos da decisão a ser impugnada, o que primeiro ocorrer, ou, ainda, nas decisões proferidas em primeira instância, será da prolação de decisão em audiência. (Grupo: Direito intertemporal; *redação alterada no VII FPPC-São Paulo*)

477. (arts. 1.026 e 219) Publicada em cartório ou inserida nos autos eletrônicos a decisão que julga embargos de declaração sob a vigência do CPC de 2015, computar-se-ão apenas os dias úteis no prazo para o recurso subsequente, ainda que a decisão embargada tenha sido proferida ao tempo do CPC de 1973, tendo em vista a interrupção do prazo prevista no art. 1.026. (Grupo: Direito intertemporal)

478. (art. 1.030, parágrafo único; art. 14 da Lei 10.259/2001; arts. 18 e 19 da Lei 12.153/2009) Os pedidos de uniformização previstos no art. 14 da Lei 10.259/2001 e nos arts. 18 e 19 da Lei 12.153/2009 formulados contra acórdão proferido pela Turma Recursal devem ser remetidos à Turma Nacional de Uniformização ou à Turma Regional de Uniformização respectiva independentemente de juízo de admissibilidade, aplicando-se por analogia a regra decorrente do art. 1.030, parágrafo único. (Grupo: Impacto nos Juizados e nos procedimentos especiais da legislação extravagante)

479. (arts. 1046 e 43) As novas regras de competência relativa previstas no CPC de 2015 não afetam os processos cujas petições iniciais foram protocoladas na vigência do CPC-73. (Grupo: Direito intertemporal)

480. (arts. 1.037, II, 928 e 985, I) Aplica-se no âmbito dos juizados especiais a suspensão dos processos em trâmite no território nacional, que versem sobre a questão submetida ao regime de julgamento de recursos especiais e extraordinários repetitivos, determinada com base no art. 1.037, II. (Grupo: Precedentes, IRDR, Recursos Repetitivos e Assunção de competência)

481. (art. 1037, §§ 9º a 13) O disposto nos §§ 9º a 13 do art. 1.037 aplica-se, no que couber, ao incidente de resolução de demandas repetitivas. (Grupo: Precedentes, IRDR, Recursos Repetitivos e Assunção de competência)

482. (art. 1.040, I) Aplica-se o art. 1.040, I, aos recursos extraordinários interpostos nas turmas ou colégios recursais dos juizados especiais cíveis, federais e da fazenda pública. (Grupo: Precedentes, IRDR, Recursos Repetitivos e Assunção de competência)

483. (art. 1.065; art. 50 da Lei 9.099/1995; Res. 12/2009 do STJ). Os embargos de declaração no sistema dos juizados especiais interrompem o prazo para a interposição de recursos e propositura de reclamação constitucional para o Superior Tribunal de Justiça. (Grupo: Impacto nos Juizados e nos procedimentos especiais da legislação extravagante)

484. (art. 1.072, V) A revogação dos arts. 16 a 18 da Lei de Alimentos, que tratam da gradação dos meios de satisfação do direito do credor, não implica supressão da possibilidade de penhora sobre créditos originários de alugueis de prédios ou de quaisquer outros rendimentos do devedor. (Grupo: Execução)

485. (art. 3º, §§ 2º e 3º; art. 139, V; art. 509; art. 513) É cabível conciliação ou mediação no processo de execução, no cumprimento de sentença e na liquidação de sentença, em que será admissível a apresentação de plano de cumprimento da prestação. (Grupo: Execução; redação revista no VII FPPC-São Paulo)

486. (art. 12; art. 489) A inobservância da ordem cronológica dos julgamentos não implica, por si, a invalidade do ato decisório. (Grupo: Sentença, coisa julgada e ação rescisória)

487. (art. 18, parágrafo único; art. 119, parágrafo único; art. 3º da Lei 12.016/2009). No mandado de segurança, havendo substituição processual, o substituído poderá ser assistente litisconsorcial do impetrante que o substituiu. (Grupo: Impacto nos Juizados e nos procedimentos especiais da legislação extravagante)

488. (art. 64, §§ 3º e 4º; art. 968, § 5º; art. 4º; Lei 12.016/2009) No mandado de segurança, havendo equivocada indicação da autoridade coatora, o impetrante deve ser intimado para emendar a petição inicial e, caso haja alteração de competência, o juiz remeterá os autos ao juízo competente. (Grupo: Impacto do novo CPC e os processos da Fazenda Pública)

489. (art. 144; art. 145; arts. 13 e 14 da Lei 9.307/1996) Observado o dever de revelação, as partes celebrantes de convenção de arbitragem podem afastar, de comum acordo, de forma expressa e por escrito, hipótese de impedimento ou suspeição do árbitro. (Grupo: Arbitragem)

490. (art. 190; art. 81, § 3º; art. 297, parágrafo único; art. 329, inc. II; art. 520, inc.I; art. 848, inc. II). São admissíveis os seguintes negócios processuais, entre outros: pacto de inexecução parcial ou total de multa coercitiva; pacto de alteração de ordem de penhora; pré-indicação de bem penhorável preferencial (art. 848, II); pré- fixação de indenização por dano processual prevista nos arts. 81, § 3º, 520, inc. I, 297, parágrafo único (cláusula penal processual); negócio de anuência prévia para aditamento ou alteração do pedido ou da causa de pedir até o saneamento (art. 329, inc. II). (Grupo: Negócios processuais)

491. (art. 190) É possível negócio jurídico processual que estipule mudanças no procedimento das intervenções de terceiros, observada a necessidade de anuência do terceiro quando lhe puder causar prejuízo. (Grupo: Negócios processuais)

492. (art. 190) O pacto antenupcial e o contrato de convivência podem conter negócios processuais. (Grupo: Negócios processuais)

493. (art. 190) O negócio processual celebrado ao tempo do CPC-1973 é aplicável após o início da vigência do CPC-2015. (Grupo: Direito Intertemporal)

494. (art. 191) A admissibilidade de autocomposição não é requisito para o calendário processual. (Grupo: Negócios processuais)

495. (art. 200) O distrato do negócio processual homologado por exigência legal depende de homologação. (Grupo: Negócios processuais)

496. (art. 294, parágrafo único; art. 300, *caput* e § 2º; art. 311) Preenchidos os pressupostos de lei, o requerimento de tutela provisória incidental pode ser formulado a qualquer tempo, não se submetendo à preclusão temporal. (Grupo: Tutela de urgência e tutela de evidência)

497. (art. 297, parágrafo único; art. 300, § 1º; art. 520, IV) As hipóteses de exigência de caução para a concessão de tutela provisória de urgência devem ser definidas à luz do art. 520, IV, CPC. (Grupo: Tutela de urgência e tutela de evidência)

498. (art. 297, parágrafo único; art. 300, § 1º; art. 521) A possibilidade de dispensa de caução para a concessão de tutela provisória de urgência, prevista no art. 300, § 1º, deve ser avaliada à luz das hipóteses do art. 521. (Grupo: Tutela de urgência e tutela de evidência)

499. (art. 302, III, parágrafo único; art. 309, III) Efetivada a tutela de urgência e, posteriormente, sendo o processo extinto sem resolução do mérito e sem estabilização da tutela, será possível fase de liquidação para fins de responsabilização civil do requerente da medida e apuração de danos. (Grupo: Tutela de urgência e tutela de evidência)

500. (art. 304) O regime da estabilização da tutela antecipada antecedente aplica-se aos alimentos provisórios previstos no art. 4º da Lei 5.478/1968, observado o § 1º do art. 13 da mesma lei. (Grupo: Impacto nos Juizados e nos procedimentos especiais da legislação extravagante)

501. (art. 304; art. 121, parágrafo único) A tutela antecipada concedida em caráter antecedente não se estabilizará quando for interposto recurso pelo assistente simples, salvo se houver manifestação expressa do réu em sentido contrário. (Grupo: Tutela de urgência e tutela de evidência)

502. (art. 305, parágrafo único) Caso o juiz entenda que o pedido de tutela antecipada em caráter antecedente tenha natureza cautelar, observará o disposto no art. 305 e seguintes. (Grupo: Tutela de urgência e tutela de evidência)

503. (arts. 305-310; art. 4º da Lei 7347/1985; art. 16 da Lei 8.249/1992) O procedimento da tutela cautelar, requerida em caráter antecedente ou incidente, previsto no Código de Processo Civil é compatível com o microssistema do processo coletivo. (Grupo: Impacto nos Juizados e nos procedimentos especiais da legislação extravagante)

504. (art. 309, III) Cessa a eficácia da tutela cautelar concedida em caráter antecedente, se a sentença for de procedência do pedido principal, e o direito objeto do pedido foi definitivamente efetivado e satisfeito. (Grupo: Tutela de urgência e tutela de evidência)

505. (art. 323; Lei 8.245/1991) Na ação de despejo cumulada com cobrança, julgados procedentes ambos os pedidos, são passíveis de execução, além das parcelas vencidas indicadas na petição inicial, as que se tornaram exigíveis entre a data de propositura da ação e a efetiva desocupação do imóvel locado. (Grupo: Impacto nos Juizados e nos procedimentos especiais da legislação extravagante)

506. (art. 327, § 2º) A expressão "procedimentos especiais" a que alude o § 2º do art. 327 engloba aqueles previstos na legislação especial. (Grupo: Impacto nos Juizados e nos procedimentos especiais da legislação extravagante)

507. (art. 332; Lei nº 9.099/1995) O art. 332 aplica-se ao sistema de Juizados Especiais. (Grupo: Impacto nos Juizados e nos procedimentos especiais da legislação extravagante)

508. (art. 332, § 3º; Lei 9.099/1995; Lei 10.259/2001; Lei 12.153/2009) Interposto recurso inominado contra sentença que julga liminarmente improcedente o pedido, o juiz pode retratar-se em cinco dias. (Grupo: Impacto nos Juizados e nos procedimentos especiais da legislação extravagante)

509. (art. 334; Lei nº 9.099/1995) Sem prejuízo da adoção das técnicas de conciliação e mediação, não se aplicam no âmbito dos juizados especiais os prazos previstos no art. 334. (Grupo: Impacto nos Juizados e nos procedimentos especiais da legislação extravagante)

510. (art. 335; arts. 21 e 27 da Lei 9.099/1995) Frustrada a tentativa de autocomposição na audiência referida no art. 21 da Lei 9.099/1995, configura prejuízo para a defesa a realização imediata da instrução quando a citação não tenha ocorrido com a antecedência mínima de quinze dias. (Grupo: Impacto nos Juizados e nos procedimentos especiais da legislação extravagante)

511. (art. 338, *caput*; art. 339; Lei n. 12.016/2009) – A técnica processual prevista nos arts. 338 e 339 pode ser usada, no que couber, para possibilitar a correção da autoridade coatora, bem como da pessoa jurídica, no processo de mandado de segurança. (Grupo: Impacto do novo CPC e os processos da Fazenda Pública)

512. (art. 356) A decisão ilíquida referida no § 1º do art. 356 somente é permitida nos casos em que a sentença também puder sê-la. (Grupo: Sentença, coisa julgada e ação rescisória)

513. (art. 356; Lei 8.245/1991) Postulado o despejo em cumulação com outro(s) pedido(s), e estando presentes os requisitos exigidos pelo art. 356, o juiz deve julgar parcialmente o mérito de forma antecipada, para determinar a desocupação do imóvel locado. (Grupo: Impacto nos Juizados e nos procedimentos especiais da legislação extravagante)

514. (art. 370) O juiz não poderá revogar a decisão que determinou a produção de prova de ofício sem que consulte as partes a respeito. (Grupo: Direito probatório)

515. (art. 371; art. 489, § 1°) Aplica-se o disposto no art. 489, § 1°, também em relação às questões fáticas da demanda. (Grupo: Direito probatório)

516. (art. 371; art. 369; art. 489, § 1°) Para que se considere fundamentada a decisão sobre os fatos, o juiz deverá analisar todas as provas capazes, em tese, de infirmar a conclusão adotada. (Grupo: Direito probatório)

517. (art. 375; art. 489, § 1°) A decisão judicial que empregar regras de experiência comum, sem indicar os motivos pelos quais a conclusão adotada decorre daquilo que ordinariamente acontece, considera-se não fundamentada. (Grupo: Direito probatório)

518. (art. 396) – Em caso de exibição de documento ou coisa em caráter antecedente, a fim de que seja autorizada a produção, tem a parte autora o ônus de adiantar os gastos necessários, salvo hipóteses em que o custeio incumbir ao réu. (Grupo: Direito probatório)

519. (art. 450; art. 319, § 1º; art. 6º) Em caso de impossibilidade de obtenção ou de desconhecimento das informações relativas à qualificação da testemunha, a parte poderá requerer ao juiz providências necessárias para a sua obtenção, salvo em casos de inadmissibilidade da prova ou de abuso de direito. (Grupo: Direito probatório)

520. (art. 485, § 7º; Lei 9.099/1995; Lei 12.153/2009) Interposto recurso inominado contra sentença sem resolução de mérito, o juiz pode se retratar em cinco dias. (Grupo: Impacto nos Juizados e nos procedimentos especiais da legislação extravagante)

521. (art. 487, parágrafo único; arts. 210 e 211 do Código Civil) Apenas a decadência fixada em lei pode ser conhecida de ofício pelo juiz. (Grupo: Sentença, coisa julgada e ação rescisória)

522. (art. 489, inc. I; arts. 931 e 933): O relatório nos julgamentos colegiados tem função preparatória e deverá indicar as questões de fato e de direito relevantes para o julgamento e já submetidas ao contraditório. (Grupo: Precedentes, IRDR, Recursos Repetitivos e Assunção de competência)

523. (art. 489, § 1º, inc. IV) O juiz é obrigado a enfrentar todas as alegações deduzidas pelas partes capazes, em tese, de infirmar a decisão, não sendo suficiente apresentar apenas os fundamentos que a sustentam. (Grupo: Sentença, coisa julgada e ação rescisória)

524. (art. 489, § 1º, IV; art. 985, I) O art. 489, § 1º, IV, não obriga o órgão julgador a enfrentar os fundamentos jurídicos deduzidos no processo e já enfrentados na formação da decisão paradigma, sendo necessário demonstrar a correlação fática e jurídica entre o caso concreto e aquele já apreciado. (Grupo: Precedentes, IRDR, Recursos Repetitivos e Assunção de competência)

525. (art. 492; art. 497; art. 139, inc. IV;) A produção do resultado prático equivalente pode ser determinada por decisão proferida na fase de conhecimento. (Grupo: Sentença, coisa julgada e ação rescisória)

526. (art. 497, *caput*; art. 537, *caput*, § 3º) A multa aplicada por descumprimento de ordem protetiva, baseada no art. 22, incisos I a V, da Lei 11.340/2006 (Lei Maria da Penha), é passível de cumprimento provisório, nos termos do art. 537, § 3º. (Grupo: Impacto nos Juizados e nos procedimentos especiais da legislação extravagante)

527. (art. 515, inc. V; art. 784, inc. X e XI) Os créditos referidos no art. 515, inc. V, e no art. 784, inc. X e XI do CPC-2015 constituídos ao tempo do CPC-1973 são passíveis de execução de título judicial e extrajudicial, respectivamente. (Grupo: Direito Intertemporal)

528. (art. 520, § 2º; art. 523, § 1º) No cumprimento provisório de sentença por quantia certa iniciado na vigência do CPC-1973, sem garantia da execução, deve o juiz, após o início de vigência do CPC-2015 e a requerimento do exequente, intimar o executado nos termos dos arts. 520, § 2º, 523, § 1º e 525, *caput*. (Grupo: Direito Intertemporal)

529. (art. 523; art. 133; art. 134; art. 828; art. 799) As averbações previstas nos arts. 799, IX e 828 são aplicáveis ao cumprimento de sentença. (Grupo: Cumprimento de sentença)

530. (art. 525). Após a entrada em vigor do CPC-2015, o juiz deve intimar o executado para apresentar impugnação ao cumprimento de sentença, em quinze dias, ainda que sem depósito, penhora ou caução, caso tenha transcorrido o prazo para cumprimento espontâneo da obrigação na vigência do CPC-1973 e não tenha àquele tempo garantido o juízo. (Grupo: Direito Intertemporal)

531. (art. 525, §§ 6º e 11) É possível, presentes os pressupostos do § 6º do art. 525, a concessão de efeito suspensivo à simples petição em que se alega fato superveniente ao término do prazo de oferecimento da impugnação ao cumprimento de sentença. (Grupo: Cumprimento de sentença)

532. (art. 535, § 3º; art. 100, § 5º, Constituição Federal). A expedição do precatório ou da RPV depende do trânsito em julgado da decisão que rejeita as arguições da Fazenda Pública executada. (Grupo: Impacto do novo CPC e os processos da Fazenda Pública)

533. (art. 536, § 3º; art. 774, IV) Se o executado descumprir ordem judicial, conforme indicado pelo § 3º do art. 536, incidirá a pena por ato atentatório à dignidade da justiça (art. 774, IV), sem prejuízo da sanção por litigância de má-fé. (Grupo: Cumprimento de sentença)

534. (art. 548, inc. III) A decisão a que se refere o inciso III do art. 548 faz coisa julgada quanto à extinção da obrigação. (Grupo: Sentença, coisa julgada e ação rescisória)

535. (art. 548, inc. III) Cabe ação rescisória contra a decisão prevista no inciso III do art. 548. (Grupo: Sentença, coisa julgada e ação rescisória)

536. (art. 772, III; art. 773, parágrafo único) O juiz poderá, na execução civil, determinar a quebra de sigilo bancário e fiscal. (Grupo: Execução).

537. (art. 774 ; Lei 6.830/1980). A conduta comissiva ou omissiva caracterizada como atentatória à dignidade da justiça no procedimento da execução fiscal enseja a aplicação da multa do parágrafo único do art. 774 do CPC/15. (Grupo: Impacto nos Juizados e nos procedimentos especiais da legislação extravagante)

538. (art. 782, § 4º; 517, § 4º) Aplica-se o procedimento do § 4º do art. 517 ao cancelamento da inscrição de cadastro de inadimplentes do § 4º do art. 782. (Grupo: Cumprimento de sentença)

539. (art. 828; art. 799, IX; art. 312) A certidão a que se refere o art. 828 não impede a obtenção e a averbação de certidão da propositura da execução (art. 799). (Grupo: Execução)

540. (art. 854; Lei n. 6.830/1980) A disciplina procedimental para penhora de dinheiro prevista no art. 854 é aplicável ao procedimento de execução fiscal. (Grupo: Impacto nos Juizados e nos procedimentos especiais da legislação extravagante)

541. (art. 854, §§ 7º e 8º) – A responsabilidade que trata o art. 854, § 8º, é objetiva e as perdas e danos serão liquidadas de forma incidental, devendo ser imediatamente intimada a instituição financeira para preservação do contraditório. (Grupo: Execução)

542. (art. 903, *caput*, §§ 1º e 4º) Na hipótese de expropriação de bem por arrematante arrolado no art. 890, é possível o desfazimento da arrematação. (Grupo: Execução)

543. (arts. 914-920) Em execução de título executivo extrajudicial, o juízo arbitral é o competente para conhecer das matérias de defesa abrangidas pela convenção de arbitragem. (Grupo: Arbitragem)

544. (arts. 914-920) Admite-se a celebração de convenção de arbitragem, ainda que a obrigação esteja representada em título executivo extrajudicial. (Grupo: Arbitragem)

545. (art. 918, incisos e parágrafo único; art. 774, parágrafo único; art. 771; art. 525). Aplicam-se à impugnação, no que couber, as hipóteses previstas nos incisos I e III do art. 918 e no seu parágrafo único. (Grupo: Cumprimento de sentença)

546. (art. 919, § 1º) O efeito suspensivo dos embargos à execução pode ser requerido e deferido a qualquer momento do seu trâmite, observados os pressupostos legais. (Grupo: Execução)

547. (art. 919, § 1º) O efeito suspensivo dos embargos à execução pode ser parcial, limitando-se ao impedimento ou à suspensão de um único ou de apenas alguns atos executivos. (Grupo: Execução)

548. (art. 921, § 3º) O simples desarquivamento dos autos é insuficiente para interromper a prescrição. (Grupo: Execução)

549. (art. 927; Lei nº 10.259/2001) – O rol do art. 927 e os precedentes da Turma Nacional de Uniformização dos Juizados Especiais Federais deverão ser observados no âmbito dos Juizados Especiais. (Grupo: Impacto nos Juizados e nos procedimentos especiais da legislação extravagante)

550. (art. 932, parágrafo único; art. 6º; art. 10; art. 1.029, § 3º; art. 1.033; art.1.035) A inexistência de repercussão geral da questão constitucional discutida no recurso extraordinário é vício insanável, não se aplicando o dever de prevenção de que trata o parágrafo único do art. 932, sem prejuízo do disposto no art. 1.033. (Grupo: Recursos (menos os repetitivos) e reclamação)

551. (art. 932, parágrafo único; art. 6º; art. 10; art. 1.003, § 6º) Cabe ao relator, antes de não conhecer do recurso por intempestividade, conceder o prazo de cinco dias úteis para que o recorrente prove qualquer causa de prorrogação, suspensão ou interrupção do prazo recursal a justificar a tempestividade do recurso. (Grupo: Recursos (menos os repetitivos) e reclamação)

552. (art. 942; Lei nº 9.099/1995) Não se aplica a técnica de ampliação do colegiado em caso de julgamento não unânime no âmbito dos Juizados Especiais. (Grupo: Impacto nos Juizados e nos procedimentos especiais da legislação extravagante)

553. (art. 961, § 1º; art. 23 da Lei 9.307/1996) A sentença arbitral parcial estrangeira submete-se ao regime de homologação. (Grupo: Arbitragem)

554. (art. 966, inc. IV) Na ação rescisória fundada em violação ao efeito positivo da coisa julgada, haverá o rejulgamento da causa após a desconstituição da decisão rescindenda. (Grupo: Sentença, coisa julgada e ação rescisória)

555. (art. 966, § 2º) Nos casos em que tanto a decisão de inadmissibilidade do recurso quanto a decisão recorrida apresentem vícios rescisórios, ambas serão rescindíveis, ainda que proferidas por órgãos jurisdicionais diversos. (Grupo: Sentença, coisa julgada e ação rescisória)

556. (art. 981) – É irrecorrível a decisão do órgão colegiado que, em sede de juízo de admissibilidade, rejeita a instauração do incidente de resolução de demandas repetitivas, salvo o cabimento dos embargos de declaração. (Grupo: Precedentes, IRDR, Recursos Repetitivos e Assunção de competência)

557. (art. 982, I; art. 1.037, § 13, I) O agravo de instrumento previsto no art. 1.037, § 13, I, também é cabível contra a decisão prevista no art. 982, inc. I. (Grupo: Recursos (menos os repetitivos) e reclamação)

558. (art. 988, IV, § 1º; art. 927, III; art. 947, § 3º) Caberá reclamação contra decisão que contrarie acórdão proferido no julgamento dos incidentes de resolução de demandas repetitivas ou de assunção de competência para o tribunal cujo precedente foi desrespeitado, ainda que este não possua competência para julgar o recurso contra a decisão impugnada. (Grupo: Precedentes, IRDR, Recursos Repetitivos e Assunção de competência)

559. (art. 995; art. 1.009, § 1º; art. 1.012) O efeito suspensivo *ope legis* do recurso de apelação não obsta a eficácia das decisões interlocutórias nele impugnadas. (Grupo: Recursos (menos os repetitivos) e reclamação)

560. (art. 1.015, inc. I; arts. 22-24 da Lei Maria da Penha) As decisões de que tratam os arts. 22, 23 e 24 da Lei 11.340/2006 (Lei Maria da Penha), quando enquadradas nas hipóteses do inciso I, do art. 1.015, podem desafiar agravo de instrumento. (Grupo: Impacto nos Juizados e nos procedimentos especiais da legislação extravagante)

561. (art. 1.022; art. 12 da Lei n. 9.882/1999) A decisão que julgar procedente ou improcedente o pedido em arguição de descumprimento de preceito fundamental é impugnável por embargos de declaração, aplicando-se por analogia o art. 26 da Lei nº 9868/1999. (Grupo: Impacto nos Juizados e nos procedimentos especiais da legislação extravagante)

562. (art. 1022, parágrafo único, inc. II; art. 489, § 2º) Considera-se omissa a decisão que não justifica o objeto e os critérios de ponderação do conflito entre normas. (Grupo: Sentença, coisa julgada e ação rescisória)

563. (art. 1.026; art. 339 do RISTF). Os embargos de declaração no âmbito do Supremo Tribunal Federal interrompem o prazo para a interposição de outros recursos. (Grupo: Impacto nos Juizados e nos procedimentos especiais da legislação extravagante)

564. (arts.1032-1033). Os arts. 1.032 e 1.033 devem ser aplicados aos recursos interpostos antes da entrada em vigor do CPC de 2015 e ainda pendentes de julgamento. (Grupo: Direito Intertemporal)

565. (art. 1.032; art. 1.033) Na hipótese de conversão de recurso extraordinário em recurso especial ou vice-versa, após a manifestação do recorrente, o recorrido será intimado para, no prazo do *caput* do art. 1.032, complementar suas contrarrazões. (Grupo: Recursos (menos os repetitivos) e reclamação)

566. (art. 1.033; art. 1.032, parágrafo único) Na hipótese de conversão do recurso extraordinário em recurso especial, nos termos do art. 1.033, cabe ao relator conceder o prazo do *caput* do art. 1.032 para que o recorrente adapte seu recurso e se manifeste sobre a questão infraconstitucional. (Grupo: Recursos (menos os repetitivos) e reclamação)

567. (arts.1.046, § 1º; art. 1.047). Invalidado o ato processual praticado à luz do CPC de 1973, a sua repetição observará o regramento do CPC-2015, salvo nos casos de incidência do art. 1047 do CPC-2015 e no que refere às disposições revogadas relativas ao procedimento sumário, aos procedimentos especiais e às cautelares. (Grupo: Direito Intertemporal)

568. (art. 1046, § 1º). As disposições do CPC-1973 relativas aos procedimentos cautelares que forem revogadas aplicar-se-ão às ações propostas e não sentenciadas até o início da vigência do CPC/2015. (Grupo: Direito Intertemporal)

569. (art.1.047; art. 190). O art. 1.047 não impede convenções processuais em matéria probatória, ainda que relativas a provas requeridas ou determinadas sob vigência do CPC-1973. (Grupo: Direito Intertemporal)

570. (art. 1.049, parágrafo único; Lei 8.245/1991) As ações revisionais de aluguel ajuizadas após a entrada em vigor do Código de Processo Civil deverão tramitar pelo procedimento comum, aplicando-se, com as adaptações procedimentais que se façam necessárias, as disposições dos artigos 68 a 70 da Lei 8.245/1991. (Grupo: Impacto nos Juizados e nos procedimentos especiais da legislação extravagante)

571. (art. 1º, §§ 1º e 2º, da Lei 9.307/1996) A previsão no edital de licitação não é pressuposto para que a Administração Pública e o contratado celebrem convenção arbitral. (Grupo: Arbitragem)

572. (art. 1º, § 1º, da Lei 9.307/1996) A Administração Pública direta ou indireta pode submeter-se a uma arbitragem *ad hoc* ou institucional. (Grupo: Arbitragem)

573. (arts. 3º, §§ 2º e 3º; 334) As Fazendas Públicas devem dar publicidade às hipóteses em que seus órgãos de Advocacia Pública estão autorizados a aceitar autocomposição. (Grupo: Impacto do novo CPC e os processos da Fazenda Pública)

574. (arts. 4º; 8º) A identificação de vício processual após a entrada em vigor do CPC de 2015 gera para o juiz o dever de oportunizar a regularização do vício, ainda que ele seja anterior. (Grupo: Direito intertemporal)

575. (art. 138) Verificada a relevância da matéria, a repercussão social da controvérsia ou a especificidade do tema objeto da demanda, o juiz poderá promover a ampla divulgação do processo, inclusive por meio dos cadastros eletrônicos dos tribunais e do Conselho Nacional de Justiça, para incentivar a participação de mais sujeitos na qualidade de *amicus curiae*. (Grupo: Litisconsórcio e intervenção de terceiros)

576. (arts. 166, § 4º; 354, parágrafo único) Admite-se a solução parcial do conflito em audiência de conciliação ou mediação. (Grupo: Mediação e conciliação (CPC e Lei 13.140/2015))

577. (arts. 166, § 4º; 696; art. 2º, II e V da Lei 13.140/2015) A realização de sessões adicionais de conciliação ou mediação depende da concordância de ambas as partes. (Grupo: Mediação e conciliação (CPC e Lei 13.140/2015))

578. (art. 183, § 1º) Em razão da previsão especial do § 1º do art. 183, estabelecendo a intimação pessoal da Fazenda Pública por carga, remessa ou meio eletrônico, a ela não se aplica o disposto no § 1º do art. 269. (Grupo: Impacto do novo CPC e os processos da Fazenda Pública)

579. (arts. 190, 219 e 222, § 1º) Admite-se o negócio processual que estabeleça a contagem dos prazos processuais dos negociantes em dias corridos. (Grupo: Negócios processuais)

580. (arts. 190; 337, X; 313, II) É admissível o negócio processual estabelecendo que a alegação de existência de convenção de arbitragem será feita por simples petição, com a interrupção ou suspensão do prazo para contestação. (Grupo: Negócios processuais)

581. (art. 303, § 1º, I; Art. 139, VI) O poder de dilação do prazo, previsto no inciso VI do art. 139 e no inciso I do § 1º do art. 303, abrange a fixação do termo final para aditar o pedido inicial posteriormente ao prazo para recorrer da tutela antecipada antecedente. (Grupo: Tutela provisória)

582. (arts. 304, *caput*; 5º, *caput* e inciso XXXV, CF) Cabe estabilização da tutela antecipada antecedente contra a Fazenda Pública. (Grupo: Tutela provisória)

583. (art. 334, § 12) O intervalo mínimo entre as audiências de mediação ou de conciliação não se confunde com o tempo de duração da sessão. (Grupo: Mediação e conciliação (CPC e Lei 13.140/2015))

584. (arts. 385; 117). É possível que um litisconsorte requeira o depoimento pessoal do outro. (Grupo: Direito probatório)

585. (arts. 489, § 1º, IV; 1038, § 3º; 984, § 2º) Não se considera fundamentada a decisão que, ao fixar tese em recurso especial ou extraordinário repetitivo, não abranger a análise de todos os fundamentos, favoráveis ou contrários, à tese jurídica discutida. (Grupo: Sentença, coisa julgada e ação rescisória)

586. (arts. 525; 774, parágrafo único; 771; 918) O oferecimento de impugnação manifestamente protelatória é ato atentatório à dignidade da justiça que enseja a aplicação da multa prevista no parágrafo único do art. 774 do CPC. (Grupo: Cumprimento de sentença e execução)

587. (arts. 529, § 3º; 833, IV e § 2º; 528, § 8º) A limitação de que trata o § 3º do art. 529 não se aplica à execução de dívida não alimentar. (Grupo: Cumprimento de sentença e execução)

588. (art. 771, parágrafo único) Aplicam-se subsidiariamente à execução, além do Livro I da Parte Especial, também as disposições da Parte Geral, do Livro III da Parte Especial e das Disposições Finais e Transitórias. (Grupo: Cumprimento de sentença e execução)

589. (arts. 898; 897) O termo “multa” constante no art. 898 refere-se à perda da caução prevista no art. 897. (Grupo: Cumprimento de sentença e execução)

590. (arts. 917, § 3º; 798, parágrafo único) O demonstrativo de débito a que alude o § 3º do art. 917 deverá observar os mesmos requisitos dos incisos do parágrafo único do art. 798. (Grupo: Cumprimento de sentença e execução)

591. (arts. 927, § 5º; 950, § 3º; 979) O tribunal dará ampla publicidade ao acórdão que decidiu pela instauração do incidente de arguição de inconstitucionalidade, incidente de assunção de competência ou incidente de resolução de demandas repetitivas, cabendo, entre outras medidas, sua publicação em seção específica no órgão oficial e indicação clara na página do tribunal na rede mundial de computadores. (Grupo: Ordem do processo nos tribunais e regimentos internos)

592. (arts. 932, V; 1.019) Aplica-se o inciso V do art. 932 ao agravo de instrumento. (Grupo: Ordem do processo nos tribunais e regimentos internos)

593. (arts. 932, parágrafo único; 1.030) Antes de inadmitir o recurso especial ou recurso extraordinário, cabe ao presidente ou vice-presidente do tribunal recorrido conceder o prazo de cinco dias ao recorrente para que seja sanado o vício ou complementada a documentação exigível, nos termos do parágrafo único do art. 932. (Grupo: Recursos (menos os repetitivos) e reclamação)

594. (arts. 933; 10) O art. 933 incide no controle concentrado-abstrato de constitucionalidade. (Grupo: Ordem do processo nos tribunais e regimentos internos)

595. (art. 933, § 1º) No curso do julgamento, o advogado poderá pedir a palavra, pela ordem, para indicar que determinada questão suscitada na sessão não foi submetida ao prévio contraditório, requerendo a aplicação do § 1º do art. 933. (Grupo: Ordem do processo nos tribunais e regimentos internos)

596. (art. 937, VIII) Será assegurado às partes o direito de sustentar oralmente no julgamento de agravo de instrumento que verse sobre tutela provisória e que esteja pendente de julgamento por ocasião da entrada em vigor do CPC de 2015, ainda que o recurso tenha sido interposto na vigência do CPC de 1973. (Grupo: Direito intertemporal)

597. (arts. 941, *caput*; 943) Ainda que o resultado do julgamento seja unânime, é obrigatória a inclusão no acórdão dos fundamentos empregados por todos os julgadores para dar base à decisão. (Grupo: Sentença, coisa julgada e ação rescisória)

598. (arts. 941; 1.021) Cabem embargos de declaração para suprir a omissão do acórdão que, embora convergente na conclusão, deixe de declarar os fundamentos divergentes. (Grupo: Ordem do processo nos tribunais e regimentos internos)

599. (art. 942) A revisão do voto, após a ampliação do colegiado, não afasta a aplicação da técnica de julgamento do art. 942. (Grupo: Ordem do processo nos tribunais e regimentos internos)

600. (art. 947). O incidente de assunção de competência pode ter por objeto a solução de relevante questão de direito material ou processual. (Grupo: IRDR, Recursos Repetitivos e Assunção de competência)

601. (arts. 950, §§ 1º e 10) Instaurado o incidente de arguição de inconstitucionalidade, as pessoas jurídicas de direito público responsáveis pela edição do ato normativo questionado deverão ser intimadas para que tenham ciência do teor do acórdão do órgão fracionário que o instaurou. (Grupo: Ordem do processo nos tribunais e regimentos internos)

602. (arts. 966, VII; 381, III) A prova nova apta a embasar ação rescisória pode ser produzida ou documentada por meio do procedimento de produção antecipada de provas. (Grupo: Direito probatório)

603. (art. 968, II) Não se converterá em multa o depósito inicial efetuado pelo autor, caso a extinção da ação rescisória se dê por decisão do relator transitada em julgado. (Grupo: Sentença, coisa julgada e ação rescisória)

604. (arts. 976, § 1º; 987). É cabível recurso especial ou extraordinário ainda que tenha ocorrido a desistência ou abandono da causa que deu origem ao incidente. (Grupo: IRDR, Recursos Repetitivos e Assunção de competência)

605. (arts. 977; 985, I) Os juízes e as partes com processos no Juizado Especial podem suscitar a instauração do incidente de resolução de demandas repetitivas. (Grupo: IRDR, Recursos Repetitivos e Assunção de competência)

606. (arts. 982; 985). Deve haver congruência entre a questão objeto da decisão que admite o incidente de resolução de demandas repetitivas e a decisão final que fixa a tese. (Grupo: IRDR, Recursos Repetitivos e Assunção de competência)

607. (arts. 986; 926) A decisão em recursos especial ou extraordinário repetitivos e a edição de enunciado de súmula pelo STJ ou STF obrigam os tribunais de segunda instância a rever suas decisões em incidente de resolução de demandas repetitivas, incidente de assunção de competência e enunciados de súmula em sentido diverso, nos termos do art. 986. (Grupo: IRDR, Recursos Repetitivos e Assunção de competência)

608. (arts. 986; 927, §§ 3º e 4º) O acórdão que revisar ou superar a tese indicará os parâmetros temporais relativos à eficácia da decisão revisora. (Grupo: IRDR, Recursos Repetitivos e Assunção de competência)

609. (art. 995, parágrafo único) O pedido de antecipação da tutela recursal ou de concessão de efeito suspensivo a qualquer recurso poderá ser formulado por simples petição ou nas razões recursais. (Grupo: Recursos (menos os repetitivos) e reclamação)

610. (art. 1.007, §§ 4º e 6º) Quando reconhecido o justo impedimento de que trata o § 6º do art. 1.007, a parte será intimada para realizar o recolhimento do preparo de forma simples, e não em dobro. (Grupo: Recursos (menos os repetitivos) e reclamação)

611. (arts. 1.015, II; 1.009, §§ 1º e 2º; 354, parágrafo único; 356, § 5º; 485; 487) Na hipótese de decisão parcial com fundamento no art. 485 ou no art. 487, as questões exclusivamente a ela relacionadas e resolvidas anteriormente, quando não recorríveis de imediato, devem ser impugnadas em preliminar do agravo de instrumento ou nas contrarrazões. (Grupo: Recursos (menos os repetitivos) e reclamação)

612. (arts. 1.015, V; 98, §§ 5º e 6º) Cabe agravo de instrumento contra decisão interlocutória que, apreciando pedido de concessão integral da gratuidade da Justiça, defere a redução percentual ou o parcelamento de despesas processuais. (Grupo: Recursos (menos os repetitivos) e reclamação)

613. (arts. 1.021; 99, § 7º) A interposição do agravo interno prolonga a dispensa provisória de adiantamento de despesa processual de que trata o § 7º do art. 99, sendo desnecessário postular a tutela provisória recursal. (Grupo: Recursos (menos os repetitivos) e reclamação)

614. (arts. 1.023, § 2º; 933, § 1º; 9º). Não tendo havido prévia intimação do embargado para apresentar contrarrazões aos embargos de declaração, se surgir divergência capaz de acarretar o acolhimento com atribuição de efeito modificativo do recurso durante a sessão de julgamento, esse será imediatamente suspenso para que seja o embargado intimado a manifestar-se no prazo do § 2º do art. 1.023. (Grupo: Recursos (menos os repetitivos) e reclamação)

615. (arts. 1036; 1037) Na escolha dos casos paradigmas, devem ser preferidas, como representativas da controvérsia, demandas coletivas às individuais, observados os requisitos do art. 1.036, especialmente do respectivo § 6º. (Grupo: IRDR, Recursos Repetitivos e Assunção de competência)

616. (arts. 1046; 14) Independentemente da data de intimação ou disponibilização de seu inteiro teor, o direito ao recurso contra as decisões colegiadas nasce na data em que proclamado o resultado da sessão de julgamento. (Grupo: Direito intertemporal).

Referências bibliográficas

ABREU, Leonardo Santana de. *Direito, Ação e Tutela Jurisdicional*. Porto Alegre: Livraria do Advogado, 2011.

ALEXY, Robert. *Teoria de los derechos fundamentales*. Madri: Centro de Estudos Constitucionales, 1993.

ANCONA, Elvio. Sul giusto giudizio. In: *Rivista Elettronica di metodologia giuridica, teoria generale del diritto e dottrina dello stato*. Disponível em: <http://www.lircocervo.it/index/?p=837>.

ANDOLINA, Ítalo; VIGNERA, Giuseppe. *Il modelo costituzionale del processo civile italiano*. Torino: Giappichelli, 1990.

ALVARO DE OLIVEIRA, Carlos Alberto. *Do formalismo no processo civil*. 3. ed. São Paulo: Saraiva, 2009.

——. *Teoria e Prática da Tutela Jurisdicional*. Rio de Janeiro: Forense, 2008.

——; MITIDIERO, Daniel. *Curso de Processo Civil*. São Paulo: Atlas, 2011. v. I.

——. *Curso de Processo Civil*. São Paulo: Atlas, 2011. v. II.

ALVIM, J. E. Carreira. *Código de Processo Civil Reformado*. 5. ed. Rio de Janeiro: Forense, 2003.

AMERICANO, Jorge. *Abuso de Direito no Exercício da Demanda*. 2. ed. São Paulo: Saraiva, 1932.

AQUINO, Tomás de. *Suma Teologica*. v. 8. Madri: BAC, 1956.

ARAGÃO, Egas Moniz de. *Sentença e coisa julgada*. Rio de Janeiro: Forense, 1992.

ARISTÓTELES. *Ética a Nicômaco*. Tradução Julián Marias. Madri: Centro de Estudios Constitucionales, 1999.

——. *Retórica*. Tradução Antonio Tovar. Madri: Centro de Estudios Constitucionales, 1990.

ASSIS, Araken de. *Manual da execução*. 10. ed. Porto Alegre: RT, 2006.

——. *Manual da execução*. 11. ed. Porto Alegre: RT, 2007.

——. *Cumprimento da sentença*. Rio de Janeiro: Forense, 2006.

——. *Cumulação de ações*. 4. ed. São Paulo: RT, 2002.

——. *Manual de recursos*. 2. ed. São Paulo: RT, 2008.

——. *Processo Civil Brasileiro*. São Paulo: RT, 2015. v.II, t. I, p. 99 (versão digital).

——. *Manual da Execução*. 2. ed (*e-book*). São Paulo: RT, 2016.

ÁVILA, Humberto. *Teoria dos Princípios*: da definição à aplicação dos princípios jurídicos. 10. ed. São Paulo: Malheiros, 2009.

BRAGE CAMAZANO, J. *Los límites a los derechos fundamentales*. Madrid: Dykinson. 2005.

BAPTISTA DA SILVA, Ovídio A. *Curso de processo civil*. Rio de Janeiro: Forense, 2004.

——. "Direito subjetivo, pretensão de direito material e ação". *Revista da Ajuris*, n. 29, 1983, p. 99/126.

——. *Jurisdição e Execução na tradição romano-canônica*. 3. ed. Rio de Janeiro: Forense, 2007.

——. *Processo e Ideologia*: o paradigma racionalista. Rio de Janeiro: Forense, 2004.

——. *Sentença e Coisa Julgada*: ensaios e pareceres. 2. ed. Porto Alegre: Sergio Antonio Fabris Editor, 1988.

BARBOSA MOREIRA, José Carlos. *Comentários ao Código de Processo Civil*. 12. ed. Rio de Janeiro: Forense, 2005, v. 5.

——. *O novo processo civil brasileiro*. 25. ed. Rio de Janeiro: Forense, 2007.

——. Notas sobre o problema da 'efetividade' do processo. In: *Temas de Direito Processual Civil* – Terceira série. São Paulo: Saraiva, 1984. p. 27/42.

——. Efetividade do processo e técnica processual. In: *Temas de Direito Processual Civil* – Sexta série. São Paulo: Saraiva, 1997. p. 17/30.

——. Ação Popular do Direito Brasileiro como instrumento de tutela jurisdicional dos chamados 'interesses difusos'. In: *Temas de Direito Processual Civil* – Primeira série. São Paulo: Saraiva, 1977. p. 110/123.

——. O futuro da Justiça: alguns mitos. *Revista Síntese de Direito Civil e Processo Civil*. n.6, jul./ago., 2000. p. 36/44.

BARROSO, Luis Roberto. *Interpretação e aplicação da Constituição*: fundamentos de uma dogmática constitucional transformadora. 2. ed. São Paulo: Saraiva, 1998.

BARZOTTO, Luis Fernando. *A democracia na Constituição*. São Leopoldo: Unisinos, 2003.

BASTOS, Celso. *Curso de direito constitucional*. 22. ed. São Paulo: Saraiva, 2001.

BEDAQUE, José Roberto dos Santos. *Efetividade do processo e técnica processual*. 2. ed. São Paulo: Malheiros, 2007.

BERTOLINO, Giulia. *Giusto Processo Civile e giusta decisione*: Riflessioni sul concetto di giustizia procedurale in relazione al valore dela accurateza delle decisioni giudiziarie nel processo civile. Disponível em: <http://amsdottorato.unibo.it/119/1/TESI_DI_DOTTORATO_Giusto_processo_civile_e_giusta_decisione.pdf>.

BOBBIO, Norberto. *O positivismo jurídico*: lições de filosofia do direito. São Paulo: Icone, 1995.

——. *Teoria do Ordenamento Jurídico*. Brasília: Editora Universidade de Brasília, 1995.

——. *A era dos direitos*. 10. ed. Tradução de Carlos Nelson Coutinho. Rio de Janeiro: Campus, 1992.

BONAVIDES, Paulo. *Curso de direito constitucional*. 24. ed. São Paulo: Malheiros, 2009.

——. *Teoria constitucional da democracia participativa*. 3. ed. São Paulo: Malheiros, 2004.

BOTELHO, Guilherme. *Direito ao Processo Qualificado*: o processo civil na perspectiva do estado constitucional. Porto Alegre: Livraria do Advogado, 2010.

BOVE, Mauro. Art. 111 cost. e "giusto processo civile". *Rivista di Diritto Processuale*, v. LVII, II serie, a. 2002.

BUENO, Cássio Scarpinella. *Curso Sistematizado de Direito Processual Civil*. 3. ed. São Paulo: Saraiva, 2009. v. I.

BUZAID, Alfredo. *Grandes Processualistas*. São Paulo: Saraiva, 1982.

CAETANO, Marcelo. *Manual de Ciência Política e Direito Constitucional*. Coimbra: Almedina, 1996. t. I.

CALAMANDREI, Piero. *Instituições de Direito Processual Civil*. 2 ed. Campinas: Bookseller, 2003. v. I.

——. *Instituições de Direito Processual Civil*. 2 ed. Campinas: Bookseller, 2003. v. II.

——. *Instituições de Direito Processual Civil*. 2 ed. Campinas: Bookseller, 2003. v. III.

——. *Introdução ao Estudo Sistemático dos Procedimentos Cautelares*. Carla Roberta Andreasi Bassi (Trad.). Campinas: Servanda, 2000.

CANOTILHO, J. J. Gomes. *Direito Constitucional e Teoria da Constituição*. 7. ed. Coimbra: Almedina, 2003.

CAPPELLETI, Mauro. *La Pregiudizialità Costituzionale Nel Processo Civile*. Milano: Giuffrè, 1972.

——. GARTH, Bryant. *Acesso à justiça*. Ellen Gracie Northfleet (Trad.). Porto Alegre: Sergio Antonio Fabres, 1988.

CAPONI, Remo; PROTO PISANI, Andrea. *Lineamenti di diritto processuale civile*. Napoli: Jovene Editore, 2001.

CARNEIRO, Athos Gusmão. *Da antecipação de tutela*. 6. ed. Rio de Janeiro: Forense, 2005.

CARNELUTTI, Francesco. *Como se faz um processo*. Leme/SP: Edijur, 2012.

——. *Direito e Processo*. Direito Processual Civil. Campinas: Péritas, 2001.

CARPENA, Márcio Louzada. Da Garantia da Inafastabilidade do Controle Jurisdicional e o Processo Contemporâneo. In: PORTO, Sérgio Gilberto (Org.). *As garantias do cidadão no processo civil* – relações entre constituição e processo. Porto Alegre: Livraria do Advogado, 2003. p. 11/30.

CARPES, Artur Thompsen *et al*. REICHELT, Luis Alberto; FORSTER, João Paulo Kulczynski (Coord.). *Primeiras Linhas de Direito Processual Civil*: vol. III. Porto Alegre: Livraria do Advogado, 2018.

CARVALHO SANTOS, J. M. *Código de Processo Civil interpretado*. Rio de Janeiro: Freitas Bastos, 1963.

CECCHETTI, M. Giusto processo. In: *Enc. Dir.*, Aggiornamento V, Milano, Giuffrè, 2001, 595 e ss.

CHAPPER, Alexei de Almeida. *"Precedentes" no Processo do Trabalho: da interpretação ao paradigma judicial obrigatório*, 2017. 252f. Tese (Doutorado em Direito) – PUCRS, Porto Alegre/RS.

CHIARLONI, Sergio. Nuovi Modelli Processuali. *Rivista di Diritto Civile*. Padova: a. XXXIX,n. 2, marzo/aprile, 1993. p. 269/291.

——. *Formalismi e Garanzie* – Studi Sul Processo Civile. Torino: GIappichelli, 1995.

CHIOVENDA, Giuseppe. *Instituições de Direito Processual Civil*. 4. ed. Campinas: Bookseller,2009.

——. *A ação no sistema dos direitos*. Belo Horizonte: Lider, 2003.

CINTRA, Antonio Carlos de Araújo; GRINOVER, Ada Pellegrini; DINAMARCO, Candido Rangel. *Teoria Geral do Processo*. 20. ed. São Paulo: Malheiros, 2004.

CIVININI, Maria Juliana. *Poteri del giudice e poteri delle parti nel processo ordinário de cognizione*. Rilievo ufficioso delle questioni e contraddittorio. Il Foro Italiano, Roma, parte V, n. CXXII, 1999.

CLÈVE, Clémerson Merlin. *Temas de direito constitucional*. São Paulo: Acadêmica, 1993.

COELHO, Fábio Ulhoa. *Curso de Direito Civil*, vol. 5. São Paulo: Saraiva, 2006.

COMOGLIO, Luigi Paolo. *Etica e tecnica del "giusto processo"*. Torino: G. Giappichelli, 2004.

——. *La garanzia costituzionale dell'azione ed il processo civile*. Padova: Cedam, 1970.

——; FERRI, Corrado; TARUFFO, Michele. *Lezioni sul processo civile*. 4. ed. Bologna: Il Mulino, 2006, v. I.

COMPARATO, Fábio Konder. *A afirmação histórica dos direitos humanos*. 7. ed. São Paulo: Saraiva, 2010.

COUTURE, Eduardo. *Estudios de Derecho Procesal Civil*. Buenos Aires: Ediar Editores, [?]. t.I.

——. *Estudios de Derecho Procesal Civil*. Buenos Aires: Ediar Editores, [?]. t. II.

——. *Estudios de Derecho Procesal Civil*. Buenos Aires: Ediar Editores, [?]. t. III.

——. *Fundamentos del Derecho Procesal Civil*. Buenos Aires: Depalma, 1958.

CRAMER, Ronaldo. *Ação rescisória por violação da norma jurídica*. 2. ed. Salvador: Juspovm, 2018.

CRUZ E TUCCI, José Rogério. *Lineamentos da nova reforma do CPC*. São Paulo: RT, 2002.

——. *Jurisdição e Poder*: contribuição para a história dos recursos cíveis. São Paulo: Saraiva, 1987.

——. *Tempo e Processo*. São Paulo: RT, 1997.

CUNHA, Mauro. COELHO SILVA, Roberto Geraldo. *Guia para estudo da teoria geral do processo*. Porto Alegre: Acadêmica, 1990.

DALLA VIA, Miguel Angel. *Manual de Derecho Constitucional*. Buenos Aires: Editorial: Lexis Nexis, 2004.

DALLARI, Dalmo Abreu. *A constituição na vida do povo da idade média ao século XXI*. São Paulo: Saraiva, 2010.

——. *Elementos de teoria geral do estado*. 29. ed. São Paulo: Saraiva, 2010.

DENTI, Vitorino. Intorno allá relatività della distinzione tra norme sostanziale e nome processuali. *Rivista di Diritto Processuale*. Padova: v. XIX, a. 40, [?], 1964. p. 64/77.

——. Valori costituzionali e cultura processuale. In: *L'influenza dei valori costituzionali sui sistemi giuridici contemporanei*. Milano, 1985, II, 814.

DIDIER JR., Fredie. *Curso de Direito Processual Civil*. 8. ed. Salvador: Podivm, 2007.

——. BRAGA, Paula Sarno; OLIVEIRA, Rafael. *Curso de direito processual civil*: direito probatório, decisão judicial, cumprimento e liquidação da sentença e coisa julgada. 2. ed. Salvador: JusPodivm, 2008, v. 2.

——; ——; OLIVEIRA, Rafael. *Curso de direito processual civil*: teoria da prova, direito probatório, ações probatórias, decisão, precedente, coisa julgada, antecipação dos efeitos da tutela. 10. ed. Salvador: JusPodivm, 2015, v. 2.

——. CUNHA, Leonardo José Carneiro. *Curso de direito processual civil*: meios de impugnação às decisões judiciais e processo nos tribunais. 5. ed. Salvador: JusPodivm, 2008, v. 3.

DINAMARCO, Cândido Rangel. *A reforma da reforma*. São Paulo: Malheiros, 2002.

——. *A instrumentalidade do processo*. 14. ed. São Paulo: Malheiros, 2009.

DONIZETTI, Elpídio. *Curso Didático de Direito Processual Civil*. 17. ed. São Paulo: Atlas, 2013.

——. *Curso Didático de Direito Processual Civil*. 19. ed. São Paulo: Atlas, 2016.

——. *Novo Código de Processo Civil Comentado*. São Paulo: Atlas, 2015.

DWORKIN, Ronald. *Uma questão de princípio*. São Paulo: Martins Fontes, 2001.

——. *Levando os direitos a sério*. São Paulo: Martins Fontes, 2002.

ESPÍNDOLA, Ruy Samuel. *Conceito de princípios constitucionais*. São Paulo: RT, 1999.

GADAMER, Hans-Georg. *Verdade e método*. 3. ed. Petrópolis: Editora Vozes, 1999.

GONÇALVES, Carlos Roberto. *Direito Civil Brasileiro*, vol. 7: direito das sucessões. 7. ed. São Paulo: Saraiva, 2013.

FACHINNI NETO, Eugênio. O Judiciário no mundo contemporâneo. *Revista da AJURIS*, Porto Alegre, ano 34, n. 108, p. 139/165, dez. 2007.

FAZZALARI, Elio. *Instituições de Direito Processual*. Campinas: Bookseller, 2006.

——. Diffusione del processo e compiti delle dottrina. *Rivista Trimestrale di Diritto Procedura Civile*. Milano: a. XII, settembre, 1958. p. 861/880.

FERRAZ JR, Tércio Sampaio. A legitimidade na Constituição de 1988. In: FERRAZ JR. *et al*. *Constituição de 1988*. São Paulo: Atlas, 1989.

FERRI, Corrado. Sull'effettività del contraddittorio. *Rivista Trimestrale di diritto e procedura*. Milano, Giuffrè, 1988.

FIGUEIRA JÚNIOR, José Dias. *Comentários à novíssima reforma do CPC*: Lei 10.444, de 07 de maio de 2002. Rio de Janeiro: Forense, 2002.

FINNIS, John. *Ley natural y derechos naturales*. Buenos Aires: Abeledo-Perrot, 2000.

FORNACIARI, Michele. In: *Pressuposti Processuali e Giudizio di Merito*. Torino: Giappichelli Editore, 1999.

FREITAS, Paulo de. *Direito Processual Subjetivo*. São Paulo: [?], 1955.

FUX, Luiz. *Curso de Direito Processual Civil*: Processo de Conhecimento. 3. ed. Rio de Janeiro: Forense, 2005, v. I.

GAETA, Vitorino. Del giusto processo civile. In: *Questione Giustizia*, 2001, p. 917/928.

GAGLIANO, Pablo Stolze; PAMPLONA FILHO, Rodolfo. *Novo Curso de Direito Civil*, vol. 6: Direito de Família – As famílias em perspectiva constitucional. 3. ed. São Paulo: Saraiva, 2013.

GASTAL, Alexandre Fernandes. "A coisa julgada: sua Natureza e suas Funções". In: OLIVEIRA, Carlos Alberto Alvaro de. *Eficácia e coisa julgada*. Rio de Janeiro: Forense, 2006.

GERAIGE NETO, Zaiden. *O princípio da inafastabilidade do controle jurisdicional*. São Paulo: RT, 2003.

GREGO, Leonardo. Garantias fundamentais do processo: o processo justo. In: *Estudos de Direito Processual*. Campos dos Goytacazes: Faculdade de Direito de Campos, 2005, p. 225-286.

GREGO FILHO, Vicente. *Direito processual civil brasileiro*. 17. ed. São Paulo: Saraiva, 2003, v. 1.

GRINOVER, Ada Pellegrini. *Os princípios constitucionais e o Código de Processo Civil*. São Paulo: Bushatsky, 1975.

GUASTINI, Ricardo. *Dalle fonti alle norme*. Torino: G. Giappichelli Editore, 1992.

GUERRA, Sidney; EMERIQUE, Lilian Márcia Balmant. O princípio da dignidade da pessoa humana e o mínimo existencial. *Revista da Faculdade de Direito Campos*, Ano VII, n.9, Dez., 2006. p. 379/397.

GOLDSCHMIDT, James. *Direito Processual Civil*. Campinas: Bookseller, 2003. v.I.

——. *Direito Processual Civil*. Campinas: Bookseller, 2003. v.II.

HÄBERLE, Peter. Hermenêutica Constitucional. A dignidade humana como fundamento da comunidade estatal. In: SARLET, Ingo Wolfgang (Org.). *Dimensões da dignidade*: ensaios de filosofia do direito e direito constitucional. 2. ed. Porto Alegre: Livraria do Advogado, 2009.

HEGEL. *Fenomenologia do Espírito*. Petrópolis: Vozes, 2002.

——. *Princípios da Filosofia do Direito*. Lisboa: Guimarães, 1990.

HÖFFE, Otfried. *O que é justiça?* Porto Alegre: Edipucrs, 2003.

HERKENNHOFF, João Baptista. *O Direito Processual e o resgate do humanismo*. Rio de Janeiro: Thex Editora, 1997.

HESSE, Konrad. *A força normativa da Constituição*. Trad. Gilmar Ferreira Mendes. Porto Alegre: Sergio Antonio Fabris Editor, 1991.

JAUERNIG, Othomar. *Direito Processual Civil*. 25. ed. Coimbra: Livraria Almedina, 2002.

JOBIM, Marco Félix. *Cultura, Escolas e Fases Metodológicas do Processo*. Porto Alegre: Livraria do Advogado, 2011.

——. *O direito à duração razoável do processo*. 2. ed. Porto Alegre: Livraria do Advogado, 2012.

JOLOWICZ, John Anthony. Justiça Substantiva e Processual no Processo Civil. *REPRO*, São Paulo, ano 31, n. 135, p. 161-178, maio 2006.

KIRST, Stepham. A dignidade e o conceito de pessoa de direito. In: SARLET, Ingo Wolfgang (Org.). *Dimensões da dignidade*: ensaios de filosofia do direito e direito constitucional. 2. ed. Porto Alegre: Livraria do Advogado, 2009. p. 175/198.

KLOEPFER, Michael. Vida e dignidade da pessoa humana. In: SARLET, Ingo Wolfgang (Org.). *Dimensões da dignidade*: ensaios de filosofia do direito e direito constitucional. 2. ed. Porto Alegre: Livraria do Advogado, 2009. p. 145/174.

KUHN, João Lacê. *A coisa julgada na exceção de executividade*. Porto Alegre: Livraria do Advogado, 2006.

LACERDA, Galeno. *Despacho Saneador*. 3. ed. Porto Alegre: Sergio Fabris, 1990.

LIEBMAN, Enrico Tullio. *Manual de direito processual civil*. Trad. Cândido Rangel Dinamarco. 2. ed. Rio de Janeiro: Forense, 1985.

——. *Eficácia e autoridade da sentença e outros sobre a coisa julgada*. Trad. Alfredo Buzaid e Benvindo Aires. Notas Ada Pellegrini Grinover. 3 ed. Rio de Janeiro: Forense, 1984.

——. *Problemi Del Processo Civile*. Milano: Morano Editore, 1962.

——. *Estudos sobre o Processo Civil Brasileiro*. São Paulo: Bestbook, 2004.

——. *Manuale di Diritto Processuale Civile*. 4 ed. Milano: Giuffrè, 1984.

——. *Estudos sobre o Processo Civil Brasileiro*. São Paulo: Bestbook, 2004.

LOEWENSTEIN, Karl. *Teoria de la constitucion*. Tradução de Alfredo Gallego Anabitare Barcelona: Editorial Ariel, 1976.

MACEDO, Elaine H. *Jurisdição e Processo*: crítica histórica e perspectivas para o terceiro milênio. Porto Alegre: Livraria do Advogado, 2005.

MANDRIOLI, Crisanto. *Diritto processuale civile*. Torino: GIappichelli, 2006.

MARKY, Thomas. *Curso Elementar de Direito Romano*. 6. ed. São Paulo: Saraiva, 1992.

MARINONI, Luiz Guilherme. *Teoria Geral do Processo*. 3. ed. São Paulo: RT, 2008.

——. *Precedentes obrigatórios*. São Paulo: RT, 2010.

——. *Tutela Inibitória* (Individual e Coletiva). 4. ed. São Paulo: RT, 2006

——. *Técnica Processual e Tutela dos Direitos*. 3. ed. São Paulo: RT, 2012.

——. *A antecipação da tutela*. 7. ed. São Paulo: Malheiros, 2002.

——. ARENHART, Sérgio Cruz. *Manual do Processo de Conhecimento*. 4. ed. São Paulo:RT, 2005.

——. MITIDIERO, Daniel. *Código de Processo Civil comentado artigo por artigo*. São Paulo: RT, 2008.

MARQUES, José Frederico. *Instituições de Direito Processual Civil*. 4. ed. Rio de Janeiro: Forense, 1971, v. I.

——. *Instituições de Direito Processual Civil*. 4. ed. Rio de Janeiro: Forense, 1971, v. II.

MARTINS-COSTA, Judith. *A boa-fé no Direito Privado*. São Paulo: RT, 2000.

MAURER, Béatrice. Notas sobre o respeito da dignidade da pessoa humana ...ou pequena fuga incompleta em torno de um tema central. In: SARLET, Ingo Wolfgang (Org.). *Dimensões da dignidade*: ensaios de filosofia do direito e direito constitucional. 2. ed. Porto Alegre: Livraria do Advogado, 2009. p. 119/144.

MAXIMILIANO, Carlos. *Hermenêutica e aplicação do Direito*. 19. ed. Rio de Janeiro: Forense, 2006.

MAZZILLI, Hugo Nigro. *A Defesa dos Direitos Difusos em Juízo*. 17. ed. São Paulo: Saraiva, 2004.

MEDINA, José Miguel Garcia. *Direito Processual Civil Moderno*. São Paulo: RT, 2015.

MEZZAROBA, Orides; MONTEIRO, Cláudia Sevilha. *Manual de Metodologia de Pesquisa no Direito*. São Paulo: Saraiva, 2004.

MIRANDA, Jorge. *Teoria do Estado e da Constituição*. 2. ed. Rio de Janeiro: Forense, 2009.

MILLAR, Robert Wyness. *Los principios formativos del procedimento civil*. Buenos Aires: Ediar, 1945.

MITIDIERO, Daniel Francisco. *Comentários ao Código de Processo Civil*. São Paulo: Memória Jurídica, 2006, t 3.

——. "Sentenças parciais de mérito e resolução definitiva-fracionada da causa". *Revista de Direito Processual Civil*. Curitiba, Gêneses, 2004, n.31, p. 22/27.

——. *Elementos para uma Teoria Contemporânea do Processo Civil Brasileiro*. Porto Alegre: Livraria do Advogado, 2005.

——. *Processo Civil e Estado Constitucional*. Porto Alegre: Livraria do Advogado, 2007.

——. *Colaboração no Processo Civil* – Pressupostos sociais, lógicos e éticos. São Paulo: RT, 2008.

——. O Processualismo e a formação do Código Buzaid. *REPRO*, São Paulo, ano 35, n. 183, mai. 2010.

——. *Antecipação da Tutela*: da tutela cautelar à técnica antecipatória. 2. ed. São Paulo: RT, 2014.

MONTESANO, Luigi. Diritto sostanziale e processo civile di cognizione nell'individuazione della domanda. *Rivista Trimestrale di Diritto Procedura Civile*. Milano: a. XLVII, marzo,1993. p. 63/81.

NERY JR, Nelson. NERY, Rosa Maria de Andrade. *Código de processo Civil Comentado*. 9. ed. São Paulo: RT, 2006.

——. *Comentários ao Código de Processo Civil Comentado*. São Paulo: RT, 2015.

NEUMANN, Ulfried. A dignidade humana como fardo humano – ou como utilizar um direito contra o respectivo titular. In: SARLET, Ingo Wolfgang (Org.). *Dimensões da dignidade*: ensaios de filosofia do direito e direito constitucional. 2. ed. Porto Alegre: Livraria do Advogado, 2009. 225/240.

NINO, Carlos Santiago. *Fundamentos de derecho constitucional*. Buenos Aires: Astrea, 2000.

NOGUEIRA, Pedro Henrique. *Negócios Jurídicos Processuais*. 2. ed. Salvador: Juspodivm, 2017.

NÖRR, Knut Wolfgang. La Scuola Storica, Il Processo Civile e Il Diritto delle Azioni. *Rivista di Diritto Processuale*. Padova: v. XXXVI, a. 57, [?], 1981, p. 23/40.

OAB/RS. *Novo Código de Processo Civil anotado*. Porto Alegre: OAB/RS, 2015.

OPOCHER, Enrico. *Lezioni di filosofia del diritto*. Padova: Cedam, 1983.

PAULA, Jônatas Luiz Moreira de. *A jurisdição como elemento de inclusão social* – revitalizando as regras do jogo democrático. São Paulo: Manole, 2002.

PEREIRA, Luiz Fernando Casagrande *et al*. CRUZ E TUCCI, José Rogério (Coord.). *Código de Processo Civil Anotado*. São Paulo: GZ Editora; AASP, 2015.

PEREIRA, Rafael Caselli. *A multa judicial (astreinte) e o CPC/2015*: visão teórica, prática e jurisprudencial. Salvador: Juspodivm, 2017.

PERELMAN, Chaim. *Ética e Direito*. São Paulo: Martins Fontes, 2001.

——. *La giustizia*. Giappichelli: Torino, 1991.

PICARDI, Nicola. Il principio del contraddittorio. *Rivista di diritto processuale*. Padova, CEDAM, n. 3.

PISANI, Proto. *Le tutele giurisdizionali dei diritti – studi*. Napoli: Jovene Editore, 2003.

PRUTTING, Hanns. Nuevas tendencias en el Proceso Civil Aleman. *Gênesis – Revista de Direito Processual Civil*, n° 41, jan.-jun./2007.

PICÓ JUNOY, Joan. *Las Garatias constitucionales del processo*. 2. ed. Barcelona: Bosch, 2012.

PINHO, Humberto Dalla Bernardina de. Direito Processual Contemporâneo. In: *Teoria Geral do Processo*. 4 v. São Paulo: RT, 2012.

PINTO, Carlos Alberto da Mota. *Teoria Geral do Direito Civil*. 3. ed. Coimbra: Coimbra Editora, 1996.

PONTES DE MIRANDA, Francisco Cavalcanti. *Comentários ao Código de Processo Civil*. 5. ed. Rio de Janeiro: Forense, 2001, t. I.

——. *Comentários ao Código de Processo Civil* (CPC/39). 2. ed. Rio de Janeiro: Forense, 1958. t. I.

PORTANOVA, Rui. *Princípios do Processo Civil*. 6. ed. Porto Alegre: Livraria do Advogado, 2005.

PORTO, Sérgio Gilberto. *Cidadania Processual*. Processo constitucional e o novo processo civil. Porto Alegre: Livraria do Advogado, 2016.

——. A humanização do Processo Civil contemporâneo, em face da mais valia constitucional no projeto de um novo CPC. *Revista jurídica*: órgão nacional de doutrina, jurisprudência, legislação e crítica judiciária, v. 60, n. 418, p. 41–49, ago., 2012.

——. *A coisa julgada civil*. 4. ed. São Paulo: RT, 2011.

PORTO, Sérgio Gilberto; USTÁRROZ, Daniel. *Lições de Direitos Fundamentais no Processo Civil*. Porto Alegre: Livraria do Advogado, 2009.

——. *Coisa julgada civil*. 3. ed. São Paulo: RT, 2006.

——. *Manual dos Recursos Cíveis*. Porto Alegre: Livraria do Advogado, 2016.

PORTO, Sérgio Gilberto; PORTO, Guilherme A. *Lições sobre Teorias do Processo Civil e Constitucional*. Porto Alegre: Livraria do Advogado, 2013.

RAATZ, Igor. *Autonomia Privada e Processo Civil*: negócios jurídicos processuais, flexibilização procedimental e o direito à participação na construção do caso concreto. Salvador: Juspodivm, 2017.

RAWLS, Jonh. *A Theory of Justice*. *Cambridge*: Belknap Press of Harvard University Press, 1971.

——. *Justiça como Equidade*. São Paulo: Martins Fontes, 2001.

——. *O liberalismo político*. São Paulo: Martins Fontes, 2001.

REDENTI, Enrico. *Diritto processuale Civile*. Milano: Giuffrè, 1980.

RIBAS, Antonio Joaquim. *Consolidação das Leis do Processo Civil*. 3. ed. Rio de Janeiro: Jacintho Ribeiro dos Santos, 1915.

RIBEIRO, D. G. (Org.). *O juiz e a prova*: estudo da errônea recepção do brocardo *iudex iudicare debet secundum allegata et probata, non secundum conscientiam* e sua repercussão atual. Porto Alegre: Livraria do Advogado, 2014. v. 1.

——. *Da Tutela Jurisdicional às Formas de Tutela*. Porto Alegre: Livraria do Advogado, 2010. v. 01.

——. *Pretensión Procesal y Tutela Judicial Efectiva* – Para una teoría procesal del derecho. Barcelona: Editorial Bosch, 2004.

——. *Provas Atípicas*. Porto Alegre: Livraria do Advogado, 1998.

RIBEIRO, Darci Guimarães; JOBIM, Marco Félix. *Desvendando o Novo CPC*. Porto Alegre: Livraria do Advogado, 2015.

ROSAS, Roberto. *Direito Processual Constitucional*. São Paulo: RT, 1997.

RUBIN, Fernando. *A preclusão na dinâmica do Processo Civil*. Porto Alegre: Livraria do Advogado, 2010.

——. *Fragmentos de Processo Civil Moderno*: de acordo com o novo CPC. Porto Alegre: Livraria do Advogado, 2013.

——. *O novo código de processo civil*: da construção de um modelo processual às principais linhas estruturantes da Lei n. 13.105/2015. Porto Alegre: Magister, 2016.

SÁNCHEZ, Guilhermo Ormazabal. *Iura novit cúria*: la vinculación del juez a la calificación jurídica de la demanda. Madri: Marcial Pons, 2007.

SARLET, Ingo Wolfgang. *A eficácia dos direitos fundamentais*. 10. ed. Porto Alegre: Livraria do Advogado, 2009.

——. *Dignidade da pessoa humana e direitos fundamentais na Constituição Federal de 1988*. Porto Alegre: Livraria do Advogado, 2011.

——. As dimensões da dignidade da pessoa humana: construindo uma compreensão jurídico constitucional necessária e possível. In: SARLET, Ingo Wolfgang (Org.). *Dimensões da dignidade*: ensaios de filosofia do direito e direito constitucional. 2. ed. Porto Alegre: Livraria do Advogado, 2009. p. 15/44.

—— (Org.) *et al*. *Jurisdição e Direito Fundamentais*. Porto Alegre: Livraria do Advogado, 2005.

SANTOS, Moacir Amaral. *Primeiras Linhas de Direito Processual Civil*. 23. ed. São Paulo: Saraiva, 2004. v. I.

——. *Primeiras Linhas de Direito Processual Civil*. 23. ed. São Paulo: Saraiva, 2004. v. II.

——. *Primeiras Linhas de Direito Processual Civil*. 23. ed. São Paulo: Saraiva, 2004. v. III.

SEELMAN, Kurt. Pessoa e dignidade da pessoa humana na filosofia de Hegel. In: SARLET, Ingo Wolfgang (Org.). *Dimensões da dignidade*: ensaios de filosofia do direito e direito constitucional. 2. ed. Porto Alegre: Livraria do Advogado, 2009. p. 105/118.

SPLENGLER, Fabiana Marion; SPENGLER NETO, Theobaldo (Org.). *Mediação, Conciliação e arbitragem*: artigo por artigo de acordo com a Lei n. 13.140/2015, Lei n. 9.307/1996, Lei n. 13.105/2015 e com a Resolução n. 125/2010 do CNJ (emendas I e II). Rio de Janeiro: FGV editora, 2016.

STARCK, Christian. Dignidade humana como garantia constitucional: o exemplo da Lei Fundamental alemã. In: SARLET, Ingo Wolfgang (Org.). *Dimensões da dignidade*: ensaios de filosofia do direito e direito constitucional. 2. ed. Porto Alegre: Livraria do Advogado, 2009. p. 199/224.

TARUFFO, Michele. *La giustizia civile in italia dal '700 a oggi*. Bologna: Società Editrice il Mulino, 1980.

TAYLOR, Charles. *Argumentos filosóficos*. São Paulo: Loyola, 2000.

TAVARES PEREIRA, Sebastião. *O devido processo Substantivo*. Florianópolis: Conceito Editorial, 2008.

TESHEINER, José Maria Rosa. *Elementos para uma teoria geral do processo*. São Paulo: Saraiva, 1993.

——. *Pressupostos Processuais e Nulidades no Processo Civil*. São Paulo: Saraiva, 2000.

——.(Org.). *Processos Coletivos*. Porto Alegre: HS Editora, 2012.

——. *Eficácia da Sentença e Coisa Julgada*. São Paulo: RT, 2002.

——. *Jurisdição*: estudos de direitos individuais e coletivos (de acordo com o novo CPC). Marco Félix Jobim, Lessandra Bertolazi Gauer e Marcelo Hugo da Rocha (Orgs.) Porto Alegre: Magister, 2016.

——; MILHORANZA, Mariângela Guerreiro. *Estudos sobre as reformas do Código de Processo Civil*. Porto Alegre: HS Editora, 2009.

——; THAMAY, Rennan Faria Kruger. *Teoria Geral do Processo*. Rio de Janeiro: Forense, 2015.

THEODORO JR. Humberto. *Curso de Direito Processual Civil*. 41. ed. Rio de Janeiro: Forense, 2004, v. I.

——. *Curso de Direito Processual Civil*. 39. ed. Rio de Janeiro: Forense, 2006, v. II.

——. *Curso de Direito Processual Civil*. 41. ed. Rio de Janeiro: Forense, 2004, v. III.

——. Direito Processual Constitucional. In: *Revista IOB de Direito Civil e Processual Civil*. n. 55.

TORRES, Artur. *CPC passado a limpo*: parte geral, procedimento comum e cumprimento de sentença. Porto Alegre: Livraria do Advogado, 2018. v. I

——. *O Processo do Trabalho e o Paradigma Constitucional Processual Brasileiro*: compatibilidade? São Paulo: LTr, 2012.

——. *A Tutela Coletiva dos Direitos Individuais*: considerações acerca do Projeto de Novo Código de Processo Civil. Porto Alegre: Arana, 2013.

——. *Fundamentos de um direito processual civil contemporâneo*. Porto Alegre: Arana, 2016.

——. *Sentença, Coisa Julgada e Recursos Cíveis Codificados*: de acordo com as Leis 13.105/2015 e 13.256/2016. Porto Alegre: Livraria do Advogado, 2017.

TROCKER, Nicolò. I limitti soggetivi del giudicato tra tecniche di tutela sostanziale e garanzie di difesa processuale. *Rivista di diritto processuale*. Padova, CEDAM, p. 74-85, 1988.

——. Il nuovo articolo 111 della costituzione e il "giusto processo" in materia civile: profili generali. *Rivista Trimestrale di Diritto e Procedura Civile*, Ano LV, 2001.

VIGORITI, Vincenzo. *Garanzie costituzionali del processo civile* (Due processo of Law' e art. 24 cost. Milano, 1970.

WAMBIER, Luiz Rodrigues; WAMBIER, Thereza Arruda Alvim; MEDINA, José Miguel Garcia. *Breves Comentários à nova Sistemática Processual Civil*. 3. ed. São Paulo: RT, 2005.

——; TALAMINI, Eduardo. *Curso Avançado de Processo Civil*. 15. ed. São Paulo: RT, 2015. v. 1.

WAMBIER, Teresa Arruda *et al*. *Breves Comentários ao Novo Código de Processo Civil*. São Paulo: RT, 2015.

WATANABE, Kazuo. *Da cognição no processo civil*. 4. ed. São Paulo: RT, 2012.

——. "Relação entre demanda coletiva e demandas individuais". In:GRINOVER, Ada Pellegrini. CASTRO MENDES. Aluiso Gonçalves. WATANABE. Kazuo (Org.). *Direito Processual Coletivo e o anteprojeto de Código Brasileiro de Processos Coletivos*. São Paulo: RT, 2007. p. 156/160.

WACH, Adolf. *Manual de Derecho Procesal Civil*. Buenos Aires: EJEA, 1877. v. I.

——. *Manual de Derecho Procesal Civil*. Buenos Aires: EJEA, 1877. v. II.

WATANABE, Kazuo. *Da cognição no processo civil*. 3. ed. São Paulo: Perfil, 2005.

WEBER, Thadeu. *Ética e filosofia política*: Hegel e o Formalismo Kantiano. 2 ed. PortoAlegre: ediPUCRS, 2009.

WINDSCHEID, Bernard; MÜTHER, Theodor. *Polemica sobre la "Actio"*. Buenos Aires: EJEA, 1974.

ZANETI JÚNIOR, Hermes. *Processo Constitucional: o modelo Constitucional do Processo Civil Brasileiro*. Rio de Janeiro: Lumen Juris, 2007.

ZAVASCKI, Teori Albino. *Antecipação de tutela*. São Paulo: Saraiva, 1997.

ZWEIGERT, Konrad; KÖTZ, Hein. *Introduzione al Diritto Comparato*. Milano: Giuffrè, 1992. v. I e II.